제26판

2023년 최신

공인회계사
제2차시험
기출문제집

월간회계 편집실 編

- 수험생 필독 ADVICE
- 공인회계사 제2차시험 출제경향분석 및 수험대책
- 최근 4년간 제2차시험 기출문제 및 풀이 수록

會經社

제26판을 내면서

"공인회계사(certified public accountant)란 타인의 위촉에 의하여 회계에 관한 감사·감정·증명·계산·정리·입안 또는 법인설립에 관한 회계와 세무대리를 함을 직무로 하는 자, 즉 CPA라고도 한다."

여러분은 위에서 정의하는 공인회계사가 되기 위해서 이 책을 선택하였고 이 글을 읽고 있다. 우리나라는 고려시대부터 「사개송도치부법」이 있었고, 조선시대에는 「산원제도」라는 빛나는 회계전통이 있다. 이와 같은 역사적 저력을 바탕으로 1932년에 「회계대변과 세무상담」을 기치로 계리사업무가 태동됐고, 임의단체인 조선계리사회, 대한 계리사회를 거쳐 최초 우리나라에 공인회계사제도가 도입된 것은 70여년 전의 일이다. 그때부터 지금까지 공인회계사라는 직업은 사회적, 경제적 측면에서 우리나라의 발전에 지대한 공헌을 해왔다. 또한 공인회계사는 기업회계의 공정한 심판자로서 또한 세제와 세정의 협력자로서 그 역할을 충실하게 수행해 왔다.

현재 전세계 회계산업계는 격동을 겪고 있다. 특히 회계전문직에 대한 「일반대중의 신뢰구축」과 「글로벌스탠다드의 보편화」를 위해 거대한 시스템혁신이 이루어지고 있다. 그리고 디지털환경이 선도하는 지식기반정보화를 달성하기 위해 많은 노력이 투입되고 있는 것이다. 때문에 공인회계사의 역할은 갈수록 그 중요성이 커지고 있음을 알 수 있다.

최근 업계에서도 조직의 질적 향상과 규모의 대형화를 도모하고 있고, 전문가의 적절한 수급을 위해 공인회계사 최소선발 예정인원은 2000년도까지만 해도 500여명이었던 것을 2001년도부터 2006년도까지는 1,000명으로 상향조정하였다가, 2007년도에는 750명, 2008년도에는 800명, 2009년도부터 2018년도까지는 850명, 그리고, 2019년도는 1,000명, 2020년도부터는 1,100명이 되었다.

특히, 2007년도부터 공인회계사 시험제도가 변경되었다. 2007년도부터 제2차시험 합격자 결정에는 "절대평가제"와 "최소선발예정인원제" 및 "부분합격제"가 함께 시행되었다. 제2차시험 매과목 배점의 6할 이상을 득점한 자를 합격자로 결정(절대평가)한다. 다만, 절대평가로 합격한 자가 최소선발예정인원에 미달하는 경우 미달인원에 대해서는 매과목 배점의 4할 이상을 득점한 자 중 전과목 총득점에 의한 고득점자 순으로 합격자를 결정(상대평가)한다. 또한, 제2차시험 과목 중 매과목 배점의

6할 이상을 득점한 과목에 대하여는 제1차시험에 합격한 다음회의 시험에 한하여 그 과목을 제2차시험에서 면제하는 "부분합격제"가 시행되었다. 따라서 시험에 응시하고자 하는 수험생들은 공인회계사시험의 응시자격에 따른 학점관리 등에 각별한 주의를 해야 겠다.

그리고 2007년도부터 공인회계사 제2차시험 "재무회계" 과목의 배점이 100점에서 150점으로 확대되어 시행됨에 따라 "재무회계" 과목의 시험시간("재무회계" 과목이 120분에서 150분으로 조정, 나머지 과목은 그대로 120분임) 및 시험일자(1일차 1교시 세법, 2교시 재무관리, 3교시 회계감사, 2일차 1교시 원가회계, 2교시 재무회계)도 조정되었고, 재무회계의 답안지 매수도 10매에서 14매(재무회계 이외 과목의 답안지 매수는 그대로 10매)로 조정되었다.

이번 제26판 『공인회계사 제2차시험 기출문제집』의 구성내용을 살펴보면,

첫째, 「수험생 필독 ADVICE」에서는 최근 10여년간의 공인회계사 제2차시험 출제경향 및 수험대책이 상세히 분석되어 있어 수험생들이 긱 과목별 출제경향분석과 수험대책을 미리 파악하여 체계적인 수험전략을 수립할 수 있게 하였다.

둘째, 「공인회계사 제2차시험 기출문제 및 풀이」에서는 최근 4년간(2022년, 2021년, 2020년, 2019년)의 제2차시험 기출문제 및 풀이가 수록되어 있다.

특히, 재무회계 과목은 2010년 공인회계사시험부터 한국채택국제회계기준(K-IFRS)을 적용하여 시험문제가 출제됨에 따라 한국채택국제회계기준(K-IFRS)을 최근 개정기준까지 적용하였고, 세법 과목도 최근 개정법률까지 반영하여 기출문제 및 풀이를 수정·보완하였다. 그리고 회계감사 과목은 2014년도 제49회 공인회계사 시험부터 신국제감사기준(New ISA)이 적용되어 출제된다. 또한, 2017년도 공인회계사 제2차시험부터 회계감사과목 중 직업윤리의 출제 범위 및 출제 비중(회계감사 과목 중 10% 내외로 출제)이 변경되었으므로 주의하기 바란다.

본서를 통해 공인회계사 제2차시험의 기출문제 및 출제경향을 잘 파악하여 수험생 각자에게 만족할만한 정보로 활용되기를 바란다.

공인회계사시험 제도안내, 그리고 공인회계사 제1차시험 출제경향분석 및 수험대책과 기출문제 풀이는 「공인회계사 제1차시험 기출문제집」을, 합격수기 및 합격자 인터뷰는 「공인회계사·세무사 합격수기」를 구입하여 활용하기 바란다.

앞으로도 도서출판 회경사는 수험생을 위한 체계적인 최신 정보를 제공하여 수험생 여러분의 수험생활에 도움이 되도록 최선의 노력을 다할 것을 약속드린다.

2022년 9월

『월간회계』 편집실에서…

차 례
Contents

2021 제56회 기출문제

2020 제55회 기출문제

2019 제54회 기출문제

수험생 필독 ADVICE

수험생 필독 ADVICE

■ 공인회계사 제2차시험에 임하는 자세

1차시험에 합격한 수험생들은 그 기쁨에서 채 벗어나기도 전에 2차시험 준비를 어떻게 해야 할 것인가 하는 막막함이 불쑥 앞으로 다가선다. 그리고 전년도에 1차를 붙은 사람들은 1년의 유예기간을 거의 다 보내고 나서 새로운 성생자들과 함께 시험을 쳐야 하다는 부담감이 더욱 크게 느껴질 시기이다. 거의 모든 수험생이 매일 달력을 보면서 며칠 정도 남았나 헤아려 보고 남은 기간 어떻게 공부를 해야 가장 효과적일까 하며 고민을 하게 된다. 그렇지만, 뚜렷한 묘안은 떠오르지 않고 체계적인 계획도 없이 닥치는 대로 책을 보게 되면 막상 공부를 하고 난 다음에도 정리되지 않고 시간은 더욱 빠르게 지나가는 것만 같다.

우선 1, 2차를 동시에 준비하는 수험생들에게 한마디 말을 전하고 싶다. 간혹 이들 중에 "50일 밖에 안 남았는데 이 기간에 하면 얼마나 할까? 한다고 해서 된다는 보장도 없는데 좀 쉬고 내년에 본격적으로 해야지."라고 생각을 하는 사람도 있다. 단언컨대 이런 생각을 하는 것은 금물이다. 우 선 당해 2차를 포기하면 2차시험의 발표가 있을 때까지 책에서 손을 놓게 되고 겨울이 다가와 공부 를 다시 시작하려고 할 때쯤 그 감각을 찾는데 무척 많은 시간을 필요로 하게 된다. 그리고 공인회계사 시험의 1차와 2차시험 과목이 회계감사를 빼고는 차이가 나는 게 별로 없어서 약간만 신경을 쓰고 정리를 하기 시작하면 좋은 결과가 나올 수 있다. 설령 합격 이라는 결과가 나오지 않을지라도 공부를 한 상태에서 시험지를 대하는 것과 아무 의미 없이 시험지를 대하는 것과는 많은 차이가 있다. 조금이라도 공부를 한 사람이라면 시험지를 대하면서 자기가 부족한 부분을 파악할 수 있고 2차시험에 임하는 자세 등을 몸으로 느낄 수가 있어서 다음 해에 시험을 치르는 데에도 도움이 될 것이다. 또한, 2차공부를 하는 과정에서 1차를 공부 할 때와는 다른 어려움을 겪게 되는데 미리 그것 을 경험함으로써 다음 해에도 어려움이 닥칠 때 당황하지 않고 대처할 수 있을 것이다.

전년도에 1차를 붙은 사람들은 아무래도 당해 연도에 1차를 붙은 사람과는 입장을 달리해야 할 것이다. 요즘의 2차 문제는 크고 어려운 문제를 3개 정도 내기보다는 2시간 동안 보다 많은 것을 묻는 방식으로 출제되고 있다. 그만큼 출제분야도 다양해지고 있고 문제풀이 속도 또한 빠를 것을 요구하고 있다. 그러므로 적어도 1년의 유예기간을 보내고 2차를 치는 사람이라면 시험범위 의 모든 분야를 한 번쯤은 확실하게 공부를 해두어야 할 것이다. 그래서 어떠한 문제가 나온다 해도 자기가 아는 한도 내에서 유추를 통해서라도 빈 답안지를 채울 수 있어야 할 것이다.

그리고 2007년도부터 제2차시험 부분합격제가 도입되었다. 제2차시험 과목 중 매 과목 배점의 6할 이상을 득점한 과목에 대하여는 제1차시험에 합격한 다음 회의 시험에 한하여 그 과목을 제2차시험에서 면제한다. 다시 말해 제1차시험에 합격한 당해연도의 제2차시험에 응시한 경우에만 부분합격 과목이 생길 수 있다는 것이다. 따라서, 2007년도 시험부터는 부분합격제 제도를 적극 활용해야 한다.

이 밖에 수험생으로서 반드시 주의해야 할 것이 다름 아닌 건강이다. 매일 의자에 앉아서 책과 씨름하다보면 자칫 불규칙적인 생활에 빠져들기가 쉽다. 사람에 따라 공부하는 습관이 다르겠지만 될 수 있으면 규칙적인 생활을 하도록 하고 일주일에 한 번쯤은 생활리듬이 깨지지 않는 범위 내에서 휴식을 취하는 것이 좋을 듯 싶다.

그리고 짜투리 시간을 적극 활용하라는 이야기를 꼭 하고 싶다. 이런 조그만 시간에 공부하다가는 이해가 안되는 부분이라든지 풀리지 않은 문제를 가지고 친구들과 가볍게 이야기하는 것이 많은 도움을 주고 실전에 가서는 자신의 점수를 CUT - LINE 위로 올려놓게 될지도 모른다.

마지막으로 시험보기 40여일 전의 기간이 결코 짧은 시간이 아니라는 사실을 명심하기 바란다. 사실 처음에는 진도도 나가지 않고 답답하게만 느껴지겠지만 그 시기가 지나면 공부에 가속도가 붙어서 시험에 임할 때의 누적량은 무시하지 못할 것이다. 이 시기의 공부가 실전에서의 싸움에 무기가 되어 여러분을 승리로 이끄는데 결정적인 역할을 할 것이라고 믿는다.

▨ 공인회계사 제2차시험 출제경향 분석 및 수험대책

1. 세법(세무회계) : 1일차 1교시(10:00~12:00, 120분)

⑴ 출제경향분석

법인세 세무회계가 약 40점, 소득세 세무회계가 약 25점, 부가가치세 세무회계가 약 20점, 약술문제가 약 10점의 배점으로 출제되고 있다. 최근에는 상속세 세무회계가 5점 배점으로 출제되기도 한다. 전체문제의 약 80%가 세무회계 종합문제에서 출제되고 있으므로 세무회계를 위주로 공부하여야 한다.

1999년도에는 법인세, 소득세, 부가가치세, 증여세에 관한 세무회계 문제와 국세기본법, 부가가치세법, 지방세법, 소득세법에 대한 약술문제가 출제되었다.

2001년도에는 전반적으로 매우 평이한 수준의 문제가 출제되었다. 이는 예년에 비해 많은 합격자를 배출하여야 하는 점 때문이다. 또한, 수많은 수험생의 답안지를 채점하여야 하는 부담 때문에 문제스타일이 예제문제(단답형)형식으로 출제되는 경향이 높아지고 있으며 이러한 경향은 앞으로도 계속 지속되리라 본다.

2002년도에는 이번 공인회계사 2차 시험문제는 과거와 달리 다음과 같은 특징이 있다.

첫째, 기본에 충실하고 중요한 부분이 빠짐없이 망라되었다. 특정부분을 집중적으로 출제하여 그 부분을 공부한 사람만 공부하는 문제와는 확연히 구별된다. 둘째, 채점의 편의를 위하여 법인세를 각론식 문제로 출제한 것은 과거의 경향과 비슷하나 충분한 자료를 제시하였다. 읽어도 무슨 뜻인지 알 수 없거나 여러 가지 의미로 해석되는 자료는 거의 제시되지 않았다. 셋째, 약술도 단순히 암기하는 것보다는 내용을 이해하고 있어야 쓸 수 있는 케이스 문제가 출제되었다. 이러한 출제경향은 참으로 소망스럽고 바람직한 것이다. 당락은 오직 실력에 의하여 결정되어야 하며, 시험은 실력있는 사람과 그렇지 못한 사람을 가려내는 변별력을 가지면 충분하다. 이번 시험은 이러한 점에 충실하였으며, 향후 출제경향의 표본을 제시한 것으로 본다.

2003년도에는 너무도 지문이 길고 많은 양의 문제를 제한된 시간 내에 풀이할 수 있는 사람이 과연 있을까 하는 의문이 들 정도의 어려운 문제들로 출제되었다.

2004년도 세법문제는 복원을 하지 못해 자세한 내용은 알 수 없으나 너무 지문이 길고 많은 양의 어려운 문제들로 출제되었다.

2005년도에는 일부 예상하지 않았던 내용이 출제되어 많은 수험생들이 시험장에서 당황하였을 것으로 생각된다. 특히 법인세의 경우 퇴직급여충당금과 중소기업특별세액감면의 감면대상소득을 계산하는 문제는 평소에 잘 다루어지지 않았던 내용들이어서 풀기가 쉽지 않았을 것이다. 그리고, 소득세의 경우에는 연말정산과 확정신고의 관계를 물어보는 내용이 많아서 풀이시간이 많이 소요되었을 것이며, 부가가치세에서는 의제매입세액공제의 기본원리에 대한 이해를 요구하는 문제가 출제되어 단순히 의제매입세액의 계산방식을 암기했었다면 어려움을 겪었을 것으로 생각된다. 최근의 시험은 개별주제에 대한 심도있는 질문이 이어지므로 세무회계 교재의 각론의 내용을 정확하고 체계적으로 이해하는 것이 더욱 필요할 것으로 판단된다.

2006년 세법문제는 법인세법 40점, 소득세법 25점, 부가가치세법 20점, 상속 · 증여세법 5점, 국세기본법 10점의 배점으로 출제되었다. 중심3법에 대한 배점은 예년과 동일했으나, 약술형에서 지방세가 제외되고 국세기본법에서 2문제가 출제되었다.

2006년도 문제도 제한시간 내에 풀이가 불가능한 양이 주어짐으로써 수험생을 고생시켰을 것으로 짐작된다. 필자(최태규 공인회계사)가 실제 시험을 가정하고 답안작성을 한 결과는 소요시간 2시간 58분, 답안지 매수 14면이었다. 시험장에서 주어지는 답안지가 10면인 점을 감안하면, 현재의 출제방향은 진지한 검토가 필요하다고 생각한다.

2007년도 출제문제는 전체적인 난이도면에서 평이한 수준으로 세법 전분야를 평가하는 바람직한 방향의 문제로 분석된다.

법인세법 문제인 【문제1, 2】에서 올해부터 크게 바뀐 인정이자율을 적용한 인정이자와 지급이자 손금불산입 문제는 충분히 예상되는 문제였다. 한편, 감자시 단기소각주식을 반영한 의제배당과 역시 올해 개정된 사항을 반영한 과소신고가산세 계산문제는 비교적 난이도가 있어 보인다.

소득세법 문제인 【문제3】은 평이한 난이도로 보이지만 종합소득을 구성하는 개별소득과 종합소득세 계산구조관계를 정확히 이해해야만 오차없이 풀 수 있는 문제였으며 특히, 이월결손금 공제영역에 비중을 둔 문제이다.

부가가치세법 문제인 【문제4】도 평이한 난이도의 문제로서 예정신고서의 공통매입세액 안분계산을 확정신고시 정산하는 등 매입세액 불공제계산을 위주로 출제되었다.

약술형 문제인 【문제5】의 경우는 기존처럼 간단한 단답형 주관식 이론 서술형 문제 형태에서 계산을 요하는 형태를 가미한 깔끔한 인상을 주는 문제로 출제되었다. 고·저가 양수도와 관련한 양도소득세와 증여세 관계는 심도있는 판단을 요구하는 아주 바람직한 문제로 평가된다.

2008년도 출제 문제는 전체적인 난이도면에서는 중급 수준이었으며 세법 전분야를 평가하는 바람직한 방향의 문제로 분석된다.

법인세법 문제인 【문제1, 2】에서는 최근의 중점 출제부분 이외의 부분을 주로 출제하였다. 문제의 규모를 비교적 작게 구성하였고, 세법의 법리와 세무회계 계산구조를 정확하게 이해한 수험생만이 정답을 이끌어 낼 수 있도록 출제함이 돋보였다.

소득세법 문제인 【문제3】은 평이한 난이도로 보이지만 종합소득을 구성하는 개별소득과 종합소득공제 등 종합소득세 계산구조 관계를 확실하게 이해해야만 오차없이 풀 수 있는 문제였으며, 특히 2008년에 개정 추가된 소기업·소상공인 공제부금 소득공제를 제시하여 미처 대비하지 못한 수험생은 크게 고전했으리라 생각된다. 한편, 부담부증여와 관련된 양도소득세 문제는 무난히 접근하였으리라 본다.

부가가치세법 문제인 【문제4】는 겸영사업자 문제로 부가가치세 계산구조의 각 단계들을 잘 숙지한 수험생만이 빠르게 정답을 도출했으리라 생각된다.

국세기본법 약술과 상속세·증여세법 계산문제인 【문제5】의 경우는 간단해 보이지만 핵심을 찌르는 문제로서 정답 또한 깔끔하게 작성했어야 한다.

2009년도 출제문제는 전체적인 난이도 면에서 중급수준이었으며 세법 전분야를 평가하는 바람직한 방향의 문제로 분석된다.

법인세법 문제인 법인세법 문제인 【문제1】에서는 감가상각비, 퇴직급여충당금·퇴직연금충당금, 대손금·대손충당금 등 항목별 세무조정 중 중요한 부분과 법인세과세표준 및 세액계산단계인 최저한세 문제를 출제하였다. 문제의 규모를 비교적 크게 구성하였고 난이도면에서 대손금·대손충당금을 제외하고는 기본적인 수준이다.

소득세법 문제인 【문제2】는 난이도가 중급수준이다. 배당소득금액 계산과정에서 무상주 의제배당과 종합소득공제 중 인적공제액 계산이 까다로운 것 같다. 양도소득세 이월과세 문제는 2009년 세법개정에 따른 문제로 참신함을 보였다.

상속세법 문제인 【문제3】은 배점에 비하여 시간이 많이 소요되었을 것이다. 배우자상속공제 금액계산에서 실수가 많았을 것으로 생각한다. 난이도는 상급수준이다.

부가가치세법 문제인 【문제4】는 겸영사업자 문제로서 기본적인 문제이다. 부가가치세법의 비중에 비하여 낮은 배점이 특기할만한 상황이다.

【문제5】는 2009년 1월 1일 도입된 동일기업 과세특례(파트너십 과세제도) 문제로서 문제수

준은 기본적이지만 준비하지 않은 수험생의 경우는 애로가 있었을 것이다.

국세기본법 문제인 【문제6】은 신의성실의 원칙과 소급과세 금지의 원칙과 관련된 판단문제로서 상당히 어려웠을 것이다. 국세부과의 원칙과 세법적용의 원칙에 대하여 사례중심으로 심도있게 고민한 수험생의 경우만이 올바른 판단을 제시할 것 같다.

2010년도 출제 문제는 전체적인 난이도면에서는 중급~상급 수준이었으며 세법 전분야를 평가하고 참신함이 돋보이는 바람직한 방향의 문제로 분석된다. 한편으로, 올해의 세법출제자는 회계, 세법에 달통하고 수험생의 강점과 약점을 너무나도 잘 아시는 분이라는 생각도 해본다.

부가가치세법 문제인 【문제1】의 (물음1)은 당초 신고서의 과세표준 및 매출세액과 매입세액의 기재내용에 대하여 오류를 수정하는 문제로서 기본적인 문제이다.

(물음2)는 겸영사업자의 면세전용시의 과세표준 계산과 실무적으로 중요한 대리납부대상 부가가치세액 계산, 대리납부 제도의 취지를 묻는 약술형태의 중급수준의 문제이다.

2009년 기출의 낮은 배점과는 다르게 22점을 배점한 비중 있는 문제이다.

법인세법 문제인 【문제2】는 중간예납세액 납부부담을 최소화할 수 있는 방법 및 계산근거를 제시하는 문제이다. 이론적으로는 어렵지 않으나 실무적으로는 중요하고 실제로 계산연습을 하지 않은 경우에 당황하여 많은 실수를 유발할 수 있는 중급수준의 문제이다.

【문제3】의 (물음1)은 K-IFRS 을 적용함으로써 유형자산의 재평가모형을 사용한 회계처리와 무형자산인 개발비의 감가상각비관련 세무조정, (물음2) 는 지급이자 손금불산입 세무 조정, (물음3)은 장기 예약매출에 대하여 완성기준 회계처리시의 세무조정, (물음4)는 2010년 1월 1일부터 시행되는 연결납세제도의 연결사업연도소득금액의 계산과정을 묻는 문제들이다. 기존의 주요 출제분야 틀에서 많이 벗어나고 연결납세제도 문제처럼 자칫 무시하기 쉬운 분야에서 출제되어 당황하고 실수가 많았으리라 생각된다. 문제수준은 어렵지 않으나 제반 상황을 고려해보면 중급수준으로 평가된다.

소득세법 문제인 【문제4】는 난이도가 중급수준이다. 금융소득과 기타소득 관련 문제는 제시된 자료들이 많고 애매한 부분이 있어서 다소 까다로운 것 같다. 근로소득과 사업소득 관련 문제는 모범적인 기본유형으로서 평이하다.

【문제5】의 증여세와 양도소득 이월과세 문제는 실무적 또는 현실적으로도 가능한 상황의 문제로서 참신함을 보였다. 중급수준의 문제이다.

【문제6】은 국세기본법, 소득세법, 상속세법 의 연대납세의무, 납세의무의 승계, 제2차 납세의무 영역을 정확히 이해하고 사례중심으로 심도있게 준비한 수험생만이 정확히 판단하고 정답을 얻을 수 있는 상급수준의 문제이다.

2011년 세법 출제 문제는 전체적인 난이도면에서는 중간 또는 평이한 수준이었으며 세법의 전 분야를 평가하고 확실히 알아야만 정답을 도출할 수 있는 좋은 문제로 평가된다.

부가가치세법 문제로서 20점 배점인 【문제1】의 (물음1)은 당초 신고서의 과세표준의 기재내용에 대하여 오류를 수정하는 문제이다. (물음2)는 겸영사업자의 매입세액공제액을 계산하는 문제로서 공통매입세액 안분계산, 정산 및 과세전용시 공제액 계산 등 중급수준의 문제이다. (물음3)은 의제매입세액 계산문제, (물음4)는 간이과세자 차가감납부세액 계산과 일반과세자로의 전환시 재고매입세액을 계산하는 문제 등 기본수준의 평이한 문제이다.

소득세법 문제인 【문제2】의 양도소득세 문제와 【문제3】의 난이도는 중급수준이다. 【문제3】의 (물음2) 기타소득 관련 문제와 (물음4)의 금융소득의 종합과세시 산출세액, 세액공제계산 문제는 정확한 수치계산을 요구하는 문제였다.

【문제4】는 약술형 단답형이며 중간수준의 난이도로서 국세기본법상 납세의무의 성립, 확정과 소멸시효 기산일 및 비상장법인의 제2차 납세의무자를 묻는 문제로서 세법을 확실하게 이해한 수험생만이 풀 수 있는 이론적으로 좋은 문제이다.

법인세 문제인 【문제5】, 【문제6】의 난이도는 중급수준이다. 【문제5】의 (물음1)은 유보의 추인관련 문제이고, (물음2)는 불공정합병에 따른 이익 분여와 관련된 전형적인 유형의 세무조정 문제이다. 【문제6】의 (물음1)은 장기할부 판매, 단기건설용역과 관련된 손익귀속시기, 건설자금 이자, 국고보조금 및 일시상각충당금 관련 세무조정 문제이다. (물음2)는 법인입장에서의 단기 매매증권과 관련하여 전기의 의제배당, 평가에 따른 당기 처분시의 유보추인과 개인 입장에서의 상장주식에 대한 양도소득세 관련 문제이다. 특히, (물음3)은 최근 드물게 출제되었던 기부금관련 세무조정과 법인세 과세표준과 최저한세 검토를 포함한 세액 계산과정을 물어보는 문제이다. 【문제7】은 상속세과세가액을 물어보는 정확성을 요하는 중급수준의 문제이다.

기출문제를 풀이 하면서 느낀 점은 역시 세법개론, 세무회계 기본서의 각 각론부분을 충실하고 확실히 알도록 학습해야 실수를 줄일 수 있고 주어진 시험시간 내에 고득점 하기 위해서는 많은 반복과 숙달로 문제에 숙련되어야 한다는 것이다. 또한, 시사성 있는 출제예상 부분에 대하여 반드시 정리를 해 둘 필요가 있다는 것이다.

2012년 세법 문제는 최근 5년 기출 중에서 가장 난이도가 높았던 문제였었던 것 같다. 다른 기출 때보다 자본구조 변경과 관련된 문제가 많이 출제되었다. 대비책은 사실상 다양한 부분에서 기출되고 있으므로 특정 부분만 대비해서는 높은 점수를 얻을 수는 없다.

개별 문제별로 난이도는 높지 않으나, 기존의 교과서에 보던 문제의 비중이나 기출되었던 문제의 유형의 비중은 줄어들었고 새로운 문제의 유형이 나오고 있으므로 주요 topic을 집중으로 하기보다는 전체적인 topic을 골고루 일정한 수준까지 대비하는 것이 최소한의 득점 유지에 유리할 것이다.

그리고 시험보기 직전에 세무정책과 관련해서 이슈화되거나 개정된 부분에 대해서는 한번쯤 내용을 파악하고 들어가는 것이 최소한 필요하다.

2013년 세법문제는 최근 기출문제들과 비교하면 난이도는 비슷하나 문제수를 다소 많이 제시하고 있다. 또한 문제 곳곳에 실수할 수 있는 내용을 담고 있어 수험생들이 제한된 시간 안에 주어진 문제를 모두 풀기에는 불가능(?)에 가까운 어려움이 있었을 것으로 생각된다. 그러나, 내가 어려우면 다른 사람도 어려운 것이 시험이며, 아무리 어렵더라도 그동안 열심히 노력한 수험생이라면 합격할 수 있는 점수는 반드시 주어지리라 본다.

2013년 세법문제의 특징을 정리해 보면 다음과 같다.

1. 법인세법은 전 범위에 걸쳐 골고루 출제되었다. 특히 법인세법은 복잡한 계산구조보다는 전체적인 세무조정구조를 학습한 수험생이라면 수월했을 문제들이 눈에 띤다. 다만, 비영리법인(학교법인)의 고유목적사업준비금 문제는 예외적이다.

2. 부가가치세법은 정확한 세법의 규정을 알아야만 빠른 시간안에 풀이할 수 있는 내용이였으나, 곳곳에 실수할 수 있는 내용을 담고 있다.

3. 소득세법은 어려운 문제는 아니나 자료의 내용을 일반적인 표현과 다르게 주어지는 등(예 사업소득금액 계산) 혼동할 수 있도록 자료가 주어진 것이 눈에 띤다. 양도소득세도 정확히 자료의 내용을 분석하지 못하면 실수할 수 있는 문제이다.

4. 상속세 및 증여세법은 시사적인 문제인 특수관계법인과의 거래를 통한 이익의 증여의제 (일감몰아주기를 통한 증여)관련 문제를 계산형으로 출제하였다. 관련 내용을 공부한 수험생이라도 제한시간 안에 문제를 풀기에는 어려운 내용이다.

5. 국세기본법은 세무조정 결과통지 관련 사례문제로 법규정을 알고 있더라도 사례를 통하여 학습하지 않았으면 어려운 문제이다.

6. 작년과 동일하게 세법의 규정(세부적인 내용)을 명확히 알아야만 접근이 가능한 자료가 다수 제시되어 실제 체감 난이도는 높아으리라 생각된다. 수험서에 나오는 이론 및 문제를 꼼꼼이 학습한 수험생만이 정확하게 풀 수 있는 내용이 다소 곳곳에 있는 것이 특징이다.

2014년도 법인세법 【문제1】은 의제배당, 수입배당금 익금불산입, 감가상각, 재고자산 및 유가증권 평가, 외화자산 및 부채평가, 대손충당금, 외국납부세액공제 문제로 구성되었으며 기본적인 내용을 묻는 문제로 출제되었다.

또한, 법인세법 【문제2】는 접대비 및 기부금 세무조정 문제로 전통적인 한도초과액 계산문제가 출제되었다.

부가세법 【문제3】은 일반과세자의 과세표준, 겸영사업자의 불공제매입세액 및 의제매입세액, 과세유형 변경에 따른 재고매입세액을 묻는 문제로 출제되었으며, 복잡한 내용이 아닌 항목별로 쉽게 접근할 수 있는 난이도로 출제되었다.

그리고, 소득세법 【문제4】는 금융소득, 연금소득, 기타소득, 종합소득공제액, 종합소득산출세액, 특별세액공제를 포함한 모든 세액공제액을 구하는 문제로, 개정된 내용에서 많은 부분이 출제되었다. 또한, 소득세법 【문제5】는 토지 및 비상장주식의 양도소득금액을 묻는 문제로 토지의 환산취득가액을 구할 수 있다면 쉽게 풀이가 가능했을 것이다.

마지막으로, 상속세및증여세법 【문제6】은 증여세 전반에 걸쳐있는 규정에 대해 사례를 주고 적용 가능한 세법규정 및 과세 문제를 묻는 약술 문제로 출제되었다.

이번 기출문제에서 느낀 점은, 기본적인 내용에 충실해야 한다는 점과 평이하게 출제될수록 실수가 없도록 노력해야 한다는 점이었다.

2015년도 세법은 법인세와 상증세의 경우 평균적인 난이도였으나, 부가가치세와 소득세는 높은 난이도로 문제가 출제되었다. 특히 소득세의 경우 함정이 많아 답을 정확히 맞추는 것이 쉽지 않았을 것으로 생각된다. 문제의 양도 많아서 응시자들이 시간내에 푸는 것이 어려웠을 것으로 판단된다.

법인세의 경우 미환류소득을 묻는 문제가 출제되었으며, 소득세의 경우 이번연도 개정된 내용이 많이 출제되었다. 실무에서도 중요도가 높은 분야 및 해당연도에 개정된 내용은 누락없이 공부하는 것이 필요하다.

2016년도 세법은 대체적으로 평이하게 출제되었다.

그러나 복잡하지 않은 문제라도 실수는 항상 할 수 있으므로 시험장에서는 긴장의 끈을 놓아서는 안된다. 세법의 경우 기본개념이 제대로 잡혀있지 않은 경우에는 여러 규정을 혼동하는 경우도 많아 실수를 범하기 쉽다.

기본적인 내용을 실수 없이 푸는 것도 실력이다. 기본적인 내용을 충실히 공부했고 실수 없이 풀어낸 경우 좋은 점수를 받을 수 있으나, 그렇지 않은 경우에는 아무리 문제가 쉽게 출제 되더라도 좋은 점수를 받기는 어렵다. 복잡하고 어려운 문제를 잘 푸는 것도 좋겠지만 기본적인 내용을 실수 없이 푸는 것이 점수측면에서는 더욱 중요하다.

2017년은 전반적으로 높은 난이도로 문제가 출제되었다. 특히 실무에 적용되는 예규상의 내용들이 많이 출제되어 수험생들이 정확한 답을 도출하기가 어려웠을 것으로 생각된다. 문제의 양도 많은 편이었으므로 문제풀이 시간이 많이 부족하게 느껴졌을 것으로 판단된다.

답이 간단하게 계산되는 문제들도 출제되긴 했으나, 기존의 출제되던 방식과 달리 세부규정을 묻는 문제가 많았으므로 시험장에서의 체감난이도가 상당히 높았을 것으로 생각된다.

그러나 전반적인 난이도가 높더라도 항상 기본적인 내용을 묻는 문제와 난이도가 낮은 문제가 함께 출제되므로 몇몇 난이도 높은 문제와 생소한 문제자료에 당황하지 말고 최대한 주어진 시간 안에 빠르게 풀 수 있는 문제를 많이 푸는 것이 중요하다.

2018년도 세법은 소득세와 부가가치세 문제는 비교적 쉽게 출제되었으며, 법인세와 상증세의 경우에는 난이도가 높았다. 전체적으로는 예년에 비해 평이하게 출제되었다.

소득세와 부가가치세의 경우 난이도가 낮았으므로 평소 기본기를 잘 갖춘 응시생분들은 정확한 답을 도출할 수 있었을 거라고 생각된다. 다만, 비교적 난이도가 높았던 상증세의 경우에는 정답률이 높지 않았을 것으로 판단된다.

언제나 기본기가 중요하다. 좋은 점수를 얻기 위해서는 기본적인 문제를 실수없이 풀이하는 것이 가장 중요하다.

2019년도 세법은 문제 수가 많은 편이었으나, 부가가치세와 법인세의 경우 평이하게 출제되었다. 소득세와 양도소득세의 경우는 디테일한 부분이 출제되어 약간 난이도가 있는 편이었다.

2020년도 세법은 작년보다는 다소 어려웠으나 전체적인 난이도는 무난한 편이었으며, 일반적으로 잘 안 다루는 주제가 있어 고득점은 어려우나 다른 문제를 정확히 풀었다면 점수는 무난하게 나왔을 것으로 보인다.

이번 시험에는 소득세의 근로소득부분이나 법인세의 청산소득의 경우는 지엽적인 내용도 다루고 있어서 다소 어려울 수 있었다. 상속세 문제의 경우는 회계사 시험의 경우 쉽게 내는 경향이 있으나 이번에는 상속세 전반을 깊이 있게 다루고 있어서 풀기 어려웠을 것으로 보인다.

2021년 세법은 복잡하고 난해한 주제보다는 과거에 자주 출제되었던 주제에서 대부분 출제되었다. 난이도 자체는 어렵지 않았으나 각 문제의 첫 문항을 잘못 풀게 되면 연쇄적으로 다음 문항들의 답까지 영향을 끼치도록 출제하여서 시험장에서 수험생들이 불안감을 느끼며 문제를 풀었을 것이라고 생각한다.

소득세법에서는 근로소득, 기타소득, 금융소득과 각종 소득공제, 세액공제를 골고루 물어보았으나 다소 평이한 수준이었고, 양도소득 역시 기본적인 부분만 숙지하였다면 크게 어렵지 않을 것이라고 생각한다.

부가가치세법 역시 전통적으로 항상 출제되었던 과세와 영세율 구분과 그 과세표준, 공통매입세액공제 및 의제매입세액공제 등 일반적인 주제 위주로 출제되었고, 수험생들이 다소 소홀히 여기는 가산세 부분이 출제되었으나 아주 쉽게 출제되어 준비만 되었다면 어렵지 않게 풀이하였을 것이라고 생각한다.

법인세법에서는 접대비, 기부금, 간주임대료, 퇴직연금충당금 등 익숙한 주제들을 중심으로 어렵지 않은 난이도로 출제된 반면에 반품조건부 판매에 관한 손익의 귀속시기에 대한 세무조정을 물어보는 다소 낯선 문제가 출제되었다. 그러나 이는 실제 회계처리와 세무상 회계처리를 비교하여 접근한다면 어렵지 않은 문제였다고 생각한다.

상속 및 증여세법에서는 비상장주식평가와 재산을 취득 후 재산가치증가에 따른 증여재산가액에 대해 출제되었다. 비상장주식평가 관련하여 조금 더 명확하게 단서를 달아주었다면 좀 더 매끄러운 문제가 되었을 것이라고 생각한다.

2022년 세법은 지난해에 비해 난이도가 상향되어 출제되었다. 시험장에서 체감 난이도는 특별히 높게 느껴지지 않았을지라도 수험생들이 자주 미스하는 부분들을 문제 곳곳에 배치하여 채점 후 당황하는 사례가 적지 않을 것으로 보인다.

[문제 1] 소득세법에서는 근로소득자가 벽지수당을 받는 경우 일정부분 비과세되는 부분과 출장경비를 실비로 받는 경우의 자가운전보조금 과세 여부에 대해 숙지하였어야 문제 풀이가 가능했을 것으로 보이며, 비출자임원에 대한 사택제공이익에 대해서도 문제를 잘못 읽은 수험생들은 오답을 제출하였을 것으로 보인다. 또한, 사업소득과 기타소득, 이자소득에서부터 각종 공제 계산에 이르기까지 전반적인 종합소득세 산출과정을 꼼꼼히 물어보는 문제가 출제되었는데 평소 정확하게 문제푸는 습관을 가졌던 수험생들에게는 평이하게 느껴졌을 것이다. [문제 2]는 양도소득세 문제가 출제되었는데 특수관계자에게 양도한 경우의 양도가액 산정 부분을 제외하고는 평이하게 출제되었다. [문제 3] 부가가치세 문제는 매년 출제되었던 과세표준금액과 영세율 구분을 묻는 평이한 난이도로 출제되었으나, [문제 4]는 부가가치세 가산세 문제가 출제

되어 평소 가산세 파트를 소홀히 하는 수험생들에게는 실제 문제 난이도에 비해 체감 난이도가 높았을 것으로 추측된다. [문제 5] 법인세법 세무조정 문제는 수험생들에게 익숙한 주제들에서 출제되었으나 접대비 문제는 자산으로 계상한 접대비 조정부터 문화접대비까지 꼼꼼히 준비하지 않은 수험생들은 오답을 산출한 확률이 높았을 것으로 보인다. [문제 6] 법인세법 문제는 재고자산의 평가, 부당행위계산부인, 대손충당금, 기부금 등 주요 주제부터 재해손실세액공제와 토지 등 양도소득에 대한 문제까지 다소 지엽적이라고 느껴지는 주제까지 다양하게 출제되어 수험생간 변별력을 확인할 수 있도록 출제되었다. [문제 7] 상속세 및 증여세법 문제는 배우자상속공제에 대한 확실한 이해가 없는 수험생의 경우에도 단순히 5억공제를 적용하여 문제를 풀어도 답을 맞출 수 있도록 출제되어 아쉬움이 느껴졌다.

⑵ 수험대책

공인회계사 세법시험에는 법인세, 소득세는 물론 부가가치세도 빠지지 않고 출제되고 있으며, 최근에는 예전에 약술형으로 출제가 되었던 상속세도 계산문제로 나오고 있다. 약술형 문제도 세법전반에 걸쳐 출제되고 있기 때문에 수험생의 입장에서는 폭넓게 공부할 필요성이 강조되고 있다. 우선 시간이 그리 많이 남지는 않았지만 1차를 공부할 때의 감각을 가지고 최소한의 시간 내에 세법개론 책을 한 번 훑어봄으로써 이론적인 무장을 하고 약술형을 정리한 다음, 시중에 나와 있는 문제집의 종합문제를 가지고 모의답안지에 직접 답안을 작성하는 습관을 들이는 것이 가장 좋은 공부방법이라고 본다. 물론 세무회계 책자의 풀이는 보지 않고 답안을 작성해야 할 것이다. 그래야 자기의 취약분야와 조그마한 실수도 찾아낼 수 있고 자기 나름대로의 답안지 작성요령을 터득할 수 있을 것이다. 또한, 세법은 전체적인 계산구조 속에서 그 흐름을 잃으면 정답을 유도하기가 힘들므로 평상시에 반복적인 연습을 통하여 그 계산구조가 몸에 배도록 하여야 할 것이다. 그리고 최근 개정된 세법의 내용을 반드시 숙지하고 약술형을 대비해서 정리해 놓는 것도 잊지 말아야 하겠다.

또한, 최근의 출제경향에 따라 종합문제 위주의 공부보다는 예제문제 위주의 학습에 중점을 두어야 하며, 복잡하고 어려운 문제의 풀이에 치중하기보다는 기본적인 사항에 역점을 두어 충실히 학습하는 것이 바람직하며, 더불어서 많은 양의 문제를 제한된 시간 내에 전부 풀이하기 위해서는 풀이속도를 높을 수 있는 반복풀이 연습이 무엇보다 중요하다 하겠다. 다시 말하여, 기본적인 문제풀이 위주로 반복적인 풀이연습을 지속적으로 하는 것이 시험합격의 지름길이 될 것이다.

구분		2015년	2016년	2017년	2018년	2019년	2020년	2021년	2022년
계산문제	법인세	35점 ①유형자산 ②대손상각 및 대손충당금 ③미환류소득 ④과세표준 ⑤연구 및 인력개발비	39점 ①각사업연도 소득금액 ②소득처분 ③대손충당금 ④퇴직급여와 공사수익 ⑤임대료수익	38점 ①특수관계인 용역매출 ②접대비 ③대손충당금 ④수입배당금 ⑤유형자산 세무상	40점 ①유상감자/무상증자 ②각 사업연도 소득금액 ③기부금 ④건설자금이자 ⑤청산소득금액	40점 ①세무조정 및 소득처분 ②퇴직급여충당금 ③의제배당 ④이자수익 ⑤배당수익	40점 ①세무조정 및 소득처분 ②감가상각비 세무조정 ③청산소득	40점 ①부동산임대업 임대수익 ②접대비 ③기부금 ④퇴직연금충당금 ⑤반품조건부 판매	40점 ①세무조정 및 소득처분 ②재고자산 ③부당행위계산 부인 ④대손충당금

구분		2015년	2016년	2017년	2018년	2019년	2020년	2021년	2022년
		세액공제 ⑥기부금	⑤과세표준	장부금액 ⑥각 사업연도 소득금액 ⑦과세표준 ⑧합병시 의제배당	⑥연구및인력개발비 세액공제	⑥업무용승용차 ⑦접대비		⑥외국납부세액 공제	⑤재해손실 세액 공제 ⑥ 감가상각
소득세		13+11+7=31점 ①종합과세대상 금융 소득 ②근로소득금액 ③기타소득 원천징수 ④종합소득공제액 ⑤근로소득세액공제 ⑥양도소득세	27점 ①배당소득 ②연금소득 및 기타소득 ③종합소득 산출세액 ④퇴직소득	14+8+5=27점 ①이자소득 ②배당소득 ③근로소득 ④종합소득산출 세액 ⑤양도소득	30점 ①이자소득 ②배당소득 ③총급여 ④기타소득 ⑤종합소득 산출세액 ⑥양도소득	30점 ①금융소득 ②연금소득 ③사업소득 ④인적공제및특별소 득공제 ⑤특별세액공제 ⑥양도소득금액	25점 ①종합소득세 신고(과세표준 및 산출세액)	30점 ①종합소득세 신고(근로소득, 기타소득, 소득공 제 배당소득) ②양도소득	40점 ①종합소득세신고 (근로소득금액, 사업소득금액, 기타소득금액, 이자소득금액) ②양도소득
부가가치세		13+7=20전 ①매출세액 ②매입세액 ③부가가치세 확정신 고와 가산세	22점 ①매출세액 ②과세표준 ③면세사업자의 납부세액 ④간이과세사업자의 납부세액	9+11=20점 ①매출세액 ②매입세액 ③의제매입세액	20점 ①장기할부조건 판매 ②겸영사업자의 과세 표준 ③의제매입세액 ④간이과세사업자의 납부세액	15+5=20점 ①매출세액 ②겸영사업자의매입 세액공제 ③간이과세사업자의 납부세액	20점 ①부가가치세 과세 표준 및 산출세액 ②겸영사업자 산출 세액	20점 ①부가가치세 확정 신고(공통매입세 액 안분, 의제매 입세액, 겸영사업 자)	10점 ①부가가치세 확정 신고(과세, 영세 율, 겸용주택 임대) ②오류수정 확정신 고, 매입세액
계산문제	상속세	8점 ①상속세 과세표준 ②증여세 과세표준	8점 ①신주인수권 포기외 증여재산가액	7점 ①주식상속세 ②증여세 산출세액	10점 ①비상장주식 평가액 ②증여세 납세 의무자	10점 ①증여세과세표준및 산출세액	15점 ①부담부증여 ②증여재산가액 평가	10점 ①비상장주식 평가	10점 ①상속세 과세표준 ②증여세 과세표준
	국세기본법	–	–	–	–	–	–	–	–
	법인세법	–	–	–	–	–	–	–	–
	소득세법	–	–	–	–	–	–	–	–
약술문제	부가가치세법	6점 ①부가가치세 제2차 납세의무 ②부가가치세 가산세	–	–	–	–	–	–	–
	상속세법	–	4점 ①상속세 과세문제	8점 ①합병시 증여의제	–	–	–	–	–
	지방세법	–	–	–	–	–	–	–	–
	국제조세조정에관한법률	–	–	–	–	–	–	–	–
	약술배점	6점	4점	–	–	–	–	–	–
계		100점	100점	100점	100점	100점	100점	100점	100점

2. 재무관리 : 1일차 2교시(13:30~15:30, 120분)

(1) 출제경향분석

재무관리는 다른 시험과목과는 달리 문제중심보다는 기본서를 통한 이론의 확실한 이해가 뒤따라야 하는 과목이다. 매년 그렇듯이 자본구조, 자본예산, CAPM, 배당이론은 시험문제의 단골메뉴이고 재무관리의 기본골격이다. 이 밖에 가끔 국제재무관리, 선물 · 옵션, 채권 등의 문제가 출제되고 있다.

1999년도에는 비교적 평이한 수준의 문제가 출제되었다. 최근 몇 년 동안 출제되지 않았던 최적소비 · 투자에 관한 문제와 새로운 기업가치평가기법인 경제적 부가가치(economic value added : EVA)를 이용하여 합병가치를 평가하는 문제가 출제되어 많은 수험생들이 다소 당황스러워하여 전체적으로 문제가 어렵다고 느낀 것으로 생각된다.

2000년도에는 수험생들이 많이 다루어보지 못한 실물옵션(real option)이 출제 된 점과 기존의 순현재가치(NPV)에 의한 평가방법의 문제점을 지적하는 내용중심의 문제들로 인하여 다소 당황했으리라 생각된다.

2001년도에도 평이한 수준으로 출제되었다. 하나의 특징은 최근 몇 년동안 계속해서 출제되어 온 파생상품론에 관한 문제가 전혀 출제되지 않았다는 점을 들 수 있다.

2002년도 CPA 2차 시험에서 재무관리 문제는 재무관리에서 중요하게 다루어지는 부분들 중심으로 비교적 골고루 출제되었다. 그 난이도는 보통수준이라고 할 수 있지만 기존의 정형화된 틀을 중심으로 약간의 사고를 필요로 하는 문제의 출제가 주를 이루었다고 볼 수 있다. 또한 옵션의 경우에는 기존의 연습문제집에서 주로 다루지 않았던 형태의 문제가 출제되어 수험생들이 당황하는 경우도 있었겠지만, 그 문제의 배점을 고려하면 기본적인 실력을 갖춘 수험생들의 당락에 큰 영향을 미치지는 않을 것으로 본다.

2003년도에는 전반적으로 평이한 수준의 난이도에 해당하는 문제가 여러 분야에서 골고루 출제되었다고 볼 수 있다. 수험생들이 시간관리만 잘 하였다면 좋은 결과들이 있을 것으로 생각된다.

2004년도에는 전체적으로 평이한 내용이었으나 CAPM과 듀레이션 문제에서 난이도가 높아 수험생들이 많은 어려움이 있었을 것이다.

2005년도에는 과거보다는 어려운 편은 아니었다는 것이 중론이다. 특히 수험생들이 가장 어려워하는 파생상품 부분이 배점도 적을 뿐만 아니라 어렵지 않았다.

2006년 재무관리 문제는 난이도가 평균적인 수준이었다고 할 수 있다. 다만, 채권의 이자율을 6개월 단위로 계산하는 연습을 해보지 않은 수험생들, 그리고 채권의 볼록성 계산이나 배당이 있는 주식에 대한 옵션 평가 등을 공부하지 않았던 수험생들의 경우에는 실제 시험장에서 느끼는 난이도가 평년 수준보다는 높았을 것으로 판단된다. 재무관리는 논리가 중요한 과목이다. 물론 논리전개뿐 아니라 숫자까지 정확히 맞추어야 만점을 맞을 수 있겠지만, 계산 실수 등으로 숫자가 틀렸다고 해도 논리전개가 정확하면 어느 정도 점수가 주어질 것이다.

2007년도 재무관리는 예년에 비해 비교적 평이하게 출제되었다. 기본적인 수업에 충실한 수험생이면 어렵지 않게 접근이 가능하다. 평소에 강조하였던 연간평균가치, PER의 개념, 성장기회의 순현가, 목표시기전략의 한계점, 옵션의 가격범위, 합병의 NPV 등이 골고루 출제되었다.

2008년도 재무관리는 예년에 비해 다소 어려웠다는 것이 중론이다. 특히 파생상품의 프리미엄 계산, 풋-콜 패리티를 이용한 주식 및 부채의 가치 계산 등은 준비가 철저하지 못했던 수험생들에게는 어려웠을 것으로 생각된다.

2009년도 재무관리는 나름대로 준비했던 수험생중 평균적 수준의 수험생을 기준으로 한다면, 【문제5】를 푼 사람은 【문제3】의 (물음2), 【문제4】의 (물음3), 【문제6】의 (물음2), 【문제7】의 (물음2)와 (물음3) 등 약 20점~25점 정도가 해결하기 어려운 문제였을 것으로 보이고, 【문제5】를 풀지 못한 사람은 약 30점~35점 정도가 해결하기 어려운 문제였을 것으로 보인다.

2010년도 재무관리 문제는 상대적으로 쉬운 편이었다.

2011년도 재무관리는 예전에 보이지 않았던 생소한 개념이 많아 전체적으로 어려웠다는 평가가 많았다. 어떤 수험생은 "특히 재무손익분기점을 구하는 문제가 어려웠다"고 꼽는 반면 또 다른 수험생은 "블랙숄즈 문제가 난해했다"는 반응을 내놨다. 각자 어려운 부분이 다를 뿐 결코 쉬운 시험은 아니었다고 보인다.

2012년도 재무관리는 지난해 어렵게 출제됐던 것과 비교해 대부분 무난했다. 앞 문제가 쉬워서 여유부리다가 뒤에서 갑자기 시간과 시험지 배분도 모자라 당황했다는 수험생들이 많았다.

2013년도 재무관리 과목 고득점의 열쇠는 '얼마나 기본기를 잘 다져두었는가'에 있었다고 생각한다. 아주 독창적인 접근방식이나 지엽적인 지식을 요구하는 문제들 대신 재무관리를 공부함에 있어서 전통적으로 강조되던 주제들에 대한 정확한 이해를 묻는 문제들이 출제되었기 때문이다. 실제로 각 문제들의 핵심을 정리해 보면 아래와 같은데, 모두 그 동안의 기출문제에서 꾸준히 출제되었던 부분들이며 또한 재무관리를 이해하는 데 기본이 되는 이론들을 다루고 있었다. 그렇기에 문제에 숨겨져 있는 함정(예 수익률과 초과수익률)에 빠지지 않고, 정확한 계산을 통해 올바른 답을 구해 내는 것이 중요했다.

문제 1 - MM모형
문제 2 - 시장모형과 CAPM
문제 3 - 포트폴리오 이론
문제 4 - 무위험 헤지포트폴리오와 복제포트폴리오를 이용한 옵션 가격결정
문제 5 - 순자산가치 면역전략 / 듀레이션과 볼록성
문제 6 - 무부채기업 간의 합병
문제 7 - 국제재무관리 / 유동성선호가설

재무관리와 같이 소수의 기본 논리를 바탕으로 다양한 이론을 전개해 내는 과목의 경우에는

그 기본 논리를 정확히 이해하고, 해당 이론의 유도 과정과 그 성립에 필요한 전제 조건 및 그 의미를 모두 숙지하고 있어야 한다. 실제로, 문제 2번의 소물음 4번은 CAPM의 수식적 결론인 $E(r_i) - r_f = \beta_i \{E(r_m) - r_f\}$뿐만 아니라, 이의 의미 또한 서술하도록 함으로써 재무관리의 핵심 이론 중 하나인 CAPM의 중요한 시사점이 무엇인지 파악하고 있는지를 평가할 수 있는 문제였다. 또한, 문제 5번의 소물음 3번에서도 앞선 물음들의 결과를 바탕으로 채권의 볼록성 및 듀레이션의 개념을 설명하도록 함으로써 해당 개념을 정확히 알고 있는지를 묻고 있다. 따라서 지엽적인 주제들에 시간을 할애하기보다는, 재무관리의 핵심이 되고 그 동안 여러 번 출제되었던 이론들을 정확히 이해하는 노력이 더 중요할 것으로 보인다.

2014년도 재무관리 문제는 한 마디로 넓고 얕게 출제되었다. 문제범위는 재무관리 전 분야에서, 즉 실물투자(영업현금흐름 측정, NPV법, 실물옵션), 자본시장균형이론(포트폴리오이론, CAPM), 자본구조이론(MM이론, 파산비용이론, 자본조달순위이론), 금융투자론(주식, 채권 가치평가, 이자 율 기간구조이론, 옵션투자전략) 등에서 골고루 출제되었으며 지엽적인 문제는 배제되었다. 그리 고 난이도는 이전 시험에 비해 상당히 쉬운 수준이었다. 어느 교재든지 처음부터 끝까지 누락하지 않고 기본예제에 충실한 공부를 하였다면 풀 수 있는 문제들이었다. 이론 문제도 쉽게 출제되어 교재 본문의 기본내용을 정리하고 제대로 암기하였다면 충분히 풀어 낼 수 있는 문제들이었다. 하지만 계산공식에 대한 철저한 암기, 기본이론에 대한 충실한 학습이 이루어지지 않았다면 오히 려 쉬운 문제에서 계산실수라든지 필수자료의 누락 등으로 체감점수보다 낮은 점수를 얻을 가능 성도 배제할 수 없다.

2015년도 재무관리 문제는 2007년 절대평가제가 도입된 이래 가장 낮은 평균점수를 기록하며 평년에 비해 상당히 어렵게 출제되었다. 난이도 상승의 주요 원인은 1. 전형적인 문제에 여러 가지 고려사항들을 복합적으로 포함시켰다는 점 2. 지금까지 출제범위에서 암묵적으로 벗어나 있던 원론적인 문제가 출제되었다는 점 3. 통계학적 지식이 요구되는 생소한 문제가 출제되었다는 점 등을 꼽을 수 있다.

꾸준히 출제되어왔던 채권 파트나 간간이 출제되고 있는 국제재무관리, 합병과 같은 기타 주제들이 전혀 등장하지 않았다는 점 또한 특징적이다. 채권 등은 올해에는 출제되지 않았지만 여전히 중요한 주제들이라고 할 수 있다.

1번 문제의 경우 모든 수험서의 1장에 전형적으로 등장하는 문제이지만, 숙달되어있지 않으면 현금흐름을 정확하게 파악하고 적절한 할인율을 적용하는 데 오랜 시간이 걸리는 만만치만은 않은 유형이다. 자본예산과 관련된 문제는 조금씩 다른 형태지만 2년에 한번 정도로 출제되고 있기 때문에 유형에 익숙해져야 한다.

2번 문제는 과거 기출문제에서 자본구조이론과 관련된 주제가 평이한 계산문제로 출제되었던 것과 달리 하마다공식과 MM의 수정 제2명제를 직접 도출하는 획기적인 문제였다. 수험생들에게 당황스러운 문제였지만 변별력이나 당락에는 영향을 주지 않았을 것으로 생각된다. 다만 기본서를 이용하여 공식이 도출되는 과정을 따라가 보면서 깊이 있게 공부해야한다는 시사점을 주고 있다.

3번과 4번 문제는 포트폴리오 이론과 CAPM을 다루고 있으며 올해 출제된 문제 가운데 상대적으로 쉬운 문제에 해당한다. 그러나 문제3번의 물음3처럼 차입이자율과 대출이자율이 다른 상황에서 효용함수를 접목시켜야 하는 익숙하지만 낯선 문제도 있었다. 포트폴리오 이론과 CAPM은 계속적으로 출제되어온 주제이기 때문에 기본적인 사항들을 꼼꼼하게 풀어낼 수 있어야 한다. 앞으로는 기존의 주제들과 더불어 이질적 기대가 존재하는 경우, 세금이나 거래비용이 존재하는 경우와 같이 CAPM 가정의 현실화와 관련된 추가 문제들도 응용되어 나올 수 있으리라 생각된다.

5번 문제는 Fama와 French의 3요인모형을 다루고 있다. 2011년에 서술형 소물음으로 잠시 등상했던 생소하고 지엽적인 주제였기 때문에 2번 문제와 더불어 수험생들을 또 한 번 당황하게 만들었다. 더욱이 표준오차나 t검정과 같은 통계학 지식을 직접적으로 물어보고 있다는 점이 특징적이다. 따로 통계학 수업을 듣는다면 도움이 되겠지만 수험서에서 전혀 다뤄지지 않은 주제는 아니었다. 물론 정답률은 매우 낮았을 것으로 생각된다. 다만 초과수익률을 이용한 회귀분석은 몇 차례 출제된 바가 있어 이를 근거로 답안을 작성했다면 부분점수를 획득할 수 있었을 것이다.

6번 문제는 옵션 스프레드전략에 관한 문제인데, 옵션이 6가지나 등장했다는 점에 압도되거나 어려운 앞 문제에서 시간안배를 잘 못한 수험생들에게는 접근하기 어려웠을 수 있다. 그러나 옵션 투자전략과 관련된 기본적인 유형이므로 기본포지션, 헤지포지션, 스프레드와 콤비네이션, 칼라 전략 등을 기본서의 예제를 통해 그래프와 표 등을 그려보면서 익숙해지도록 해야 한다.

7번 문제는 옵션부사채를 다루고 있다. 기본 전환사채에서 전환권과 수의상환권이 동시에 존재하는 채권으로, 또 이항모형에서 삼항모형으로 확장되는 과정이 생소하게 느껴질 수 있었을 것이다. 옵션의 응용파트는 다양한 변형과 결합이 가능하므로 차분하게 문제 상황과 조건을 파악하는 습관이 필요하다.

2015년도의 출제는 단순한 암기보다는 원리에 대한 이해를 강조하는 방향성을 강하게 보여주고 있다. 개념에 대한 깊은 이해가 중요하므로 단순히 연습서를 반복하기보다는 기본서를 병행하면서 개념을 정확히 숙지하고 그 이해의 폭을 차츰 넓혀가는 과정이 필요할 것이다.

2016년 재무관리 시험은 2015년 재무관리 시험과 마찬가지로 상당히 어렵게 출제되었다. 또한 유독 소물음이 많아서 시간 안배에 어려움을 겪었을 수 있다. 개인적인 체감으로는 문제 1, 문제 2, 문제 3은 전반적으로 어려웠고 문제 4, 문제 5는 출제된 7문제 중 평이한 편이었다. 문제 6, 문제 7은 2015년 기출과 유사한 형태로 출제되어 2015년 기출문제를 철저하게 공부했다면 조금 더 쉽게 접근할 수 있었을 것이다.

즉, 어려운 문제들이 앞쪽에 포진해있었으므로 시간 안배를 잘하여 풀 수 있는 문제를 확실하게 푸는 것이 중요했다고 생각한다.

1번 문제의 경우 독립적인 문제가 3개나 출제되어 풀이 시간을 많이 요하는 문제였다. 그렇기 때문에 까다로운 주제라고 판단했다면 간단하게 공식 정도만 적어 놓고 재빠르게 다음 문제로 넘어가 시간을 지나치게 많이 쓰지 않도록 주의했어야 한다.

1번 문제의 물음 1의 경우 고등학생 수준의 수학문제를 푸는 문제에 가까웠다. 이 문제를 풀기 위해선 기초적인 자연로그 계산법 및 변형과 등비수열의 합 공식을 기억하고 있어야 했다.

물음 2의 경우 수익률 계산 시, 보통 사용하는 기초 장부가액이 아니라 기초와 기말의 평균값을 사용하라고 문제에 명시해놓았으므로 반드시 그 가정을 따라 풀이를 해나가야 한다. 또한 필요외부금융(EFN), 내부성장률, 그리고 유지가능성장률이라는 다소 생소한 개념을 숙지하고 있어야 풀 수 있는 문제였다.

물음 3의 경우 다양한 풀이가 가능한 물음라고 생각한다. 이 경우 자신이 생각한 가정을 답안지에 적고 그 가정대로 침착하게 문제를 풀어나갔더라면 출제자의 의도가 아닐지라도 부분 점수를 받을 수 있을 거라 생각한다.

2번 문제는 전형적인 MM이론 문제에서 벗어나 부채의 성장률과 이자비용 절세효과의 베타를 별도로 제시하는 등 변형이 있는 문제이다. 전형적인 주제는 충분히 많이 출제되었기 때문에 MM이론을 비롯한 불확실성하의 자본예산과 관련하여 응용 주제에 대한 대비가 필요할 것 같다.

3번 문제는 합병에 관한 문제였는데 이 역시 전형적인 문제에서 벗어나 50%매수라는 변형을 준 문제이다. 2번과 3번 문제는 이러한 변형 때문에 더욱 까다롭게 느껴졌던 것 같다.

4번 문제는 포트폴리오 구성과 CAPM에 관한 기본적인 사항을 다루고 있어 평이한 문제였지만 주어진 자료를 적절하게 변형하는 것이 조금 까다로울 수 있었다. 또한, 물음 2에서 간단한 미분을 요구했는데, 미분 개념을 떠올리지 못했다면 푸는 데 어려움을 겪었을 수 있다.

5번 문제는 투자성과평가지표에 관한 내용과 기대수익률과 균형수익률의 구분을 요하는 내용이 출제되었다. 회귀분석식과 기대, 균형수익률의 개념만 확실하게 이해했다면 어렵지 않은 문제였다.

6번 문제는 Fama와 French의 3요인 모형이 출제되었다. 작년과 마찬가지로 통계적 검정을 할 수 있어야만 풀 수 있는 문제였다. 또한 물음 1의 경우, 단순한 가설검정에 그치지 않고 3요인 모형의 구체적인 내용을 알고 있어야만 풀 수 있었다. 시중에 판매되는 CPA 재무관리 연습서에는 거의 등장하지 않는 주제지만 대학교 수업에서는 종종 다루는 내용이므로 이에 관한 수업을 들었더라면 훨씬 유리했을 것이다. 그렇지만 심도 깊게 공부한 수험생은 거의 없을 거라 판단되며 어느 정도 타당한 주장을 했다면 충분히 부분 점수를 얻을 수 있었을 것이다.

7번 문제는 옵션 스프레드 전략과 관련된 문항이었다. 작년과 거의 동일한 형태로 출제되었기 때문에 정답률이 가장 높은 문제였으리라 예상된다.

2017년은 재무관리에서는 처음 보는 유형의 문제가 소수 출제되었다. 벤치마크 포트폴리오, 상황별 실현수익률을 이용한 채권의 기대수익률 도출 문제는 아마 처음 보시는 분들이 많았을 것이라고 생각한다. 하지만 그 문제들을 제외한 나머지 문제들은 기본적인 문제들이 많았고, 기본적인 문제들만 적절히 풀었다면 합격에는 전혀 지장이 없었을 것이라 생각한다. 또한, 처음 보는 문제들의 경우에도, 기본이 탄탄하다면 충분히 응용하여 풀만한 문제였기 때문에 부분점수 받기도 용이하였다고 생각한다. 그런 의미에서 올해 재무관리 난이도는 평이한 편이었다고 본다.

2018년 재무관리의 난이도는 시험이 어려웠던 2015년, 2016년 기출과 비견될 정도이지만 시험에서 다룬 주제가 난해하진 않아 자신이 아는 것을 바탕으로 차근차근 생각해보며 접근할 수는 있었던 것 같다.

시험 출제 경향을 보면 어려웠던 해들을 지나 2017년 기출은 다소 평이하다는 평이 많을 정도로 기본적인 주제가 주를 이뤄 이번 2018년 기출은 어려울 것으로 예측되긴 했었다. 수험생 입장에서 보면 이번 2018년 기출은 시험장에서 느낄 체감 난이도는 높되, 학원 강사들의 해설을 들으며 압박감이 덜한 상황에서 보면 그 정도는 아닐 것 같다. 앞으로도 이렇게 아예 어려운 주제보다는 이미 시험에서 다룬 주제에서 조금 더 깊게 들어가는 식으로 출제될 것으로 예측된다. 따라서 수험생들은 출제될 확률이 적은 심화 주제보다는 이미 익숙한 주제를 완벽히 숙지하는 방향으로 공부하는 것이 나을 것 같다.

특히나 시험 범위가 특정되지 않은 재무관리의 과목 성향 상 동차 수험생보다 유예 수험생들의 불안이 크다. 공부를 할 때 책의 모든 페이지를 다 봐야 안심되는 수험생에게도 이는 가장 큰 걱정이다. 모두에게 해당되는 조언은 아니겠지만 만약 친한 후배가 이 공부를 한다면 재무관리 수험서를 가급적 꼼꼼하게 보되, 정말 버려도 되는 주제는 과감히 버리라 조언을 해주고 싶다.

다음의 내용은 고득점을 받은 데 도움이 될 것으로 생각되는 개인적인 의견이다. 문제를 풀 때 대략적인 접근 방법을 적는 것이 좋은 것 같다. 특히나 재무관리 과목은 자신이 외운 공식대로 그냥 막바로 답에 수식을 쓸 수 있는데, 시험 출제자가 정말 기본적인 식이 아니라면 그걸 알고 있으리란 보장도 없고, 부분 점수를 줄 여지도 없다. 아울러, 접근이 명쾌하게 하나로 떨어지지 않을 때엔 자신이 생각할 때 논리적인 부분을 적고 그대로 풀어나가는 것도 좋은 방법인 것 같다. 또한, 시험장에서 생각이 나지 않더라도 자신이 아는 것을 최대한 많이 적는 게 중요하다. 절대평가이자 상대평가인 본 시험에서 출제자가 점수를 주고 싶어도 백지의 답안에 부분 점수를 줄 수는 없다. 올해 시험에서도 구체적인 식이 생각나지 않아 정말 기초적인 접근 방법을 적은 친구도 부분 점수를 받은 것 같다며 이 점을 강조했다.

2019년도 재무관리는 다소 어려운 난이도로 출제가 되었다. 다만 문제1,2,6,7번의 경우 기초적인 내용을 묻는 문제이며 해당 4문제의 배점이 55점이다. 거기에 더해 문제 5번의 Fama와 French모형은 최근 몇 년간 빈출되는 주제로 계산보다는 개념을 묻는 서술형 문제이다. 이 경우 정답은 아니더라도 기본적인 지식에 기반하여 부분점수를 획득하기에는 충분한 문제였다고 생각한다. 즉 위의 5문제만으로도 60점을 넘기기에는 충분하였고, 문제3번과 4번이 조금 까다로웠지만 몇몇 문항들만 건드려 주어도 60점 득점에는 무리가 없는 해였다는 생각이 든다. 즉 재무관리를 대비하는 경우에는 가장 먼저 기본적이고, 반복되거나 혹은 기출에 약간의 변형을 가미한 문제들에 대해 확실하게 숙달이 되어 있어야 한다. 해당 문제들을 먼저 빠르게 풀이한 후 난이도가 어렵거나 생소한 신유형문제 그리고 서술형 문제들에서 부분배점을 챙겨가는 식으로 대비를 하시면 합격에는 무리가 없으리라 생각이 된다. 해마다 굉장히 고난이도의 문제들이 출제가 되는데 사실 해당 문제들은 당락에는 영향을 주지 못하는 문제들이다. 충분히 풀 수 있고, 기존과 동일한 형태 혹은 약간의 응용만을 거친 문제들이 합격 배점 이상, 혹은 그에 근접하게 출제가 되므로 시험지를 받아들고 어떤 문제를 풀어야 할지 뒤로 미뤄둬야할지를 빠르게 구분하는 연습이 필요하고, 위에 언급한대로 기본적인 문제들을 빠르게 풀고 난 후 고난이도 문제들에 대해서는 부분배점을 노리는 전략을 취하시길 바란다.

2020년도 재무관리는 전체적으로 조금 까다로웠다. 특히 문제 2번과 7번의 물음 및 주어진 조건을 해석하는 것이 생소하여 시간이 많이 소요되었다. 문제 2번은 주어진 많은 정보를 잘 조립하여 잉여현금흐름의 식에 대입하고 답을 도출하는 과정이 까다로웠다. 7번의 경우 문제에서 제시하고 있는 총수익스왑의 구조를 파악하고, 배당이 있는 주식의 2년 이항모형 전개를 통해 현금흐름을 도출하는 과정이 가장 어려웠다.

2021년도 재무관리는 난이도가 '상'인 문제와 '하'인 문제가 극렬하게 나뉘었던 시험이었다.

필자가 생각하기에는 문제 1, 3, 5, 7번 문제는 동차생들도 무난히 풀 수 있는 난이도의 문제라고 생각하고, 문제 2, 4, 6번은 유예생에게도 쉽지 않았을 문제라고 생각된다. 시험이 끝나고도 3주가 다 되어가는 지금 2번, 6번 문제에 대한 정답에 대해서 갑론을박이 벌어지고 있는 것을 보면 말이다. 특히 6번에 대해서는 강사들끼리도 정답이 갈리는 상황이다.

필자는 출제자의 의도가 최소분산헤지로 풀라는 의도로 보아 정답을 작성하였다.

재무관리 합격에 대해서는 어려운 문제까지 맞춰야 합격하는 시험은 아니기 때문에, 상대적으로 쉬운 문제 1, 3, 5, 7번을 실수 없이 맞추고, 나머지 2, 4, 6번 문제를 최대한 아는 만큼 기술 하였다면, 합격에는 지장이 없을 것으로 필자는 생각한다.

2022년도 재무관리는 문제단서의 다양한 해석이 가능할 것으로 생각한다. 본문의 풀이 이외에도 수험생들 각자의 논리로 일관되게 풀이하였다면 전체적인 난이도를 고려했을 때 배점이 부여될 문항들이 다수 있다.

1996년	1. CAPM과 자기자본 비용(35점) / 2. 옵션(30점) / 3. 주가지수 선물(20점) 4. 국제재무(15점)
1997년	1. 자본비용, 자본구조 및 현금흐름평가(35점) / 2. 투자안의 평가(15점) 3. 주식가치(15점) / 4. CAPM(16점) / 5. 영업레버리지(10점) / 6. 주가지수 선물(15점)
1998년	1. MM이론(24점) / 2. CAPM(16점) / 3. 포트폴리오 수익률계산(10점) 4. 듀레이션(15점) / 5. 주가지수 선물(15점) / 6. 옵션(20점)

1999년	1. 소액주주와 대주주간의 대리인 문제(30점) / 2. 현금흐름(25점) 3. 자기자본가치의 변화(20점) / 4. 신주인수권(블랙 - 숄즈모형) (10점) 5. 선물과 옵션(파생금융상품) (15점)
2000년	1. 합병 비율 계산(20점) / 2. 채권 이자율 계산(10점) 3. 투자인의 경제성 분석(NPV 등) (20점) / 4. 불확실성하의 투자분석(20점) 5. 선물과 옵션(15점) / 6. 투자분석과 옵션(15점)
2001년	1. 현금흐름표의 작성(25점) 2. 위험을 고려한 투자안의 평가(가중평균자본비용, 순현재가치 등) (25점) 3. 위험을 고려한 투자안의 평가(ROE, EPS, 주식가치 등) (25점) 4. 자산과 부채의 듀레이션(25점)
2002년	1. 투자의사결정방법(25점) / 2. CAPM(25점) / 3. 기업가치 평가(EVA, ROE)(25점) 4. 선물환거래(15점) / 5. 옵션가격 결정모형(10점)
2003년	1. 투자의사결정(20점) / 2. 순현재가치 및 시장가치 평가(10점) / 3. 스왑거래(10점) 4. 합병 및 현급흐름(20점) / 5. 국제금융(20점) / 6. 자본구조와 기업가치(9점) 7. EVA, MVA 계산(6점) / 8. 옵션가격결정모형(5점)
2004년	1. 투자의사결정(10점) / 2. 옵션가격결정모형(15점) / 3. CAPM(25점) 4. 자본조달의사결정(25점) / 5. 듀레이션과 채권의 교체(SWAP) (25점)
2005년	1. 투자의사결정(25점) / 2. 자본구조변경(10점), / 3. 옵션가격결정모형(15점) 4. 채권이자율 계산(13점) / 5. APT(12점) / 6. 합병의사결정(25점)
2006년	1. 포트폴리오 수익률계산(15점) / 2. 외환차익거래(10점), / 3. 이자율기간구조(10점) 4. 듀레이션(15점) / 5. CAPM(25점) / 6. 투자의사결정(동적계획법)(15점) 7. 옵션가격결정모형(10점)
2007년	1. 투자의사결정(10점) / 2. 기업가치(20점), / 3. CAPM(15점) / 4. NPV(15점) 5. 옵션가격결정(15점) / 6. 채권투자전략(15점) / 7. 합병(15점)
2008년	1. 자본구조와 투자의사결정(15점) / 2. 듀레이션(15점), / 3. 포트폴리오 이론(15점) 4. 파생상품 프리미엄(10점) / 5. CAPM(20점) / 6. 환율변동위험헷지(10점) 7. 주식과 부채의 시장가치(15점)
2009년	1. 투자의사결정(15점) / 2. 금리스왑(15점) / 3. CAPM(10점) / 4. 옵션가격결정(15점) 5. VaR(10점) / 6. 자본구조(15점) / 7. 채권투자전략(20점)
2010년	1. 합병(10점) / 2. 파생상품(15점) / 3. 현물이자율(15점) / 4. 수익률평가(10점) 5. 듀레이션(15점) / 6. 자본예산(20점) / 7. 옵션(15점)
2011년	1. 자본예산(30점) / 2. 증권특성선, CAPM, Fama-French 모형(15점) / 3. 회사채 발행(10점) 4. 듀레이션(15점) / 5. 투자자의 위험회피(10점) / 6. 옵션(15점) / 7. B-S모형, 실물옵션(15점)
2012년	1. 투자의사결정(NPV, EVA)(10점) / 2. MM이론과 CAPM(15점) / 3. 선물계약(15점) 4. 시장모형(15점) / 5. 신주인수권, 전환권의 가치(15점) / 6. 포트폴리오(15점) / 7. 옵션(15점)
2013년	1. 기업가치평가(15점) / 2. CAPM(15점) / 3. 포트폴리오 이론(15점) / 4. 옵션가격결정(15점) 5. 금융기관 가치평가(10점) / 6. 합병(15점) / 7. 환율 및 채권수익률 평가(15점)
2014년	1. 기업가치평가(15점) / 2. NPV 및 실물옵션(15점) / 3. WACC 및 기업가치(15점) / 4. WACC(15점) 5. 포트폴리오 이론(15점) / 6. 채권수익률 평가(10점) / 7. 옵션(15점)
2015년	1. NPV 및 기업가치 평가(10점) / 2. CAPM과 APT(15점) / 3. 포트폴리오 이론(15점) / 4. CAPM과 포트폴리오 이론(15점) / 5. 펀드 수익률 평가(15점) / 6. 옵션(15점) / 7. 전환사채평가(15점)

2016년	1. 재무정책과 재무비율(15점) / 2. 기업가치평가(15점) / 3. 공개매수(15점) / 4. CAPM(15점) / 5. 포트폴리오 이론(15점) / 6. Fama와 French의 3요인 모형(10점) / 7. 옵션(15점)
2017년	1. MM이론(15점) / 2. 합병(15점) / 3. 포트폴리오(15점) / 4. 채권수익률과 가격변화(15점) / 5. CAPM(15점) / 6. 금리스왑(15점) / 7. 옵션(10점)
2018년	1. NPV(15점) / 2. 실물옵션(15점) / 3. 투자의사결정(15점) / 4. 포트폴리오이론(10점) / 5. 합병(20점) / 6. 옵션(25점)
2019년	1. 사채시장의 균형(15점) / 2. 합병(15점) / 3. 포트폴리오(30점) / 4. 시장타이밍(15점) / 5. 볼록성 및 면역전략(10점) / 6. 이자율 차익거래(15점)
2020년	1. CAPM(15점) /2. 투자수익(15점) /3. 자사주매입(15점) /4. 포트폴리오이론(15점) 5. 채권가치평가(15점) /6. 옵션(25점)
2021년	1. NPV(15점) / 2. 투자와 기업가치(15점) / 3. 포트폴리오 이론(15점) / 4. 포트폴리오 이론과 펀드수익률(15점) / 5. 채권수익률(15점) / 6. 옵션(25점)
2022년	1. 주식가치평가(15점) / 2. NPV(15점) / 3. NPV와 의사결정(10점) / 4. 포트폴리오이론(15점) / 5. 투자의사결정(15점) / 6. 전환사채와 옵션의 가치(15점) / 7. 포트폴리오와 요인모형(15점)

⑵ 수험대책

항상 그렇듯이 수험대책은 기본을 충실히 하라는 것이다. 기본적인 가정, 모형의 유도, 결과의 의미 등 재무관리의 기본원리를 숙지하는 것이다. 귀에 못이 박히도록 들어온 이런 원칙적인 이야기를 흔쾌히 들어줄 사람이 그리 많지 않을 것이다. 그래서 감히 몇 가지를 지적한다면 다음 사항들이다.

첫째, 재무관리의 기본골격을 완벽히 이해하는 것이다. 재무관리의 기본골격은 CAPM, 자본예산, 자본구조, 배당정책이다. 시간이 부족한 수험생이라면 운전자본관리, 국제재무, 재무계획, 재무예측 따위의 Topic은 가볍게 생각해도 무방할 것으로 생각된다.

둘째, 현대사회의 불확실성의 점증에 따라 기업의 위험을 분산, 헷징하는 문제를 살펴볼 필요가 있다. 93년도에 출제된 국제재무문제는 국제재무가 아닌 위험의 헷징으로 보고 싶다. 즉, 선물, 옵션 등을 이용한 헷지에 기본적인 위험회피 수단들을 물어온 것이다. 이는 위험의 종류를 국제간의 거래에 따르는 환위험으로 보았을 뿐이지 기본적으로는 헷징의 기본개념을 사용한 것이다. 특히, 옵션의 경우 헷징의 수단일 뿐 아니라 자산평가모형으로 이용되어 그 응용범위가 넓으므로 자세히 볼 필요가 있다.

셋째, 앞서 지적한 대로 모형 또는 공식유도에 따르는 가정의 이해. 대부분의 수험생들이 가정을 경시하는 경우가 많은 것 같다. 가정을 모르고 원리를 이해하려고 하는 것은 사상누각과 같다. 가정의 완벽한 이해가 선행되어야만 가정을 완화한 경우 모형의 의미를 이해할 수 있는 것이다. 마지막으로 요약하면, 자본예산의 기본적인 평가기법, 불확실성하의 자본예산, CAPM, OPM, 자본비용, 자본구조이론의 전개과정, 배당정책이 가장 중요한 것으로 보이며, 누가 출제한다 하더라도 이것을 제외하고는 출제가 불가능할 것으로 생각된다. 한 마디 사족을 붙이면 절대 암기하지 말고 이해하라는 것이다.

3. 회계감사 : 1일차 3교시(16:10~18:10, 120분)

⑴ 출제경향분석

감사환경의 변화는 시험출제에도 영향을 미쳐 과거의 단순 암기식 및 기술적인 문제중심에서, 최근에는 논리적이고 체계적인 감사흐름에 대한 질문중심으로 출제가 이루어지고 있다. 최근의 시험 출제경향을 간단히 정리해 보면 다음과 같다.

① 감사의 흐름(flow)에 대한 이해가 있어야만 좋은 답안을 작성할 수 있는 문제가 많다.

② 단순암기식 문제중심에서 Case와 감사기준과의 연결에 대한 질문이 많아지고 있다.

③ 작은 문제로 많은 문항 수가 제시되고 있다(과거에는 큰 문제 몇 개로 출제되었으나 최근에는 단답형으로 많은 것을 물어보는 경향이 있다).

④ 주식회사의외부감사에관한법, 공인회계사법, 직업윤리규정 등에 대해서도 문제가 출제되고 있다.

⑤ 최근 사회적인 관심사가 되고 있는 상황 등에 대한 질문이 늘어나고 있다.

회계감사의 최근 출제문제를 감사일반 및 이론, 이행 및 실증감사절차, 감사보고의 세 가지 분야로 나누어 분석해 보면 다음과 같으며, 각 분야별로는 매년 비슷한 점수가 배정되고 있다.

1999년도에는 개정준칙을 중심으로 하여 거의 전분야에 걸쳐 골고루 출제되었다. 문제의 난이도는 중간으로 판단되며 아쉬운 점이 있다면 실무응용문제가 너무 적었고 준칙중심의 단순 암기적인 문제에 치우쳐 출제되었다는 것이다.

2000년도에는 비교적 평이하게 출제되었다. 일반기준(적격성, 독립성, 신의성실, 질적관리)에서 거의 출제가 되지 않은 것이 특징이며, 이는 직업윤리(안)이 확정되지 않음으로 인하여 독립성 등에 대한 문제를 출제하기가 어려웠기 때문인 것으로 생각된다.

2001년도의 출제상의 특징은 난이도는 예년의 수준을 유지하면서도 새로운 문제들이 상당수 선을 보였다는 점에 있다. 전체적으로 볼 때 70% 정도는 나올 수 있는 문제가 나온 것으로 생각되고 나머지 새로운 유형의 문제들 중에는 시사적인 문제와 더불어 상식을 동원하여 나름 대로 논리를 개진한다면 점수를 얻을 수 있는 문제가 눈에 띄었다.

2002년은 난이도는 대체로 작년 수준을 유지하였으나, 문제의 수가 2문제 더 늘어남으로써 체감 난이도는 더 컸으리라 생각된다. 특기할 만한 점은 작년과 올해에 걸쳐 실제 사례에 대한 응용문제의 비중이 일정하게 유지되고 있다는 것이다. 수험생들도 회계감사 과목의 이러한 경향에 대비해 사례 문제에 적응력을 키우는 것이 당락의 관건이 될 수 있다는 점에 유의해야 할 것이다.

2003년도에는 회계감사 문제는 절반만 복원이 이루어짐으로써 섣부른 평가를 하기는 어려우나, 많은 수험생들에게는 어려웠다는 소감이었다. 이는 이해와 응용을 요하는 문제가 늘어났기 때문이다. 특히 실무경험을 지닌 회계사도 접근하기 까다로운 문제로 앞으로도 일정하게 지속된다고 하며, 회계감사준칙의 암기만으로는 부족하며 기본서에 대한 충분한 이해와 사례형 문제에 대한 별도의 대비가 필요할 것이다.

2004년도에는 기본적으로 사례의 형식을 띄고 있으나 문제7이나 문제12를 제외하고는 교과서적인 내용을 물어보는 문제가 대부분이었다. 따라서, 준칙이나 교과를 통해 기본적이고 핵심적인 내용을 차분히 정리하고 암기한 수험생이라면 무난히 풀 수 있는 문제가 대부분 출제되었으나, 지엽적이고 난해한 사례문제풀이 위주로 공부한 학생들은 오히려 당황스러울 수도 있었을 것으로 생각된다.

2005년도에는 1번문제는 전산감사문제가 나와 조금 당황스러웠으며 현금검증표 등은 풀기 어려웠던 것 같다. 그래도 어느 정도 점수는 다들 나왔으리라 생각한다.

2006년도에는 평이한 문제들로 출제되었다. 다만, 2006년 문제를 포함하여 과거 3년간의 기출문제를 분석해보면 회계감사기준이나 지침상에 나열된 내용을 기계적으로 암기해서 답안을 작성하는 문제가 크게 줄어들었다는 것을 알 수 있다. 2006년 출제된 문제중【문제1】의 [물음1] 이나【문제5】는 기존의 교과서에서 다루지 않았던 시사적인 문제가 출제되었으나 배점비중은 높지 않은 것으로 판단되며 나머지 내용들은 공부한 내용을 바탕으로 차분히 답안을 작성하면 좋은 결실을 맺을 수 있을 것으로 판단된다.

2007년 회계감사 시험의 특징은 다음과 같다.

⑴ 기존의 추세에서 크게 벗어나지 않도록 암기형 문제의 출제비중이 크게 줄어들고 있다.

⑵【문제5】의 경우 해당산업의 실무경험이 있는 출제위원이 시험문제를 출제한 것으로 판단된다. 실무경험이 없는 수험생의 경우 답안작성에 많은 어려움을 겪었을 것으로 판단된다.

⑶【문제8】과【문제9】에서 최근에 제정된 인증업무개념체계나 공인회계사윤리기준상의 내용이 출제되었다.

⑷ 전체적으로 사례형식을 띄고 있지만 대부분 교과서 내용을 이용하여 답하면 수험생입장에서 충실한 답안이 될 수 있도록 출제되었다.

2008년도 회계감사는 약간 어렵게 출제되었다. 기본적인 문제를 물어보는 것이 많았으며 암기로 승부할 수 있었던 부분이 약 40% 정도 되었다. 간단한 사례문제가 기본 위주로 출제되어 상황 파악하는데는 큰 어려움이 없었으리라 생각되지만 전체적으로 보는 관점에 따라 애매한 문제가 다소 있었다.

2009년도 회계감사는 표본감사를 포함하여 이행 및 입증감사 전반에 대한 내용이 출제되었고, 특히 연결감사가 출제된 점이 특이하다. 회계감사 전반에 대하여 공부한 수험생의 경우 60점 이상의 득점이 가능할 것으로 보인다.

2010년도 회계감사는 대부분의 강사와 수험생들이 예측한대로 NEW-ISA의 도입이 임박하였기 때문에 2010년에는 기존 회계감사기준을 암기해서 쓰는 문제는 거의 출제되지 않고 사례형 문제만 출제되었다. 다만 문제의 출제수준이 그다지 높지 않고 평이하게 출제되었기 때문에 정상적으로 회계감사교과서를 읽고 회계감사의 전과정을 이해하고 있는 수험생이라면 어렵지 않게 합격점수를 넘길 수 있을 것 같다. 다만【문제 6】의 (물음3)과 (물음4)의 경우 이자율을 어떻게 낮추어 줄 것인지와 관련한 구체적인 정보만 주어져 있어 문제를 풀기가 용이하지 않아 구체적

풀이를 생략하였다.

2011년도 회계감사시험에는 8문제가 출제되었고, 32개의 물음이 있었다. 2010년에 비해 한 문제 늘어난 편이지만, 2009년의 문제 및 물음수와 거의 동일하여 문제분량에 있어서는 과거연도에 비해 거의 차이가 없는 것으로 파악되었다.

시험의 난이도를 살펴보면, 2010년에 비해 난이도가 낮아진 것으로 보여진다. 특히 이 번 시험의 출제경향의 특징이 기준 문제를 묻는 동시에 기준의 내용을 실제 사례 문제에서 찾아내도록 요구하는 문제가 많았다는 것이다. 즉, 향후에 회계감사업무를 실제 수행할 전문가로서 기준의 기본적인 암기 및 이해와 더불어 실제 사례에서는 어떻게 적용되는지를 이해하고 있는지를 평가하는 문제가 많았다. 개인적으로 볼 때 난이도는 그리 높지 않으면서 회계감사기준을 정확하면서도 체계적이고 폭넓게 이해하고 있는지를 평가하기에 적합한 형태의 문제라고 생각된다.

마지막으로 출제 분야에 대해서 정리해 보면, 내부통제구조와 입증절차가 중요하게 다뤄졌을 뿐만 아니라 연결감사와 감사보고가 비중 있게 다뤄져서 연결감사와 감사보고에 대한 정리가 잘 되어 있는 수험생이라면 좋은 점수를 획득할 수 있었을 것으로 기대된다.

2012년도 회계감사는 최근(지난 3개년도)의 시험과 비교해 보았을 때 난이도는 낮아졌다. 사례문제도 거의 없어 대부분의 내용이 이해를 바탕으로 약간의 기준을 서술하는 정도였다. 그럼에도 다른 과목에 비해 회계감사 점수가 전반적으로 낮은 이유는 기준암기가 부족해서라기보다는 확실히 이해를 하지 못하고 답안을 작성했기 때문이라고 생각된다.

기준을 암기하되 항상 왜라는 의문을 품고 암기와 동시에 이해를 하기 위해 노력한다면 추후 신국제감사기준(New ISA)으로 바뀌는 경우에도 좋은 점수를 받을 것으로 생각된다.

2013년도 회계감사는 2012년보다는 대부분의 문제들이 감사기준에 더 충실하였고 난이도도 어렵지 않았다. 연결회계 관련 문제와 감사의견 문제를 제외한 모든 문제가 기준을 통해 해결할 수 있는 문제였으며 해당 기준을 직접적으로 묻는 문제들이 많아 기준암기만 잘 돼있다면 답을 써 내려 가는데 어려움이 없었을 것으로 생각한다. 매년 출제되고 있는 감사의견을 묻는 문제와 타감사인 관련된 내용은 문제가 어떻게 출제되더라도 정답을 맞힐 수 있도록 공부해놓는 것이 합격을 결정하는데 큰 영향을 미칠 것이다. 2013년에도 역시 스터디가이드에는 기술되어 있지 않은 기준이 출제되어 스터디가이드뿐만 아니라 다른 교수님의 기본서를 참고하는 것도 1점, 2점이 당락을 좌우하는 회계감사 시험에 많은 도움이 될 것으로 생각한다. 또한 연결회계의 직접적인 내용을 물어본 올해의 출제경향을 고려할 때 고급회계의 지식이 조금은 필요하므로 재무회계를 통과한 회계감사 유예생의 경우 연결회계에 대한 기본적인 내용을 숙지하는 것이 필요하다.

2014년도 회계감사는 새로 개정된 국제회계감사기준에서 문제가 출제되었다. 개정된 감사기준이 출제되는 첫해다보니 다들 어떻게 출제될 것인지에 대해 말이 많았다. 기존 감사기준에서 변경된 부분 혹은 새로이 추가된 부분에서 문제들이 나올 것이라고 다들 예측하였고 실제 문제

역시 감사보고서, 연결감사, 수행중요성 등 종전에 비해 크게 변경되거나 추가된 부분에서 출제되었다. 하지만 모두가 예상하던 문제였고 문제난이도 역시 어렵지 않아 변별력을 가르는 문제는 아니었다고 생각한다. 또 개정 첫해다 보니 기준 중심으로 출제될 것이라는 수험생들의 예측과 달리 기준자체를 물어보는 문제는 그다지 많지 않았고 출제도 역시 쉽게 되어 변별력 있지는 못했다. 이런 문제는 다들 맞추기 때문에 꼭 함께 맞추어야 합격에 지장이 없다.

오히려 '경영자 및 감사인의 책임을 쓰는 이유가 무엇인가', '경영진의 내부통제 무력화위험에 대응하는 감사절차를 반드시 계획 및 수행해야 되는 이유를 쓰시오', '중요한 왜곡표시위험의 두 가지 수준을 쓰시오' 등 원론적이고 학술적인 문제가 꽤 출제되어 수험생들을 당황하게 하였다. 예전에는 기준을 암기했는지 물어보거나 어떤 상황에서 수행해야 하는 감사절차를 물어보는 문제가 많았다면 점점 더 이런 형식의 근본적인 질문들이 늘어나고 있는 것 같다. 그래서 감사 공부 시 되도록 책을 많이 읽으려고 노력하면서 감사의 흐름을 이해하고 큰 그림으로 감사를 보려고 노력하는 것이 중요하다. 사실 이런 질문들은 기준 외우기도 버겁던 동차생들에게는 꽤 난해했을 것이라고 생각한다. 시험장에서 이런 문제를 맞닥뜨렸을 때 모른다고 빈칸으로 두지말고 꼭 자기 생각이라도 적어서 제출하길 바란다. 그래야 부분점수를 줄 수 있는 여지가 있다.

※ 2014년도 제49회 공인회계사시험부터 신국제감사기준(New ISA)이 적용되어 출제되므로 시험준비에 주의하기 바란다.

2015년도 회계감사 문제의 특징은 다음과 같이 크게 세 가지로 정리할 수 있다.

1. 표본감사, 전산감사 등 다양한 분야에서 출제

국제감사기준으로 처음 출제된 2014년에는 중요하고 기본적인 내용 위주로 출제되었다면, 2015년에는 다양한 분야에서 문제가 출제되었다. 특히 표본감사와 전산감사는 감사업무 수행 시에 일반적으로 접하게 되는 매우 중요한 분야임에도 불구하고 실제 시험에서는 중요하게 다뤄지지 않았으나 이 번 시험에서는 표본감사와 전산감사 문제가 당락을 결정할 정도로 중요한 비중을 차지하였다. 이러한 출제경향의 변화는 2016년 이후에도 계속될 것으로 예상되므로 과거처럼 중요한 부분의 암기만으로는 합격하기가 힘들고, 회계감사 교재에 포함된 모든 분야가 출제가능 분야가 될 것이므로 다독을 통한 회계감사절차의 심도 있는 이해가 합격을 위한 정도가 될 것으로 보인다. 또한 그 만큼 시간이 부족한 동차생에게 회계감사의 동차합격은 넘기 힘든 큰 산과 같은 존재가 될 것이다.

2. 서술형의 강조와 줄 수 제한의 철폐

이 번 시험의 대부분의 물음에는 "서술하시오"라는 단어가 포함되었다. '서술'이라는 의미는 동사로 문장이 끝이 나야 함을 의미하므로 결국 수험생들의 문장력과 논리를 평가하겠다는 의도로 풀이될 수 있다.

또한 과거의 기출문제들과 달리 줄 수의 제한이 없다는 것은 채점에 다소 시간과 노력이 많이 소요되더라도 수험생이 해당 문제에 대해서 충분히 알고 있거나, 정확하게 알고 있지는 않더라도 공부한 내용들을 위주로 문장력으로 문제에 접근할 수 있다면 채점에 반영하겠다는 출제위원들의 배려가 녹아 있는 것으로 보인다.

3. 암기 아닌 암기 문제

올해도 과거와 같이 암기문제가 일정 부분 출제되었다. 그런데 올해의 암기문제는 과거의 기준 암기문제와는 다소 다른 느낌이었다. 다소 암기 아닌 암기 같은 느낌, 즉 암기를 했더라도 어느 부분과 관련된 부분인지 연결시키기 쉽지 않았다는 것이다.

그럼에도 불구하고 관련 내용을 정확하게 암기하지 않았어도 어느 정도 추론을 통해서 답안을 작성할 수 있는 부분으로 암기문제가 출제되었다는 것이다. 즉, 정확히 암기하지 않았어도 다독을 한 수험생이라면 어느 정도 점수를 획득할 수 있는 내용으로 암기문제가 구성된 것이다.

2016년도 회계감사 시험은 15년도 2차 시험에 비해 지엽적인 문제는 출제가 되지 않았으나, 표본감사 부분이 까다롭고 전형적이지 않은 물음이 다수 출제되어 체감 난이도는 낮지 않았다. 그리고 감사에 대한 충분한 이해를 바탕으로 수험생의 의견을 묻는 문제가 출제되어 단순한 암기만으로는 해결하기 어려운 문제도 있었다. 또한 문제의 양이 많아 시간배분을 잘 못한 수험생은 시간이 부족하였을 것으로 생각된다. 하지만 단순한 암기로만 풀 수 있는 문제도 다수 출제되어 암기 또한 철저히 이루어져야 할 것으로 보인다.

따라서 수험생들은 처음 회계감사를 공부할 때에는 큰 흐름을 이해할 수 있도록 강의를 수강하고, 암기 또한 목차 등을 통해 병행하여야 한다고 생각한다. 그리고 동차생이라고 하여 표본감사, 전산감사 등을 버리는 것은 시험출제경향을 볼 때 위험하다고 본다.

2017년도 회계감사 시험은 평년과 달리 일반적인 수험준비 서적에서 그리 다루지 않는 지엽적이고 생소한 주제들이 대거 출제되어 많은 수험생들에게 큰 당혹감과 혼란을 주었다.

출제된 문제들은 명확한 기준 보다는 수험생들의 생각이나 논리를 요구하는 문제들이 다수였으며, 기준을 묻는 문제들도 워낙 지엽적이었다. 또한 회계감사는 과목 특성상 정확한 정답을 요구하기 보다는 감사 지식을 논리적으로 현출하는 능력에 더 많은 점수를 부여한다.

참고로 시험 전 공인회계사시험위원회에서는 공인회계사들의 윤리의식 개선과 관련하여 공인회계사법, 외감법, 회계감사기준 및 품질관리기준의 직업윤리 관련 부분, 그리고 공인회계사 윤리기준에서 10% 내외로 출제를 한다고 밝혔고, 실제로는 문제 1번과 문제 8번(총 23점)이 해당 범위에서 출제됐다고 생각한다.

※ 2017년도 제2차시험부터 회계감사 과목 중 직업윤리의 출제 범위 및 비중 안내

- 공인회계사의 미공개 정보 이용 불공정거래 행위 방지를 위한 회계법인의 주식거래 관리체계 개선방안 발표(2015.8.26.)에 따른 후속조치임
- (출제범위) 「공인회계사법*」, 「주식회사의 외부감사에 관한 법률*」, 회계감사기준 및 품질관리기준의 직업윤리** 관련 부분과 공인회계사 윤리기준 전문에서 출제

　* 하위법규를 포함함

　** 감사인의 독립성 관련 내용 등도 포함

● (출제비중) 2017년 제2차시험부터 **회계감사과목 중 10% 내외**로 출제

　2018년 회계감사는 작년에 비해 전체적으로 난해하지 않은 수준으로 출제되었고, 회계감사과목을 성실히 공부한 수험생이라면 무난하게 풀이할 수 있었을 것이라고 생각된다. 회계감사기준을 묻는 문제가 대부분이었기 때문에 최대한 기준 그대로 암기했다면 무난하게 고득점했으리라 생각된다. 다만 문제 8번을 맞닥뜨렸을 때는 조금 당황스럽긴 하겠으나 연습서를 정독했던 기억을 바탕으로 최대한 그 내용을 활용하여 자신의 생각을 논리적으로 써내려갔다면 적절히 점수를 받았을 것이라고 생각된다.

　2019년 회계감사는 감사기준서에 기반한 문제들이 60점 이상 출제가 되었기 때문에 시험 난이도는 무난했다고 평하겠다. 최근들어 동차 수험생들이 회계감사 과목에 응시하지 않는 경향이 더욱 강해지고 있어 점점 기초적인 감사 기준서를 묻는 문제가 대부분 출제되고, 기존 교재에서는 찾아보지 못했더라도 회계감사에 대한 전반적인 이해가 있다면 충분히 득점을 할 수 있는 문제들이 주로 출제가 되는 것 같다. 윤리강령과 감사인의 책임, 각종 위협과 안전장치 관련된 내용, 감사보고서와 관련된 내용, 최근 개정사항 등은 꾸준하게 출제가 되며 난이도 또한 어렵지 않기에 해당 부분들에 중점을 두고 공부를 하시면 좋은 결과를 얻을 수 있을 것으로 생각된다.

　2020년 회계감사는 전체적으로 난이도는 어렵지 않으나 사례문제는 좀 시간이 걸릴 수 있었던 문제였다고 개인적으로 생각한다. 기준서만 잘 외웠더라면 합격하는 데 무리가 없었을 것이다. 19년 회계감사시험에 문제가 있어 기사가 난 적이 있었다. 회계감사의 실무도 경험하고 대학교 강의를 하는 교수님이 많지 않다고 들었는데 20년 시험에는 19년 출제위원을 배제하고 실무자들이 문제를 낸다는 소문도 있어서 회계감사시험이 난이도 조절에 실패할지도 모른다는 걱정이 앞섰다. 회계감사시험을 치르고 나와서 느꼈던 것은 난이도도 평이했고 이상한 문제가 하나도 없었다고 느꼈다.

　회계감사는 다른 과목에 비해 난이도가 갑자기 변하지 않는 것 같다. 열심히 공부하면 공부한 만큼 나오는 과목이라 생각하며 충분한 시간을 투자하길 바란다.

　2021년 회계감사는 전체적인 난이도는 20년과 유사하게 평이하게 출제되었다고 생각한다. 대부분의 수험생이 2021년도에도 2020년 시험과 비슷한 흐름으로 암기가 기본이 되는 문제가 출제될 것이라고 예상하였고, 크게 예상을 벗어나지 않았던 것으로 판단된다. 특이한 점은 수험생들 대부분이 출제될 것이라고 예상하였던 내부회계관리제도 관련 내용 출제되지 않은 점이다. 앞으로 이러한 기조로 시험이 출제된다면 넓은 범위를 꼼꼼하게 암기하는 수험생이 유리할 것으로 예상된다.

　회계감사 과목에서 안정적인 점수를 확보하기 위해서는 기본적인 내용에 대한 암기가 바탕이

되어야 한다고 생각한다. 단원별로 기본적인 내용을 먼저 암기하여 회계감사의 전반적인 흐름을 잡고, 세부적인 내용으로 범위를 넓혀간다면 시간을 투자한 만큼 시험에서 원하는 점수를 얻을 수 있으리라 생각한다.

2022년 회계감사는 전체적인 난이도는 21년과 비교하여 증가하였다고 생각한다. 21년도에는 대부분의 문제가 암기형으로 출제되었던 반면 이번 22년도 시험에서는 판단을 요하는 문제들이 많이 출제되었다. 또한 기본적인 암기내용 뿐만 아니라 지엽적인 암기내용을 물어보는 문제도 많아 당황하는 수험생들도 있을 것이라고 생각한다. 추가적으로 9문제가 출제되어 수험생들이 시간상으로도 부족함을 느꼈을 것으로 예상된다.

그럼에도 불구하고 수험생 입장에서 회계감사 시험을 준비한다면 기본적인 내용에 대한 암기가 바탕이 되어야함을 강조하고 싶다. 사례형 문제도 결국은 기준서 문장에서 파생되어 만들어지는 것이기 때문이다. 기본적인 내용을 탄탄하게 암기하고 사례형 문제와 일부 지엽적인 기준서를 추가로 암기한다면 회계감사 시험에서 원하는 점수를 얻을 수 있을 것이다.

연도	감사일반 및 이론	이행 및 실증감사절차	감사보고
1996	• 신의성실과 외감법	• 표본감사 • 전산감사 • 내부통제 • 매출채권 · 재고자산에 대한 감사절차	• 특수목적의 감사보고
1997	• 감사인의 선임방법 • 중요성 • 독립성 • 감사조서	• I/C • 전산감사 • 표본감사(PPS) • 분석적 검토	• 후속사건의 공시 • 계속기업으로서의 존속여부 • 감사보고서 또는 양식
1998	• 외감법 적용대상 • 독립성 • 감사인 지정 사유 • 감사계약서 기재사항 • 감사위험과 중요성 • 질적관리 • 감리제도 • 감사인의 손해배상 요건 • 손해배상기금 • 손해배상적립금 • 부정적발시 조치 • 감사증거의 증거력	• 입증감사의 감사목적과 감사기술 • 표본감사(PPS) • 전산감사기법 • 감사계획(전반감사계획과 세부감사계획)에 포함될 내용 • 내부통제구조평가 • 분석적 검토	• 후속사건 검토 • 외부전문가의 활용 • 감사의견
1999	• 감사관련 서비스 • 일반감사절차 • 재무제표에 의한 경영자의 주장 • 기준에 영향을 미치는 관련법규 • 질적관리정책의 목적과 감리제도	• 적발위험의 목표수준 산출 • 감사위험의 곱으로 표시되는 이유 • 회계제도를 이해하기 위하여 파악하여야 할 추가사항 • 내부통제제도의 추가적인 한계점 • 표본감사	• 감사보고서 기재내용 • 추후 발견사항과 관련하여 감사보고서에 기재할 사항 • 감사의견의 표명

연도	감사일반 및 이론	이행 및 실증감사절차	감사보고
	• 직업윤리규정 위배 여부	• 조회절차에 대한 추가절차 • 대손충당금에 대한 추가절차 • 기초잔액에 대한 감사절차의 검증 방법 • 회계추정치에 대한 감사절차 • 소송과 배상청구관련 감사절차	
2000	• 감사위험의 평가(9점) • 감사계약과 분석적 절차(10점)	• 내부통제의 평가(11점) • 계속기업에 대한 감사(9점) • 매출채권과 재고자산에 대한 감사절차(12점) • 감사조사(12점) • 표본감사(12점)	• 타감사인의 감사결과 활용(15점) • 반기재무제표의 검토(10점)
2001	• 외감법(12점) • 감사의 기대가치(10점) • 감사위험의 평가(15점) • 감사인의 책임(6점) • 감사계약서(5점)	• 감사절차(6점) • 통제절차(5점) • 표본감사(10점) • 전산화된 환경에서의 감사(6점) • 분석적 절차(15점)	• 감사보고서 · 감사의견 · 특기 사항(15점)
2002	• 감사인의 독립성 • 내부감사기능의 활용 • 중요성	• 기초잔액 감사 • 특기사항, 후속사건 감사절차 • 경영자 진술 • 분석적 절차 • 매출채권 조회방법, 시기 • 전문가 의견의 활용 • 표본검사 • 중요성 판단과 추가적 감사철차 • 부정과 오류 • 경영진의 비협조와 감사의견	• 감사보고서 오류수정 • 특기사항
2003	• 회계감사의 고유한계 • 감사계약내용	• 입증감사 절차 • 내부통제 • 재고자산 실사입회 • 특수관계자와의 거래	• 감사의견(계속기업으로서의 존속여부에 중대한 불확실성이 존재할 때) • 특기사항
2004	• 감사인의 독립성 • 부정과 오류와 관련된 내부감시기구	• 매출과 매출채권의 표본감사 기법 • 은행의 내부통제 • 매출채권과 매입채무의 조회 • 분석적 절차 • 재고자산의 입회, 실재성 확인	• 특수관계자와의 거래 공시 • 감사보고서 초안작성 및 오류수정 • 계측기업의 불확실성 존재와 감사의견의 종류 • 외부전문가 활용 • 기초잔액 확인과 감사보고서 표시 • 반기재무제표 검토 준칙
2005	• 전반감사계획과 세부감사계획 • 감사위험평가 • 독립성 • 직업윤리 • 비감사서비스 제공의 금지 이유	• 내부통제평가 개선방안 • 전산화된 환경에서의 내부통제 평가 • 분석적 절차 • 현금 및 현금성 자산에 대한 입증절차	• 후속사건과 감사보고서 재발행 • 경영자확인서 • 감사보고서일

연도	감사일반 및 이론	이행 및 실증감사절차	감사보고
		• 은행계정조정표 검토 • 실사(재고자산) 입회	

2006	• 회계감사제도의 사회적 기능
	• 비감사서비스와 공인회계사
	  윤리규정
	• 감사인의 독립성
	• 윤리규정준수여부
	• 감사실패와 감사위험
	• 정당한 주의와 법적책임
	• 감사품질
		• 분석적 절차
		• 실재성 확인절차
		• 파생상품거래에 대한 감사목표,
		  중점감사절차
		• 부정과 오류
		• 매출채권 조회절차
		• 표본감사절차
			• 기업지배구조의 투명성, 회계의 투
			  명성
			• 감사보고서 작성
			• 외부전문가 활용

2007	• 감사의 고유한계 • 윤리규정 • 내부회계관리제도	• 부정위험요소가 있는 경우의 입증 감사 • 내부통제 검증기법 • 내부통제의 취약점 • 매출채권 조회 • 경영자의 주장과 입증감사절차 • 분석적 절차 • 재고자산 입회	• 감사범위의 제한과 감사의견 • 타감사인, 외부전문가 활용 • 감사보고서 오류수정

2008	• 회계감사의 필요성
	• 회계감사의 고유한계
	• 독립성
	• 감사인의 책임한계
	• 감사인의 손해배상책임,
	  손해배상산정방법
	• 감사품질
		• 내부통제 및 입증감사
		  감사기술
		• 매출채권 조회
		• 매출의 기간귀속
		• 임원의 횡령, 부정행위가 있는 경
		  우 감사절차
		• 내부통제 평가절차
			• 감사보고서 형식
			• 특기사항
			• 대차대조표일 이후의 사건
			• 감사의견이 제시되는 사례
			• 감사의견 형성단계의 분석적 절차
			• 연결재무제표에 대한 감사절차시
			  고려할 사항과 경영자 확인서

2009	• 감사인의 손해배상책임
	• 감사인 선임
	• 감사인의 적격성
		• 현금 및 현금성자산, 재고자산,
		  매출채권, 유형자산, 매입채무
		  입증절차
		• 연결재무제표 감사
		• 매출채권의 금액비례확률표본감사
		• 내부통제 평가절차와 내부회계 관
		  리제도
			• 계속기업 존속가능성과 감사의견
			• 감사보고서의 유용성(주식발행, 신
			  규대출, 신규발행주식 인수)
			• 감사의견과 감사보고서 일자

2010	• 감사위험, 감사의견 내부 통제 • 회계감사의 효익 • 감사실패	• 재고자산 감사 • 금융거래 • 차입금 • 분석적 절차 • 통제절차	• 감사의견 형성
2011	• 감사인 선임과정 • 감사품질 유지제도 • 회사에 대한 이해 • 감사계약	• 내부통제제도와 통제위험 • 고유위험 • 중요성 기준 • 감사기술 • 타감사인의 보고서 활용	• 입증감사절차(현금 및 현금성 자 산, 매입채무) • 경영자의 부정 • 연결감사보고서
2012	• 감사품질	• 내부통제 감사의 의미	• 특수관계자와의 거래

연도	감사일반 및 이론	이행 및 실증감사절차	감사보고
	• 증권집단소송제도 • 재무제표 대리작성 • 감사계약(감사보수) • 인증업무 개념체계(인증업무의 구성)	• 기초잔액 감사 • 매출액 기간귀속 • 연결재무제표 감사 • 재고자산 • 매입, 매출거래 시사 • 전산화된 환경하의 내부통제 감사	• 감사의견별 감사보고 형식 • 전기 재무제표 재작성
2013	• 감사품질관리 • 감사위험평가 • 감사계약시 고려사항	• 감사증거 • 대여금 감사절차 • 연결재무제표 감사 • 타감사인의 감사결과 활용 • 경영자의 부정과 감사계약 • 내부통제와 감사위험 • 전산화된 환경에서의 감사	• 감사보고서 기재사항 • 경영자의 부정과 감사보고
2014	• 감사계약과 독립성 • 감사보수와 이기적 위협 • 회계감사와 경영진 책임 • 손해배상책임(민법, 자본시장법, 외감법) • 수행중요성	• 매출거래 실증절차 • 표본감사절차 • 내부통제와 감사위험 • 중요한 왜곡표시위험의 평가 • 계정과목 입증감사 절차	• 감사보고서 기재내용 • 감사의견
2015	• 손해배상책임 • 그룹재무제표 감사	• 전산통제 감사 • 재고자산, 외부전문가, 매출채권 통제절차 • 내부통제와 감사위험 • 표본감사 • 중간재무제표 검토	• 공정가치 평가보고서 • 감사종결절차 • 반기 재무제표에 대한 검토보고서
2016	• 감사계약 / 내부회계관리제도 (13점)	• 표본감사(16점) • 실증적 감사절차(13점) • 해외종속법인 감사절차(16점)	• 감사의견과 손해배상(12점) • 중요한 왜곡표시와 감사의견(10점) • 계속기업으로서의 존속가능성(12점) • 감사보고서일 이후의 사건(8점)
2017	• 직업윤리(10점) • 품질관리(13점)	• 부정과 재무제표 왜곡 감사절차 (13점) • 표본감사(9점) • ERP감사(18점) • 실증절차(15점) • 그룹감사절차(15점)	• 감사보고서 작성(17점)
2018	• 직업윤리(12점) • 감사계획(10점) • 감사인 배정/자유수임제(11점)	• 위험평가/내부통제(15점) • 비상장주식평가 감사절차(15점) • 특수관계자와의 거래(8점) • 수주산업 감사(11점)	• 감사증거 및 감사문제(18점)
2019	• 직업윤리(10점) • 감사위원회와 감사인 선임(7점)	• 부정 관련 감사절차(13점) • 차입금, 매출채권, 재고자산,	• 감사보고서 내용(24점) • 후속사건(8점)

연도	감사일반 및 이론	이행 및 실증감사절차	감사보고
	• 경영진과 외부감시인의 책임 (10점)	감사절차(18점) • 내부회계관리제도 감사(10점)	
2020	• 직업윤리(10점) • 감사계획(5점) • 감사계약(18점)	• 부문감사인 활용(10점) • 내부통제(25점) • 비상장주식 평가(11점) • 표본감사(6점)	• 감사보고서(15점)
2021	• 직업윤리(17점) • 회계감사의 기본개념(16점)	• 공정가치 등 회계추정(8점) • 그룹재무제표 감사(6점) • 정보기술 감사(8점) • 중요성 기준(18점)	• 감사보고와 감사의견(17점) • 핵심 감사사항(10점)
2022	• 직업윤리와 법적 책임(17점) • 중요성, 감사위험, 감사증거(17점)	• 감사계획, 감사완료, 품질관리(12점) • 매출채권(12점) • 계속기업가정 감사결과(6점)	• 연결재무제표 감사(18점) • 우발부채(6점) • 내부회계관리제도(12점)

(2) 수험대책

회계감사는 다른 2차과목들에 비해 비교적 짧은 시간에 준비할 수 있으며, 효율적으로만 준비한다면 쉽게 고득점 할 수 있다는 특징을 가지고 있다. 그러나 이를 단순 암기과목으로 오산하여 감사전체에 대한 논리적 체계를 갖추지 못한 채 감사기준과 교재를 암기하는 방법으로만 준비한다면 오히려 과락을 면하기 어려운 과목이기도 하다. 따라서 각 분야별로 공부를 할 때 반드시 감사전체흐름에서의 위치를 고려하여야 하며 타 분야와의 관련성을 정리해두는 것이 필요하다. 또한 회계감사는 감사실무에 대한 이해가 없는 수험생으로서는 거래유형별로 필요한 구체적 감사절차를 쉽게 이해하기가 어렵다는 점이 있다. 그러므로 반드시 학교강의나 학원을 통해 이러한 실무적 보충설명을 들어야만 Case중심으로 나오는 문제에 대해 쉽게 접근할 수 있을 것이다.

마지막으로 교과서 전체를 정리하여 핵심적인 사항들을 요약한 Sub-Note를 만들 필요가 있으며 이는 시험직전 과목을 다시 정리하는데 큰 도움이 될 것이다.

4. 원가회계 : 2일차 1교시(10:00~12:00, 120분)

(1) 출제경향분석

① 원가회계

각종 원가계산의 기본흐름과 차이점을 집중적으로 테스트하는 종합문제가 출제되고 있다.
• 종합원가계산 : 공손원가배분
• 표준원가계산 : 차이분석, 차이배분
• 표준종합원가계산 : 차이분석, 회계처리, 공손원가배분

- 직접(변동)원가계산 : 순이익조정

② 관리회계

성과 평가부분에 비해 의사결정부분이 압도적으로 많이 출제되고 있다. 특히 CVP분석, 관련원가분석, 불확실성의 의사결정이 종합문제형태로 많이 출제되고 있으므로 이 부분에 있어서는 심도있는 학습이 요구된다. 성과평가부분도 경영자보상과 관련하여 최근에 문제화되고 있으므로 주의해야 한다.

- CVP분석 : 기본모형, 민감도분석, 복수제품 CVP분석, 다기간 CVP분석, 불확실성하의
  CVP분석
- 관련원가분석
  - 특별주문의사결정, 자가제조 : 외부구입의사결정, 자원제약 하의 의사결정
- 불확실성하의 의사결정 : EVPI, EVSI, 차이조사모형
- 대체가격결정 : 대체가격 및 경영자 성과평가

1999년도에는 전반적으로 변별력이 있는 평이한 문제가 대부분 출제되었으나, 장문의 문제여서 상당히 당황하였다는 것이 수험생들의 중론이다. 활동기준원가회계(ABC)와 제약이론(Theory of constraint : TOC) 및 이전가격체제 문제 등 현대의 관리회계 분야가 골고루 출제되었다.

2000년도에는 기출문제에서 상당히 유사하게 출제되었다. ABC, 제약자원이론, 불확실성하에서의 의사결정은 이미 출제되었던 문제였고 EVA등은 새로운 경향으로서 출제가 예상되었던 문제였다. 개인적으로 난이도는 평이한 수준이었지만 곳곳에 함정이 있어서 많은 수험생은 상당히 실수를 했을 것이다.

2001년도에는 평이한 수준으로 다음 세가지 특징이 있다.

첫째, 서술형문제의 비중이 커졌다.(약 30점 정도 출제)

둘째, 문제의 지문이 길고 문항수가 많다.

셋째, 정확한 계산능력을 요구하고 있다.

2002년을 보면 매년 시험의 난이도가 달라지는 것을 볼 수 있다. 올해는 원가계산분야에서 한문제도 출제되지 않은 기이한 사건이 발생했다. 올해 원가회계문제는 상당히 어렵게 출제되었다. ABC와 품질원가문제는 무난한 문제였고 영화사와 비행기문제는 그동안 제조업위주의 원가회계에서 다루지 않은 다소 생소한 분야였다. 이 부분도 관심을 가져야 할 것이다.

2003년도에는 문제 1번부터 3번까지는 대체적으로 무난하게 답안에 접근할 수 있었겠지만 배점이 높았던 문제 4번과 5번은 고난이도 문제였다. 전체적으로 볼 때 2002년도와 비교해서 약술문제가 많아졌고 관리회계 문제도 특정분야에 치중되는 경향을 보였다. 특히 문제 5번의 제약이론 문제는 고난이도 문제였다.

2004년도에는 전체적으로 상당히 어렵게 출제되었다는 중론이다.

2005년도에는 모두 5문제가 출제되었으며 전체적으로 다양한 문제를 풀어보지 못한 수험생에게는 상당히 어려운 문제였다. 문제1은 종합원가계산과 보조부문의 원가를 배부하되 제조간접비를 예정배부하는 문제였고, 문제2번은 결합원가와 추가가공여부 의사결정을 묻는 문제였다. 문제3은 활동기준원가계산을 묻는 문제로서 손익분기점과 결합해서 출제되었고, 문제4는 현금예산, 문제5는 활동기준원가계산과 목표원가계산을 결합시켜 출제되었다. 향후로도 원가관리회계는 1차와 2차시험의 난이도가 가장 차이가 남으로써 당락을 좌우하는 과목이다. 평소에 기본기와 다양한 응용문제를 푸는 것이 필수적이다.

2006년 원가회계는 매우 까다롭게 출제되었다. 대리인이론, 유람선문제, 수요의 하향악순환 등이 출제되었다. 향후 이런 경향은 계속될 것으로 보이므로 폭넓고 심도있게 공부해야 할 것이다.

2007년 원가회계는 과거 시험문제와 달리 네 문제 모두 하나의 문제에서 여러 분야를 물어본 것이 특징이다. 이런 유형의 문제를 잘 답하기 위해서는 무엇보다도 기본이 충실해야 하겠다. 만약 【문제1】에서 물량흐름이 연결되지 않음을 발견했으면 시험장에서 고민하지 말고 지체없이 【문제2】부터 풀이하는 것이 바람직하다. 전반적으로 【문제1】의 자료 해석이 어려움을 제외하고는 작년과 비슷한 출제수준이라고 할 수 있다.

2008년도 원가회계는 2007년도에 비해 문제가 다소 쉽게 출제되었고, 예상했던 문제 유형들이 많이 출제되었다. 【문제1】과 【문제2】는 많은 수험생들이 잘 풀었을 것으로 예상되고, 【문제3】은 시간이 좀 걸렸겠고, 일부 물음에 대해 정답을 정확히 찾은 수험생이 적었을 것으로 예상되며, 【문제4】는 문제해석을 어떻게 했는지에 따라 점수가 차이가 날 것으로 보인다.

2009년도 원가회계의 문제별로 난이도와 합격에 필요한 점수를 나타내면 다음과 같다.

【문제1】 → 15점 이상 득점

전체적으로 평이했으나 (물음3) (1)에서 단서부분인 '모든 원가차이를 고려하지 마시오'를 간과한 경우가 있었을 것으로 생각된다.

【문제2】 → 8점 이상 득점

전체적으로 평이했다.

【문제3】 → 12점 이상 득점

전체적으로 어려웠고, 물음을 제대로 이해하지 못한 수험생이 많을 것으로 보이며 해답을 정확히 쓴 경우가 드물 것으로 생각된다. 따라서 어느 정도 논리적인 접근을 보여줬다면 상당한 부분점수를 기대할 수도 있을 것 같다.

특히 (물음1)은 조건을 간과한 경우가 있었을 것 같고, (물음2)는 질문의 취지가 애매모호하며, (물음5)는 대다수 수험생이 무엇을 묻는 것인지를 잘 이해하지 못했을 것으로 생각된다.

【문제4】 → 10점 이상 득점

전체적으로 평이했으나 예산배부율을 계산할 때 예산사용시간과 공급가능조업시간 중 무엇을 사용해야 하는지가 불명확하여 혼란스러웠을 것으로 생각된다.

【문제5】 → 20점 이상 득점

전체적으로 평이했으나 문제를 잘못 읽어 (물음1)을 틀리면 (물음2)와 (물음3)에도 영향을 미치므로 생각보다 낮은 득점을 했을 수도 있다. (물음4)에서 실제 직접배송시간 1,350시간이 1명당 시간인지 총시간인지가 불명확하므로 가정을 쓰고 풀어야 할 것으로 생각된다.

[총평] → 65점 이상 득점

【문제3】을 일단 통과하고 나머지 문제들을 먼저 풀고 남은 시간을 【문제3】에 투입하여 최선을 다해서 답안을 작성한 수험생은 이번 시험이 쉬웠다고 생각할 것이고, 【문제3】에 많은 시간을 투입하여 시간부족으로 나머지 문제들을 잘못 푼 수험생은 이번 시험이 어려웠다고 생각할 것으로 보인다.

2010년도 원가회계 시험은 과거에 비해서 비교적 평이한 수준이나, 단순 계산보다는 원가회계의 관리적 측면의 응용을 묻는 문제 위주로 원가·관리회계의 기본적인 이해가 형성되어 있는지를 평가하는 문제들이 주로 출제되었다. 출제의 범위를 살펴보면, 최근의 신이론보다는 전통적으로 많이 다루어왔던 주제들이 상대적으로 많이 출제되어 전년보다 실제 점수는 상당히 상승하리라 예상된다. 그러나 원가·관리회계 전반에 걸쳐 이해가 선행되지 않는 다면 정확한 답을 도출하기 어려운 문제들에 대해서는 여전히 계산과정이 복잡한 문제들에 대한 연습보다는 원가·관리회계의 기본적인 지식을 바탕으로 한 전체적인 흐름을 파악하면서 응용력을 키우는 것이 더욱 효율적인 학습방법이라 할 수 있다.

2011년도 원가회계 시험은 과거에 비해서 비교적 평이한 수준이며 원가·관리회계의 기본적인 이해를 평가하는 문제들이 주로 출제되어 과거에 비하여 다소 점수는 높아질 것으로 예상된다. 주어진 자료의 해석에 대한 애매한 부분 몇가지를 제외하고는 비교적 무난하게 접근했을 것으로 생각되며 출제의 범위를 살펴보면, 최근의 신이론 보다는 전통적으로 많이 다루어왔던 주제들로 이루어져 체감난이도는 예년에 비하여 상당히 낮았을 것으로 예측된다.

2012년도 시험은 과거에 비해서 비교적 평이한 수준이며 원가·관리회계의 기본적인 이해를 평가하는 문제들이 주로 출제되어 과거에 비하여 다소 점수는 높아질 것으로 예상된다. 출제의 범위를 살펴보면, 최근의 신이론 보다는 전통적으로 많이 다루어왔던 주제들로 이루어져 체감난이도는 예년에 비하여 상당히 낮았을 것으로 예측된다. 최근 출제경향은 최신 원가·관리회계분야보다는 전통적으로 다루어져왔던 부분에 대한 이해를 검증하는 경향이 두드러진다.

2013년 공인회계사 2차시험 원가회계는 다소 평이한 유형으로 출발하여 예년과 마찬가지로 난이도가 높은 문제로 마무리가 되었다. 크게 보면 종합원가계산, 표준원가계산, 활동기준원가계산, CVP분석, 관련원가 의사결정 등 주요 주제들에서 출제되었으며, 1번에서 4번까지는 다소 평이한 유형의 문제들이지만, 5번 문제의 경우 수험생들이 시험장에서 시간 내에 풀어내기가 어려웠을 것으로 보인다. 수험생들이 시험장 밖에서 시간에 구애받지 않고 풀면 풀 수 있는 문제이지만 시험장에서 이처럼 낯설고 복잡한 문제를 만나면 공부를 많이 한 수험생들도 당황할 수밖에 없을 것이다. 이와 같이 원가회계는 시간 내에 풀기 어려운 일명 '폭탄문제'가 출제될 수 있으므로 수험생들은 '폭탄문제'를 틀리더라도 다른 문제를 통하여 점수를 확보할 수 있도록 평소 기본개념에 충실한 학습을 할 필요가 있겠다.

최근에 출제되는 원가관리회계의 경향을 보면, 과거와 같이 하나의 문제에서 하나의 주제를 물어보지 않는다. 25점 안팎의 큰 문제를 통하여 원가관리회계에서 다루어지는 다양한 내용을 종합 적으로 분석하여 답을 낼 수 있는지를 평가하는 것으로 보인다. 2014년도 원가관리회계의 경우 총 4개의 문항이 출제되었고 한 문제당 20점~28점 배점으로 이루어져 있었던 바, 최근 출제경향에 비해 크게 달라진 점은 없었던 것으로 보인다.

출제자는 그 문제들을 통하여 다양한 개념에 대한 질문들을 던짐으로서 수험생들이 원가관리 회계의 기본적인 틀을 이해하고 있는지 물어보고자 한 듯하다.

1번 문제의 경우 개별원가계산에 대한 내용이었는데 출제자는 그 속에 원가의 기본흐름에 대한 물음(재공품, 제품, 매출원가 금액의 정확한 산정)을 추가하여, 원가계산의 처음과 끝을 확실히 마무리할 수 있는지 여부를 물어보았다. 일단 제시된 자료가 방대하여서, 정리하기가 녹록치 않았을 것으로 보인다. 특히 매출원가를 구할 때 기초제품재고와 당기제품제조원가의 단가가 다르고, 선입선출법을 적용한다는 사실을 파악하지 못하면, 잘못된 답을 썼을 가능성이 높다.

2번 문제의 경우 전부원가와 변동원가, CVP분석, 대체가격에 대한 내용이 복합적으로 출제되었는데, 개인적으로 이 문제가 가장 만만치 않다고 생각한다. 특히 변동판매관리비 항목이 문제의 가장 앞에서 제시가 되었고, 대체가격 산정 시에는 동 항목에 대한 명확한 언급이 없어서 대체가 격 산정할 때 변동판매관리비가 누락될 가능성이 높다.

3번 문제에서는 출제자가 종합원가, 단기의사결정에 대한 사항을 물어본 바, 문제 1,2번에 비하여 상대적으로 쉽다고 생각된다. 다만 개인적으로 문제 3-2번의 물음 3번에 대한 자료제시가 조금 애매하다고 생각한다. 범용기계의 가동시간이 제약조건으로 제시되었음에도 불구하고, 특별주문 이 기존 시장에 영향을 미치지 않는다는 단서는 서로 모순이 있는 듯하다.

4번 문제에서는 결합원가, 현금예산, 표준원가에 대한 질문이 제시되었고, 난이도는 적당하다고 판단된다. 다만 물음 3번의 현금흐름 구하는 부분은 자주 나오는 주제는 아닌 바, 수험생들이 생소하다고 느낄 수 있을 듯하다. 또한 동 문항 때문에 시간이 많이 소비되어 다른 문항을 못 풀었을 가능성이 있을 것으로 생각한다.

출제난이도가 중상 정도로 생각되나, 문제의 양이 상당히 많아서 2시간 안에 모든 문항을 풀기 는 현실적으로 힘들 것으로 판단된다. 또한 출제자가 물어본 개념들이 시중에 나오는 원가관리회계 교재 안에 있는 대부분의 내용들을 알아야 풀 수 있는 것이라서, 평소에 원가관리회계의 폭넓은 학습이 되어 있지 않은 수험생들에게는 상당히 버거웠지 않았나 싶다.

마지막으로 예비 2차 수험생들에게 원가관리회계 학습에 대한 방법을 몇 가지 제시하고 글을 마칠까 한다.

회계학과목 객관식 50문항 중에서 10문제를 차지하기 때문에 1차 시험에서 원가관리회계가

차지하는 비중이 상대적으로 적다. 그러다 보니 1차 준비를 할 때 원가관리회계를 소홀히 하는 경향이 있는데, 기본서에 나와 있는 중급 정도의 기본예제를 하루에 3~4문제씩 꾸준히 푸는 것을 권한다. 2차에서는 모든 풀이과정을 직접 써야 하기 때문에, 미리 연습이 되지 않으면 2차 시험에서 좋은 성과를 거두기 힘들다. 2차 시험이 임박해서 부랴부랴 원가관리회계를 공부하는 경우가 많은데, 수험기간이 늘어나는 지름길이니 평소에 조금씩 주관식으로 푸는 연습을 해두기 바란다.

두 번째로, 너무 지엽적이거나 어려운 문제들은 조금 배제하시고 중상 정도의 난이도를 지닌 문제들을 꾸준히 반복해서 풀어보기 바란다. 매우 지엽적이거나 지나치게 어려운 문제에 집착하다 보면 자신감도 많이 떨어질 뿐더러, 실전에서 그러한 문제가 나오면 시간 내에 풀기 어렵다. 물론 실력향상을 위해서 어려운 문제를 푸는 것은 좋은 것이다. 다만, 너무 몰입하지는 말기 바란다.

2015년도 원가관리회계 2차 시험에서는 다음과 같은 주제가 출제되었다.

1번 : 표준원가

2번 : 혼합원가계산, 종합원가계산(재작업)

3번 : 학습곡선과 단기의사결정

4번 : 결합원가계산(대체가격, 투자의사결정)

올해 출제된 문제들의 난이도가 예전에 비하여 높았다고 판단된다. 평소에는 출제되지 않았던 부분에서 문제가 나왔는데 2번에서 출제된 재작업원가의 경우 평소에 접하지 못하였던 주제였을 것 같고, 3번 학습곡선의 경우 수학이 약한 분들은 풀지 못했을 듯하다. 또한 원가계산파트에서 문제출제가 많이 된 바, 출제추세가 과거와는 많이 다른 양상을 보였다.

제가 수험생이었다면 아슬아슬하게 62~63점 정도 맞았을 것 같다. 원가관리회계의 과목특성상 예측이 어려워서 늘 수험생들을 곤란하게 만드는 무언가가 있는 것 같다.

2016년도 원가관리회계 2차 시험에서는 다음과 같은 주제가 출제되었다.

1번 : CVP분석 응용

2번 : 표준종합원가

3번 : 전부, 변동, 초변동원가, 대체가격, 투자의사결정(NPV, EVA)

4번 : 결합원가 응용

2016년에 치루어진 회계사 2차 원가관리회계 시험은 예전 시험 못지 않게 꽤나 난이도 있는 문제들로 구성되어 있다. 가면 갈수록 시험문제가 점점 어려워지는 것 같다. 기본적인 사항을 철저히 숙지하시고, 쉬운 문제부터 바로 풀 수 있는 능력을 키워야 할 것 같다.

2017년에 출제된 문제는 다음과 같다.

1번 문제	전부원가계산과 변동원가계산
2번 문제	CVP분석, 확률, 대체가격
3번 문제	예산차이 분석
4번 문제	결합원가 계산

개인적인 견해로는 3번 문제가 가장 어려웠던 것 같다. 다른 문제들의 경우 기본적인 원가관리회계 지식을 착실히 소화한 수험생이라면 큰 실수없이 풀었을 것으로 예상된다.

최근 원가관리회계 추세를 보면 넓은 범위에서 상당히 많은 양의 문제가 출제되고 있다. 따라서 복잡한 문제보다는 기본적인 문제를 최대한 많이 풀어보는 것이 합격에 유리할 것으로 판단된다.

2018년 원가회계의 전반적인 특징은 문제 수를 늘리고, 난이도를 낮추었다는 점이다. 그동안은 아주 큰 문제를 적게 내서 문제의 난이도가 매우 높았고, 심지어는 문제에 오류가 있는 경우도 왕왕 있었다. 하지만 올해는 전반적인 난이도를 낮춘 대신 문제를 많이 출제했기 때문에 수험 내용에 숙달된 사람이 빠르게 풀어야 모든 문제를 풀 수 있었다. 원가관리회계는 최근 수년간 4문제 정도가 출제되었다. 재무회계나 세법처럼 명확한 기준이 있는 것이 아니어서, 출제자들이 상황을 복잡하게 만드는 만큼 문제의 난이도가 결정되었다. 2차 시험의 문제는 점점 더 어려워졌고, 실무와의 괴리는 날이 갈수록 커졌다. 그러다보니 최근의 원가 문제는 심지어 현직에서 원가회계로 10년 이상 근무하신 회계사도 풀 수 없을 만큼 난해한 수준이 되어 버렸다. 시험 주최 측에서 이러한 문제점을 인식한 것인지, 다행히도 올해는 기본 내용만 충실히 숙지했다면 풀 수 있는 수준으로 출제했다. 다만 6문제를 출제해서 시간이 매우 부족했을 것이다. 대부분의 수험생들이 6번 문제는 보지도 못했다는 분들이 굉장히 많았다. 올해와 같은 경향이 계속될지, 아니면 올해만의 특이한 현상인지 아무도 알 수가 없다. 개인적으로는 이러한 경향이 올바른 방향이라고 생각을 하지만, 안타깝게도 수험생 분들께서는 어려운 문제를 푸는 것과, 빠르게 푸는 것 모두 대비하는 수밖에 없다고 생각한다.

2019년 원가회계의 경우 전반적인 고난이도로 출제가 되었다. 하지만 그렇기 때문에 오히려 채점에 있어서는 후한 점수가 배점이 된 것 같다. 2차 시험의 경우 과목을 불문하고 어려운 문제에 대해 당황하지 않는 것이 가장 중요하다. 올해 같은 출제 난이도의 경우 모두가 어려운 시험이었기에 내가 풀지 못하는 문제가 많음에 당황하지 않고 풀 수 있는 문제들을 찾아 모두 풀어놓고 고난이도 문제들은 해당 개념의 풀이과정을 적절하게 서술하여 부분배점을 노리는 것이 좋다. 즉 선행되어야 할 작업은 문제풀이에 들어가기 전에 어떤 문제를 먼저 풀고, 어떤 문제는 풀지 말아야 할지를 분류하는 작업이다. 그리고 나서는 풀이가 가능한 문제들을 최대한 빠르게 풀어 낸 후 풀 수 없는 문제들의 문항을 채워 답안에서 백지를 없애는 데에 집중하여야 한다. 완벽하게 틀린 풀이과정과 답이라도 올해 같은 난이도의 경우 문제 번호와 함께 기재가 된 경우 배점이 들어오기 때문이다.

2020년 원가회계는 비교적 전형적인 문제와 어려운 문제가 섞여 있다는 생각이 들었다. 개인적으로 실제 시험에서 시간이 상당히 부족했다. 특히 3, 4번 문제의 경우 접근하기가 상당히 어려웠다. 시간이 넉넉하지 않으므로 풀 수 있는 문제를 먼저 빠르고 정확하게 푼 뒤에, 남은 시간을 이용해 어려운 문제를 푸는 것이 득점에 유리한 것 같다.

2019년, 2020년 원가회계는 문제 양도 매우 많고 난이도도 매우 높았기 때문에, 2시간 이내에 백지를 없이 푸는 것이 쉽지 않았다. 2021년 원가회계는 앞선 2개년의 시험에 비해, 비교적 문제양도 작고 난이도도 낮았다. 또한, 2019년 1번 문제, 2020년 4번 문제와 같이 난이도가 너무 높아서 백지를 줄이는데 의의를 두는 문제는 없는 것으로 보인다. 전반적으로 최근 기출보다는 낮은 난이도였지만, 문제 내에서 까다로운 물음들이 일부 있었다.

[문제 1]의 경우, 정상원가문제입니다. 실제제조간접원가를 제시할 때, 변동제조간접원가와 고정제조간접원가를 구분할 수 없도록 제시함으로써 혼란을 유도했습니다.

[문제 2]의 경우, 관련원가분석 문제입니다. 회사전체차원에서의 증분이익과 각 사업부 입장에서의 증분이익을 구분해야하는 문제입니다. 의사결정모형과 성과평가모형이 다름으로써 발생하는 준최적화(목표불일치) 및 해결방안을 묻는 문제입니다.

[문제 3]의 경우, 표준원가와 종합원가, 판매부문성과평가가 결합된 문제입니다. 직접노무시간 및 원가를 숙련공과 미숙련공으로 구분해서 출제되었습니다. 직접재료원가 배부차이 조정 후 분개하는 물음이 까다로웠습니다. 마지막 물음은 시장규모 변화가 비재무적 지표임을 아는 것이 중요했습니다.

[문제 4]의 경우, CVP분석 문제입니다. 생산 구간에 따라 설비 임차료가 달라지므로, 구간에 따라 고정원가가 달라지는 점에 주의해야했습니다.

[문제 5]의 경우, 관련원가분석 문제입니다. 제한자원을 제시하고, 공헌이익을 최대화 하는 문제였습니다. 하지만, 회피가능 고정제조간접원가를 제시했기 때문에, 영업이익을 최대화 하는 방향으로 생산량을 결정하도록 오답을 유도했습니다. 설비기회원가를 제시했으므로, (물음 5)의 제품 X 외부주문생산 의사결정에 사용해야하는 것이 중요했습니다.

2021년 원가회계 출제문제 중 까다로웠던 문제는 [문제3]과 [문제5]였던 것 같다. 그중에서도 [문제3]에선 (물음2), [문제5]에선 (물음5)가 까다로운 것 같다. 특히, [문제3] (물음2)의 직접재료원가 배부차이 조정 문제는 깊이 공부해 볼 가치가 있는 문제라고 생각한다. 해당 물음과 유사한 문제가 시중 교재에 수록되기도 했으나, 체감 정답률이 상당히 낮았으며, 개념적으로도 중요한 문제라고 생각한다.

2022년 원가회계는 어려웠던 2019년, 2020년과는 달리 2021년 원가와 2022년 원가는 상대적으로 쉽게 출제되었다. 다만 문제수가 4문제로 적게 출제되었기 때문에 문항별로 배점이 높게 배정되어 실수를 줄이는 것이 중요한 포인트가 되었을 것으로 보인다.

문제1번은 원가회계에서 출제되었고, 문제 2번, 3번, 4번은 관리회계에서 출제되었다.

[문제 1]의 경우, 정상개별원가계산문제입니다. 정상개별원가계산에 의하여 제품원가를 계산하고 원가요소법(제조간접원가 예정배부액)에 따라 제조간접원가 배부차이를 조정하는 문제이다. 또한 이 문제는 선입선출법과 평균법을 사용할 경우 각각 재공품, 제품, 매출원가에 미치는 영향을 제대로 이해하여야 한다.

[문제 2]의 경우, 손익분기점을 분석, 영업레버리지도(DOL)를 이용한 영업이익 계산, 불확실성하의 의사결정과 불확실성하의 손익분기점을 물어보았다. 이 문제는 법인세율이 존재할 때의 세후목표이익을 달성하기 위한 판매량을 계산하는 문제이다. 여기서 구간별로 구매원가가 달라진다는 점을 놓치지 않아야 한다.

[문제 3]의 경우, 관련원가분석에 관한 문제이다. 제품라인의 유지 또는 중단과 순현재가치법(NPV)에 따른 증설여부 결정 문제이다. 원가관리회계에서는 잘 나오지 않는 연수합계법이 나왔고, 순현재가치를 계산할 때 잔존가치를 고려하지 않는 실수를 조심해야 한다. 또한 투자의사결정을 함에 있어서 재무적요인 외의 비재무적요인을 묻는 물음이 출제되었다.

[문제 4]의 경우, 관련원가분석에 관한 문제입니다. 여기서도 제품라인 유지 의사결정이 출제되었고, 자원제약하의 최적 제품배합 및 대체가격 문제가 출제되었다. 이 문제는 생산량 비율 유지에 대한 해석에 따라 많은 수험생들의 답이 달라졌다. 문제에 제시된 단서를 어떻게 바라보는지에 따라 해석이 달라질 수 있으므로 출제자의 의도를 파악하는 것이 중요하겠다.

2022년 원가관리회계 출제문제 중 비교적 까다로웠던 문제는 문제4번이었다. 또한 서술형문제의 비중이 높고, 의사결정시 고려할 사항이나 해결방안의 문제가 다수 출제되었으므로 평소에 서술형 문제에 대한 대비가 필요할 것으로 보인다.

원가 회계	원가추정(학습곡선)	2018년(16점), 2016년(15점), 2015년(30점), 95년(35점), 93년(30점), 86년(20점)
	원가배분	2021년(12점), 2018년(24점), 2013년(30점), 2009년(25점), 2008년(25점), 2006년(12점), 2004년(15점), 92년(35점), 85년(20점)
	개별원가계산	2022년(26점), 2021년(12점), 2016년(28점), 2015년(27점), 2014년(20점)
	ABC원가(의사결정포함)	2018년(10점), 2012년(10점), 2011년(20점), 2010년(25점), 2009년(25점), 2007년(25점), 2005년(50점), 2004년(15점), 2003년(25점), 2002년(20점), 2001년(20점), 2000년(17점), 99년(26점), 97년(15점), 95년(30점),
	종합원가계산 (결합원가계산포함)	2020년(30점), 2019년(28점) 2018년(20점), 2017년(18점), 2013년(15점), 2012년(40점), 2011년(25점), 2008년(9점), 2005년(10점), 2004년(35점), 2001년(25점), 99년(14점), 97년(25점), 95년(35점), 91년(30점), 90년(30점), 88년(30점)
	표준원가계산과 차이 분석	2015년(15점), 2013년(25점), 2012년(30점), 2009년(20점), 2006년(18점), 96년(40점), 94년, 90년(40점),
	표준종합원가계산	2021년(28점), 2018년(30점), 2016년(28점), 2014년(28점), 98년(38점), 97년(35점), 91년(30점), 89년(40점), 87년(30점)
	변동원가계산	2019년(22점), 2017년(24점), 2016년(29점), 2014년(25점), 2010년(23점), 2008년(10점), 2007년(25점), 97년(25점), 93년(35점), 88년(35점)
관리 회계	CVP분석	2022년(22점), 2021년(23점), 2020년(23점), 2017년(28점), 2013년(30점), 2011년(10점), 2009년(30점), 2007년(25점), 2006년(25점), 2002년(20점), 99년(25점), 98년(30점), 96년(35점), 94년, 93년(35점), 86년(20점)
	관련원가분석	2022년(22점), 2021년(25점), 2019년(22점), 2015년(28점), 2011년(30점), 2006년(13점), 2004년(35점), 2002년(10점), 2001년(30점), 2000년(17점),

	99년(16점), 98년(32점), 96년(40점), 94년, 84년(50점)
종합예산	2019년(28점), 2017년(30점), 2005년(20점), 92년(30점), 85년(30점)
자본예산	94년, 87년(30점)
불확실성하의 의사결정	2007년(25점), 2006년(10점), 2000년(33점), 96년(25점), 89년(30점), 86년(30점), 84년(20점)
매출차이분석	2010년(22점), 2001년(25점), 87년(40점)
사내대체가격결정	2022년(26점), 2011년(15점), 2006년(15점), 2002년(20점), 99년(19점), 96년(40점), 85년(30점),
대리인이론	2008년(25점), 2006년(7점)
의사결정종합문제	2020년(27점), 2014년(27점), 2010년(30점), 2008년(17점), 2005년(50점), 2004년(15점), 2003년(35점), 2002년(15점), 2000년(33점), 92년(35점), 91년(40점), 90년(30점), 89년(30점), 85년(30점)
품질원가	2020년(20점), 2008년(8점), 2002년(15점)
제품수명주기원가	2003년(15점)
제약이론	2008년(6점), 2003년(25점)
성과평가(BSC 포함)	2012년(20점)

(2) 수험대책

지금까지의 원가시험을 보면 다른 과목과 비교해 볼 때 고득점이 나오는 전략과목이라고 볼수 있다. 그 만큼 문제가 정형화되어 있고 설령 이상한 문제가 나오더라도 다른 과목에서 한번은 본 것 같은 문제가 나오기 때문에 접근하기가 상대적으로 쉬운 과목이다. 그런데 원가회계가 쉽다고 느껴지지만 점수 분포를 보면 의외로 낮은 점수를 받는 사람이 많은 과목이다. 그만큼 어느 일정한 수준을 넘으면 공부하기가 쉽고 점수가 많이 나오지만 그 수준에 이르지 못하면 고득점하기가 쉽지만은 않은 과목이다. 여기서 일정한 수준이란 각 분야별로 깊게 공부함으로써 이론을 확실하게 이해하고 문제에 대한 적응력도 조금은 길러짐과 동시에 어느 분야든지 낯설지 않도록 폭넓게 공부가 된 상태를 말한다. 따라서 거의 모든 분야에 최소한의 공부량을 갖추어야 하기 때문에 기본서의 이해와 함께 많은 문제 풀이가 요구된다고 하겠다.

5. 재무회계 : 2일차 2교시(13:30~16:00, 150분)

> ※ 2010년도 공인회계사시험부터 회계학(1차), 재무회계(2차) 과목의 회계처리기준과 관련된 문제는 한국채택국제회계기준(K-IFRS)을 적용하여 시험문제가 출제된다.

(1) 출제경향분석

출제지침은 재무회계이론 40%, 실무가 60%(회계원리 계산문제, 기업회계기준(20%)포함)이나 실제 출제비율은 이론대 문제(실무)가 약 30%와 70% 정도가 된다.

1999년도에는 평이한 수준에서 출제되었다. 그 출제경향을 살펴보면 큰 문제가 7개 출제되었고 그 내부에 소문항 30여개가 된다. 이런 경향은 작년도부터 두드러지게 나타나고 있다. 내년에도 같을 것으로 추정된다. 어느 해나 그랬듯이 금년에도 개정기준과 준칙에서 중요한 문제가 출제되었다. 따라서 폭넓게 공부하고 정확한 이해와 계산에 치중하여야 할 것이다.

2000년도에는 전형적인 계산위주의 출제형식을 벗어난 사고를 많이 요하는 문제가 출제되었다. 이러한 출제경향은 지속되리라 본다. 계산량이 많은 문제가 출제되지 않아서 평이하게 생각했을 법도 하지만 회계의 기본이론과 관련된 문제를 오늘날의 주식시장에서의 투자자의 투자의사결정과 연관시켜서 설명하는 문제가 출제되어서 계산위주의 정형적인 문제풀이에만 치중한 수험생들은 당황했으리라 생각된다.

2001년도 재무회계문제는 공인회계사시험의 출제패턴을 정확히 보여주는 문제라고 평가할 수 있을 정도로 쉽게 골고루 출제되었다. 문제의 난이도도 중급정도의 수준으로 충분히 변별력을 가진 것으로 보이며 종합문제 성격인 부분재무제표를 요구함으로써 각 분개를 종합하는 사고력을 테스트하는 문제들이 다수 출제되었다는데서 특징을 지을 수 있을 것이다. 다만, 문제의 배점이 전반부가 적어 수험생들은 시간배분의 시행착오가 있었을 것으로 생각된다.

2002년도 작년과 대비하여 문제량은 조금 줄어든 것으로 보이며 기본적인 내용부터 지엽적인 부분까지 골고루 출제되었다. 특히 출제가능성을 예측하였던 부분들이 다수 출제되어 수험생들이 느끼는 체감난이도는 조금 떨어진 것으로 보인다. 채권·채무재조정, 회계변경, 이연법인세, 파생상품, 연결 등은 예측하였던 문제들이다.

2003년도에는 표면적으로는 평이하게 보이나 구체적으로 문제에 들어가 보면 난이도가 상당한 문제가 일부 출제되었으며 세부적인 사항을 묻는 물음들도 포함되어 있다. 또한, 문제의 풀이는 평이하였으나 답안작성시에 주의를 요하는 유형의 문제들도 출제되었다.

최근 출제경향에 비추어 볼 때 앞으로의 2차 공부는 특정부분에 대하여 심오한 논리의 이해도 요구되지만 기본적이고 폭넓은 회계mind가 중요하다. 출제부분과 문항수가 대형문제 위주의 소수보다는 다양한 부분의 기본개념을 묻는 문제들이 증가하고 있기 때문이다. 이와 더불어 시험과정에서는 객관식 시험의 경우처럼 시간관리도 중요할 것이다.

2004년도에는 많은 수험생들이 어렵게 느낀 것 같다. 외화가 출제되면서 당황한 것도 한 가지 요인인 것 같다. 전반적인 문제의 주제는 거의 예상했던 분야에서 출제되었으며 내용 자체도 그리 어려운 것은 아닌데 심리적인 변수가 많이 작용한 것으로 보인다. 작년과 비교하여 보았을 때 약 5점 정도의 평균점수는 하락할 것으로 예상되며, 대신에 과락을 걱정할 정도는 아니라 판단된다.

2005년도에는 총 8문제가 출제되었으며 수험생들은 예년보다 더 어렵게 느꼈을 것으로 생각된다. 그 이유는 대부분의 수험생이 출제되지 않을 것으로 예상했던 결합재무제표와 이자율스왑 문제가 출제되었고 많이 접해보지 못한 해외피투자회사에 대한 지분법문제가 출제되었기 때문이다. 그리고 전체적으로 문제 자료의 양이 많아서 시간이 많이 부족했을 것이기 때문이다. 또한, 회계변경과 오류수정, 건설공사·금융비용자본화, 매출채권양도, 희석증권, 이연법인세 문제는 몇 가지 함정만 조심했으면 충분히 풀 수 있었을 것이라 생각한다. 따라서 수험생의 입장에서 자신있는 문제부터 풀이하여 정답을 찾아 놓은 후에 남는 시간동안 예상하지 못했던 문제들에서 부분점수를 득점할 수 있는 답안지를 작성하였다면 좋은 결과가 있을 것으로 예상된다.

2006년도 재무회계는 평년수준의 난이도로 출제된 것으로 판단된다. 하지만 실제 시험에 응시한 수험생은 시간부족을 절실히 느꼈을 것으로 보인다. 1차 못지않게 2차도 속전속결로 답안을 작성하는 것이 중요하다. 즉, 계산의 산출과정은 간략하게 하거나, 중요성이 없으면 생략하여야 하며, 서술형의 답안길이도 제시된 분량을 초과하지 않게 아니, 오히려 핵심용어 위주로 간략하게 서술하여야 한다.

2007년도 시험 직후 평이하다고 생각했던 재무회계가 막상 채점을 해보니 많은 착오와 실수로 점수가 예상보다는 적게 득점한 수험생이 많았다고 한다. 그리고, 2007년도부터 재무회계 과목의 배점(100점 → 150점)과 시험시간(120분 → 150분)이 확대됨에 따라 재무회계 이외 과목의 답안지 매수는 현행 답안지 매수 10매가 그대로 유지되고, 재무회계 과목의 답안지 매수는 14매(전년대비 4매 증가)로 조정되었다.

2008년도 재무회계는 문제수가 9문항으로 2007년도 11문항보다 2문항수가 적었다. 시험은 평년수준보다 조금 쉽게 출제된 것으로 평가된다.

2009년도 재무회계는 문제수는 9문항으로 2008년도와 동일하였다. 2009년도 문제는 어느 해보다 특수회계 단원의 비중이 적고 기본단원에서 많이 출제되어 수험생이 쉽게 시험에 임하였을 것으로 보이지만, 점수가 그리 높지 않을 것으로 보인다. 시험은 평년 수준보다 쉬운 듯하면서 함정(?)이라고 단언할 수 없지만 답안작성시 일부 고려사항을 누락하여 답을 제시하기가 까다로운 문제가 다수 있었다.

2010년도 재무회계 문제수는 11문항으로 2009년도 보다 2문제가 더 출제되었다. 전 단원에서 고르게 출제되었으며, K-IFRS에서 새롭게 적용되는 회계처리가 예상대로 많이 출제되었다. 난이도는 평년수준으로 판단된다.

2011년도 재무회계 문제수는 11문항으로 2010년도와 같게 출제되었다. 2011년 문제는 전 단원에서 고르게 출제되었으며, K-IFRS의 내용을 문제화하여 출제가 되었다. 시험에 대비하기 위해서는 K-IFRS을 분석하여 제작된 문제를 많이 풀어야 할 것이다. 난이도는 평년수준보다 높은 것으로 판단된다.

2012년도 재무회계 문제수도 11문항으로 2010년도 및 2011년도와 같게 출제되었다. 문제 난이도는 평년수준으로 전 단원에서 고르게 출제되었다.

2013년도 재무회계도 문제수는 11문항으로 최근 3년(2010년도, 2011년, 2012년)과 동일하다. 빈출문제인 현금흐름표와 파생상품은 출제되지 않았다. K-IFRS에서 명시적인 규정이 없는 내용에 대한 회계처리(종전 K-GAAP으로 답안 작성요구)도 출제되었다. 전반적으로 평이하게 출제(가장 쉽게 출제)된 것으로 판단된다.

2014년도 재무회계는 문제수가 12문항으로 최근 3년 11문항보다 1문항 더 많다. 난이도는 평년 수준으로 출제된 것으로 판단된다.

2015년도 재무회계 문제수는 2010년도, 2011년, 2012년 3년간 10문항, 2014년 12문항, 2015년 13문항으로 평년보다 한 두 문제 더 출제되다. 기업회계기준서 실무적용지침 등에서 출제되는 등 전체적으로 매우 어렵게 출제되었고, 시간부족으로 힘든 시험이었다.

○ 출제현황

문제	단원	배점	내용 및 특이사항
1	사업결합	12	사업결합 거래여부 결정
2	연결재무제표	12	내부거래제거
3	파생상품	10	풋옵션 회계처리 내가격과 외가격 구분 어려운 문제임
4	연결재무제표 + 외화표시재무제표환산	16	해외사업장 연결. 매우 어려운 문제임
5	재고자산	7	선입선출법 저가기준 소매재고법
6	주식기준보상, 주당이익	18	현금결제형 주가차액보상, 주당이익 (반희석성 잠재적보통주 출제)
7	리스회계	10	최소리스료
8	복합금융상품	12	전환사채, 신주인수권부사채
9	금융자산	15	재분류
10	내재파생상품	10	신종자본증권
11	프랜차이즈 수익	10	이연수수료수익
12	계약수익	13	선급원가, 수주비, 하자보수비
13	중단영업 및 매각예정비 유동자산	5	손상차손배분
	합계	150	

2016년도 재무회계 문제 수는 2015년과 동일하게 13문항이 출제되었다. 이번 시험의 특정은 한국채택국제회계기준의 비중이 더 높아진 점이다. 즉, 한국채택국제회계기준의 규정을 배경정보나 요구사항에 반영하여 제작된 문제가 다수 출제되었다. 이점은 바람직한 방향이며, 내년 이후에 계속될 것으로 전망한다. 따라서 시험대비를 위해서는 한국채택국제회계기준의 심도 있는 분석이 필요하다. 난도는 평년보다 쉬운 편이고, 시간압박도 평년보다 적었다고 판단된다.

○ 출제현황

문제	단원	배점	내용 및 특이사항
1	환율변동효과	12	해외사업장에 대한 순투자의 일부인 화폐성항목의 회계처리
2	공동약정	13	공동영업과 공동기업 회계처리 구분
3	연결재무제표	13	비지배지분으로부터 자기주식취득
4	지분법, 연결재무제표	12	단계적취득 : 관계기업주식에서 종소기업투자주식으로
5	재무제표 표시	13	영업권손상, 신주인수권부사채, 매각예정비유동자산, 확정급여제도, 초과청구공사
6	자산, 부채의 정의	12	생물자산의 정의, 보조금으로 취득한 자산

문제	단원	배점	내용 및 특이사항
7	유형자산, 정부보조금	14	정부보조금 상환
8	주당이익, 리스	11	시가이하유상증자, 무상증자 소급수정
9	재고자산	6	제한적 반품가능판매 수익인식
10	수익	10	위탁판매이익계산, 진행률에 의한 용역수익 계산
11	금융자산	9	만기보유금융자산손상차손, 매도가능금융자산손상차손
12	복합금융상품	15	전환권행사, 신주인수권행사의 회계처리
13	종업원급여	10	당기근무원가와 확정급여채무 직접 계산요구
	합계	150	

　　2017년은 전반적으로 균형과 조화를 이룬 문제가 출제되었다. 저난도와 고난도가 적절하게 믹스되었고. 기존 정형화된 문제들과 새로운 유형의 패턴 및 물음이 제시된 문제였다. 한국채택국제회계기준를 다양하게 분석 및 접근할 필요가 있다. 평균적인 난이도로 출제되었다고 판단된다.

○ 출제현황

문제	단원	배점	내용 및 특이사항
1	재고자산	8	평이함.
2	현금흐름표	12	평이함.
3	무형자산＋정부보조금	12	무형자산, 정부보조금, 진행기준을 함께 적용하는 문제
4	계약이행보증 회계처리 등	13	새로운 유형의 문제
5	유형자산	14	예상 건물철거비 회계처리 임대목적 차량운반구는 부동산이 아니어서 투자부동산으로 분류되지 않는다.
6	투자부동산	7	감가상각비 계산시 월할계산 주의
7	자본	6	자본변동없는 자본금 증가 회계처리
8	법인세회계	15	재평가잉여금이 사용됨에 따라 이익잉여금으로 대체되는 경우 이연법인세계산
9	리스	13	리스개설직접원가 처리
10	환율변동효과＋파생상품	14	비화폐성항목의 환율변동손익
11	연결재무제표	16	간접지배
12	사업결합	13	취득한 자산과 인수한 부채의 공정가치 측정, 측정기간
13	관계기업투자	7	유의적인 영향력 변동
	합계	150	

　　2018년 시험도 전반적으로 균형과 조화를 이룬 문제가 출제되었다. 출제단원도 평년과 유사하고, 저난도와 고난도가 적절하게 믹스되었다. 기존 정형화된 문제들과 새로운 유형의 패턴 및 물음이 제시된 문제였다. 기준서 1109호 '금융상품'(13점), 기준서 1115호 '고객과의 계약에서 생긴 수익'(16점)이 출제되었다. [문제 3] 등 풀이시간이 많이 소요되는 다수 문제가 출제

되었다. 일부 문제는 해석의 차이나 통상 취급하지 않는 모호한 제시문 또는 물음이 있어 논란이 있을 수 있다. 한국채택국제회계기준을 다양하게 분석 및 접근할 필요가 있다. 평년 수준의 난도 또는 조금 어렵게 출제되었다고 판단된다.

○ 출제현황

문제	단원	배점	내용 및 특이사항
1	재고자산	4	매출원가 처리 논란?
2	차입원가	6	평이함.
3	유형자산＋투자부동산	14	재평가모형, 손상, 투자부동산대체 풀이시간 많이 요구됨. 미지급이자에 대한 이자비용 누락하기 쉬움
4	복구원가＋충당부채	8	복구원가에 충당부채(제3자 변제, 연대보증) 결합
5	금융자산	13	손상
6	오류수정＋회계변경	11	무형자산의 내용연수가 비한정에서 유한으로 변경시 회계처리
7	현금흐름표	14	간접법, 직접법
8	재무상태표 작성	14	재측정요소, 재평가자산의 처분
9	수익	16	수행의무 식별, 수익인식(한 시점 또는 기간에 걸쳐)
10	연결재무제표	16	추가지분취득, 불균등유상증자 참여, 자기주식 취득이 연결자본잉여금과 비지배지분에 미치는 영향 계산
11	관계기업투자	12	현물투자를 상업적 실질여부에 따라 회계처리. 순투자 일부인 대여금 지분법에 반영
12	파생상품	7	공정가치위험회피회계와 현금흐름위험회피회계의 재무제표 영향 비교
13	사업결합	15	사업결합 전 보유한 피취득자주식을 사업결합회계처리에 반영. 보상자산, 조건부대가 등
	합계	150	

2019년 재무회계는 개정기준서인 수익기준서(30점), 금융상품기준서(25점), 리스기준서(11점)에서 비중있게 출제되었다. 특히 수익기준서는 2문제 30점 출제되었다. [문제 8] 수익, [문제 11] 연결재무제표, [문제 12] 파생상품회계 [문제 13] 연결재무제표가 시간이 많이 소요되거나, 어려운 형태로 출제되었다.

○ 출제현황

문제	단원	배점	내용 및 특이사항
1	유형자산, 정부보조금	10	재평가회계, 정부보조금 : 원가차감법과 이연수익법 비교
2	리스회계	11	리스부채, 사용권자산, 리스채권, 이자비용, 감가상각비 계산
3	금융자산	15	당기순이익과 기타포괄손익 영향
4	금융부채	10	권면발행일 후 발행, 조건변경
5	자본, 주당이익	11	자본변동표작성 등
6	전환사채	8	발행, 전환 회계처리

문제	단원	배점	내용 및 특이사항
7	주식기준보상	5	현금결제형 주가차액보상권 등
8	수익	20	계약변경, 거래가격 배분, 포인트매출 등
9	수익	10	변동대가 추정치 변경, 건설계약 등
10	사업결합	10	식별가능한 취득 자산, 인수 부채의 인식과 측정
11	연결재무제표	20	비지배지분, 이익잉여금 등 계산
12	파생상품	5	보유자산의 통화선도매출계약 회계처리
13	연결재무제표	15	해외종속법인 재무제표의 외화환산 등 계산
	합계	150	

2020년 재무회계는 개정기준서인 수익기준서(30점→13점), 금융상품기준서(25점→6점), 리스(11점→16점)의 비중('19년→'20년)이 전기 대비 수익과 금융자산은 감소하였지만 리스는 증가하였다. 수익문제 중 한 시점 또는 기간걸쳐 수익인식 여부를 판단하는 데 어려움이 있다고 본다.

○ 출제현황

문제	단원	배점	내용 및 특이사항
1	수익	13	한 시점/기간에 걸쳐 수익인식, 할인권, 공정가치초과지급대가, 변동대가 추정치 변경
2	무형자산	12	무형자산인식, 손상차손, 손상차손환입, 재평가
3	복합금융상품	18	신주인수권부사채의 행사, 전환사채의 전환, 중도상환, 유도전환비용 변경
4	금융자산	6	서술형, 기타포괄손익-공정가치 측정 금융자산 분류조건
5	리스	16	리스변경(리스범위 축소, 확대) 회계처리
6	주식기준보상	9	주식결제형 주식기준보상 행사, 조건변경(유리, 불리)
7	자본, 회계변경	12	자본조정표 작성, 우선주배당금 계산, 회계정책변경(재고자산 단위원가 산정방법 변경) 회계처리
8	현금흐름표	14	거래별 영업CF, 투자CF, 재무CF 계산
9	파생상품	12	이자율스왑의 공정가치위험회피회계, 확정계약의 현금흐름위험회피회계(외화위험회피)
10	사업결합, 손상	17	취득관련원가 회계처리, 영업권(포괄주식에 신주 비교부, 교부)계산, 현금창출단위 손상차손, 손상차손환입 계산
11	연결재무제표	8	당기순이익(지배기업,비지배지분), 비지배지분금액 계산
12	지분법	13	영업권, 투자주식장부금액, 손상차손, 손상차손환입, 지분법손익 계산
	합계	150	

2021년도 재무회계는 이번 시험도 기업회계기준서를 충실히 반영한 문제가 다수 출제되었다. 기준서의 내용을 응용한 문제를 많이 풀어보는 것이 최선의 수험준비로 보인다.

종전 빈출 분야인 파생상품, 현금흐름표와 복합금융상품은 출제되지 않았다.

○ 출제현황

문제	배점	단원
1	10	주당이익
2	10	리스
3	15	유형자산 손상과 재평가
4	14	금융자산 손상 등
5	16	수익
6	10	금융부채 조건변경, 금융보증계약
7	12	확정급여제도
8	13	주식기준보상
9	13	사업결합
10	10	지분법적용투자주식
11	18	연결재무제표
12	9	해외종속기업에 대한 연결재무제표
합계	150	

2022년도 재무회계는 기업회계기준서를 충실히 반영한 문제가 다수 출제되었다. 폭탄(?) 취급될 수 있는 문제는 없는 것으로 보인다. 기준서의 내용을 응용한 문제를 많이 풀어보는 것이 최선의 수험준비로 보인다. 종전 빈출 분야인 리스, 현금흐름표와 확정급여제도는 출제되지 않았다. 차입원가, 자본, 연결재무제표, 역취득 문제 중 일부는 득점이 어렵거나 시간이 상당히 투입되는 풀이를 요구한 것으로 판단된다.

○ 출제현황

문제	배점	단원
1	13	금융자산
2	12	재고자산
3	14	차입원가
4	11	금융부채
5	15	복합금융상품
6	10	자본
7	13	주식기준보상
8	12	법인세회계
9	16	연결재무제표
10	9	사업결합(역취득)
11	13	파생상품, 해외사업환산손익
12	12	관계기업투자주식
	150	합계

회계 이론	자산평가이론	92년(20점)
	기업회계이론	2001년(6점), 2000년(25점), 98년(4점), 97년(10점), 91년(40점)
재무 제표 작성	일반재무제표 작성	2004년(17점), 92년(30점), 90년(30점), 89년(30점), 88년(40점), 86년(40점), 84년(30점)
	재무제표의 추정	2004년(10점), 96년, 86년(30점)
	현금흐름표	2020년(14점), 2017년(12점), 2012년(13점), 2008년(16점), 2007년(16점), 2004년(10점), 2001년(12점), 2000년(15점), 99년(12점), 97년(14점), 95년, 94년(30점), 90년(30점), 88년(40점), 86년(30점)
	오류수정 · 회계변경	2018년(25점), 2014년(14점), 2008년(21점), 2005년(12점), 2003년(25점), 2002년(12점), 2001년(6점), 2000년(15점), 98년(8점), 97년(20점), 94년, 92년(20점), 91년(30점)
	현금흐름 · 발생주의	2018년(14점), 2006년(18점), 2001년(8점), 93년(17점), 85년(40점)
	비율분석	2002년(10점)
계정 과목 회계	매출채권 · 채권채무조정	2013년(14점), 2009년(14점), 2006년(15점), 2005년(10점), 2002년(25점)
	재고자산	2022년(12점), 2018년(4점), 2017년(8점), 2016년(16점), 2015년(7점), 2014년(10점), 2013년(12점), 2012년(16점), 2009년(14점), 2007년(14점), 2006년(8점), 2004년(8점), 85년(30점)
	고정자산	98년(5점), 91년(40점)
	유형자산	2021년(15점), 2019년(10점), 2018년(20점), 2017년(33점), 2016년(39점), 2014년(9점), 2013년(16점), 2012년(12점), 2011년(29점), 2010년(13점), 2009년(20점), 2008년(15점), 2001년(8점)
	유가증권 (투자사채 · 전환사채 포함)	2022년(40점), 2021년(14점), 2020년(6점), 2019년(15점), 2018년(13점), 2016년(9점), 2015년(25점), 2014년(15점), 2013년(13점), 2012년(12점), 2011년(28점), 2010년(12점), 2009년(17점), 2007년(15점), 2006년(12점), 2003년(14점), 2001년(23점), 2000년(15점), 98년(10점), 96년, 95년, 94년(35점), 93년(18점), 92년(30점), 87년(10점), 84년(40점),
	전환사채(신주인수권부사채)	2022년(11점), 2020년(18점), 2019년(18점), 2016년(15점), 2015년(12점), 2014년(16점), 2013년(13점), 2012년(16점), 2010년(11점), 2009년(21점), 2007년(12점), 2004년(13점)
	충당부채, 기타비유동부채	2021년(38점), 2018년(8점), 2016년(10점), 2010년(30점), 2009년(15점), 2007년(15점), 2006년(8점), 2004년(15점), 99년(16점)
	자본회계	2022년(23점), 2020년(12점), 2019년(16점), 2017년(6점), 2014년(12점), 2013년(15점), 2005년(14점), 2002년(13점), 2001년(13점), 2000년(30점)
	주당순이익	2021년(10점), 2015년(8점), 2013년(13점), 2011년(11점), 2008년(20점), 2003년(15점), 99년(15점), 98년(16점), 97년(20점)
	주식매수선택권	2021년(13점), 2020년(9점), 2016년(11점), 2011년(14점), 2007년(14점), 2003년(10점)
	이연법인세	2022년(12점), 2017년(15점), 2014년(12점), 2012년(14점), 2010년(15점), 2009년(15점), 2007년(17점), 2005년(15점), 2003년(10점), 2002년(15점), 2001년(8점), 98년(4점),
	리스회계	2021년(10점), 2020년(16점), 2019년(11점), 2017년(13점), 2015년(10점), 2014년(12점), 2013년(13점), 2011년(13점), 2008년(15점), 2006년(15점), 2004년(12점), 97년(14점), 94년, 93년(18점), 89년(30점)

특수회계	수익인식 (완성기준과 진행기준)	2022년(14점). 2020년(25점), 2019년(30점), 2018년(16점), 2017년(13점), 2015년(23점), 2012년(12점), 2010년(10점), 2009년(15점), 2008년(15점), 2005년(10점), 2003년(8점), 2001년(6점), 99년(20점), 94년, 93년(12점), 91년(30점),
	중단사업손익	2015년(5점), 2007년(11점)
	연결재무제표	2022년(25점), 2021년(28점), 2020년(21점), 2019년(30점), 2018년(28점), 2017년(36점), 2016년(38점), 2015년(24점), 2014년(26점), 2013년(16점, 15점), 2012년(15점), 2011년(27점), 2010년(48점), 2009년(19점), 2008년(18점, 16점), 2007년(15점, 9점), 2006년(15점), 2005년(15점), 2004년(15점), 2002년(15점), 2001년(10점), 98년(20점), 96년, 94년, 93년(35점), 89년(40점), 87년(30점), 84년(30점)
	합병회계	2021년(13점), 2020년(17점), 2018년(15점), 2014년(14점), 2012년(18점), 2011년(15점), 2004년(10점), 2003년(18점), 99년(25점), 98년(15점), 97년(24점), 87년(30점), 86년(30점)
	본지점회계	88년(20점)
	물가변동회계	99년(12점), 85년(30점)
	외화환산회계	2021년(9점), 2019년(15점), 2015년(16점), 2013년(10점), 2012년(12점), 2010년(11점), 2005년(14점), 98년(10점), 97년(8점),
	파생상품회계	2022년(13점), 2020년(12점), 2019년(5점), 2018년(7점), 2017년(14점), 2016년(12점), 2015년(10점), 2014년(10점), 2012년(10점), 2011년(13점), 2008년(14점), 2007년(12점), 2006년(9점), 2005년(10점)

(2) 수험대책

최근 출제된 문제를 비교해 보았을 때, 시험문제에 가장 변화가 많은 과목 중의 하나이다. 최근의 재무회계는 전범위에 걸쳐서 기본개념의 확실한 이해를 토대로 한 폭넓은 이해를 요하는 문제로 짧은 시간 안에 많은 문제를 풀어봄으로써 신속·정확하게 풀 수 있는 능력을 시험하는 문제라고 볼 수 있다.

그러므로 출제분야도 오류수정, 사채, 리스, 전환사채, 건설업회계, 연결, 현금흐름표 등 전 분야에 걸쳐 골고루 출제되었다.

따라서, 수험생들은 모든 분야에 걸쳐 최소한의 공부량을 확보하여야 할 것이다. 그러기 위해서는 시중에 나와있는 재무회계문제집의 모든 문제를 처음부터 끝까지 한번보고 난 다음, 각 분야별로 가장 어려운 문제 한 문제씩만 골라서 집중적으로 신속하게 푸는 연습을 하는 것도 좋은 방법이다. 그러는 과정에서 시간이 많이 걸리는 문제를 쉽게 푸는 요령이 생기게 되고 자기 나름대로의 문제를 접근하는 방식이 생기게 될 것이다. 더불어 각 분야별로 이론적 사항이라든가 사례 등은 문제와 함께 메모하는 습관을 들이기 바란다.

또한, 2007년도부터 재무회계는 점수배점이 100점에서 150점으로 확대되고 시험시간(120분에서 150분으로 조정) 및 시험일자(1일차 1교시에서 2일차 2교시로 조정), 답안지 매수(10매에서 14매)도 조정되어 시행된다는 점을 염두에 두고 기본에 충실하고 더욱 깊이있는 수험공부에 임해야 할 것이다.

특히, 2010년도 공인회계사시험부터 회계학(1차), 재무회계(2차) 과목의 회계처리기준과 관련된 문제는 한국채택국제회계기준(K-KFRS)을 적용하여 시험문제가 출제되므로 이에 대한 집중적인 학습이 필요하다.

※ 한국채택국제회계기준(K-IFRS)은 국제회계기준위원회(IASS)에서 제정하여 전 세계적으로 100여개국이 사용중이거나 수용할 예정인 국제회계기준(IFRS)을 번역하여 채택한 것으로 "재무제표의 작성과 표시를 위한 개념체계", 기업회계기준서 37개 및 기업회계기준해석서 21개로 구성되어 있으며, 2011년부터 모든 상장기업에 의무 적용하되 2009년부터 원하는 기업에 대하여 조기 적용을 허용했다.

〈부록〉

2023년도 제58회 공인회계사 제2차시험 답안지

응시자는 아래의 주의사항에 유의하여 정확하게 답안을 작성하여야 하며, 이를위배하여 작성한 답안은 무효로 처리될 수 있습니다.

응 시 자 주 의 사 항

1. 답안지를 받는 즉시 면 수(표지 제외 10면)와 면 번호가 맞는지 확인하여야 하며, **한 장이라도 분리하거나 훼손하여서는 안됩니다.**

2. 답안지 표지 앞면의 굵은 선 안에 응시번호 7자리, 주민등록번호, 성명 및 과목명(2곳)을 빠짐없이 기재하여야 합니다.

3. 답안은 **각 장의 앞면 괘선 내에 가로쓰기로 기재**하고 출제된 문제 순서대로 1권의 답안지(10면) 이내에 작성하여야 하며, 답안지 표지 및 **각 장의 뒷면에는 기재하여서는 안됩니다.**

4. 답안은 흑색이나 청색 필기구(싸인펜이나 연필 종류는 제외) 중 **단일 종류로만 계속 사용**하여 작성하여야 하며, 지정된 필기구를 사용하지 아니하여 채점되지 않는 불이익은 응시자 **책임입니다.**

5. 답안지의 응시번호, 주민등록번호, 성명, 과목명 기재란에 해당 사항을 기재하는 것을 제외하고 답안지에 답안과 관련이 없는 사항을 기재하거나, 특수한 표시를 하거나, 특정인임을 암시하는 문구를 기재한 경우, 그 답안지는 무효로 처리 될 수 있습니다.

6. 답안을 **정정하고자 할 경우에는 두 줄로 긋고 다시 기재**하여야 합니다. **수정테이프(또는 수정액)를 사용**할 수 있으나 그로 인한 답안지의 번짐 · 오염 · 탈루 등에 따른 채점과정에서의 불이익은 응시자 본인 책임입니다.

7. **답안지는 어떠한 경우에도 시험실 밖으로 가져가서는 안됩니다.**

8. 시험시간 중 시험실 내에서 전자기기 소지 및 흡연 · 담화 · 물품의 대여 등 금지된 행위를 하는 경우 **해당 시험을 무효 처리**합니다.

9. 시험 종료 전까지 중도 퇴실할 수 없고, **감독관의 통제에 따르지 않고 중도 퇴실할 경우**, 시험 시작 전에 문제를 풀거나, 시험 종료 후 답안을 작성하는 등 **감독관의 지시에 불응하는 경우**에는 해당 과목을 무효 처리합니다.

10. **부정행위자는 해당 시험을 정지시키거나 합격 결정을 취소**하고, 그 처분일로부터 5년간 공인회계사 시험의 응시자격이 정지 됩니다.

	과목명
기재하지 말것	

감 독 관 날 인 란	

	과목명
기재하지 말것	

2023년도 제58회 공인회계사 제2차시험 답안지

응시번호	-
주민등록번호	-
성 명	

공인회계사시험위원회

답안지 뒷면에는 기재하지 말것 (25행)

2022년도 제 57 회

기출문제

1일차	세 법	제1교시
2022년 제57회		

※ 답안 작성시 유의사항

1. 답안은 문제 순서대로 작성할 것
2. 계산문제는 계산근거를 반드시 제시할 것
3. 답안은 아라비아 숫자로 원단위까지 작성할 것
   (예 : 2,000,000 - 1,000,000 = 1,000,000원)
4. 별도의 언급이 없는 한 관련 자료·증빙의 제출 및 신고·납부절차는 적법하게 이행된 것으로 가정할 것
5. 별도의 언급이 없는 한 합법적으로 세금부담을 최소화하는 방법으로 풀이할 것

【문제 1】 (25점)

거주자 갑, 을, 병의 2022년 귀속 종합소득 신고를 위한 자료이다. 제시된 금액은 원천징수하기 전의 금액이다.

(물음 1) 거주자 갑은 2022년 5월 31일까지 ㈜A의 영업사원으로 근무하다 퇴직한 후, 2022년 10월 1일에 ㈜B에 재취업하여 상무이사(비출자임원)로 근무하고 있다. 갑의 2022년 근로소득과 관련된 자료이다.

〈자 료〉

1. ㈜A와 ㈜B는 모두 「조세특례제한법」상 중소기업에 해당한다.

2. ㈜A가 갑의 근무기간(2022년 1월 1일~2022년 5월 31일) 중 갑에게 지급한 내역은 다음과 같다.

구 분	금 액
기본급	15,000,000원
벽지수당*1	2,500,000원
식사대*2	750,000원
여비*3	1,200,000원
자가운전보조금*4	1,000,000원
주택임차 소요자금 저리 대여 이익	3,000,000원

*1 매월 500,000원씩 지급됨
*2 갑은 식사를 제공받지 않았으며 매월 150,000원씩 지급받음
*3 시내출장에 소요된 실제 경비로 실비를 지급받음
*4 회사의 지급기준에 따라 매월 200,000원씩 지급됨

3. 갑은 실직기간(2022년 6월 1일~2022년 9월 30일)에 「고용보험법」에 따라 2,000,000원의 실업급여를 받았다.

4. ㈜B가 갑의 근무기간(2022년 10월 1일~2022년 12월 31일) 중 갑에게 지급한 내역은 다음과 같다.

구 분	금 액
기본급	24,000,000원
이직 지원금*1	4,500,000원
건강보험료*2	1,500,000원
단체순수보장성 보험료*3	800,000원
사택제공이익*4	4,000,000원

*1 지방에 소재하는 회사에 이직함에 따라 지급됨
*2 갑이 부담하여야 할 부분으로 ㈜B가 대납함
*3 갑(계약자)의 사망·상해 또는 질병을 보험금의 지급사유로 하고 갑을 피보험자와 수익자로 하는 보험으로서 만기에 납입보험료를 환급하지 않는 보험의 보험료로 ㈜B가 부담함
*4 ㈜B가 소유하고 있는 주택을 갑에게 무상으로 제공한 이익임

5. 근로소득공제

총급여액	근로소득공제액
1,500만원 초과 4,500만원 이하	750만원+1,500만원을 초과하는 금액의 15%
4,500만원 초과 1억원 이하	1,200만원+4,500만원을 초과하는 금액의 5%

〈요구사항〉

갑의 2022년 귀속 근로소득금액을 답안 양식에 따라 제시하시오.

총급여액	
근로소득공제	
근로소득금액	

(물음 2) 거주자 을은 2021년 국내에서 제조업(중소기업)을 개시하여 영위하고 있다. 다음은 을의 2022년 사업소득 손익계산서와 추가자료이다.

〈자 료〉

1. 손익계산서(2022년 1월 1일~2022년 12월 31일)

(단위: 원)

Ⅰ. 매출액	3,200,000,000
Ⅱ. 매출원가	(1,700,000,000)
Ⅲ. 매출총이익	1,500,000,000
Ⅳ. 판매비와 관리비	
1. 급여	890,000,000
2. 광고선전비	25,000,000
3. 접대비	50,000,000

4. 감가상각비	10,000,000	(975,000,000)
V. 영업이익		525,000,000
VI. 영업외수익		
1. 이자수익	14,000,000	
2. 배당금수익	5,000,000	
3. 유형자산처분이익	20,000,000	39,000,000
VII. 영업외비용		
1. 지급이자	30,000,000	(30,000,000)
VIII. 당기순이익		534,000,000

2. 판매비와 관리비 추가자료
   ① 급여에는 을의 급여 90,000,000원과 사업에 직접 종사하지 않는 을의 배우자 급여 60,000,000원이 포함되어 있다.
   ② 광고선전비는 불특정 다수인에게 지급된 것이다.
   ③ 접대비는 모두 업무용으로 사용하였으며 적격증명서류를 수취한 것이다. 접대비 한도 계산 시 수입금액에 대한 적용률은 수입금액 100억원 이하는 0.3%이다.
   ④ 감가상각비는 회사 사무실로 사용하는 건물A에 대한 것이며, 세법상 상각범위액은 7,000,000원이다.

3. 영업외수익 및 비용 추가자료
   ① 배당금수익은 국내기업으로부터 받은 것이다.
   ② 유형자산처분이익은 건물A를 당기에 처분하여 발생한 것이며, 전기로부터 이월된 상각부인액 4,000,000원이 있다.
   ③ 지급이자 중 초과인출금에 대한 것은 없으며, 채권자불분명 차입금에 대한 이자 5,000,000원이 포함되어 있고 그 외는 업무와 관련된 것이다.

〈요구사항〉

을의 사업소득과 관련된 소득조정과 사업소득금액을 답안 양식에 따라 제시하시오.

손익계산서상 당기순이익		534,000,000원
구 분	과 목	금 액
가산조정		
차감조정		
사업소득금액		

(물음 3) 거주자 병(여성, 40세)의 2022년 종합소득 관련 자료이다.

〈자 료〉

1. 종합소득금액 내역
   ① 근로소득 총급여액: 82,000,000원
   ② 기타소득[*1]

구 분	금 액
특허권의 양도	50,000,000원
대학교 특강료 및 원고료	2,000,000원
발명경진대회 상금[*2]	10,000,000원

   *1 실제 필요경비는 확인되지 않으며 원천징수 전의 금액임
   *2 공익법인이 주무관청의 승인을 얻어 시상하는 상금임

   ③ 이자소득

구 분	금 액
국내은행 예금이자	4,000,000원
비영업대금의 이익*	3,000,000원

   * 온라인투자연계금융업자를 통해 받은 이자가 아님

2. 생계를 같이하는 부양가족의 현황

구 분	나 이	내 용
모친	64세	정기예금이자 10,000,000원 있음
배우자	49세	소득 없음. 2022년 11월에 법적으로 이혼함
딸	9세	소득 없음. 장애인

3. 병의 보험료 지출내역

구 분	본인 부담분
국민연금보험료	4,500,000원
국민건강보험료	3,500,000원
생명보험료[1]	1,200,000원
장애인전용상해보험료[2]	1,800,000원

[1] 본인을 피보험자로 하는 보장성 보험임

[2] 딸을 피보험자로 함

4. 병의 신용카드 등 사용내역*

구 분	금 액
전통시장 사용액	3,000,000원
대중교통 이용액	1,500,000원
신용카드 사용액	40,000,000원

* 2022년 신용카드 등 사용금액은 2021년 신용카드 등 사용금액의 105%를 초과하지 않음

5. 의료비 지출내역

구 분	금 액
모친의 치과치료비	10,000,000원
본인의 건강진단비	1,000,000원
딸의 선천성이상아 치료비	5,000,000원

〈요구사항 1〉

종합소득에 포함될 기타소득금액 및 이자소득금액과 소득세 원천징수세액을 답안 양식에 따라 제시하시오. 단, 원천징수는 적법하게 이루어졌다.

종합소득에 포함될 기타소득금액	
종합소득에 포함될 이자소득금액	
소득세 원천징수세액	

〈요구사항 2〉

병의 소득공제액을 답안 양식에 따라 제시하시오.

인적 공제액	기본공제액	
	추가공제액	
연금보험료·국민건강보험료 소득공제액		
신용카드 등 사용 소득공제액		

〈요구사항 3〉

병의 세액공제액을 답안 양식에 따라 제시하시오.

보험료 세액공제액	
의료비 세액공제액	

【문제 2】 (5점)

거주자 갑이 아들에게 양도한 주택A의 양도소득 관련 자료이다.

〈자 료〉

1. 주택A의 양도거래내용은 다음과 같다.

양도일	2022. 5. 29.
취득일	2015. 4. 24.
실지양도가액	2,300,000,000원
실지취득가액	1,300,000,000원
기타의 필요경비	48,000,000원*

 * 8,000,000원은 부동산 중개수수료로 지급한 금액이며, 40,000,000원은 주택A를 경매를 통해 매입하는 과정에서 발생한 것으로 갑이 당해 주택의 소유권을 확보하기 위해 지출한 소송비용임

2. 주택A는 부동산투기지역에 소재하고 있는 등기된 주택이다. 갑은 주택A에 대해 1세대 1주택 비과세요건을 충족하고 보유기간동안 거주하였으며, 다른 주택을 보유한 사실이 없다.

3. 갑이 주택A를 아들 을에게 양도할 당시 시가는 확인되지 않으며 매매사례가액은 2,500,000,000원이다. 주택A는 2022년 갑의 유일한 양도자산이다.

4. 주택A의 양도당시 기준시가는 2,000,000,000원이며, 취득당시 기준시가는 1,075,000,000원이다.

5. 7년 이상 8년 미만 장기보유특별공제율은 보유기간별 공제율과 거주기간별 공제율이 각각 28%이다.

6. 종합소득세율

과세표준	세 율
8,800만원 초과 1억5천만원 이하	1,590만원 + 8,800만원을 초과하는 과세표준의 35%
1억5천만원 초과 3억원 이하	3,760만원 + 1억5천만원을 초과하는 과세표준의 38%

〈요구사항 1〉

갑의 주택A 양도로 인한 양도소득금액을 답안 양식에 따라 제시하시오.

양도가액	
취득가액	
기타의 필요경비	
양도차익	
장기보유특별공제	
양도소득금액	

〈요구사항 2〉

갑의 주택A 양도에 따른 양도소득산출세액을 제시하시오. 단, 양도소득금액은 200,000,000원이라고 가정한다.

【문제 3】(10점)

(물음 1) 과세사업을 영위하고 있는 ㈜갑의 2022년 제1기 부가가치세 관련 자료이다. ㈜갑은 사업자단위과세 사업자와 주사업장 총괄납부 사업자가 아니다. 제시된 금액은 부가가치세를 포함하지 않은 금액이다.

〈자 료〉

1. 국내사업장이 없는 비거주자에게 국내에서 2022년 4월 8일에 직접 제품을 인도하고 대가 400,000원을 원화로 수령하였다.

2. 2022년 4월 5일 거래처에 제품A를 운송비 50,000원을 포함하여 3,000,000원에 판매하고, 판매장려금 200,000원과 하자보증금 150,000원을 차감한 2,650,000원을 수령하였다.

3. 2022년 7월 출시예정인 신제품K(판매가 1,000,000원)의 사전예약으로 2022년 6월 23일 환불이 불가능한 모바일교환권을 950,000원(5% 할인된 금액)에 현금판매하였다.

4. 2022년 5월 7일 영동직매장에 판매목적으로 제품B를 반출하였다. 제품B는 개별소비세 과세대상으로 개별소비세의 과세표준은 45,000,000원, 개별소비세

는 3,000,000원, 교육세는 300,000원, 장부가액은 43,000,000원, 시가는 50,000,000원이다. 제품B의 매입세액은 불공제되었다.

5. 2022년 2월 8일 해외로 제품 $50,000의 수출계약을 체결하고 2022년 6월 7일 제품을 인도하였다. 판매대금 $10,000는 2022년 4월 10일에 선수령하여 11,800,000원으로 환가하고, 제품인도일에 $40,000를 수령하여 2022년 6월 30일에 47,700,000원으로 환가하였다. 각 일자별 기준환율은 다음과 같다.

구 분	계약일	선수금	잔금
일 자	2022.2.8.	2022.4.10.	2022.6.7.
수령액($)	-	10,000	40,000
기준환율(W/$)	1,100	1,180	1,200

6. 남동직매장에 2022년 4월 30일 화재가 발생하여 제품(시가 12,000,000원, 원가 10,000,000원)이 소실되었으나 화재보험에 가입되어 있어 2022년 6월 15일 보상금 12,000,000원을 지급받았다.

7. 2022년 4월 3일에 제품 판매계약을 체결하였으나 2022년 4월 10일에 거래처의 자금사정 악화로 계약조건을 다음과 같이 변경하였다. 변경 후 조건에 따라 대금회수가 이루어졌으며, 제품은 잔금지급약정일에 인도하기로 하였다.

구 분	기존일자	변경일자	금 액
계약금	2022.4. 3.	2022.4. 3.	5,000,000원
중도금	2022.6.15.	2022.6.30.	15,000,000원
잔 금	2022.8. 7.	2022.12.30.	30,000,000원

〈요구사항〉

㈜갑이 2022년 제1기 부가가치세 확정신고 시 신고해야 할 과세표준을 답안 양식에 따라 제시하시오.

자료번호	과세표준	
	과 세	영세율
1		
⋮		
7		

(물음 2) 부동산임대업을 영위하는 개인사업자A의 겸용주택 임대와 관련된 자료이다.

〈자 료〉

1. 겸용주택은 단층으로 도시지역 안에 소재하고 있으며, 건물면적은 200m²(상가 80m², 주택 120m², 지하층과 주차장 면적은 제외), 부수토지면적은 1,500m² 이다.

2. 임대계약조건

구 분	내 용
임대기간	2020.12.1.~2022.11.30.
월임대료	3,000,000원[*1]
임대보증금	500,000,000원[*2]

   [*1] 월임대료는 부가가치세 제외금액으로 매달 말일에 받기로 계약하였으나, 임차인의 자금사정으로 2022년 6월분은 2022년 7월초에 수령함

   [*2] 임대보증금 운용수입으로 289,000원의 이자수익이 발생함

3. 2022년 6월 30일 현재 겸용주택의 감정가액 등의 내역

구분	장부가액	감정가액	기준시가
건물	150,000,000원	210,000,000원	128,000,000원
토지	250,000,000원	370,000,000원	192,000,000원
합계	400,000,000원	580,000,000원	320,000,000원

4. 2022년 6월 30일 현재 계약기간 1년의 정기예금이자율은 2%라고 가정한다.

〈요구사항〉

A의 2022년 제1기 과세기간(2022년 1월 1일~2022년 6월 30일)의 부가가치세 과세 표준을 답안 양식에 따라 제시하시오.

구 분	과세표준
건 물	
토 지	

【문제 4】(10점)

(물음 1) 공인회계사 갑은 2022년 7월 20일에 ㈜과오의 2022년 제1기 부가가치세 예정신고서를 검토하던 중 다음 사항을 발견하였다. 단, 다음 사항에 포함된 오류는 회사 직원의 단순 실수로 발생한 것으로 조세회피를 위한 고의적인 오류가 아니며, 제시된 금액은 부가가치세를 포함하지 않은 금액이다.

〈자 료〉

1. 영업부서의 특판활동에 따른 매입 80,000,000원과 매출 130,000,000원에 대하여 세금계산서 수취 및 발급이 이루어지지 않았으며, 매입과 매출에 대한 신고도 누락되었다. 회사는 2022년 7월 20일에 매입·매출에 대하여 전자세금계산서를 수취 및 발행하고 전송하였다.
2. 회사는 일정금액 이상의 매출거래처에 대해 판매용 상품으로 판매장려금을 지급하고 있는데, 당해 기간 동안에 판매장려금으로 지급된 상품은 시가 3,000,000원(원가 2,000,000원)이다. 회사는 판매장려상품에 대해 원가를 판매비로 회계처리하였으며, 이를 예정신고시 과세표준에 포함하지 않았다.
3. 2022년 3월 31일 직수출한 제품 28,000,000원이 신고누락되었으며, 세금계산서도 발급되지 아니하였다.

〈요구사항〉

㈜과오가 2022년 7월 25일 확정신고시에 위 오류를 수정하여 신고할 경우 추가로 납부해야 하는 부가가치세(지방소비세 포함)와 가산세액을 답안 양식에 따라 제시하시오. 단, 납부지연가산세는 고려하지 않는다.

자료번호	부가가치세 추가납부세액	가산세 종류	계산식	가산세액
1				
2				
3				
과소신고·초과환급신고 가산세				

(물음 2) 2021년 7월 1일 사업을 개시한 ㈜갑(중소기업 아님)의 자료이다. 2022년 제1기 과세기간에 대한 부가가치세 납부세액(지방소비세 포함)을 계산하시오. 단, 제시된 금액은 부가가치세가 포함되지 않은 금액이며 세금계산서 및 계산서는 적법하게 발행 및 수취하였다.

〈자 료〉

1. 미국산 소고기를 수입하여 가공(과세) 또는 미가공(면세) 상태로 판매하고 있으며, 과세기간별 과세공급가액과 면세공급가액은 다음과 같다.

구 분	축산도매업	가공품제조업
2021년 제2기	100,000,000원	100,000,000원
2022년 제1기	66,000,000원	154,000,000원

2. 가공품 관련 과세매입내역은 다음과 같다.

구 분	2021년 제2기	2022년 제1기
가공품 관련매입액	60,000,000원	42,000,000원

3. 2022년 제1기 소고기 수입액(관세과세가액으로 관세 25,000,000원 미포함) 및 사용내역은 다음과 같다.

구 분	금 액
기초재고	0원
(+)매입액	210,000,000원
(−)축산도매업 사용	30,000,000원
(−)가공품제조업 사용	150,000,000원
기말재고	30,000,000원

4. 2021년 8월 5일 제품보관용 대형냉동고를 100,000,000원에 구입하여 과세사업 및 면세사업에 공통으로 사용 중이다.

5. ㈜갑의 의제매입세액공제율은 $\dfrac{2}{102}$ 이다.

〈요구사항〉

2022년 제1기(2022년 1월 1일~2022년 6월 30일) 부가가치세 신고 시 납부세액을 답안 양식에 따라 제시하시오.

구 분		금 액
매출세액		
매입세액	세금계산서수취분	
	의제매입세액	
	공통매입세액재계산	
	차가감 계	
납부세액		

【문제 5】 (15점)

(물음 1) 제조업을 영위하는 ㈜한국(영리내국법인)의 제22기 사업연도(2022년 1월 1일 ~2022년 12월 31일) 법인세 관련 자료이다. 전기까지의 세무조정은 적법하게 이루어졌다.

〈자 료〉

1. 전기말 현재 「자본금과적립금조정명세서(을)」는 다음과 같다.

(단위: 원)

과 목	기초잔액	당기중증감		기말잔액
		감소	증가	
대손충당금한도초과	2,000,000	2,000,000	7,000,000	7,000,000
미수이자	△3,000,000	-	△5,000,000	△8,000,000
토지	-	-	10,000,000	10,000,000
건설중인 자산	-	-	8,000,000	8,000,000

① 미수이자는 2020년 5월 15일에 가입한 원본전입 특약이 없는 2년 만기 정기적금에서 발생한 것이다. ㈜한국은 당기에 정기적금 이자를 국내에서 수령하고 다음과 같이 회계처리하였다.

(차) 현　금　　　11,000,000　　(대) 미수수익　　　　8,000,000
　　　　　　　　　　　　　　　　　　　　이자수익　　　　3,000,000

② 제21기에 토지 매입시 개발부담금을 손익계산서상 세금과공과로 처리하였고, ㈜한국은 제22기에 오류를 수정하여 다음과 같이 회계처리하였다.

(차) 토　　지　　10,000,000　　(대) 전기오류수정이익(잉여금) 10,000,000

③ 건설중인 자산은 공장건설(2023년 10월 준공예정)을 위한 차입금이자를 자본화한 것이다. 제21기부터 차입금 변동은 없으며, 제22기 손익계산서상 지급이자의 세부 내역은 다음과 같다.

이자율	지급이자	비 고
5%	9,000,000원	공장건설을 위한 차입금이자
4%	10,000,000원	용도 미지정의 일반 차입금이자

2. 제21기에 15,000,000원의 업무무관자산을 취득하여 제22기말 현재 보유하고 있다.

3. 제22기에 대표이사로부터 시가 300,000,000원의 특허권을 200,000,000원에 매입하여 다음과 같이 회계처리하였다.
(차) 특허권　　200,000,000　　(대) 현　금　　　200,000,000

4. 단기투자목적으로 ㈜금강(비상장)의 주식을 2022년 11월 11일에 취득하였다. ㈜금강은 자기주식처분이익 30%, 주식발행초과금 70%를 재원으로 하는 무상주를 지급하였다. ㈜한국은 무상주 100주를 수령하여 액면가액으로 평가한 후 다음과 같이 회계처리하였다.
(차) 매도가능증권　　　9,000,000　　(대) 배당금수익　　　　9,000,000

5. ㈜한국에서 8년 6개월간 근무하다가 2022년 12월 31일에 현실적 퇴직을 한 상무이사의 상여 및 퇴직금은 다음과 같다.

구 분	일반급여	상여금	퇴직급여
비 용	90,000,000원	30,000,000원	100,000,000원
이익처분	-	10,000,000원	10,000,000원

① ㈜한국은 이사회의 결의에 따라 연간 급여액의 30%를 상여로 지급하는 상여지급규정을 두고 있다.
② ㈜한국은 퇴직급여지급규정이 없으며, 퇴직급여충당금도 설정하고 있지 않다.

〈요구사항〉

〈자료〉와 관련하여 ㈜한국이 해야 하는 제22기 세무조정 및 소득처분을 답안 양식에 따라 제시하시오.

익금산입 및 손금불산입			손금산입 및 익금불산입		
과목	금액	소득처분	과목	금액	소득처분

(물음 2) 제조업을 영위하는 ㈜태백(중소기업 아님)의 제22기 사업연도(2022년 1월 1일~2022년 12월 31일) 법인세 관련 자료이다.

〈자 료〉

1. 손익계산서상 매출액은 15,000,000,000원이며 이 중 8,000,000,000원은 특수관계인과의 거래에서 발생한 것이다.

2. ㈜태백의 제22기 사업연도 접대비 지출액은 128,000,000원으로 이 중 23,500,000원은 손익계산서에 비용으로 계상하였으며, 4,500,000원은 건설중인자산(차기 완공예정)의 원가로 계상하였고, 나머지 100,000,000원은 건물(당기 완공)의 원가로 계상하였다.

3. 손익계산서상 비용으로 계상한 접대비의 내역은 다음과 같다.

구 분	건당 3만원 이하	건당 3만원 초과	합 계
영수증수취	500,000원	2,500,000원	3,000,000원
신용카드 매출전표수취	200,000원	11,300,000원[*1]	11,500,000원
현물접대비	–	9,000,000원[*2]	9,000,000원
합 계	700,000원	22,800,000원	23,500,000원

*1 문화예술공연 입장권 6,000,000원을 신용카드로 구입하여 거래처에 제공한 금액이 포함됨

*2 ㈜태백의 제품(원가 8,000,000원, 시가 10,000,000원)을 제공한 것으로 회사는 다음과 같이 회계처리함

(차) 접대비　　　　　9,000,000　　(대) 제품　　　　　　　8,000,000
　　　　　　　　　　　　　　　　　　　　부가가치세예수금　1,000,000

---

4. 제22기에 취득한 건물의 원가는 300,000,000원(접대비 포함)이며, 감가상각비로 15,000,000원을 계상하였고 이는 법인세법상 상각범위액을 초과하지 않는다.

5. 접대비 수입금액 적용률

수입금액	적용률
100억원 이하	0.3%
100억원 초과 500억원 이하	0.2%

〈요구사항〉

〈자료〉와 관련하여 ㈜태백이 해야 하는 제22기 세무조정 및 소득처분을 답안 양식에 따라 제시하시오.

익금산입 및 손금불산입			손금산입 및 익금불산입		
과목	금액	소득처분	과목	금액	소득처분

【문제 6】 (25점)

(물음 1) 제조업을 영위하는 ㈜한국의 제22기 사업연도(2022년 1월 1일~2022년 12월 31일) 법인세 관련 자료이다. 전기까지의 세무조정은 적법하게 이루어졌고 재고자산에 대한 유보사항은 없다.

〈자 료〉

1. 제22기 사업연도 말 현재 재무상태표상 재고자산 금액과 각 평가방법에 따른 평가금액은 다음과 같다. 회사는 재고자산 평가방법을 원가법으로 신고하였다.

(단위: 원)

구분	장부금액	총평균법	선입선출법	후입선출법
제품	86,000,000	86,000,000	84,000,000	88,000,000
재공품	64,000,000	65,000,000	61,000,000	64,000,000
원재료	50,000,000	56,000,000	50,000,000	45,000,000
저장품	15,000,000	13,000,000	14,000,000	12,000,000

2. 제품은 회사 설립시부터 총평균법으로 신고하여 적용하였으며, 당기에 제품의 판매가하락으로 인한 저가법 평가에 따라 다음과 같이 재고자산평가손실을 계상하였다.

   (차) 재고자산평가손실 10,000,000 (대) 재고자산평가충당금 10,000,000

3. 재공품은 평가방법을 신고한 바 없으며 당기에는 후입선출법으로 평가하였다.

4. 원재료는 제21기 사업연도까지 총평균법으로 신고하여 평가하였으나, 제22기부터 선입선출법으로 변경하기로 결정하고 2022년 10월 1일에 재고자산 평가방법 변경신고를 하였다.

5. 저장품은 총평균법으로 신고하여 전기 이전부터 적용하고 있다. 당기말에 저장품에 대해 신고한 총평균법으로 평가하였으나, 계산 착오로 실제 금액과 다른 금액으로 평가하였다.

〈요구사항〉

〈자료〉와 관련하여 ㈜한국이 해야 하는 제22기 세무조정 및 소득처분을 답안 양식에 따라 제시하시오.

익금산입 및 손금불산입			손금산입 및 익금불산입		
과목	금액	소득처분	과목	금액	소득처분

(물음 2) 제조업을 영위하는 ㈜한국의 제22기 사업연도(2022년 1월 1일~2022년 12월 31일) 법인세 관련 자료이다.

〈자 료〉

1. 2022년 3월 1일에 자회사인 ㈜A에 200,000,000원을 3년 후 상환하는 조건으로 대여하고 약정이자율 1.2%로 계산한 2,000,000원을 이자수익으로 계상하였다. ㈜한국은 전기에 과세표준신고를 할 때 당좌대출이자율(연4.6%)을 시가로 선택하였으며, 2022년 3월 1일의 가중평균차입이자율은 4%이다.

2. 2022년 4월 1일에 대표이사로부터 토지B를 150,000,000원에 매입하고, 매입가액을 취득원가로 회계처리하였다. 매입당시 시가는 불분명하며, 감정평가법인의 감정가액은 100,000,000원, 개별공시지가는 120,000,000원이다.

3. 출자임원에게 임대기간에 대한 약정없이 사택C를 임대보증금 100,000,000원, 월임대료 500,000원에 2021년 7월 1일부터 임대 중이다. 사택C에 대한 적정임대료는 불분명하고, 사택 건물의 시가는 800,000,000원이며, 기획재정부령으로 정하는 정기예금이자율은 3%로 가정한다.

4. 2022년 10월 1일에 특수관계인인 대주주에게 2020년 3월 1일에 취득한 비사업용토지D(미등기)를 350,000,000원에 양도하였다. 양도 당시 시가는 500,000,000원(취득원가 50,000,000원)이었으며, 보유기간 동안 장부가액의 변동은 없었다.

〈요구사항 1〉

〈자료〉와 관련하여 ㈜한국이 해야 하는 제22기 세무조정 및 소득처분을 답안 양식에 따라 제시하시오.

익금산입 및 손금불산입			손금산입 및 익금불산입		
과목	금액	소득처분	과목	금액	소득처분

〈요구사항 2〉

㈜한국의 제22기 토지 등 양도소득에 대한 법인세를 제시하시오.

(물음 3) 제조업을 영위하는 중소기업인 ㈜한국의 제22기 사업연도(2022년 1월 1일~2022년 12월 31일) 법인세 신고 관련 자료이다.

〈자 료〉

1. 전기말 재무상태표상 채권잔액은 9,500,000,000원이며, 전기 「자본금과적립금조정명세서(을)」의 기말잔액은 다음과 같다.

과 목	기말잔액
대손충당금 한도초과액	30,000,000원
외상매출금 대손부인액*	65,000,000원
소멸시효 완성채권	△20,000,000원

* 대손부인된 외상매출금 중 40,000,000원은 제22기에 소멸시효가 완성됨

2. 제22기 대손충당금계정의 변동내역은 다음과 같다.

대손충당금

당기상계	120,000,000원	전기이월	150,000,000원
차기이월	230,000,000원	당기설정	200,000,000원
합 계	350,000,000원	합 계	350,000,000원

3. 대손충당금의 당기상계 내역은 다음과 같다.
   ① 당기에 소멸시효가 완성된 대여금: 45,000,000원
   ② 2022년 3월 1일에 매출한 거래처가 2022년 5월 1일에 부도가 발생하여 받을 수 없게 된 외상매출금: 25,000,000원
   ③ 법원의 면책결정에 따라 회수불능으로 확정된 채권: 10,000,000원
   ④ 물품의 수출로 발생한 채권으로 법정 대손사유에 해당하여 한국무역보험공사로부터 회수불능으로 확인된 채권: 30,000,000원
   ⑤ 특수관계법인의 파산으로 회수불가능한 업무무관 대여금: 10,000,000원

4. 당기말 재무상태표상 채권 내역은 다음과 같다.

구 분	금 액
외상매출금	8,700,000,000원
할부판매 미수금	500,000,000원
원재료 매입을 위한 선급금	300,000,000원
채무보증으로 인하여 발생한 구상채권	2,000,000,000원
금전소비대차에 따라 대여한 금액	1,000,000,000원
전기 소멸시효 완성채권	20,000,000원
합 계	12,520,000,000원

〈요구사항 1〉

㈜한국의 당기 대손실적률을 답안 양식에 따라 제시하시오. 단, 대손실적률 계산시 소수점 둘째 자리에서 반올림하시오(예: 2.57% → 2.6%).

당기 대손금	
전기말 대손충당금 설정대상 채권잔액	
당기 대손실적률	

〈요구사항 2〉

대손금 및 대손충당금과 관련하여 ㈜한국이 해야 하는 제22기 세무조정과 소득처분을 답안 양식에 따라 제시하시오. 단, 당기 대손실적률은 1.5%로 가정한다.

익금산입 및 손금불산입			손금산입 및 익금불산입		
과목	금액	소득처분	과목	금액	소득처분

(물음 4) 제조업을 영위하는 ㈜한국(중소기업 아님)의 제22기 사업연도(2022년 1월 1일~2022년 12월 31일) 법인세 관련 자료이다.

<자 료>

1. 2022년 6월 1일에 발생한 화재로 인해 다음과 같이 자산의 일부가 소실되었다.

구 분	화재 전 자산가액	화재 후 자산가액
토지	500,000,000원	450,000,000원
건물	300,000,000원	50,000,000원
기계장치	80,000,000원	50,000,000원
재고자산	150,000,000원	58,000,000원
합 계	1,030,000,000원	608,000,000원

① 건물과 기계장치에 대해서 각각 100,000,000원과 20,000,000원의 보험금을 수령하였다.

② 기계장치는 자회사의 자산이며, 화재로 인해 상실된 가치에 대해 ㈜한국이 변상할 책임은 없다.

③ 재고자산의 재해손실에는 거래처로부터 수탁받은 상품의 소실액 12,000,000원이 포함되어 있으며, 동 상품에 대한 변상책임은 ㈜한국에 있다.

2. 재해발생일 현재 미납된 법인세 및 재해가 발생한 당해연도의 법인세와 관련된 사항은 다음과 같다.

① 재해발생일 현재 미납된 법인세액은 21,200,000원(납부지연가산세 1,200,000원 포함)이다.

② 당해연도의 법인세 산출세액은 12,000,000원이며, 외국납부세액공제액 2,000,000원과 「조세특례제한법」에 의한 투자세액공제액 1,000,000원이 있다.

〈요구사항〉

㈜한국의 제22기 사업연도 재해손실세액공제액을 답안 양식에 따라 제시하시오. 단, 재해상실비율 계산시 소수점 둘째 자리에서 반올림하시오(예: 2.57% → 2.6%).

구 분	금 액
재해상실비율	
공제대상 법인세액	
재해손실세액공제액	

(물음 5) 제조업을 영위하는 ㈜한국의 제22기 사업연도(2022년 1월 1일~2022년 12월 31일)의 감가상각 관련 법인세 신고 자료이다.

〈자 료〉

1. 2022년 7월 1일에 특수관계가 없는 ㈜동해로부터 정당한 사유 없이 시가 300,000,000원인 기계장치A를 450,000,000원에 매입하였다.

2. 2022년 9월 1일에 기계장치A에 대한 수선비(자본적 지출이며 주기적 수선에 해당하지 않음)로 25,000,000원을 지출하였으며, 이를 손익계산서상 비용으로 계상하였다.

3. 제22기말 기계장치A가 진부화됨에 따라 시장가치가 급락하여, 이에 대한 회수가능가액을 검토하여 5,000,000원의 손상차손을 손익계산서상 비용으로 계상하였다.

4. 손익계산서상 감가상각비는 22,500,000원이다.

5. 회사는 기계장치에 대한 감가상각방법으로 정액법을 신고하였으나 내용연수는 신고하지 아니하였다. 기준내용연수는 8년이며, 내용연수별 정액법 상각률은 다음과 같다.

내용연수	6년	8년	10년
상각률	0.166	0.125	0.100

〈요구사항〉

〈자료〉와 관련하여 ㈜한국이 해야 하는 제22기 세무조정 및 소득처분을 답안 양식에 따라 제시하시오.

익금산입 및 손금불산입			손금산입 및 익금불산입		
과목	금액	소득처분	과목	금액	소득처분

【문제 7】 (10점)

(물음 1) 2022년 5월 3일 사망한 거주자 갑의 상속세 관련 자료이다.

〈자 료〉

1. 상속재산 현황은 다음과 같다.
   ① 토지: 1,100,000,000원
   ② 생명보험금: 200,000,000원*
      * 생명보험금의 총납입보험료는 50,000,000원으로 상속인이 전부 부담함
   ③ 퇴직금: 20,000,000원*
      * 사망으로 인하여 「국민연금법」에 따라 지급되는 반환일시금임

2. 갑이 사망 전에 처분한 재산은 없었고, 상속일 현재 갑의 채무 현황은 다음과 같다.
   ① 은행차입금: 300,000,000원*
      * 상속개시 10개월 전에 차입한 금액으로 상속개시일까지 상환하지 않았으며, 차입한 자금의 용도가 객관적으로 명백하지 않음
   ② 소득세 미납액: 20,000,000원

3. 장례비용은 4,000,000원(봉안시설 비용 제외)이고, 봉안시설 비용은 7,000,000원이며, 모두 증빙서류에 의해 입증된다.

4. 상속인은 배우자(58세)와 자녀 3명(27세, 25세, 22세)이며, 자녀들은 상속을 포기하고 배우자가 단독 상속을 받았다.

〈요구사항〉

갑의 사망에 따른 상속세 과세표준을 답안 양식에 따라 제시하시오.

구 분	금 액
총상속재산가액	
과세가액 공제액	
상속세 과세가액	
상속세 과세표준	

(물음 2) 거주자 을(30세)의 증여세 관련 자료이다.

〈자 료〉

1. 을이 2022년 이모로부터 증여받은 내용은 다음과 같다.
   ① 토지: 200,000,000원*
      * 2022년 2월 27일에 토지를 증여받으면서 동 토지에 담보된 은행차입금 150,000,000
        원을 채무인수함

   ② 부동산: 300,000,000원*
      * 2022년 7월 16일에 증여받았으나 2022년 10월 16일에 이모에게 반환하였고, 반
        환 전에 증여세 과세표준과 세액을 결정받지는 않음

2. 을은 2022년 3월 3일에 이모로부터 시가 400,000,000원인 비상장주식을
   40,000,000원에 양수하였다.

3. 을은 증여재산에 대한 감정평가수수료로 6,000,000원을 부담하였고, 과거 10년
   이내에 증여받은 사실이 없다.

〈요구사항〉

을의 2022년도 증여세 과세표준을 답안 양식에 따라 제시하시오.

구 분	금 액
증여재산가액	
증여세 과세표준	

1일차

2022년 제57회

재무관리

제2교시

【문제 1】 (15점)

다음은 ㈜한국의 향후 2년간 추정 재무자료이다.

(단위: 억원)

	1년말(t=1)	2년말(t=2)
순이익	1,000	1,100
지급이자	20	20
순운전자본증감액	50	40
감가상각비	70	80
순자본적 지출액	100	120
장기부채	2,000	2,000
자기자본	8,000	10,000

현재시점(t=0)의 기타 재무정보는 다음과 같다.

> (1) 주식의 베타계수: 1.5
> (2) 무위험이자율: 1%
> (3) 기대 시장수익률: 7%
> (4) 법인세율: 20%
> (5) 발행주식수: 1천만주

위의 자료 이외에 현금흐름에 영향을 미치는 요인은 없다. 무위험이자율, 기대 시장수익률, 법인세율, 발행주식수는 향후에도 현재시점의 측정치와 동일하다. ㈜한국의 부채는 장기부채만 존재하며 장기부채는 전액 이자를 지급하는 금융부채이다. 장기부채 및 자기자본의 장부가치는 시장가치와 항상 동일하며, 현재시점(t=0)과 1년말(t=1)에 동일하다. 발행주식은 모두 보통주이다. 자기자본수익률(ROE)은 2년차(t=2) 이후 모두 2년차와 동일하다. ROE 및 자기자본비용금액은 기말 자기자본을 이용하여 계산한다.

(물음 1) 1년차와 2년차의 가중평균자본비용(WACC)을 계산하시오. <u>계산결과는 % 단위로 소수점 아래 셋째 자리에서 반올림하여 둘째 자리까지 표시하시오.</u>

(물음 2) 1년말(t=1)의 기업관점의 잉여현금흐름(FCFF: Free Cash Flow for the Firm)과 주주관점의 잉여현금흐름(FCFE: Free Cash Flow to Equity)을 계산하시오.

(물음 3) 배당할인모형(DDM: Dividend Discount Model)을 활용하여 1주당 본질가치(intrinsic value)를 계산하시오. 배당금은 3년차(t=3)부터 매년 일정하게 영구히 성장한다. 배당성향은 1년차(t=1)는 0.2, 2년차(t=2)는 0.3이고 3년차(t=3)부터는 0.4이다.

(물음 4) 잔여이익모형(RIM: Residual Income Model)을 활용하여 1주당 본질가치를 계산하시오. 잔여이익은 3년차(t=3)부터 매년 5%씩 일정하게 영구히 성장한다.

【문제 2】 (15점)

㈜대한은 새로운 기계(A)를 도입하는 신규 투자 사업을 통해 생산능력을 향상시키고자 한다. A의 가격은 18억원이다. ㈜대한은 A의 도입 여부에 대한 연구조사를 시행하였으며, 비용은 5천만원 발생하였다. 연구조사 결과는 아래와 같다.

(1) 투자시점(t=0)에 A의 설치에 따른 생산 차질로 발생하는 매출 손실은 10억원이다. 매출은 1년차(t=1)부터 매년 30억원씩 발생한다.
(2) 제조원가는 매출액의 60%로 이전과 동일하다. 재고자산은 투자시점에 1억원이 증가하고 1년차부터는 매출액의 3%이다.
(3) 인건비는 판매 인력의 증가로 매년 3천만원이 발생한다.
(4) A는 정액법으로 감가상각되며 내용연수는 3년이다. A의 잔존가치는 없다.
(5) 투자시점부터 외상매출금은 매출액의 7%, 미지급금은 제조원가의 10%이다.
(6) 사업종료시점(t=3)에 A를 1억원에 매각한다.
(7) ㈜대한의 법인세율은 30%이다.

모든 현금흐름은 증분현금흐름이다. <u>계산결과는 소수점 아래 첫째 자리에서 반올림하여 원 단위까지 표시하시오.</u>

(물음 1) 투자시점부터 사업종료시점까지 A로 인하여 발생하는 현금흐름과 영업현금흐름(OCF)을 매 시점별로 합산하여 구하시오.

(물음 2) 투자시점부터 사업종료시점까지 순운전자본변동으로 발생하는 현금흐름을 구하시오. 단, 순운전자본은 사업 종료시점에 전액 회수된다.

(물음 3) 신규 사업의 증분잉여현금흐름을 계산하고 순현가(NPV)를 구하시오. 이 사업에 적용되는 할인율은 10%이다. <u>계산결과는 십만원 단위에서 반올림하여 백만원 단위까지 표시하시오.</u>

(물음 4) (물음 3)의 할인율에는 5%의 기대인플레이션율이 반영되어 있다. 신규 사업의 실질잉여현금흐름을 계산하고 순현가를 구하시오. <u>계산 과정상 산출되는 수치는 % 단위로 소수점 아래 넷째 자리에서 반올림하여 이용하고, 계산 결과는 십만원 단위에서 반올림하여 백만원 단위까지 표시하시오.</u>

【문제 3】 (10점)

㈜민국은 해외 현지기업 ㈜다랑 인수를 통해 해외시장을 개척하고자 한다. 현재(t=0) 해외시장에서는 전쟁 발생의 위험이 존재하며 1년 후(t=1)에는 전쟁 발생여부가 결정된다. 현 시점(t=0)에 ㈜다랑을 인수하는 경우 250억원의 투자비용이 소요된다. 1년 후 ㈜다랑을 인수하는 경우에는 400억원이 소요된다. 만약, 전쟁이 발생할 경우 ㈜민국은 투자비용 전액 손실을 감수하여야 한다.

1년 후 전쟁이 발생하지 않을 확률은 60%이며 이 경우 매년 확실한 30억원의 영구 현금흐름이 발생한다. 반면, 전쟁이 발생할 확률은 40%이며 이 경우 현금흐름은 0원이다. 현재 휴업중인 ㈜다랑은 1년 후(t=1)부터 사업을 재개한다. 투자안의 자본비용은 20%이며 무위험이자율은 5%이다. 다음 물음에 답하시오.

(물음 1) ㈜민국이 현 시점에 ㈜다랑을 인수할 경우 순현가(NPV)를 구하시오.

(물음 2) ㈜민국의 관점에서 투자결정을 연기할 수 있는 권리의 가치를 구하시오.

(물음 3) ㈜민국의 관점에서 현 시점에 ㈜다랑을 인수하는 것이 유리한 투자의사결정이 되는 전쟁발생 확률의 범위를 구하시오.

【문제 4】(15점)

위험자산 A와 B의 기대수익률, 표준편차, 공분산은 다음과 같다.

[공통자료]

구분	기대수익률	표준편차	A와 B의 공분산
A	0.30	0.30	0.01
B	0.20	0.10	

※ (물음 1) ~ (물음 4)는 독립적이다.

(물음 1) A와 B의 상관계수가 (-)1.0으로 변화되었다고 가정한다. 최소분산포트폴리오(MVP)의 기대수익률은 얼마나 변화하는지 계산하시오. <u>계산결과는 %p 단위로 소수점 아래 둘째 자리에서 반올림하여 첫째 자리까지 표시하시오.</u>

(물음 2) 투자자는 접점포트폴리오를 구성한다. 무위험이자율은 5%이다. 시장에 위험자산은 A, B만 존재한다. A의 투자비율을 계산하시오. <u>계산결과는 % 단위로 소수점 아래 둘째 자리에서 반올림하여 첫째 자리까지 표시하시오.</u>

(물음 3) 시장포트폴리오의 기대수익률은 50%, 표준편차는 10%, 무위험이자율은 1%이다. A와 B로만 구성된 포트폴리오의 비체계적 위험을 최소화하는 B에 대한 투자비율을 구하시오. 단, CAPM과 시장모형이 성립한다. <u>계산결과는 % 단위로 소수점 아래 둘째 자리에서 반올림하여 첫째 자리까지 표시하시오.</u>

(물음 4) 시장에 위험자산 C가 추가되었다. C의 기대수익률은 0.25, 표준편차는 0.2이다. A, B, C로 접점포트폴리오가 구성된다. 시장포트폴리오는 접점포트폴리오로 가정한다. A와 B의 기대수익률과 표준편차는 [공통자료]와 동일하다. 다만, 시장변동으로 위험자산간 공분산은 모두 $0(\sigma_{AB} = \sigma_{BC} = \sigma_{CA} = 0)$이 되었다. 무위험이자율은 1%이다. 자산별로 트레이너 지수를 계산하고, 그 결과를 CAPM의 한계와 관련하여 설명하시오. 계산결과는 소수점 아래 넷째 자리에서 반올림하여 셋째 자리까지 표시하시오.

【문제 5】 (15점)

다음의 정보를 이용하여 물음에 답하시오.

〈투자자 갑〉

(1) 펀드 A(주가지수 인덱스 펀드)와 무위험자산 보유

(2) A의 기대수익률은 10%, 표준편차는 53%

(3) 효용함수는 $U = E(R_p) - 0.84 \times \sigma_p^2$

    * U는 효용, $E(R_p)$는 포트폴리오 기대수익률, σ_p^2은 포트폴리오 분산

    * A는 위험자산 X, Y, Z로 구성

〈투자자 을〉

(1) 펀드 B(위험자산만으로 구성)와 무위험자산 보유

(2) B의 기대수익률은 26%, 표준편차는 88%

〈공통사항〉

(1) 무위험이자율은 1%

(2) 무위험이자율로 무한 차입과 대출 가능

※ (물음 1) ~ (물음 4)는 독립적이다.

(물음 1) A는 X 30%, Y 30%, Z 40%로 구성되어 있다. 갑의 총 투자액은 5천만원이

고 포트폴리오의 표준편차는 15%이다. 갑이 X에 투자하는 금액을 구하시오. <u>계산결과는 천원 단위까지 표시하시오.</u>

(물음 2) 갑은 A와 무위험자산에 6 : 4로 투자한다. 을의 포트폴리오 기대수익률은 갑보다 4%p 높다. 을의 포트폴리오 수익률의 분산을 계산하시오. <u>계산결과는 % 단위로 소수점 아래 둘째 자리에서 반올림하여 첫째 자리까지 표시하시오.</u>

(물음 3) 을은 B와 무위험자산의 운용을 자산관리자(PB: Private Banker)에 위임하고 있다. 을의 PB 수수료는 운용자산의 4%이다(*운용자산의 수수료 차감후 수익률 = 운용자산의 수수료 차감전 수익률-4%*). 수수료 차감 후 을의 샤프지수는 갑과 동일하다. 갑은 A와 무위험자산에 6 : 4로 직접 투자한다. 을의 B에 대한 투자 비율을 계산하시오. <u>계산결과는 % 단위로 소수점 아래 둘째 자리에서 반올림하여 첫째 자리까지 표시하시오.</u>

(물음 4) 갑의 효용을 극대화시키는 A에 대한 투자비율을 구하시오. <u>계산결과는 % 단위로 소수점 아래 둘째 자리에서 반올림하여 첫째 자리까지 표시하시오.</u>

【문제 6】 (15점)

다음은 ㈜부여(발행자)가 2021년 12월 31일(발행시점)에 발행한 전환사채에 관한 내용이다.

> (1) '전환사채의 만기'는 발행시점으로부터 2년임
> (2) 전환사채에 포함된 '전환권'은 만기가 발행시점으로부터 1년인 유럽식 옵션임
> (3) 전환권은 전환권 만기에 전환사채 당 주식 100주와 교환할 수 있는 권리임
> (4) 전환사채의 액면가는 100만원이며 무이표채임

기타 정보는 다음과 같다.

> (1) 무위험이자율은 항상 0%임
> (2) 발행시점에서 발행자의 1년 만기 채권에 대한 신용스프레드(credit spread)는 0%임

다음 표는 발행시점으로부터 1년 후 1년 만기 신용스프레드와 주가에 관한 시나리오이다.

발행시점으로부터 1년 후 시나리오	1년 만기 신용스프레드(%)	주가(원)
호황	0	25,000
불황	25	5,000

다음 물음에 답하시오.

(물음 1) '전환권이 없는 채권' (일반채권)의 발행시점의 현재가치는 95만원이다. 이를 이용하여 발행시점의 주가를 구하시오.

(물음 2) 발행시점에서 전환사채의 가치를 구하시오.

(물음 3) 다음 표는 발행시점으로부터 1년 후 위기 상황이 고려된 1년 만기 신용스프레드와 주가에 관한 시나리오이다.

발행시점으로부터 1년 후 시나리오	1년 만기 신용스프레드(%)	주가(원)
호황	0	25,000
불황	25	5,000
위기	100	0

위기가 발생할 위험중립확률은 10%이고 일반채권의 발행시점의 현재가치는 89만원이다. 행사가격이 1만원이고 발행자의 주식을 기초자산으로 하는 콜옵션의 발행시점의 가치를 구하시오.

(물음 4) (물음 3)의 상황 하에서 발행자의 주식을 기초자산으로 하는 풋옵션의 발행시점의 가치가 1,530원일 때 행사가격을 구하시오.

【문제 7】 (15점)

포트폴리오 A의 수익률(r_A)과 B의 수익률(r_B)에 대한 수익생성과정을 나타내는 요인모형은 다음과 같다(i = A, B).

$$r_i = E(r_i) + b_{i1}f_1 + b_{i2}f_2$$

포트폴리오	$E(r_i)$	b_{i1}	b_{i2}
A	3%	2	1
B	4%	2	3

공통요인 f_1과 f_2에 관한 통계 정보는 다음과 같다.

f_1과 f_2간 상관계수	0.8
f_1의 표준편차	0.05
f_2의 표준편차	0.08

체계적 위험이 없는 포트폴리오의 수익률은 0이고, 비체계적 위험은 항상 0이다. 차익거래가격결정모형(APT)이 성립한다. 다음 물음에 답하시오. <u>계산결과는 % 단위로 소수점 아래 셋째 자리에서 반올림하여 둘째 자리까지 표시하시오.</u>

(물음 1) A와 B를 이용하여 최소분산포트폴리오(MVP)의 A, B 비중을 구하시오. 단, 공매도는 허용하지 않는다.

(물음 2) 두 요인(f_1, f_2)의 위험프리미엄(factor risk premium)을 각각 구하시오.

(물음 3) 1년 후 현금흐름이 100원이고 공통요인에 대한 민감도는 50% 확률로 $b_{i1} = b_{i2} = (-)10$이고 50% 확률로 $b_{i1} = b_{i2} = 0$인 프로젝트의 현재가치를 구하시오.

(물음 4) 포트폴리오 C의 수익률 r_C는 이항모형을 따르고 1년 후 25%의 위험중립확률로 x, 75%의 위험중립확률로 (-)y이다. $r_C = E(r_C) + f_1$이 성립할 때 기초자산이 r_C이고 행사가격이 0인 풋옵션과 콜옵션의 가치를 각각 구하시오.

1일차

회계감사

2022년 제57회

제3교시

※ 답안 작성 시 유의사항

1. 모든 문제는 2021년 12월 31일 이후 최초로 개시하는 회계
   연도에 적용되는 회계감사기준에 따라 답하시오.
2. '주식회사 등의 외부감사에 관한 법률'은 '외부감사법'으로,
   '공인회계사 윤리기준'은 '윤리기준'으로 표현한다.
3. 답안양식을 제시한 경우에는 답안양식에 맞게 답하시오.
4. 답의 분량(개수, 줄 등)을 제한한 경우에는 해당 분량을 초과
   한 부분은 채점에서 고려하지 않는다.

【문제 1】(17점)

다음은 공인회계사가 준수해야 할 윤리기준과 감사인의 법적책임에 대한 물음이다.

(물음 1) 한국공인회계사회는 공인회계사 시험에 합격하여 공인회계사법 제7조의 규정
에 의하여 등록한 공인회계사가 전문직업인으로서 준수하여야 할 윤리기준을 제정하고
있다. 윤리기준에 명시되어 있는 윤리기준의 목적을 서술하시오.

(물음 2) 다음은 윤리기준에 대한 설명이다. 각 항목의 설명이 적절한지 여부를 기재하
고, 적절하지 않은 경우 그 이유를 서술하시오.

항목	설명
①	공인회계사는 의뢰인과의 관계가 종료된 이후에도 비밀유지 강령을 준수할 필요가 있다. 따라서 공인회계사가 새로운 의뢰인으로부터 업무를 수임한 경우, 이전의 업무경험을 이용하거나 공개해서는 안 된다.

항목	설명
②	개업공인회계사는 어떠한 종류의 알선수수료도 지급하거나 수령해서는 안 된다. 다만, 개업공인회계사가 다른 회계법인 업무의 일부를 인수하고 지급하는 인수대가는 알선수수료로 보지 않는다.
③	개업공인회계사는 의뢰인으로부터 어떠한 종류의 선물이나 접대도 받아서는 안 된다.
④	개업공인회계사는 전문서비스의 제안과 관련하여 보수를 협상함에 있어서 본인이 적절하다고 생각하는 보수를 얼마든지 제시할 수 있다. 따라서 어느 한 개업공인회계사가 다른 개업공인회계사보다 낮은 보수를 제시하는 것, 그 자체로는 비윤리적인 것이 아니다.

[답안양식]

항목	적절한가? (예, 아니오)	적절하지 않은 경우, 그 이유
①		
⋮		
④		

(물음 3) 다음의 각 독립적인 상황별로 A회계법인의 외부감사업무 수임가능 여부를 판단하고, 그 이유를 서술하시오.

> **[상황 1]** A회계법인에서 ㈜대한의 외부감사업무를 담당해왔던 나잘나 회계사는 감사대상 기간 개시일 7개월 전 A회계법인을 퇴사한 후 ㈜대한의 재무담당이사로 이직하였다. A회계법인은 ㈜대한으로부터 외부감사인 재선임을 요청받은 상황이다.
>
> **[상황 2]** ㈜민국은 A회계법인에 ㈜민국의 자기주식을 대가로 제공하는 조건으로 외부감사를 의뢰하였다.
>
> **[상황 3]** A회계법인의 업무수행이사인 나똑똑 회계사는 여유자금을 운용할 목적으로 ㈜만세의 주식에 70% 투자하고 있는 펀드에 가입하였다. 해당 펀드 투자 금액이 나똑똑 회계사의 전체 재산에서 차지하는 비중은 미미하다. ㈜만세는 A회계법인에 외부감사를 의뢰한 상황이다.

[답안양식]

구분	수임 가능 여부 (예, 아니오)	이 유
[상황 1]		
[상황 2]		
[상황 3]		

(물음 4) 감사인은 감사업무를 수행할 때 독립성을 충족하여야 한다. 감사인이 독립성 훼손사실을 알게 된 경우 적절한 감사인의 대응조치를 그 시기에 따라 (1) 계약체결기한 이전, (2) 계약체결기한 이후로 구분하여 각각 1줄 이내로 서술하시오(단, 독립성 위반사유를 단기간 내에 해소할 수 없다고 가정함).

(물음 5) 감사인의 책임은 다양한 법률에 규정되어 있다. 외부감사법은 감사인의 손해배상책임을 제3자에 대한 손해배상책임과 감사대상회사에 대한 손해배상책임으로 구분하고 있다. 이 중 감사인의 제3자에 대한 손해배상책임의 (1) 책임사유, (2) 면책사유, (3) 소멸시효를 각각 서술하시오(단, 소멸시효의 경우 감사인 선임시 계약으로 기간을 연장하지 않는 경우를 가정함).

(물음 6) 공인회계사법상 특수법인인 회계법인은 상법상 유한회사의 준용규정에 따라 유한책임을 지게 된다. 감사인의 손해배상책임 보장제도로는 손해배상공동기금과 손해배상준비금이 있다. 손해배상공동기금과 손해배상준비금의 차이점을 두 가지만 서술하시오.

【문제 2】 (17점)

다음은 중요성, 감사위험, 감사증거입수방법, 감사증거 등 회계감사 수행에 관련된 전반적 개념에 관한 물음이다.

(물음 1) 정보기술의 발달로 외부감사시 전산감사기법을 활용한 전수조사가 확대되는

추세다. 그러나 전수조사를 실시하더라도 적발위험은 완전히 제거되지 않는다. 이처럼 전수조사에도 불구하고 적발위험이 발생할 수 있는 이유(혹은 경우)를 비표본위험과 연계하여 두 가지만 서술하시오(단, 아래 〈예시〉는 제외할 것).

┌───┐
│ 〈예시〉   │
│ 감사인의 부주의 또는 전문지식 부족   │
└───┘

(물음 2) 감사인은 감사목적을 달성하기 위해 다양한 감사증거입수방법을 활용한다. 감사인이 실재성, 발생사실, 완전성에 대한 합리적 확신을 얻고자 할 때 적합한 감사증거입수방법을 아래에서 모두 선택하시오.

┌───┐
│ ① 실물검사   │
│ ② 문서검사(전진법)   │
│ ③ 문서검사(역진법)   │
└───┘

[답안양식]

감사목적	감사증거입수방법(번호 기재)
실재성	
발생사실	
완전성	

(물음 3) 다음은 중요성과 감사위험에 대한 설명이다. 각 항목별로 설명이 적절한지 여부를 기재하고, 적절하지 않은 경우 그 이유를 서술하시오.

항목	설명
①	중요성은 감사인의 전문가적 판단사항이므로 재무제표 이용자들의 재무정보 수요에 대한 고려 없이 독립적으로 결정된다.
②	개별적으로는 중요하지 않더라도 다른 왜곡표시와 합쳐져 집합적으로 중요해질 가능성이 있다면 명백하게 사소한 금액에 해당하지 않는다.

항목	설명
③	감사인은 평가된 중요왜곡표시위험과 무관하게 중요한 각 거래유형과 계정잔액 및 공시에 대해서는 일정 수준 이상의 실증절차를 설계하고 수행해야 한다.
④	감사위험은 재무제표가 중요하게 왜곡표시 되어 있지 않을 때 감사인이 재무제표가 중요하게 왜곡표시되어 있다는 의견을 표명할 위험을 포함한다.
⑤	수행중요성이란 미수정왜곡표시가 재무제표 전체의 중요성을 초과할 확률을 적절하게 낮은 수준으로 감소시키기 위해 감사인이 재무제표 전체의 중요성보다 작게 설정하는 금액을 의미한다.

[답안양식]

항목	적절한가? (예, 아니오)	적절하지 않은 경우, 그 이유
①		
⋮		
⑤		

(물음 4) 외부조회시 감사증거의 신뢰성 확보를 위해 감사인이 직접 수행해야 하는 절차를 두 가지만 서술하시오(단, 아래 〈예시〉는 제외할 것).

> 〈예시〉
> - 조회서에 수신인이 적절히 표시되었으며 감사인에게 직접 발송되도록 회신에 관한 정보가 포함되었는지에 대한 결정 등 조회서의 설계
> - 조회처에 대한 조회요청서의 발송과 회수

(물음 5) 감사증거의 질적 요건인 적합성은 개념적으로 관련성과 신뢰성 두 요소로 구성된다. 이 중 (1) 감사증거의 신뢰성에 영향을 주는 요소를 두 가지 제시하고, (2) 각 요소별로 신뢰성이 높다고 볼 수 있는 예시를 한 가지씩 서술하시오(단, 아래 〈예시〉는 제외할 것).

요소	예시
감사증거의 원천	기업 내부가 아닌 외부의 독립된 원천에서 감사증거를 입수한 경우

〈예시〉

(물음 6) 다음은 감사증거와 감사증거입수방법에 대한 설명이다. 각 항목별로 설명이 적절한지 여부를 기재하고, 적절하지 않은 경우 그 이유를 서술하시오.

항목	설명
①	분석적 절차는 알려진 조건에 대한 반증이 없는 한 데이터 간 상관관계가 존재하며 그러한 상관관계가 지속될 것이라는 전제 하에 수행하는 감사증거입수방법이다.
②	관찰은 어떤 과정이나 절차의 수행이 감사인에 의해 관찰될 수 있다는 사실로 인해 영향을 받지 않는 경우에 사용가능하며, 수집할 수 있는 증거의 범위는 관찰이 행해진 시점으로 제한된다.
③	질문은 공식적인 서면질의에서 비공식적인 구두질문까지 망라되며, 질문에 대한 답변을 평가하는 것은 질문 절차에서 필수적인 부분이다.
④	감사인은 어떤 예외적인 상황에서 특정 감사기준의 요구사항을 이탈할 필요가 있다고 판단한 경우 이탈의 이유와 함께 해당 요구사항이 의도하는 목적을 달성하기 위해 수행한 대체적 감사절차가 그 목적을 어떻게 달성하였는지를 문서화해야 한다.
⑤	경영진의 주장을 확인하기 위해 이용가능한 정보가 기업 외부에서만 입수할 수 있거나 특정 부정위험요소로 인해 감사인이 기업에서 입수한 증거를 신뢰할 수 없는 경우에는 적극적 조회를 실시하고, 미회신시에는 대체적 감사절차를 수행해야 한다.

[답안양식]

항목	적절한가? (예, 아니오)	적절하지 않은 경우, 그 이유
①		
⋮		
⑤		

【문제 3】 (12점)

다음은 주권상장법인인 ㈜한국의 20×1년 12월 31일로 종료되는 보고기간의 재무제표 감사에 관련된 상황이다.

[상황 1 : 감사계획단계]

> (업무수행이사) ㈜한국은 최근 3년간 재무상황이 급격히 악화되었고, 투자주의 환기종목으로 지정된 바 있습니다. 이에 증권선물위원회에 의한 감사인 지정으로 인해 20×1년부터 우리 법인이 회계감사를 수행하게 되었습니다.
>
> (업무팀원) ㈜한국은 재작년부터 매출액의 95%가 모회사와의 거래에서 발생되었는데, 이 매출액이 유상사급으로 인해 과대계상되었을 수 있다는 언론보도가 있습니다. 위험 관리 차원에서 감사계약 해지를 고려하는 것이 바람직하지 않을까요?

(물음 1) 감사계획 수립과 관련하여 감사인은 전반감사전략 뿐만 아니라 감사계획을 개발하여야 한다. 감사계획에 포함되어야 할 사항 두 가지를 각각 1줄 이내로 서술하시오(단, 아래 〈예시〉는 제외할 것).

> 〈예시〉
> 해당 감사를 감사기준에 따라 수행하기 위해 요구되는 기타의 계획된 감사절차

(물음 2) 주권상장법인의 경우 특정한 재무상황이 3개 사업연도 연속된다면, 이는 외부감사법상 증권선물위원회에 의한 감사인 지정사유가 된다. 해당되는 재무상황 두 가지를 각각 1줄 이내로 서술하시오(단, 아래 〈예시〉는 제외할 것).

> 〈예시〉
> 3개 사업연도 연속 영업현금흐름이 0보다 작은 회사

(물음 3) 감사계약의 해지는 감사인 뿐만 아니라 감사대상회사도 할 수 있다. 외부감사법상 주권상장법인이 3개 사업연도 중에 감사인을 해임할 수 있는 경우 세 가지를 각각 1줄 이내로 서술하시오(단, 아래 〈예시〉는 제외할 것).

> 〈예시〉
> - 외국투자가가 출자한 회사로서 그 출자조건에서 감사인을 한정하고 있는 경우
> - 지배회사 또는 종속회사가 그 지배·종속의 관계에 있는 회사와 같은 지정감사인을 선임하여야 하는 경우

[상황 2 : 감사완료단계]

> (업무팀원) 유상사급에 대한 검토 결과 과거부터 매출액이 과대계상되었다는 결론을 얻었습니다. 이에 대해 ㈜한국은 당기에 감사인이 갑자기 바뀌면서 전임 감사인은 제기하지 않았던 복잡한 문제를 제기한다는 입장입니다.
>
> (업무품질관리검토자) 총액·순액 매출인식은 언제나 중요합니다. 특히 유상사급 문제는 올해 품질관리검토시 중점 검토사항입니다.
>
> (업무수행이사) 우선 전임 감사인과 의견을 나눠보고, 이 상황이 20×1년 ㈜한국의 감사보고서에 미치는 영향부터 검토해보겠습니다.

(물음 4) 업무수행이사의 '20×1년 ㈜한국의 감사보고서에 미치는 영향 검토' 지시에 따라 업무팀원은 필요한 감사절차를 수행한 후 다음과 같은 기타사항문단 초안을 작성하였다.

> 우리는 20×1년 재무제표에 대한 감사의 일부로서, 재무제표에 대한 주석 X에서 설명하는 바와 같이 20×0년 재무제표를 수정하기 위해 적용된 조정사항들에 대하여도 감사를 수행하였습니다.
>
> 우리의 의견으로는, 해당 조정사항들은 적절하며 바르게 적용되었습니다. 우리는 위의 조정사항을 제외하고는 회사의 20×0년 재무제표에 대하여 감사나 검토, 기타 어떠한 계약도 체결하지 않았습니다.
>
> 따라서 우리는 20×0년 재무제표 전체에 대하여 감사의견 또는 기타 어떠한 형태의 확신도 표명하지 아니합니다.

이러한 상황은 전임 감사인이 전기재무제표에 대한 감사보고서를 ('A') 상황이며, 당기 감사인은 감사계약을 체결하고 수정의 적절성에 대하여 만족할 만큼 충분하고 적합한 감사증거를 ('B') 경우이다.

〈요구사항〉
'A'와 'B'에 들어갈 적절한 표현을 각각 1줄 이내로 서술하시오.

(물음 5) 업무품질관리검토자는 재무제표 감사의 품질관리를 위해 검토 종결시 검토한 감사업무에 대해 문서화하여야 한다. 업무품질관리검토자가 문서화해야 할 사항 세 가지를 각각 1줄 이내로 서술하시오.

【문제 4】 (12점)

A회계법인의 나잘해 회계사는 매출채권의 실재성에 대한 감사절차를 수행하고 있다. 다음의 [상황 1]은 (물음 1)과 관련된다.

[상황 1]

- 나잘해 회계사는 매출채권의 실재성 관련 중요왜곡표시위험을 식별 및 평가하였으며, 이에 대응하는 감사절차로 회사의 매출채권에 대한 외부조회를 실시하기로 함

- 외부조회 대상 선정을 위해 나잘해 회계사는 회사가 작성한 결산일 현재의 거래처별 매출채권 잔액명세서와 총계정원장을 수령함

- 거래처별 매출채권 잔액명세서에는 결산일 현재 거래처명, 대손충당금 설정 전 매출채권의 거래처별 금액과 합계금액이 기재되어 있음

- 나잘해 회계사는 총 50개의 거래처를 외부조회 대상으로 선정하고, 조회서 발송을 위하여 회사담당자로부터 50개 거래처에 대한 외부조회목록표를 입수함

- 외부조회목록표에는 거래처별 주소, 담당자 이름과 연락처가 기재되어 있음

(물음 1) 감사현장책임자는 나잘해 회계사에게 외부조회를 실시하기 전에 회사가 제시한 정보의 신뢰성을 확인할 것을 지시하였다. 나잘해 회계사가 (1) 거래처별 매출채권 잔액명세서의 신뢰성 확인을 위해 수행하여야 할 절차 두 가지, (2) 외부조회목록표의 신뢰성 확인을 위해 수행하여야 할 절차 한 가지를 각각 1줄 이내로 서술하시오.

다음의 [상황 2]는 [상황 1]에 연속되는 상황으로, (물음 2)와 (물음 3)과 관련된다.

[상황 2]

- 나잘해 회계사는 A회계법인의 통계적 표본추출 프로그램을 이용하여 표본을 추출하였으며, 직접 조회서를 발송함

- 매출채권 잔액명세서의 합계금액은 4,000,000원이며, 감사인의 수행중요성 금액은 60,000원임

- 나잘해 회계사는 수행중요성 금액을 허용왜곡표시금액으로 결정함

- 발송한 조회서 중 45개는 감사인이 직접 원본을 회수하고, 3개는 회사를 통해 원본을 회수하였으며, 나머지 2개는 미회수됨

[조회서 회수 및 차이내역]

(단위: 원)

항목	회수결과	개수	명세서상금액	확인금액	차이
①	감사인 회수	43	500,000	500,000	-
②	감사인 회수	1	25,000	20,000	5,000
③	감사인 회수	1	20,000	19,000	1,000
④	회사 회수	3	45,000	45,000	-
⑤	미회수	1	6,000	6,000	-
⑥	미회수	1	4,000	4,000	-
합계		50	600,000	594,000	6,000

(물음 2) [상황 2]에 제시된 [조회서 회수 및 차이내역] 중 다음 항목에 대하여, 나잘해 회계사가 수행한 절차가 적절한지 여부를 기재하고, 적절하지 않은 경우 그 이유를 서술하시오.

항목	감사인의 수행절차
②	회사의 오류로 인한 차이임을 확인하였다. 나잘해 회계사는 해당 오류 금액이 명백히 사소한 금액을 초과한다는 것을 확인하고, 표본감사 평가시 해당 차이를 고려하기로 하였다.
③	회사의 오류로 인한 차이임을 확인하였다. 나잘해 회계사는 해당 오류 금액이 명백히 사소하다는 것을 확인하고, 표본감사 평가시 해당 차이를 고려하지 않기로 하였다.
④	해당 거래처들은 전기 감사시 조회서가 회수되지 않아서, 회사 및 감사인 모두 대체적절차를 수행하느라 상당한 시간을 투입했었다. 나잘해 회계사는 당기 효율적인 감사 수행을 위해서, 회사의 영업담당자들로 하여금 직접 거래처를 방문하여 조회서를 회수해 줄 것을 회사에 요청했었다.
⑤	미회수 채권 6,000원에 대해, 대체적절차로 거래상대방의 인수증으로 발생사실을 확인하고 결산일 이후 감사보고서일 전에 현금 6,000원이 입금된 사실을 확인하였다.
⑥	미회수 채권 4,000원에 대해, 대체적절차로 회사가 동 채권에 대하여 100% 대손충당금을 설정하고 있음을 관련 증빙을 통해 확인하였다.

[답안양식]

항목	적절한가? (예, 아니오)	적절하지 않은 경우, 그 이유
②		
⋮		
⑥		

(물음 3) 나잘해 회계사는 표본감사 결과를 평가하려고 한다. 조회서상 차이금액(항목 ②, ③)은 변이가 아니었다. 다음 요구사항별로 답하시오.

〈요구사항 1〉

모집단에 투영된 왜곡표시금액(추정왜곡표시금액)을 구하시오.

〈요구사항 2〉

위 〈요구사항 1〉에서 계산된 '모집단에 투영된 왜곡표시금액'을 **18,000원으로 가정**하여, 표본위험의 허용치가 각각 35,000원, 45,000원, 55,000원인 상황별로 표본감사 결과를 통해 (1) 충분하고 적합한 감사증거를 획득하였는지 여부를 평가하고, (2) 평가 근거를 '추정왜곡표시상한액'과 '허용왜곡표시금액'을 비교하여 서술하시오. 한편, 감사인은 발견된 왜곡표시금액을 수정권고하였으며, 경영진은 이를 수용하였다.

[답안양식]

표본위험 허용치	(1) 감사증거 획득 여부 (예, 아니오)	(2) 평가 근거
35,000원		
45,000원		
55,000원		

(물음 4) 나잘해 회계사는 '표본감사 결과가 모집단에 관한 결론에 합리적인 근거를 제공하지 못한다'는 결론을 얻었다. 감사현장책임자는 나잘해 회계사에게 후속 절차의 수행을 지시하였다. 나잘해 회계사가 취할 수 있는 절차 두 가지를 서술하시오.

【문제 5】(6점)

다음은 회사의 계속기업가정에 대하여 감사인이 감사절차를 수행한 결과이다.

[상황 1] ㈜대한은 최근 5개년 연속 영업손실이 발생하는 등 계속기업의 존속능력에 유의적 의문을 초래할만한 사건 및 상황이 식별되었다. 회사의 향후 1년간의 사업계획 및 자금계획을 수령하여 세부 증거를 확인한 결과, 감사인은 회사의 계속기업가정은 적합하며 중요한 불확실성은 존재하지 않는다는 결론을 얻었다. 한편, 회사는 해당 내용을 주석에 적절하게 공시하고 있다.

[상황 2] ㈜민국은 여행업을 주된 영업으로 수행하고 있다. 회사는 지난 2년간 코로나-19로 인하여 영업활동을 정상적으로 수행하지 못하였고, 지속적인 영업손실이 누적되어 당기말 현재 완전자본잠식상태가 되었다. 회사의 경영진은 최근의 위드코로나 상황을 반영하여 작성한 회사의 사업계획 및 지배회사의 자금지원확약서를 감사인에게 제시하였다. 감사인은 계속기업가정은 적합하나 계속기업가정이 지배회사의 자금지원 능력 및 실행여부에 영향을 받게 되는 중요한 불확실성이 존재한다고 판단하였다. 한편, 회사는 해당 내용을 주석에 적절하게 공시하고 있다.

[상황 3] [상황 2]와 동일한 상황이나, ㈜민국은 해당 내용을 주석에 적절하게 공시하지 않았다.

[상황 4] ㈜만세는 항공소재의 생산 및 판매업을 주된 영업으로 수행하고 있다. 회사의 설립 후 현재까지 제품의 상용화가 이루어지지 않아서 매출이 발생하지 않고 있으며, 지배회사의 자금지원이 유일한 자금조달의 원천이다. 회사는 지배회사의 자금지원이 있을 것이라고 설명하였다.
그러나 감사보고서 발행 전까지 지배회사에게 충분한 자금조달 능력이 있다는 것을 입증할 수 있는 증거 및 지배회사의 자금지원확약서를 감사인에게 제시하지 못하였다. 회사는 해당 내용을 주석에 적절하게 공시하고 있다.

[상황 5] ㈜우리는 건물 임대업만을 영업으로 수행하는 회사이며, 차년도 중 회사 소유의 모든 건물을 매각하고 사업을 청산할 계획이다. 당기말 현재 1년 이내 회사의 청산이 확실시 되나, 회사는 계속기업을 전제로 재무제표를 작성하였다.

[상황 6] [상황 5]와 동일한 상황이나, ㈜우리는 청산기준에 근거하여 재무제표를 작성하였으며 그 내용을 적절히 주석으로 공시하였다. 한편, 감사인은 회사가 청산기준에 따라 작성한 재무제표를 수용가능하다고 결정하였다.

(물음) 각 상황별로 감사의견 및 감사보고서 작성시 포함되어야 할 문단 또는 단락을 아래에서 고르시오. 단, 핵심감사사항은 고려하지 않으며, 강조사항문단으로 포함시킬 필요가 있다고 고려할 수 있는 상황에서는 해당 문단을 포함한다.

감사의견	문단 또는 단락
① 적정의견	㈎ 없음
② 부적정의견	㈏ 계속기업 관련 중요한 불확실성
③ 한정의견 또는 부적정의견	㈐ 강조사항
④ 한정의견 또는 의견거절	

[답안양식]

구분	감사의견 (①~④)	문단 또는 단락 (㈎~㈐)
[상황 1]		
⋮		
[상황 6]		

【문제 6】 (12점)

주권상장법인인 ㈜한국은 해외 종속기업(A, B, C)을 보유하고 있으며, 감사위원회를 구성하고 있다. 유일회계법인은 ㈜한국의 연결재무제표에 대한 감사를 수행하고 있다.

〈부문 정보〉

(단위: 억원)

구분	㈜한국	해외 종속기업			조정 합계
		A	B	C	
매출액	6,000	1,000	400	200	7,440
세전이익	400	60	15	12	480
당기순손익	300	30	(-)5	2	332
자산 총계	8,000	150	120	80	8,200
부채 총계	4,000	100	140	60	4,100

- 조정합계 금액은 연결재무제표 장부금액이며, 그 외의 정보는 ㈜한국과 종속기업의 별도재무제표 금액임
- 부문 A, B, C의 매출액은 모두 ㈜한국이 제조한 제품을 외부고객에게 판매하여 발생한 것임
- 부문 A와 부문 B는 해외 현지 회계법인을 감사인으로 선임하였고, 부문 C는 회사 규모를 고려하여 감사인을 선임하지 않음
- 당기 중 부문 B에서 영업담당 직원에 의한 자금횡령 사실을 발견함

〈그룹업무팀의 그룹감사 업무〉
- 유일회계법인은 그룹재무제표 전체의 중요성을 세전이익의 5%(24억원)로, 그룹에 대한 개별적인 재무적 유의성을 판단하는 기준을 총 외부 매출액의 10%로 결정함
- 그룹감사의 수임단계에서 부문에 대한 감사절차에 범위제한은 없다고 판단함. 특히, 부문 B의 부정 관련 이슈도 포렌식 전문가를 활용하여 충분한 감사 대응이 가능하다고 판단함

(물음 1) 각 부문별로 유의적 부문인지 여부, 유의적 부문 여부를 결정한 이유, 부문정보에 대해 그룹업무팀 또는 그룹업무팀을 대신하는 부문감사인이 수행가능한 모든 업무 유형을 아래와 같은 양식으로 표현할 때, 각 란에 포함되어야 할 내용을 기재 또는 서술하시오(단, 그룹업무팀의 그룹감사와 관련한 전문가적 판단이 유효하다고 가정함).

[유의적 부문 결정 및 수행가능한 업무유형]

부문명	유의적 부문 여부 (예, 아니오)	유의적 부문 여부 결정이유	수행가능한 모든 업무유형
㈜한국	①	②	③
A	④	⑤	⑥
B	⑦	⑧	⑨
C	⑩	⑪	⑫

[답안양식]

①	
⋮	
⑫	

(물음 2) 그룹업무팀이 부문감사인의 적격성을 파악하기 위해 확인해야 하는 항목 두 가지를 각각1줄 이내로 서술하시오(단, 아래 〈예시〉는 제외할 것).

> 〈예시〉
> 부문감사인이 해당 부문재무정보에 대한 업무를 수행하는 데 필요한 전문기술을 보유하고 있는지 여부

(물음 3) 그룹업무팀은 부문 B의 자금횡령에 ㈜한국의 상법상 이사인 재무담당 임원 나허세가 연루되어 있다는 사실을 발견하였다. 그룹업무팀이 나허세의 부정행위와 관련하여 의사소통해야 할 회사 내 상대, 각 상대별 의사소통 유형 및 관련 근거를 모두 기재하시오.

[답안양식]

구분	의사소통 상대	의사소통 유형 (통보, 보고, 커뮤니케이션)	관련 근거 (회계감사기준, 외부감사법)
①			
②			
③			

【문제 7】 (6점)

A회계법인은 주권상장법인인 ㈜민국의 연결재무제표에 대한 감사를 수행하고 있으며, ㈜민국의 해외투자와 관련하여 다음과 같은 사항을 인지하였다.

- ㈜민국은 20×1년 4분기 중 해외법인에 200억원을 신규 투자하여 40%의 지분을 확보함
- 피투자 해외법인은 조세회피처에 본사를 둔 실체가 없는 회사(paper company)임
- 피투자 해외법인의 나머지 60% 지분은 3인의 다른 주주가 소유함
- 피투자 해외법인의 자산은 대부분 해외 소재 투자부동산으로 구성되어 있음

A회계법인은 재무제표 전체에 대한 중요성 기준을 30억원으로, 중요할 뿐만 아니라 전반적이라고 판단되는 금액 기준을 중요성 기준금액의 4배로 결정하였다.

(물음 1) 다음은 A회계법인이 주요 감사항목이라 판단한 사항이며, 그 이외에 고려할 감사항목은 없는 것으로 가정한다.

- 20×1년 3분기까지 해외 매출의 기간귀속, 특수관계자 거래 공시, 그룹감사 관련 사항을 감사위원회와 커뮤니케이션함
- 해외 매출의 기간귀속 및 특수관계자 거래 공시를 유의적 감사인주의가 요구되는 사항으로 판단함
- 20×1년 4분기 중의 해외 신규 투자거래 발생사실이 연간감사에 가장 유의적인 사항일 가능성이 높다고 판단하고 있으며, 감사위원회와 추가적인 커뮤니케이션을 수행하여 핵심감사사항을 결정할 계획임

㈜민국은 상장법인이므로 핵심감사사항을 선정하여야 한다. 감사인이 핵심감사사항 선정과정에서 고려해야하는 사항 세 가지를 서술하고, 이러한 고려사항들을 ㈜민국의 상황에 적용하는 경우 각 고려사항별로 관련 감사항목을 모두 기재하시오.

[답안양식]

구분	고려사항	감사항목
①		
②		
③		

(물음 2) A회계법인이 해외 신규 투자와 관련하여 계약서 등 감사종료시점까지 입수가능한 모든 감사증거를 확인한 결과 발견된 사항은 다음과 같다.

- 기타 주주 3인에 대한 정보, 기타 주주 3인과 ㈜민국과의 관계, 기타 주주 3인 간의 관계 등을 확인할 수 없음
- 피투자 법인의 해외 소재 투자부동산에 대해 감사보고서일 현재까지 실재성을 확인하기 어려움
- 감사팀은 해당 사항을 감사에서 가장 유의적인 사항으로 판단함

위와 같은 상황에서 A회계법인은 (1) 감사의견 및 핵심감사사항 항목을 감사보고서에 어떻게 반영해야 하는지 1줄 이내로 서술하고, (2) 그와 같이 반영해야 하는 근거를 2줄 이내로 서술하시오.

【문제 8】 (6점)

㈜한국은 전기자동차 배터리를 제조·판매하며, B회계법인은 ㈜한국의 20×1년 재무제표에 대한 초도감사를 수행하였다.

- 20×0년 중 ㈜한국이 판매한 배터리를 장착한 전기자동차에서 화재가 발생하여 ㈜한국에 소송이 제기되었으며, ㈜한국의 경영진은 외부 기술 전문가의 평가보고서를 활용하여 20×0년 말 추정 배상금액에 대한 충당부채를 인식함

- B회계법인은 소송 관련 충당부채의 추정을 유의적 위험으로 평가함

(물음 1) B회계법인이 소송 및 배상청구를 완전하게 식별하기 위하여 수행하여야 하는 일반적인 감사절차를 두 가지만 서술하시오(단, 아래 〈예시〉는 제외할 것).

> 〈예시〉
> 경영진, 그리고 해당되는 경우 내부 법률고문 등 기업 내부의 다른 인원에게 질문함

(물음 2) B회계법인이 수행한 감사절차는 다음과 같다.

항목	감사절차
①	경영진이 20×0년에 활용한 외부 평가보고서는 20×1년과 다른 전문가가 발행하였으므로 비교가능성이 충분하지 않다는 결론을 문서화함
②	예상되는 배상금액의 추정이 경영진에게 보고된 사업계획과 일관성이 있는지 여부를 이사회의사록을 입수하여 확인하고 문서화함
③	경영진의 다른 회계추정치에 예상 배상금액이 일관성 있게 적용되었는지 확인하고 대체적인 가정에 대한 평가는 필요하지 않다고 문서화함
④	감사보고서일 직전까지 후속사건 식별을 위한 절차들을 수행하고 그 결과를 문서화하였으나, 20×2년 2월 재무제표는 ㈜한국의 월차결산 지연으로 열람하지 못함

위의 각 항목별로 B회계법인이 수행한 절차가 적절한지 여부를 기재하고, 적절하지 않은 경우 그 이유를 서술하시오.

[답안양식]

항목	적절한가? (예, 아니오)	적절하지 않은 경우, 그 이유
①		
⋮		
④		

【문제 9】 (12점)

주권상장법인의 감사인은 외부감사법에 따라 외부감사법 제8조(내부회계관리제도의 운영 등)에서 정한 사항을 준수했는지 여부 및 내부회계관리제도의 운영실태에 관한 보고내용을 감사하여야 한다.

(물음 1) 다음은 각 감사대상회사에 관한 설명이다. 2022년 12월 31일로 종료되는 보고기간에 대하여 각 회사가 외부감사법에 따른 내부회계관리제도 감사 대상인지 여부를 기재하고, 감사대상이 아닌 경우 그 이유를 서술하시오.

항목	설명
①	㈜대한은 유가증권시장 상장법인으로, 2021년 말 현재 자산총액은 1조 5천억원이다.
②	㈜민국은 위 ㈜대한의 종속기업이며 비상장 주식회사이다. ㈜민국의 2021년 말 현재 자산총액은 7천억원이다.
③	㈜만세는 코스닥 상장법인으로, 2021년 말 현재 자산총액은 8백억원이다.
④	㈜한국은 2023년 중 신규상장을 예정하여 2022년 감사인을 지정받았으며, 2021년 말 현재 자산총액은 6천억원이다.

[답안양식]

항목	감사대상인가? (예, 아니오)	감사대상이 아닌 경우, 그 이유
①		
⋮		
④		

다음은 (물음 2)~(물음 4)에 공통으로 적용되는 사항이다.

> C회계법인은 전기자동차 임대업을 영위하는 주권상장법인(대기업) ㈜국민의 2022 회계연도 재무제표 및 내부회계관리제도에 대한 통합감사를 수행하고 있다.

(물음 2) C회계법인의 전산감사 전문가인 나정보 회계사는 전반적인 감사계획을 수립하는 과정에서 ㈜국민의 통제환경 및 정보기술(IT) 일반통제 등에 대해 다음과 같이 이해하였다.

- ㈜국민은 재무보고 목적으로 ERP를 도입하여 사용하고 있음

- ㈜국민에는 전사 IT팀이 조직되어 있으며, 구매팀 내에도 업무의 효율성 향상을 위해 IT담당자가 배치되어 있음

- ERP에 대한 쓰기와 읽기 권한은 구매팀 구성원 모두에게 부여되어 있음

- 구매팀 내 해외구매 담당자는 미국에서 출시된 전기자동차를 구매하고자, 차량구매단가를 외화로 등록하기 위한 ERP상 추가 기능 변경을 구매팀 내 IT담당자에게 요청하였음

- 구매팀 내 IT담당자는 이와 같은 ERP 변경 요청을 실행하고, 운영환경으로 이전후 외화 구매단가 등록을 진행하면서 변경사항이 적용되었는지 확인하였음

위의 사항에서 정보기술 일반통제와 관련하여 식별 가능한 통제미비점을 세 가지만 각각 2줄 이내로 서술하시오.

(물음 3) 다음은 ㈜국민의 자금 프로세스에 대한 통제기술서의 일부이다.

항목	통제활동
①	자금팀 담당자는 분기별로 자금수지표를 작성하고, 금융기관으로부터 수령한 잔액 명세서를 첨부하여 팀장의 승인을 받는다.
②	자금 이체의 승인 권한은 자금팀 팀장에게만 부여되어 있다.
③	자금팀 담당자는 일일 자금 이체 내역을 서면으로 작성하여 자금팀 팀장의 승인을 받으며, 팀장은 이를 ERP에 등록하고 이체를 실행한다.
④	자금팀 팀장이 자금 이체 실행시 ERP상 관련 계정이 자동으로 회계처리 된다.
⑤	통장 및 거래인감 실물은 잠금장치가 있는 금고에 보관하며, 비밀번호는 자금팀 팀장이 수시로 변경한다.

위 통제기술서의 각 항목별로 식별 가능한 통제미비점이 있는지 여부를 기재하고, 통제미비점이 있는 경우 경영진에게 권고할 개선안을 2줄 이내로 서술하시오.

[답안양식]

항목	통제미비점인가? (예, 아니오)	통제미비점이 있는 경우, 개선안
①		
⋮		
⑤		

(물음 4) C회계법인은 ㈜국민의 내부회계관리제도에 대한 감사를 수행하고 그 결과를 ㈜국민의 감사위원회와 논의하였다. 다음의 설명이 내부통제의 미비점 및 그에 대한 지배기구 커뮤니케이션에 관한 내용으로 적절한지 여부를 기재하고, 적절하지 않은 경우 그 이유를 서술하시오.

항목	설명
①	중요한 취약점이 하나만 존재하는 경우에도 기업의 내부통제는 효과적이라고 간주될 수 없다.
②	감사인의 목적은 내부회계관리제도의 효과성에 대한 의견을 감사위원회와 커뮤니케이션하는 것을 포함한다.
③	감사인은 통합감사 중 식별된 내부회계관리제도의 모든 미비점을 감사위원회에 서면으로 커뮤니케이션하여야 한다.

[답안양식]

항목	적절한가? (예, 아니오)	적절하지 않은 경우, 그 이유
①		
②		
③		

2일차

원가회계

2022년 제57회

제1교시

【문제 1】 (26점)

㈜한국은 A제품, B제품 및 C제품을 각각 생산하여 판매하고 있다. ㈜한국은 각 작업별로 정상개별원가계산(평준화개별원가계산: normal job-order costing)을 적용하며, 선입선출법으로 재고자산을 평가하고 있다.

㈜한국은 두 개의 제조부문인 절단부문과 조립부문을 운영하고 있다. 제조간접원가의 부문별 배부기준으로 절단부문에 대해서는 기계가동시간, 조립부문에 대해서는 직접노무시간을 사용한다.

㈜한국은 20x1년 말에 제조간접원가 배부차이를 재공품과 제품 및 매출원가에 포함된 원가요소(제조간접원가 예정배부액)의 비율에 따라 조정한다.

• 20x0년 12월 31일 재공품 ₩617,000의 내역은 다음과 같다.

작업	수량	항목	총원가
#101	4,000단위	A제품	₩259,000
#102	4,800단위	B제품	₩358,000

• 20x0년 12월 31일 제품 ₩1,032,500은 다음의 2가지 항목으로 구성되어 있다.

항목	수량	총원가
A제품	11,500단위	₩977,500
B제품	500단위	₩55,000

- 20x1년 1월 초에 예측한 당기 회계연도의 각 제조부문에 대한 원가 및 생산 자료는 다음과 같다.

구분	절단부문	조립부문
직접노무원가	₩65,000	₩100,000
제조간접원가	₩40,000	₩75,000
기계가동시간	500시간	180시간
직접노무시간	1,000시간	2,000시간

- 20x1년에 ㈜한국은 C제품 1,000단위를 생산하기 위해 새롭게 작업 #103을 착수하였다.
- 20x1년 말 현재 #101은 작업이 진행 중이며, 나머지 작업은 완료되었다.
- 20x1년의 각 작업별 제조원가 발생액은 다음과 같다.

구분	#101	#102	#103
직접재료원가	₩30,000	₩105,000	₩46,000
직접노무원가	₩39,000	₩84,000	₩37,500
총 제조간접원가 : ₩137,400			

- 20x1년의 각 제조부문에서 사용된 기계가동시간과 직접노무시간은 다음과 같다.

작업	절단부문	
	기계가동시간	직접노무시간
#101	200시간	300시간
#102	100시간	250시간
#103	100시간	150시간

작업	조립부문	
	기계가동시간	직접노무시간
#101	50시간	400시간
#102	90시간	1,200시간
#103	60시간	600시간

• 20x1년의 A제품 판매량은 10,000단위, B제품 판매량은 4,400단위, 그리고 C제품 판매량은 1,000단위이다.

(물음 1) 20x1년의 각 제조부문별 제조간접원가 예정배부율을 구하시오.

(물음 2) 20x1년 말 제조간접원가 배부차이 금액을 계산하고, 그 배부차이가 과대배부 또는 과소배부인지 밝히시오.

(물음 3) 20x1년 말 제조간접원가 배부차이 조정 전에 다음 각 계정의 잔액은 얼마인가?

계정과목	잔액
재공품	
제품	
매출원가	

(물음 4) 20x1년 말 제조간접원가 배부차이조정에 대한 분개를 하시오.

(물음 5) ㈜한국이 재고자산 평가를 위해 선입선출법 대신 평균법을 사용할 경우, 20x1년 말 제조간접원가 배부차이 조정 전 재공품, 제품 및 매출원가의 잔액이 각각 증가, 동일 또는 감소하는가를 밝히고, 그 논리적 근거를 4줄 이내로 서술하시오. 다만, 계산할 필요는 없음.

※ 위 (물음)과 관계 없이 다음 (물음)에 답하시오.

(물음 6) ㈜한국은 절단부문과 조립부문을 운영하고 있다. 절단부문은 자동화가 많이 되었으며, 조립부문은 수작업에 의존하고 있다. 20x1년의 각 부서별 제조간접원가 예상액과 예상활동수준은 아래와 같다.

구분	절단부문	조립부문
제조간접원가 예상액	₩1,400,000	₩1,000,000
기계가동시간	1,000시간	0시간
직접노무시간	200시간	1,000시간

㈜한국은 20x1년 작업 #101과 #102를 착수하여 완료시켰으며, 작업별로 각 생산부서의 활동량은 다음과 같다.

작업	절단부문		작업	조립부문	
	기계가동시간	직접노무시간		기계가동시간	직접노무시간
#101	20시간	4시간	#101	0시간	10시간
#102	4시간	2시간	#102	0시간	24시간

㈜한국은 작업 #101과 #102에 제조간접원가를 어떻게 배부할 지를 고민하고 있다. 제조간접원가를 단일배부기준으로 배부할 경우와 복수배부기준으로 배부할 경우, 각각에 대해 제조간접원가 배부기준을 결정하시오. 아울러 ㈜한국이 복수배부기준을 선택하였다면, 그 이유에 대해 <u>4줄 이내로 서술하시오</u>.

【문제 2】 (26점)

㈜서울은 부품A 1단위와 부품B 1단위를 조립하여 제품Y를 생산하고 판매한다. 제품Y 단위당 판매가격은 ₩10,000이다.
부품A는 외부에서 구매하고 부품B는 자가제조한다.

- 부품A 단위당 구매원가는 ₩800이다.

- 부품B 제조를 위해 필요한 직접재료원가는 단위당 ₩1,500이며, 직접노무원가는 단위당 ₩350이다.

- 부품B를 제조하는데 소요되는 변동제조간접원가는 단위당 ₩50이다.

- 부품B 제조를 위해 기계를 임차하여 사용하는데, 기계 임차계약은 4년 단위로 갱신한다.

- 기계 임차료는 연간 ₩6,000,000이다.

위에서 언급한 원가를 포함하여 제품Y를 제조하고 판매하는데 필요한 원가는 다음과 같다.

단위당 직접재료원가	
부품A 구매원가	₩800
부품B 직접재료원가	₩1,500
단위당 직접노무원가	
부품B 직접노무원가	₩350
그 외 직접노무원가	₩400
단위당 변동제조간접원가	
부품B 변동제조간접원가	₩50
그 외 변동제조간접원가	₩100
단위당 변동판매관리비	₩100

총고정제조간접원가	
기계 임차료(부품B 전용)	₩6,000,000
그 외 고정제조간접원가	₩8,000,000
총고정판매관리비	₩6,000,000

㈜서울 경영진은 자가제조하던 부품B를 차년도 20x3년부터 외주제작(아웃소싱) 방식으로 전환할 지 고민하고 있다.

- 부품B를 외주제작할 경우, 부품B 단위당 구매원가는 ₩3,100이다.

- 부품B 제조를 위한 기계 임차계약은 올해 20x2년이 4년차이다.

- 자가제조 방식을 유지하더라도, 연간 기계 임차료 계약금액은 종전과 동일하다.

- 제품Y 단위당 판매가격과 그 외 원가는 변하지 않는다.

(물음 1) 제품Y의 20x3년 예상 판매량이 4,000개이다. 부품B를 자가제조하는 경우와 외주제작하는 경우로 구분하여, ㈜서울의 공헌손익계산서(contribution income statement)를 작성하시오.

구분	자가제조	외주제작
매출액		
변동원가		
공헌이익		
고정원가		
영업이익		

(물음 2) 제품Y의 20x3년 판매량이 4,000개에서 10% 감소한다면, 부품B를 자가제조하는 경우와 외주제작하는 경우로 구분하여, ㈜서울의 20x3년 영업이익을 계산하시오. 영업이익 계산 시, 영업레버리지도를 이용하여 계산하시오. <u>영업레버리지도는 소수점 셋째자리에서 반올림하시오.</u>

(물음 3) 부품B를 자가제조하는 경우와 외주제작하는 경우로 구분하여, 제품Y의 20x3년 손익분기점 판매량을 계산하시오. <u>소수점 이하는 반올림하시오.</u>

(물음 4) ㈜서울은 부품B를 자가제조할 지, 외주제작할 지 결정해야 한다. 어떠한 방식을 선택할 지 제품Y 판매량에 따라 답하시오.

(물음 5) 경기침체의 가능성이 높아지고 있는 가운데, 제품Y의 20x3년 판매량이 4,000개일 확률이 70%, 6,000개일 확률이 30%로 예상된다. 부품B를 자가제조하는 경우와 외주제작하는 경우로 구분하여, ㈜서울의 20x3년 기대영업이익을 계산하시오. 아울러 ㈜서울이 두 방식 중에 어떠한 방식을 선택할 지와 그 이유를 <u>4줄 이내로 서술하시오.</u> 다만, 부품B 자가제조와 외주제작 여부는 제품Y 품질에 영향을 미치지 않는다.

※ 위 (물음)과 관계 없이 다음 (물음)에 답하시오.

㈜서울은 20x3년에도 부품B를 자가제조하기로 결정하였다.

- 20x3년에 기계 임차계약 갱신 시 기존보다 최대생산가능수량이 적은 기계를 임차한다.
- 신규로 임차계약할 기계를 이용하여 생산할 수 있는 부품B의 최대생산가능수량은 3,000개이다.
- 기계 임차료는 1대당 연간 ₩3,000,000이다.
- ㈜서울은 생산량에 따라 기계장치를 여러 대 임차할 수 있다.
- ㈜서울의 제품Y 시장최대수요량은 6,000개이다.

부품A 공급업체인 ㈜부산이 ㈜서울에게 구매수량 구간별로 가격할인을 다음과 같이 제시하였다. 이 구매원가는 20x3년부터 적용된다.

- 구매수량 2,000개를 초과할 경우에 초과한 수량에 대하여 ₩100이 할인된다.
- 4,000개를 초과할 경우에는 초과한 수량에 대하여 ₩100이 추가로 더 할인된다.

구매수량 구간별 부품A 단위당 구매원가는 다음과 같이 요약된다.

구매수량(개)	1~2,000	2,001~4,000	4,001~6,000
구매원가	₩800	₩700	₩600

그 외 원가 및 제품Y 단위당 판매가격은 수량에 따라 달라지지 않는다.

(물음 6) 법인세율이 20%일 때, ㈜서울의 20x3년 세후목표이익 ₩8,000,000을 달성하기 위한 제품Y 판매량을 계산하시오. <u>소수점 이하는 반올림하시오.</u>

(물음 7) ㈜서울의 제품Y 연간 예상판매량은 평균이 4,335개, 표준편차가 200개인 정규분포를 따른다. 법인세율이 20%일 때, ㈜서울의 20x3년 세후목표이익이 ₩8,000,000에서 ₩8,555,000 사이가 될 확률을 계산하시오. <u>문제풀이 과정에서 세후목표이익 달성을 위한 판매량을 구할 때, 소수점 이하는 반올림하시오.</u>

표준정규분포의 Z값과 해당 확률은 다음과 같다.

Z	P(0 ≤ X ≤ Z)
0.5	0.1915
1.0	0.3413
1.5	0.4332
2.0	0.4772
2.5	0.4938
3.0	0.4987

【문제 3】 (22점)

㈜소망의 식품사업부는 소금, 후추 및 인공감미료를 생산하여 판매하고 있다. 기초 및 기말 재고는 없으며, 제품별 수익과 원가자료는 다음과 같다.

(단위: 백만원)

구분	소금	후추	인공 감미료	합계
매출액	200	300	500	1,000
매출원가				
직접재료원가	60	100	140	300
직접노무원가	40	60	100	200
제조간접원가	50	40	45	135
합계	150	200	285	635
매출총이익	50	100	215	365
판매관리비	68	90	142	300
영업이익(손실)	(18)	10	73	65

제조간접원가 중에서 ₩85,000,000은 작업준비원가이며, 나머지 ₩50,000,000은 공장감가상각비이다. 작업준비원가는 배치(batch)의 수에 따라 발생하며, 공장감가상각

비는 회피불가능원가로서 매출액을 기준으로 각 제품에 배부된다.

판매관리비 중에 45%는 변동원가이고 나머지는 회피불가능원가이다.

(물음 1) 각 제품의 제조간접원가에 포함되어 있는 작업준비원가는 얼마인가?

(단위: 백만원)

구분	소금	후추	인공감미료
작업준비원가			

(물음 2) ㈜소망의 경영진은 소금제품 부문의 지속적인 적자로 인하여 소금생산라인 폐지를 검토하고 있다. 손실이 발생하고 있는 소금생산라인을 폐지하면 인공감미료의 판매량이 35% 증가하며, 인공감미료 배치(batch)의 수는 30% 증가한다고 한다. 소금생산라인을 폐지할 지 판단하고, 그 계산근거를 제시하시오.

(물음 3) 소금 생산을 중단하는 경우, 경영진이 이익변화 이외에 추가로 고려해야 할 사항은 무엇인지 3줄 이내로 서술하시오.

(물음 4) ㈜소망의 연구개발부서는 신제품을 개발하고자 한다. 신제품 생산에 따른 경제성을 분석하기 위해 판매부서와 원가부서에서 수집한 관련 자료는 다음과 같다.

신제품을 생산하기 위해서는 기존 기계 이외에 새로운 기계가 필요하다. 신기계의 취득원가는 ₩30,000,000, 내용연수는 3년, 잔존가치는 취득원가의 10%이다. 신기계는 연수합계법으로 감가상각하며, 내용연수 종료시점에 잔존가치로 처분한다.

3년 동안의 연간 예상판매량은 다음과 같다.

연도	연간 예상판매량
1차년도	7,000개
2차년도	10,000개
3차년도	15,000개

신제품의 단위당 판매가격은 ₩6,000이며, 단위당 변동원가는 ₩2,000이다.

신제품을 생산하기 위한 연간 고정원가는 신기계의 감가상각비를 포함하여 ₩35,000,000이다.

㈜소망의 자본비용(최저요구수익률)은 10%이다. ₩1의 현가계수는 다음과 같다.

기간(년)	1	2	3
현가계수	0.9091	0.8264	0.7513

(1) 신제품 판매로부터 예상되는 공헌이익을 연도별로 계산하시오.

1차년도	2차년도	3차년도

(2) 순현재가치법(NPV)을 이용하여 ㈜소망의 신제품 생산을 위한 제품라인의 증설여부를 판단하고, 그 계산 근거를 제시하시오. 다만, 법인세는 고려하지 않는다.

(3) 순현재가치법(NPV)을 이용하여 ㈜소망의 신제품 생산을 위한 제품라인의 증설여부를 판단하고, 그 계산 근거를 제시하시오. 다만, 법인세율은 20%이다.

(4) 제품라인의 증설여부와 관련한 의사결정 시 고려해야 할 비계량적 요인을 3가지 제시하시오.

【문제 4】 (26점)

㈜대한은 원재료를 수입하여 배터리 제조에 필요한 A형, B형 및 C형 부품을 생산·판매하고 있으며, 생산한 물량은 모두 판매할 수 있다.

다음은 20x1년의 영업 및 생산 관련 자료이며, 당해 생산제품은 전량 판매되었다. 직접고정원가는 해당 제품을 생산하지 않게 되면 전액 회피가능한 원가이며, 간접고정원가는 매출액을 기준으로 각 부품에 배부하였다.

구분	A형	B형	C형
매출액	₩120,000	₩80,000	₩200,000
변동원가	₩52,000	₩50,000	₩104,000
직접고정원가	₩16,000	₩5,600	₩12,800
간접고정원가	₩15,480	₩10,320	₩25,800
생산량	4,000개	2,000개	4,000개
원재료소비량	4,000g	2,000g	10,000g

㈜대한은 지난 수년간 A형, B형 및 C형 부품의 생산량 비율을 유지해왔고, 앞으로도 이러한 정책을 유지할 방침이다. 다만, 예상판매량이 손익분기점 이하인 경우 해당 부품의 생산을 중단한다. 이 경우에도 생산중단 부품을 제외한 나머지 부품들의 생산량 비율은 그대로 유지한다.

(물음 1) ㈜대한의 최고경영자는 최근 B형 부품의 판매량 감소 때문에 걱정을 많이 하고 있으며, 상황에 따라 이 부품의 생산중단까지도 생각하고 있다.

(1) B형 부품의 손익분기점 수량은 몇 개인가?
(2) B형 부품에 대한 생산 중단 여부를 판단하고, 그 이유를 간단히 제시하시오.

(물음 2) 만일 B형 부품의 예상판매량이 800개라면 A형 및 C형 부품의 손익분기점 수량은 각각 몇 개인가?

(물음 3) 만일 B형 부품의 판매량 감소가 국제정세불안에 따른 해외공급망 문제로 원재료 수급이 원활하지 못해 발생한 현상이라면, ㈜대한이 안정적인 부품생산을 위해 취할 수 있는 방안을 3가지 제시하시오.

(물음 4) ㈜대한은 20x2년에 원재료를 10,000g밖에 조달할 수 없을 것으로 전망된다. 이러한 경우 공헌이익을 최대로 달성하고자 한다면 각 부품을 몇 개씩 생산해야 하며, 이 때의 공헌이익은 얼마인가?

※ 위 (물음)과 관계 없이 다음 (물음)에 답하시오.

㈜민국은 부품생산부문과 완성품생산부문을 분권화된 조직으로 운영하고 있다. ㈜민국은 부품이 개발되면 이를 활용하여 완성품을 제조하고 판매할 계획이다. 완성품의 단위당 판매가격은 ₩200으로 예상되고, 완성품 1단위 생산에는 부품 1단위가 필요하다. 이 부품을 외부로 판매하는 것은 불가능하다.

㈜민국은 각 부문의 목표와 기업전체의 목표를 일치시키는 사내대체가격을 얼마로 결정할 지 고민 중이다. 생산·판매를 중단하는 경우 총고정원가는 회피가능하다. ㈜민국의 부문별 원가구조는 다음과 같다.

구분	부품 생산부문	완성품 생산부문	기업 전체
단위당 변동원가	₩30	₩70	₩100
총고정원가	₩40,000	₩60,000	₩100,000

(물음 5) ㈜민국의 완성품 판매량이 2,000개일 때, 사내대체가격의 최저치와 최고치는 각각 얼마인가?

(물음 6) 완성품의 판매량이 500개일 때, ㈜민국의 두 부문 사이에 자율적인 사내대체를 유도하는 사내대체가격은 존재하는가? 존재한다면 범위를 구하고, 그렇지 않다면 그 이유와 함께 해결방안을 서술하시오.

2일차

2022년 제57회

재무회계

제2교시

※ 답안 작성 시 유의사항

1. 모든 문제는 2021년 12월 31일 이후 최초로 개시되는 회계연도에 적용되는 한국채택국제회계기준에 따라 답하시오.
2. 각 문제에서 별도로 제시하는 경우를 제외하면
   - 회계기간은 1월 1일부터 12월 31일이며,
   - 법인세 효과는 고려하지 말고 답하시오.
3. 자료에서 제시한 것 이외의 사항은 고려하지 말고 답하시오.
4. 답안은 반드시 문제 순서대로 작성하시오.

【문제 1】 (13점)

※ 다음의 각 물음은 독립적이다.

㈜대한은 20x1년 초에 발행된 ㈜민국의 사채를 20x1년 5월 1일에 현금으로 취득하였다. 취득 시 동 사채의 신용이 손상되어 있지 않았으며, 사채의 발행일과 취득일의 시장이자율은 동일하였다. 아래의 〈자료〉를 이용하여 각 물음에 답하시오.

〈자료〉

1. ㈜민국이 발행한 사채의 조건은 다음과 같다.

   - 액면금액: ₩1,000,000
   - 이자지급일: 매년 12월 31일
   - 만기일: 20x5년 12월 31일 일시상환
   - 표시이자율: 연 6 %
   - 사채발행일 시장이자율: 연 9%

2. ㈜대한은 20x1년도 이자는 정상적으로 수취하였으나, 20x1년 말에 동 사채의 신용이 후속적으로 손상되었다고 판단하였다. ㈜대한은 채무불이행 발생확률을 고려하여 20x2년부터 20x5년까지 매년 말에 수취할 이자의 현금흐름을 ₩20,000으로, 만기에 수취할 원금의 현금흐름을 ₩700,000으로 추정하였다.

3. ㈜대한은 20x2년 말에 이자 ₩20,000을 수취하였으며, 20x2년 말에 동 사채의 채무불이행 발생확률을 고려하여 20x3년부터 20x5년까지 매년 말에 수취할 이자의 현금흐름을 ₩40,000으로, 만기에 수취할 원금의 현금흐름을 ₩800,000으로 추정하였다.

4. 동 사채와 관련하여 이자계산 시 월할계산한다.

5. 현재가치 계산 시 아래의 현가계수를 이용하고, 답안 작성 시 원 이하는 반올림한다.

기간	단일금액 ₩1의 현가계수		정상연금 ₩1의 현가계수	
	7%	9%	7%	9%
1	0.9346	0.9174	0.9346	0.9174
2	0.8734	0.8417	1.8080	1.7591
3	0.8163	0.7722	2.6243	2.5313
4	0.7629	0.7084	3.3872	3.2397
5	0.7130	0.6499	4.1002	3.8896

(물음 1) ㈜대한이 사채 취득 시 상각후원가 측정 금융자산으로 분류한 경우, 다음의 〈요구사항〉에 답하시오.

〈요구사항 1〉

㈜대한의 회계처리가 20x1년도 현금에 미치는 영향과 20x1년도와 20x2년도 포괄손익계산서 상 당기순이익에 미치는 영향을 계산하시오. 단, 현금과 당기순이익이 감소하는 경우 금액 앞에 (-)를 표시하시오.

구분	20x1년도	20x2년도
현금에 미치는 영향	①	
당기순이익에 미치는 영향	②	③

〈요구사항 2〉

㈜대한이 20x2년 중에 사업모형을 변경하여 상각후원가 측정 금융자산을 당기손익-공정가치 측정 금융자산으로 재분류하였다. 재분류일 현재 현행 시장이자율은 연 7%이며, 재분류일에 추정한 현금흐름은 20x2년 말에 추정한 현금흐름(〈자료〉 3. 참조)과 동일하다. 재분류일의 회계처리가 20x3년도 당기순이익에 미치는 영향을 계산하시오. 단, 당기순이익이 감소하는 경우 금액 앞에 (-)를 표시하시오.

당기순이익에 미치는 영향	①

(물음 2) ㈜대한이 사채 취득 시 기타포괄손익-공정가치 측정 금융자산으로 분류하였다. 다음의 〈요구사항〉에 답하시오. 단, 사채의 공정가치는 다음과 같다고 가정한다.

구분	20x1년 말	20x2년 말
공정가치	₩500,000	₩700,000

〈요구사항 1〉

㈜대한의 회계처리가 20x1년도와 20x2년도 포괄손익계산서 상 기타포괄이익에 미치는 영향을 각각 계산하시오. 단, 기타포괄이익이 감소하는 경우 금액 앞에 (-)를 표시하시오.

구분	20x1년도	20x2년도
기타포괄이익에 미치는 영향	①	②

〈요구사항 2〉

㈜대한이 20x2년 말에 사업모형을 변경하여 기타포괄손익-공정가치 측정 금융자산을 상각후원가 측정 금융자산으로 재분류하였다. 재분류일의 회계처리가 20x3년도 기타

포괄이익에 미치는 영향을 계산하시오. 단, 재분류일의 공정가치는 20x2년 말과 동일하며, 기타포괄이익이 감소하는 경우 금액 앞에 (-)를 표시하시오.

기타포괄이익에 미치는 영향	①

【문제 2】 (12점)

※ 다음의 각 물음은 독립적이다.

(물음 1) 소매업을 영위하고 있는 ㈜대한은 재고자산에 대해 소매재고법을 적용하고 있다. 다음의 〈자료 1〉을 이용하여 〈요구사항〉에 답하시오.

〈자료 1〉

1. ㈜대한의 당기 재고자산과 관련된 항목별 원가와 매가는 다음과 같다.

항목	원가	매가
기초재고자산	?	₩40,000
당기매입액(총액)	?	210,000
매입환출	₩3,000	5,000
매입할인	1,000	
매출액(총액)		120,000
매출환입	2,000	16,000
매출에누리		4,000
가격인상액(순액)		22,000
가격인하액(순액)		15,000
정상파손	2,000	4,000
비정상파손	6,000	12,000
종업원할인		2,000

2. ㈜대한이 재고자산에 대해 원가기준으로 선입선출법과 가중평균법을 각각 적용하여 측정한 원가율은 다음과 같다.

적용방법	원가율
원가기준 선입선출법	55%
원가기준 가중평균법	50%

3. 정상파손의 원가는 매출원가에 포함하며, 비정상파손의 원가는 영업외비용으로 처리한다.

4. 원가율 계산 시 소수점 이하는 반올림한다 (예: 61.6%는 62%로 계산).

〈요구사항 1〉

㈜대한의 재고자산 관련 〈자료 1〉을 이용하여 기초재고자산과 당기매입액(총액)의 원가를 계산하시오.

기초재고자산 원가	①
당기매입액(총액) 원가	②

〈요구사항 2〉

㈜대한이 재고자산에 대해 저가기준으로 선입선출법을 적용하였을 경우와 가중평균법을 적용하였을 경우 매출원가를 각각 계산하시오.

적용방법	매출원가
저가기준 선입선출법	①
저가기준 가중평균법	②

(물음 2) ㈜대한은 재고자산에 대해 저가법을 적용하고 있으며, 기말 재고자산에 대한 〈자료 2〉는 다음과 같다.

〈자료 2〉

1. 상품과 원재료에 대한 단위당 취득원가는 다음과 같다.

구분	상품	원재료
취득원가	₩600/개	₩20/g

2. 기말 현재 보유중인 상품의 수량은 3,000개이며, 이 중 2,000개는 확정판매계약을 이행하기 위해 보유중이다. 상품의 판매가격은 다음과 같다.

구분	일반판매	확정판매계약
판매가격	₩550/개	₩500/개

3. 상품 판매 시 확정판매계약 여부와 상관없이 개당 ₩10에 해당하는 판매비용이 발생할 것으로 예상된다.

4. 기말 현재 보유중인 원재료는 400g이며, 제품을 생산하기 위해 사용된다. 제품의 원가는 순실현가능가치를 초과할 것으로 예상되며, 기말 현재 원재료의 현행대체원가는 ₩16/g이다.

〈자료 2〉를 이용하여 ㈜대한이 상품과 원재료에 대해 인식할 재고자산평가손실 금액을 각각 계산하시오.

항목	상품	원재료
재고자산평가손실	①	②

【문제 3】(14점)

※ 다음의 각 물음은 독립적이다.

㈜대한의 공장건물 신축과 관련한 다음의 〈자료〉를 이용하여 물음에 답하시오.

〈자료〉

1. 20x1년 4월 1일 ㈜대한은 ㈜민국과 도급계약을 체결하였으며, 동 건설공사는 20x3년 3월 31일에 완공되었다. ㈜대한의 공장건물은 차입원가 자본화 적격 자산에 해당한다.

2. 동 공사와 관련된 공사비 지출 내역은 다음과 같다.

일자	공사비 지출액
20x1년 8월 1일	₩120,000
20x1년 9월 1일	1,500,000
20x2년 4월 1일	3,000,000
20x2년 12월 1일	1,500,000

3. 상기 공사비 지출 내역 중 20x1년 8월 1일 ₩120,000은 물리적인 건설공사 착공 전 각종 인허가를 얻기 위한 활동에서 발생한 것이다.

4. ㈜대한의 차입금 내역은 다음과 같으며, 모든 차입금은 매년 말 이자지급 조건 이다.

차입금	차입금액	차입일	상환일	연 이자율
특정차입금A	₩900,000	20x1.8.1	20x2.8.31	6%
특정차입금B	1,800,000	20x2.11.1	20x3.3.31	7%
일반차입금C	1,000,000	20x1.1.1	20x3.9.30	8%
일반차입금D	500,000	20x1.7.1	20x4.6.30	10%

5. ㈜대한은 20x2년 12월 1일에 ₩300,000의 정부보조금을 수령하여 즉시 동 공장건물을 건설하는 데 모두 사용하였다.

6. ㈜대한은 전기 이전에 자본화한 차입원가는 연평균 지출액 계산 시 포함하지 아니하며, 연평균 지출액과 이자비용은 월할계산한다.

7. 자본화이자율은 소수점 아래 둘째자리에서 반올림한다(예: 5.67%는 5.7%로 계산).

(물음 1) ㈜대한이 20x1년~20x3년에 자본화할 차입원가를 계산하시오.

구분	20x1년	20x2년	20x3년
특정차입금 자본화 차입원가	①	③	⑤
일반차입금 자본화 차입원가	②	④	⑥

(물음 2) ㈜대한은 ㈜민국과 상기 도급계약의 일부 조항 해석에 대한 이견이 발생하여, 20x3년 1월 한 달 동안 적격자산에 대한 적극적인 개발활동을 중단하였다. 이 기간 동안 상당한 기술 및 관리활동은 진행되지 않았으며, 이러한 일시적 지연이 필수적인 경우도 아니어서 ㈜대한은 동 기간 동안 차입원가의 자본화를 중단하였다. 이 때, ㈜대한이 20x3년 자본화할 차입원가를 계산하시오. 단, 동 건설공사는 예정대로 20x3년 3월 31일에 완공되었다.

구분	20x3년
특정차입금 자본화 차입원가	①
일반차입금 자본화 차입원가	②

【문제 4】 (11점)

※ 다음의 각 물음은 독립적이다.

다음은 20x1년 1월 1일 ㈜대한이 발행한 사채에 대한 〈자료〉이다.

〈자료〉

1. ㈜대한이 발행한 사채의 조건은 다음과 같다.

   - 액면금액: ₩1,000,000
   - 만기상환일: 20x3년 12월 31일 일시상환
   - 표시이자율: 연 5%
   - 이자지급일: 매년 12월 31일
   - 사채발행일 유효이자율: 연 ?%

2. ㈜대한은 동 사채를 발행하고 상각후원가로 측정하는 금융부채로 분류하였다.

(물음 1) 상기 사채의 20x1년 1월 1일 최초 발행금액은 ₩947,515이라고 가정한다. ㈜대한은 동 사채와 관련하여 사채발행기간(3년) 동안 인식해야할 총 이자비용을 3년으로 나누어 매년 균등한 금액으로 인식하였다. ㈜대한의 이러한 회계처리는 중요한 오류로 간주된다. ㈜대한의 사채 이자비용에 대한 상기 오류를 20x2년 장부 마감 전에 발견하여 올바르게 수정하면, 20x2년 전기이월이익잉여금이 ₩1,169 증가한다. 이 경우, ① 20x1년 1월 1일 ㈜대한이 발행한 사채에 적용된 유효이자율을 구하고, ② 이러한 오류수정이 20x2년도 당기순이익에 미치는 영향을 계산하시오. 단, 당기순이익이 감소하는 경우 금액 앞에 (-)를 표시하시오.

사채 최초 발행 시 적용된 유효이자율(%)	①
20x2년도 당기순이익에 미치는 영향	②

(물음 2) 20x2년 12월 31일 현재 ㈜대한의 상기 사채의 장부금액은 ₩954,555이라고 가정한다. 20x3년 1월 1일에 ㈜대한은 사채의 채권자와 다음과 같은 조건변경을 합의하였다.

〈조건변경 관련 정보〉

1. ㈜대한이 발행한 사채의 조건변경 전후 정보는 다음과 같다.

항목	변경 전	변경 후
만기	20x3.12.31	20x5.12.31
표시이자율	연 5%	연 1%
액면금액	₩1,000,000	₩900,000

2. 동 사채의 조건변경 과정에서 ㈜대한은 채권자에게 채무조정수수료 ₩18,478을 지급하였다.

3. 20x3년 1월 1일 상기 사채의 변경된 미래현금흐름을 시장이자율로 할인한 현재가치는 다음과 같다. 동 사채의 미래현금흐름의 현재가치는 공정가치와 동일한 것으로 본다.

시장이자율	20x3년 1월 1일
연 10%	₩698,551
연 11%	₩680,073
연 12%	₩662,237

4. 20x3년 1월 1일 현재 ㈜대한의 동 사채에 대한 시장이자율은 연 12%이다.

5. ㈜대한은 상기 계약조건의 변경이 실질적 조건변경에 해당하지 않는 것으로 판단하여 회계처리하였다.

㈜대한은 20x3년 장부 마감 전에 상기 계약조건의 변경이 실질적 조건변경에 해당됨을 알게 되었으며, 기존의 회계처리는 중요한 오류로 간주되었다. 이를 올바르게 수정하였을 때, 아래 양식을 이용하여 수정표를 완성하시오. 단, 감소하는 경우 금액 앞에 (-)를 표시하시오.

항목	수정전 금액	수정금액	수정후 금액
사채 장부금액	?	①	?
이자비용	?	②	?
금융부채 조정이익	?	③	?

〈답안작성 예시〉

사채 장부금액, 이자비용, 금융부채조정이익의 수정전금액이 각각 ₩10,000, ₩200, ₩100이고 수정후금액이 각각 ₩8,000, ₩350, ₩60인 경우, 아래와 같이 작성한다.

항목	수정전 금액	수정금액	수정후 금액
사채 장부금액	?	①(-)2,000	?
이자비용	?	② 150	?
금융부채 조정이익	?	③ (-)40	?

【문제 5】 (15점)

※ 다음의 각 물음은 독립적이다.

다음의 〈자료 1〉을 이용하여 (물음 1)부터 (물음 4)까지 답하고, 〈자료 2〉를 이용하여 (물음 5)에 답하시오. 단, 답안 작성 시 원 이하는 반올림한다.

〈자료 1〉

- ㈜대한은 20x1년 1월 1일 복합금융상품을 발행하였으며, 발행조건은 다음과 같다.

  - 액면금액: ₩1,000,000
  - 만기상환일: 20x3년 12월 31일
  - 표시이자율: 연 4%
  - 이자지급일: 매년 12월 31일(연 1회)
  - 보장수익률: 연 5%
  - 사채발행일 현재 동일 조건의 신주인수권(전환권)이 없는 일반사채 시장 수익률: 연 6%
  - 신주인수권행사(전환)가격: 사채액면 ₩10,000당 1주의 보통주
  - 보통주 액면금액: 1주당 ₩5,000

- ㈜대한은 주식발행가액 중 주식의 액면금액은 '자본금'으로, 액면금액을 초과하는 부분은 '주식발행초과금'으로 표시한다.
- ㈜대한은 신주인수권(전환권)이 행사될 때 신주인수권대가(전환권대가)를 주식의 발행가액으로 대체한다.
- 동 복합금융상품과 관련하여 이자계산 시 월할계산한다. 현재가치 계산 시 아래의 현가계수를 이용한다.

기간	단일금액 ₩1의 현가계수			정상연금 ₩1의 현가계수		
	4%	5%	6%	4%	5%	6%
1	0.9615	0.9524	0.9434	0.9615	0.9524	0.9434
2	0.9246	0.9070	0.8900	1.8861	1.8594	1.8334
3	0.8890	0.8638	0.8396	2.7751	2.7232	2.6730

(물음 1) 상기 복합금융상품이 전환사채이며 액면발행되었다고 가정한다. 20x2년 1월 1일 전환사채 액면금액의 40%가 전환청구 되었으며, 이에 따라 ㈜대한은 자사의 보통주를 발행하였다. 전환권을 청구하기 직전 재무상태표 상 자산총계는 ₩15,000,000이며, 부채총계는 ₩5,000,000이다. 전환 직후 ㈜대한의 부채비율을 계산하시오. 단, 부채비율(%)은 [(부채총계/자본총계) × 100]을 사용하며, 계산 결과는 소수점 둘째자리에서 반올림한다(예: 55.67%는 55.7%로 계산).

전환 직후 부채비율(%)	①

(물음 2) 상기 복합금융상품이 전환사채이며 발행금액은 ₩985,000이라고 가정한다. 20x2년 1월 1일 60%의 전환권이 행사되어 보통주가 발행되었다고 할 때 다음 양식에 제시된 항목을 계산하시오.

전환권 행사시 주식발행초과금 증가분	①
전환권 행사 직후 전환사채의 장부금액	②

(물음 3) 상기 복합금융상품이 비분리형 신주인수권부사채이며 액면발행되었다고 가정할 때 다음의 〈요구사항〉에 답하시오.

〈요구사항 1〉

20x2년 4월 1일 80%의 신주인수권이 행사되어 보통주가 발행되었고, 행사금액은 사채액면금액의 100%이다. 다음 양식에 제시된 항목을 계산하시오.

신주인수권 행사시 주식발행초과금 증가분	①
신주인수권 행사 직후 신주인수권부사채의 장부금액	②

〈요구사항 2〉

㈜대한의 20x2년도 포괄손익계산서에 인식될 이자비용을 계산하시오.

20x2년 이자비용	①

(물음 4) 상기 복합금융상품은 전환사채이며 액면발행되었다고 가정한다. ㈜대한은 전환사채의 조기전환을 유도하고자 20x3년 7월 1일에 사채 액면금액 ₩10,000당 보통주 1.2주로 전환하는 것으로 조건을 변경하였다. 조건변경일 현재 ㈜대한의 보통주 1주당 공정가치는 ₩7,000이다. ㈜대한의 전환사채 관련 전환조건 변경 거래가 20x3년도 포괄손익계산서 상 당기순이익에 미치는 영향을 계산하시오. 단, 당기순이익이 감소하는 경우 금액 앞에 (-)를 표시하시오.

당기순이익에 미치는 영향	①

(물음 5) 위 물음들과 독립적으로, ㈜대한은 20x1년 1월 1일에 ㈜민국에게 연속상환사채를 발행하였다. 아래의 〈자료 2〉를 이용하여 〈요구사항〉에 답하시오.

〈자료 2〉

• 사채의 발행조건은 다음과 같다.

  - 사채의 액면금액: ₩1,000,000
  - 만기상환일: 20x4년 12월 31일
  - 표시이자율: 연 8%
  - 이자지급일: 매년 12월 31일(연 1회)
  - 원금의 상환방법: 20x1년부터 20x4년까지 매년 말 ₩250,000씩 상환
  - 사채발행일 현재 동 사채에 적용되는 유효이자율: 연 5%

• 동 사채와 관련하여 이자계산 시 월할계산한다. 현재가치 계산 시 아래의 현가계수를 이용한다.

기간	단일금액 ₩1의 현가계수		
	4%	5%	8%
1	0.9615	0.9524	0.9259
2	0.9246	0.9070	0.8573
3	0.8890	0.8638	0.7938
4	0.8548	0.8227	0.7350

〈요구사항 1〉

㈜대한의 사채와 관련하여 20x2년도에 인식될 이자비용을 계산하시오.

20x2년 이자비용	①

〈요구사항 2〉

㈜대한이 20x3년 1월 1일에 위 사채를 재매입하여 자기사채로 처리하는 경우 ㈜대한의 20x3년도 포괄손익계산서 상 당기순이익에 미치는 영향을 계산하시오. 단, 자기사채의 매입시점에 동 사채에 적용되는 시장이자율은 연 4%이며, 당기순이익이 감소하는 경우 금액 앞에 (-)를 표시하시오.

당기순이익에 미치는 영향	①

【문제 6】(10점)

※ 다음의 각 물음은 독립적이다.

다음은 ㈜대한의 자료이고, 각 물음에 답하시오.

〈공통자료〉

1. 다음은 20x4년 1월 1일 ㈜대한의 부분 재무상태표이다.

〈부분 재무상태표〉

자본금		₩6,000,000
1. 보통주자본금	₩4,000,000	
2. 우선주자본금	2,000,000	
자본잉여금		9,800,000
1. 주식발행초과금	6,800,000	
2. 감자차익	3,000,000	
자본조정		(1,000,000)
1. 자기주식(보통주)	(1,000,000)	
기타포괄손익누계액		4,000,000
1. 재평가잉여금	4,000,000	

이익잉여금		8,000,000
1. 이익준비금	3,000,000	
2. 미처분이익잉여금	5,000,000	
자본총계		₩26,800,000

2. 20x4년 1월 1일 자본의 구성항목은 다음과 같다.
   - 20x4년 1월 1일 현재 발행된 보통주(주당 액면금액: ₩5,000, 주당 발행금액: ₩10,000)는 800주이고, 우선주(주당 액면금액: ₩5,000, 주당 발행금액: ₩12,000)는 400주이다.
   - 우선주는 20x4년 1월 1일 현재 한 종류만 발행되었으며, 우선주는 누적적 우선주로 10%까지 부분참가적 우선주이다.
   - 보통주배당률은 연 3%이고, 우선주배당률은 연 4%이다.
   - ㈜대한이 20x4년 1월 1일 현재 보유하고 있는 자기주식의 수량은 100주이다.

(물음 1) 〈공통자료〉와 〈추가자료 1〉을 활용하여 물음에 답하시오.

〈추가자료 1〉

1. ㈜대한은 자본금을 확충하기 위하여 20x4년 2월 1일에 주식발행초과금을 재원으로 하여 현재 유통중인 보통주를 대상으로 20%의 무상증자를 실시하였다.
2. ㈜대한은 유상증자로 보통주 신주(주당 액면금액: ₩5,000, 주당 신주발행금액: ₩12,000) 105주를 발행하기로 하고, 20x4년 2월 15일에 청약증거금 ₩250,000을 수령하였다. 20x4년 4월 1일 신주발행관련 직접비용 ₩200,000을 현금지급하고 나머지 유상증자대금을 전액 납입 받아 유상증자를 완료하였다.
3. ㈜대한은 재무전략의 일환으로 20x4년 9월 1일에 보통주 200주(주당 액면금액: ₩5,000)를 발행하고 그 대가로 공정가치가 ₩1,200,000인 토지를 취득하였다. 단, 현물출자로 인한 자산의 취득원가는 해당 자산의 공정가치로 한다.
4. ㈜대한의 20x4년 당기순이익은 ₩1,500,000이다. ㈜대한은 20x4년 경영성과에 대해서 20x5년 2월 15일 주주총회에서 20x4년도 재무제표에 대한 결산승인을 수행하였으며 현금배당(₩500,000), 이익준비금 적립(₩500,000)을 원안대로 승인하고 이를 지급하였다.

㈜대한의 20x4년 말 재무상태표에 표시되는 자본금, 자본잉여금 그리고 이익잉여금의 금액을 각각 계산하시오.

자본금	①
자본잉여금	②
이익잉여금	③

(물음 2) 〈공통자료〉와 〈추가자료 2〉를 활용하여 다음의 〈요구사항〉에 답하시오. 단, 회계처리는 대한민국의 상법규정에 근거하여 수행하였다.

〈추가자료 2〉

1. ㈜대한은 20x4년 3월 1일 지분상품으로 분류되는 전환우선주 100주(주당 액면금액: ₩5,000, 주당 발행가액: ₩12,000)를 유상증자하였다. 유상증자 시 신주 발행관련 직접비용 ₩10,000이 발생하였다. 전환우선주는 발행일로부터 3개월이 경과한 후부터 보통주로 전환이 가능하며, 우선주 1주가 보통주 1.4주(주당 액면금액: ₩5,000)로 전환되는 조건이다.
2. ㈜대한이 20x4년 3월 1일 발행한 전환우선주 중 40주가 20x4년 9월 1일 보통주로 전환되었다.
3. ㈜대한은 20x4년 4월 1일에 지분상품으로 분류되는 상환우선주 100주(주당 액면금액: ₩5,000)를 주당 ₩12,500에 발행하였다.
4. 20x4년 6월 1일에 지분상품으로 분류되는 상환우선주 100주를 주당 ₩13,000에 취득하였다.
5. 20x4년 8월 1일에 20x4년 6월 1일에 취득한 상환우선주를 소각하였다. ㈜대한은 상환우선주의 상환을 위하여 별도의 임의적립금을 적립하지 않았다.

〈요구사항 1〉
㈜대한의 20x4년 9월 1일 전환우선주 전환과 관련된 회계처리를 수행하시오.

〈요구사항 2〉
㈜대한의 20x4년 말 재무상태표에 표시되는 자본금과 자본잉여금의 금액을 각각 계산하시오.

자본금	①
자본잉여금	②

(물음 3) ㈜대한은 20x1년 1월 1일 설립되었으며, ㈜대한의 보통주와 우선주는 설립과 동시에 발행되었다. ㈜대한은 설립 이래 배당금을 지급하지 못하다가 처음으로 20x4년 4월 1일에 20x3년 12월 31일을 기준으로 하는 ₩500,000의 현금배당을 선언하였다. ㈜대한의 우선주와 보통주에 배분되는 배당금을 각각 계산하시오. 단, 답안 작성 시 원 이하는 반올림한다.

우선주에 배분되는 배당금	①
보통주에 배분되는 배당금	②

【문제 7】 (13점)

※ 다음의 각 물음은 독립적이다.

(물음 1) 부여한 주식에 현금결제선택권이 후속적으로 추가된 경우와 관련된 다음의 〈자료 1〉을 이용하여 〈요구사항〉에 답하시오.

〈자료 1〉

1. ㈜대한은 20x1년 초에 영업부서 직원이 20x4년 말까지 근무하면 가득하는 조건으로 영업부서 직원 10명에게 공정가치가 주당 ₩600인 주식을 각각 200주씩 부여하였다.

2. ㈜대한은 20x3년 말에 주식의 공정가치가 주당 ₩540으로 하락함에 따라 동일자로 당초 부여한 주식에 현금결제선택권을 추가하였다. 이에 따라 영업부서 직원은 가득일에 선택적으로 주식 200주를 수취하거나 200주에 상당하는 현금을 수취할 수 있게 되었다.

3. ㈜대한은 20x3년 말에 현금결제선택권이 추가됨에 따라 현금으로 결제할 의무를 부담하게 되었다. 따라서 ㈜대한은 20x3년 말 현재 주식의 공정가치와 당초 특정된 근무용역을 제공받은 정도에 기초하여 20x3년 말에 현금으로 결제될 부채를 인식하였다. 또한 ㈜대한은 20x4년 말에 부채의 공정가치를 재측정하

고 그 공정가치 변동을 그 기간의 당기손익으로 인식하였다.

4. ㈜대한은 모든 가득기간에 걸쳐 퇴사할 영업부서 직원은 없을 것으로 계속 추정하였으며, 실제로도 가득기간까지 퇴사한 영업부서 직원은 없었다.

5. 20x4년 말 현재 ㈜대한 주식의 공정가치는 주당 ₩500이다.

〈요구사항 1〉

㈜대한이 20x2년~20x4년도 포괄손익계산서에 인식할 연도별 당기보상비용을 각각 계산하시오.

20x2년도 당기보상비용	①
20x3년도 당기보상비용	②
20x4년도 당기보상비용	③

〈요구사항 2〉

㈜대한이 20x3년과 20x4년 말 재무상태표에 표시할 현금결제선택권과 관련된 부채의 금액을 각각 계산하시오.

20x3년 말 부채	①
20x4년 말 부채	②

(물음 2) 부여한 주식선택권의 중도청산과 관련된 다음의 〈자료 2〉를 이용하여 〈요구사항〉에 답하시오. 각 〈요구사항〉은 독립적이다.

〈자료 2〉

1. ㈜민국은 20x1년 초에 마케팅부서 직원 10명에게 주식선택권을 각각 20개씩 부여하고, 20x4년 말까지 근무하면 가득하는 조건을 부과하였다. 부여일 현재 주식선택권의 공정가치는 단위당 ₩900이다.

2. ㈜민국은 20x3년 초에 마케팅부서 직원 10명에게 부여한 주식선택권 전부를 중도청산하였는데, 주식선택권에 대해 개당 ₩1,200씩 현금으로 지급하였다.

3. ㈜민국은 모든 가득기간에 걸쳐 퇴사할 마케팅 부서 직원은 없을 것으로 계속 추정하였으며, 실제로도 중도청산일까지 퇴사한 마케팅부서 직원은 없었다.

〈요구사항 1〉

중도청산일에 주식선택권의 공정가치가 단위당 ₩1,200인 경우, 중도청산이 ㈜민국의 20x3년도 포괄손익계산서 상 당기순이익에 미치는 영향을 계산하시오. 단, 당기순이익이 감소하는 경우 금액 앞에 (-)를 표시하시오.

20x3년도 당기순이익에 미치는 영향	①

〈요구사항 2〉

중도청산일에 주식선택권의 공정가치가 단위당 ₩1,000인 경우, 중도청산이 ㈜민국의 20x3년도 포괄손익계산서 상 당기순이익에 미치는 영향을 계산하시오. 단, 당기순이익이 감소하는 경우 금액 앞에 (-)를 표시하시오.

20x3년도 당기순이익에 미치는 영향	①

〈요구사항 3〉

중도청산이 이루어지기 직전인 20x3년 초에 마케팅부서 직원 10명이 모두 퇴사하였다고 가정한다. 동 사건이 ㈜민국의 20x3년도 포괄손익계산서 상 당기순이익에 미치는 영향을 계산하시오. 단, 당기순이익이 감소하는 경우 금액 앞에 (-)를 표시하시오.

20x3년도 당기순이익에 미치는 영향	①

【문제 8】(12점)

20x1년 초에 설립된 ㈜대한의 다음 〈자료〉를 이용하여 각 물음에 답하시오.

〈자료〉

1. 20x1년 법인세 계산 관련 자료

- ㈜대한의 20x1년도 법인세비용차감전순이익은 ₩100,000이다.
- 당기에 납부한 세법상 손금으로 인정되지 않는 벌금 ₩10,000을 당기비용으로 인식하였다.

- 당기 말에 판매보증충당부채 ₩30,000을 인식하였다. 동 판매보증충당부채는 20x2년부터 20x4년까지 매년 ₩10,000씩 소멸되었다.
- 당기 말에 당기손익-공정가치 측정 금융자산의 평가이익 ₩15,000을 당기이익으로 인식하였다. 동 당기손익-공정가치 측정 금융자산은 20x2년에 모두 처분되었다.
- 20x1년에 적용할 세율은 10%이나, 20x1년 중 개정된 세법에 따라 20x2년에 적용할 세율은 20%이고, 20x3년부터 적용할 세율은 30%이다.

2. 20x2년 법인세 계산 관련 자료

- ㈜대한의 20x2년도 법인세비용차감전순이익은 ₩200,000이다.
- 당기에 발생한 접대비한도초과액은 ₩20,000이며, 당기비용으로 인식하였다.
- 당기에 발생한 감가상각비한도초과액은 ₩60,000이며, 동 감가상각비한도초과액은 20x3년부터 20x5년까지 매년 ₩20,000씩 소멸되었다.
- 당기 중 ₩50,000에 매입한 재고자산의 당기 말 순실현가능가치가 ₩20,000으로 하락함에 따라 세법상 인정되지 않는 저가법을 적용하여 평가손실을 당기비용으로 처음 인식하였다. 동 재고자산은 20x3년에 모두 외부로 판매되었다.
- 당기 중 ₩90,000에 취득한 토지의 당기 말 공정가치가 ₩100,000으로 상승함에 따라 세법상 인정되지 않는 재평가모형을 적용하여 재평가잉여금을 자본항목으로 처음 인식하였다. 동 토지는 20x3년에 모두 외부로 처분되었다.
- 당기 중 ₩20,000에 취득한 자기주식을 당기 말에 현금 ₩40,000에 모두 처분하고 자기주식처분이익을 자본항목으로 처음 인식하였다.
- 20x2년에 적용할 세율은 20%이나, 20x2년 중 개정된 세법에 따라 20x3년에 적용할 세율은 25%이고, 20x4년부터 적용할 세율은 20%이다.

3. 이연법인세자산과 이연법인세부채는 상계하지 않으며, 이연법인세자산의 실현 가능성은 매년 높다고 가정한다.

(물음 1) ㈜대한이 20x1년도 포괄손익계산서에 당기손익으로 인식할 법인세비용과 20x1년 말 재무상태표에 표시할 이연법인세자산과 이연법인세부채의 금액을 각각 계산하시오.

당기손익으로 인식할 법인세비용	①
이연법인세자산	②
이연법인세부채	③

(물음 2) ㈜대한이 20x2년도 포괄손익계산서에 당기손익으로 인식할 법인세비용과 20x2년 말 재무상태표에 표시할 이연법인세자산과 이연법인세부채의 금액을 각각 계산하시오.

당기손익으로 인식할 법인세비용	①
이연법인세자산	②
이연법인세부채	③

【문제 9】 (16점)

㈜대한은 20x1년 1월 1일에 ㈜민국의 의결권 있는 보통주식 80%를 취득하여 실질지배력을 획득하였다. ㈜대한이 지배력 획득일에 주식의 취득대가로 ㈜민국의 순자산 장부금액을 초과하여 지급한 금액은 전액 건물에 배분되며, 동 건물은 4년의 잔존 내용연수 기간 동안 잔존가치 없이 정액법으로 감가상각된다. 아래 〈자료〉를 이용하여 물음에 답하시오.

〈자료〉

1. ㈜민국은 ㈜대한의 유일한 종속기업이며, 20x2년 말 ㈜대한과 ㈜민국의 별도 (개별)재무제표와 연결실체 재무제표를 표시하면 다음과 같다.

재무상태표

20x2년 12월 31일 (단위: ₩)

	㈜대한	㈜민국	연결실체
현 금	278,000	63,000	341,000
매 출 채 권	40,000	30,000	?
재 고 자 산	80,000	40,000	100,000

종 속 기 업 투 자 주 식	?		
토　　　　　　　지	200,000	110,000	300,000
건　　　　　　　물	100,000	40,000	160,000
감가상각누계액(건물)	(50,000)	(30,000)	?
기　계　장　치	20,000	8,000	29,000
감가상각누계액(기계장치)	(8,000)	(1,000)	?
자　산　총　계	?	260,000	?
매　입　채　무	38,000	20,000	53,000
단　기　차　입　금	?	50,000	?
자　본　금	200,000	100,000	200,000
이　익　잉　여　금	450,000	90,000	?
비　지　배　지　분			?
부 채 및 자 본 총 계	?	260,000	?

포괄손익계산서

20x2년 1월 1일~20x2년 12월 31일 (단위: ₩)

	㈜대한	㈜민국	연결실체
매　　　　　　출	200,000	130,000	300,000
매　출　원　가	120,000	70,000	165,000
감　가　상　각　비	15,000	10,000	29,500
이　자　비　용	2,000	1,000	3,500
기　타　수　익	20,000	11,000	19,000
기　타　비　용	2,000	1,000	2,500
당　기　순　이　익	81,000	59,000	118,500

당기순이익의 귀속:

지 배 기 업 의 소 유 주			113,700
비　지　배　지　분			4,800
			118,500

2. ㈜대한은 별도재무제표 상 ㈜민국에 대한 종속기업투자주식을 원가법으로 평가하고 있으며, 연결재무제표 작성 시 비지배지분은 종속기업 순자산의 공정가치에 대한 비례적 지분에 기초하여 결정한다.

3. 20x1년과 20x2년에 ㈜대한과 ㈜민국 모두 배당을 선언한 바가 없다.

4. 20x1년과 20x2년에 발생한 ㈜대한과 ㈜민국 간의 내부거래 내역은 다음과 같다.
   - ㈜대한과 ㈜민국은 매년 재고자산 내부거래를 하고 있다. 20x2년 1월 1일 현재 재고자산 내부거래에 따른 미실현이익의 잔액은 모두 전기에 ㈜대한이 ㈜민국에 판매하여 발생한 것이며, 이는 20x2년 중에 모두 실현되었다.
   - ㈜대한은 20x2년에 ㈜민국에 대한 매출채권 중 ₩2,000을 은행에서 할인하였으며, 동 할인거래는 매출채권의 제거조건을 만족하는 거래이다. 이와 관련하여 ㈜대한은 매출채권 처분손실(기타비용) ₩500을 인식하였다.
   - ㈜대한은 20x2년 1월 1일 취득원가 ₩5,000, 장부금액 ₩2,000의 기계장치를 ㈜민국에게 ₩4,000에 현금 매각하였다. 매각일 현재 동 기계장치의 잔존내용연수는 4년이며, 잔존가치 없이 정액법으로 감가상각한다. ㈜민국은 동 기계장치를 20x2년 말 현재 사용하고 있다.
   - ㈜민국은 20x2년 1월 1일에 보유 토지 중 1필지(장부금액: ₩50,000)를 ㈜대한에게 ₩60,000에 현금 매각하였으며, ㈜대한은 20x2년 말 현재 동 토지를 계속 보유하고 있다.

5. ㈜대한과 ㈜민국은 모든 유형자산(토지, 건물, 기계장치)에 대해 원가모형을 적용하고 있다. 또한 ㈜대한과 ㈜민국이 20x1년 1월 1일 이후 상기 내부거래 외에 추가적으로 취득하거나 처분한 유형자산은 없다.

6. ㈜대한과 ㈜민국의 별도(개별)재무상태표 상 자본항목은 자본금과 이익잉여금으로 구성되어 있다.

(물음 1) 지배력 획득일인 20x1년 1월 1일에 ㈜민국의 이익잉여금은 ₩40,000이었으며, 20x1년 1월 1일 이후 ㈜민국의 자본금 변동은 없다. 20x2년 말 ㈜대한의 별도재무상태표에 표시될 종속기업투자주식의 금액을 계산하시오.

종속기업투자주식	①

(물음 2) ㈜대한의 20x2년 말 연결재무상태표에 표시될 다음의 금액을 계산하시오.

매출채권	①
감가상각누계액(건물)	②
감가상각누계액(기계장치)	③

(물음 3) 20x2년 말 ㈜대한과 ㈜민국 간의 ① 재고자산 내부거래에 따른 미실현이익의 잔액을 계산하시오. 또한 ② 20x2년에 ㈜대한과 ㈜민국 간에 이루어진 재고자산 내부거래의 유형(상향판매 또는 하향판매: 아래 표 참조)을 구분하고, ③ 그렇게 판단한 근거를 간략히 서술하시오. 단, 20x2년에는 단 1건의 재고자산 내부거래만이 발생하였으며, 동 내부거래 재고자산은 20x2년 12월 31일 현재 연결실체 외부로 판매되지 않고 매입회사의 장부에 모두 남아 있다.

재고자산 내부거래 유형	판매회사	매입회사
상향판매	㈜민국	㈜대한
하향판매	㈜대한	㈜민국

20x2년 12월 31일 현재 재고자산 내부거래에 따른 미실현이익의 잔액	①
재고자산 내부거래 유형 구분 (상향판매 또는 하향판매)	②
'②'에 표시한 답에 대한 판단근거	③

(물음 4) 20x2년 1월 1일에 존재한 ㈜대한과 ㈜민국 간의 재고자산 내부거래에 따른 전기이월 미실현이익의 잔액을 계산하시오.

20x2년 1월 1일 현재 재고자산 내부거래에 따른 미실현이익의 잔액	①

(물음 5) ㈜대한의 20x2년 말 연결재무상태표에 표시될 이익잉여금과 비지배지분의 금액을 각각 계산하시오.

연결이익잉여금	①
비지배지분	②

【문제 10】 (9점)

㈜대한은 20x1년 4월 1일에 ㈜민국의 주식과 교환하여 ㈜대한의 주식을 발행함으로써 ㈜민국을 취득하였다. 하지만 동 사업결합은 ㈜민국(법적 피취득자, 회계상 취득자)이 ㈜대한(법적 취득자, 회계상 피취득자)을 취득한 역취득에 해당한다. 아래 〈자료〉를 이용하여 물음에 답하시오.

〈자료〉

1. 사업결합 직전 ㈜대한과 ㈜민국의 재무상태표는 다음과 같다. ㈜대한의 납입자본은 보통주 60주(액면금액: 1주당 ₩100)로 구성되어 있으며, ㈜민국의 납입자본은 보통주 40주(액면금액: 1주당 ₩500)로 구성되어 있다.

재무상태표
20x1년 4월 1일   (단위: ₩)

	㈜대한	㈜민국
유동자산	10,000	30,000
비유동자산	25,000	45,000
자산총계	35,000	75,000
유동부채	7,000	5,000
비유동부채	13,000	10,000
납입자본	6,000	20,000
이익잉여금	9,000	40,000
부채 및 자본총계	35,000	75,000

2. 20x1년 4월 1일에 ㈜대한은 ㈜민국의 보통주 각 1주와 교환하여 보통주 6주를 발행하고, ㈜민국의 주주는 자신들이 보유하고 있는 ㈜민국의 주식을 모두 ㈜대한의 주식으로 교환한다. 이에 따라 ㈜대한은 ㈜민국의 보통주 40주 모두에 대해 보통주 240주를 발행한다.

3. 20x1년 4월 1일 현재 ㈜대한과 ㈜민국의 보통주 1주당 공정가치는 각각 ₩200 과 ₩3,000이다.

4. 20x1년 4월 1일 현재 ㈜대한이 보유한 비유동자산의 공정가치는 ₩30,000이 며, 이를 제외한 ㈜대한의 식별가능한 자산과 부채의 공정가치는 장부금액과 동 일하다.

(물음 1) 사업결합 직후 연결재무상태표에 표시될 다음의 금액을 계산하시오.

영업권	①
납입자본	②
이익잉여금	③

(물음 2) ㈜민국의 20x0년도 당기순이익과 20x1년도의 연결당기순이익이 각각 ₩7,200 과 ₩14,250이라고 할 때, ① 20x1년도 주당이익과 ② 비교목적 공시를 위해 재작성된 20x0년도 주당이익을 각각 계산하시오. 단, 20x1년 기초부터 역취득 직전까지 ㈜민국의 유통보통주식수에 변동은 없으며, 가중평균유통보통주식수는 월할계산한다.

20x1년도 주당이익	①
20x0년도에 대해 재작성된 주당이익	②

【문제 11】 (13점)

※ 다음의 각 물음은 독립적이다.

대한민국 소재 기업인 ㈜대한은 12월 말 결산법인이다. 답안을 작성할 때 당기순이익 이나 기타포괄이익 등이 감소하는 경우 금액 앞에 (-)를 표시하시오.

(물음 1) ㈜대한은 20x1년 11월 30일 미국으로부터 상품 $200을 수입하고 수입일의 환율을 적용하여 매입채무를 인식하였다. ㈜대한은 동 수입 거래대금을 3개월 후에 미

국달러($)로 지급하기로 하였다. 회사의 재무담당자는 환율변동위험에 대비하기 위해 3개월 후에 $200을 ₩1,230/$에 매입하는 통화선도계약을 체결하였다. 위의 거래들이 ㈜대한의 20x1년 및 20x2년의 당기순이익에 미치는 영향을 각각 계산하시오. 단, 통화선도의 현재가치 평가는 생략한다.

일자	현물환율	선도환율*
20x1.11.30	₩1,200/$	₩1,230/$
20x1.12.31	₩1,250/$	₩1,270/$
20x2.2.28	₩1,300/$	-

* 선도환율은 만기가 20x2년 2월 28일이다.

20x1년도 당기순이익에 미치는 영향	①
20x2년도 당기순이익에 미치는 영향	②

(물음 2) ㈜대한은 20x3년 3월 31일에 $300의 상품을 해외로 수출할 계획이며, 거래대금은 미국달러($)로 수령하려고 한다. ㈜대한은 위의 수출과 관련된 환율변동위험에 대비하기 위해 20x2년 9월 30일에 6개월 후 $300을 ₩1,380/$에 매도하는 통화선도계약을 체결하였다. 다음의 〈요구사항〉에 답하시오.

〈요구사항 1〉

㈜대한이 이 통화선도계약을 위험회피수단으로 지정(요건충족 가정)한 경우 이 통화선도 계약이 ㈜대한의 20x2년과 20x3년의 기타포괄이익과 당기순이익에 미치는 영향을 각각 계산하시오. 단, 상품의 수출로 인한 매출인식과 위험회피적립금의 재분류조정에 따른 영향은 고려하지 않는다. 통화선도의 현재가치 평가는 생략한다.

일자	현물환율	선도환율*
20x2.9.30	₩1,400/$	₩1,380/$
20x2.12.31	₩1,380/$	₩1,350/$
20x3.3.31	₩1,340/$	-

* 선도환율은 만기가 20x3년 3월 31일이다.

20x2년도 당기순이익에 미치는 영향	①
20x2년도 기타포괄이익에 미치는 영향	②
20x3년도 당기순이익에 미치는 영향	③
20x3년도 기타포괄이익에 미치는 영향	④

〈요구사항 2〉

㈜대한은 20x3년 3월 31일에 $300의 상품이 예정대로 수출되어 매출을 인식하였다. 이에 따라 위험회피적립금을 재분류조정하려 한다. 이 재분류조정이 20x3년도 당기순이익에 미치는 영향을 계산하시오. 단, 매출인식의 영향은 고려하지 않는다.

20x3년도 당기순이익에 미치는 영향	①

(물음 3) ㈜대한은 20x0년 말에 상품(취득가액 CNY5,000)을 외상으로 매입하였으나, 20x1년 말까지 매입대금을 상환하지 못하였다. ㈜대한의 기능통화는 달러화($)이고 표시통화는 원화(₩)라고 가정한다. 환율자료는 다음과 같다.

일자	환율($/CNY)	환율(₩/$)
20x0.12.31	$0.23/CNY	₩1,200/$
20x1.12.31	$0.20/CNY	₩1,250/$

20x1년 말에 ㈜대한이 재무제표를 작성하면서 외화표시 매입채무를 표시통화로 환산할 경우 당기순이익, 기타포괄이익 그리고 총포괄이익에 미치는 영향을 각각 계산하시오.

20x1년도 당기순이익에 미치는 영향	①
20x1년도 기타포괄이익에 미치는 영향	②
20x1년도 총포괄이익에 미치는 영향	③

【문제 12】 (12점)

㈜대한은 20x1년 1월 1일 ㈜민국의 보통주 400주(발행주식의 40%)를 주당 ₩2,000 에 취득하였다. 이로 인해 ㈜대한은 ㈜민국에 대해 유의적인 영향력을 가지게 되었다. 다음 〈자료〉를 이용하여 각 물음에 답하시오.

〈자료〉

• 20x1년 1월 1일 ㈜민국의 순자산 장부금액은 ₩1,000,000이다. 공정가치와 장 부금액의 차이가 발생하는 항목은 다음과 같다. 단, 기계장치와 건물의 잔존가치 는 없으며, 감가상각방법으로 정액법을 이용한다.

계정과목	장부금액	공정가치	비고
재고자산	₩100,000	₩150,000	20x1년에 모두 판매
기계장치	₩300,000	₩450,000	잔존내용 연수 5년
건물	₩500,000	₩1,000,000	잔존내용 연수 10년

• 20x1년도와 20x2년도에 ㈜민국이 보고한 당기순이익 등의 자료는 다음과 같다. 기타포괄손익은 재분류조정이 되는 항목이다.

구분	20x1년	20x2년
당기순이익	₩300,000	₩400,000
기타포괄손익	₩70,000	₩(-)35,000
현금배당	₩50,000	₩80,000

• ㈜대한도 ㈜민국의 20x1년 현금배당을 받을 권리가 있다고 가정한다.

• ㈜민국은 자기주식을 보유하고 있지 않고, ㈜대한과 ㈜민국 사이에는 내부거래가 없으며, ㈜대한이 보유한 ㈜민국의 보통주에 대한 손상징후는 존재하지 않는다.

(물음 1) ㈜대한이 취득한 ㈜민국의 보통주와 관련하여 다음의 금액을 계산하시오.

20x1년 보통주 취득시 영업권의 가치	①
20x1년 말 관계기업투자주식 장부금액	②
20x2년 말 관계기업투자주식 장부금액	③

(물음 2) ㈜대한은 20x3년 1월 1일 ㈜민국의 보통주 300주를 시장가격인 주당 ₩3,000에 처분하였다. 이에 따라 ㈜민국에 대한 유의적인 영향력을 잃게 되었다. 그리고 남은 ㈜민국의 보통주 100주를 기타포괄손익-공정가치 측정 금융자산으로 분류를 변경하였다. 이러한 주식처분과 분류 변경이 ㈜대한의 20x3년도 당기순이익과 기타포괄이익에 미치는 영향을 각각 계산하시오. 단, (물음 1)에 대한 해답과 관계없이 ㈜대한이 취득한 ㈜민국의 보통주에 대한 20x2년 기말 장부금액이 ₩900,000이라고 가정한다. 답안을 작성할 때 당기순이익이나 기타포괄이익 등이 감소하는 경우 금액 앞에 (-)를 표시하시오.

20x3년도 당기순이익에 미치는 영향	①
20x3년도 기타포괄이익에 미치는 영향	②

2021년도   제 56 회

기출문제

1일차

2021년 제56회

세 법

제1교시

※ 답안 작성시 유의사항

1. 답안은 문제 순서대로 작성할 것
2. 계산문제는 계산근거를 반드시 제시할 것
3. 답안은 아라비아 숫자로 원단위까지 작성할 것
   (예 : 2,000,000 - 1,000,000 = 1,000,000원)
4. 별도의 언급이 없는 한 관련 자료·증빙의 제출 및 신고·납부절차는 적법하게 이행된 것으로 가정할 것
5. 별도의 언급이 없는 한 합법적으로 세금부담을 최소화하는 방법으로 풀이할 것

【문제 1】 (25점)

다음은 거주자 갑, 을, 병의 2022년 귀속 종합소득 신고를 위한 자료이다. 제시된 금액은 원천징수하기 전의 금액이며, 별도의 언급이 없는 한 원천징수는 적법하게 이루어졌다.

(물음 1) 갑은 ㈜A에 상시 근무하던 중 2022년 6월 25일에 퇴직하였다.

〈자 료〉

1. 재직 기간(2022년 1월 1일~2022년 6월 25일) 중 갑의 소득 자료

구 분	금 액
㈜A가 지급한 급여	30,000,000원

구 분	금 액
㈜A가 지급한 장기재직 공로금	5,000,000원
㈜A가 지급한 직무발명보상금*1	6,000,000원
㈜A가 지급한 사내 특강료	1,000,000원
㈜A가 지급한 사내소식지 원고료*2	600,000원
외부 거래처 특강료*3	2,500,000원

*1 「발명진흥법」에 따른 보상금임
*2 업무와 관련성이 있음
*3 거래처가 갑에게 지급함

2. 퇴직 후(2022년 6월 26일 이후) 갑의 소득 자료

구 분	금 액
㈜A가 지급한 퇴직금	9,000,000원
㈜A가 지급한 직무발명보상금*1	7,000,000원
㈜A 직원재교육 강연료	2,000,000원
㈜A 사원채용면접문제 출제 수당	1,000,000원
차량판매 계약금이 대체된 위약금	500,000원
슬롯머신 당첨금품*2	1,500,000원

*1 「발명진흥법」에 따른 보상금임
*2 1건에 해당하며 투입금액은 10,000원임

3. 근로소득공제

총급여액	근로소득공제액
1,500만원 초과 4,500만원 이하	750만원+1,500만원을 초과하는 금액의 15%
4,500만원 초과 1억원 이하	1,200만원+4,500만원을 초과하는 금액의 5%

〈요구사항 1〉

갑의 근로소득 총급여액과 종합소득에 합산되는 기타소득 총수입금액을 다음의 답안 양식에 따라 제시하시오.

(답안 양식)

근로소득 총급여액	
기타소득 총수입금액	

〈요구사항 2〉

갑의 기타소득 원천징수세액과 종합소득금액을 다음의 답안 양식에 따라 제시하시오.

(답안 양식)

기타소득 원천징수세액	
종합소득금액	

(물음 2) 거주자 을(54세, 한국 국적)의 2022년 종합소득 관련 자료이다.

〈자 료〉

1. 소득 내역

구 분	금 액	비 고
근로소득	66,250,000원	총급여액 80,000,000원
이자소득	4,000,000원	예금이자로 원천징수됨

2. 생계를 같이하는 부양가족의 현황

구 분	나 이	내 용
부친	83세	소득 없음, 장애인
모친	79세	작물생산에 이용되는 논·밭 임대소득 6,000,000원
배우자	51세	소득 없음
딸	21세	소득 없음, 대학생
아들	15세	소득 없음, 중학생

3. 을의 소득공제 관련 내역

구 분	본인 부담분	비 고
국민연금 보험료	5,000,000원	회사가 부담하여 총급여액에 포함됨
건강보험료	4,000,000원	
주택청약저축 납입금액	3,000,000원	을은 무주택자임

4. 신용카드 사용내역[1]

사용내역	금 액
부친의 신용카드	5,000,000원
모친의 신용카드	4,000,000원
본인의 신용카드	15,300,000원[2]
배우자의 신용카드	10,000,000원[3]

[1] 2022년 신용카드 사용금액은 2021년 신용카드 등 사용금액의 105%를 초과하지 않음

[2] 국외에서 결제한 금액 3,000,000원 및 대중교통 사용분 300,000원이 포함됨

[3] 전통시장 사용분 4,000,000원이 포함됨

5. 교육비 관련 내역

구 분	교육비 내역	금 액
부친	장애인 특수 교육비[1]	2,000,000원
본인	직업능력개발훈련시설 수강료	1,500,000원
	대학원 등록금	4,000,000원
배우자	직업능력개발훈련시설 수강료	1,000,000원
딸	외국대학[2] 등록금	10,000,000원
아들	교복구입비용	500,000원
	방과후학교 수업료	1,000,000원
	사설 영어학원 수강료	4,000,000원

[1] 보건복지부장관이 장애인 재활교육을 실시하는 기관으로 인정한 비영리법인에 지급함

[2] 국외에 소재하는 교육기관으로 「고등교육법」에 따른 학교에 해당함

6. 기부금 관련 내역

구 분	기부금 내역	금 액
부친	종교단체 기부금	500,000원
본인	수해 이재민구호금품	600,000원
	노동조합 회비	300,000원

〈요구사항 1〉

을의 소득공제액을 다음의 답안 양식에 따라 제시하시오.

(답안 양식)

인적 공제액	기본공제액	
	추가공제액	
연금보험료 · 건강보험료 · 주택청약저축 소득공제액		
신용카드 등 사용 소득공제액		

〈요구사항 2〉

을의 세액공제액을 다음의 답안 양식에 따라 제시하시오.

(답안 양식)

교육비 세액공제	
기부금 세액공제	

(물음 3) 거주자 병의 2022년 종합소득 관련 자료이다.

〈자 료〉

1. 「자본시장과 금융투자업에 관한 법률」에 따른 국내투자신탁의 수익증권 환매이익

구 분	금 액
상장주식 매매차익	3,000,000원
주식 배당금	12,000,000원
양도가능채권 매매차손	△2,000,000원

2. 채권의 매매차익

구 분	금 액
환매조건부 채권의 매매차익	20,000,000원
회사채 매매차익*	15,000,000원

  * 회사채 매매차익에는 보유기간 이자상당액 1,000,000원이 포함됨

3. 병이 투자한 비상장법인 B로부터 받은 무상주

구 분	금 액
주식발행초과금의 자본전입	15,000,000원*
이익준비금의 자본전입	30,000,000원

  * 지분율 상승에 해당하는 금액 2,000,000원이 포함됨

4. 기타 금융소득

구 분	금 액
직장공제회 반환금	50,000,000원*1
외국법인으로부터 받은 배당금	4,000,000원*2
국내은행 지급 정기예금이자	8,000,000원
코스닥상장 C법인 인정배당*3	6,000,000원

  *1 직장공제회(2012년 가입) 납입원금은 45,000,000원임

  *2 원천징수 하지 않음

  *3 결산확정일은 2022년 3월 31일임

5. 제조업 사업소득금액 : 20,000,000원
6. 종합소득세 기본세율

과세표준	세 율
1,200만원 초과 4,600만원 이하	72만원+1,200만원을 초과하는 과세표준의 15%
4,600만원 초과 8,800만원 이하	582만원+4,600만원을 초과하는 과세표준의 24%

〈요구사항 1〉

거주자 병의 종합소득에 합산되는 이자소득 및 배당소득의 총수입금액과 배당소득에 대한 배당가산액을 다음의 답안 양식에 따라 제시하시오.

(답안 양식)

이자소득 총수입금액	
배당소득 총수입금액	
배당가산액(Gross-up 금액)	

〈요구사항 2〉

거주자 병의 종합소득금액, 종합소득산출세액 및 배당세액공제액을 다음의 답안 양식에 따라 제시하시오. 단, 종합소득공제액은 20,000,000원으로 가정한다.

(답안 양식)

종합소득금액	
종합소득산출세액	
배당세액공제액	

【문제 2】 (5점)

다음은 거주자 갑의 양도 관련 자료이다.

〈자 료〉

1. 갑은 2016년 4월 20일 취득하여 사무실로 사용하던 오피스텔을 특수관계가 있는 A법인에게 2022년 12월 31일에 양도하였다.

2. 양도 시 오피스텔의 양도가액과 시가는 다음과 같다.

양도가액	시가
390,000,000원	400,000,000원

3. 양도 시 오피스텔의 장부가액 및 필요경비 관련 자료는 다음과 같다.

취득가액	감가상각누계액	필요경비
200,000,000원[1]	120,000,000원[2]	25,000,000원[3]

[1] 노후된 오피스텔의 개량을 위한 자본적 지출 15,000,000원이 제외됨

[2] 사업소득의 필요경비로 장부상 계상한 금액임

[3] 지출증빙이 확인되는 중개인 수수료 13,000,000원과 매매계약에 따른 인도의무를 이행하기 위하여 갑이 지출한 명도비용 12,000,000원임

4. 양도한 오피스텔은 갑이 대주주로 있는 B법인으로부터 취득한 것이며, 취득과 관련하여 갑에게 배당으로 소득처분된 금액 20,000,000원이 있다.

〈요구사항 1〉
건물 양도로 인한 갑의 양도차익을 다음의 답안 양식에 따라 제시하시오.

(답안 양식)

양도가액	
취득가액	
기타의 필요경비	
양도차익	

〈요구사항 2〉

위의 자료 중 갑의 양도가액 및 시가가 다음과 같을 때 양도차익을 계산하기 위한 양도가액을 다음의 답안 양식에 따라 제시하시오. 단, A법인의 세무조정 시에 법인세법 상 부당행위계산부인 규정이 적용되어 갑에게 인정소득이 처분되었다.

양도가액	시가
400,000,000원	300,000,000원

(답안 양식)

양도가액	

【문제 3】 (20점)

(물음 1) 다음은 일반과세자인 ㈜한국의 2022년 제1기 과세기간의 부가가치세 관련 자료이다. 별도의 언급이 없는 한 제시된 금액은 부가가치세가 포함되지 않은 금액이며, 세금계산서는 적법하게 발급되었다.

〈자 료〉

1. ㈜한국은 상품을 15,000,000원에 판매하기로 계약하고 6월 15일에 받은 계약금 3,000,000원에 대한 세금계산서를 발급하였다. 상품은 7월 15일에 인도되었다.
2. ㈜한국은 국내사업장이 없는 외국법인이 지정하는 국내사업자 ㈜A에게 40,000,000원에 제품을 인도하고 대금은 외국환은행에서 원화로 수령하였다. ㈜A는 인도받은 제품을 모두 면세사업에 사용하였다.
3. ㈜한국은 한국국제협력단(KOICA)에 시가 10,000,000원의 제품을 공급하였다. 한국국제협력단은 이 제품 중 90%를 해외구호를 위해 무상으로 반출하고 10%는 국내에서 사용하였다.
4. ㈜한국이 무상 공급한 내역이다.

구 분	제품		비품
	직매장반출*1	접대비*2	복리후생비*3
원 가	4,000,000원	600,000원	2,000,000원
감가상각누계액			600,000원
시 가	6,000,000원	900,000원	1,300,000원

*1 직매장에 광고목적의 전시를 위하여 반출됨

*2 거래처에 판매장려 목적으로 제공됨

*3 2021년 12월 15일에 취득하여 사무실에서 사용하던 비품을 대표이사의 가사용으로 제공하였음

5. ㈜한국의 기타 공급내역이다.

① 직수출로 2022년 5월 1일에 제품을 선적하고 받은 대가는 다음과 같다.

일 자	받은 대가	기준환율
2022.4.20.	$12,000*1	1,000원/1$
2022.5. 1.	-	1,100원/1$
2022.6.25.	$5,000*2	1,050원/1$
2022.6.30.	-	1,150원/1$

*1 $12,000 중 $10,000는 즉시 환가하였고, $2,000는 과세기간말 현재 보유하고 있음

*2 $5,000는 대가수령 즉시 환가하였음

② 내국신용장에 의한 검수조건부 수출로 갑과 을에게 공급한 내역이다.

구 분	갑	을
거래액	18,000,000원	3,000,000원
인도일	2022.3.10.	2022.4.15.
검수일	2022.6.18.	2022.6.30.
내국신용장개설일	2022.6.30.	2022.7.30.

〈요구사항〉

㈜한국이 2022년 제1기 부가가치세 확정신고 시 신고해야 할 과세표준을 다음의 답안
양식에 따라 제시하시오.

(답안 양식)

자료번호	과세표준	
	과세	영세율
1		
2		
3		
4		
5 - ①		
5 - ②		

(물음 2) 다음은 수산물도매업과 통조림제조업을 겸영하고 있는 ㈜대한(중소기업 아님)
의 부가가치세 관련 자료이다. 단, 별도의 언급이 없는 한 제시된 금액은 부가가치세를
포함하지 않은 금액이며, 세금계산서 및 계산서는 적법하게 수취한 것으로 가정한다.

〈자 료〉

1. 예정신고기간 중 면세수산물 매입액은 없었고, 2022년 제1기 중에 면세수산물
   의 매입 및 사용내역은 다음과 같다.

(단위: 원)

구분	금액	당기 사용내역		
		과세	면세	과세+면세
기초	8,000,000	1,850,000	6,150,000	-
매입	63,400,000	14,400,000	5,000,000	40,000,000
기말	4,000,000			

2. ㈜대한은 2022년 4월 15일에 수산물도매업과 통조림제조업에 공통으로 사용
하기 위하여 트럭 2대(취득가액 합계 100,000,000원)를 구입하였다. 이 중
트럭 1대(취득가액 40,000,000원)를 2022년 6월 30일에 처분하였다.

3. 각 과세기간별 과세공급가액과 면세공급가액은 다음과 같다.

구 분	수산물도매업	통조림제조업
2021년 제2기	90,000,000원	110,000,000원
2022년 제1기	80,000,000원	120,000,000원
2022년 제2기	90,000,000원	90,000,000원

4. ㈜대한의 의제매입세액 공제율은 2/102이다.

〈요구사항 1〉

2022년 제1기 부가가치세 확정신고 시 트럭의 공통매입세액 중 매입세액공제액 및
2022년 제2기 부가가치세 확정신고 시 공통매입세액 재계산액을 다음의 답안 양식에
따라 제시하시오. 단, 재계산액이 납부세액을 증가시키면 (+), 감소시키면 (-) 부호를
금액과 함께 기재하시오.

(답안 양식)

매입세액공제액	
재계산으로 가산 또는 공제되는 세액	

〈요구사항 2〉

㈜대한의 2022년 제1기 부가가치세 확정신고 시 다음 금액을 답안 양식에 따라 제시
하시오.

(답안 양식)

의제매입세액 공제액(추징액 차감 전)	
전기 의제매입세액 공제분 중 추징액	

(물음 3) 다음은 과세사업과 면세사업을 겸영하고 있는 ㈜대한의 부가가치세 관련 자료이다.

<자 료>

1. ㈜대한은 과세사업과 면세사업에 공통으로 사용하던 건물과 부속토지를 2022년 6월 15일에 480,000,000원(부가가치세 포함)에 일괄양도하였다. 양도일에 건물 및 부속토지의 실지거래가액은 불분명하고, 감정평가액은 없다. 각 자산가액의 내역은 다음과 같다.

(단위: 원)

구 분	기준시가	취득원가	장부가액
건물	100,000,000	200,000,000	200,000,000
부속토지	134,000,000	400,000,000	270,000,000
합 계	234,000,000	600,000,000	470,000,000

2. 각 과세기간별 과세공급가액과 면세공급가액 비율은 다음과 같다.

구 분	과세공급가액	면세공급가액
2021년 제2기	60%	40%
2022년 제1기	70%	30%

<요구사항>

㈜대한이 일괄양도한 건물 및 부속토지의 부가가치세 공급가액과 과세표준을 다음의 답안 양식에 따라 제시하시오.

(답안 양식)

구 분	공급가액	과세표준
건 물		
부속토지		

(물음 4) 다음은 과세사업을 영위하는 ㈜태백의 2022년 부가가치세 관련 자료이다.

〈자 료〉

1. ㈜태백의 신임담당자는 2022년 제1기 신고내역을 검토하다가 다음과 같은 사항을 발견하였다.
   ① 2022년 6월 20일에 공급한 과세공급가액 4,000,000원에 대하여 세금계산서를 발급하지 않았으며, 이를 확정신고에서 누락하였다. 이러한 누락은 부정행위로 인한 것이다.
   ② 2022년 6월 10일에 공급받은 과세공급가액 1,000,000원에 대해서는 매입세금계산서를 발급받았으나 확정신고에서 누락하였다.
2. ㈜태백은 위의 매출 및 매입 누락을 2022년 7월 31일에 수정신고하였다.

〈요구사항〉

㈜태백이 수정신고할 때 가산세액을 다음의 답안 양식에 따라 제시하시오. 단, 가산세액이 없는 경우 "없음"으로 표시하시오.

(답안 양식)

세금계산서 불성실가산세	
매출처별세금계산서합계표 불성실가산세	
매입처별세금계산서합계표 불성실가산세	
과소신고 · 초과환급신고가산세	

【문제 4】 (25점)

(물음 1) 건물 전체를 임대하고 있는 ㈜백두(영리내국법인)의 제22기 사업연도(2022년 1월 1일~2022년 12월 31일) 법인세 관련 자료이다.

〈자 료〉

1. 임대내역은 다음과 같다.[1]

구 분	임대면적	임대기간	보증금[2]
상가	750㎡	2022.4.1.~2023.3.31.	600,000,000원
주택	250㎡	2022.4.1.~2024.3.31.	400,000,000원

[1] 임대건물은 단층으로 해당 부속토지는 2,000㎡이고, 상가부속토지와 주택부속토지의 구분은 불가능하다.

[2] 상가임대보증금은 2022년 3월 16일에 수령하였으며, 주택임대보증금은 임대개시일에 수령하였다.

2. 상가임대료로 매월 말 3,000,000원을 받기로 계약하였으나, 임차인의 어려운 사정으로 전혀 받지 못하여 임대기간 종료시점에 임대보증금에서 차감할 예정이다. ㈜백두는 제22기에 미수임대료 회계처리를 하지 않았다.

3. 주택임대료로 매월 말 5,000,000원을 받기로 계약하였으나, 실제로는 임대기간 전체에 대한 월임대료의 합계인 120,000,000원을 임대개시 시점에 일시금으로 수령하였으며, ㈜백두는 이를 전액 임대료수익으로 회계처리하였다.

4. 임대용 건물을 350,000,000원(토지가액 100,000,000원 포함)에 취득 시 건물의 자본적 지출액 50,000,000원이 발생하였다. 건물에 대한 지출은 상가분과 주택분으로 구분할 수 없다.

5. 상가임대보증금의 운용수익은 수입이자 2,000,000원과 신주인수권처분이익 500,000원이며, 주택임대보증금의 운용수익은 수입배당금 1,000,000원과 유가증권처분손실 1,500,000원이다.

6. 기획재정부령으로 정하는 정기예금이자율은 연1.2%이다.

〈요구사항 1〉

㈜백두는 부동산임대업이 주업이며, 차입금적수가 자기자본적수의 2배를 초과한다. ㈜백두의 제22기 건물 임대와 관련된 세무조정 및 소득처분을 다음의 답안 양식에 따라 제시하시오. 단, 소수점 이하 금액은 버린다.

(답안 양식)

익금산입 및 손금불산입			손금산입 및 익금불산입		
과목	금액	소득처분	과목	금액	소득처분

〈요구사항 2〉

㈜백두가 부동산임대업이 주업이 아니며 장부를 기장하지 아니하여 추계결정하는 경우 제22기 간주임대료를 다음의 답안 양식에 따라 제시하시오. 단, 소수점 이하 금액은 버린다.

(답안 양식)

간주임대료	

(물음 2) 다음은 제조업을 영위하는 ㈜소백(중소기업)의 제22기 사업연도(2022년 1월 1일~2022년 12월 31일) 법인세 관련 자료이다. 전기까지의 세무조정은 적법하게 이루어졌다.

〈자 료〉

1. 손익계산서상 매출액은 35,000,000,000원이며 매출과 관련된 자료는 다음과 같다.
   ① 영업외손익에 부산물 판매액 1,500,000,000원이 계상되어 있다.
   ② 당기말에 수탁자가 판매한 10,000,000,000원을 제23기 초 대금회수시 매출액으로 회계처리하였다.
   ③ 손익계산서상 매출액에는 특수관계인에 대한 매출액 10,000,000,000원이 포함되어 있다.

2. 손익계산서상 판매비와관리비에 계상된 접대비는 189,000,000원이다. 이 중 증빙이 없는 접대비는 2,500,000원이며 그 외의 접대비 내역은 다음과 같다.

구 분	건당 3만원 이하	건당 3만원 초과	합 계
영수증 수취건	1,500,000원	12,000,000원	13,500,000원
신용카드 매출전표 수취건	16,000,000원	85,000,000원*	101,000,000원
세금계산서 수취건	10,000,000원	62,000,000원	72,000,000원
합 계	27,500,000원	159,000,000원	186,500,000원

* 임원 개인명의의 신용카드를 사용하여 거래처에 접대한 금액 5,000,000원이 포함됨

3. 손익계산서에는 다음의 사항이 포함되어 있다.
   ① 상시 거래관계에 있는 거래처 100곳에 개당 80,000원(부가가치세 포함)의 시계를 광고선전품으로 제공한 금액 8,000,000원을 광고선전비로 회계처리하였다.
   ② 자체 생산한 제품(원가 3,000,000원, 시가 5,000,000원)을 거래처에 제공하고 다음과 같이 회계처리하였다.

   (차) 복리후생비   5,000,000
       세금과공과   500,000

                           (대) 제품   3,000,000
                               잡이익   2,000,000
                               부가세예수금   500,000

   ③ 거래관계 개선을 위해 약정에 따라 매출채권 15,000,000원을 대손상각비로 회계처리하였다.

4. 접대비 수입금액 적용률

수입금액	적용률
100억원 이하	0.3%
100억원 초과 500억원 이하	0.2%
500억원 초과	0.03%

〈요구사항 1〉
㈜소백의 접대비 한도초과액을 계산하기 위한 시부인대상 접대비 해당액을 다음의 답안 양식에 따라 제시하시오.

(답안 양식)

시부인대상 접대비 해당액	

〈요구사항 2〉
〈요구사항 1〉의 정답과 관계없이 시부인대상 접대비 해당액을 200,000,000원으로 가정하고 ㈜소백의 접대비 한도초과액을 다음의 답안 양식에 따라 제시하시오.

(답안 양식)

접대비 한도액 계산	수입금액	
	접대비 한도액	
접대비 한도초과액		

(물음 3) 다음은 제조업을 영위하는 ㈜한라(중소기업 아님)의 제22기 사업연도(2022년 1월 1일~2022년 12월 31일) 기부금과 관련된 법인세 관련 자료이다. 전기까지의 세무조정은 적법하게 이루어졌다.

〈자 료〉

1. ㈜한라의 손익계산서상 기부금 내역은 다음과 같다.
   ① A사립대학 장학금: 100,000,000원*
      * 장학금은 약속어음으로 지급되었으며 어음의 결제일은 2023년 3월 1일임
   ② 무료로 이용할 수 있는 아동복지시설에 지출한 기부금: 50,000,000원
   ③ 사회복지법인 고유목적사업비: 6,000,000원*
      * 생산한 제품을 사회복지법에 의한 사회복지법인(특수관계 없음)의 고유목적사업비로 기부한 것으로, ㈜한라는 동 제품의 원가 6,000,000원(시가 10,000,000원)을 손익계산서상 기부금으로 계상함
   ④ 천재지변에 따른 이재민구호금품: 25,000,000원

⑤ 새마을금고에 지출한 기부금: 4,000,000원

2. ㈜한라는 의료법에 의한 의료법인(특수관계 없음)으로부터 정당한 사유없이 시가 10,000,000원인 비품을 15,000,000원에 매입하고 매입가액을 취득원가로 회계처리하였다.

3. 제21기의 세무조정시 기부금과 관련된 세무조정사항은 다음과 같다.
   ① 지정기부금 한도초과액: 10,000,000원
   ② 비지정기부금 부인액: 5,000,000원

4. 제20기에 발생한 세무상 결손금은 120,000,000원이다.

⟨요구사항 1⟩

㈜한라의 제22기 기부금 관련 세무조정 및 소득처분을 다음의 답안 양식에 따라 제시하시오. 단, 기부금 한도초과액에 대한 세무조정은 제외하시오.

(답안 양식)

익금산입 및 손금불산입			손금산입 및 익금불산입		
과목	금액	소득처분	과목	금액	소득처분

⟨요구사항 2⟩

㈜한라의 제22기 차가감소득금액이 400,000,000원이라고 가정하고 당기의 법정기부금 및 지정기부금 한도초과(미달)액을 다음의 답안 양식에 따라 제시하시오.

(답안 양식)

법정기부금 해당액	
지정기부금 해당액	
법정기부금 한도초과(미달)액	
지정기부금 한도초과(미달)액	

(물음 4) 다음은 제조업을 영위하는 ㈜설악의 제22기 사업연도(2022년 1월 1일~ 2022년 12월 31일) 법인세 관련 자료이다.

〈자 료〉

1. ㈜설악은 결산조정에 의하여 퇴직연금충당금을 설정하고 있으며 퇴직연금충당금 계정의 당기 중 변동내역은 다음과 같다.

퇴직연금충당금

당기상계	200,000,000원	전기이월*	450,000,000원
차기이월	570,000,000원	당기설정	320,000,000원
합 계	770,000,000원	합 계	770,000,000원

* 전기말 세무상 퇴직연금충당금의 부인누계액(유보)은 50,000,000원임

2. 당기 중 종업원 퇴직으로 인한 퇴직금은 사외에 적립한 퇴직연금운용자산에서 지급되었으며 다음과 같이 회계처리하였다.

(차) 퇴직연금충당금 200,000,000
　　퇴직급여충당금　 30,000,000

　　　　　　　　　　　　(대) 퇴직연금운용자산 230,000,000

3. ㈜설악의 당기말 퇴직급여추계액은 다음과 같다.
　① 보험수리적기준: 910,000,000원
　② 일시퇴직기준: 900,000,000원

4. 확정급여형 퇴직연금과 관련하여 사외에 적립한 퇴직연금운용자산 계정의 변동내역은 다음과 같다.

퇴직연금운용자산

전기이월	450,000,000원	당기지급*	230,000,000원
당기예치	410,000,000원	기말잔액	630,000,000원
합 계	860,000,000원	합 계	860,000,000원

* 당기지급액은 모두 현실적으로 퇴직한 임직원에게 지급됨

5. 기말 현재 재무상태표상 퇴직급여충당금 기말잔액은 100,000,000원이며, 세무상 퇴직급여충당금 부인누계액(유보)은 20,000,000원이다.

〈요구사항 1〉

㈜설악의 퇴직금 관련 세무조정 및 소득처분을 다음의 답안 양식에 따라 제시하시오.

(답안 양식)

익금산입 및 손금불산입			손금산입 및 익금불산입		
과목	금액	소득처분	과목	금액	소득처분

〈요구사항 2〉

㈜설악은 신고조정에 의하여 퇴직연금충당금을 손금에 산입하고 있다고 가정한다. 〈자료〉 중 1번은 고려하지 않으며, 2번의 분개 중 '퇴직연금충당금'을 '퇴직급여'로 한다. 전기말 현재 신고조정에 의한 퇴직연금충당금의 손금산입액(△유보)이 400,000,000원일 때 퇴직금 관련 세무조정 및 소득처분을 다음의 답안 양식에 따라 제시하시오.

(답안 양식)

익금산입 및 손금불산입			손금산입 및 익금불산입		
과목	금액	소득처분	과목	금액	소득처분

【문제 5】 (15점)

(물음 1) 제조업을 영위하는 ㈜한국(영리내국법인)의 제22기 사업연도(2022년 1월 1일~2022년 12월 31일)법인세 관련 자료이다.

〈자 료〉

1. ㈜한국은 판매 후 3개월 이내에 반품가능한 조건으로 제품을 판매하고 있으며 인도기준으로 회계처리하고 있다. 매출원가율은 60%를 유지하고 있으며, 전기말 반품추정액의 회계처리에 대한 세무조정은 다음과 같다.

구 분	익금산입 · 손금불산입	손금산입 · 익금불산입
매출	30,000,000원	-
매출원가	-	7,500,000원*

* 반품자산 예상가치는 30,000,000원×25%임

---

2. 2022년 반품내역은 다음과 같다.
  ① 전기 매출 중 당기 반품액: 18,000,000원
  ② 당기 매출 중 당기 반품액: 120,000,000원

3. 2022년 12월 31일 현재 당기 매출 중 반품추정액은 35,000,000원이며, 반품 자산의 예상가치는 매출액의 25%이다.

4. ㈜한국의 2022년 반품관련 회계처리는 다음과 같다.
  ① 전기말 반품추정액의 반품기간 종료
  가. 환불충당부채 회계처리

  (차) 환불충당부채   30,000,000 (대) 매출채권   18,000,000
                                                매   출   12,000,000

  나. 반환제품회수권 회계처리

  (차) 제   품   4,500,000 (대) 반환제품회수권 7,500,000
    매출원가   3,000,000

  ② 당기 매출 중 당기 반품액
  가. 반품의 매출 및 매출원가 회계처리

  (차) 매 출   120,000,000 (대) 매출채권   120,000,000
      제 품   72,000,000   매출원가   72,000,000

  나. 반품된 제품의 평가손실 회계처리

  (차) 제품평가손실   42,000,000 (대) 제 품   42,000,000

  ③ 당기말 반품추정액 회계처리

  (차) 매 출   35,000,000 (대) 환불충당부채 35,000,000
      반환제품회수권   8,750,000   매 출 원 가   8,750,000

5. ㈜한국은 재고자산의 평가방법을 원가법으로 적법하게 신고하였다.

〈요구사항〉

㈜한국의 반품조건부 판매 관련 세무조정 및 소득처분을 다음의 답안 양식에 따라 제시하시오.

(답안 양식)

익금산입 및 손금불산입			손금산입 및 익금불산입		
과목	금액	소득처분	과목	금액	소득처분

(물음 2) 제조업을 영위하는 ㈜한국(중소기업)의 제22기 사업연도(2022년 1월 1일~2022년 12월 31일) 법인세 관련 자료이다.

〈자 료〉

1. ㈜한국의 각사업연도소득금액은 다음과 같다.

구 분	금 액
당기순이익	250,000,000원
(+) 익금산입 · 손금불산입	200,000,000원
(-) 손금산입 · 익금불산입	120,000,000원*
각사업연도소득금액	330,000,000원

* 조세특례제한법 상 최저한세 대상금액 20,000,000원이 포함됨

2. ㈜한국의 법인세법 상 비과세소득은 45,000,000원이다.

3. 세무상 이월결손금은 전액 국내원천소득에서 발생한 것이며, 제11기에 발생한 15,000,000원과 제16기에 발생한 25,000,000원으로 구성되어 있다.

4. ㈜한국은 외국에 본점을 둔 A사에 해외투자(투자지분 30%, 투자일 2019년 1월 1일)로 당기 중 배당금을 수령하였으며 그 내용은 다음과 같다.

구 분	금 액
수입배당금	50,000,000원*
A사의 소득금액	350,000,000원
A사의 법인세액	100,000,000원

* 원천징수 전 금액이며, 이에 대한 국외원천징수세액 5,000,000원과 간접외국 납부세액은 세무조정 시 가산조정 되었음

5. 조세특례제한법 상 세액공제내역은 다음과 같다.

구 분	금 액
통합투자세액공제	18,000,000원
연구·인력개발비 세액공제	3,600,000원

6. 중소기업에 대한 최저한세율은 7%이다.

〈요구사항 1〉

㈜한국의 외국납부세액공제액을 다음의 답안 양식에 따라 제시하시오.

(답안 양식)

간접외국납부세액	
외국납부세액공제 한도액	
외국납부세액공제액	

〈요구사항 2〉

〈요구사항 1〉의 정답과 관계없이 외국납부세액공제액을 5,000,000원으로 가정하고 ㈜한국의 총부담세액을 다음의 답안 양식에 따라 제시하시오.

(답안 양식)

감면후 세액	
최저한세	
총부담세액	

【문제 6】 (10점)

(물음 1) 다음은 2022년 6월 15일 사망한 거주자 갑의 상속재산 중 주식 관련 자료이다.

〈자 료〉

1. 상속주식은 제조업을 영위하는 비상장기업인 ㈜한국의 주식이며, 상속개시 당시 갑의 보유주식은 50,000주(총발행주식수 125,000주 중 40%에 해당)로

갑은 최대주주이다.

2. 상속개시일 현재 상속세 및 증여세법에 의한 ㈜한국의 순자산가치는 7,000,000,000 원으로 다음의 금액이 반영되어 있다.
   ① 선급비용: 100,000,000원
   ② 영업권 평가액: 1,000,000,000원
   ③ 수선충당금: 600,000,000원
   ④ 퇴직급여충당금: 1,200,000,000원[*]
      * 퇴직급여추계액과 일치함

3. ㈜한국의 순손익가치 계산을 위한 3년간의 각 사업연도 순손익액은 다음과 같으며, 순손익액을 산정함에 있어 일시적, 우발적 사건에 의한 금액은 없다.

구 분	2021년	2020년	2019년
순손익액	300,000,000원	200,000,000원	140,000,000원

4. ㈜한국의 주식가치는 순자산가치만으로 평가하는 경우에 해당되지 않는다. 순손익가치 계산 시 적용할 이자율은 10%, 최대주주 보유주식에 대한 할증률은 20%이다.

〈요구사항〉

상속재산인 ㈜한국의 비상장주식 평가액을 다음의 답안 양식에 따라 제시하시오.

(답안 양식)

1주당 순자산가치	
1주당 순손익가치	
1주당 평가액	
비상장주식 평가액	

(물음 2) 다음은 거주자 을의 증여세 관련 자료이다.

〈자 료〉

1. 거주자 을은 자력으로 주식을 취득할 수 없음에도 부친의 재산을 담보로 자금

을 차입하여 비상장 내국법인 주식을 취득하였다. 주식 취득일로부터 3년 후 재산가치 증가사유인 비상장주식의 한국금융투자협회 등록에 따라 이익을 얻은 것으로 확인된다.

2. 재산가치 증가사유에 따른 관련 내용은 다음과 같으며 을이 해당 주식의 가치 증가에 기여한 부분은 없다.

구 분	금 액
주식 취득가액	100,000,000원
취득한 주식의 등록일 현재 가액	500,000,000원*
통상적인 가치상승분	80,000,000원

　* 상속세 및 증여세법 규정에 따라 평가한 가액으로 재산가치 증가사유에 따른 증가분이 반영됨

3. 을은 해당 주식이 등록되기 1개월 전 450,000,000원에 전부 양도하였으며 양도가액은 상속세 및 증여세법에 따라 평가한 가액과 같다.

〈요구사항〉

을의 주식 취득 후 재산가치 증가에 따른 증여재산가액을 다음의 답안 양식에 따라 제시하시오.

(답안 양식)

증여세 과세여부 판단 기준금액	
증여재산가액	

1일차

2021년 제56회

재무관리

제2교시

【문제 1】 (15점)

㈜무기전자는 중요한 거래처인 ㈜임계통신으로부터 생산이 중단된 제품인 음성인식 스피커를 매년 100,000개씩 4년간 공급해 달라는 요청을 받았다. ㈜무기전자는 음성인식 스피커에 대한 다른 수요처는 없지만 ㈜임계통신과의 관계를 돈독하게 유지하기 위하여 회사의 가치를 훼손하지 않는 선에서 가장 낮은 가격에 공급하기로 결정하였다. 음성인식 스피커 생산을 위해서 내용연수가 4년인 생산설비를 250억 원에 구입해야 한다. 이 설비는 잔존가치 없이 정액법으로 감가상각되며 사업 종료 시 30억 원에 매각할 수 있다. 순운전자본은 시작시점($t = 0$)에 5억 원이 소요되며, 4년 후 사업 종료시점($t = 4$)에 전액 회수된다. 매년 발생하는 고정비는 50억 원(감가상각비 미포함)이며, 변동비는 개당 150만 원이 소요된다. 법인세율은 40%이고, 요구수익률은 13%이다. 이자율이 13%일 때의 현가이자요소(PVIF)와 연금의 현가이자요소(PVIFA)는 아래 표와 같다.

구분	1년	2년	3년	4년
PVIF	0.8850	0.7831	0.6931	0.6133
PVIFA	0.8850	1.6681	2.3612	2.9745

주어진 정보 하에 다음 물음에 정답하시오. <u>계산결과는 소수점 아래 첫째 자리에서 반올림하여 원 단위까지 표시하시오.</u>

(물음 1) 사업 시작시점($t = 0$)에 초기투자비용으로 유출되는 현금흐름을 계산하시오.

(물음 2) 사업 종료시점($t = 4$)에 생산설비의 매각을 통해 유입되는 현금흐름을 계산하시오.

(물음 3) 사업의 NPV를 0으로 만드는 연간 영업현금흐름을 계산하시오.

(물음 4) ㈜무기전자가 ㈜임계통신에게 공급할 수 있는 음성인식 스피커의 개당 최저가격을 계산하시오.

【문제 2】 (15점)

2021년 6월 1일 현재, 자기자본으로만 구성된 ㈜병정의 기업가치는 투자가 이루어져 이미 운용중인 자산의 가치와 아직 투자가 이루어지지 않은 투자안의 순현재가치로 이루어져 있다. ㈜병정의 기업가치는 비즈니스상황(상황1 또는 상황2)에 따라 아래와 같이 변동한다. 상황1과 상황2가 발생할 확률은 각각 50%이고 상호배타적이다. 위험중립성을 가정한다. 시장가치로 평가한 기업가치는 아래와 같다.

구분	상황1	상황2
운용중인 자산의 가치	190억 원	80억 원
투자안의 순현재가치	20억 원	10억 원
기업가치	210억 원	90억 원

이 투자안은 이번에 투자하지 않으면 기회가 사라지며, 투자 실행을 위해서는 100억 원의 초기투자비용이 요구된다. ㈜병정은 현금성 자산을 갖고 있지 않기 때문에 이 투자안을 실행하기 위해서는 100억 원의 유상증자를 해야 한다. 이 유상증자에서 기존주주는 배제되며, 부채는 차입할 수 없다. 기존주주와 경영진 사이의 대리인문제는 없으며, 경영진은 기존주주의 이익을 위하여 최선을 다한다. 이 모두는 공공정보이다.

(물음 1) 경영진이 투자자들과 동일하게 어떤 비즈니스상황인지 알지 못하고 증자 및 투자 결정을 내린다고 가정하자.
새로운 비즈니스상황이 발생하기 전인 현재, 투자자들이 평가하는 ㈜병정의 기업가치는 다음과 같이 계산된다.

$$210억 원 \times 0.5 + 90억 원 \times 0.5 = 150억 원$$

① 유상증자를 통해 100억 원을 조달하여 투자한 후, 기존주주의 기업가치 배분비율을 계산하고, 각 비즈니스상황에서 기존주주가 차지하게 되는 기업가치를 계산하시오.

② 비즈니스상황에 따라 증자 및 투자 결정을 내릴 수 있다면, 기존주주의 입장에서는 각 상황에서 증자 및 투자를 하는 것과 하지 않는 것 중 합리적인 의사결정은 무엇인지 설명하시오.

(물음 2) 경영진은 투자자들이 알지 못하는 비즈니스상황을 먼저 알고 증자 및 투자 결정을 내리며, 이 사실을 투자자들이 안다고 가정하자. 현재 투자자들이 평가하는 ㈜병정의 기업가치를 계산하시오. 단, 유상증자를 통한 자본조달은 언제나 가능하다.

(물음 3) ㈜병정이 현금성 자산을 다음과 같이 보유하고 있어 투자안에 사용할 수 있다고 가정하자. 시장가치로 평가한 기업가치는 아래와 같다.

구분	상황1	상황2
현금성 자산	100억 원	100억 원
운용중인 자산의 가치	190억 원	80억 원
투자안의 순현재가치	20억 원	10억 원
기업가치	310억 원	190억 원

경영진이 투자자들보다 비즈니스상황을 먼저 알고 의사결정을 내리는 경우의 현재 기업가치와, 경영진이 투자자들과 동일하게 비즈니스상황을 알지 못하고 결정을 내리는 경우의 현재 기업가치의 차이를 계산하시오.

(물음 4) (물음 1)에서 (물음 3)까지의 결과를 바탕으로 정보비대칭 하에서 기업가치 극대화를 위한 기업의 재무관련 행동에 대해 세 줄 이내로 기술하시오.

【문제 3】 (15점)

다음에 주어진 회귀식을 이용하여 개별 주식 A, B, C의 초과수익률을 시장지수의 초과수익률에 대해 회귀분석한 결과는 아래의 표에 나타나 있다. 개별 주식 A, B, C의 수익률은 시장지수 수익률과 양(+)의 관계를 가지고, 무위험수익률은 표본기간 동안 5%로 일정하며, 시장모형이 성립한다고 가정한다.

$$(회귀식) \ r_j - r_f = \alpha_j + \beta_j(r_M - r_f) + e_j$$

회귀식에서 r_j와 r_M은 각각 주식 j의 수익률과 시장지수 수익률을 나타내고, r_f는 무위험수익률을 나타낸다. e_j는 잔차이다.

구분	평균 수익률	수익률의 표준편차	알파 (α)	베타 (β)	R^2
주식 A	10%	10%	( )	( )	0.81
주식 B	9%	9%	( )	( )	( )
주식 C	( )	( )	2%	( )	0.75
시장지수	14%	15%	-	-	-

(물음 1) 주어진 정보를 이용하여 다음에 정답하시오. 알파값은 % 단위로 소수점 아래 둘째 자리에서 반올림하여 첫째 자리까지 표시하고, 베타값은 소수점 아래 둘째 자리에서 반올림하여 첫째 자리까지 표시하시오.

① 주식 A의 알파값과 베타값을 계산하시오.
② 초과수익률을 이용한 회귀분석에서 주식 A의 알파값과 베타값이 각각 0.5%와 0.5로 추정되었다고 가정한다. 초과수익률이 아닌 수익률을 이용하여 주식 A에 대한 회귀분석을 실시하였을 경우, 알파값을 계산하시오.
③ 주식 A와 주식 B 수익률의 상관계수가 0.6이라고 할 때, 주식 B의 알파값을 계산하시오.
④ 주식 C의 잔차분산($\sigma^2(e_C)$)이 0.01인 경우, 주식 C 수익률의 표준편차를 계산하시오. 계산결과는 % 단위로 소수점 아래 셋째 자리에서 반올림하여 둘째 자리까지 표시하시오.

(물음 2) 주식 A와 주식 B의 베타값이 각각 0.4와 0.2라고 하자. 주식 A와 주식 B에 50%씩 투자하여 포트폴리오 P를 구성하고자 한다. 계산결과는 소수점 아래 다섯째 자리에서 반올림하여 넷째 자리까지 표시하시오.

① 포트폴리오 P의 비체계적 위험을 계산하시오.

② 포트폴리오 P의 수익률과 시장지수 수익률의 공분산을 계산하시오.

【문제 4】 (15점)

시장에는 주식 A, B, C와 무위험자산만이 존재한다고 가정한다. 시장포트폴리오는 주식 A, B, C로 구성된다. 세 개의 주식 수익률은 상호 독립적이다. 개별 주식과 시장포트폴리오 수익률의 공분산 대비 개별 주식의 위험프리미엄 비율은 모두 동일한 균형상태이다. 무위험자산의 수익률은 2%이다. 주식 A, B, C의 기대수익률과 표준편차는 아래 표와 같다.

구분	기대수익률	표준편차
주식 A	12%	10%
주식 B	7%	5%
주식 C	2.8%	2%

(물음 1) 시장포트폴리오의 기대수익률을 계산하시오. 계산결과는 % 단위로 소수점 아래 셋째 자리에서 반올림하여 둘째 자리까지 표시하시오.

(물음 2) 주식 B의 베타값을 계산하시오. 계산결과는 소수점 아래 셋째 자리에서 반올림하여 둘째 자리까지 표시하시오.

위에서 결정된 시장포트폴리오의 개별주식 투자 비율을 A 40%, B 40%, C 20%라고 가정하자. 이 투자비율을 유지하는 포트폴리오 D가 있다. ㈜대한자산운용은 포트폴리오 D를 기초자산(벤치마크)으로 하는 KR ETF(Exchange - Traded Fund)를 출시하였다. KR ETF는 7월 1일 1주당 1만 원에 상장되었다. KR ETF의 상장 전일 주식 A, B, C의 종가는 모두 1만 원이었다. 주식 A, B, C의 주가와 KR ETF의 주당 가격 및 순자산가치(NAV)는 다음과 같다.

(단위: 원)

일자	주식 A	주식 B	주식 C	KR ETF	KR ETF NAV
7/31	10,700	11,000	11,100	11,300	11,000
8/31	10,600	10,700	10,400	10,500	10,450

(물음 3) KR ETF의 추적오차(tracking error)를 계산하시오. 단, 추적오차는

$$\sqrt{\frac{\sum_{t=1}^{n}[(r_{ETFNt}-r_{BMt})-(\overline{r_{ETFNt}-r_{BMt}})]^2}{n-1}}$$ 으로 계산된다. (r_{ETFNt}는 t시점의 ETF NAV

수익률, r_{BMt}는 t시점의 벤치마크 수익률, $(\overline{r_{ETFNt}-r_{BMt}})$는 ETF NAV 수익률과 벤치마크 수익률 차이의 평균) 계산결과는 % 단위로 소수점 아래 셋째 자리에서 반올림하여 둘째 자리까지 표시하시오.

(물음 4) ETF에 대한 투자는 주식 투자전략 중 하나에 포함된다. ETF에 대한 투자전략을 효율적시장 가설(EMH)과 관련지어 세 줄 이내로 설명하시오.

【문제 5】 (15점)

현재시점($t=0$)인 금년도 1월 1일 기준으로 만기와 액면이자율이 상이한 이표채들이 아래 표에 제시되어 있다. 채권시장에서 이표채 A, B, C는 액면가채권(par value bond)으로 채권가격은 모두 100원으로 동일하며 균형 하에 있다고 가정한다. 채권시장에서 불편기대이론이 성립한다. 모든 채권은 신용위험이 없으며 이자지급 주기를 1년으로 한다. 계산결과는 소수점 아래 다섯째 자리에서 반올림하여 넷째 자리까지 표시하시오.

이표채	만기	액면이자율
A	1년	4%
B	2년	5%
C	3년	6%

(물음 1) 현재시점($t = 0$)에서 $t = k$년 만기 현물이자율(spot interest rate)을 $_0i_k$, $t = k$년 시점에서 1년 만기 선도이자율(forward interest rate)을 $_kf_{k+1}$으로 각각 표기한다. 현재시점($t = 0$) 채권시장의 수익률곡선을 설명할 수 있는 $(1 + _0i_1)$, $(1 + _0i_2)^2$, $(1 + _0i_3)^3$, $_1f_2$, $_2f_3$을 각각 계산하시오.

(물음 2) (물음 1)에서 도출된 수익률곡선 하에서 액면가 100원, 만기 3년, 액면이자율 10%인 이표채 D의 현재시점($t = 0$) 듀레이션을 계산하시오.

(물음 3) 현재시점($t = 0$)에서 (물음 1)에서 도출된 수익률곡선이 1%p 하향 평행 이동하는 경우 (물음 2) 이표채 D의 가격변화율을 볼록성(convexity)을 조정하여 계산하시오.

(물음 4) 현재시점($t = 0$)에서 채권시장에 액면금액이 100원인 3년 만기 무이표채 E가 존재한다. (물음 1)에서 도출된 수익률곡선이 1년 후에도 그대로 유지될 것으로 예상된다. 목표투자기간이 1년일 때, 현재시점($t = 0$)에서 무이표채 E를 이용하여 수익률곡선타기 투자전략을 실행하는 경우 기대 투자수익률을 계산하시오.

【문제 6】 (10점)

㈜한국정유는 다양한 파생상품을 활용하여 원유가격 인상과 환율 상승에 대비한 헤지 전략을 수립하려고 한다. 원유선도, 선물환, 통화옵션에 대한 정보가 아래와 같을 때 다음 물음에 정답하시오.

> (1) 3개월 후 10만 배럴의 원유 구입 예정
> (2) 원유 현물가격은 배럴당 40달러, 3개월 만기 원유 선도가격은 배럴당 45달러, 3개월 만기 원유선도 가격에 대한 원유 현물가격의 민감도는 0.9
> (3) 현재 환율은 1,000원/달러, 3개월 만기 선물환 환율은 1,050원/달러
> (4) 3개월 만기 행사가격이 1,020원/달러인 유럽형 콜옵션의 현재가격은 1달러당 30원, 유럽형 풋옵션의 현재가격은 1달러당 20원
> (5) 원유선도의 거래단위는 1계약당 1,000배럴, 선물환 및 달러옵션의 거래단위는 1계약당 100,000달러
> (6) 무위험이자율은 연 12%

(물음 1) 원유선도 거래를 이용해 원유가격 변동위험을 헤지하고자 한다. 매입 또는 매도할 선도계약수를 계산하시오.

※ (물음 2)와 (물음 3)은 독립적이다.

(물음 2) 선물환을 이용해 환위험을 헤지하고자 한다. 매입 또는 매도할 선물환 계약수와 3개월 후 지급해야 하는 원화금액을 계산하시오. 단, (물음 1)에서 계약이행을 통해 선도거래를 청산한다고 가정한다.

(물음 3) 달러옵션을 이용해 환위험을 헤지하고자 한다. 차입을 통해 옵션을 매입하는 경우 3개월 후 지급해야 하는 총 비용을 원화금액으로 계산하시오. 단, (물음 1)에서 계약이행을 통해 선도거래를 청산한다고 가정한다.

【문제 7】 (15점)

※ (물음 1) ~ (물음 3)은 독립적이다.

(물음 1) 무배당기업인 ㈜가나의 현재 주가는 18,000원이다. ㈜가나의 주가가 1년 후 상승하여 24,000원이 될 확률은 70%이고, 하락하여 16,000원이 될 확률은 30%라고 하자. 이 주식에 대한 유럽형 콜옵션의 행사가격은 20,000원이고, 무위험이자율은 연 10%이다. 1기간은 1년이며, 1기간 이항모형이 성립한다고 가정한다. <u>옵션의 균형가격은 소수점 아래 셋째 자리에서 반올림하여 둘째 자리까지 표시하고, 위험프리미엄은 % 단위로 소수점 아래 첫째 자리에서 반올림하시오.</u>

① ㈜가나 주식의 위험프리미엄을 계산하시오.
② 위험중립가치평가법을 활용하여 콜옵션의 균형가격을 계산하시오.
③ 이 콜옵션과 모든 조건이 동일한 풋옵션의 균형가격을 주식과 무위험채권을 이용한 복제포트폴리오접근법으로 계산하시오.
④ ③에서 계산한 풋옵션의 균형가격과 풋-콜패러티를 활용하여 콜옵션의 균형가격을 계산하시오.

(물음 2) 다음 그림은 ㈜다라의 주가(S) 변화를 나타낸 것이다. 무배당기업인 ㈜다라의 주가는 현재 10,000원이고, 매년 10%씩 상승하거나 하락한다. 2기간 이항모형을 이용하여 ㈜다라 주식에 대한 유럽형 콜옵션의 가치를 평가하고자 한다. 단, 1기간은 1년이고, 무위험이자율은 연 5%이다.

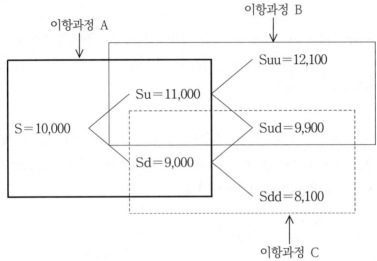

① 그림에서 제시된 주가 변화를 이용하여 위험중립확률을 계산하시오. <u>계산결과는 소수점 아래 셋째 자리에서 반올림하여 둘째 자리까지 표시하시오.</u>

② 이항과정 B와 이항과정 C에서 콜옵션의 델타가 각각 0.5와 0일 때, 이 콜옵션의 행사가격과 균형가격을 각각 계산하시오. <u>행사가격은 원 단위로 표시하고, 옵션의 균형가격은 소수점 아래 셋째 자리에서 반올림하여 둘째 자리까지 표시하시오.</u>

(물음 3) 2기간 이항모형이 성립한다고 가정하자. ㈜마바의 현재 주가는 1,000원이고 이 기업의 주가는 매 기간 10% 상승하거나 10% 하락할 것으로 예상된다. 이 기업은 8개월 이후에 100원의 배당을 지급할 것이다. 만기는 1년 남아 있고, 행사가격이 1,000원인 유럽형 콜옵션의 균형가격을 위험중립가치평가법으로 계산하시오. 단, 1기간은 6개월이고, 무위험이자율은 연 12%이며, $\dfrac{1}{(1+0.06)^{4/3}}=0.9252$ 그리고

$\dfrac{1}{(1+0.06)^{1/3}}=0.9808$이다. <u>계산결과는 소수점 아래 셋째 자리에서 반올림하여 둘째 자리까지 표시하시오.</u>

1일차

2021년 제56회

회계감사

제3교시

※ 답안 작성 시 유의사항

1. 모든 문제는 2020년 12월 31일 이후 최초로 개시되는 회계 연도에 적용되는 회계감사기준에 따라 답하시오.
2. '주식회사등의외부감사에관한법률'은 '외감법'으로, '공인회계 사윤리기준'은 '윤리기준'으로 표현한다.
3. 답안양식을 제시한 경우에는 답안양식에 맞게 답하시오.
4. 답의 개수를 제한한 경우에는 해당 개수를 초과한 부분은 채 점에서 고려하지 않는다.

【문제 1】 (17점)

다음은 공인회계사가 준수해야 할 윤리기준에 대한 물음이다.

(물음 1) 공인회계사는 재무제표 감사를 수행함에 있어 윤리기준의 윤리강령을 준수하여야 한다. 다음 (1)~(3)의 내용이 설명하는 윤리강령을 각각 쓰시오.

(1) 공인회계사는 직무를 수행함에 있어서 솔직하고 정직하여야 한다.
(2) 공인회계사는 명목여하를 불문하고 금전 등의 제공에 의하여 자신에게 업무를 위촉할 것을 강요하거나 수임하는 것과 같은 부당한 방법으로 직무상의 경쟁 을 하여서는 아니된다.
(3) 공인회계사는 직무상 지득한 기밀정보를 본인이나 제3자의 이익을 위해 사용 하는 행위를 하지 말아야 한다.

(물음 2) 다음의 각 독립적인 상황별로 나투명 회계사가 준수하지 못할 가능성이 있는 윤리강령이 무엇인지 제시하고, 윤리강령을 준수하지 못할 위협을 수용 가능한 수준 이하로 감소시키기 위한 안전장치를 서술하시오(단, 안전장치가 없는 경우에는 '없음' 으로 쓸 것).

(1) 나투명 회계사는 감사대상회사로부터 요청받은 특정업무를 본인이 스스로 수행하지 아니하고 다른 개업공인회계사인 이기자 회계사에게 소개하여 주고, 그 대가로 알선수수료를 받았다.

(2) ㈜대한은 신주인수권 회계처리에 대해 감사인과 이견이 발생하여 나투명 회계사에게 제2의견을 요청하였다. 나투명 회계사는 ㈜대한이 원하는 답을 얻기 위해 감사인에게 정보를 제공할 때와는 달리 회사에 유리한 정보만 제공할 가능성이 높다고 판단하고 있다.

[답안양식]

상황	윤리강령	안전장치
(1)		
(2)		

(물음 3) 다음의 각 독립적인 상황별로 한국회계법인의 재무제표 감사업무에 대한 독립성 충족여부, 그리고 관련되는 독립성 훼손위협의 종류를 쓰시오.

(1) 한국회계법인의 업무수행이사인 나투명 회계사는 대한은행에서 주택담보대출로 9천만 원을 차입한 상태에서 한국회계법인은 대한은행과 감사계약을 체결하였다.

(2) 한국회계법인은 ㈜대한에 대해 감사업무와 관련된 채권 5천만 원과 금전소비대차거래로 인한 채권 1억 2천만 원을 가지고 있다.

(3) 한국회계법인은 ㈜대한의 신규 감사인이며, 한국회계법인 업무수행이사의 배우자는 ㈜대한의 재무담당이사였다가 2년 전에 퇴직하였다. 업무수행이사의 배우자는 퇴직 후 ㈜대한의 주식을 취득하여 소유하고 있다.

(4) 한국회계법인은 ㈜만세에 재무정보체제 구축 용역을 제공하고 있는 상태에서 ㈜만세의 지배기업인 ㈜대한과 연결재무제표에 대한 감사 계약을 체결하였다. ㈜만세는 ㈜대한의 연결재무제표에서 중요한 비중을 차지하고 있다.

(물음 4) ㈜대한을 5년째 감사하고 있는 나투명 회계사는 이번 감사시즌이 끝난 후 ㈜대한의 재무담당부장으로 이직할 예정이다. 이 경우 발생할 수 있는 독립성 훼손위협을 수용 가능한 수준 이하로 감소시키기 위해 나투명 회계사의 소속 회계법인이 갖추어야 할 안전장치 두 가지를 서술하시오(단, 아래 〈예시〉는 제외할 것).

〈예시〉
해당 개인이 업무수행기간동안 행한 중요한 판단에 대하여 독립적인 검토를 수행할 것을 고려하여야 한다.

다음은 (물음 5)와 (물음 6)에 관련된 [상황]이다.

[상황]

한국회계법인은 주권상장법인인 ㈜대한의 감사인이다. 다음은 감사현장책임자와 업무수행이사의 대화이다.

(감사현장책임자) ㈜대한에 대한 당기 감사 결과, 재무제표에 미반영된 재고자산 평가손실이 재무제표 수준의 중요성 금액을 크게 상회합니다. 이를 근거로 ㈜대한의 경영진에게 재무제표 수정을 요구하였으나, 경영진은 이를 거부하였습니다. 따라서 의견변형이 불가피해 보입니다.

(업무수행이사) ㈜대한의 재무담당이사가 내 친구인데, 당기에 미반영한 평가손실을 내년에 인식하겠다고 하니 올해는 그냥 넘어가고 적정의견으로 합시다.

(물음 5) 공인회계사는 윤리강령의 준수여부를 판단함에 있어 윤리적 갈등을 해결하여야 한다. 윤리기준에 따르면, 위 [상황]에서 감사현장책임자가 겪고 있는 윤리적 갈등을 어떠한 단계적 절차를 거쳐 해결해야 하는지 서술하시오.

(물음 6) 위 [상황]에서는 감사인과 감사대상회사 간 유착으로 인한 감사실패 가능성이 존재한다. 유착위협으로 인한 감사품질 저하를 방지하기 위해 외감법에 규정된 제도 중 위 [상황]과 관련하여 가장 효과적이라고 생각하는 제도 **한 가지**를 제시하고, 그렇게 생각하는 **이유**를 간략히 서술하시오(단, 아래 〈예시〉에 언급된 제도는 제외할 것).

> 〈예시〉
> 감사인 지정제도, 감사(감사인선임)위원회를 통한 감사인 선임제도

【문제 2】 (16점)

다음은 회계감사 및 회계감사 수행에 필요한 전반적 개념에 관한 물음이다.

(물음 1) 감사대상 재무제표는 기업의 경영진에 의해 작성되며, 회계감사기준에 따른 감사는 경영진이 해당 감사를 수행하는데 있어 근본적인 책임을 인정하고 있다는 전제 아래 수행된다. 재무제표감사의 전제로 요구되는 경영진(적절한 경우 지배기구를 포함)의 책임 중 **두 가지**를 서술하시오(단, 아래 〈예시〉는 제외할 것).

> 〈예시〉
> 해당 재무보고체계에 따라 재무제표를 작성할 책임

(물음 2) 감사인이 외감법에 의한 감사업무를 수행할 때에는 관련된 감사기준서를 모두 준수하여야 한다. 다만 예외적인 상황에서, 감사인은 어떤 감사기준서의 관련 요구사항을 이탈할 필요가 있다고 판단할 수 있다. 관련 요구사항을 이탈할 필요성이 발생하는 경우(또는 요건)를 서술하시오.

(물음 3) 감사기준은 감사인이 감사의견의 기초로서 재무제표가 중요하게 왜곡표시되지 아니하였는지에 대한 합리적인 확신을 얻을 것을 요구한다. 합리적인 확신은 높은 수준의 확신을 의미하지만 절대적인 수준의 확신을 의미하지는 않는다. 감사기준이 절대적인 수준의 확신을 요구하지 **않는** 이유를 서술하시오.

(물음 4) 합리적인 확신은 감사인이 충분하고 적합한 감사증거를 입수하여 감사위험을 수용가능한 수준으로 감소시킴으로써 얻을 수 있다. 회계감사기준에 따른 '감사위험'의 정의를 서술하시오.

(물음 5) 중요성이란 재무제표에 포함된 왜곡표시가 개별적으로 또는 집합적으로 재무제표 이용자의 경제적 의사결정에 미치는 영향력의 크기를 말한다. 감사과정에서 중요성 개념이 적용되는 경우(또는 시기) **두 가지**를 서술하시오(단, 아래 〈예시〉는 제외할 것).

> 〈예시〉
> 감사인이 감사를 계획하고 수행할 때

(물음 6) 다음은 중요성 및 감사위험 등에 관한 설명이다. 각 항목(①~⑥)별로 설명이 적절한지 여부를 기재하고, 적절하지 않은 경우 그 이유를 서술하시오.

항목	설명
①	감사인은 전반감사전략을 수립할 때 재무제표 전체에 대한 중요성을 결정하여야 한다.
②	중요성 결정은 감사인의 전문가적 판단사항이므로 재무제표 이용자들의 재무정보 수요에 영향을 받지 않아야 한다.
③	수행중요성을 설정하는 이유는 미발견 왜곡표시액 등이 재무제표 전체에 대한 중요성 금액을 초과할 확률을 적절하게 높은 수준으로 증가시키기 위함이다.
④	경영진주장 수준의 중요왜곡표시위험은 기업 측의 위험으로서, 재무제표감사와 독립적으로 존재한다.
⑤	감사인은 재무제표 수준의 평가된 중요왜곡표시위험을 기초로 하여 이에 대응하는 추가감사절차의 성격, 시기 및 범위를 설계하고 수행하여야 한다.
⑥	주어진 수준의 감사위험에서 감사인이 수용가능한 적발위험의 수준은 경영진주장 수준의 평가된 중요왜곡표시위험과 역(-)의 관계에 있다.

[답안양식]

항 목	적절한가? (예, 아니오)	적절하지 않은 경우, 그 이유 서술
①		
⋮		
⑥		

【문제 3】 (8점)

다음은 ㈜대한의 감사인인 한국회계법인이 공정가치 등 회계추정치에 대해 수행한 감사절차이다.

(물음 1) 한국회계법인은 파생상품의 공정가치 회계추정치에 대해 충분하고 적합한 감사증거를 입수하기 위해 다음과 같은 감사절차를 수행하였다.

항목	설명
①	한국회계법인은 중요왜곡표시위험을 식별하고 평가할 때, 파생상품의 공정가치 회계추정치와 연관된 추정불확실성 정도를 평가하였다.
②	한국회계법인은 파생상품의 공정가치 회계추정치가 유의적 위험을 발생시킨다고 결정하였다. 따라서 해당 위험과 관련된 기업의 통제를 이해하는 절차를 생략하고, 실증절차만 수행하였다.
③	한국회계법인은 유의적 위험을 초래하는 파생상품의 공정가치 회계추정치에 대하여 경영진이 이용한 유의적 가정들이 합리적인지 여부를 평가하였다.

위의 각 항목(①~③)별로 한국회계법인이 수행한 절차가 적절한지 여부를 기재하고, 적절하지 않은 경우 그 이유를 서술하시오.

[답안양식]

항 목	적절한가? (예, 아니오)	적절하지 않은 경우, 그 이유 서술
①		
②		
③		

(물음 2) 한국회계법인은 회계추정치와 관련한 다양한 분야에서 감사인측 전문가를 활용하였다. 다음은 한국회계법인이 감사인측 전문가를 활용하는 과정에서 수행한 감사절차이다.

항목	설명
①	한국회계법인은 ㈜대한의 투자부동산 공정가치 관련 회계추정치가 합리적인지 평가하기 위해 희망감정평가법인을 전문가로 활용하였다. 한국회계법인은 법규상 요구되지는 않지만 감사인의 책임을 경감시키기 위해 적정의견을 표명한 감사보고서에 희망감정평가법인의 업무를 언급하였다.
②	한국회계법인은 ㈜대한의 소송충당부채 관련 회계추정치가 합리적인지 평가하기 위해 사랑법무법인을 전문가로 활용하였다. 한국회계법인은 사랑법무법인이 감사목적에 필요한 적격성, 역량 및 객관성을 보유하고 있는지 평가하였다.
③	한국회계법인은 ㈜대한의 확정급여채무 관련 회계추정치가 합리적인지 평가하기 위해 행복보험계리법인을 전문가로 활용하였다. 한국회계법인은 행복보험계리법인이 수행한 업무가 감사목적상 적합한지 평가하였다.

위의 각 항목(①~③)별로 한국회계법인이 수행한 절차가 적절한지 여부를 기재하고, 적절하지 않은 경우 그 이유를 서술하시오.

[답안양식]

항 목	적절한가? (예, 아니오)	적절하지 않은 경우, 그 이유 서술
①		
②		
③		

(물음 3) 한국회계법인이 감사인측 전문가와 합의하여야 하는 사항 **두 가지만** 서술하시오(단, 아래 〈예시〉는 제외할 것).

> 〈예시〉
> 감사인측 전문가가 작성하는 보고서의 형태 등 감사인과 감사인측 전문가 간 커뮤니케이션의 성격, 시기 및 범위(감사인측 전문가가 작성하는 보고서의 형태 포함)

【문제 4】 (6점)

한국회계법인의 그룹업무팀은 지배기업 A의 그룹재무제표 감사를 수행하고 있다. 다음은 그룹업무팀의 그룹감사 관련 조서 중 일부를 발췌한 내용이다. 아래 내용을 기초로 각 물음에 답하시오. 단, 각 물음의 상황은 서로 독립적이다.

〈지배기업 및 종속기업에 대한 정보〉
지배기업 A는 다음과 같이 4개의 종속기업을 보유하고 있으며, 지배기업 A와 각 종속기업을 부문으로 식별하였다.

- 각 부문에 대한 지배기업 A의 지분율

(단위: %)

부문	B	C	D	E
지분율	100	90	60	70

〈주요 재무정보〉

(단위: 억 원)

구분	그룹	부문				
		A	B	C	D	E
세전손익	100	15	110	(-)9	3	2
매출액	900	200	700	50	30	25
총자산	2,000	600	1,400	100	40	30

※ 그룹재무정보는 내부거래 등을 제외한 연결재무제표상 금액이며, 부문재무정보는 별도(개별)재무제표상 금액이다.

〈그룹재무제표 전체에 대한 중요성(이하 '그룹중요성')〉
1) 그룹중요성 결정시 벤치마크: 그룹세전이익
2) 그룹중요성: 5억 원(그룹세전이익 100억 원의 5%)

〈유의적 부문 및 유의적이지 않은 부문〉
1) 유의적 부문: 부문 A, B, C
2) 유의적이지 않은 부문: 부문 D, E

(물음 1) 다음은 그룹업무팀이 중요성과 관련하여 수행한 감사절차이다.

항목	설명
①	그룹업무팀은 왜곡표시가 그 기준을 초과하면 그룹재무제표에 대하여 명백하게 사소하다(clearly trivial)고 간주할 수 없는 한도기준을 결정하였다.
②	부문 B는 그룹감사의 목적으로 부문감사인이 감사를 수행할 예정이다. 그룹업무팀은 이러한 부문 B에 대해 부문 수준에서 결정된 수행중요성의 적합성을 평가하였다.
③	부문 B는 그룹감사의 목적으로 부문감사인이 감사를 수행할 예정이다. 그룹업무팀은 부문 B의 부문중요성을 부문 B 세전이익(110억 원)의 5%인 5.5억 원으로 결정하였다.

위의 각 항목(①~③)별로 그룹업무팀이 수행한 절차가 적절한지 여부를 기재하고, 적절하지 않은 경우 그 이유를 서술하시오.

[답안양식]

항 목	적절한가? (예, 아니오)	적절하지 않은 경우, 그 이유 서술
①		
②		
③		

(물음 2) 다음은 그룹업무팀이 부문재무정보에 대하여 수행할 업무유형의 결정과 관련하여 수행한 감사절차이다.

항목	설명
①	그룹업무팀은 그룹에 대한 개별적인 재무적 유의성으로 인하여 부문 B를 유의적 부문으로 식별하였다. 그룹업무팀은 부문 B의 부문감사인에게 그룹재무제표의 발생가능한 유의적인 중요왜곡표시위험과 관련된 특정 감사절차를 수행하도록 요청하였다.
②	부문 C는 그룹에 대해 개별적으로 재무적 유의성이 있지 않다. 다만, 그룹업무팀은 부문 C가 그룹재무제표에 대하여 유의적인 중요왜곡표시위험을 포함하고 있을 것 같아서 유의적 부문으로 식별하였다. 그룹업무팀은 부문 C의 부문감사인에게 부문중요성을 사용하여 부문재무정보에 대한 감사를 수행하도록 요청하였다.
③	유의적이지 않은 부문들(D, E)에 대해서는 부문감사인에게 별도의 절차를 요구하지 않고 그룹업무팀이 그룹 수준의 분석적 절차를 수행하였다.

위의 각 항목(①~③)별로 그룹업무팀이 수행한 절차가 적절한지 여부를 기재하고, 적절하지 않은 경우 그 이유를 서술하시오.

[답안양식]

항 목	적절한가? (예, 아니오)	적절하지 않은 경우, 그 이유 서술
①		
②		
③		

【문제 5】 (17점)

한국회계법인의 업무수행이사인 나투명 회계사는 감사과정에서 다음과 같은 상황에 직면하였다. 단, 주어진 각 상황과 물음은 서로 독립적이다.

[상황 1] 나투명 회계사는 ㈜대한의 20x1년 12월 31일로 종료되는 보고기간의 재무제표를 감사하고 있다. 나투명 회계사는 20x2년 1월 30일에 ㈜대한의 공장에 대규모 화재가 발생하여 제조설비가 전소되었다는 사실을 기말감사과정에서 알게 되었다. 화재 손실에 대한 손해사정 결과, 화재 손실금액은 500억 원으로 추정되었으며 ㈜대한의 경영진은 이 금액을 유의적이라고 판단하고 있다. 그러나 ㈜대한은 대외신인도 하락을 우려하여, 화재 발생사실과 손실금액을 주석에 공시하지 않았다. 이러한 사항이 재무제표에 미치는 영향은 중요하며 전반적이라고 판단된다.

[상황 2] [상황 1]과 기본적인 정보는 동일하다. 다만, ㈜대한은 화재 발생사실과 손실금액을 주석으로 적절하게 공시하였다.

[상황 3] 나투명 회계사는 ㈜민국의 20x1년 12월 31일로 종료되는 보고기간의 재무제표를 감사하고 있다. 나투명 회계사는 감사절차 중의 하나로 재고자산 실사에 입회하려고 하였으나, ㈜민국의 거부로 재고자산 실사에 입회하지 못하였다. 나투명 회계사는 ㈜민국의 재고자산이 재무제표에서 차지하는 비중이 중요하다고 판단하여 대체적 감사절차를 수행하였으나, 충분하고 적합한 감사증거를 입수하지 못하였다. 이러한 재고자산 실사 입회 제한이 재무제표에 미치는 영향은 중요하지만 전반적이지는 않다고 판단된다.

[상황 4] 나투명 회계사는 ㈜만세의 20x1년 12월 31일로 종료되는 보고기간의 재무제표를 감사하고 있다. 전기 재무제표는 코리아회계법인이 감사하였으며, 전기 감사의견은 적정의견이다. 나투명 회계사는 당기 재무제표에 중요하게 영향을 미치는 왜곡표시가 기초잔액에 포함되었는지를 확인하는 과정에서 전임 감사인인 코리아회계법인의 감사조서를 열람하지 못하였다. 나투명 회계사는 매출채권 기초잔액에 대한 감사절차로서 당기 중의 회수내역을 검토한 결과, 기초 매출채권이 5억 원 과대계상 된 것을 확인하였다. ㈜만세는 기초 매출채권의 과대계상액을 당기비용으로 인식하였다. 동 금액은 중요하지만, 전반적이지는 않다고 판단된다.

[상황 5] 나투명 회계사는 ㈜만세의 20x1년 12월 31일로 종료되는 보고기간의 재무제표를 감사하고 있다. 나투명 회계사는 이사회의사록을 검토하던 중 ㈜만세의 경영진이 공개하지 않았던 특수관계자 및 특수관계자 거래를 새롭게 알게 되었다. 나투명 회계사는 경영진의 특수관계자 및 특수관계자 거래 정보의 미공개가 의도적이라 판단하였고, 이러한 상황에서 추가적인 감사절차를 수행하려고 하였으나 경영진의 거부로 충분하고 적합한 감사증거를 수집하지 못하였다. 추가적인 감사절차를 수행하지 못한 영향은 중요하며 전반적이라고 판단된다.

(물음 1) 위의 각 상황에서 나투명 회계사는 어떤 감사보고서를 발행해야 하는지 아래 〈보기〉에서 고르시오(단, 제시된 상황 외에는 모두 적정하며, 감사인이 강조사항문단과 기타사항문단을 포함시킬 필요가 있다고 고려할 수 있는 상황에서는 해당 문단을 포함하는 것으로 가정할 것).

〈보기〉

감사의견	강조사항 또는 기타사항
① 적정의견	㉮ 없음
② 한정의견	㉯ 강조사항
③ 부적정의견	㉰ 기타사항
④ 의견거절	

[답안양식]

구분	감사의견	강조사항 또는 기타사항
[상황 1]	①~④	㈎~㈐
[상황 2]	①~④	㈎~㈐
[상황 3]	①~④	㈎~㈐
[상황 4]	①~④	㈎~㈐
[상황 5]	①~④	㈎~㈐

(물음 2) [상황 1]과 같이 공시가 요구되는 정보의 미공시와 관련하여 재무제표의 중요한 왜곡표시가 존재하는 경우, 나투명 회계사가 수행하여야 할 절차를 서술하시오.

(물음 3) 재무제표일과 감사보고서일 사이에 발생한 [상황 1]과 같은 사건들이 모두 식별되었다는 충분하고 적합한 감사증거를 입수하기 위해 나투명 회계사가 수행하여야 할 절차를 **세 가지** 서술하시오(단, 아래 〈예시〉는 제외할 것).

> 〈예시〉
> 기업의 최근 후속 중간재무제표가 있다면 이를 열람함

(물음 4) ㈜대한의 감사보고서일은 20x2년 2월 25일이며, 나투명 회계사가 [상황 1]에서 제시한 사건을 재무제표 발행일 전인 20x2년 3월 2일에 알게 되었다고 가정하자. ㈜대한의 경영진은 화재 발생사실과 손실금액을 주석에 공시한 수정재무제표를 제시하였으며, 나투명 회계사는 제시된 수정재무제표에 대하여 후속사건에 대한 추가 감사절차를 20x2년 3월 15일에 종료하였다. 나투명 회계사가 추가감사절차를 (1) 모든 후속사건에 대해 수행한 경우와 (2) 해당 수정사항에만 한정하여 수행한 경우 감사보고서일자를 어떻게 기재하여야 하는지 **가능한 방법을 모두** 서술하시오(단, 해당 후속사건의 영향에 대해서만 경영진이 재무제표를 수정하고 재무제표 승인권자가 이에 대해서만 승인하는 것이 법규나 재무보고체계에서 금지되지 않는다고 가정할 것).

[답안양식]

구분	(1) 모든 후속사건에 대해 수행	(2) 해당 수정사항에만 한정하여 수행
감사보고서일		① 방법1 ② 방법2

(물음 5) 위 [상황 5]에서 나투명 회계사가 새롭게 알게 된 특수관계자 거래가 정상적인 사업과정을 벗어난 유의적인 거래라고 가정하자. 이 경우 해당 거래의 근거 계약이나 약정이 존재한다면, 이를 검사하여 감사인이 평가하여야 할 사항은 무엇인지 서술하시오.

【문제 6】 (10점)

다음은 ㈜나그네의 감사보고서 일부이다.

독립된 감사인의 감사보고서

주식회사 나그네
주주 및 이사회 귀중

··· *(중략)* ···

계속기업 관련 중요한 불확실성

재무제표에 대한 주석 40에 주의를 기울여야 할 필요가 있습니다. 회사는 20x1년 12월 31일로 종료되는 보고기간에 영업손실 600억 원, 당기순손실 900억 원이 발생하였으며, 당기 말 현재 유동부채가 유동자산을 1,000억 원 초과하고 있습니다. 이러한 사건이나 상황은 주석 40에서 설명하고 있는 다른 사항과 더불어 회사의 계속기업으로서의 존속능력에 유의적 의문을 제기할 만한 중요한 불확실성이 존재함을 나타냅니다. 우리의 의견은 이 사항으로부터 영향을 받지 아니합니다.

핵심감사사항

핵심감사사항은 우리의 전문가적 판단에 따라 당기 재무제표감사에서 가장 유의적인 사항들입니다. 우리는 영업권 손상평가를 핵심감사사항으로 선정하였습니다. 동 핵심감사사항과 관련하여 우리가 수행한 주요 감사절차는 다음과 같으며 감사절차 수행 결과 중요한 예외사항은 발견되지 않았습니다.

- 경영진에게 질문 및 관찰을 통하여 현금창출단위 구분 및 영업권 등 배분 절차에 대한 이해 및 적절성 검토
- 경영진이 손상 평가에 사용한 외부전문가의 적격성, 역량 및 객관성 평가
- 사업계획의 적정성 평가를 위하여 전년도 사업계획과 실제 결과의 비교
- 내부 가치평가전문가를 활용하여 시장 및 회사 고유의 정보를 기초로 재계산된 할인율과 경영진이 적용한 할인율의 비교

… (이하 생략) …

(물음 1) 핵심감사사항은 감사인의 전문가적 판단에 따라 당기 재무제표감사에서 가장 유의적인 사항을 의미한다. 감사인은 지배기구와 커뮤니케이션한 사항 중에서 감사를 수행하는데 있어 유의적감사인주의를 요구한 사항들을 결정하여야 하며, 그 중에서 가장 유의적인 사항들을 핵심감사사항으로 정한다. 감사인이 유의적감사인주의를 요구한 사항들을 결정할 때 고려할 요소를 **세 가지** 서술하시오.

(물음 2) 핵심감사사항과 관련된 감사절차는 모두 적절하였다고 가정할 경우, 위 감사보고서의 핵심감사사항 단락에서 부족하거나 잘못된 점 **두 가지**를 찾아 서술하시오(단, 아래 〈예시〉는 제외할 것).

〈예시〉
계속기업 관련 중요한 불확실성 단락 미언급

(물음 3) 계속기업으로서의 존속능력에 대하여 유의적 의문을 초래할 수 있는 사건이나 상황과 관련한 중요한 불확실성은 그 특성상 핵심감사사항이다. 또한 감사기준서에 따르면 지배기구의 모든 구성원이 그 기업의 경영에 참여하고 있지 않는 한, 감사인은 계속기업으로서의 존속능력에 유의적 의문을 초래할 수 있다고 식별된 사건 또는 상황에 대하여 지배기구와 커뮤니케이션하여야 한다. 이 때 감사인이 지배기구와 커뮤니케이션할 사항 중 **세 가지만** 서술하시오.

(물음 4) ㈜나그네는 영업권의 손상평가를 위하여 외부전문가를 활용하였다. 감사인이 핵심감사사항인 영업권 손상평가에 대한 감사와 관련하여 감사증거로 사용할 정보가 동 외부전문가의 수행 업무를 이용하여 작성되었다면, 감사인은 경영진 측 전문가가 수행한 업무의 유의성을 고려하여 어떤 절차를 수행하여야 하는지 **두 가지**를 서술하시오(단, 위 감사보고서의 핵심감사사항 단락에 기재된 '외부전문가의 적격성, 역량 및 객관성 평가'를 **제외**할 것).

【문제 7】 (8점)

감사증거는 감사인이 감사의견의 근거가 되는 결론에 도달할 때 이용한 정보를 의미한다. 감사인은 충분하고 적합한 감사증거를 입수하기 위하여 상황에 적합한 감사절차를 설계하고 수행하여야 한다.

(물음 1) 정보기술(IT: Information Technology)이 발전하면서 '기업이 생산한 정보'(IPE: Information Produced by the Entity)의 신뢰성 검증이 점차 중요해지고 있다. 매출채권연령분석프로그램을 통해 생성된 매출채권연령분석보고서와 같이 회사의 전산시스템을 통해 생성되는 정보(system-generated reports)가 대표적인 IPE이다. 감사인은 IPE를 감사증거로 사용할 때, 해당 정보가 감사인의 목적을 위해 충분히 신뢰할 만한지 평가하여야 한다. 이를 위해 감사인이 수행해야 할 절차 **두 가지**를 서술하시오.

(물음 2) 나투명 회계사는 감사현장책임자로서 ㈜구룡에 대한 감사업무를 수행 중이다. 아래 각 상황은 서로 독립적이다.

①	나투명 회계사는 매출의 발생사실을 검증하기 위해 표본을 추출하여 관련 증빙과 대사를 하던 계정담당회계사로부터 회사가 제공한 원천증빙의 신뢰성이 낮다는 보고를 받았다. 나투명 회계사는 더 많은 감사증거의 입수, 즉 표본수를 증가시키면 감사증거의 낮은 품질을 보완할 수 있다고 판단하고 있다.

②	계정담당회계사는 당기 감사 중 중요한 매출계약이 체결된 것을 발견하고, 나투명 회계사에게 동 매출계약을 외부조회절차를 통해 확인하면 어떻겠냐고 질문하였다. 그러나 나투명 회계사는 <u>외부조회가 특정 계정잔액 및 그 구성요소와 연관된 경영진주장을 다룰 때 관련성이 있으므로 계정 잔액에만 국한하여 사용가능한 감사방법</u>이라고 판단하고 있다.
③	나투명 회계사는 매입채무의 과소계상 여부를 확인하기 위한 실증절차를 수행할 예정이다. 이를 위해 나투명 회계사는 <u>후속적인 지급거래, 미지급된 송장(invoice), 매입처 계산서, 일치하지 않는 검수보고서 같은 정보를 테스트하는 것이 관련성 있는 감사증거를 얻는 방법</u>이라고 판단하고 있다.
④	㈜구룡은 FOB선적지인도조건, FOB도착지인도조건 등으로 수출을 하고 있다. 나투명 회계사는 수출금액에 대한 경영진주장 중 발생사실과 기간귀속의 적정성을 확인하기 위해 매출원장에서 표본을 추출하였다. 회사는 관련 증빙으로 선적서류와 송장을 제공하였다. 나투명 회계사는 <u>이 증빙들이 검증하고자 하는 경영진주장 모두를 확인하는데 적합한 감사증거</u>라고 판단하고 있다.
⑤	나투명 회계사는 적극적 조회를 통해 매출채권의 실재성을 확인하려고 한다. 나투명 회계사는 조회처가 해당 정보의 정확성 여부를 검증하지 않고 조회에 회신할 위험을 피하기 위하여 조회서에 금액을 기재하지 않은 공란 형태의 조회서를 발송할 계획이다. 그러나 나투명 회계사는 <u>이러한 공란 형태의 조회가 조회처의 추가적인 노력을 요구하기 때문에 회신율이 더 낮을 수 있다</u>고 판단하고 있다.

위의 밑줄 친 각 판단이 적절한지 여부를 기재하고, 적절하지 않은 경우 그 이유를 서술하시오.

[답안양식]

항 목	적절한가? (예, 아니오)	적절하지 않은 경우, 그 이유 서술
①		
⋮		
⑤		

【문제 8】 (18점)

한국회계법인은 제조업을 영위하는 ㈜대한의 20x1년 회계감사를 진행하고 있다. ㈜대한은 코로나바이러스감염증-19(이하, COVID-19) 발생으로 인하여 영업 및 재무적으로 유의적인 영향을 받고 있다. 각 물음에서는 한국회계법인이 ㈜대한의 감사를 진행하면서 당면한 상황을 가정하고 있다. 각 물음의 상황은 서로 독립적이다.

(물음 1) ㈜대한은 코스닥상장 추진을 목표로 20x1년 6월 30일 기준 중간재무제표에 대하여 감사계약을 체결하고 회계감사를 진행 중이다. 한국회계법인은 매출채권 조회를 수행하면서 ㈜대한의 해외거래처 ABC의 회계담당자가 회신한 조회서 금액과 회사 제시 금액 간에 중요한 차이가 있음을 발견하였다. ㈜대한의 재무담당이사는 거래처 ABC의 회계담당자가 COVID-19 확진판정으로 연락이 원활하지 않아서 차이 금액에 대한 정확한 원인을 알 수 없다고 설명하였다. ㈜대한의 재무담당이사는 회계감사 과정에서 한국회계법인이 발견한 조회서 회신금액의 불일치 문제가 제기되자 감사업무를 보다 낮은 수준의 확신을 제공하는 검토업무로 계약조건을 변경할 것을 한국회계법인에 요청하였다.

한국회계법인이 감사업무 계약조건의 변경에 동의할 수 없고 ㈜대한의 재무담당이사가 원래의 감사업무를 계속하는 것을 허용하지 않는 상황에서 수행해야 할 절차 **두 가지**를 서술하시오.

(물음 2) ㈜대한의 주주 등 재무제표 이용자가 중요하게 이용할 가능성이 높은 항목은 법인세비용차감전계속영업이익이다. 한국회계법인은 감사계획 단계에서 재무제표 수준의 중요성을 법인세비용차감전계속영업이익의 일정 비율로 정하였다.

(1) 중요성 결정과 관련하여 반드시 문서화할 사항은 무엇인지 **두 가지만** 서술하시오 (단, 아래 〈예시〉는 제외할 것).

> 〈예시〉
> *재무제표 전체에 대한 중요성*

(2) 하반기 중 제품 판매단가의 급격한 하락으로 발생한 재고자산 평가손실로 인하여 ㈜대한의 법인세비용차감전계속영업이익이 전기와 대비하여 유의적으로 감소하였다. ㈜대한은 법인세비용차감전계속영업이익의 감소가 COVID-19로 인해 일시적으로 발생한 예외사항이므로 가까운 미래에 해소될 수 있는 상황이라 설명하고 있다. 한국회계법인은 재무제표 전체에 대한 중요성을 결정하기 위하여 감사계획 단계에서 사용한 연간 재무결과의 예측치와 실제 재무결과 간에 유의한 차이가 있어 중요성 결정방법을 변경하기로 하였다. 한국회계법인이 선택할 수 있는 가장 적합한 중요성 결정방법과 결정근거에 대해 서술하시오.

[답안양식]

중요성 결정방법	
중요성 결정근거	

(물음 3) 한국회계법인은 ㈜대한에 대한 현장감사 수행 중 해외거래처 ABC에 매출채권조회서를 발송하기로 계획하였다. 그러나 ㈜대한의 담당자로부터 해당 국가의 확진자 증가로 인한 방역조치에 따라 ABC의 사업장이 일시적으로 폐쇄되어 우편수령이 불가능하다는 답변을 받았다. 각 문항은 서로 독립적이다.

(1) 한국회계법인의 매출채권 계정담당자는 ABC의 회계담당자 전자메일 주소를 수령하여 본인의 전자메일로 거래처 ABC의 담당자에게 직접 발송하고 회신받아 금액이 일치함을 확인하였으며, 금액이 일치하므로 추가 감사절차는 수행하지 않았다. 업무수행이사는 감사 진행상황을 검토한 후, 전자메일로 수령한 감사증거의 신뢰성이 낮다고 판단하여 조회서의 신뢰성을 확인하기 위한 추가적인 감사절차를 수행할 것을 지시하였다.
한국회계법인의 매출채권 계정담당자가 업무수행이사의 지시에 따라 추가로 수행해야 하는 가장 적합한 감사절차를 서술하시오.

(2) 감사인은 거래처 ABC가 소재한 해당 국가의 확진자가 감소하고 있어 사업장이 곧 정상화될 것으로 예상하여 채권조회서를 우편 발송하였으나 감사완료시점까지 미회수되고 있다. 감사인은 조회서 회신을 독촉하는 대신 매출채권 잔액의 적정성을 확인

하기 위한 대체적 감사절차를 수행하기로 결정하였다. 매출채권 계정담당자가 수행할 수 있는 대체적 감사절차를 **두 가지만** 서술하시오(단, 아래 〈예시〉는 제외할 것).

〈예시〉
보고기간 말에 근접하여 발생한 매출거래에 대한 조사

(물음 4) ㈜대한의 재고자산은 총자산에서 중요한 비중을 차지하고 있다. ㈜대한은 방역 조치에 따른 공장출입 제한으로 재무제표일(20x1년 12월 31일)에 예정된 재고자산 실사를 실시하지 못했으며, 한국회계법인도 재고자산 실사 입회를 수행할 수 없었다. 회사는 20x2년 1월 15일에 재고자산을 실사하였고, 한국회계법인도 동 일자에 재고자산 실사 입회를 수행하였다. 각 문항은 서로 독립적이다.

(1) 재고자산 실사 입회가 재무제표일이 아닌 일자에 수행될 경우 재고자산의 실사일과 최종 재고자산 기록일 사이의 금액변동이 적절히 기록되어 있는지 여부에 대한 감사증거를 얻기 위해 감사절차를 설계해야 한다. 이러한 감사절차 설계 시 고려사항 중 가장 **관련없는** 것을 **하나 선택**하고 그 이유를 서술하시오.

번호	감사절차 설계 시 고려사항
①	재고자산의 실사를 기록하고 통제하기 위한 경영진의 지시와 절차의 평가
②	계속기록법에 의한 재고기록이 바르게 조정되는지 여부
③	기업의 계속기록법에 의한 재고기록의 신뢰성
④	실사 중 입수된 정보와 계속기록법에 의한 재고기록간의 유의적 차이에 대한 내용

[답안양식]

번호	선택 이유

(2) 한국회계법인은 20x2년 1월 15일에 실시된 재고자산 실사에 입회하면서 중요한

수준의 재고자산이 방역지침에 의해 외부인의 출입이 제한된 외부창고에 보관되고 있음을 인지하였다. ㈜대한의 재고담당자는 외부창고담당자로부터 수령한 재무제표일자의 창고보관증을 한국회계법인의 재고자산 계정담당자에게 제시하였다. 한국회계법인의 재고자산 계정담당자는 재무제표일자의 재고자산수불부와 창고보관증을 대조한 결과 수량이 일치함을 확인하였다. 업무수행이사는 감사 진행상황을 검토한 후 창고보관증보다 더 신뢰성 있는 감사증거를 확보하기 위하여 추가적인 감사절차를 수행할 것을 지시하였다.

한국회계법인의 재고자산 계정담당자가 업무수행이사의 지시에 따라 추가로 수행해야 하는 가장 적합한 감사절차를 서술하시오(단, 창고보관증을 활용하여 추가적인 신뢰성을 확보하기 위한 절차는 제외할 것).

(물음 5) ㈜대한은 COVID-19 상황이 생산성 저하와 매출의 감소, 기존 채권의 회수 등에 부정적인 영향을 미칠 수 있으며, 이로 인하여 회사의 재무상태와 재무성과에도 유의적인 영향이 발생할 수 있다고 재무제표에 주석 기재하였다. 한국회계법인은 ㈜대한의 재무제표에 대한 의견형성 단계에서 적정의견을 표명하기로 결정하였다. 회사의 주석 기재로 인하여 한국회계법인이 감사보고서에 추가할 것을 고려할 수 있는 문단의 종류 및 선택한 근거를 서술하시오(단, 선택한 근거는 (물음 5)의 구체적인 상황에 맞게 서술할 것).

[답안양식]

추가 문단의 종류	
추가 문단을 선택한 근거	

2일차

2021년 제56회

원가회계

제1교시

【문제 1】(12점)

㈜한국은 제품 A와 제품 B를 제조하여 판매하는 회사이며, 제품원가계산으로 평준화(정상)원가계산을 사용한다. 원가흐름에 대해서는 선입선출법(FIFO)을 적용하며, 기초와 기말의 재공품재고는 없다. 이 회사의 20x1년 생산, 판매 및 원가에 대한 자료는 다음과 같다.

구분	제품 A	제품 B
예산생산량	1,500단위	2,500단위
실제판매량	1,000단위	2,000단위
단위당 판매가격	₩150	₩140
단위당 직접재료원가	₩20	₩10
단위당 직접노무시간	2시간	2시간
직접노무시간당 임률	₩20	₩20

기초제품재고는 없으며, 실제생산량은 예산생산량과 동일하였다. 제조간접원가의 배부기준은 직접노무시간으로, 회사가 예산수립 시 회귀분석을 통해 추정한 총제조간접원가 추정식은 다음과 같다.

총제조간접원가=₩120,000+₩12×직접노무시간

20x1년에 실제로 발생한 제조간접원가 총액은 ₩220,000이며, 원가차이는 매출원가에서 전액 조정한다. 판매관리비는 고려하지 않는다.

(물음 1) 전부원가계산을 사용하여 회사의 20x1년 영업이익을 계산하시오.

(물음 2) 변동원가계산을 사용하여 회사의 20x1년 영업이익을 계산하시오.

(물음 3) 위에서 계산한 전부원가계산 영업이익과 변동원가계산 영업이익 간의 차이를 계산근거와 함께 설명하시오.

(물음 4) ㈜한국은 전부원가계산을 사용하여 계산한 영업이익을 최고경영자 성과급 산정에 사용한다. 이와 관련하여 최고경영자가 가질 수 있는 잘못된 유인이 무엇인지 설명하고, 그 유인을 완화시킬 수 있는 방안을 2가지 제시하시오.

【문제 2】 (12점)

㈜한국은 여행용 물품을 제조하여 판매하는 회사이며, 세 개의 제조사업부 X, Y, Z는 각각 이익중심점으로 운영된다. 사업부 X는 여행용 가방, 사업부 Y는 텐트, 사업부 Z는 스포츠용품을 제조하여 판매한다.

㈜한국은 효율적인 재고관리를 위해 제품에 전자태그를 부착하는 방안을 검토 중이다. 전자태그는 ㈜서울로부터 공급 받으며, 제품 한 단위당 전자태그 한 개를 부착한다. 전자태그 도입에 관한 검토 자료는 다음과 같다. 전자태그는 단위당 ₩2이며, 이와 별개로 전자태그 시스템 관리를 위한 고정비가 연간 ₩10,000으로 예상된다. 전자태그 시스템 관리를 위한 고정비는 사업부 X, Y, Z에 대한 공통원가로, 사업부별 사용량에 따라 전액 사업부에 배부할 계획이다. 각 사업부 관리자는 공통원가배부액을 반영한 이익에 기초하여 성과급을 받으며, 전자태그 도입을 수락하거나 거절할 수 있다.

구분	사업부 X	사업부 Y	사업부 Z
전자태그 도입 전 영업이익	₩40,000	₩65,000	₩80,000
전자태그 도입 후 재고관리원가 총 예상 절감액	₩3,400	₩4,900	₩5,800
전자태그 단위당 원가	₩2	₩2	₩2
전자태그 예상 사용량	200개	300개	500개

(물음 1) ㈜한국이 사업부 X, Y, Z의 관리자에게 전자태그의 도입을 제안하는 경우, 각 사업부의 관리자가 동 제안을 수락할 것인지를 다음 표의 형태로 제시하시오.

구분	사업부 X	사업부 Y	사업부 Z
증분수익			
증분원가			
증분이익			
의사결정			

(물음 2) 위의 (물음 1)에서 일부 사업부가 전자태그 사용을 거부한 경우에도 여전히 나머지 사업부가 전자태그 사용을 수락할 것인지를 계산근거와 함께 기술하시오. 단, 전자태그 사용을 거부하는 사업부가 있어도 전자태그의 단위당 변동원가와 총고정원가는 변하지 않는다.

(물음 3) 위의 (물음 1)과 (물음 2)의 결과를 통해 공통원가배부방식이 각 사업부 관리자의 의사결정에 영향을 미치게 됨을 알 수 있다. 이와 관련하여 구체적으로 어떤 문제점이 발생했는지를 <u>3줄 이내로 설명하시오.</u>

(물음 4) 회사 전체의 이익극대화 관점에서 다음 (1)과 (2)에 답하시오.

(1) ㈜한국이 전자태그를 도입하는 것이 타당한지를 계산근거와 함께 기술하시오.
(2) 사업부 X, Y, Z가 모두 전자태그 도입을 수락하도록 하는 방안을 계산근거와 함께 기술하시오.

【문제 3】 (28점)

㈜한국은 단일공정을 통해 단일제품 X를 생산하여 판매하고 있다. 회사는 전부원가계산에 의한 표준원가계산제도를 채택하고 있으며, 분리계산법을 적용하고 있다. 20x1년 제품 단위당 표준원가를 설정하기 위한 생산 및 판매활동 예산자료는 다음 〈자료 1〉과 같다.

〈자료 1〉

〈생산활동 예산자료〉
• 직접재료원가: 제품 1단위를 생산하기 위해서는 5kg의 직접재료가 공정의

50% 시점에서 전량 투입되어 가공된다. 직접재료 1kg당 표준가격은 ₩10이다. 제품에 대한 공손검사는 공정의 60% 시점에서 이루어지며, 검사를 통과한 합격품의 10%에 해당하는 공손수량은 정상적인 것으로 간주한다. 공손품은 발생 즉시 처분가치 없이 전량 폐기된다.

• 직접노무원가: 직접노무인력은 숙련공과 미숙련공으로 구분된다. 제품 1단위를 생산하는데 숙련공 직접노무시간 2시간과 미숙련공 직접노무시간 2시간이 필요하다. 숙련공과 미숙련공의 표준임률은 각각 시간당 ₩12과 ₩8이다. 직접노무원가는 공정 전반에 걸쳐 균등하게 발생한다.

• 제조간접원가: 제조간접원가는 직접노무시간을 기준으로 배부한다. 변동제조간접원가 표준배부율은 직접노무원가 표준임률의 50%이다. 20x1년 고정제조간접원가 예산은 ₩24,000이며, 연간 기준조업도는 2,400직접노무시간이다. 제조간접원가는 공정 전반에 걸쳐 균등하게 발생한다.

〈판매활동 예산자료〉

• 20x1년 제품 X의 전체 시장규모는 2,000단위로 추정되며, 예산생산량을 전부 판매가능하다. 제품 단위당 판매가격은 ₩250이며, 변동판매관리비는 단위당 ₩30이다. 고정판매관리비는 ₩3,000이 발생할 것으로 예상된다.

(물음 1) 〈자료 1〉을 이용하여 아래 양식을 완성하시오.

구분	표준수량	표준가격	표준원가
직접재료원가			
직접노무원가			
변동제조간접원가			
고정제조간접원가			
제품 단위당 표준원가			
제품 단위당 정상공손허용액			
정상품 단위당 표준원가			

㈜한국의 20x1년 실제 생산 및 원가자료는 다음 〈자료 2〉와 같다.

〈자료 2〉

- 기초재공품: 100단위(전환원가 완성도 80%)
  완성품: 800단위
  공손수량: 100단위
  기말재공품: 100단위(전환원가 완성도 40%)
  판매량: 600단위
  기초제품재고는 없다.

- 실제직접재료구입원가는 ₩48,000(=6,000kg×₩8)이었으며, 당기에 실제사용
  직접재료원가는 ₩40,000이었다. 직접재료 가격차이는 구입시점에서 분리한다.
  기초직접재료는 없으며, 직접재료는 외상으로 매입하였다.

- 직접노무인력별 실제직접노무시간과 실제직접노무원가는 다음과 같다.

구분	실제직접노무시간	실제직접노무원가
숙련공	2,100시간	₩23,100
미숙련공	1,900시간	₩17,100
합계	4,000시간	₩40,200

- 실제변동제조간접원가는 ₩21,000이었고, 실제고정제조간접원가는 ₩25,000이
  었다.

(물음 2) 〈자료 1〉과 〈자료 2〉를 이용하여 다음 물음에 답하시오. 전기와 당기의 단위
당 표준원가는 동일하다. 단, 원가차이에 대해 유리한 차이는 F, 불리한 차이는 U로 표
시하시오.

(1) 정상공손수량과 비정상공손수량을 각각 계산하시오.

(2) 기초재공품원가, 완성품원가, 기말재공품원가, 비정상공손원가를 각각 계산하시오.

(3) 다음 물음 ①과 ②에 답하시오.

　① 직접재료원가의 구입가격차이와 수량차이를 각각 계산하시오.

　② 위 ①에서 계산된 직접재료원가차이를 원가요소별 비례배분법을 통해 배분할 경

우, 이를 조정하기 위한 분개를 각각 제시하시오.

(4) 직접노무원가의 임률차이, 배합차이, 수율차이를 각각 계산하시오.

(5) 변동제조간접원가의 소비차이와 능률차이, 고정제조간접원가의 예산차이와 조업도차이를 각각 계산하시오.

※ (물음 1) 및 (물음 2)와 관계 없이, 다음 물음에 답하시오.

(물음 3) ㈜한국의 단위당 표준원가는 다음과 같다.

〈표준원가 자료〉

항목	단위당 표준원가
직접재료원가	₩100
직접노무원가	₩50
변동제조간접원가	₩50
고정제조간접원가	₩40
합계	₩240

판매활동 예산은 〈자료 1〉에 주어진 판매활동 예산자료를 이용한다.

20x1년 실제판매량은 500단위이었으며, 단위당 판매가격은 ₩300이었다. 판매활동과 관련하여 단위당 변동원가는 ₩20, 고정원가는 ₩2,000이 발생하였으며, 실제시장규모는 2,500단위이었다. ㈜한국의 20x1년 시장점유율차이와 시장규모차이를 각각 계산하시오. 단, 원가차이에 대해 유리한 차이는 F, 불리한 차이는 U로 표시하시오.

※ (물음 1), (물음 2), (물음 3)과 관계 없이, 다음 물음에 답하시오.

(물음 4) ㈜한국은 20x1년 초에 취임한 CEO의 성과평가 목적으로 재무지표와 비재무지표를 고려하고 있다. CEO 취임 전·후의 관련 자료는 다음과 같다.

(단위: 억 원)

구분	CEO 취임 전 (20x0년)	CEO 취임 후 (20x1년)
매출액	200	300
변동원가	120	180
공헌이익	80	120
고정원가	50	50
순이익	30	70
시장규모	600	1,200

(1) 20x1년 CEO의 성과를 재무지표만을 이용하여 평가하고, 그 근거를 제시하시오.

(2) 20x1년 CEO의 성과를 재무지표와 함께 비재무지표를 이용하여 평가하고, 그 근거를 제시하시오.

(3) ㈜한국은 CEO의 성과를 평가하기 위해 위 (2)의 방법을 선택하였다. 그 이유에 대해 3줄 이내로 설명하시오.

【문제 4】 (23점)

㈜석촌은 20x1년에 백신(Vaccine) A를 개발하여 생산·판매할 계획을 가지고 있다. 백신 판매가격, 판매수량, 원가 등은 향후 발생되는 인플레이션 상황에 따라 가변적일 것으로 예상되고 있다. 20x1년 인플레이션은 3% 이내, 3% 초과 2가지 상황이 발생할 것으로 예상된다.

• 20x1년 인플레이션 발생 상황별 백신 A의 판매가격 및 판매 수량은 다음과 같이 예상된다.

인플레이션 상황	판매가격	판매수량
인플레이션 3% 이내	₩10,000	20,000개
인플레이션 3% 초과	₩11,000	15,500개

20x1년 백신 A의 기초 및 기말재고는 없다.

- 인플레이션 3% 이내인 경우에는 단위당 변동원가가 ₩3,000, 인플레이션 3% 초과인 경우에는 단위당 변동원가가 ₩3,200이다.

- 20x1년 백신 개발을 위해서는 백신 생산설비 X, Y, Z 임차가 모두 필요하다. 임차 단가는 X가 10백만 원, Y가 5백만 원, Z가 10백만 원이다. 임차 단가는 인플레이션 상황과 무관하게 계약에 의해 확정되어 있다. 생산구간에 따른 필요 임차 생산설비는 다음과 같다.

백신 생산구간	생산설비 X	생산설비 Y	생산설비 Z
0~5,000개	1개	1개	1개
5,001개 이상	2개	2개	2개

(물음 1) ㈜석촌의 20x1년 예상 손익계산서를 아래 양식으로 작성하시오.

구분	인플레이션 3% 이내	인플레이션 3% 초과
매출액		
변동원가		
공헌이익		
고정원가		
영업이익		

(물음 2) 인플레이션 3% 이내, 인플레이션 3% 초과인 경우로 구분하여 ㈜석촌의 20x1년 손익분기점 백신 판매량을 각각 계산하시오. 단, 소수점 이하는 절사하시오.

(1) 인플레이션 3% 이내인 경우 손익분기점 판매량

(2) 인플레이션 3% 초과인 경우 손익분기점 판매량

(물음 3) 20x1년 경쟁업체의 백신 개발로 백신의 시장공급 확대가 발생할 경우, ㈜석촌의 20x1년 백신 A 가격은 ₩10,000, 판매량은 14,000개가 된다. 백신 A의 가격 변동과 판매량 변동은 모든 인플레이션 상황에서 동일하게 발생한다. 생산구간 변동에 따른 생산설비 임차계약 갱신도 가능하다.

(1) 이러한 백신 가격 변동과 판매량 변동을 감안할 경우 백신 생산의 개발 여부를 판단하고 그 근거를 제시하시오.

(2) 위 (1)의 의사결정이 인플레이션 상황별로 차이가 존재하는지를 설명하시오.

(물음 4) 인플레이션 상황별, 백신 공급확대 전·후의 영업레버리지도를 각각 계산하시오. <u>단, 소수점 셋째 자리에서 반올림 하시오.</u>

구분	인플레이션 3% 이내	인플레이션 3% 초과
백신공급확대 전 영업레버리지도		
백신공급확대 후 영업레버리지도		

(물음 5) 위 (물음 4)의 영업레버리지도 분석 결과를 바탕으로, ㈜석촌 경영자는 어떠한 점에 유의해야 하는지를 설명하시오.

【문제 5】 (25점)

㈜한국의 생산부문은 부품생산, 조립, 가공처리 세 부문으로 구성되어 있다. ㈜한국은 각 부문마다 노동력과 기계를 투입하여 제품 X와 제품 Y를 생산한다.

아래의 자료는 두 제품을 생산하는데 이용가능한 생산부문의 직접노무시간과 기계작업시간이다. 개별 부문의 여유시간은 타 부문으로의 재배치가 불가능하며, 직접노무시간과 기계작업시간 상호 간에도 대체가 불가능하다.

(단위: 시간)

구분	생산부문		
	부품생산	조립	가공처리
직접노무시간	15,000	14,000	10,000
기계작업시간	45,000	40,000	32,100

각 제품의 생산에 필요한 생산부문별 단위당 직접노무시간 및 기계작업시간은 다음과 같다.

(단위: 시간)

구분	제품 X			제품 Y		
	부품생산	조립	가공처리	부품생산	조립	가공처리
직접노무시간	1	1	1	2	1.5	2
기계작업시간	3	2	2.2	4	3	3

㈜한국의 연간 예상 시장수요량은 제품 X가 8,000단위, 제품 Y가 4,000단위이다. 예상 시장수요량에 맞추어 ㈜한국이 자체적으로 제품을 생산할 경우 연간 총원가는 다음과 같다.

원가항목		제품 X	제품 Y
직접재료원가		₩1,000,000	₩800,000
직접노무원가		₩800,000	₩600,000
변동제조간접원가		₩120,000	₩150,000
고정제조간접원가	회피 가능	₩100,000	₩50,000
	회피 불가능	₩80,000	₩70,000
변동판매관리비		₩40,000	₩80,000
고정판매관리비		₩60,000	₩40,000
설비기회원가*		₩60,000	₩60,000

* 설비를 사용하지 않고 대체용도로 이용할 때 얻을 수 있는 최대이익

(물음 1) ㈜한국이 제품 X와 제품 Y의 예상 시장수요량을 차질 없이 생산할 수 있는지 판단하고 그 이유를 설명하시오.

(물음 2) 제품 X와 제품 Y의 단위당 판매가격은 각각 ₩295와 ₩467.5이고, 생산량은 모두 판매 가능하다. 최대 공헌이익을 달성하기 위한 각 제품의 생산량을 구하고, 해당 생산량 하에서 영업이익을 계산하시오.

※ 아래의 (물음 3), (물음 4), (물음 5)는 상호 독립적이다.

(물음 3) 만일 가공처리 부문에서 작업시간이 기존에 비해 절반으로 단축되는 최신 기계를 도입하면 공헌이익이 얼마나 변동하는지 설명하시오.

(물음 4) 개별 부문 내에서만 직접노무시간과 기계작업시간 상호 간에 대체가 가능하다고 가정한다. 기계작업시간 1시간은 직접노무시간 3시간에 해당한다. 최대 공헌이익을 달성하기 위한 제품 X와 제품 Y의 최적생산배합을 구하고 그 근거를 제시하시오.

(물음 5) ㈜한국은 제품 X에 대한 외부주문생산도 고려하고 있다. 외부주문생산 시 고정원가로서 납품업체의 선정과 납품검사 등과 같은 납품관리비가 ₩50,000 발생한다. 단, 제품 생산에 사용되는 생산설비는 대체용도가 존재한다.

(1) 제품 X의 외부주문생산을 고려하던 중 한 납품업체가 제품 X의 연간 예상 시장수요량 8,000단위 전부를 단위당 ₩250에 공급하겠다고 제안하였다. 이 제안의 수락 여부를 계산근거를 바탕으로 제시하시오. 단, 외부주문생산으로 인한 제품 Y의 생산량 변동은 고려하지 않는다.

(2) 외부주문생산과 자체생산, 두 의사결정이 무차별하게 되는 제품 X의 생산량을 계산하시오.

재무회계

※ 답안 작성 시 유의사항

1. 모든 문제는 2020년 12월 31일 이후 최초로 개시되는 회계연도에 적용되는 한국채택국제회계기준에 따라 답하시오.

2. 각 문제에서 별도로 제시하는 경우를 제외하면
   - 회계기간은 1월 1일부터 12월 31일이며,
   - 법인세 효과는 고려하지 말고 답하시오.

3. 자료에서 제시한 것 이외의 사항은 고려하지 말고 답하시오.

4. 답안은 반드시 문제 순서대로 작성하시오

【문제 1】 (10점)

㈜대한의 다음 〈자료〉를 이용하여 물음에 답하시오.

〈자 료〉

1. 20x1년 1월 1일 ㈜대한의 유통주식수는 다음과 같다.
   - 유통보통주식수: 5,000주(액면가 ₩1,000)
   - 유통우선주식수: 1,000주(액면가 ₩1,000)

2. 20x1년 4월 1일 보통주에 대해 10%의 주식배당을 실시하였다.

3. 우선주는 누적적, 비참가적 전환우선주로 배당률은 연 7%이다. ㈜대한은 기말에 미전환된 우선주에 대해서만 우선주배당금을 지급한다. 우선주 전환 시 1주당 보통주 1.2주로 전환 가능하며, 20x1년 5월 1일 우선주 300주가 보통주로 전환되었다.

4. 20x1년 7월 1일 자기주식 500주를 취득하고 이 중 100주를 소각하였다.

---

5. 20x1년 초 대표이사에게 3년 근무조건으로 주식선택권 3,000개를 부여하였다. 주식선택권 1개로 보통주 1주의 취득(행사가격 ₩340)이 가능하며, 20x1년 초 기준으로 잔여가득기간에 인식할 총보상원가는 1개당 ₩140이다. 당기 중 주식보상비용으로 인식한 금액은 ₩140,000이다.

6. ㈜대한의 20x1년도 당기순이익은 ₩500,000이며, 법인세율은 20%이다. 20x1년 보통주 1주당 평균 주가는 ₩900이다.

7. ㈜대한은 가중평균 유통보통주식수 산정 시 월할계산한다.

(물음 1) ㈜대한의 20x1년도 기본주당이익을 계산하기 위한 ① 보통주 귀속 당기순이익과 ② 가중평균 유통보통주식수를 계산하시오.

보통주 귀속 당기순이익	①
가중평균 유통보통주식수	②

(물음 2) 다음은 ㈜대한의 20x1년도 희석주당이익을 계산하기 위하여 전환우선주 및 주식선택권의 희석효과를 분석하는 표이다. 당기순이익 조정금액(분자요소)과 조정주식수(분모요소)를 각각 계산하시오.

구분	당기순이익 조정금액	조정주식수
전환우선주	①	②
주식선택권	③	④

(물음 3) ㈜대한의 희석주당이익은 얼마인지 계산하시오. 단, 희석주당이익 계산 시 소수점 아래 둘째자리에서 반올림하여 계산하시오(예: 4.57은 4.6으로 계산).

희석주당이익	①

【문제 2】 (10점)

※ 다음의 각 물음은 독립적이다.

㈜민국은 20x1년 1월 1일 보유하던 건물을 ㈜대한에게 매각하고, 같은 날 동 건물을 리스하여 사용하는 계약을 체결하였다. 다음의 〈자료〉를 이용하여 물음에 답하시오.

〈자 료〉

1. ㈜민국이 보유하던 건물의 20x1년 1월 1일 매각 전 장부금액은 ₩3,000,000 이며, 공정가치는 ₩5,000,000이다.

2. 20x1년 1월 1일 동 건물의 잔존내용연수는 8년이고 잔존가치는 없다. ㈜민국 과 ㈜대한은 감가상각 방법으로 정액법을 사용한다.

3. 리스개시일은 20x1년 1월 1일이며, 리스료는 리스기간 동안 매년 말 ₩853,617 을 수수한다.

4. 리스기간은 리스개시일로부터 5년이며, 리스 종료일에 소유권이 이전되거나 염가로 매수할 수 있는 매수선택권 및 리스기간 변경 선택권은 없다.

5. ㈜대한은 해당 리스를 운용리스로 분류한다. 리스계약과 관련하여 지출한 리스 개설직접원가는 없다.

6. 리스의 내재이자율은 연 7%로, ㈜민국이 쉽게 산정할 수 있다.

7. 현재가치 계산 시 아래의 현가계수를 이용하고, 답안 작성 시 원 이하는 반올 림한다.

기간	7%	
	단일금액 ₩1의 현가계수	정상연금 ₩1의 현가계수
1	0.9346	0.9346
2	0.8734	1.8080
3	0.8163	2.6243
4	0.7629	3.3872
5	0.7130	4.1002

(**물음 1**) ㈜민국은 보유하고 있던 건물을 공정가치인 ₩5,000,000에 매각하였으며, 동 거래는 수익인식기준에 근거한 판매로 판단된다. 아래 요구사항에 답하시오.

〈요구사항 1〉

리스이용자인 ㈜민국의 20x1년 12월 31일 재무상태표에 표시될 ① 사용권자산(순액), ② 리스부채 금액 및 20x1년도 포괄손익계산서 상 ③ 당기순이익에 미치는 영향을 계산하시오. 단, 당기순이익이 감소하는 경우에는 금액 앞에 (-)를 표시하시오.

회사	구분	금액
㈜민국	사용권자산(순액)	①
	리스부채	②
	당기순이익에 미치는 영향	③

〈요구사항 2〉

해당 리스거래가 리스제공자인 ㈜대한의 20x1년도 포괄손익계산서 상 당기순이익에 미치는 영향을 계산하시오. 단, 당기순이익이 감소하는 경우에는 금액 앞에 (-)를 표시하시오.

회사	구분	금액
㈜대한	당기순이익에 미치는 영향	①

(**물음 2**) ㈜민국이 건물을 매각한 거래가 수익인식기준에 근거한 판매가 아닌 것으로 판단되는 경우, 판매자인 ① ㈜민국과 구매자인 ② ㈜대한은 이전된 매각 금액을 어떻게 회계처리하여야 하는지 간략히 기술하시오.

㈜민국	①
㈜대한	②

【문제 3】(15점)

※ 다음의 각 물음은 독립적이다.

㈜대한의 유형자산과 관련된 다음의 〈공통 자료〉를 이용하여 각 물음에 답하시오.

〈공통 자료〉

1. ㈜대한의 20x1년 12월 31일 현재 재무상태표 상 유형자산은 다음과 같다.

계정과목	금액
토　　지	₩1,150,000
손상차손누계액	(　?　)
기계장치	₩2,000,000
감가상각누계액	(1,200,000)
손상차손누계액	(100,000)
건　　물	₩3,300,000

2. ㈜대한은 토지와 건물에 대해서는 재평가모형을 적용하고 있으며, 처분 부대원가는 무시할 수 없는 수준이다. 한편, 기계장치에 대해서는 원가모형을 적용하고 있다.

3. 재평가모형을 적용하여 장부금액을 조정하는 경우 기존의 감가상각누계액을 전액 제거하는 방법을 사용하며, 재평가잉여금을 이익잉여금으로 대체하지 않는다.

4. 20x2년 초 토지와 건물의 공정가치는 20x1년 말 공정가치와 동일하다.

5. ㈜대한은 토지를 2년 전인 20x0년 초 ₩1,100,000에 취득하였으며, 20x0년 말과 20x1년 말 공정가치와 회수가능액은 다음과 같다.

구분	20x0년 말	20x1년 말
공정가치	₩1,200,000	₩1,150,000
회수가능액	1,250,000	950,000

6. 20x1년 말 현재 기계장치는 취득 후 3년이 경과하였으며, 잔존가치 없이 정액법으로 감가상각한다. 또한 기계장치의 취득 이후 손상은 20x1년에 최초로 발생하였다.

7. 건물은 20x1년 초에 본사사옥으로 사용하기 위하여 ₩4,000,000에 취득(내용연수 4년, 잔존가치 ₩0, 정액법 상각)하였다.

(물음 1) 다음의 〈추가 자료 1〉을 이용하여 답하시오.

〈추가 자료 1〉

1. ㈜대한은 20x2년 초 보유하고 있던 토지를 ㈜민국의 토지와 교환하면서 ₩100,000을 지급하였다. ㈜민국 토지의 장부금액은 ₩800,000이며 공정가치는 ₩1,200,000이다.

2. 교환은 상업적 실질이 있으며, ㈜대한의 토지공정가치가 ㈜민국의 토지 공정가치보다 더 명백하다.

3. ㈜대한이 교환으로 취득한 토지의 20x2년 말 공정가치는 ₩1,380,000이다.

〈공통 자료〉에 비어있는 20x1년 말 재무상태표 상 토지의 ① 손상차손누계액과 토지와 관련한 회계처리가 20x2년도 포괄손익계산서 상 ② 당기순이익에 미치는 영향 및 ③ 기타포괄이익에 미치는 영향을 각각 계산하시오. 단, 당기순이익이나 기타포괄이익이 감소하는 경우에는 금액 앞에 (-)를 표시하시오.

20x1년 말 손상차손누계액	①
20x2년 당기순이익에 미치는 영향	②
20x2년 기타포괄이익에 미치는 영향	③

(물음 2) 다음의 〈추가 자료 2〉를 이용하여 답하시오.

〈추가 자료 2〉

1. ㈜대한이 20x2년에 기계장치의 내용연수와 잔존가치를 변경하여 내용연수는 2년 연장되고, 잔존가치는 ₩200,000으로 변경되었다.

2. 20x2년 말 기계장치에 손상징후가 존재하였으며, 기계장치의 20x2년 말 사용 가치는 ₩670,000이고 순공정가치는 ₩700,000이다.

기계장치와 관련한 회계처리가 20x2년도 당기순이익에 미치는 영향을 계산하시오. 단, 당기순이익이 감소하는 경우에는 금액 앞에 (-)를 표시하시오.

당기순이익에 미치는 영향	①

(물음 3) 다음의 〈추가 자료 3〉을 이용하여 답하시오.

〈추가 자료 3〉

1. ㈜대한은 20x2년 초에 ₩600,000을 지출하여 건물에 냉난방장치를 설치하였다. 동 지출은 자산의 인식요건을 충족하나, 동 지출로 내용연수와 잔존가치의 변동은 없었다.

2. 20x2년 말 건물의 공정가치는 ₩2,500,000이다.

3. 20x2년 말 건물에 손상징후가 존재하였으며, 건물의 20x2년 말 순공정가치와 사용가치는 다음과 같다.

순공정가치	사용가치
₩2,200,000	₩2,000,000

건물과 관련하여 20x1년 말 재무상태표에 인식할 ① 재평가잉여금과 20x2년도 포괄 손익계산서에 인식할 ② 감가상각비와 ③ 손상차손을 계산하시오.

20x1년 말 재평가잉여금	①
20x2년 감가상각비	②
20x2년 손상차손	③

【문제 4】 (14점)

※ 다음의 각 물음은 독립적이다.

㈜대한은 20x1년 1월 1일 ㈜민국이 동 일자에 발행한 사채를 발행금액(공정가치)으로 취득하였다. 취득 시 동 사채의 신용이 손상되어 있지 않았다. 이와 관련된 〈자료〉를 이용하여 각 물음에 답하시오.

〈자 료〉

1. ㈜대한이 취득한 사채의 조건은 다음과 같다.

> · 액면금액: ₩2,000,000
> · 만기상환일: 20x3년 12월 31일 일시상환
> · 표시이자율: 연 6%
> · 이자지급일: 매년 12월 31일
> · 사채발행일 유효이자율: 연 8%

2. ㈜대한은 20x1년 말에는 동 금융자산의 신용위험이 유의하게 증가하지 않았다고 판단하였으나, 20x2년 말에는 신용위험이 유의적으로 증가하였다고 판단하였다. 각 연도 말 현재 12개월 기대신용손실과 전체기간 기대신용손실은 다음과 같다.

구분	20x1년 말	20x2년 말
12개월 기대신용손실	₩20,000	₩35,000
전체기간 기대신용손실	₩50,000	₩70,000

3. ㈜대한은 20x1년 말과 20x2년 말에 동 금융자산의 표시이자를 모두 수령하였다.

---

4. 동 금융자산의 각 연도 말 공정가치는 다음과 같다.

20x1년 말	20x2년 말
₩1,900,000	₩1,800,000

5. 현재가치 계산 시 아래의 현가계수를 이용하고, 답안 작성 시 원 이하는 반올림한다.

기간	단일금액 ₩1의 현가계수		정상연금 ₩1의 현가계수	
	6%	8%	6%	8%
1	0.9434	0.9259	0.9434	0.9259
2	0.8900	0.8573	1.8334	1.7833
3	0.8396	0.7938	2.6730	2.5771

(물음 1) ㈜대한이 동 금융자산을 당기손익-공정가치 측정 금융자산으로 분류한 경우, 금융자산의 회계처리가 ㈜대한의 20x1년도 포괄손익계산서 상 당기순이익에 미치는 영향을 계산하시오. 단, 당기순이익이 감소하는 경우에는 금액 앞에 (-)를 표시하시오.

당기순이익에 미치는 영향	①

(물음 2) ㈜대한이 동 금융자산을 기타포괄손익-공정가치 측정 금융자산으로 분류한 경우, 금융자산의 회계처리가 ㈜대한의 20x1년도 포괄손익계산서 상 ① 당기순이익에 미치는 영향과 ② 기타포괄이익에 미치는 영향을 각각 계산하시오. 단, 당기순이익이나 기타포괄이익이 감소하는 경우에는 금액 앞에 (-)를 표시하시오.

당기순이익에 미치는 영향	①
기타포괄이익에 미치는 영향	②

(물음 3) ㈜대한은 동 금융자산을 20x1년 중 사업모형의 변경으로 기타포괄손익-공정가치 측정 금융자산에서 상각후원가 측정 금융자산으로 재분류하였다. 금융자산의 회

계처리가 ㈜대한의 20x2년도 포괄손익계산서 상 ① 당기순이익에 미치는 영향과 ② 기타포괄이익에 미치는 영향, 20x2년 말 ③ 금융자산의 상각후원가를 계산하시오. 단, 당기순이익이나 기타포괄이익이 감소하는 경우에는 금액 앞에 (-)를 표시하시오.

당기순이익에 미치는 영향	①
기타포괄이익에 미치는 영향	②
금융자산의 상각후원가	③

【문제 5】 (16점)

다음에 제시된 〈자료 1〉과 〈자료 2〉는 독립적이다. 각 〈자료〉에 대한 물음에 답하시오.

〈자료 1〉

㈜대한은 다음의 제품들을 생산하여 고객에게 판매한다. ㈜대한은 재고자산에 대해 계속기록법을 적용하여 회계처리하고 있으며, 20x1년 각 제품과 관련된 고객과의 거래는 다음과 같다.

1. 제품A
   - ㈜대한은 20x1년 12월 31일에 제품A를 1개월 이내에 반품을 허용하는 조건으로 ₩150,000(매출원가율 70%)에 판매하였다.
   - ㈜대한은 과거 경험에 따라 이 중 5%가 반품될 것으로 예상하며, 이러한 변동대가의 추정치와 관련된 불확실성이 해소될 때(즉, 반품기한이 종료될 때) 이미 인식한 누적 수익금액 중 유의적인 부분을 되돌리지 않을 가능성이 높다고 판단하였다.
   - 반품된 제품A는 일부 수선만 하면 다시 판매하여 이익을 남길 수 있다. ㈜대한은 제품A가 반품될 경우 회수 및 수선을 위해 총 ₩200이 지출될 것으로 예상하였다.
   - 20x1년 12월 31일 매출 중 20x2년 1월 말까지 실제 반품된 제품A의 판매가격 합계는 ₩8,000이며, 반품된 제품A의 회수 및 수선을 위해 총 ₩250이 지출되었다.

2. 제품B
- ㈜대한은 20x1년 11월 1일 ㈜독도에 제품B를 ₩50,000(원가 ₩48,000)에 현금 판매하였다.
- 계약에 따르면 ㈜대한이 ㈜독도의 요구에 따라 20x2년 4월 30일에 제품B를 ₩54,800에 다시 매입해야 하는 풋옵션이 포함되어 있다.
- 20x1년 11월 1일에 추정한 20x2년 4월 30일의 제품B에 대한 예상시장가격은 ₩52,000이며, 이러한 추정에 변동은 없다.
- 20x2년 4월 30일 현재 제품B의 실제 시장가격은 예상과 달리 ₩60,000으로 형성되어 있으며, 따라서 해당 풋옵션은 만기에 행사되지 않고 소멸되었다.

3. 제품C
- ㈜대한은 통신장비인 제품C의 판매와 통신서비스를 모두 제공하고 있다. ㈜대한은 통상적으로 제품C를 한 대당 ₩300,000에 현금 판매하고, 통신서비스는 월 ₩2,500씩 24개월에 총 ₩60,000의 약정으로 제공하고 있다.
- ㈜대한은 신규 고객 유치를 위한 특별 행사로 20x1년 9월 1일부터 20x1년 12월 31일까지 제품C와 통신서비스를 결합하여 이용하는 고객에게는 현금 보조금 ₩43,200을 계약체결일에 지급하고 있다.
- 이 결합상품은 20x1년 10월 1일과 12월 1일에 각각 10명과 20명의 고객에게 1인당 1개씩 판매되었다.

(물음 1) ㈜대한이 20x1년에 고객에게 판매한 제품A와 제품B에 관련된 회계처리가 ㈜대한의 20x1년도와 20x2년도 포괄손익계산서 상 당기순이익에 미치는 영향을 각각 계산하시오. 단, 당기순이익이 감소하는 경우에는 금액 앞에 (−)를 표시하시오.

제품	구분	금액
제품A	20x1년 당기순이익에 미치는 영향	①
	20x2년 당기순이익에 미치는 영향	②
제품B	20x1년 당기순이익에 미치는 영향	③
	20x2년 당기순이익에 미치는 영향	④

(물음 2) ㈜대한이 20x1년에 특별행사로 판매한 제품C와 통신서비스의 결합상품 판매로 인해 20x1년도와 20x2년도에 수익으로 인식할 금액을 각각 계산하시오.

20x1년 수익	①
20x2년 수익	②

<자료 2>

1. ㈜민국은 20x1년 3월 1일 구별되는 제품A와 제품B를 고객에게 이전하기로 계약하였다. 제품A는 계약 시점에, 제품B는 20x1년 10월 1일에 각각 고객에게 이전하기로 하였다. 고객이 약속한 대가는 총 ₩15,000으로, 여기에는 고정대가 ₩12,000과 불확실성이 해소될 때 이미 인식한 누적 수익금액 중 유의적인 부분을 되돌리지 않을 가능성이 매우 높다고 판단한 변동대가 ₩3,000이 포함되어 있다.

2. ㈜민국은 20x1년 7월 1일에 아직 고객에게 인도하지 않은 제품B에 추가하여 또 다른 제품C를 20x1년 12월 1일에 이전하기로 계약의 범위를 변경하고, 계약가격 ₩4,000(고정대가)을 증액하였는데, 이 금액이 제품C의 개별 판매가격을 나타내지는 않는다.

3. ㈜민국은 20x1년 8월 1일에 권리를 갖게 될 것으로 예상한 변동대가의 추정치와 추정치의 제약을 재검토하여 변동대가를 ₩3,000에서 ₩4,200으로 수정하였다. ㈜민국은 이러한 변동대가 추정치 변경분을 거래가격에 포함할 수 있다고 결론지었다.

4. ㈜민국은 20x1년 9월 1일에 이미 이전한 제품A에 사소한 결함이 있다는 것을 알게 되어 고객과 합의하여 고정대가를 ₩1,000만큼 할인해 주기로 하였다.

5. 제품A, 제품B, 제품C의 일자별 개별 판매가격은 다음과 같다.

구분	20x1년 3월 1일	20x1년 7월 1일	20x1년 8월 1일	20x1년 9월 1일
제품A	₩8,000	₩8,000	₩9,000	₩8,500
제품B	7,000	6,000	6,000	6,000
제품C	5,000	6,000	5,000	5,500

(물음 3) ㈜민국이 제품A, B, C를 약속시점에 모두 고객에게 이전하였다고 할 때, 20x1년 ㈜민국이 각 제품과 관련하여 수익으로 인식할 금액을 계산하시오.

구분	제품A	제품B	제품C
수익	①	②	③

【문제 6】 (10점)

(물음 1) 다음의 〈자료〉를 이용하여 〈요구사항〉에 답하시오. 단, 각 〈요구사항〉은 독립적이다.

〈자 료〉

1. ㈜대한은 20x1년 1월 1일에 ㈜민국으로부터 현금 ₩500,000을 1년간 차입(연 이자율 8%, 이자는 만기상환 시 지급)하였다. 차입금의 이자율은 시장이자율과 동일하다. ㈜대한은 20x1년 12월 31일에 동 차입금의 만기를 20x4년 12월 31일로 연장하고, 연 이자율을 4%(매년 말 후급)로 하향조정하는 것에 대해 ㈜민국과 합의하였다. 20x1년 말 현재 시장이자율은 연 10%이며, 미지급이자는 없다.

2. ㈜대한은 20x2년 1월 1일 추가 운영자금을 나라은행으로부터 차입(차입금A)하고자 하였는데, 나라은행은 ㈜대한의 지급불능 위험을 회피하기 위하여 제3자 보증을 요구하였다. 이에 20x2년 1월 1일 ㈜만세가 ㈜대한으로부터 지급보증의 공정가치인 ₩6,000을 보증료로 수취하고 나라은행에 보증을 제공하기로 하였다. 동 금융보증계약에 따라 ㈜만세는 ㈜대한이 보유한 차입금A의 지급불이행으로 나라은행이 손실을 입을 경우 이를 보상한다. 금융보증기간은 20x2년 1월 1일부터 20x5년 12월 31일까지이며, ㈜만세는 수취한 보증료를 보증기간 4년 동안 매년 균등하게 수익으로 인식한다. ㈜만세가 연도별로 추정한 ㈜대한의 차입금A에 대한 손실충당금 잔액은 다음과 같으며, 이는 나라은행이 추정한 금액과 동일하다.

20x2년 말	20x3년 말	20x4년 말	20x5년 말
₩1,000	₩3,500	₩3,700	₩3,700

3. 현재가치 계산 시 아래의 현가계수를 이용하고, 답안 작성 시 원 이하는 반올림한다.

기간	단일금액 ₩1의 현가계수		정상연금 ₩1의 현가계수	
	8%	10%	8%	10%
1	0.9259	0.9091	0.9259	0.9091
2	0.8573	0.8265	1.7833	1.7355
3	0.7938	0.7513	2.5771	2.4869

〈요구사항 1〉

㈜대한은 20x1년 12월 31일에 금융부채의 조건 변경 과정에서 ㈜민국에게 수수료 ₩7,000을 지급하였다. 이 경우 20x1년 말 ㈜대한이 조건변경에 따라 인식할 ① 금융부채조정손익과 20x1년 말 재무상태표에 인식할 ㈜민국에 대한 ② 동 차입금의 장부금액을 각각 계산하시오. 단, 금융부채조정손실이 발생할 경우에는 금액 앞에 (-)를 표시하시오.

금융부채조정손익	①
차입금의 장부금액	②

〈요구사항 2〉

㈜만세가 ㈜대한을 위해 20x2년 1월 1일 나라은행과 체결한 금융보증계약이 ㈜만세의 20x3년도와 20x4년도의 포괄손익계산서 상 당기순이익에 미치는 영향을 각각 계산하시오. 단, 당기순이익이 감소하는 경우에는 금액 앞에 (-)를 표시하시오.

20x3년 당기순이익에 미치는 영향	①
20x4년 당기순이익에 미치는 영향	②

(물음 2) 보고기간 말 이전에 장기차입약정(예: 차입기간 내 유동비율 100% 유지)을 위반했을 때 채권자가 즉시 상환을 요구할 수 있는 채무에 대해 '보고기간 후' 재무제

표 발행승인일 전에 채권자가 약정위반을 이유로 상환을 요구하지 않기로 합의하였다. 이 경우 동 채무를 유동부채와 비유동부채 중 어떤 항목으로 분류해야 하는지 설명하고 그 이유를 간략히 기술하시오.

【문제 7】 (12점)

※ 다음의 각 물음은 독립적이다.

20x1년 1월 1일에 설립된 ㈜대한은 20x1년 말에 확정급여제도를 도입하였으며, 이와 관련된 〈자료〉는 다음과 같다. 단, 20x1년도 확정급여채무 계산 시 적용한 할인율은 연 10%이며, 20x1년 이후 할인율의 변동은 없다.

〈자 료〉

〈20x1년〉
1. 20x1년 말 확정급여채무 장부금액은 ₩80,000이다.
2. 20x1년 말에 사외적립자산에 ₩79,000을 현금으로 출연하였다.

〈20x2년〉
1. 20x2년 6월 30일에 퇴직종업원에게 ₩1,000의 현금이 사외적립자산에서 지급되었다.
2. 20x2년 11월 1일에 사외적립자산에 ₩81,000을 현금으로 출연하였다.
3. 당기근무원가는 ₩75,000이다.
4. 20x2년 말 현재 사외적립자산의 공정가치는 ₩171,700이며, 보험수리적 가정의 변동을 반영한 확정급여채무는 ₩165,000이다.
5. 자산인식상한은 ₩5,000이다.

〈20x3년〉
1. 20x3년 말에 퇴직종업원에게 ₩2,000의 현금이 사외적립자산에서 지급되었다.
2. 20x3년 말에 사외적립자산에 ₩80,000을 현금으로 출연하였다.
3. 당기근무원가는 ₩110,000이다.
4. 20x3년 말에 제도 정산이 이루어졌으며, 정산일에 결정되는 확정급여채무의 현재가치는 ₩80,000, 정산가격은 ₩85,000(이전되는 사외적립자산 ₩60,000, 정산 관련 기업 직접 지급액 ₩25,000)이다.

---

5. 20x3년 말 제도 정산 직후 사외적립자산의 공정가치는 ₩220,000이며, 보험
   수리적 가정의 변동을 반영한 확정급여채무는 ₩215,000이다.
6. 자산인식상한은 ₩3,500이다.

(물음 1) ㈜대한의 확정급여제도와 관련하여 20x2년 말 현재 재무상태표에 표시될 ①
순확정급여부채(자산)와 20x2년도 포괄손익계산서 상 ② 기타포괄이익에 미치는 영향
및 ③ 당기순이익에 미치는 영향을 각각 계산하시오. 단, 순확정급여자산인 경우에는
괄호 안에 금액(예시: (1,000))을 표시하고, 기타포괄이익이나 당기순이익이 감소하는
경우에는 금액 앞에 (-)를 표시하시오.

순확정급여부채(자산)	①
기타포괄이익에 미치는 영향	②
당기순이익에 미치는 영향	③

(물음 2) ㈜대한의 확정급여제도와 관련하여 20x3년 말 현재 재무상태표에 표시될 ①
순확정급여부채(자산), ② 기타포괄손익누계액 및 20x3년도 포괄손익계산서 상 ③ 당
기순이익에 미치는 영향을 계산하시오. 단, 기타포괄손익에 포함되는 재측정요소의 경
우 재무상태표에 통합하여 표시하며, 순확정급여자산인 경우와 기타포괄손익누계액이
차변 잔액일 경우에는 괄호 안에 금액(예시: (1,000))을 표시하고, 당기순이익이 감소
하는 경우에는 금액 앞에 (-)를 표시하시오.

순확정급여부채(자산)	①
기타포괄손익누계액	②
당기순이익에 미치는 영향	③

【문제 8】 (13점)

※ **다음의 각 물음은 독립적이다.**

(물음 1) 주식결제형 주식기준보상거래와 관련된 다음의 〈자료 1〉을 이용하여 〈요구사항〉에 답하시오. 단, 각 〈요구사항〉은 독립적이다.

〈자료 1〉

1. ㈜대한은 20x1년 1월 1일에 임원 50명에게 각각 주식선택권 10개를 부여하고, 20x3년 12월 31일까지 근무하면 가득하는 조건을 부과하였다.

2. 각 임원이 부여받은 주식선택권은 20x3년 말 ㈜대한의 주가가 ₩1,000 이상으로 상승하면 20x6년 말까지 언제든지 행사할 수 있으나, 20x3년 말 ㈜대한의 주가가 ₩1,000 미만이 될 경우 부여받은 주식선택권을 행사할 수 없다.

3. ㈜대한은 주식선택권의 공정가치를 측정할 때 이항모형을 적용하였으며, 모형 내에서 20x3년 말에 ㈜대한의 주가가 ₩1,000 이상이 될 가능성과 ₩1,000 미만이 될 가능성을 모두 고려하여 부여일 현재 주식선택권의 공정가치를 단위당 ₩300으로 추정하였다.

4. 임원의 연도별 실제 퇴사인원과 연도 말 퇴사 추정인원은 다음과 같다.
   - 20x1년도: 실제 퇴사인원 3명, 20x3년 말까지 추가 퇴사 추정인원 2명
   - 20x2년도: 실제 퇴사인원 2명, 20x3년 말까지 추가 퇴사 추정인원 25명
   - 20x3년도: 실제 퇴사인원 5명

5. 20x1년 초, 20x1년 말 및 20x2년 말 ㈜대한의 주가는 다음과 같다.

20x1년 1월 1일	20x1년 12월 31일	20x2년 12월 31일
₩700	₩1,050	₩950

〈요구사항 1〉

㈜대한의 20x3년 말 현재 주가가 ₩1,100일 때, 20x1년부터 20x3년까지 인식해야 할 연도별 당기보상비용(또는 보상비용환입) 금액을 각각 계산하시오. 단, 보상비용환입의 경우에는 괄호 안에 금액(예시: (1,000))을 표시하시오.

20x1년 당기보상비용(환입)	①
20x2년 당기보상비용(환입)	②
20x3년 당기보상비용(환입)	③

〈요구사항 2〉

㈜대한은 〈자료 1〉의 2번 사항인 주식선택권 행사 가능여부 판단기준을 주가 ₩1,000 에서 ₩950으로 20x1년 말에 변경하였다. 이러한 조건변경으로 인하여 주식선택권의 단위당 공정가치는 ₩10 증가하였다. ㈜대한의 20x3년 말 현재 주가가 ₩900일 때, 20x1년부터 20x3년까지 인식해야 할 연도별 당기보상비용(또는 보상비용환입) 금액 을 각각 계산하시오. 단, 보상비용환입의 경우에는 괄호 안에 금액(예시: (1,000))을 표 시하시오.

20x1년 당기보상비용(환입)	①
20x2년 당기보상비용(환입)	②
20x3년 당기보상비용(환입)	③

(물음 2) 현금결제형 주식기준보상거래와 관련된 다음의 〈자료 2〉를 이용하여 〈요구사 항〉에 답하시오.

〈자료 2〉

1. ㈜대한은 20x1년 1월 1일에 종업원 50명에게 20x3년 12월 31일까지 근무하 는 것을 조건으로 각각 현금결제형 주가차액보상권 10개를 부여하였다. 주가차 액보상권은 행사가격 ₩500과 행사시점의 ㈜대한의 주가와의 차액을 현금으로 지급하는 계약이다.

2. 종업원의 연도별 실제 퇴사인원과 연도 말 퇴사 추정인원은 다음과 같다.
   - 20x1년도: 실제 퇴사인원 3명, 20x3년 말까지 추가 퇴사 추정인원 2명
   - 20x2년도: 실제 퇴사인원 3명, 20x3년 말까지 추가 퇴사 추정인원 2명
   - 20x3년도: 실제 퇴사인원 4명

---

3. 매 회계연도 말에 추정한 주가차액보상권의 단위당 공정가치는 다음과 같다.
   - 20x1년: ₩100
   - 20x2년: ₩150

〈요구사항〉

㈜대한은 20x2년 말에 기존의 주가차액보상권을 모두 취소하는 대신 20x4년 말까지 계속 근무할 것을 조건으로 종업원 각각에게 주식선택권 8개를 부여하는 것으로 변경하였다. 20x2년 말 현재 주식선택권의 단위당 공정가치는 ₩130이다. 20x2년 말 주식기준보상거래의 회계처리에 따른 20x2년도 포괄손익계산서 상 ① 당기순이익에 미치는 영향과 20x2년 말 재무상태표 상 ② 주식선택권의 금액을 계산하시오. 단, 당기순이익이 감소하는 경우 금액 앞에 (-)를 표시하시오.

당기순이익에 미치는 영향	①
주식선택권 금액	②

【문제 9】 (13점)

〈공통 자료〉

㈜대한은 20x1년 1월 1일 ㈜민국의 지분 100%를 취득하여 ㈜민국을 흡수합병하였다. 합병 전 ㈜대한의 ㈜민국에 대한 예비실사 결과, ㈜민국의 취득자산과 인수부채의 공정가치는 각각 ₩35,000 및 ₩5,000으로 파악되었다. 합병대가로 ㈜대한은 ㈜민국의 주주에게 현금 ₩40,000을 지급하기로 하였다. ㈜대한과 ㈜민국은 동일 지배하의 기업이 아니다.

(물음 1) 아래의 〈예시〉를 참고하여, 〈공통 자료〉에 아래의 독립된 상황별로 추가 제시 내용을 반영할 경우, 각 상황별로 영업권(또는 염가매수차익) 금액을 계산하시오. 단, 염가매수차익인 경우 괄호 안에 금액(예시: (1,000))을 표시하며, 별도의 언급이 있는 경우를 제외하고는 법인세 효과는 무시한다. 다음의 (상황 1) ~ (상황 5)는 상호 독립적이다.

<예 시>

취득일 현재 ㈜민국은 무형자산의 정의를 충족하는 특허기술을 보유(공정가치 ₩5,000)하고 있고 새로운 고객인 ㈜서울과 협상 중에 있는 계약(공정가치 ₩3,000)이 있으나 예비실사에 반영되지 않았다. (<공통 자료>와 <예시>자료를 적용하면 영업권은 ₩5,000임)

<답 안>

구분	영업권(염가매수차익)
<공통 자료> + <예시>	₩5,000

(상황 1) ㈜민국은 차량 리스계약의 리스이용자로, 잔여기간 동안 리스료의 현재가치 측정금액이 취득자산(사용권자산)과 인수부채(리스부채)의 공정가치에 포함되어 있다. 다만, 취득일 현재 해당 리스조건은 시장조건에 비하여 불리하다. 예비실사 시 불리한 시장조건의 공정가치는 ₩1,000으로 측정되었으며 이는 취득자산에 반영되지 않았다. 한편, ㈜민국이 인식하지 않은 고객목록의 공정가치 ₩3,000이 예비실사 시 반영되지 않았다.

구분	영업권(염가매수차익)
<공통 자료> + (상황 1)	①

(상황 2) 취득일 현재 ㈜민국이 산정한 집합적 노동력의 공정가치 ₩3,000과 ㈜민국이 이전의 사업결합에서 인식한 영업권 ₩1,000이 반영되지 않았다. 또한 ㈜대한은 회계, 법률 자문수수료로 ₩2,000을 추가로 지출하였다.

구 분	영업권(염가매수차익)
<공통 자료> + (상황 2)	②

(상황 3) ㈜대한은 합병 후 ㈜민국의 일부 사업부를 폐쇄할 예정이며 구조조정비용은 ₩1,000으로 예상되나, ㈜민국은 이를 인식하지 않았다. ㈜대한은 ㈜민국의 매출액이

합병 이후 일정 수준에 미달하는 경우 기존 이전대가의 일부를 반환받을 수 있으며, 해당 권리의 공정가치는 ₩4,000으로 추정되나 해당 거래가 반영되지 않았다. ㈜대한의 합병전담부서 유지비용으로 ₩500이 추가로 지출되었다.

구 분	영업권(염가매수차익)
〈공통 자료〉+(상황 3)	③

(상황 4) ㈜대한은 사업결합 전 ㈜민국에 부여한 프랜차이즈 권리(잔여 계약기간 2년)를 재취득하였는데, 취득자산에 반영되지 않았다. 해당 권리의 공정가치는 ₩2,000이며, 잠재적인 갱신 가능성을 고려할 경우의 공정가치는 ₩3,000이다. 추가로 ㈜대한은 기존 이전대가에 추가하여 ㈜민국의 주주에게 토지(공정가치 ₩3,000, 장부금액 ₩2,000)를 이전하기로 하였다. ㈜대한은 이전하는 토지를 사업결합 후 통제하지 않는다.

구분	영업권(염가매수차익)
〈공통 자료〉+(상황 4)	④

(상황 5) ㈜대한은 사업결합일 현재 ₩20,000의 세무 상 이월결손금을 보유하고 있는데, 과거에는 실현가능성이 높지 않다고 판단하여 이연법인세자산을 인식하지 않았다. 그러나 ㈜대한은 ㈜민국과의 사업결합으로 해당 이월결손금의 실현가능성이 높다고 판단하고 있다. 한편, ㈜대한과 ㈜민국의 적용 법인세율은 각각 20% 및 30%이며, ㈜민국의 자산과 부채의 장부금액과 공정가치의 차이는 없다.

구분	영업권(염가매수차익)
〈공통 자료〉+(상황 5)	⑤

(물음 2) 기업회계기준서 제1103호 '사업결합'에 따른 ① 조건부 대가의 정의, ② 사업결합일의 조건부 대가의 최초 측정방법 및 ③ 지급의무가 있는 조건부 대가에 대한 회계처리 상 분류방법을 간략히 기술하시오.

조건부 대가의 정의	①
조건부 대가의 최초 측정방법	②
조건부 대가 지급의무의 회계처리 분류	③

【문제 10】(10점)

㈜대한은 20x1년 1월 1일에 ㈜민국의 의결권 있는 보통주식 300주(30%)를 ₩500,000에 취득하여 유의적인 영향력을 가지게 되었다. ㈜대한의 지분법적용투자주식은 ㈜민국이외에는 없다. 다음은 20x2년까지의 회계처리와 관련된 〈자료〉이다.

〈자 료〉

1. ㈜대한의 지분 취득시점에 ㈜민국의 순자산 장부금액은 ₩1,300,000이다. 공정가치와 장부금액의 차이가 발생하는 항목은 다음과 같다.

계정과목	장부금액	공정가치	비고
재고자산	₩150,000	₩210,000	20x1년과 20x2년에 각각 50%씩 판매되었다.
기계장치	200,000	350,000	잔존내용연수는 5년이며 잔존가치 없이 정액법으로 감가상각한다.

2. 20x1년 4월 1일 ㈜민국은 ㈜대한에 장부금액 ₩150,000인 비품을 ₩180,000에 매각하였다. ㈜대한은 20x2년 12월 31일 현재 동 비품을 보유 중이며, 잔존가치 없이 잔존내용연수 5년 동안 정액법으로 감가상각한다.

3. ㈜민국의 20x1년도 포괄손익계산서 상 당기순이익은 ₩235,500이다.

4. ㈜대한은 20x2년 12월 31일에 지분법적용투자주식 중 150주를 향후에 매각하기로 결정하고 매각예정비유동자산으로 분류하였다.

5. 20x2년 12월 31일 현재 매각예정인 지분법적용투자주식의 순공정가치는 ₩270,000이며, ㈜민국의 20x2년도 포괄손익계산서 상 당기순이익은 ₩154,000이다.

(물음 1) 20x1년 12월 31일 ㈜대한의 재무상태표에 표시되는 ㈜민국에 대한 ① 지분법적용투자주식 장부금액과 20x1년도 포괄손익계산서 상 ② 지분법이익을 계산하시오. 단, 지분법손실인 경우에는 금액 앞에 (-)를 표시하시오.

지분법적용투자주식	①
지분법이익	②

(물음 2) 20x2년 12월 31일 회계처리가 ㈜대한의 20x2년도 포괄손익계산서 상 당기순이익에 미치는 영향을 계산하시오. 단, 보유주식에 대한 지분법 평가 후 매각예정비유동자산으로의 대체를 가정하며, 당기순이익이 감소하는 경우 금액 앞에 (-)를 표시하시오.

당기순이익에 미치는 영향	①

(물음 3) ㈜대한이 20x2년에 매각하기로 했던 투자주식의 상황은 향후 ① 여전히 매각협상이 진행 중인 상황과 ② 예정대로 매각되어 유의적인 영향력을 상실한 경우로 구분된다. 20x3년 ㈜민국에 대한 투자주식과 관련하여 기업회계기준서 제1028호 '관계기업과 공동기업에 대한 투자'에서 기술하고 있는 회계처리 방법을 약술하시오.

상황	기준서 내용
매각협상이 진행 중인 경우	①
매각되어 유의적인 영향력을 상실한 경우	②

【문제 11】(18점)

㈜대한은 20x1년 초에 ㈜민국의 의결권 있는 보통주식 600주(60%)를 ₩720,000에 취득하여 실질지배력을 획득하였다. 다음은 ㈜대한과 ㈜민국의 20x1년 및 20x2년 별도(개별)자본변동표이다.

㈜대한 자본변동표 (단위:₩)

구분	자본금	자본잉여금	기타자본	이익잉여금	합계
20x1.1.1	700,000	400,000	50,000	200,000	1,350,000
토지재평가			20,000		20,000
당기순이익				250,000	250,000
20x1.12.31	700,000	400,000	70,000	450,000	1,620,000
20x2.1.1	700,000	400,000	70,000	450,000	1,620,000
토지재평가			20,000		20,000
당기순이익				300,000	300,000
20x2.12.31	700,000	400,000	90,000	750,000	1,940,000

㈜민국 자본변동표 (단위:₩)

구분	자본금	자본잉여금	기타자본	이익잉여금	합계
20x1.1.1	500,000	300,000	140,000	100,000	1,040,000
당기순이익				100,000	100,000
20x1.12.31	500,000	300,000	140,000	200,000	1,140,000
20x2.1.1	500,000	300,000	140,000	200,000	1,140,000
현금배당				(-)50,000	(-)50,000
토지재평가			10,000		10,000
당기순이익				150,000	150,000
20x2.12.31	500,000	300,000	150,000	300,000	1,250,000

㈜대한과 ㈜민국이 발행하고 있는 주식은 모두 의결권이 있는 보통주이며 1주당 액면 금액은 ₩500으로 동일하다.

지배력 취득일 현재 기계장치 이외에 순자산의 장부금액은 공정가치와 일치한다. 지배력 취득일 현재 ㈜민국의 기계장치 장부금액은 ₩200,000이며, 공정가치는 ₩300,000 이다. 기계장치의 잔존내용연수는 10년이며 잔존가치 없이 정액법으로 감가상각한다. 종속기업투자에 따른 영업권 이외에 다른 영업권은 없다. 영업권에 대한 손상 검토를

수행한 결과, 영업권이 배부된 현금창출단위의 20x1년 말 및 20x2년 말 현재 회수가
능금액은 각각 ₩31,000과 ₩16,000이다.

다음은 20x1년과 20x2년 ㈜대한과 ㈜민국 간의 내부거래 내역이다.

- 20x1년과 20x2년 ㈜대한과 ㈜민국 간의 재고자산 내부거래는 다음과 같다. 매
  입회사는 재고자산을 매입 후 6개월간 매월 균등하게 연결실체 외부로 판매한다.

일자	판매회사 → 매입회사	판매회사 매출액	판매회사 매출원가
20x1.10.1	㈜대한 → ㈜민국	₩90,000	₩72,000
20x1.11.1	㈜민국 → ㈜대한	₩40,000	₩28,000
20x2.10.1	㈜대한 → ㈜민국	₩80,000	₩64,000
20x2.10.1	㈜민국 → ㈜대한	₩100,000	₩80,000

- ㈜대한은 20x1년 4월 1일에 보유 토지 가운데 ₩90,000을 ㈜민국에게 ₩110,000
  에 현금 매각하였다. ㈜대한과 ㈜민국은 20x1년 말부터 보유중인 토지에 대해 원
  가모형에서 재평가모형으로 회계정책을 최초로 변경·채택하기로 하였으며, 재
  평가에 따른 차액은 기타자본에 반영되어 있다. 동 내부거래 이전에 ㈜민국은
  토지를 보유하지 않았으며, 20x1년과 20x2년 중 동 내부거래 이외에 추가 토
  지 취득이나 처분은 없다.

- ㈜민국의 20x2년도 현금배당은 20x1년 성과에 대한 주주총회 결의에 따라 확
  정된 것이다.

- ㈜대한은 ㈜민국의 종속기업투자주식을 별도재무제표 상 원가법으로 평가하고
  있다. 연결재무제표 상 비지배지분은 종속기업의 순자산의 변동과 관련된 경우
  식별가능한 순자산의 공정가치에 비례하여 배분한다.

(물음 1) 기업회계기준서 제1110호 '연결재무제표'에 따르면, 투자자가 피투자자를 지
배하는지를 결정하기 위해서는 3가지 조건이 모두 충족되는지를 평가해야 한다. 3가지
조건은 무엇인지 약술하시오.

(물음 2) ㈜대한의 20x1년도 연결재무제표에 표시되는 다음의 금액을 계산하시오. 단,

영업권은 손상 인식 전 금액을 계산하되 염가매수차익인 경우에는 괄호 안에 금액(예시: (1,000))을 표시하시오.

손상 인식 전 영업권(또는 염가매수차익)	①
총연결당기순이익	②

(물음 3) ㈜대한의 20x2년도 연결재무제표에 표시되는 다음의 금액을 계산하시오.

연결이익잉여금	①
연결자본잉여금	②
연결기타자본	③
비지배지분	④

【문제 12】 (9점)

대한민국 소재 기업인 ㈜대한(기능통화와 표시통화는 원화(₩))은 20x1년 초 일본에 소재하는 ㈜동경(기능통화는 엔화(¥))의 주식 80%를 ¥48,000에 취득하여 지배기업이 되었다. 다음의 〈자료〉를 이용하여 물음에 답하시오.

〈자 료〉

1. 다음은 ㈜대한과 ㈜동경의 20x1년 요약 별도(개별)재무제표이다.

계정과목	20x1년	
	㈜대한	㈜동경
매 출	₩1,000,000	¥60,000
(매 출 원 가)	(700,000)	(30,000)
기 타 수 익	200,000	10,000
(기 타 비 용)	(300,000)	(20,000)
당 기 순 이 익	₩200,000	¥20,000
제 자 산	500,000	60,000
종 속 기 업 투 자	480,000	-

토 지	300,000	20,000
총 자 산	₩1,280,000	¥80,000
부 채	780,000	10,000
자 본 금	300,000	40,000
이 익 잉 여 금	200,000	30,000
총 부 채 와 자 본	₩1,280,000	¥80,000

2. 지배력 취득일 현재 토지를 제외한 ㈜동경의 순자산 장부금액은 공정가치와 일치한다. 지배력 취득일 현재 ㈜동경의 토지 공정가치는 ¥22,000이다.

3. ㈜대한은 종속기업투자에 따른 영업권 이외에 다른 영업권은 없다. 영업권에 대한 손상 검토를 수행한 결과 손상징후는 없다.

4. ㈜대한의 제자산 중에는 20x1년 초 지분인수와 함께 ㈜동경에 무이자로 장기 대여한 ¥10,000이 포함되어 있다. 동 대여금은 예측할 수 있는 미래에 결제계획이나 결제될 가능성이 낮아서 사실상 ㈜동경에 대한 순투자의 일부를 구성한다.

5. ㈜대한의 ㈜동경에 대한 대여금에서 신용손실이 발생하거나 유의한 신용위험 변동에 따른 채무불이행 위험은 없는 것으로 판단하였다. 대여금 이외에 20x1년 중 ㈜대한과 ㈜민국 간의 내부거래는 없다.

6. 20x1년 일자별 환율(₩/¥)은 다음과 같다.

(환율: ₩/¥)

20x1. 1. 1.	20x1. 12. 31.	20x1년 평균
10.0	10.3	10.2

7. 기능통화와 표시통화는 초인플레이션 경제의 통화가 아니며, 위 기간에 환율의 유의한 변동은 없었다. 연결재무제표 작성 시 비지배지분은 종속기업의 식별가능한 순자산의 변동과 관련된 경우 순자산의 공정가치에 비례하여 배분한다.

(물음 1) ㈜동경의 재무제표를 ㈜대한의 표시통화로 환산하면서 발생하는 외환차이(기타포괄손익)금액을 계산하시오. 외환차이가 차변금액인 경우 해당 금액 앞에 (-)를 표시하시오.

외환차이(기타포괄손익)	①

(물음 2) ㈜대한의 ㈜동경에 대한 대여금에서 발생하는 외화환산차이에 대해 기업회계기준서 제1021호 '환율변동효과'에 따른 ㈜대한의 ① 별도(개별)포괄손익계산서와 ② 연결포괄손익계산서 상 표시방법에 대해 약술하시오.

별도(개별)포괄손익계산서	①
연결포괄손익계산서	②

(물음 3) ㈜대한의 20x1년도 연결재무제표에 표시되는 다음의 금액을 계산하시오. 염가매수차익이 발생하는 경우 괄호 안에 금액(예시: (1,000))을 기재하고, 외환차이가 차변금액인 경우에는 해당 금액 앞에 (-)를 표시하시오.

영업권(염가매수차익)	①
외환차이(기타포괄손익)	②

2020년도   제 55 회

기출문제

1일차

세 법

2020년 제55회   제1교시

※ 답안 작성시 유의사항

1. 답안은 문제 순서대로 작성할 것
2. 계산문제는 계산근거를 반드시 제시할 것
3. 답안은 아라비아 숫자로 원단위까지 작성할 것
   (예 : 2,000,000 - 1,000,000 = 1,000,000원)
4. 별도의 언급이 없는 한 관련 자료·증빙의 제출 및 신고·납부절차는 적법
   하게 이행된 것으로 가정할 것
5. 별도의 언급이 없는 한 합법적으로 세금부담을 최소화하는 방법으로 풀이
   할 것

【문제 1】(25점)

다음은 거주자 갑, 을, 병, 정의 2022년 귀속 종합소득 신고를 위한 자료이다. 제시된
금액은 원천징수하기 전의 금액이며, 별도의 언급이 없는 한 원천징수는 적법하게 이
루어졌다.

(물음 1) ㈜A(중소기업)의 전무이사 갑과 영업부장 을의 2022년 근로소득 관련 자료이다.
갑과 을은 5년 전부터 계속 근무하고 있다.

〈자 료〉

1. 갑과 을이 ㈜A로부터 2022년에 지급받은 내역은 다음과 같다(아래 금액은 매
   월 균등하게 지급받은 금액을 합산한 것임).

구 분	갑	을
기본급	70,000,000원	48,000,000원
성과급	20,000,000원	1,800,000원
식사대*1	1,560,000원	1,560,000원
자격증수당	–	240,000원
판공비	2,000,000원	–
자가운전보조금*2	3,000,000원	1,200,000원

*1 을은 구내식당에서 식사를 제공받았으나, 갑은 식사를 제공받지 않았다.

*2 갑과 을은 본인 소유차량을 직접 운전하여 업무수행에 이용하고 실제여
비를 받는 대신에 회사 사규에 정해진 지급기준에 따라 자가운전보조금
을 받았다.

2. 갑과 을의 국민건강보험법에 따른 건강보험료의 내역은 다음과 같으나, 본인부
담분을 포함한 전액을 ㈜A가 부담하였다.

구 분	갑	을
회사부담분	4,500,000원	2,000,000원
본인부담분	4,500,000원	2,000,000원

3. 갑과 을이 ㈜A로부터 받은 보상금 등의 내역은 다음과 같다.

구 분	갑	을
직무발명보상금*3	6,000,000원	4,000,000원
주택구입·임차 자금 무상대여 이익	1,000,000원	800,000원

*3 발명진흥법에 따라 받은 보상금이다.

〈요구사항〉

갑과 을의 총급여액을 다음의 답안 양식에 따라 제시하시오.

(답안 양식)

갑의 총급여액	
을의 총급여액	

(물음 2) 건설업을 영위하고 있는 병(복식부기의무자)의 2022년 사업소득 손익계산서 자료이다.

〈자 료〉

병의 손익계산서상 당기순이익은 100,000,000원이며, 다음 항목이 수익 또는 비용에 포함되어 있다.

1. 이자수익

구 분	금 액
비영업대금의 이익*1	10,000,000원
외상매출금*2 회수지연에 따른 연체이자	500,000원
국내은행 정기예금이자	20,000,000원
공익신탁의 이익	1,500,000원
비실명 이자소득*3	800,000원
합 계	32,800,000원

*1 온라인투자연계금융업자를 통해 받은 이자가 아니다.
*2 소비대차로 전환되지 아니하였다.
*3 금융실명제 대상이 아니다.

2. 인건비

구 분	금 액
대표자 병의 급여	50,000,000원
종업원 급여	300,000,000원
합 계	350,000,000원

3. 사업용 건설기계(굴삭기) 처분이익(2020년 12월 31일 취득) : 5,000,000원

4. 산업재산권 양도이익: 3,000,000원

〈요구사항 1〉

병의 종합과세되는 이자소득 총수입금액과 이자소득(분리과세대상 포함)에 대한 소득세 원천징수세액을 다음의 답안 양식에 따라 제시하시오.

(답안 양식)

이자소득 총수입금액	
이자소득 원천징수세액	

〈요구사항 2〉

병의 사업소득금액을 다음의 답안 양식에 따라 제시하시오.

(답안 양식)

	손익계산서상 당기순이익	
가산조정	총수입금액산입·필요경비불산입	
차감조정	총수입금액불산입·필요경비산입	
	사업소득금액	

(물음 3) 정의 2022년 연말정산 관련 자료이다.

〈자 료〉

1. 본인 및 생계를 같이하는 부양가족의 현황

구 분	나 이	내 용
본인	42세	총급여액 80,000,000원
배우자	39세	소득 없음
부친	74세	양도소득금액 10,000,000원
장인	73세	장애인, 소득 없음
딸	17세	고등학교 재학 중, 소득 없음
아들	0세	2022. 4. 1. 출생, 소득 없음
위탁아동	10세	7개월 양육, 소득 없음
동생	35세	장애인, 소득 없음

2. 신용카드, 직불카드 및 현금영수증 사용내역
   (모두 2022년 8월 1일부터 2022년 12월 31일까지 사용)

구 분		금 액
신용 카드 사용액	본인의 정당 기부금 (정치자금세액공제 적용)	300,000원
	본인의 신차 구입에 따른 취득세	2,000,000원
	본인의 가전제품 구입	19,900,000원
	배우자의 국외 사용	900,000원
	장인의 대중교통 이용	200,000원
	동생의 도서·공연 사용	800,000원
기타 사용액	배우자의 전통시장 현금영수증 사용	1,500,000원
	부친의 직불카드 사용	5,500,000원

3. 의료비 지출내역

구 분	금 액
본인의 건강진단비	1,200,000원
본인과 배우자의 시력보정용 안경구입비(각 400,000원)	800,000원
배우자의 출산 병원비	1,000,000원
배우자의 산후조리원 비용	2,000,000원
부친의 건강증진용 약품구입비	900,000원
장인의 보청기 구입비	2,000,000원
딸의 허리디스크 수술비	10,000,000원
딸의 미용성형수술비	2,000,000원
동생의 장애인 보장구 구입비	3,000,000원

〈요구사항 1〉

정의 인적공제액과 자녀세액공제액을 다음의 답안양식에 따라 제시하시오.

(답안 양식)

인적 공제액	기본공제액	
	추가공제액	
자녀세액공제액		

〈요구사항 2〉

정의 신용카드 등 사용금액에 대한 소득공제액을 다음의 답안 양식에 따라 제시하시오.

(답안 양식)

신용카드 등 사용금액	40%공제율 적용대상	
	30%공제율 적용대상	
	15%공제율 적용대상	
신용카드 등 사용 소득공제액		

〈요구사항 3〉

특별세액공제를 항목별로 신청한 정의 의료비세액공제액을 다음의 답안 양식에 따라 제시하시오.

(답안 양식)

의료비 세액공제액	

【문제 2】 (5점)

다음은 거주자 갑의 부담부증여 관련 자료이다.

〈자 료〉

1. 갑은 2012년 5월 20일 취득한 토지(등기됨)를 아들 을(29세)에게 2022년 8월 13일에 증여하였다. 증여한 토지에는 갑이 A은행으로부터 차입한 차입금

100,000,000원에 대한 근저당권이 설정되어 있으며, 을은 토지를 증여받고 동 채무를 인수하였음이 객관적으로 입증된다.

2. 증여한 토지의 취득당시 가액은 다음과 같다.

실지거래가액	기준시가	지방세 시가표준액
확인되지 않음	200,000,000원	180,000,000원

3. 증여한 토지의 증여당시 가액은 다음과 같다.

시가	기준시가	지방세 시가표준액
500,000,000원	400,000,000원	250,000,000원

4. 증여한 토지에 대한 자본적지출액과 양도비용은 확인되지 않는다.
5. 을은 갑(부친)으로부터 처음 증여를 받았으며, 모친으로부터 2019년 3월 14일 현금 80,000,000원을 증여받고 증여세를 납부한 바 있다.

〈요구사항 1〉

토지 증여로 인한 갑의 양도차익을 다음의 답안 양식에 따라 제시하시오.

(답안 양식)

양도가액	
취득가액	
기타의 필요경비	
양도차익	

〈요구사항 2〉

토지 증여에 따른 을의 증여세 과세가액을 다음의 답안 양식에 따라 제시하시오.

(답안 양식)

증여세 과세가액	

【문제 3】 (15점)

(물음 1) 다음은 <u>상호 독립적인</u> 각 과세사업자의 2022년 제1기 부가가치세 관련 자료이다. 별도의 언급이 없는 한 제시된 금액은 부가가치세가 포함되지 않은 금액이며, 세금계산서는 적법하게 발급되었다.

<자 료>

1. ㈜A는 다음과 같이 기계장치를 매각하는 계약을 체결하였다.

구 분	기계장치A	기계장치B[*1]
계약금	10,000,000원 (2022. 3.20.)	8,000,000원 (2022. 5.20.)
중도금	10,000,000원 (2022. 6.20.)	8,000,000원 (2022. 8.20.)
잔 금	10,000,000원 (2022. 9.20.)	8,000,000원 (2022.11.20.)
인도일	2022. 3.20.	2022.11.20.

*1 2022년 5월 20일에 계약금만 수령하고 기계장치 공급가액 전액에 대하여 세금계산서를 발급하였다.

2. ㈜B는 2022년 4월 4일에 장부가액 25,000,000원인 기계장치A(시가 20,000,000원)를 개인사업자 갑의 기계장치B(시가 불분명)와 교환하였다. 교환시점의 기계장치B의 감정가액은 19,000,000원, 상속세 및 증여세법상 보충적 평가액은 17,000,000원이다.

3. ㈜C는 외국에서 반입한 원재료를 가공하여 생산한 제품을 국내에 공급하는 보세구역 내의 사업자이다. ㈜C는 보세구역 밖에 있는 국내사업자 갑과 을에게 다음과 같이 제품을 공급하였다.
   ① 제품A(인도일 2022년 4월 25일)를 사업자 갑에게 10,000,000원에 공급하였다. 이에 대한 관세의 과세가격은 5,000,000원, 관세는 500,000원, 개별소비세는 1,500,000원이다.
   ② 제품B(인도일 2022년 6월 25일)를 사업자 을에게 20,000,000원에 공급하였다. 이에 대하여 세관장이 징수한 부가가치세는 1,700,000원이다.

4. ㈜D는 도시지역 안에 있는 겸용주택을 다음과 같이 임대하고 있다. 겸용주택은 2층 건물로 1층(500㎡)은 상가로, 2층(500㎡)은 주택으로 임대하고 있으며, 부수토지면적은 3,000㎡이다. 각 층의 면적에 지하층 및 주차용 면적은 제외되어 있다.

① 임대계약조건

구 분	내 용
임대기간	2022. 4. 1. ~ 2024. 3.31.
월임대료	2,000,000원
임대보증금	146,000,000원[*2]

*2 임대보증금 운용수입으로 155,200원의 이자수익이 발생하였다.

② 2022년 6월 30일 현재 겸용주택의 감정가액 및 기준시가 내역

구 분	감정가액	기준시가
토 지	250,000,000원	160,000,000원
건 물	150,000,000원	160,000,000원
합 계	400,000,000원	320,000,000원

③ 2022년 6월 30일 현재 계약기간 1년의 정기예금이자율은 1.8%이다.

5. ㈜E는 2022년 5월 30일에 국내사업장이 없는 외국법인과 직접 판매계약을 체결하고 그 외국법인이 지정하는 국내사업자 갑과 을에게 각각 다음과 같이 제품을 인도한 후, 그 대금을 외국환은행에서 원화로 수령하였다.

① 제품A(공급가액 10,000,000원)를 갑에게 인도하였으며, 갑은 제품A를 그대로 외국법인에 반출하였다.

② 제품B(공급가액 20,000,000원)를 을에게 인도하였으며, 을은 제품B 중 70%를 과세사업에, 30%를 면세사업에 사용하였다.

〈요구사항〉

각 사업자가 2022년 제1기 부가가치세 확정신고 시 신고해야 할 과세표준을 다음의 답안 양식에 따라 제시하시오. 단, 2021년 제1기 부가가치세 예정신고는 적법하게 이루어졌으며, 2022년은 365일이다.

(답안 양식)

구 분	과세표준	
	과세	영세율
㈜A		
㈜B		
㈜C		
㈜D		
㈜E		

(물음 2) 다음은 과세사업과 면세사업을 겸영하고 있는 ㈜한국의 부가가치세 신고 관련 자료이다. 별도의 언급이 없는 한 제시된 금액은 부가가치세가 포함되지 않은 금액이다.

〈자 료〉

1. 다음은 ㈜한국이 2022년 3월 20일 현재 사업에 사용하던 자산의 내역이다. 아래 자산 중 건물과 토지는 과세사업과 면세사업 겸용자산이며, 다른 자산은 과세사업 전용자산이다.

구 분[1]	취득일	취득가액	시가
원재료	2021.12. 5.	10,000,000원	7,000,000원
건 물	2019. 7.15.	80,000,000원	90,000,000원
토 지	2014.10. 5.	40,000,000원	80,000,000원
차 량	2021. 2.19.	30,000,000원	18,000,000원
기계장치	2021. 7.10.	20,000,000원	15,000,000원
비 품	2019. 9.13.	5,000,000원	2,000,000원

[1] 위 자산 중 토지와 차량(소형승용차)은 매입당시 매입세액공제를 받지 못하였으며, 나머지 자산은 매입당시 매입세액공제를 받았다.

2. ㈜한국은 2022년 1월 10일 제품을 인도하고 1월 31일부터 매월 말일에 1,000,000원씩 총 12회에 걸쳐 대금을 수령하기로 약정하였다. 이 건 이외에 2022년 제1기의 과세매출은 없다.

3. 각 과세기간별 과세공급가액과 면세공급가액 비율은 다음과 같다.

과세기간	과세공급가액	면세공급가액
2021년 제2기	80%	20%
2022년 제1기	70%	30%

〈요구사항〉

㈜한국이 2022년 3월 20일에 폐업하는 경우, 2022년 제1기 부가가치세 과세표준을 각 재화별로 다음의 답안 양식에 따라 제시하시오.

(답안 양식)

구 분	과세표준
원재료	
건 물	
토 지	
차 량	
기계장치	
비 품	
제 품	
합 계	

【문제 4】(5점)

다음은 과세사업과 면세사업을 겸영하는 ㈜대한의 부가가치세 관련 자료이다. 별도의 언급이 없는 한 제시된 금액은 부가가치세가 포함되지 않은 금액이며, 세금계산서 및 계산서는 적법하게 발급·수취되었다.

〈자 료〉

1. ㈜대한의 과세기간별 공급가액의 내역은 다음과 같다.

구 분	과세공급가액	면세공급가액
2021년 제1기[*1]	500,000,000원	-
2021년 제2기	600,000,000원	200,000,000원
2022년 제1기	700,000,000원	300,000,000원
2022년 제2기	600,000,000원	400,000,000원

*1 2021년 제1기 과세사업 관련 매입가액과 면세사업 관련 매입가액은 각각 240,000,000원(전액 매입세액공제 대상임)과 60,000,000원이다. 이 매입가액에는 공통매입가액은 포함되어 있지 않다.

2. ㈜대한은 2021년 4월 15일 기계장치A를 40,000,000원에 구입하여 과세사업과 면세사업에 공통으로 사용하였다. 구입 당시 면세사업과 과세사업의 예정공급가액 비율은 35:65이다.

3. ㈜대한은 2022년 10월 20일 기계장치A를 20,000,000원에 매각하였다.

〈요구사항 1〉

2021년 제1기 부가가치세 납부세액을 다음의 답안 양식에 따라 제시하시오.

(답안 양식)

매출세액	
매입세액	
납부세액	

〈요구사항 2〉

2021년 제2기 확정신고시 기계장치A에 대한 공통매입세액 정산액을 다음의 답안 양식에 따라 제시하시오. 단, 정산액이 납부세액을 증가시키면 (+), 감소시키면 (-) 부호를 금액과 함께 기재하시오.

(답안 양식)

공통매입세액 정산액	

〈요구사항 3〉

2022년 제1기와 제2기의 기계장치A에 대한 납부(환급)세액 재계산액을 다음의 답안 양식에 따라 제시하시오. 단, 재계산액이 납부세액을 증가시키면 (+), 감소시키면 (-) 부호를 금액과 함께 기재하시오.

(답안 양식)

2022년 제1기	
2022년 제2기	

〈요구사항 4〉

2022년 제2기의 기계장치A 매각에 대한 부가가치세 과세표준을 다음의 답안 양식에 따라 제시하시오.

(답안 양식)

과세표준	

【문제 5】 (25점)

(물음 1) 다음은 제조업을 영위하는 ㈜백두의 제22기 사업연도(2022년 1월 1일 ~ 2022년 12월 31일) 법인세 신고 관련 자료이다.

〈자 료〉

1. ㈜백두는 2022년 3월 1일에 대표이사로부터 토지A를 100,000,000원에 매입하고, 매입가액을 취득원가로 회계처리하였다. 매입 당시 토지A의 시가는 불분명하며, 감정평가법인의 감정가액은 70,000,000원, 개별공시지가는 80,000,000원, 지방세시가표준액은 60,000,000원이다.

2. ㈜백두는 2022년 5월 5일에 최대주주(지분율 5%)인 갑(개인)으로부터 비상장주식B 1,000주를 1주당 5,000원에 매입하고, 매입가액을 취득원가로 회계처리하였다. 비상장주식B의 시가는 불분명하며, 감정평가법인의 감정가액은 1주당 6,000원, 상속세 및 증여세법의 보충적 평가방법을 준용한 평가가액은 1주당 7,000원이다.

3. ㈜백두는 2021년에 전무이사로부터 토지C(시가 70,000,000원)를 100,000,000원에 매입하고, 매입가액을 취득원가로 회계처리하였다. 이에 대한 전기의 세무조정은 적법하게 이루어졌다. ㈜백두는 2022년 12월 1일에 토지C를 150,000,000원에 매각하고 다음과 같이 회계처리하였다.

(차) 현금   150,000,000

           (대) 토지C   100,000,000

           유형자산처분이익   50,000,000

4. ㈜백두는 전기말에 비상장주식D 1,000주를 주당 7,000원에 매입하고, 매입가액을 취득원가로 회계처리하였다. 당기 중 제3자간에 비상장주식D가 주당 12,000원에 거래된 것을 확인하고 이를 시가로 간주하여 2022년 12월 31일에 다음과 같이 회계처리하였다.

(차) 기타포괄손익-공정가치
   측정 금융자산   5,000,000

         (대) 금융자산평가이익
           (기타포괄손익)   5,000,000

〈요구사항〉

㈜백두의 제22기 세무조정 및 소득처분을 다음의 답안 양식에 따라 제시하시오.

(답안 양식)

자료 번호	익금산입 및 손금불산입			손금산입 및 익금불산입		
	과목	금액	소득처분	과목	금액	소득처분
1						
2						
3						
4						

(물음 2) 다음은 제조업을 영위하는 ㈜한라의 제22기 사업연도(2022년 1월 1일 ~ 2022년 12월 31일) 법인세 신고 관련 자료이다. 전기까지의 세무조정은 적법하게 이루어졌다.

〈자 료〉

1. 보유주식 ㈜A
   ① ㈜한라는 비상장법인 ㈜A의 주식 6,000주(액면가액 1,000원)를 보유하고 있으며, 그 구체적인 내역은 다음과 같다.

취득일	주식수	비 고
2016. 6. 5.	3,000주	1주당 10,000원에 유상 취득
2018. 9. 8.	2,000주	㈜A의 이익준비금 자본 전입으로 취득
2020. 5.22.	1,000주	㈜A의 주식발행초과금 자본전입으로 취득
합 계	6,000주	

   ② ㈜A는 2022년 4월 11일에 총발행주식의 20%를 1주당 15,000원의 현금을 지급하고 소각하였다.

2. 보유주식 ㈜B
   ① ㈜한라는 2021년 5월 29일에 비상장법인 ㈜B의 주식 10,000주(액면가액 5,000원)를 취득하였다. 이는 ㈜B 총발행주식의 20%에 해당한다.
   ② 2022년 9월 1일 ㈜B가 잉여금을 자본전입함에 따라 ㈜한라는 무상주 1,000주를 수령하였다. 잉여금 자본전입결의일은 2022년 8월 1일이다.
   ③ 자본전입결의일 현재 ㈜B가 보유하고 있는 자기주식은 10,000주이다.
   ④ ㈜B의 주주 중 ㈜한라의 특수관계인은 없으며, 자본전입에 사용된 재원은 다음과 같다.

구 분	금 액
주식발행초과금	6,000,000원
자기주식처분이익(처분일 2019. 3. 1.)	2,000,000원
자기주식소각이익(소각일 2020.10.15.)	4,000,000원
이익준비금	8,000,000원
합 계	20,000,000원

〈요구사항〉

㈜한라의 제22기 법인세법상 의제배당액을 다음의 답안 양식에 따라 제시하시오.

(답안 양식)

구 분	의제배당액
㈜A	
㈜B	

(물음 3) 다음은 제조업을 영위하는 ㈜태백의 제22기 사업연도(2022년 1월 1일~2022년 12월 31일) 법인세 신고 관련 자료이다.

〈자 료〉

1. 손익계산서상 인건비

① 이사회 결의에 의한 급여지급기준에 따르면 상여금은 일반급여의 30%이며, 인건비의 내역은 다음과 같다.

구 분	일반급여	상여금	퇴직급여
대표이사	150,000,000원	40,000,000원	-
상무이사[1]	100,000,000원	50,000,000원	100,000,000원
회계부장	50,000,000원	100,000,000원	-
기타 직원	450,000,000원	250,000,000원	300,000,000원[2]
합 계	750,000,000원	440,000,000원	400,000,000원

[1] 상무이사는 2019년 6월 15일부터 근무하기 시작하여 2022년 12월 31일에 퇴사하였으며, 당사는 임원에 대한 퇴직급여 규정이 없다.

[2] 기타 직원의 퇴직급여 중 200,000,000원은 실제 퇴직한 자에게 지급한 것이며, 100,000,000원은 「근로자퇴직급여 보장법」의 규정에 따라 퇴직금을 중간정산하여 지급한 것이다.

② 노동조합의 업무에만 종사하는 전임자의 급여로 지급한 금액은 40,000,000원이며, 이는 「노동조합 및 노동관계 조정법」을 위반한 것이다.

2. 손익계산서상 기타경비

① ㈜태백의 지배주주인 갑(지분율 5%, 임직원 아님)에게 지급한 여비 5,000,000원을 비용으로 계상하였다.

② 비출자공동사업자인 ㈜A(특수관계인 아님)와 수행하고 있는 공동사업의 경비는 각각 50%를 부담하기로 약정되어 있으나, 당기에 발생한 공동경비 20,000,000원을 ㈜태백이 전액 부담하고 비용으로 계상하였다.

③ 환경미화 목적으로 구입한 미술품(취득가액6,000,000원)을 복도에 전시하고 소모품비로 계상하였다.

④ 대표이사(지분율 10%)가 사용하고 있는 사택 유지비 9,000,000원과 회계부장(지분율 0.5%)이 사용하고 있는 사택 유지비 3,000,000원을 비용으로 계상하였다.

〈요구사항 1〉

㈜태백의 제22기 인건비와 관련된 세무조정 및 소득처분을 다음의 답안 양식에 따라 제시하시오.

(답안 양식)

익금산입 및 손금불산입			손금산입 및 익금불산입		
과목	금액	소득처분	과목	금액	소득처분

〈요구사항 2〉

㈜태백의 제22기 기타경비와 관련된 세무조정 및 소득처분을 다음의 답안 양식에 따라 제시하시오.

(답안 양식)

익금산입 및 손금불산입			손금산입 및 익금불산입		
과목	금액	소득처분	과목	금액	소득처분

(물음 4) 다음은 제조업을 영위하는 ㈜소백(중소기업 아님)의 제22기 사업연도(2022년 1월 1일~2022년 12월 31일) 법인세 신고 관련 자료이다. 전기까지의 세무조정은 적법하게 이루어졌다.

(2021 수정)

〈자 료〉

1. 손익계산서상 매출액은 15,000,000,000원이며, 이 중 3,000,000,000원은 특수관계인에 대한 매출액이다.

2. 손익계산서상 판매비와관리비에 계상된 접대비는 105,300,000원이며, 그 내역은 다음과 같다.

구 분	건당 3만원 이하	건당 3만원 초과	합 계
영수증 수취건	2,500,000원	12,800,000원	15,300,000원
신용카드 매출전표 수취건*1	15,000,000원	75,000,000원	90,000,000원
합 계	17,500,000원	87,800,000원	105,300,000원

*1 음반 및 음악영상물을 구입하여 거래처에 제공한 금액 5,000,000원과 미술품 1점을 구입하여 거래처에 제공한 금액 7,000,000원이 포함되어 있다.

3. 손익계산서상 잡손실로 계상된 접대비 15,000,000원은 건당 3만원을 초과하며, 적격증명서류가 없다. 이 중 지출사실이 객관적으로 명백한 경우로서 국외지역에서 지출되어 적격증명서류를 구비하기 어려운 것으로 확인되는 금액은 6,000,000원이다.

4. 거래처인 ㈜A에 직접 생산한 제품(원가 5,000,000원, 시가 6,000,000원)을 접대목적으로 무상제공하고 다음과 같이 회계처리하였다.
   (차) 광고선전비　　5,000,000　　(대) 제　　　　품　　5,000,000
   　　　세금과공과　　　600,000　　　　　부가세예수금　　　600,000

5. 접대비 수입금액 적용률

수입금액	적용률
100억원 이하	3/1,000
100억원 초과 500억원 이하	2/1,000

〈요구사항〉

㈜소백의 제22기 접대비 한도초과액을 다음의 답안 양식에 따라 제시하시오.

(답안 양식)

시부인대상 접대비 해당액		
접대비 한도액	일반접대비 한도액	
	문화접대비 한도액	
접대비 한도초과액		

(물음 5) 다음은 제조업과 도매업을 영위하는 ㈜설악(중소기업 아님)의 제22기 사업연도(2022년 1월 1일 ~ 2022년 12월 31일) 법인세 신고 관련 자료이다.

〈자 료〉

1. ㈜설악의 전기말 재무상태표상 채권잔액은 12,460,000,000원이며, 전기말 「자본금과 적립금 조정명세서(을)」의 기말잔액은 다음과 같다.

과 목	기말잔액
대손충당금 한도초과액	25,000,000원
매출채권 대손부인액[1]	48,000,000원
소멸시효 완성채권	△8,000,000원

*1 전기에 대손부인된 매출채권은 모두 당기에 소멸시효가 완성되었다.

2. ㈜설악의 제22기 대손충당금계정의 변동내역은 다음과 같다.

대손충당금

당기상계	200,000,000원	전기이월	250,000,000원
차기이월	280,000,000원	당기설정	230,000,000원
합 계	480,000,000원	합 계	480,000,000원

3. 대손충당금 당기상계 내역은 다음과 같다.

① 전기에 소멸시효가 완성된 채권: 8,000,000원

② 당기 3월 1일에 부도가 발생하여 받을 수 없게 된 외상매출금: 25,000,000원

③ 당기에 채무자의 강제집행으로 회수할 수 없게 된 미수금: 12,000,000원

④ 당기에 소멸시효가 완성된 채권: 155,000,000원

4. 당기말 재무상태표상 채권 내역은 다음과 같다.

구 분	금 액
거래처에 대한 외상매출금	12,700,000,000원
수탁판매한 물품의 판매대금 미수금	500,000,000원
원재료 매입을 위한 선급금	1,100,000,000원
토지 양도 미수금[*2]	600,000,000원
무주택 종업원에 대한 주택자금대여금	100,000,000원
합 계	15,000,000,000원

*2 특수관계인 ㈜A에게 시가 400,000,000원인 토지를 600,000,000원에 양도한 것이다.

〈요구사항 1〉

㈜설악의 당기 대손실적률을 다음의 답안 양식에 따라 제시하시오. 단, 대손실적률 계산시 소수점 셋째 자리에서 절사하여 제시하시오(예: 2.567% → 2.56%).

(답안 양식)

당기 대손금	
전기말 대손충당금 설정대상 채권잔액	
당기 대손실적률	

〈요구사항 2〉

㈜설악의 당기 대손충당금 한도초과액을 다음의 답안 양식에 따라 제시하시오. 단, 당기 대손실적률은 1.60%로 가정한다.

(답안 양식)

당기말 대손충당금 설정대상 채권잔액	
당기 대손충당금 한도액	
당기 대손충당금 한도초과액	

【문제 6】 (15점)

(물음 1) 다음은 제조업을 영위하는 ㈜한국의 제21기 사업연도(2021년 1월 1일 ~ 2021년 12월 31일) 및 제22기 사업연도(2022년 1월 1일 ~ 2022년 12월 31일) 법인세 신고 관련 자료이다.

〈자 료〉

1. ㈜한국은 2021년 1월 10일 사용하고 있던 기계장치A를 다른 기업의 동종 기계장치B와 교환하고, 다음과 같이 회계처리하였다. 교환당시 기계장치B의 시가는 20,000,000원이다.

(차) 기계장치B	25,000,000	(대) 기계장치A	28,000,000
감가상각누계액	4,000,000	기계장치처분이익	1,000,000

2. 기계장치B에 대한 수선비(자본적 지출이며 주기적 수선에 해당하지 않음)로 지출한 금액은 다음과 같으며, 이를 모두 손익계산서상 비용으로 회계처리하였다.

구 분	금 액
제21기	8,000,000원
제22기	5,000,000원

3. 제22기말 기계장치B에 대한 회수가능가액을 검토하여 3,000,000원의 손상차손을 손익계산서상 비용으로 계상하였다. 해당 손상차손은 물리적 손상에 따른 시장가치 급락을 반영한 것이다.

4. 제21기와 제22기에 손익계산서에 계상한 감가상각비는 각각 5,000,000원이다.

5. 회사는 기계장치에 대한 감가상각 방법 및 내용연수를 신고하지 않았으며, 기

계장치의 기준내용연수는 8년이다. 내용연수별 상각률은 다음과 같다.

내용연수	6년	8년	10년
정액법	0.166	0.125	0.100
정률법	0.394	0.313	0.259

〈요구사항〉

㈜한국의 세무조정 및 소득처분을 다음의 답안 양식에 따라 제시하시오.

(답안 양식)

구 분	익금산입 및 손금불산입			손금산입 및 익금불산입		
	과목	금액	소득처분	과목	금액	소득처분
제19기						
제20기						

(물음 2) ㈜한국(영리내국법인)은 제22기 사업연도(2022년 1월 1일 ~ 2022년 12월 31일)말에 해산등기하였고, 청산절차에 착수하였다.

〈자 료〉

1. ㈜한국의 해산등기일 현재 재무상태표상 자산 및 환가내역은 다음과 같으며, 모든 부채는 재무상태표상 금액인 565,000,000원에 상환하였다.

구 분	장부가액	환가액
현금·예금	15,000,000원	15,000,000원
토 지	250,000,000원	450,000,000원
건 물	400,000,000원	280,000,000원
기계장치	100,000,000원	60,000,000원
합 계	765,000,000원	805,000,000원

2. 자본잉여금을 자본금에 전입한 내역은 다음과 같다.

전입일	금 액
2021. 2.25.	30,000,000원
2019. 2.28.	50,000,000원

3. 해산등기일 현재 재무상태표상 ㈜한국의 자본내역은 다음과 같다.

구 분	금 액
자본금	180,000,000원
이익잉여금	20,000,000원

4. 당기말 「자본금과 적립금 조정명세서(갑)」의 이월결손금 잔액은 50,000,000원 이다.

5. 당기말 「자본금과 적립금 조정명세서(을)」의 기말잔액은 다음과 같다.

구 분	기말잔액
건물 감가상각비 한도초과액	5,000,000원
토지 자본적지출	20,000,000원

〈요구사항〉

㈜한국의 청산소득금액을 다음의 답안 양식에 따라 제시하시오.

(답안 양식)

구 분	금 액
잔여재산가액	
자기자본	
청산소득금액	

【문제 7】(10점)

(물음 1) 다음은 2022년 6월 6일 사망한 거주자 갑의 상속세 관련 자료이다.

<자 료>

1. 상속재산현황은 다음과 같다.
   ① 주택: 300,000,000원
      아들과 동거한 주택으로 법에서 정하는 동거주택상속공제의 요건을 갖추고 있다.
   ② 생명보험금: 600,000,000원
      생명보험금의 총납입보험료는 120,000,000원으로 갑이 부담한 보험료는 80,000,000원이며 나머지는 상속인이 부담한 것이다.
   ③ 예금: 800,000,000원

2. 갑이 사망 전 처분한 재산내역은 다음과 같다.

구 분	처분일	처분금액	용도입증금액
토 지	2022. 2. 5.	250,000,000원	210,000,000원
건 물	2021. 5.12.	450,000,000원	250,000,000원
주 식	2021. 7.25.	300,000,000원	60,000,000원

3. 상속개시 전 증여내역은 다음과 같다.

구 분	증여일	증여일 시가	상속개시일 시가
아 들	2011.11. 1.	50,000,000원	200,000,000원
딸	2015. 5.12.	70,000,000원	140,000,000원
친 구	2019. 3.10.	30,000,000원	80,000,000원

4. 상속개시일 현재 갑의 공과금과 채무는 없으며, 장례비용은 12,000,000원(봉안시설 비용 제외), 봉안시설 비용은 7,000,000원으로 모두 증명서류에 의해 입증된다.

5. 갑의 동거가족으로 배우자(75세), 아들(35세), 딸(28세)이 있으며, 배우자는 상속을 포기하였다.

⟨요구사항⟩

갑의 사망에 따른 상속세 과세표준을 다음의 답안 양식에 따라 제시하시오.

(답안 양식)

구 분	금 액
총상속재산가액	
과세가액공제액	
합산되는 증여재산가액	
상속세과세가액	
상속공제액	
상속세과세표준	

(물음 2) 다음은 을의 증여세 관련 자료이다.

⟨자 료⟩

1. 거주자 을은 비상장법인 ㈜무한의 최대주주 병(지분율 70%)으로부터 2020년
   5월 1일 ㈜무한의 주식 10,000주를 1주당 5,000원에 취득하였다. 을과 병은
   특수관계인이다.

2. ㈜무한의 주식은 유가증권시장에 상장되어 2022년 3월 5일 최초로 매매가 시
   작되었다. ㈜무한 주식의 평가액은 다음과 같다.

일 자	상속세 및 증여세법에 의한 1주당 평가액
2022. 3. 5.	15,000원
2022. 6. 5.	25,000원

3. 을의 주식 취득 이후 1주당 기업가치의 실질적인 증가로 인한 이익은 6,000원이다.

〈요구사항〉

을이 취득한 주식의 상장에 따른 이익의 증여재산가액을 다음의 답안 양식에 따라 제
시하시오.

(답안 양식)

증여재산가액	

1일차

2020년 제55회

재무관리

제2교시

【문제 1】 (15점)

자본자산가격결정모형(CAPM)이 성립한다고 가정한다. ㈜대한은 불확실성 하에서 상호배타적인 투자안 A와 투자안 B 중에서 자본예산 의사결정을 하고자 한다. 투자안 A의 초기투자액은 1,000원, 기대현금흐름 $E(CF_A)$는 1,300원, 현금흐름과 시장수익률의 공분산 $COV(CF_A, R_M)$은 2이다. 투자안 B의 초기투자액은 1,100원, 기대현금흐름 $E(CF_B)$는 1,350원, 현금흐름과 시장수익률의 공분산 $COV(CF_B, R_M)$은 6이다. 기대시장수익률 $E(R_M)$은 12%이고 무위험이자율 R_F는 5%이다.

투자안 A와 투자안 B의 투자기간은 1년이다. 초기투자액은 투자기간 초에 지출되고 현금흐름은 투자기간 말에 발생한다. 기대시장수익률 $E(R_M)$은 양(+)의 무위험이자율 R_F 보다 크다고 가정한다(즉, $E(R_M) > R_F > 0$).

주어진 정보 하에 확실성등가법을 활용하여 다음 물음에 답하시오. <u>계산결과는 소수점 아래 다섯째 자리에서 반올림하여 넷째 자리까지 표시하시오.</u>

(물음 1) 투자안 A와 투자안 B의 확실성등가액이 동일할 경우 시장위험 $VAR(R_M)$ 1단위에 대한 위험프리미엄(λ)과 $VAR(R_M)$을 구하시오.

※ (물음 2)와 (물음 3)은 (물음 1)과는 독립적으로 시장수익률의 분산 $VAR(R_M)$을 0.03으로 가정한다.

(물음 2) 투자안 A와 투자안 B의 CAPM 베타 β_A, β_B와 자본비용 $E(R_A)$, $E(R_B)$를 각각 구하시오.

(물음 3) 투자안 A와 투자안 B 중 어느 것을 선택해야 하는지 풀이과정을 보여 설명하시오.

(물음 4) 불확실성 하의 자본예산 의사결정에 있어서 확실성등가법과 위험조정할인율법의 공통점 및 차이점을 4줄 이내로 기술하시오.

【문제 2】 (15점)

㈜대한의 2019년 세전영업이익(EBIT)은 500억원이었다. ㈜대한에서는 2019년 초와 2020년 초에 리조트 건설에 필요한 150억원의 자본적 지출이 각각 발생했다. 2020년 말부터 발생되는 ㈜대한의 잉여현금흐름은 향후 지속될 것이다. 한편, ㈜대한의 2019년과 2020년 리조트 건설사업의 연 투하자본이익률(ROIC)은 15%이다. 2019년과 2020년에 공통 적용되는 ㈜대한에 관한 아래의 정보를 이용해서 물음에 답하시오.

---

(1) 목표 부채비율(부채/자기자본)은 50%이다.
(2) 보통주 자기자본비용, 세후 부채비용은 각각 연 10%, 4%이다.
(3) 우선주 발행은 없다.
(4) 법인세율은 25%이다.
(5) 감가상각비는 존재하지 않는다.
(6) 시간선 상 t = 0, 1, 2는 각각 2019년 기말(2020년 기초), 2020년 기말, 2021년 기말이다.

(물음 1) 2020년 초에 발생된 자본적 지출 150억원을 통해 2020년에 창출되는 경제적 부가가치(EVA)는 19.5억원으로 추정된다. ㈜대한의 2020년 리조트 건설사업의 연 가중평균자본비용(WACC)을 추정하시오.

※ (물음 2)~(물음 4)는 (물음 1)과 독립적이다.

(물음 2) ㈜대한의 2019년 말 잉여현금흐름이 200억원일 경우, 2019년 말의 순운전자본 증감액을 구하시오.

(물음 3) 2020년 기준 ㈜대한의 매출액은 전년대비 10% 감소할 것이다. 또한, ㈜대한의 2020년에 적용되는 영업레버리지도(DOL)는 2.0으로 예상된다. 2020년 초 기준으로 ㈜대한의 기업가치를 추정하시오. 단, 2020년 말 기준 유동자산, 유동부채는 각각 99억원, 87억원으로 전년대비 10% 감소, 16% 증가할 전망이다. <u>계산결과는 반올림하여 억원 단위로 표시하시오.</u>

(물음 4) ㈜대한은 부채이용 기업이다. ㈜대한이 무부채 기업일 경우와 비교하면, ㈜대한의 부채사용에 따른 법인세 절감효과로 늘어난 2020년 말 기업가치 증가분은 100억원으로 추정된다. 2020년 말 기준 발행주식 수는 100만주, 이자비용은 총부채의 10%가 될 것이다. 주당순이익(EPS) 20,000원에 해당하는 ㈜대한의 2020년 말 기준 세전영업이익(EBIT)을 구하시오. 단, MM 수정명제 I이 적용된다. <u>계산결과는 반올림하여 억원 단위로 표시하시오.</u>

【문제 3】 (15점)

㈜대한의 2019년과 2020년의 세전영업이익(EBIT)은 각각 100억원으로 동일하다. ㈜대한은 회사채 발행을 통한 자사주 매입을 계획 중이다. 2020년 초 ㈜대한의 현재 주가는 250,000원이며, 발행주식수는 100만주이다. ㈜대한은 연 이자지급 방식인 회사채(3년 만기, 액면가 100,000원)를 액면이자율 연 5%로 100만좌 발행 예정이다. 만기수익률은 연 4%이며, ㈜대한의 법인세율은 20%이다. 단, 자사주는 현재 주가로 매입 가능하다.

(물음 1) 자사주 매입 시 최대로 매입가능한 ㈜대한의 주식수를 구하시오. <u>계산결과는 소수점 첫째 자리에서 반올림하여 표시하시오.</u>

(물음 2) 자사주 매입 이후 ㈜대한의 주당순이익(EPS)을 구하시오. <u>이자비용은 액면이자로 계산하고, 계산결과는 반올림하여 원 단위로 표시하시오.</u>

(물음 3) ㈜대한의 2021년 세전영업이익(EBIT)이 전년대비 50% 감소될 것으로 가정할 경우, 2021년 주당순이익(EPS)의 감소율(%)을 구하시오. <u>이자비용은 액면이자로 계산하시오.</u>

(물음 4) 자본시장이 완전자본시장이라는 가정 하에 자사주 매입과 현금배당의 공통점 및 차이점을 4줄 이내로 기술하시오.

【문제 4】 (15점)

무위험이자율 대비 ㈜대한 주식 및 ㈜민국 주식의 초과수익률(종속변수 Y)과 시장초과수익률(독립변수 X) 간의 선형회귀분석 결과는 아래와 같다. ㈜대한 주식 및 ㈜민국 주식 수익률의 표준편차는 시장수익률 표준편차의 각각 3배, 2배이다. 분석기간 중 무위험이자율은 일정하다고 가정한다.

주식	Y절편	결정계수
㈜대한	0.4%	0.49
㈜민국	0.3%	0.36

(물음 1) ㈜대한 주식과 ㈜민국 주식의 베타계수를 구하시오.

(물음 2) 정보비율(information ratio) 고려 시 성과가 더 우수한 주식이 어느 것인지 풀이과정을 보여 설명하시오. 단, 정보비율은 '젠센의 알파/잔차의 표준편차'이다.

(물음 3) ㈜대한의 현재 총부채비율(부채/총자산)은 20%이다. ㈜대한의 총부채비율이 30%로 상승하는 경우 ㈜대한 주식의 베타계수를 구하시오. 단, ㈜대한의 법인세율은 20%이다.

(물음 4) ㈜대한 주식과 ㈜민국 주식을 편입한 펀드가 있다. 펀드매니저의 성과를 측정하기 위해 펀드의 다기간수익률을 산출하고자 한다. 다기간 수익률 측정방법 중 시간가중수익률법(기하평균수익률)과 금액가중수익률법(내부수익률)에 대해 설명하고 두 수익률 간 차이가 발생하는 이유에 대해 4줄 이내로 기술하시오.

【문제 5】 (15점)

다양한 만기와 액면이자를 가진 채권들이 자본시장에서 거래되고 있다. 모든 채권은 채무불이행위험이 없으며, 이자지급주기가 1년, 액면금액이 100,000원으로 동일하다. 또한 모든 채권은 공매가 가능하며, 거래비용 없이, 차익거래 기회가 없는 균형가격에 거래된다.

※ (물음 1)과 (물음 2)는 채권 A~채권 D의 잔존만기, 액면이자율, 만기수익률, 가격의 일부 정보를 제시한 아래 표를 이용하여 답하시오.

채권	잔존 만기(년)	액면 이자율	만기 수익률	가격(원)
A	15	0%		
B	15	6%		64,000
C	15	8%		78,400
D	15			100,000

(물음 1) 채권 B와 채권 C를 활용하여, 채권 A의 시장가격을 구하시오.

(물음 2) (물음 1)을 활용하여, 채권 D의 만기수익률을 구하시오.

※ (물음 3)~(물음 5)는 채권 E~채권 G의 잔존만기, 액면이자율, 만기수익률, 가격의 일부 정보를 제시한 아래 표를 이용하여 답하시오.

채권	잔존 만기(년)	액면 이자율	만기 수익률	가격(원)
E	1	0%		
F	2	10%	9.80%	
G	3	0%	10.00%	

(물음 3) 채권 F의 가격을 구하시오. <u>계산결과는 반올림하여 원 단위로 표시하시오.</u>

(물음 4) 만기 3년 이내의 현물이자율 수익률곡선이 우상향(만기가 증가할 때 현물이자율이 같거나 증가)하기 위한 채권 E의 최대가격을 구하시오. <u>계산결과는 반올림하여 원 단위로 표시하시오.</u>

(물음 5) 만기 3년 이내의 현물이자율 수익률곡선이 우상향(만기가 증가할 때 현물이자율이 같거나 증가)하기 위한 채권 E의 최소가격을 구하시오. <u>계산결과는 반올림하여 원 단위로 표시하시오.</u>

【문제 6】 (10점)

㈜대한과 ㈜민국의 현재 주가는 각각 1,100원이며 주식의 공매가 가능하다. 이 기업들은 향후 5년간 배당을 지급하지 않을 계획이다. 무위험이자율은 연 10%로 향후 변동이 없으며 차입과 투자가 가능하다. 거래비용은 없으며, 시장에는 어떠한 차익거래의 기회도 없다고 가정한다.

※ (물음 1)과 (물음 2)는 독립적이다.

(물음 1) ㈜대한의 주식은 매년 가격이 20% 상승하거나 20% 하락하는 이항과정을 따른다. 이 주식을 기초자산으로 하고 행사가격이 1,100원으로 동일한 다음의 3가지 유형의 옵션들이 현재 시장에서 거래되고 있다.

옵션	구분	만기(년)	옵션프리미엄(원)
A	유럽형 풋	5	21
B	미국형 풋	5	63
C	미국형 콜	5	

옵션 C의 프리미엄을 구하시오. <u>계산결과는 반올림하여 원 단위로 표시하시오.</u>

(물음 2) ㈜민국의 주식을 기초자산으로 하고 잔존만기가 1년인 아래의 2가지 옵션이 시장에서 거래되고 있다.

옵션	구분	행사가격(원)	옵션프리미엄(원)
D	유럽형 콜	1,100	155
E	유럽형 콜	1,200	80

① ㈜민국의 주가 변화에 따라 아래와 같은 현금흐름을 제공하는 포트폴리오를 현재 구성하고자 한다. 앞서 제시된 무위험자산, 주식, 옵션들을 조합한 포트폴리오 구성 방법을 나타내시오.

1년 후 주가(S_1) 범위	1년 후 현금흐름
$S_1 \leq 1,100$	$1,100 - S_1$
$1,100 < S_1 \leq 1,200$	0
$1,200 < S_1$	$S_1 - 1,200$

② 위의 포트폴리오를 구성하는데 소요되는 현재 시점에서의 총 비용을 구하시오.

【문제 7】 (15점)

㈜대한은 SPC인 ㈜케이일차와의 총수익스왑(TRS)계약을 통해 ㈜민국을 인수하고자 한다. TRS 계약 내용은 아래와 같다.

> (1) 보장매도자: ㈜대한, 보장매수자: ㈜케이일차
> (2) 정산일: 계약일로부터 2년
> (3) 보장매도자는 보장매수자에게 정산일에 투자금액 기준 연 3%의 고정이자를 지급
> (4) 보장매수자는 ㈜민국 배당금 수령 시 보장매도자에게 이를 즉시 지급하고, 정산일에 보장매도자로부터 투자금액 수취 후 ㈜민국의 주식을 양도

TRS 계약일인 1월 1일(t = 0)에 ㈜케이일차는 액면가 5,000원인 ㈜민국 주식을 주당 10,000원씩 100만주 취득했다. ㈜민국의 주가는 매년 말 60% 확률로 10% 상승, 또는 40% 확률로 5% 하락할 것으로 예상된다. ㈜민국은 액면가기준 2%의 현금배당을 주가 변동 직후인 매년 말 지급한다. 무위험이자율은 1%이다. 2년 동안 증자나 감자는 없다고 가정한다.

(물음 1) ㈜대한 입장에서 매년 말 현금흐름을 추정하시오. 단, 현금흐름은 주식가치 변동분을 포함한다. 계산결과는 십만원 단위에서 반올림하여 백만원 단위로 표시하시오.

(물음 2) ㈜대한은 TRS 정산일에 ㈜케이일차로부터 ㈜민국의 주식을 인수하지 않을 수 있는 풋옵션을 보유하고 있다고 가정한다. 1주당 풋옵션의 가치를 구하시오. 계산결과는 반올림하여 원 단위로 표시하시오.

(물음 3) ㈜케이일차는 TRS 정산일에 ㈜민국의 주가가 주식 취득 시보다 상승할 경우 ㈜대한에 주식을 양도하지 않을 수 있는 권리를 보유하고 있다고 가정한다. 이 권리의 1주당 가치를 구하시오. 계산결과는 반올림하여 원 단위로 표시하시오.

(물음 4) 신용부도스왑(CDS)의 보장매도자와 보장매수자 간 현금흐름에 대해 설명하고, 이전되는 위험종류에 대해 총수익스왑(TRS)과의 차이점을 4줄 이내로 기술하시오.

1일차

회계감사

2020년 제55회 제3교시

※ 답안 작성 시 유의사항

1. 문제에서 서술하라고 요구한 경우에는 문장의 형태로 답해야 합니다.
2. 답안양식을 제시한 경우에는 답안양식에 맞게 답해야 합니다.
3. 답의 개수를 제한한 경우에는 해당 개수를 초과한 부분은 채점에서 고려하지 않습니다.

【문제 1】(10점)

감사인은 재무제표 감사업무와 관련된 독립성 요구사항 등 윤리적 요구사항을 준수하여야 한다. 공인회계사 윤리기준에 근거하여 다음 물음에 답하시오.

(물음 1) 공인회계사는 광고를 하는 경우, 전문직의 명예를 저해하는 행위를 해서는 안 된다. 공인회계사가 광고를 할 때, 해서는 안 되는 행위 **두 가지**를 서술하시오.

(물음 2) 과거에는 주권상장법인에 대해서만 동일 감사인이 3개 사업연도를 연속감사하는 감사인 유지제도가 적용되었다. 그러나 2018년에 개정된 「주식회사등의외부감사에관한법률」에서는 직전연도 말 현재 자산총액 1,000억 원 이상인 대형비상장회사 및 금융회사로 감사인 유지제도가 확대되었다. 이처럼 감사인 유지제도 대상을 확대한 취지를 공인회계사 윤리기준에 규정된 잠재적인 위협의 유형에 근거하여 간략히 서술하시오.

다음 [상황 1]은 (물음 3)과 관련된 것이며, 각 번호는 서로 독립적이다.

[상황 1]

(1) 한국회계법인은 ㈜민국으로부터 재무제표감사를 의뢰받았다. ㈜민국의 지배기업은 ㈜대한이며, ㈜민국은 ㈜대한의 유의적 부문에 해당한다. 한편, 한국회계법인은 ㈜민국으로부터 재무제표 감사를 의뢰받은 시점에 ㈜대한과 중요한 재무적 이해관계를 가지고 있다.

(2) 한국회계법인은 ㈜서울로부터 재무제표 감사를 의뢰받았다. ㈜서울은 한국회계법인에게 감사보수로 보유중인 자기주식을 제공할 예정이다.

(3) 한국회계법인은 ㈜강남과 인증업무 계약을 추진 중이다. 한국회계법인은 ㈜강남과 중요한 간접적인 재무적 이해관계를 가지고 있다.

(물음 3) 위 [상황 1]의 각 번호별로 한국회계법인이 해당 감사업무 또는 인증업무를 수행할 수 있는지 여부를 결정하고, 수행가능한 경우 한국회계법인이 해당 감사업무 등을 실제로 수행하기 위해 필요한 대책이 있으면 그 대책을 서술하시오.

[답안양식]

번 호	수행가능 여부 (가능, 불가능)	수행가능한 경우 필요한 대책
(1)		
(2)		
(3)		

다음 [상황 2]는 (물음 4)~(물음 5)에 관련된 것이다.

[상황 2]

다음은 회계감사 수업시간에 이루어진 교수와 학생 간의 대화 내용이다.

(교수) 공인회계사는 감사업무를 수행함에 있어 정신적 독립성과 외관상 독립

성을 유지하여야 합니다.

(학생) 교수님! 그럼 독립성은 언제부터 언제까지 유지해야 하는 건가요?

(교수) 회계법인과 감사업무팀의 구성원은 감사업무 수임기간 동안 감사의뢰인에 대한 독립성을 유지해야 합니다.

(학생) 그럼 감사업무 수임기간에는 감사대상 재무제표의 회계기간은 포함되지 않는 건가요?

(교수) 아닙니다. 감사업무 수임기간에는 감사대상 재무제표의 회계기간이 포함됩니다. 따라서 감사대상 재무제표의 회계기간 개시일 이후에 감사업무를 수임하려는 회계법인은 독립성 훼손위협을 발생시키는 상황이 있는지 여부를 확인해야 합니다. 예를 들어, 회계법인이 재무제표 회계기간 개시일로부터 해당 감사업무를 수임하기 이전 기간 동안 감사의뢰인에게 비감사업무를 제공했을 수도 있습니다. 이런 경우 회계법인은 감사업무 수임 이전에 제공한 비감사업무가 해당 감사업무에 대한 독립성을 위협하는 지를 판단해야 합니다.

(물음 4) 인증업무 수임기간은 인증업무 착수일(인증업무 계약체결일과 실제 인증업무 착수일 중 빠른 날)로부터 인증업무 종료일까지이다. 인증업무가 ① 비반복적인 경우와 ② 반복적인 경우로 구분하여 인증업무 종료일이 언제인지 서술하시오.

[답안양식]

구분	인증업무 종료일
① 비반복적인 경우	
② 반복적인 경우	

(물음 5) 위 대화의 마지막 부분에 제시된 예에서 비감사업무 제공으로 인한 독립성 위협이 명백하게 경미한 경우가 아니라면, 회계법인이 해당 위협을 수용가능한 수준 이하로 감소시키는데 필요한 안전장치를 **두 가지만** 서술하시오(단, 해당 비감사업무는 적절한 안전장치를 통해 독립성 위협을 수용가능한 수준 이하로 감소시킬 수 있는 경우에 해당함).

【문제 2】(5점)

감사인은 감사업무를 효율적이고 효과적으로 수행하기 위해 감사계획을 수립하여야 한다. 다음 물음은 감사계획 수립과 관련된 내용이다. 다음 물음에 답하시오.

(물음 1) 회계감사기준에서는 감사계획 수립시 주요업무팀원의 참여, 예비적 활동의 수행, 계획수립 활동 및 문서화라는 네 가지 사항을 요구하고 있다. 감사계획 수립시 문서화해야 할 사항을 **두 가지만** 서술하시오.

다음 **[상 황]**은 **(물음 2)~(물음 4)**에 관련된 것이다.

[상 황]

한국회계법인에 근무하는 업무수행이사 나치밀 회계사는 ㈜대한과 20x1년 재무제표에 대한 감사계약을 20x1년 2월 초에 체결하였다. 감사계약 체결 후 나치밀 회계사는 감사업무를 효율적이고 효과적으로 수행하기 위해 감사계획 수립을 준비 중이다.

㈜대한은 20x0년까지 종업원급여제도로 확정기여형 퇴직연금제도를 운용해 오다가 20x1년 초부터 확정급여형 퇴직연금제도로 변경하였다. ㈜대한의 경영진은 재무제표를 작성할 때 종업원급여제도와 연관된 부채의 보험수리적 계산을 위해 계리법인 A를 활용하기로 하였다.

이러한 상황을 파악한 나치밀 회계사는 보험수리적 계산 검증을 위해 한국회계법인 내부의 보험계리 전문가를 활용하기로 결정하였다. 또한, 나치밀 회계사는 재고자산 실사입회 시기를 ㈜대한의 창고담당자 작업 일정에 맞추어 조정하기로 경영진과 논의하였다.

(물음 2) 나치밀 회계사가 회계법인 내부의 보험계리 전문가 활용여부를 결정할 때 고려할 사항을 **두 가지만** 서술하시오(단, 아래 *〈예시〉*는 제외할 것).

〈예시〉

경영진이 재무제표를 작성할 때 경영진측 전문가를 활용하였는지 여부

(물음 3) 나치밀 회계사가 회계법인 내부의 보험계리 전문가 활용과 관련된 감사절차의 성격, 범위, 시기를 결정할 때 고려할 사항을 **두 가지만** 서술하시오.

(물음 4) 나치밀 회계사가 재고자산 실사입회 시기를 조정하기로 ㈜대한의 경영진과 논의할 때, 주의할 점은 무엇인지 서술하시오.

【문제 3】 (18점)

[상황 1]은 감사계약서와 관련된 내용이며, [상황 2]는 감사완료 단계의 업무와 관련된 내용이다. 다음 물음에 답하시오.

※ 아래 각 물음(상황)은 서로 독립적이다.

다음 [상황 1]은 (물음 1)~(물음 3)에 관련된 것이다.

[상황 1]

다음은 경북㈜의 20x1년 감사계약서 초안이다(단, 감사인은 법규가 적절하게 경영진의 책임을 규정하지 않은 것으로 결정했음).

경북 주식회사

경영진 귀중

감사의 목적과 범위

　귀사는 우리에게 경북 주식회사의 20x1년 12월 31일 현재의 재무상태표와 동일로 종료되는 보고기간의 포괄손익계산서, 자본변동표, 현금흐름표 그리고 유의적인 회계정책의 요약을 포함한 재무제표의 주석에 대한 감사를 요청하였습니다.

...중략...

감사인의 책임

　우리는 감사기준에 따라 감사를 수행할 것입니다. 이 기준은 우리가 윤리적 요

구사항을 준수하도록 요구하고 있습니다. 감사기준에 따른 감사의 일부로서 우리는 감사의 전 과정에 걸쳐 전문가적 판단을 수행하고 전문가적 의구심을 유지하고 있습니다. 우리는 또한:

...중략...

• 경영진의 **회계의 계속기업전제** 사용의 적절성과, 입수한 감사증거를 근거로 계속기업으로서의 존속능력에 대하여 유의적 의문을 초래할 수 있는 사건이나 상황과 관련된 중요한 불확실성이 존재하는지 여부에 대하여 결론을 내립니다.

...중략...

경영진의 책임과 해당 재무보고체계의 식별

　우리의 감사는 경영진이 다음 사항에 대하여 책임이 있음을 인정하고 이해한다는 것을 토대로 하여 수행될 것입니다.

(a) 한국채택국제회계기준에 따라 재무제표를 작성하고 공정하게 표시할 책임

(b) 부정이나 오류로 인한 중요한 왜곡표시가 없는 재무제표를 작성하기 위해 경영진이 필요하다고 결정한 내부통제에 대한 책임

(c) 우리에게 다음 사항을 제공할 책임

①	
②	
③	

　우리는 감사과정 중 일부로서 경영진이 감사와 관련하여 우리에게 행한 진술에 관해서 **서면확인**을 요청할 것입니다.

...중략...

본 계약서에 첨부된 사본에 서명하신 후 회송하여 주시기 바랍니다.

XYZ 회계법인

경북 주식회사를 대표하여 확인하고 동의함

> (서명)
>
> 대표이사 △△△
>
> 20xx년 xx월 xx일

(물음 1) 감사계약서의 '감사인의 책임' 문단에서 언급된 '회계의 계속기업전제'에 대해 감사인은 감사의 전 과정에서 주의를 기울여야 한다. 계속기업으로서의 존속능력에 대하여 유의적 의문을 초래할 만한 사건이나 상황이 식별된 경우, 감사인이 수행하여야 할 감사절차 **세 가지**를 각각 **1줄 이내**로 서술하시오(단, 아래 〈예시〉는 제외할 것).

> 〈예시〉
>
> *기업이 현금흐름을 예측하였고 이 예측에 대한 분석이 경영진의 미래 실행계획을 평가할 때 사건이나 상황의 미래결과를 고려하는 데 유의적인 요소인 경우, 다음의 절차를 수행함*
>
> *(i) 예측을 위해 생성된 기초 데이터의 신뢰성을 평가함*
>
> *(ii) 예측의 기초가 되는 가정들에 대한 적절한 근거가 있는지 여부를 결정함*

(물음 2) 감사계약서의 '경영진의 책임과 해당 재무보고체계의 식별' 문단 중 '(c)'와 관련하여 경영진이 감사인에게 제공하여야 할 사항 **세 가지**를 서술하시오.

(물음 3) 감사계약서의 '경영진의 책임과 해당 재무보고체계의 식별' 문단에서 언급된 '서면확인'은 재무제표감사와 관련하여 감사인이 요구하는 필요적 정보이다.

(1) 서면진술의 대상기간을 **1줄 이내**로 서술하시오.

(2) 감사인이 요청한 서면진술 중 하나 이상을 경영진이 제공하지 않는 경우 감사인이 취해야 할 절차 **두 가지**를 각각 **1줄 이내**로 서술하시오(단, 아래 〈예시〉는 제외할 것).

> 〈예시〉
>
> *감사의견에 미칠 가능성이 있는 영향의 결정을 포함한 적절한 조치를 취함*

다음 [상황 2]는 (물음 4)~(물음 6)에 관련된 것이다.

[상황 2]

다음은 경북㈜를 감사하고 있는 신입회계사와 그 상급자인 현장책임회계사의 대화 내용이다.

(현장책임회계사) 이제 기말감사 시즌이 끝나갑니다. 경북㈜가 이해관계자도 많고 유의한 중요왜곡표시위험이 많아서 다른 회사 감사보다 업무량이 많았던 것 같습니다.

(신입회계사) 네. 특히 내부 **업무품질관리검토** 절차를 통과하기가 매우 힘들었던 것 같습니다.

(현장책임회계사) 최종감사파일 취합완료일이 **감사보고서일**로부터 60일 이내이니 잘 처리해주세요.

(물음 4) 업무품질관리검토자는 업무팀이 내린 유의적 판단사항과 감사보고서의 작성과정에서 도달된 결론들에 대하여 객관적인 평가를 수행하여야 한다. 이러한 평가를 위해 업무품질관리검토자가 수행해야 할 절차 **두 가지**를 각각 **1줄 이내**로 서술하시오 (단, 아래 〈예시〉는 제외할 것).

〈예시〉

업무팀이 내린 유의적 판단 및 도달된 결론과 관련된 감사문서를 선정하여 검토

(물음 5) '감사보고서일', '재무제표 승인일', '재무제표 발행일'은 회계감사 전반에 걸쳐 매우 중요한 일자들이다. 이들의 개념에 대해 각각 **2줄 이내**로 서술하시오.

(물음 6) 감사인은 최종감사파일의 취합 완료 후 감사문서를 삭제하거나 폐기해서는 안된다. 다만 감사인은 최종감사파일의 취합 완료 후 기존 감사문서를 수정하거나 새로운

감사문서를 추가할 필요성이 있을 수 있다. 감사인이 기존 감사문서의 수정 또는 새로운 감사문서를 추가할 경우 문서화해야 할 사항 **두 가지**를 각각 **1줄 이내**로 서술하시오 (단, 감사보고서일 후 추가적 감사절차를 수행하거나 새로운 결론을 도출한 사항은 없음).

【문제 4】 (10점)

가나다회계법인의 A기업 감사팀(이하 '그룹감사팀')은 A기업의 20x1년 12월 31일로 종료하는 회계연도의 연결재무제표를 처음으로 감사하게 되어 부문감사인 활용을 고려 하고 있다. 가나다회계법인은 국내에서만 업무를 수행할 수 있다. 다음 물음에 답하시오.

※ 아래 각 물음(상황)은 서로 독립적이다.

다음 [상황 1]은 (물음 1)~(물음 4)에 관련된 것이다.

[상황 1]

A기업, 국내자회사1 및 해외자회사1은 생산 및 판매를 담당하고 있으며, 개별적·재무적으로 유의적인 부문에 해당한다.

국내자회사2는 개별적·재무적으로 유의하지는 않으나, 그룹 내의 외환거래를 담당하는 회사이다.
해외자회사2는 개별적·재무적으로 유의하지는 않으나, 전기에 고객과의 소송으로 인한 거액의 충당부채 인식으로 인하여 손실이 발생하였으며, 해당 소송은 당기에도 진행 중이다.

해외자회사3과 해외자회사4는 개별적·재무적으로 유의하지 않은 부문이며, 해외자회사5는 전기에 설립되어 영업을 준비 중인 회사이다.

(물음 1) 그룹감사팀이 개별적·재무적으로 유의한 부문의 부문재무정보에 대하여 수행할 수 있는 업무유형을 서술하시오.

(물음 2) 그룹감사팀이 개별적·재무적으로 유의하지 않은 국내자회사2와 해외자회사2를 **유의적 부문**으로 결정하였다면, 이러한 부문의 부문재무정보에 대하여 수행할 수 있는 업무유형 **세 가지**를 서술하시오.

(물음 3) 그룹감사팀이 해외자회사3, 해외자회사4 및 해외자회사5를 **유의적이지 않은 부문**으로 결정하였고, 그룹감사의견의 근거가 되는 충분하고 적합한 감사증거를 그룹 감사팀이 입수할 수 있는 상황이라면, 효율적인 연결재무제표감사를 위하여 이러한 부문의 부문재무정보에 대하여 수행할 수 있는 **가장** 적합한 업무유형을 서술하시오.

(물음 4) 그룹감사팀이 연결재무제표의 유의적인 중요왜곡표시위험을 식별하기 위하여 유의적 부문의 부문재무정보에 대한 업무를 수행하려는 부문감사인의 위험평가에 관여해야 하는 경우, 최소한 수행하여야 할 절차 **세 가지**를 서술하시오.

다음 [상황 2]는 (물음 5)과 관련된 것이다.

[상황 2]

그룹감사팀은 20x2년 3월 15일에 연결재무제표에 대한 감사보고서를 발행하려고 계획하고 있다.
그룹감사팀은 20x2년 3월 14일 현재 다른 모든 부문의 부문감사인으로부터 업무지침서에 따른 각종 보고자료를 입수하였으나, 유의적 부문인 해외자회사2의 부문재무정보에 대한 업무를 수행하는 부문감사인 Z로부터 후속사건보고서를 입수하지 못하였다.

한편, A기업의 감사위원회는 아직 연결재무제표발행승인을 하지 않았다.

(물음 5) 그룹감사팀은 부문감사인 Z로부터 전기 이전에 시작된 소송사건이 20x2년 3월 7일에 최종 확정되었으며, 이로 인하여 해외자회사2가 충당부채로 계상한 금액이 수정되어야 한다는 사실을 20x2년 3월 14일에 알게 되었다. 수정을 요하는 금액이 수행중요성에는 현저히 미달하지만 명백하게 사소하다고 간주할 수 없는 한도 기준은 초과하는

상황이라면, 그룹감사팀이 수행하여야 할 절차를 서술하시오(단, 다른 왜곡표시는 발견되지 않은 것으로 가정함).

【문제 5】 (10점)

감사인은 기업의 내부통제 등 기업과 그 환경을 이해하기 위한 위험평가절차 및 관련활동을 수행할 때, 부정으로 인한 중요왜곡표시위험을 식별하기 위한 절차를 수행하여야 한다. 또한 감사인은 전반감사전략을 수립할 때 재무제표 전체에 대한 중요성을 결정하여야 한다. 다음 물음에 답하시오.

※ 아래 각 물음(상황)은 서로 독립적이다.

다음 [상 황]은 (물음 1)과 관련된 것이다.

[상 황]

대표이사이자 최대주주인 B기업의 경영자는 주식의 신규상장을 위하여 준비 중에 있으며, 3개의 사업부 중 부진한 실적을 나타내고 있는 헬스케어사업부의 실적개선이 신규상장에 매우 중요한 요소로 작용할 것으로 판단하여 당기 초에 헬스케어사업부의 책임임원을 교체하였다. 신규로 채용된 헬스케어사업부의 책임임원은 헬스케어사업부의 경영 전반에 관한 자율권을 보장받았으며, 실적개선에 따른 인센티브를 약속받고 강력한 매출성장정책을 펼치는 중이다.

헬스케어사업부 매출액은 당기에 큰 폭으로 증가하였으며, 이는 대부분 해외 신규거래처에 대한 매출로 인한 것이었다. 한편, 매출채권회전율은 전기 대비 매우 크게 감소하였다.

다른 분야에서 파악된 유의적 중요왜곡표시위험은 없는 것으로 판단되며, 전기까지 B기업의 매출 관련 내부통제에는 경영진의 모니터링 부재를 포함한 다양한 형태의 미비점들이 존재하였고 당기에도 개선되지 않고 있다.

(물음 1) 위의 [상 황]에 기초하여, B기업에 존재할 것으로 예상되는 부정한 재무보고로 인한 왜곡표시와 관련된 위험요소를 동기/압력, 기회 및 태도/합리화의 관점에서 서술하시오.

(물음 2) 감사인은 추가감사절차의 설계와 수행에 대한 근거를 제공하기 위하여 **전체재무제표 수준**과 특정 거래유형, 계정잔액 및 공시에 대한 **경영진주장 수준**에서 중요왜곡표시위험을 식별하고 평가하여야 한다. 각 수준의 중요왜곡표시위험의 〈예시〉는 다음과 같다.

〈예시〉

• *전체재무제표 수준의 중요왜곡표시위험: 부정으로 인한 중요왜곡표시위험*
• *특정 거래유형, 계정잔액 및 공시에 대한 경영진주장 수준의 중요왜곡표시위험:*
  기간귀속 오류로 인한 매출액의 과대계상위험

위 〈예시〉에서 제시된 것 이외에 전체재무제표 수준의 중요왜곡표시위험과 특정 거래유형, 계정잔액 및 공시에 대한 경영진주장 수준의 중요왜곡표시위험의 추가 사례를 각각 **두 가지씩** 제시하시오(단, 경영진주장 수준의 중요왜곡표시위험에 대하여는 **반드시 관련 경영진주장을 언급**하여야 함).

(물음 3) 재무제표감사에서 경영진의 통제무력화위험에 대한 감사인의 평가결과에 관계없이, 동 위험에 대응하기 위하여 감사인이 계획하고 수행하여야 하는 절차를 간략히 서술하시오.

(물음 4) 감사인은 일반적으로 적절한 벤치마크를 선정한 후, 여기에 백분율을 적용하여 재무제표 전체에 대한 중요성을 결정한다. 재무제표 전체에 대한 중요성 결정을 위하여 활용할 수 있는 적절한 벤치마크를 **두 가지만** 제시하고, 그러한 벤치마크가 사용될 수 있는 상황을 각각 **1줄 이내**로 서술하시오.

【문제 6】 (15점)

다음은 내부통제테스트 및 내부회계관리제도와 관련된 상황 및 물음이다. 다음 물음에 답하시오.

다음 [상 황]은 (물음 1)~(물음 3)에 관련된 것이다.

[상 황]

Y회계법인은 가전제품을 생산하는 K㈜의 20x1년 12월 31일로 종료하는 회계연도의 재무제표에 대한 회계감사를 신규로 수임하였다. Y회계법인은 감사 계획을 수립하고 있으며, 매출 계정을 담당한 김 회계사는 다음과 같은 사항을 파악하였다.

- K㈜는 연간 1조 원 규모의 매출이 발생하고 있으며, 이중 7,500억 원은 천안에 있는 내수용 진공청소기 부문에서, 2,500억 원은 대구에 있는 수출용 냉장고 부문에서 발생하고 있다.
- 내수용 진공청소기는 거래처에 물품이 인도된 시점에 수익이 인식된다.
- 수출용 냉장고는 화물선을 통해 운송되며, 거래 상대방과의 무역조건에 따라 선적한 시점 또는 거래처 지정 항구에 도착한 시점에 수익이 인식된다.
- K㈜는 월말 시점에 매출액이 크게 증가하는 경향이 있었다. 김 회계사는 진공청소기 부문과 냉장고 부문의 매출 각각에 대하여 부정위험이 존재하는 것으로 가정하였다. 감사계획단계에서 설정한 중요성 금액은 50억 원이다.

※ 아래 각 물음은 서로 독립적이다.

(물음 1) 김 회계사는 매출 부문별로 다음과 같은 내부통제 감사계획을 수립하였다. 각 항목번호(①~④)별로 감사계획이 **적절한지 여부**를 기재하고, **적절하지 않은 항목번호**에 대해서는 그 이유를 **2줄 이내**로 서술하시오.

감사계획
① 매출 비중이 큰 진공청소기 매출에 대해서는 경영진이 설계하여 실행·유지하고 있는 통제의 이해를 위한 업무를 수행하기로 하였다.
② 진공청소기 매출 관련 통제의 설계가 효과적이고, 이 통제에 의존하는 것이 효율적인 것으로 판단되면, 통제운영의 효과성 테스트를 추가로 수행하기로 하였다. 다만, 통제의 설계가 효과적이지 않다면 통제운영의 효과성 테스트는 생략하고 실증절차를 확대하여 수행하기로 하였다.

③ 진공청소기 매출 관련 통제운영의 효과성 테스트 결과 통제가 효과적일 경우, 실증절차는 생략하고 감사종결 단계에서 분석적 절차를 수행하기로 하였다. 통제의 운영이 효과적이지 않다면 실증절차를 확대하여 수행하기로 하였다.

④ 진공청소기에 비해 상대적으로 비중이 낮은 냉장고 매출에 대해서는 통제의 이해를 위한 업무수행은 생략하고, 실증절차를 확대하여 수행하기로 하였다.

(물음 2) 위의 [상 황]과 관련하여, 다음은 김 회계사가 K㈜로부터 수령한 매출 프로세스에 대한 업무기술서의 일부이다. 각 항목번호(①~⑤)별로 **통제미비점이 있는지 여부**를 기재하고, **통제미비점이 있는 항목번호**에 대해서는 경영진에게 권고할 개선안을 **2줄 이내**로 서술하시오.

업무기술서
① 고객주문이 접수되면 영업 담당자는 고객의 신용에 대한 평가를 수행하고, 고객 마스터파일에 고객 정보를 등록한다. 고객 정보가 등록되면 영업 담당자는 판매지시서를 작성하여 출고 담당자에게 송부한다.
② 공장의 출고 담당자는 진공청소기가 공장에서 출고될 때, 판매지시서에 기재된 품목, 수량이 출고되는 실물과 일치하는 지를 확인하고 출고증에 서명을 한다.
③ 진공청소기 매출기록 담당자는 고객이 서명한 인수증, 고객주문서 및 출고증에 기재된 품목, 수량 및 금액이 서로 일치하는 지를 확인하고, 고객이 인수증에 서명한 일자의 매출로 회계전표를 작성한다. 회계팀장은 회계전표와 인수증, 고객주문서, 출고증 상의 품목, 수량, 금액 정보, 인수일자가 서로 일치하는 지를 확인하고 회계전표를 승인한다.
④ 냉장고 매출기록 담당자는 도착지 인도조건 매출의 경우 선적서류와 고객주문서, 출고증에 기재된 품목, 수량 및 금액이 서로 일치하는지를 확인한 후, 영업 담당자가 송부해주는 이메일에 기재된 거래처 인도일자의 매출로 회계전표를 작성한다. 회계팀장은 위 문서들의 품목, 수량, 금액 및 인도일자 정보가 서로 일치하는 지를 확인하고 회계전표를 승인한다.
⑤ 영업담당자는 거래처로부터 매출채권을 수금하는 즉시 회계팀에 전달한다. 회계팀 담당자는 매출채권 리스트상 거래처 및 채권금액과 영업 담당자로부터 전달받은 금액을 대사한 후, 매출채권의 회수에 대한 회계전표를 작성하고, 회계팀장은 위 문서들에 포함된 정보가 서로 일치하는 지 확인하고 회계전표를 승인한다.

(물음 3) 위의 [상 황]과 관련하여, 김 회계사는 다음과 같이 매출회계전표 승인통제의 운영 효과성에 대한 테스트 계획을 수립하였다. 항목번호별로 **개선이 필요한 점이 있는지** 기재하고, 개선이 필요한 항목번호에 대해서는 **개선이 필요한 부분만** 올바른 계획으로 **2줄 이내로** 수정하시오(단, 표본 수는 적절한 것으로 간주함).

통제운영의 효과성 테스트 수행계획
① 부정위험과 관련한 통제운영의 효과성 테스트를 위해, 20x1년 11월에 20x1년 1월부터 10월까지의 매출보조원장을 입수하여, 이 중 결산일에 비교적 근접한 9월과 10월의 매출 거래에서 매월 20개씩의 표본을 추출한다. 추출된 표본별로 매출전표 및 증빙으로 첨부된 문서들을 입수하여, 회계팀장의 매출전표 승인통제가 효과적으로 운영되고 있는지 확인한다.
② ①의 통제운영의 효과성 테스트 대상 시점 이후인 20x1년 11월부터 재무제표일까지의 잔여기간이 길지 않으므로 추가적으로 통제운영의 효과성에 대한 감사증거를 수집하지 않을 계획이다.

[답안양식]

항 목	개선필요 여부 (필요, 불필요)	개선 사항
①		
②		

(물음 4) W회계법인은 식료품을 생산하는 L㈜의 20x1년 재무제표와 내부회계관리제도에 대한 통합감사를 최초로 수행하고 있다. L㈜는 20x2년 1월 25일 증권선물위원회에 20x1년 재무제표를 사전제출하였다. W회계법인은 기말감사 기간 중 다음과 같은 조정사항을 반영하여 수정된 재무제표를 L㈜로부터 추가로 제시받았다.

항목	재무제표 수정 사유
① 성과급	이사회에서 20x2년 2월 10일에 임직원에 대한 20x1년분 성과급을 최종 확정함에 따라, 최초 비용인식액 대비 50억 원을 추가로 인식하였다. 이사회에서 정하는 상여금 지급률은 사전 예

	측이 어려워, L㈜의 통제기술서에는 사전재무제표 제출 이후 성과급 확정시점에 관련 통제를 수행하는 것으로 설계되어 있다.
② 지분법 조정	L㈜의 관계기업인 S㈜가 외부감사인의 수정권고사항을 받아들여 재무제표를 20x2년 2월 9일에 수정하면서, L㈜는 최초로 수령하였던 S㈜ 재무정보와의 차이 30억 원을 지분법손실로 추가 반영하였다.
③ 소송사건종결	20x2년 2월 5일 W회계법인이 회수한 변호사 조회서에, L㈜가 유럽에서 피소된 소송에서 20x2년 1월 5일에 최종 패소하였다고 기재되었다. L㈜는 W회계법인의 수정권고를 받아들여 25억 원의 충당부채를 추가로 반영하였으며, 이 외에 L㈜가 피소되어 계류중인 다른 소송은 없었다.

감사의견 형성시 사용되는 중요성 금액이 40억 원일 경우, ①~③ 항목의 **통제미비점 해당 여부, 통제미비점에 해당한다면 그 통제미비점의 종류**와 **판단 사유**를 다음 양식에 따라 서술하시오(단, '통제미비점의 종류' 란에는 '미비점', '유의적 미비점', '중요한 취약점' 중의 하나를 기재함).

[답안양식]

항목	통제미비점 해당 여부	통제미비점 종류	통제미비점 종류에 대한 판단 사유
①			
②			
③			

(물음 5) 내부회계관리제도 감사를 수행하고 있는 W회계법인은 발견된 통제미비점이 중요한 취약점에 해당되는지 여부에 대한 평가를 수행하고 있다. 통제미비점의 심각성을 평가하는데 영향을 미치는 요소 **두 가지**를 서술하시오.

【문제 7】 (11점)

감사인은 ㈜하몽을 감사하면서, ㈜하몽이 보유하고 있는 비상장회사인 ㈜자몽에 대한 투자주식(이하 '비상장주식') 가치평가보고서를 검토 중이다. 다음은 ㈜하몽이 현금흐름할인법으로 평가한 ㈜자몽의 가치평가보고서의 일부이다.

〈2020년 보고서〉

(단위: 십억 원)

구분	실제 발생		향후 계획				
	'19	'20	'21	'22	'23	'24	'25
매출	88	95	106	119	133	149	167
매출성장률	9%	8%	12%	12%	12%	12%	12%
매출원가	43	48	52	57	63	67	73
매출원가율	49%	51%	49%	48%	47%	45%	44%

감사인은 가치평가보고서를 검토하면서, **경영진의 편의가능성을 파악**하기 위하여 과거 (2019, 2018년) 보고서를 아래와 같이 입수하였다. 다음 물음에 답하시오.

〈2019년 보고서〉

(단위: 십억 원)

구분	실제 발생		향후 계획				
	'18	'19	'20	'21	'22	'23	'24
매출	81	88	99	111	124	139	156
매출성장률	15%	9%	12%	12%	12%	12%	12%
매출원가	39	43	48	52	57	63	69
매출원가율	48%	49%	48%	47%	46%	45%	44%

〈2018년 보고서〉

(단위: 십억 원)

구분	실제 발생		향후 계획				
	'17	'18	'19	'20	'21	'22	'23
매출	70	81	91	102	114	128	143
매출성장률	13%	15%	12%	12%	12%	12%	12%
매출원가	33	39	44	48	52	58	63
매출원가율	47%	48%	48%	47%	46%	45%	44%

※ 아래 각 물음은 서로 독립적이다.

(물음 1) 감사인은 경영진의 편의가능성에 대한 징후가 존재하는지 여부를 식별하기 위하여 경영진이 회계추정치를 도출할 때 내린 판단과 결정을 검토해야 한다. 감사인은 위의 자료를 검토하면서 ㈜하몽의 비상장주식 가치평가에 대하여 경영진 편의의 징후가 있다고 판단하고 있다. 감사인이 위의 가치평가보고서를 검토하고 이렇게 판단한 이유를 **두 가지만** 각각 **2줄 이내**로 서술하시오.

(물음 2) 위의 가치평가보고서에 따르면, ㈜하몽은 비상장주식의 가치를 점추정치 1,200억 원으로 평가하였다. 다음은 감사인이 ㈜하몽의 비상장주식 가치평가가 적절한지 검토하면서 판단한 내역이다.

※ 아래 각 상황은 서로 독립적이다.

상황	감사인의 판단
①	감사인은 ㈜하몽이 제시한 점추정치의 합리성을 판단하기 위하여 위의 비상장주식의 가치를 독립적으로 추정하여 1,100억 원~1,250억 원의 범위추정치를 산출하였다. 감사인은 동 범위추정치가 경영진의 점추정치를 검증하는데 적절한 수준이라고 판단했다(단, 재무제표 전체에 대한 중요성은 200억 원이며, 수행중요성은 100억 원임).

②	감사인은 ㈜하몽의 점추정치에 대한 감사절차를 수행하는 과정에서 경영진이 매출성장률 등을 추정함에 있어 비관주의적 성향을 가지고 있음을 발견하게 되었다. 감사인은 이러한 성향이 경영진의 보수적인 회계처리 방침을 보여주기 때문에 경영진의 편의가능성을 나타내는 것은 아니라고 판단했다.
③	경영진은 최근 코로나19로 인해 점추정치를 산출함에 있어 추정의 불확실성이 높아졌다고 판단하고 있다. 이러한 높은 추정불확실성이 점추정치 산출에 미치는 영향을 평가하기 위하여 경영진은 중요한 가정들에 대한 민감도 분석을 수행하였다. 감사인은 경영진이 유의적인 가정의 민감도를 분석한 방법을 이해하고, 현재의 점추정치가 매출성장률의 가정에 민감하다는 결론을 내리고 중요 검증 대상이라 판단했다.

위의 각 상황에 대한 감사인의 판단이 적절한지 여부를 기재하고, 적절하지 않은 경우 그 이유를 서술하시오.

[답안양식]

상 황	적절한가? (예, 아니오)	적절하지 않은 경우, 그 이유 서술
①		
②		
③		

(물음 3) 감사인이 어떤 회계추정치가 유의적 위험이 있다고 판단할 경우, 감사과정에서 발견한 중요왜곡표시위험에 대한 실증절차에 더하여 추가적으로 평가할 사항 **세 가지**를 서술하시오.

【문제 8】(6점)

감사인은 감사절차를 수행할 때 표본감사를 이용하여 테스트를 수행하며 그 결과를 평가한다. 다음 물음에 답하시오.

※ 아래 각 물음은 서로 독립적이다.

(물음 1) 다음은 감사인이 표본규모를 결정할 때 고려할 요소이다. 각 요소가 표본규모에 미치는 영향을 기재하시오.

구분	요 소	표본규모에 미치는 영향
①	동일한 경영진주장에 대한 다른 실증절차의 적용을 증가시킴	
②	모집단의 실제 이탈률이 허용이탈률을 초과하지 않을 것이라는 점에 대하여 감사인이 원하는 확신의 수준이 증가함	
③	감사인이 위험을 평가할 때 관련 통제의 고려 정도가 증가함	
④	모집단에서 감사인이 발견할 것으로 예상하는 왜곡표시금액의 증가	

[답안양식]

구분	표본규모에 미치는 영향 ('증가' 또는 '감소'로 답할 것)
①	
②	
③	
④	

(물음 2) 표본을 추출하는 방법은 통계적 표본추출방법과 비통계적 표본추출방법으로 구분된다. 비통계적 표본추출방법 중 '구획추출' 방법의 개념, 그리고 이 방법이 일반적인 표본감사에서 사용하는 것이 적합하지 않은 이유에 대해 각각 **1줄 이내**로 서술하시오.

[답안양식]

① 개념	
② 이유	

(물음 3) 감사인은 감사표본을 설계할 때 감사절차의 목적과 표본을 도출할 모집단의 특성을 고려하여야 하며, 상황에 따라 거래유형이나 계정잔액에 대해 전수조사를 하는 것이 더 적합하다고 결정할 수 있다. 이 때 표본감사 대신 전수조사를 하는 것이 더 적합한 경우 **두 가지**를 각각 **1줄 이내**로 서술하시오.

【문제 9】 (15점)

㈜한국여행은 2019사업연도(2019년 1월 1일~2019년 12월 31일)를 마지막으로 X회계법인과의 3년 감사계약이 종료되어 감사인을 변경하려고 한다. ㈜한국여행의 2019년 말 현재 자산총계는 5조 원이며, 주권상장법인으로 감사위원회가 설치되어 있다. 다음 물음에 답하시오.

※ 아래 각 물음은 서로 독립적이다.

(물음 1) 2018년에 「주식회사등의외부감사에관한법률(이하 '외감법')」이 개정되면서, 감사인 선임기한이 변경되었다. 참고로, 외감법 개정 전의 감사인 선임기한은 사업연도 개시일로부터 4개월 이내였다.

(1) 현행 외감법에 근거할 때, ㈜한국여행은 2020사업연도의 감사인을 언제까지 선임해야 하는지 서술하시오.

(2) 외감법 개정을 통해 감사인 선임기한을 변경한 취지를 '공인회계사 윤리기준'의 독립성 훼손 위협요인과 연계하여 서술하시오.

(물음 2) ㈜한국여행은 2020사업연도의 회계감사인으로 Y회계법인을 선임하였다. Y회계법인은 당기재무제표에 중요하게 영향을 미치는 왜곡표시가 기초잔액에 포함되었는지를 확인하는 과정에서 전임 감사인인 X회계법인의 감사 조서를 열람하지 못하였다. 이 외에 Y회계법인은 전기 마감잔액이 당기에 이월되었음을 확인하였고, 기초 잔액에 적합한 회계정책이 반영되어 있음을 확인하였다. Y회계법인은 매출채권과 재고자산의 기초 잔액에 대한 충분하고 적합한 감사증거를 수집하기 위해 어떠한 감사절차를 추가로 수행할 수 있는지 각각 **한 가지만** 간략히 서술하시오.

[답안양식]

계정과목	감사절차
① 매출채권	
② 재고자산	

(물음 3) ㈜한국여행의 2020사업연도 감사인인 Y회계법인은 당기 재무제표에 대한 감사를 수행하면서 2019년 12월 31일로 종료되는 회계연도의 매출인식과 관련한 오류를 발견하였다. 동 오류로 인해 2019년도 재무제표의 수정이 필요한 상황이다. Y회계법인은 전기재무제표를 타감사인이 감사한 경우 관련내용을 감사보고서 기타사항문단에 기재하고 있다. 다음의 **각 독립적인 상황별**로 Y회계법인이 2020년 감사보고서 **기타사항문단**에 기재해야 할 내용을 제시하시오.

상황	내용
A	㈜한국여행은 비교재무제표를 수정하는 방식으로 오류를 수정하고, 전기 오류수정에 대한 세부내역을 주석에 공시하였다. X회계법인은 수정된 전기재무제표에 동의하지 않아 어떠한 조치도 취하지 않았다. Y회계법인은 당기 재무제표에 대한 감사계약만 체결하였으며, 당기 재무제표에는 동 오류의 영향이 회계기준에 따라 적절하게 반영되었다.
B	㈜한국여행은 오류를 수정하여 2019년 12월 31일로 종료되는 회계연도의 재무제표를 수정하였으며, Y회계법인이 외감법에 따른 감사보고서를 발행하기 전에 전임감사인인 X회계법인은 수정된 전기재무제표에 대해 새로운 감사보고서를 발행(감사보고서일: 2020년 10월 28일)하였다.

(물음 4) ㈜한국여행의 2020사업연도 감사인인 Y회계법인은 당기 재무제표에 대한 감사를 수행 중이다. 다음의 **각 상황별로** Y회계법인이 2020년 감사보고서에 보고할 **①감사의견, ② 감사보고서 문단**(각 상황의 내용이 세부적으로 기술되는 문단), **③ 판단근거**를 서술하시오.

※ 아래 각 상황은 서로 독립적이며, 각 상황에 주어진 사항 외의 거래는 적절하게 회계처리 되고 감사되었다고 가정한다.

상황	내용
C	Y회계법인은 매출채권의 실재성을 확인하기 위해 ㈜한국여행의 전체 거래처 10곳에 조회서를 발송하기로 하였다. 10곳 중 ㈜ABC(매출채권 잔액 5억 원)는 ㈜한국여행과 분쟁 중이며, 매출채권 조회가 해당 분쟁에 영향을 미칠 수 있다는 이유로 경영진이 조회서 발송을 거부하였다. Y회계법인은 동 사유가 합리적이라 판단하여 대체적 감사절차를 수행하였으나 충분하고 적합한 감사증거를 입수할 수 없었다. 재무제표 전체에 대한 중요성은 35억 원이다.
D	㈜한국여행은 코로나19의 영향으로 기 예약된 여행의 70% 이상이 취소되는 등 영업환경이 크게 악화되었다. ㈜한국여행은 코로나19로 인해 계속기업으로서의 존속능력에 대한 불확실성이 증가하고 있다고 판단하여 이를 주석으로 공시하였다. Y회계법인은 ㈜한국여행이 단기 유동성 문제를 해결하기 위해 계획한 자금조달이 예정대로 원활히 진행되고 있어 회계의 계속기업전제의 적용은 타당하다고 판단하였다. 그러나 코로나19 상황이 지속될 경우 계속기업으로서의 존속능력에 대한 중요한 불확실성이 존재한다고 판단하였다.

[답안양식]

① 감사의견	
② 감사보고서 문단	'의견근거문단, 강조사항문단, 기타사항문단, 계속기업 관련 중요한 불확실성 문단, 기술하지 않음' 중에 선택
③ 판단근거	①, ②에 대한 판단근거를 서술

(물음 5) ㈜한국여행의 2020사업연도 감사인인 Y회계법인은 감사보고서를 발행하면서 의견을 표명하지 아니하였다. 다음은 감사보고서의 일부이다. ①~⑤ 중 잘못된 부분을 **모두** 지적하고 적절하게 수정하시오.

독립된 감사인의 감사보고서

주식회사 한국여행
주주 및 이사회 귀중

재무제표감사에 대한 보고

① **감사의견**
② 우리는 주식회사 한국여행(이하 '회사')의 재무제표를 감사하였습니다. ③ 해당 재무제표는 2020년 12월 31일 현재의 재무상태표, 동일로 종료되는 보고기간의 포괄손익계산서, 자본변동표, 현금흐름표 그리고 유의적인 회계정책의 요약을 포함한 재무제표의 주석으로 구성되어 있습니다.

④ 우리는 별첨된 회사의 재무제표에 대하여 의견을 표명하지 않습니다. ⑤ 우리의 의견으로는 이 감사보고서의 의견거절근거 단락에서 기술된 사항의 유의성 때문에 재무제표에 대한 감사의견의 근거를 제공하는 충분하고 적합한 감사증거를 입수할 수 없었습니다.

...이하 생략...

[답안양식]

잘못된 부분	수정내용
①~⑤ 중 선택	

2일차

2020년 제55회

원가회계

제1교시

【문제 1】 (15점)

㈜한국은 결합생산공정을 통해 동일한 원재료 S를 가공처리하여 연산품A와 B를 생산한다. 제1공정에서는 연산품A와 B를 생산하며, 제2공정과 제3공정은 연산품A와 B를 각각 추가가공한다. ㈜한국은 실제원가를 이용하여 선입선출법에 의한 종합원가계산을 사용하고 있다. 결합원가는 순실현가능가치법에 의해 각 연산품에 배부되며, 부산품은 생산시점에서 순실현가능가치로 평가하여 인식한다. 다음은 20x2년 6월 각 공정에 관한 설명이다.

제1공정에서 직접재료원가와 전환원가는 공정전반에 걸쳐 균등하게 발생한다. 기초재공품 1,000단위(완성도 40%), 당기투입 20,000단위, 당기완성량 16,000단위(연산품A의 생산량 6,000단위와 연산품B의 생산량 10,000단위), 기말재공품 3,000단위(완성도 60%)이며, 공손수량은 2,000단위이다. 제품의 검사는 공정의 80%시점에서 실시하며, 당기에 검사를 받은 수량의 10%까지를 정상공손으로 허용하고 있다. 기초재공품원가는 ₩200,000(직접재료원가 : ₩120,000; 전환원가 : ₩80,000)이며, 당기투입원가는 ₩1,900,000(직접재료원가 : ₩1,200,000; 전환원가 : ₩700,000)이다. ㈜한국은 정상공손원가를 당월에 검사시점을 통과한 합격품의 물량단위에 비례하여 배부하며, 공손품의 처분가치는 없다.

제2공정에서는 부산품 500kg을 생산하였으며, 판매가격은 kg당 ₩80이다. 직접재료의 추가투입은 없었으며, 기초재공품과 공손은 없었다. 최종제품A의 생산량은 6,000단위로 단위당 판매가격은 ₩500이다. 당월 중 전환원가는 ₩640,000 발생하였다.

제3공정에서 직접재료의 추가 투입은 없었으며, 기초재공품과 공손은 없었다. 전환원가는 공정전반에 걸쳐 균등하게 발생한다. 최종제품B의 생산량은 8,000단위로 단위당 판매가격은 ₩400이며, 기말재공품은 2,000단위(완성도 50%)이다. 당월 중 전환원가는 ₩360,000 발생하였다.

※ 위에 주어진 자료를 이용하여 다음 각 물음에 답하시오.

(물음 1) 제1공정의 정상공손수량을 계산하시오.

(물음 2) 제1공정에서 연산품A와 B에 배부해야 할 결합원가 총액을 계산하시오.

(물음 3) 제1공정에서 발생한 결합원가를 연산품A와 B 각각에 얼마만큼 배부하여야 하는지 계산하시오.

(물음 4) 최종제품A와 부산품의 원가를 각각 계산하시오.

(물음 5) 최종제품B와 기말재공품의 원가를 각각 계산하시오.

(물음 6) ㈜한국은 연산품의 추가가공여부를 결정하기 위해 결합원가 배부방법을 순실현가능가치법에서 물량기준법으로 변경할 지 분석한 결과, 연산품의 추가가공여부는 어느 방법을 선택하더라도 영향이 없는 것으로 나타났다. 그 이유를 설명하시오. (3줄 이내로 답하시오.)

【문제 2】(15점)

㈜대한은 두 개의 연속공정인 제1공정과 제2공정을 통해 제품을 생산하고 있다. 제1공정의 완성품은 제2공정으로 전량 대체된다. ㈜대한은 실제원가에 의한 종합원가계산을 사용하고 있다. ㈜대한은 정상공손원가를 당월에 검사시점을 통과한 합격품의 물량단위에 비례하여 배부한다. 다음은 20x2년 6월 각 공정에 관한 설명이다.

제1공정에서는 원가흐름으로 선입선출법을 가정하고, 직접재료는 공정의 시작 시점에서 전량 투입되며, 전환원가는 공정전반에 걸쳐 균등하게 발생한다. 기초재공품 600단위(전환원가 완성도 40%), 당기투입 9,000단위, 당기완성량 9,000단위, 기말재공품 450단위(전환원가 완성도 40%)이며, 공손수량은 150단위이다. 품질검사는 제1공정의 종료시점에 한번 실시하며, 검사를 통과한 합격품의 3%를 정상공손으로 허용하고 있다. 공손품은 발생 즉시 추가비용 없이 폐기된다. 기초재공품원가는 ₩60,000(직접재료원가 : ₩40,000; 전환원가 : ₩20,000)이며, 당기투입원가는 ₩407,250(직접재료원가 : ₩180,000; 전환원가 : ₩227,250)이다.

제2공정에서는 원가흐름으로 선입선출법을 가정하고, 직접재료는 공정의 70% 시점에서 전량 투입되며, 전환원가는 공정전반에 걸쳐 균등하게 발생한다. 기초재공품 800단위(전환원가 완성도 60%), 당기완성량 8,000단위, 기말재공품 1,000단위(전환원가 완성도 40%), 1차 공손수량 400단위, 2차 공손수량 400단위이다. 품질검사는 두 차례 실시하는데 공정의 50% 시점에서 1차검사를 하고, 공정의 종료시점에서 2차검사를 한다. ㈜대한의 정상공손수량은 1차검사에서는 검사시점을 통과한 합격품의 5%, 2차검사에서는 검사시점을 통과한 합격품의 2.5%이다. 공손품은 발생 즉시 추가비용 없이 폐기된다.

제2공정의 기초재공품원가는 ₩69,400(전공정대체원가 : ₩33,000; 전환원가 : ₩36,400)이며, 당기투입원가는 직접재료원가 ₩252,000과 전환원가 ₩596,400이다.

※ 위에 주어진 자료를 이용하여 다음 각 물음에 답하시오.

(물음 1) 제1공정의 정상공손원가 배부 후 완성품원가와 기말재공품원가를 각각 계산하시오.

(물음 2) 만약 ㈜대한이 제1공정의 공손원가 계산 시, 정상공손허용량에 미달하는 수량만큼을 부(-)의 비정상공손으로 인식하는 경우, 제1공정의 정상공손원가 배부 후 완성품원가, 기말재공품원가, 그리고 부(-)의 비정상공손원가를 각각 계산하시오.

(물음 3) 제2공정의 1차 검사시점과 2차 검사시점의 정상공손수량을 각각 계산하시오.

(물음 4) 제2공정의 원가요소별 완성품환산량 단위당 원가를 각각 계산하시오. 단, 소수점 첫째자리에서 반올림 하시오.

(물음 5) 제2공정의 정상공손원가 배부 후 완성품원가, 기말재공품원가, 비정상공손원가를 각각 계산하고 이와 관련된 분개를 하시오.

(물음 6) 만약 제2공정의 종료시점에서 정상공손 허용률이 2.5%가 아닌 1%였다면, 발생할 수 있는 문제점을 제품원가와 공손원가 측면에서 설명하시오. (3줄 이내로 답하시오.)

【문제 3】 (23점)

〈자료 1〉

J체육관은 PT(personal training)와 필라테스를 소규모 그룹수업으로 운영하고 있다. 체육관에는 PT 운동실과 필라테스 운동실이 있으며 탈의실과 샤워실, 등록 및 안내 데스크는 공동으로 사용되고 있다.
PT와 필라테스 모두 오전 4회, 저녁 4회의 수업이 각각의 운동실에서 진행된다.
J체육관의 수업 일정은 다음과 같다.

구분	PT	필라테스
오전	4회 (4인 그룹)	4회 (3인 그룹)
오후	-	-
저녁	4회 (2인 그룹)	4회 (3인 그룹)

PT의 경우 오전에는 4인 그룹, 저녁에는 2인 그룹으로 진행되고, 필라테스의 경우 오전 · 저녁 모두 3인 그룹으로 진행된다.

J체육관은 연중무휴로 운영되며 휴대폰 애플리케이션을 통해 원하는 수업과 시간을 선택 및 예약하고 1회 수강권을 구매한 뒤 수강하는 방식으로 운영된다. 수강생이 예약한 수업에 출석하지 않을 경우 이미 지급한 수강료는 환불되지 않는다. 예상결석률은 오전 수업의 경우 각 수업 1회당 5%, 저녁 수업의 경우 각 수업 1회당 10%이다.

한 달(4주)을 기준으로 계산된 J체육관의 수업에 관한 운영자료 및 변동원가는 다음과 같다.

구 분	PT		필라테스
	4인 그룹	2인 그룹	3인 그룹
수업 1회당 수강생 1인의 수강료	₩18,000	₩35,000	₩30,000
수업 1회당 예상수강권판매율	90%	80%	80%
수업 1회당 변동원가 (운동실 소독비)	₩2,000		
수업 1회당 수강생 1인의 변동원가 (수도요금, 수건세탁비)	₩1,000		

단, 모든 수업의 수강생은 최소 1명 이상이다.
각각의 운동실에 추적 가능한 주당 고정원가는 다음과 같다.

구 분	PT	필라테스
오전 수업 강사료	₩728,000	₩812,000
저녁 수업 강사료	672,000	896,000
운동기구 임차료	210,280	300,020
합 계	₩1,610,280	₩2,008,020

상기의 고정원가 이외에 각 운동실에 공통으로 발생하는 주당 고정원가는 ₩1,579,200이다.

주당 고정원가는 한 달간 발생하는 고정원가를 4주로 나누어 계산한 것으로 회피불가능하며, 주당 수업 횟수를 기준으로 각 수업에 배부된다.

※ 〈자료 1〉을 이용하여 (물음 1)~(물음 3)에 답하시오.

(물음 1) 각 수업별(PT 4인 그룹, PT 2인 그룹, 필라테스 3인 그룹) 1일 예상영업이익을 구하시오.

(물음 2) J체육관이 손익분기점 달성을 위해 필요한 주당 총 수업 횟수를 구하시오. 단, 매출배합은 일정하게 유지되는 것으로 가정한다.

(물음 3) J체육관은 예기치 못한 전염병의 대유행으로 인해 체육관의 운영을 중단해야 할 것으로 예상하고 있다. J체육관이 손실을 보지 않기 위해서는 한 달(28일) 중 최대 몇 일까지 운영 중단이 가능한지 계산하시오.

〈추가자료〉

J체육관은 수업이 없는 오후 시간을 활용하여 한 달(4주)간 일시적으로 PT 2인 그룹 수업과 필라테스 3인 그룹 수업을 각각 1일 2회씩 추가로 개설하고자 한다. 오후 수업을 운영할 경우 PT와 필라테스 강사를 한 달(4주)간 각각 1명씩 새로 채용해야 하며, PT강사에게는 주당 ₩308,000, 필라테스 강사에게는 주당 ₩350,000을 지급한다. 오후 수업을 추가로 운영하여도 오전과 저녁 수업의 수강료, 수강권판매율 및 결석률에는 영향을 미치지 않으며, 수업 1회당 변동원가, 수강생 1인당 변동원가 및 주당 고정원가 또한 동일하다.

※ 〈자료 1〉과 〈추가자료〉를 이용하여 다음 물음에 답하시오.

(물음 4) 오후 수업의 수강권판매율 및 결석률은 다음과 같이 예상된다.

구 분	PT	필라테스
	2인 그룹	3인 그룹
수업 1회당 예상수강권판매율	80%	80%
수업 1회당 예상결석률	5%	5%

(1) 오후 수업을 운영할 경우, J체육관의 한 주당 이익은 얼마나 증가(또는 감소)하는지 계산하시오.

(2) 오후 수업의 운영은 (물음 2)에서 계산한 손익분기점을 얼마나 증가(또는 감소)시키는지 계산하시오. 단, 오후 수업의 운영은 일시적이므로, J체육관이 제공하는 수업의 매출배합에 영향을 미치지 않는다.

〈자료 2〉

J체육관은 전염병의 대유행이 장기화될 것을 우려하여 홈트레이닝 애플리케이션을 출시하고자 한다. 홈트레이닝 애플리케이션은 이용자 1명당 월 ₩20,000의 이용료가 부과되며, 다음과 같은 원가가 발생할 것으로 예상된다.

1) 애플리케이션 개발 및 초기 컨텐츠 제작에 ₩29,760,000의 원가가 발생하며, 이 원가는 무형자산으로 인식되어 월할 상각된다. 매월 상각비는 ₩1,240,000이다.

2) 이용자 구간별 월간 서버비용은 다음과 같다.

이용자 구간	0명~100명	101명~200명
총고정원가	₩800,000	₩1,400,000

3) 이용자 1인당 월 ₩2,000의 관리비가 발생한다.

4) 이용자가 100명을 초과할 경우, 초과 이용자로부터 발생한 수익의 4%를 애플리케이션 제작에 참여한 2명의 강사에게 균등하게 나누어 지급한다.

5) 이용자에게 매월 원가 ₩3,000의 운동용 소도구를 증정한다.

※ 〈자료 2〉를 이용하여 (물음 5)와 (물음 6)에 답하시오.

(물음 5) 구간별 이용자 1인당 공헌이익은 얼마인지 계산하시오.

(물음 6) 월간 손익분기점 이용자수는 몇 명인지 계산하시오.

【문제 4】 (27점)

〈자료 1〉

㈜한국은 정밀기계를 이용하여 의료기기에 대한 성능검사 용역을 제공하며, 광학용 의료기기 부문(A부문)과 물리치료용 의료기기 부문(B부문)으로 구성되어 있다. A부문과 B부문은 이익중심점으로 운영된다. 두 부문에서 의료기기의 성능검사에 필요한 원재료는 모두 고객이 제공한다. 검사 인력의 직급은 경력에 따라 전문직과 보조원으로 구분된다. 성능검사 용역 1건을 제공하기 위해서는 전문직과 보조원이 모두 필요하고, 동일 부문 내에서 직급 간에는 상호 대체될 수 없다. 노사합의에 의한 전문직과 보조원의 월간 1인당 정규노무시간은 각각 150시간이다. ㈜한국은 직접노무원가 이외의 모든 원가를 고정원가로 간주한다. 20x1년도 6월에는 정규노무시간 내에서 검사용역을 제공할 예정이며, 부문별 월간 예산은 다음과 같다.

(1) A부문 : 광학용 의료기기
    가. 검사용역 1건당 수수료 : ₩500
    나. 직접노무원가

구분	총인원	검사용역 1건당 노무시간	시간당 노무원가(임률)
전문직	5명	1시간	₩120
보조원	20명	4시간	₩50

    다. 정밀기계 가동시간
        ① 월간 이용가능 시간 : 1,800시간(정밀기계 1대당 300시간)
        ② 검사용역 1건당 가동시간 : 3시간

(2) B부문 : 물리치료용 의료기기
    가. 검사용역 1건당 수수료 : ₩280
    나. 직접노무원가

구분	총인원	검사용역 1건당 노무시간	시간당 노무원가(임률)
전문직	5명	1시간	₩100
보조원	12명	2시간	₩30

    다. 정밀기계 가동시간
        ① 월간 이용가능 시간 : 2,700시간(정밀기계 1대당 300시간)

② 검사용역 1건당 가동시간 : 1.5시간

(3) 고정원가는 검사 인력에 지급하는 고정급여, 정밀기계의 감가상각비, 관리운 영원가 등이며, 생산능력을 확보하기 위한 구속자원으로부터 발생한다. 부문 별로 추적 가능한 고정원가는 다음과 같다.

구분	A부문	B부문
전문직관리	₩15,000	₩9,000
보조원관리	₩60,000	₩13,500
정밀기계운영	₩45,000	₩67,500
합계	₩120,000	₩90,000

단, 부문 공통고정원가는 고려하지 않는다.

※ 〈자료 1〉을 이용하여 (물음 1)~(물음 5)에 답하시오.

검사 인력 및 정밀기계는 A부문과 B부문 간에 대체 활용이 불가능하다고 가정하고, (물음 1)과 (물음 2)에 답하시오.

(물음 1) ㈜한국이 월간 영업이익을 극대화하기 위해 각 부문이 제공해야 할 검사용역 건수와 이에 따른 회사전체 영업이익을 구하시오. 단, 영업손실인 경우 금액 앞에 (-)표 시할 것.

(답안작성양식)

구분	A부문	B부문
검사용역 건수		
회사전체 영업이익		

(물음 2) A부문과 B부문은 (물음 1)에서 결정된 검사용역을 전량 공급할 수 있는 외부 거래처를 확보하였다. 생산계획 수립 직후, B부문은 신규 거래처로부터 광학기능이 포

함된 물리치료용 의료기기 'Zeta'의 성능검사 50건을 1건당 ₩1,200에 공급해 달라는 요청을 받았다. Zeta에 대한 검사용역 1건을 수행하기 위해서는, 먼저 A부문에서 광학용 의료기기 검사용역 2건에 해당하는 성능검사를 한 후에, B부문에서 물리치료용 의료기기와 관련된 검사를 해야 한다. B부문에서 Zeta에 대한 성능을 검사할 때는 전문직 노무시간이 발생하지 않으나, 보조원의 노무시간이 Zeta 검사용역 1건당 4시간 소요된다.

(1) B부문이 A부문에 Zeta의 성능검사를 요청할 때, A부문이 B부문에 제시할 수 있는 검사용역 1건당 최소가격을 구하시오.

(2) A부문은 (물음 2) (1)에서 구한 가격에 10%를 가산하여 이전가격을 결정하고자 한다.

(2-1) B부문은 A부문이 결정한 이전가격을 수용하겠는가? 그 이유를 설명하시오.

(2-2) B부문이 신규 거래처의 Zeta에 대한 성능검사 요청을 전량 수락하면, 회사전체 영업이익은 얼마나 증가(또는 감소)하는지를 계산하시오.

(물음 3) (물음 1)에서 구한 생산계획 하에서 A부문의 여유시간은 B부문에, B부문의 여유시간은 A부문에 재배치가 가능하고, 노무시간과 정밀기계 가동시간의 재배치에 따른 추가비용은 없다고 가정한다.

(1) 부문 간에 여유시간을 재배치할 경우, 각 부문이 제공할 수 있는 최대 검사용역 건수와 이에 따른 회사전체 영업이익을 구하시오. 단, 영업손실인 경우 금액 앞에 (-) 표시할 것.

(답안작성양식)

구분	A부문	B부문
검사용역 건수		
회사전체 영업이익		

(2) 부문 간에 여유시간을 재배치한 후, 검사 인력과 정밀기계의 미사용자원원가(unused capacity cost)를 부문별로 계산하시오.

(답안작성양식)

구분	A부문	B부문
미사용자원원가		

(물음 4) 검사 인력 및 정밀기계는 A부문과 B부문 간에 추가비용 없이 상호대체 활용이 가능한 것으로 가정한다. ㈜한국은 월간 영업이익을 극대화하고자 한다.

(1) 각 부문이 제공해야 할 검사용역 건수와 이에 따른 회사전체 영업이익을 구하시오.

(답안작성양식)

구분	A부문	B부문
검사용역 건수		
회사전체 영업이익		

(2) 영업이익이 극대화되는 최적 생산계획 하에서 여유시간을 감축한다면 절감되는 원가를 구하시오.

(물음 5) (물음 3)과 (물음 4)의 회사전체 영업이익이 차이가 나는 이유를 설명하시오.

〈자료 2〉

검사 인력은 A부문과 B부문 간에 추가비용 없이 상호대체가 가능하다. 6월의 영업활동 결과, A부문은 675건, B부문은 900건의 검사용역을 제공하였다. 다음은 보조원의 직접노무원가에 대한 6월 초 예산과 6월 말에 집계된 실제결과를 요약한 것이다.

부문	6월말 실제결과		6월초 총직접 노무시간 예산
	총직접 노무시간	시간당 실제 노무원가 (임률)	
A	1,000시간	예산보다 10% 감소	1,800시간
B	3,000시간	예산보다 20% 증가	1,800시간
합계	4,000시간		3,600시간

※ 〈자료 1〉과 〈자료 2〉를 이용하여 (물음 6)과 (물음 7)에 답하시오.

(물음 6) 6월 중에 보조원의 시간당 실제노무원가(임률)가 예산과 달라짐으로써 회사전체 예산영업이익은 얼마나 증가(또는 감소)하는지를 계산하시오.

(물음 7) ㈜한국은 6월 중에 보조원의 직접노무시간이 효율적으로 사용되었는지를 평가하려고 한다.

(1) A부문과 B부문의 검사 인력을 상호 대체 운영함으로써 보조원의 실제 투입배합은 예산 투입배합과 달라질 수 있다. 6월 중 보조원의 실제배합과 예산배합의 차이로 인해 회사전체 예산영업이익은 얼마나 증가(또는 감소)하는지를 계산하시오.

(2) 보조원의 실제 총직접노무시간이 예산대비 차이가 남으로써 회사전체 예산영업이익은 얼마나 증가(또는 감소)하는지를 계산하시오.

【문제 5】 (20점)

㈜대한과 ㈜민국은 자동차를 제조하여 판매하고 있다. 두 회사는 모두 단일 제품을 생산하고 있으며, 오래 전부터 품질의 중요성을 인식하고 품질향상을 위한 노력을 지속해오고 있다. 또한 각 사는 자체개발한 품질원가계산 프로그램을 가동하고 있다. 다음은 두 회사의 20x1년과 20x2년의 품질과 관련한 활동내역에 대한 자료이다. 두 회사 모두 품질교육훈련의 시간당 원가는 ₩300이고, 검사활동의 시간당 임률은 ₩80으로 동일하다.

품질 관련 활동	㈜대한		㈜민국	
	20x1년	20x2년	20x1년	20x2년
품질교육 훈련시간	6,000시간	9,400시간	2,100시간	4,400시간
단위당 검사시간	0.8시간	1.4시간	1시간	0.8시간
완성품 재작업비율	8%	5%	9%	6%
단위당 재작업원가	₩1,000	₩1,000	₩800	₩1,600
사후수리(A/S) 비율	9%	4%	8%	5%
단위당 사후수리(A/S) 원가	₩1,400	₩1,050	₩1,300	₩1,400

20x1년과 20x2년 각각에 대한 회사별 생산량, 제품 단위당 판매가격 및 변동원가는 동일하며 아래와 같다.

원가관련 정보	㈜대한	㈜민국
생산량(또는 판매량)	20,000대	16,000대
단위당 판매가격	₩4,000	₩2,500
단위당 변동원가	₩2,400	₩1,600

(물음 1) ㈜대한과 ㈜민국의 20x2년 품질원가보고서를 품질원가의 범주별로 금액과 매출액 대비 비율을 포함하여 작성하시오. 단, 비율은 백분율(%)로 표시하되 소수점 셋째 자리에서 반올림하시오.

(답안작성양식)

품질원가 범주	금액		매출액 대비 비율	
	㈜대한	㈜민국	㈜대한	㈜민국
예방원가				
평가원가				
내부실패 원가				
외부실패 원가				
계				

(물음 2) ㈜대한과 ㈜민국의 20x2년 품질경영 활동을 평가하고자 한다. 다음 물음에 답하되 주어진 정보 하에서는 알 수 없는 경우 "판단불가" 라고 답하고 그 이유를 간단히 서술하시오.

(1) 설계품질(quality of design)이 우수하다 판단되는 회사는 어디인지 답하고, 그 이유를 간단히 설명하시오.

(2) 적합품질(quality of conformance)을 높이기 위해 더 노력하고 있다고 판단되는 회사는 어디인지 답하고, 그 이유를 간단히 설명하시오.

(물음 3) ㈜대한과 ㈜민국의 품질원가와 관련된 아래의 물음에 답하시오.

(1) 20x2년 적합품질을 개선하기 위한 원가의 상대적 지출 비율 측면에서 바람직한 회사는 어디인지 답하고, 그 이유를 간단히 설명하시오.

(2) 20x1년 대비 20x2년의 품질원가를 종합적으로 고려하였을 때 ㈜대한과 ㈜민국 중 어느 회사의 품질활동 성과가 개선되었는지 답하고, 그 이유를 간단히 설명하시오.

(물음 4) 다음의 각 사항은 품질원가에 어떻게 영향을 미치는지 답하시오.

(1) 20x2년 현재 ㈜민국은 높은 불량률 발생에 의한 기업이미지 실추로 인해 다음 해에 판매대수가 600대 줄어들 것을 예상하고 있다. 이러한 사항을 알게 된 담당자는 이를 품질원가보고서에 반영할 필요가 있는가? 없다면 그 이유를 설명하고, 있다면 이를 반영했을 때 매출액 대비 총품질원가의 비율은 몇 %포인트 증가하는지 구하시오.

(2) ㈜대한에서 예상치 못한 일이 발생했다. 자동차 판매 시 회사가 제작하여 경품으로 제공한 장난감의 불량으로 제조물책임법에 따른 손해배상금 500만원을 지급했다. 동 사건은 품질원가보고서에 반영해야 될 사항인가? 그렇다면 어느 범주 품질원가에 영향을 미치는가를 밝히고, 아니라면 간단히 그 이유를 설명하시오.

(물음 5) ㈜민국의 원가담당자는 20x2년 통제원가에 사용된 자원의 30%를 추가로 투자하는 경우 실패원가를 50% 절감할 수 있다고 분석하였다. 이를 20x2년에 적용한다면 연간 이익은 얼마나 증가(또는 감소)하는지 구하시오.

(물음 6) ㈜대한은 조사를 해 본 결과 그 밖에도 많은 품질관리 활동이 있었다는 것을 알게 되었다. 다음은 그 활동 내역이다. 이와 관련하여 발생이 예상되는 원가를 품질원가의 범주별로 분류하시오.

(1) 제품 리콜사태가 발생하여 신차로 교환해주었다.
(2) 원자재 단가는 좀 올랐지만 공급처를 변경하여 원자재와 부품의 질을 높였다.

(3) 제조공정에 사용되는 검사장비를 최신식으로 교체하여 검사의 성능을 대폭 향상시켰다.

(4) 비정상공손원가가 전년보다 소폭 증가했다.

(5) 고객서비스센터의 운영비를 증가시켰다.

(6) 소비자들이 품질 불만으로 인한 불매운동에 나서는 바람에 매출이 감소했다.

(7) 불량품을 폐기처분하였다.

(8) 완성품의 품질검사 인력을 대폭 보강했다.

(9) 우수협력업체를 선정하기 위해 다수의 회의를 거친 후 여러 회사를 방문하였다.

(답안작성양식) : 해당란에 √ 체크 표시

품질원가 범주	(1)	(2)	(3)	(4)	(5)	(6)	(7)	(8)	(9)
예방원가									
평가원가									
내부실패 원가									
외부실패 원가									

재무회계

※ 답안 작성 시 유의사항

1. 모든 문제는 2019년 12월 31일 이후 최초로 개시되는 회계연도에 적용되는 한국채택국제회계기준에 따라 답하시오.
2. 각 문제에서 별도로 제시하는 경우를 제외하면
   - 회계기간은 1월 1일부터 12월 31일이며,
   - 법인세 효과는 고려하지 말고 답하시오.
3. 자료에서 제시한 것 이외의 사항은 고려하지 말고 답하시오.
4. 답안은 문제 순서대로 작성하시오.

【문제 1】 (13점)

※ 다음의 각 물음은 독립적이다.

(물음 1) 다음의 〈자료 1〉을 이용하여 〈요구사항〉에 답하시오.

〈자료 1〉

1. ㈜대한은 20x1년 4월 1일에 만성질환을 치료하는 A약에 대한 특허권을 고객에게 20x1년 9월 1일부터 1년 동안 라이선스하고 약의 제조도 약속하는 계약을 체결한 후 ₩800,000을 받았다. 고객에게 제공하는 A약의 제조과정이 유일하거나 특수하지 않고 몇몇 다른 기업도 고객을 위해 약을 제조할 수 있다. 특허권을 라이선스하는 약속과 제조용역을 제공하기로 하는 약속은 계약상 구별된다. 유의적인 금융요소에 대해서는 고려하지 않는다.

2. A약은 성숙기 제품으로 성숙기 제품의 경우에 기업의 사업관행은 약에 대한 어떠한 지원활동도 하지 않는다. A약은 유의적인 개별 기능성이 있으며, 고객은 기업의 계속적인 활동이 아닌 기능성에서 약품 효익의 상당부분을 얻는다.

3. ㈜대한이 특허권 라이선스와 제조용역을 별도로 판매하는 경우, 특허권 라이선스와 제조용역의 개별 판매가격은 각각 ₩550,000과 ₩450,000이다. 한편, 특허권 라이선스와 제조용역 제공과 관련하여 총 ₩500,000의 원가가 발생할 것으로 예상하였으며, 실제 발생원가는 다음과 같다. 제조용역은 기간에 걸쳐서 이행하는 수행의무이며 투입된 원가에 기초하여 진행률을 측정한다.

구분	총 예상원가	실제 발생원가	
		20x1년	20x2년
특허권 라이선스	₩300,000	₩300,000	-
제조용역	200,000	60,000	₩140,000
합계	500,000	360,000	140,000

〈요구사항 1〉

㈜대한이 20x1년과 20x2년 인식할 수익을 계산하시오.

20x1년 수익	①
20x2년 수익	②

〈요구사항 2〉

고객에게 제공하는 A약의 제조과정이 매우 특수하기 때문에 A약을 제조할 수 있는 다른 기업이 없다고 가정하는 경우, ㈜대한이 20x1년과 20x2년 인식할 수익을 계산하시오. 단, ㈜대한이 고객에게 제공하는 재화와 용역은 고객에게 특정된 사실 및 상황에 관련되기 때문에 다른 고객에게 쉽게 이전할 수 없다.

20x1년 수익	①
20x2년 수익	②

(물음 2) 다음의 〈자료 2〉를 이용하여 〈요구사항〉에 답하시오.

〈자료 2〉

㈜민국은 다음의 제품들을 생산하여 고객에게 판매한다. 20x1년 각 제품과 관련된 거래는 다음과 같다.

제품A
* ㈜민국은 20x1년 12월 1일 제품A를 ₩500,000에 고객에게 판매하기로 계약을 체결하였다.
* 이 계약의 일부로 ㈜민국은 제품A에 대한 통제권 이전 후 30일 이내에 ₩500,000 한도의 구매에 대해 62.5%의 할인권을 고객에게 주었다.
* ㈜민국은 고객이 추가제품을 평균 ₩250,000에 구매하고 할인권의 행사가능성을 80%로 추정한다. 할인권은 고객에게 중요한 권리를 제공한다.
* 20x1년 12월 31일 제품A에 대한 통제권을 고객에게 이전하고 현금을 수령하였다.

2. 제품B
* ㈜민국은 20x1년 7월 1일 제품B를 ₩700,000에 판매하고 고객에게 청소용역을 3개월간 제공받는 계약을 체결하였다.
* ㈜민국은 청소용역에 대한 대가로 ₩300,000을 지급하기로 하였다. 청소용역의 공정가치는 ₩200,000이다.
* ㈜민국은 20x1년 8월 1일 제품B를 인도하고 현금 ₩700,000을 받았으며, 고객으로부터 20x1년 8월 1일부터 20x1년 10월 31일까지 청소용역을 제공받고 현금 ₩300,000을 지급하였다.

3. 제품C와 제품D
* ㈜민국은 20x1년 6월 1일 제품C와 제품D를 이전하기로 약속하였다.
* 제품C는 계약 개시시점에 고객에게 이전하고, 제품D는 20x2년 2월 1일에 이전한다.
* 고객이 약속한 대가는 고정대가 ₩300,000과 ₩50,000으로 추정되는 변동대가를 포함하며, 대금은 제품D가 이전되는 시점에 받기로 하였다. 변동대가 추정액은 변동대가 추정치의 제약이 고려된 후의 금액이며, 변동대가는 제품C와 제품D에 모두 배분한다.
* ㈜민국은 20x1년 12월 31일 변동대가 추정치 및 추정치의 제약을 재검토한 결과 변동대가를 ₩60,000으로 추정하였다.
* 제품C와 제품D의 날짜별 개별 판매가격은 다음과 같다.

구분	20x1년 6월 1일	20x1년 12월 31일
제품C	₩300,000	₩280,000
제품D	100,000	120,000

〈요구사항〉

㈜민국이 각 제품의 판매로 20x1년 인식해야 할 수익을 계산하시오.

제품A	제품B	제품C	제품D
①	②	③	④

【문제 2】 (12점)

다음의 〈자료〉를 이용하여 물음에 답하시오.

〈자 료〉

1. ㈜민국은 바이오신약 개발프로젝트 X와 Y를 진행 중에 있다. 프로젝트 X는 20x1년 6월 1일 임상 승인을 받아 무형자산의 인식기준을 충족하였으며, 이후 발생한 지출은 모두 자산화 요건을 충족한다. 프로젝트 Y는 20x1년 중 임상에 실패하여 개발을 중단하였다. 프로젝트X, Y와 관련된 지출액은 다음과 같으며, 프로젝트 X의 20x1년 지출액 중 6월 1일 이후에 지출한 금액은 ₩500,000이다.

구분	20x1년	20x2년
프로젝트 X	₩800,000	₩100,000*
프로젝트 Y	700,000	-

* 20x2년 1월 2일 지출금액임

20x2년 1월 3일 프로젝트 X의 개발이 종료되고 바로 제품에 대한 생산이 시작되었다. 개발비의 내용연수는 3년이고 잔존가치는 ₩0이며 연수합계법에 따라 상각한다. 상각은 월할계산을 원칙으로 한다.

2. ㈜민국은 20x2년 1월 1일 제3자로부터 신약관련기술을 ₩500,000에 구입하고 기타무형자산으로 인식하였다. 기타무형자산의 내용연수는 5년, 잔존가치는 ₩0, 정액법으로 상각한다. 제3자로부터 구입한 신약관련기술에 대한 활성시장은 존재한다.

3. ㈜민국은 개발비에 대해서는 원가모형을 적용하며, 기타무형자산에 대해서는 재평가모형을 적용한다. 20x2년 말과 20x3년 말 개발비의 회수가능액과 기타무형자산의 공정가치는 다음과 같다.

구분	개발비 회수가능액	기타무형자산 공정가치
20x2년 말	₩150,000	₩480,000
20x3년 말	200,000	280,000

4. ㈜민국은 20x1년 1월 1일 토지사용과 관련하여 지방자치단체와 임대차계약을 체결하는 과정에서 지방자치단체 조례의 감면 요건을 충족하여, 임차료를 전액 면제받았다. ㈜민국은 면제받은 임차료의 공정가치 ₩1,000,000을 토지무상사용권으로 인식하였다. ㈜민국은 토지무상사용권이 소비되는 행태를 신뢰성 있게 결정할 수 없었으며, 토지무상사용권의 내용연수는 10년, 잔존가치는 ₩0으로 추정하였다.

(물음 1) 개발프로젝트와 관련하여 ㈜민국이 20x1년 말 인식할 무형자산과 20x1년 비용을 계산하시오. 단, 20x1년 무형자산과 관련된 손상차손은 발생하지 않는다고 가정한다.

무형자산	①
비용	②

(물음 2) ㈜민국이 개발비와 관련하여 20x2년에 인식할 손상차손과 20x3년에 인식할 손상차손환입을 계산하시오. 단, 회수가능액이 장부금액보다 낮으면 손상징후가 있는 것으로 가정하며, 회수가능액이 장부금액보다 증가하는 것은 해당 자산의 용역잠재력 증가를 반영한 것으로 본다.

20x2년 손상차손	①
20x3년 손상차손환입	②

(물음 3) ㈜민국은 재평가잉여금을 사용하는 기간 동안 이익잉여금으로 대체하며, 대체분개 후 재평가를 수행한다. 매 보고기간 말 자산의 장부금액이 공정가치와 중요하게 차이가 나며, 손상차손은 발생하지 않았고, 발생한 비용 중 자본화된 금액은 없다. 기타무형자산과 관련된 회계처리가 ㈜민국의 20x3년 당기순이익 및 기타포괄이익에 미치는 영향을 계산하시오. 단, 당기순이익과 기타포괄이익이 감소하는 경우에는 (−)를 숫자 앞에 표시하시오.

당기순이익에 미치는 영향	①
기타포괄이익에 미치는 영향	②

(물음 4) 토지무상사용권과 관련된 회계처리가 ㈜민국의 20x1년 당기순이익에 미치는 영향을 계산하시오. 단, 당기순이익이 감소하는 경우에는 (−)를 숫자 앞에 표시하시오.

당기순이익에 미치는 영향	①

(물음 5) 기업회계기준서 제1038호 '무형자산'의 정의에서는 영업권과 구별하기 위해 무형자산이 식별가능할 것을 요구한다. 무형자산의 식별가능성이 무엇인지 간략히 서술하시오.

【문제 3】 (18점)

※ 다음의 각 물음은 독립적이다.

㈜대한은 20x1년 1월 1일 복합금융상품을 발행하였다. 이와 관련된 다음의 〈공통 자료〉를 이용하여 각 물음에 답하시오.

〈공통 자료〉

1. 발행조건은 다음과 같다.

> - 액면금액: ₩1,000,000
> - 만기상환일: 20x4년 12월 31일
> - 표시이자율: 연 2%
> - 이자지급일: 매년 12월 31일(연 1회)
> - 보장수익률: 연 4%
> - 사채발행일 현재 동일 조건의 신주인수권(전환권)이 없는 일반사채 시장수익률: 연 5%
> - 행사(전환)가격: 사채액면 ₩10,000당 1주의 보통주
> - 보통주 액면금액: 1주당 ₩5,000

2. ㈜대한은 주식발행가액 중 주식의 액면금액은 '자본금'으로, 액면금액을 초과하는 부분은 '주식발행초과금'으로 표시한다.

3. ㈜대한은 신주인수권(전환권)이 행사될 때 신주인수권대가(전환권대가)를 주식의 발행가액으로 대체한다.

4. 현재가치 계산 시 아래의 현가계수를 이용하고, 답안 작성 시 원 이하는 반올림한다.

기간	단일금액 ₩1의 현가계수					
	1%	2%	3%	4%	5%	6%
1	0.9901	0.9804	0.9709	0.9615	0.9524	0.9434
2	0.9803	0.9612	0.9426	0.9246	0.9070	0.8900
3	0.9706	0.9423	0.9151	0.8890	0.8638	0.8396
4	0.9610	0.9238	0.8885	0.8548	0.8227	0.7921

기간	정상연금 ₩1의 현가계수					
	1%	2%	3%	4%	5%	6%
1	0.9901	0.9804	0.9709	0.9615	0.9524	0.9434
2	1.9704	1.9416	1.9135	1.8861	1.8594	1.8334
3	2.9410	2.8839	2.8286	2.7751	2.7232	2.6730
4	3.9020	3.8077	3.7171	3.6299	3.5459	3.4651

(물음 1) 상기 복합금융상품이 비분리형 신주인수권부사채이며 액면발행되었다고 가정할 때〈요구사항〉에 답하시오.

〈요구사항 1〉

㈜대한의 20x1년도 포괄손익계산서에 인식될 이자비용을 계산하시오.

20x1년 이자비용	①

〈요구사항 2〉

20x2년 7월 1일 50%의 신주인수권이 행사되어 보통주가 발행되었고, 행사비율은 사채액면금액의 100%이다. 다음 양식에 제시된 항목을 계산하시오.

신주인수권 행사시 주식발행초과금 증가분	①
신주인수권 행사 직후 신주인수권부사채의 장부금액	②
20x2년 이자비용	③

(물음 2) 상기 복합금융상품이 전환사채이며 액면발행되었다고 가정하자. 20x2년 7월 1일 50%의 전환권이 행사되어 보통주가 발행되었을 때, 다음 양식에 제시된 항목을 계산하시오. 단, 기중전환 시 전환간주일은 고려하지 않으며, 전환된 부분의 전환일까지의 표시이자를 지급하는 것으로 가정한다.

전환권 행사시 주식발행초과금 증가분	①
전환권 행사 직후 전환사채의 장부금액	②
20x2년 이자비용	③

(물음 3) 상기 복합금융상품이 전환사채이며 액면발행되었다고 가정하자. ㈜대한이 20x2년 1월 1일에 전환사채 전부를 동 일자의 공정가치인 ₩1,000,000에 조기상환하였고, 조기상환일 현재 일반사채의 시장수익률은 연 6%이다. 20x2년 당기순이익에 반영될 사채상환손익을 계산하시오. 단, 손실일 경우에는 (-)를 숫자 앞에 표시하시오.

사채상환손익	①

(물음 4) 상기 복합금융상품이 전환사채이며 액면발행되었다고 가정하자. ㈜대한은 20x2년 1월 1일에 전환사채의 조기전환을 유도하기 위하여 전환으로 발행되는 보통주 1 주에 요구되는 사채액면금액을 ₩8,000으로 변경하였다. 전환조건 변경일 현재 ㈜대한의 보통주 1주당 공정가치가 ₩4,000일 때, 해당 조건변경이 20x2년 당기순이익에 미치는 영향을 계산하시오. 단, 당기순이익이 감소하는 경우에는 (-)를 숫자 앞에 표시하시오.

당기순이익에 미치는 영향	①

【문제 4】 (6점)

※ 다음의 각 물음은 독립적이다.

(물음 1) ㈜민국이 발행한 보통주를 ㈜대한이 취득 시 기타포괄손익 - 공정가치 측정 금융자산으로 분류하기 위한 조건에 대해 간략히 서술하시오.

(물음 2) 기타포괄손익 - 공정가치 측정 지분상품과 기타포괄손익 - 공정가치 측정 채무상품을 보유하고 있는 동안 인식한 기타포괄손익을 후속적으로 당기손익으로 재분류할 수 있는지 여부와 이유를 간략히 서술하시오.

구분	당기손익 재분류 가능여부	이유
기타포괄손익 – 공정가치 측정 지분상품	①	②
기타포괄손익 – 공정가치 측정 채무상품	③	④

(물음 3) 주계약과 내재파생상품으로 구성된 복합상품(hybrid instrument)을 취득한 투자자의 회계처리에 대해 주계약이 기업회계기준서 제1109호 '금융상품'의 적용범위 포함여부에 따라 어떻게 차이가 있는지에 대해 간략히 서술하시오.

【문제 5】 (16점)

※ **다음의 각 물음은 독립적이다.**

〈공통 자료〉

현재가치 계산 시 아래의 현가계수를 이용하고, 답안 작성 시 원 이하는 반올림한다.

기간	정상연금 ₩1의 현가계수	
	8%	10%
1	0.9259	0.9091
2	1.7833	1.7355
3	2.5771	2.4869
4	3.3121	3.1699
5	3.9927	3.7908
6	4.6229	4.3553

(물음 1) 다음의 〈자료〉를 이용하여 〈요구사항〉에 답하시오. 단, 각 〈요구사항〉은 독립적이다.

〈자 료〉

1. 리스제공자인 ㈜민국리스는 리스이용자인 ㈜대한과 20x1년 1월 1일에 리스계약을 체결하였다. 리스개시일은 20x1년 1월 1일이다.

2. 기초자산인 사무실 공간 10,000m²의 리스기간은 리스개시일로부터 6년이다.

3. 리스기간 종료시점까지 소유권이 이전되거나 염가로 매수할 수 있는 매수선택권은 없으며, 리스기간 종료시점의 해당 기초자산 잔존가치는 ₩0으로 추정된다.

4. 기초자산의 내용연수는 7년이며, 내용연수 종료시점의 추정잔존가치는 ₩0으로 정액법으로 감가상각한다.

5. ㈜대한은 리스기간 동안 매년 말 ₩2,000,000의 고정리스료를 지급한다.

6. ㈜대한은 리스종료일에 기초자산을 리스제공자인 ㈜민국리스에게 반환하여야 한다.

7. ㈜대한이 리스계약과 관련하여 지출한 리스개설직접원가는 없다.

8. 20x1년 1월 1일에 동 리스의 내재이자율은 연 8%이고, 리스제공자와 리스이용자가 이를 쉽게 산정할 수 있다.

9. 사용권자산은 정액법으로 감가상각한다.

〈요구사항 1〉

20x3년 1월 1일 ㈜민국리스와 ㈜대한은 기존 리스를 수정하여 다음의 〈추가 자료〉와 같은 리스변경에 합의하였다.

〈추가 자료〉

20x3년 1월 1일 ㈜민국리스와 ㈜대한은 리스기간 종료시점까지 남은 4년 동안 사무실 공간을 10,000m²에서 7,000m²로 30% 줄이기로 합의하였다. 이에 따라 ㈜대한은 20x3년 1월 1일부터 20x6년 12월 31일까지 매년 말 ₩1,000,000의 고정리스료를 지급한다. 20x3년 1월 1일에 동 리스의 내재이자율을 쉽게 산정할 수 없으나 리스이용자의 증분차입이자율은 연 10%이다.

리스와 관련한 모든 회계처리가 ㈜대한의 20x3년도 포괄손익계산서의 당기순이익에 미치는 영향과 20x3년 말 재무상태표에 표시되는 사용권자산 및 리스부채의 금액을 각각 계산하시오. 단, 당기순이익이 감소하는 경우에는 (‒)를 숫자 앞에 표시하시오.

당기순이익에 미치는 영향	①
사용권자산	②
리스부채	③

〈요구사항 2〉

20x3년 1월 1일 ㈜민국리스와 ㈜대한은 기존 리스를 수정하여 다음의 〈추가 자료〉와 같은 리스변경에 합의하였다.

〈추가 자료〉

20x3년 1월 1일 ㈜민국리스와 ㈜대한은 리스기간 종료시점까지 남은 4년 동안 사무실 공간 10,000m²에서 3,000m²를 추가하기로 합의하였다. ㈜대한은 사무실 공간 3,000m²의 추가 사용 권리로 인해 20x3년 1월 1일부터 20x6년 12월 31일까지 매년 말 ₩400,000의 고정리스료를 추가로 지급하는데, 증액된 리스대가는 계약 상황을 반영하여 조정한 추가 사용권자산의 개별 가격에 상응하는 금액이다. 20x3년 1월 1일에 동 리스의 내재이자율을 쉽게 산정할 수 없으나 리스이용자의 증분차입이자율은 연 10%이다. 단, 모든 리스는 소액 기초자산 리스에 해당하지 않는다.

리스와 관련한 모든 회계처리가 ㈜대한의 20x3년도 포괄손익계산서의 당기순이익에 미치는 영향과 20x3년 말 재무상태표에 표시되는 사용권자산 및 리스부채의 금액을 각각 계산하시오. 단, 당기순이익이 감소하는 경우에는 (‒)를 숫자 앞에 표시하시오.

당기순이익에 미치는 영향	①
사용권자산	②
리스부채	③

(물음 2) 전대리스(sublease)는 리스이용자(중간리스제공자)가 기초자산을 제3자에게 다시 리스하는 거래를 말한다. 즉, 중간리스제공자는 상위리스에 대해서는 리스이용자이고, 전대리스에 대해서는 리스제공자가 된다. 상위리스가 단기리스가 아닌 경우, 중간리스제공자는 무엇에 따라 전대리스를 금융리스 또는 운용리스로 분류하는지 간략히 서술하시오.

【문제 6】 (9점)

※ 다음의 각 물음은 독립적이다.

주식결제형 주식기준보상거래와 관련된 다음의 〈자료〉를 이용하여 각 물음에 답하시오.

〈자 료〉

1. ㈜대한은 20x1년 1월 1일에 종업원이 20x3년 12월 31일까지 근무하면 가득하는 조건으로 종업원 100명에게 각각 주식선택권 10개를 부여하였다.

2. 주식선택권의 만기는 5년, 주식선택권의 단위당 행사가격은 ₩1,000이고, 부여일 현재 ㈜대한의 1주당 주가(액면금액 ₩500)는 ₩1,000이다.

3. 20x4년부터 20x5년까지 행사된 주식선택권의 수량은 다음과 같다. 한편 행사된 주식선택권은 모두 회계연도 말에 행사되었다.

회계연도	행사된 주식선택권 수량(개)
20x4년	300
20x5년	550

4. 20x1년 12월 31일 현재 이미 6명이 퇴사하였으며, ㈜대한은 20x2년과 20x3년에 추가로 총 4명이 퇴사할 것으로 추정하였다. 따라서 부여한 주식선택권의 90%가 가득될 것으로 추정되었다.

5. 20x2년도에 실제로 4명이 퇴사하였고, ㈜대한은 미래에 가득될 것으로 기대되는 주식선택권의 비율을 85%로 재추정하였다.

6. 20x3년도에 실제로 5명이 퇴사하였고, 20x3년 12월 31일 현재 총 850개의 주식선택권이 가득되었다.

(물음 1) ㈜대한은 주식선택권 부여일 현재 주식선택권의 공정가치를 신뢰성 있게 측정할 수 없다고 판단하였다. 20x1년부터 20x5년까지 ㈜대한의 1주당 주가는 다음과 같다.

회계연도	회계연도 말 주가(1주당)
20x1년	₩1,100
20x2년	1,300
20x3년	1,250
20x4년	1,150
20x5년	1,350

㈜대한은 주식선택권 행사 시 자본항목으로 자본금, 주식발행초과금, 주식선택권을 사용하는데, 주식발행가액 중 주식의 액면금액은 '자본금', 액면금액 초과액은 '주식발행초과금'으로 표시한다. 주식선택권을 행사 시에 주식발행초과금으로 대체하는 경우, 20x4년과 20x5년의 주식선택권 행사 시 인식할 주식발행초과금의 금액을 각각 계산하시오.

20x4년 행사 시 인식할 주식발행초과금	①
20x5년 행사 시 인식할 주식발행초과금	②

(물음 2) ㈜대한은 주식선택권 부여일 현재 주식선택권의 단위당 공정가치를 ₩300으로 신뢰성 있게 측정할 수 있다고 판단하였다. ㈜대한은 20x2년 12월 31일에 다음과 같은 두 가지의 조건변경을 고려하고 있다.

조건변경1	주식선택권의 행사가격을 인하하는 조건변경으로 인해 주식선택권의 단위당 공정가치가 ₩100 증가
조건변경2	주식선택권의 행사가격을 인상하는 조건변경으로 인해 주식선택권의 단위당 공정가치가 ₩100 감소

주식선택권과 관련한 모든 회계처리로 ㈜대한이 20x3년도에 인식할 보상비용(또는 보상비용환입)의 금액을 각각 계산하시오. 단, 보상비용의 경우에는 (-)를 숫자 앞에 표시하시오.

구분	20x3년	
	조건변경1	조건변경2
보상비용(또는 보상비용환입)	①	②

【문제 7】 (12점)

※ 다음의 각 물음은 독립적이다.

(물음 1) 다음의 〈자료 1〉을 이용하여 〈요구사항〉에 답하시오.

〈자료 1〉

1. ㈜대한은 20x1년 초에 설립되었으며, 20x3년 1월 1일 현재 자본부분은 다음과 같다.

Ⅰ. 자본금		₩7,500,000
1. 보통주자본금	₩5,000,000	
2. 우선주자본금	2,500,000	
Ⅱ. 자본잉여금		1,500,000
1. 보통주주식발행초과금	1,500,000	
Ⅲ. 기타포괄손익누계액		(20,000)
1. 금융자산평가손익	(20,000)	
Ⅳ. 이익잉여금		3,000,000
1. 이익준비금	1,000,000	
2. 미처분이익잉여금	2,000,000	
자본총계		₩11,980,000

2. ㈜대한의 자본금은 설립 이후 20x3년 초까지 변화가 없었으며, 보통주와 우선주의 1주당 액면금액은 각각 ₩1,000과 ₩2,000이다.

3. ㈜대한은 20x2년 경영성과에 대해 20x3년 3월 25일 주주총회에서 현금배당 ₩1,050,000을 원안대로 승인하고 지급하였으며, 이익준비금은 상법 규정에 따라 최소 금액만을 적립하기로 결의하였다.

4. ㈜대한은 20x3년 4월 1일 보통주 5,000주를 1주당 ₩950에 현금 발행하였다.

5. ㈜대한은 20x3년 5월 1일 주가 안정화를 위해 현재 유통 중인 보통주 1,000주를 1주당 ₩900에 취득하였으며, 자본조정으로 분류한 자기주식의 취득은 원가법으로 회계처리하였다.

6. ㈜대한은 20x3년 7월 1일 자본잉여금 ₩1,000,000과 이익준비금 ₩500,000을 재원으로 하여 보통주에 대한 무상증자를 실시하였다.

7. ㈜대한은 20x3년 10월 1일 보유 중인 자기주식 500주를 1주당 ₩1,300에 재발행하였다.

8. ㈜대한의 20x3년도 당기순이익은 ₩1,200,000이다.

〈요구사항 1〉

㈜대한의 20x3년 말 재무상태표에 표시되는 자본금, 자본잉여금, 자본조정 및 이익잉여금의 금액을 계산하시오. 단, 음의 값은 (−)를 숫자 앞에 표시하시오

자본금	①
자본잉여금	②
자본조정	③
이익잉여금	④

〈요구사항 2〉

20x3년 3월 25일 주주총회에서 지급된 현금배당과 관련하여, 우선주가 누적적·완전참가적 우선주인 경우와 누적적·비참가적 우선주인 경우 각각에 대해서 보통주의 배당금지급액을 계산하시오. 단, 우선주 배당률은 연 6%이고, 1년분의 배당금이 연체되어 있다.

누적적 · 완전참가적 우선주인 경우	①
누적적 · 비참가적 우선주인 경우	②

(물음 2) 다음의 〈자료 2〉를 이용하여 〈요구사항〉에 답하시오.

〈자료 2〉

1. ㈜대한은 20x1년 초에 설립된 이후 계속적으로 가중평균법을 적용하여 재고자산을 평가하여 왔다.
2. 재고자산평가방법을 가중평균법으로 계속 적용할 경우, ㈜대한의 20x3년도 포괄손익계산서 상 당기순이익과 20x3년 말 재무상태표 상 이익잉여금은 각각 ₩1,000,000과 ₩2,500,000이다.
3. ㈜대한은 20x3년도에 재무상태 및 재무성과에 관한 정보를 신뢰성 있고 더 목적적합하게 제공하기 위하여 재고자산평가방법을 선입선출법으로 변경하였다. 재고자산의 평가방법에 따른 기말평가금액은 다음과 같다.

평가방법	20x1년 말	20x2년 말	20x3년 말
가중평균법	₩705,000	₩840,000	₩930,000
선입선출법	720,000	830,000	970,000

〈요구사항 1〉

법인세 효과를 고려하는 경우와 법인세 효과를 고려하지 않는 경우 각각에 대해서 ㈜대한이 20x3년 초에 소급법을 적용하기 위한 회계처리를 제시하시오. 단, 법인세율은 30%로 가정한다.

법인세 효과를 고려하는 경우	①
법인세 효과를 고려하지 않는 경우	②

〈요구사항 2〉

동 회계정책의 변경을 반영하여 재무제표가 재작성될 경우, ㈜대한의 20x3년도 포괄손익계산서 상 당기순이익과 20x3년 말 재무상태표 상 이익잉여금을 계산하시오. 단, 법인세 효과는 고려하지 않는다.

당기순이익	①
이익잉여금	②

【문제 8】 (14점)

다음의 〈자료〉를 이용하여 물음에 답하시오.

〈자 료〉

다음은 제조업을 영위하고 있는 ㈜대한의 재무상태표 계정 중 20x2년 기초대비 기말잔액이 증가(감소)한 계정의 일부이다(자산 및 부채 모두 증가는 (+), 감소는 (-)로 표시하였음).

계정	증감
매출채권	(+) ₩200,000
손실충당금(매출채권)	(+) 30,000
토지	(+) 50,000
건물	(+) 250,000
감가상각누계액(건물)	(-) 7,000
제품보증충당부채	(+) 45,000
사채	?
사채할인발행차금	?

20x2년 12월 31일로 종료되는 회계연도의 현금흐름표를 작성할 때 추가적으로 고려하여야 할 항목들은 다음과 같다.

1. ㈜대한의 매출채권은 전액 미국에 수출하여 발생한 것이다. 매출채권과 관련하여 당기 포괄손익계산서에 계상된 외화환산손실은 ₩40,000이고 외환차손은 ₩20,000이며 손상차손은 ₩5,000이다.

2. 당기 중 토지 ₩50,000을 주주로부터 현물로 출자 받았고, 건물을 ₩300,000

에 신규 취득하였다. 토지와 건물의 증감은 토지의 취득, 건물의 취득 및 처분으로 발생한 것이다. 포괄손익계산서에 계상된 당기의 감가상각비는 ₩3,000이고, 건물의 처분으로 인하여 발생한 처분이익은 ₩10,000이다.

3. ㈜대한은 판매한 제품에 대하여 2년간 보증해주고 있으며 재무상태표에 제품보증충당부채를 표시하고 있다. 당기 말에 최선의 추정치로 측정하여 포괄손익계산서에 계상한 품질보증비용은 ₩60,000이고, 이외의 변동은 모두 보증으로 인한 수리활동으로 지출된 금액이다.

4. 사채는 전액 당기 초에 발행되었고, 발행 시 액면금액은 ₩90,000(액면이자율 연 8%), 사채할인발행차금은 ₩6,000이다. 당기 포괄손익계산서에 계상된 사채의 이자비용은 ₩9,000이다. 동 사채 액면 ₩90,000중 ₩30,000은 당기 말에 상환되었으며, 포괄손익계산서에 계상된 사채상환이익은 ₩800이다.

(물음) ㈜대한이 20x2년 12월 31일로 종료되는 회계연도의 현금흐름표를 간접법으로 작성하는 경우 상기 4가지 추가항목과 관련하여 현금흐름표 상 영업, 투자 또는 재무활동으로 인한 현금흐름에 가산 또는 차감 표시하여야 할 금액을 아래 양식에 따라 **각 항목별로 표시**하시오. 단, ㈜대한은 이자수취 및 지급을 영업활동으로 분류하고 있으며, 당기순이익은 영업활동으로 인한 현금흐름에 가산하였다.

(예시) 5. 당기 무형자산의 취득액은 ₩12,000이고, 무형자산 상각액은 ₩4,000이다.

항목 번호	활동 구분	현금흐름 가산(+) 또는 차감(-)	금액
5	영업	+	4,000
	투자	-	12,000
	재무	없음	

【문제 9】 (12점)

※ 다음의 각 물음은 독립적이다.

(물음 1) 다음의 〈자료 1〉을 이용하여 〈요구사항〉에 답하시오.

〈자료 1〉

1. ㈜대한은 차입금의 시장이자율 변동에 따른 위험을 회피하기 위한 위험회피회계 요건을 충족하여 위험회피회계를 적용하였다.

2. 차입금 정보
   - 차입일: 20x1년 1월 1일(만기 3년)
   - 차입금액: ₩10,000
   - 차입금리: 차입일의 LIBOR(연 5%)에 연 1%의 신용위험을 가산하여 결정된 연 6% 고정금리조건이며 매년 말에 이자지급 조건이다.

3. 이자율스왑 정보(지정된 위험회피수단)
   - 계약체결일: 20x1년 1월 1일(만기 3년)
   - 계약금액: ₩10,000
   - 계약내용: 연 5% 고정이자를 수취하고 변동이자율 LIBOR를 지급하며, 매년 말에 이자를 정산하고 이를 결정하는 LIBOR는 매년 초 확정된다.
   - 장기차입금과 이자율스왑의 공정가치는 무이표채할인법에 의하여 산정하며 이자율스왑의 공정가치는 다음과 같다.

일 자	LIBOR	이자율스왑 공정가치(₩)
20x1. 1. 1.	5%	-
20x1. 12. 31.	6%*	(181)
20x2. 12. 31.	3%	192

   * 20x1. 12. 31.과 20x2. 1. 1.의 LIBOR는 동일함

〈요구사항 1〉

차입금과 이자율스왑 관련 거래가 ㈜대한의 20x1년 부채와 20x2년 자산에 미치는 영향을 계산하시오. 단, 감소하는 경우 (−)를 숫자 앞에 표시하시오.

20x1년 부채에 미치는 영향	①
20x2년 자산에 미치는 영향	②

〈요구사항 2〉

㈜대한은 20x2년 1월 1일 차입금액 ₩10,000을 지급하는 조건으로 조기상환하게 되어 위험회피회계의 적용조건을 충족하지 못하게 되었으며 위험회피회계 전체를 중단한 경우, 차입금과 이자율스왑 관련 거래가 ㈜대한의 20x1년과 20x2년 당기순이익에 미치는 영향을 계산하시오. 단, 감소하는 경우 (-)를 숫자 앞에 표시하시오.

20x1년 당기순이익에 미치는 영향	①
20x2년 당기순이익에 미치는 영향	②

(물음 2) 다음의 〈자료 2〉를 이용하여 〈요구사항〉에 답하시오.

〈자료 2〉

1. ㈜민국은 확정계약의 외화위험회피를 위한 위험회피회계 요건을 충족하여 현금흐름위험회피회계를 적용하였다.

2. 확정계약 정보
   • 기계장치를 $2,000에 취득하는 계약이다.
   • 계약체결일: 20x1년 12월 1일
   • 인도일(대금지급일): 20x2년 3월 31일

3. 통화선도 및 환율정보(지정된 위험회피수단)
   • 계약체결일: 20x1년 12월 1일
   • 계약내용: $2,000를 달러당 ₩1,080에 매수 하는 계약이며 만기 청산 시 차액결제된다.
   • 만기일: 20x2년 3월 31일
   • 동 거래와 관련된 환율정보는 다음과 같다.

일 자	현물환율 (₩/$)	통화선도환율 (₩/$)
20x1. 12. 1.	1,070	1,080 (만기 4개월)
20x1. 12. 31.	1,130	1,110 (만기 3개월)
20x2. 3. 31.	1,100	-

〈요구사항 1〉

확정계약과 통화선도 관련 거래가 ㈜민국의 20x1년 기타포괄이익과 20x2년 자산에 미치는 영향을 계산하시오. 단, 감소하는 경우 (-)를 숫자 앞에 표시하시오.

20x1년 기타포괄이익에 미치는 영향	①
20x2년 자산에 미치는 영향	②

〈요구사항 2〉

㈜민국이 20x2년 1월 1일 확정계약의 해지로 인하여 위험회피회계의 적용조건을 충족하지 못하게 되었으며 위험회피회계 전체를 중단한 경우, 확정계약과 통화선도 관련거래가 ㈜민국의 20x1년과 20x2년 당기순이익에 미치는 영향을 계산하되, 감소하는 경우 (-)를 숫자 앞에 표시하시오. 단, 기타포괄손익으로 인식한 현금흐름위험회피적립금누계액을 당기손익으로 재분류하는 경우에 해당한다.

20x1년 당기순이익에 미치는 영향	①
20x2년 당기순이익에 미치는 영향	②

【문제 10】 (17점)

㈜대한은 20x1년 1월 1일에 ㈜민국의 보통주 90%를 취득함으로써 ㈜민국을 흡수합병하였다. ㈜대한과 ㈜민국은 동일지배 하에 있는 기업이 아니다. 합병과 관련된 다음 자료를 이용하여 물음에 답하시오.

〈자 료〉

1. 취득 자산과 인수 부채에 관한 자료
   - 아래의 요소를 제외한 취득일 현재 ㈜민국의 순자산 공정가치는 ₩540,000이다.
   - 취득일 현재 ㈜민국이 진행하고 있는 연구개발프로젝트가 ㈜민국의 장부에 인식되어 있지 않다. ㈜대한은 동 프로젝트가 식별가능한 자산에 해당한다고 판단한다. 취득일 현재 ㈜대한은 동 프로젝트에 대한 공정가치를 ₩50,000으로 측정하였다.
   - ㈜대한은 ㈜민국의 사업을 지속적으로 영위하기 위해 ㈜민국의 핵심 종업원이 반드시 필요한 것으로 판단하였다. 취득일 현재 ㈜대한은 이러한 집합적 노동력에 대한 가치를 ₩200,000으로 추정하고 있다.
   - ㈜민국은 리스이용자로 취득일 현재 잔여리스기간이 3년인 리스계약에 따라 매년 말 ₩83,271을 지급하고 있다. 이러한 리스계약은 시장조건에 비해 매년 말 ₩3,331을 더 지급하는 것이다. 리스계약 체결일에 적용된 내재이자율은 연 10%이며, 취득일에 재측정한 내재이자율은 연 12%이다. 동 리스는 취득일 현재 소액기초자산 리스에 해당하지 않는다.

2. 이전대가에 관한 자료
   - ㈜대한은 추가 취득의 대가로 취득일에 자사 보통주 200주(1주당 액면금액 ₩1,000, 1주당 공정가치 ₩3,000)를 신규로 발행·교부하고, 추가로 ㈜대한의 보유 토지(장부금액 ₩200,000, 공정가치 ₩250,000)를 이전하였다. 단, 이전한 토지는 사업결합 후 ㈜대한에 계속 남아 있으며, ㈜대한은 동 토지에 대한 통제를 계속 보유한다.
   - ㈜대한은 합병을 위한 추가 취득 이전에 취득한 ㈜민국의 보통주 10주(발행주식 중 10%, 취득 시 1주당 공정가치 ₩1,000)를 보유하고 있으며, 이를 기타포괄손익-공정가치 측정 금융자산으로 분류하고 있다. 취득일 현재 ㈜민국의 보통주 1주당 공정가치는 ₩2,500이다. ㈜대한은 보유 중인 ㈜민국의 보통주

에 대해 신주를 교부하지 않았으며, 합병(취득)일에 소각하였다.
- ㈜대한은 20x1년 시장점유율이 특정 비율을 초과하게 되면, ㈜대한의 보통주 30주를 추가로 발행하기로 약정하였으며, 이러한 조건부대가의 취득일 현재 공정가치는 ₩10,000이다.

3. 합병과 관련한 ㈜대한의 추가 지출 내역
- 법률자문 수수료: ₩50,000
- 주식발행비용: ₩10,000
- 건물 소유권 이전비용: ₩15,000

(물음 1) ㈜대한이 20x1년 1월 1일 지출한 취득관련원가(법률자문 수수료, 주식발행비용, 건물 소유권 이전비용)가 각각 사업결합 회계처리에 어떻게 반영(예: 부채인식 등)되는지 간략히 서술하시오.

항목	회계처리방법
법률자문 수수료	①
주식발행비용	②
건물 소유권 이전비용	③

(물음 2) 사업결합을 통하여 취득일에 ㈜대한이 인식할 영업권을 계산하시오. 단, 3기간, 연 이자율 10%와 연 이자율 12%에 대한 정상연금 ₩1의 현가계수는 각각 2.4869와 2.4018이며, 답안 작성 시 원 이하는 반올림한다.

영업권	①

(물음 3) 다른 모든 상황은 상기와 같으나 만약 ㈜대한이 취득일 이전에 보유하고 있던 ㈜민국의 보통주 10주에 대하여 취득일에 ㈜대한의 보통주 10주를 발행·교부하였다고 할 경우, 사업결합을 통하여 취득일에 ㈜대한이 인식할 영업권을 계산하시오. 단, 답안작성 시 원 이하는 반올림한다.

영업권	①

(물음 4) 다음의 〈추가 자료〉를 이용하여 〈요구사항〉에 답하시오.

〈추가 자료〉

1. ㈜대한은 합병 후 ㈜민국을 독립된 사업부(민국사업부)로 운영하고 있다.

2. ㈜대한은 ㈜민국과의 합병 시 인식한 영업권을 현금창출단위에 배분하여 매년 해당 현금창출단위에 대한 손상검사를 하고 있다.

3. 20x1년 말 현재 민국사업부는 A사업부문과 B사업부문이라는 두 개의 현금창출 단위로 구성되어 있으며, B사업부문의 20x1년 말 감가상각을 완료한 후 손상차손 인식 전 식별가능한 자산과 배분된 영업권의 장부금액 등에 대한 정보는 다음과 같다.

계정	장부금액	순공정가치	비고
건물 (순액)	₩50,000	₩30,000	잔존내용연수: 5년 잔존가치: ₩0 정액법 상각
토지	100,000	105,000	
기계 장치 (순액)	30,000	알수없음	잔존내용연수: 5년 잔존가치: ₩0 정액법 상각
개발비 (순액)	20,000	알수없음	잔존내용연수: 5년 잔존가치: ₩0 정액법 상각
영업권	20,000	알수없음	

4. 20x1년 말 현재 B사업부문 내의 개별 자산에 대해 손상을 시사하는 징후는 없었으나, 경기 침체로 인해 B사업부문의 사용가치에 근거한 회수가능액이 ₩140,000으로 추정됨에 따라 동 현금창출단위의 손상에 대한 회계처리를 적정하게 수행하였다.

5. 20x2년 경기가 빠르게 회복되어 B사업부문의 상황이 크게 호전되었으며, 그 결과 20x2년 말 현재 B사업부문의 회수가능액이 ₩160,000으로 회복된 것으로 나타났다.

〈요구사항〉

B사업부문의 손상회계처리와 관련하여 다음 양식에 제시된 항목의 금액을 각각 계산하시오. 단, 20x2년 중 〈추가 자료〉의 표에 제시된 자산 외에 B사업부문에서 추가 취득한 자산은 없으며, 감가상각비와 손상차손 및 손상차손환입은 개별 자산별로 구분하여 회계처리한다. ㈜대한은 모든 유·무형자산에 대해 원가모형을 적용한다.

20x1년 기계장치에 배분된 손상차손	①
20x2년 기계장치의 손상차손환입	②
20x2년 말 개발비의 장부금액(순액)	③

【문제 11】 (8점)

㈜대한이 20x1년 1월 1일 ㈜민국의 보통주 80%를 ₩10,000에 취득하여 지배권을 획득한 직후, 동 일자에 ㈜민국이 ㈜만세의 보통주 70%를 ₩7,000에 매수하여 지배권을 획득하였다. ㈜대한과 ㈜민국은 종속기업투자주식을 원가법으로 회계처리하며, 종속기업에 대한 비지배지분을 종속기업의 식별가능한 순자산 공정가치에 비례하여 결정한다. 취득 당시 ㈜민국과 ㈜만세의 순자산의 장부금액과 공정가치는 일치하였으며, 20x1년 각 회사의 별도재무제표상 순자산변동내역은 다음과 같다.

〈20x1년 별도재무제표상 순자산변동내역〉

구분	㈜대한	㈜민국	㈜만세
기초자본금	₩20,000	₩10,000	₩8,000
기초이익잉여금	6,000	2,500	2,000
당기순이익	4,000	1,500	1,000
기말순자산 장부금액	30,000	14,000	11,000

〈자 료〉

1. 20x1년 초 ㈜민국은 ㈜대한에 기계장치를 ₩500에 처분하였다. 기계장치의 취득원가는 ₩800이고, 20x1년 초 감가상각누계액은 ₩400이다. 20x1년 초 기계장치의 잔존내용연수는 5년이며, 잔존가치 없이 정액법으로 감가상각한다.

2. 20x1년 1월 1일 ㈜대한은 ㈜만세의 사채 액면 ₩1,000 중 50%를 ₩513에 취득하였다. 취득당시 유효이자율은 연 9%였으며, ㈜대한은 동 투자사채를 상각후원가 측정 금융자산으로 분류하여 20x1년 말 현재까지 계속 보유하고 있다. ㈜만세의 사채는 상각후원가 측정 금융부채로 20x1년 1월 1일 현재 장부금액은 ₩952이고, 표시이자율은 연 10%(매년 말 이자지급)이며, 잔여기간은 3년이다. ㈜만세의 사채발행 시점의 유효이자율은 연 12%이다. 단, 연결실체간의 사채 구입에서 발생하는 사채추정상환손익은 모두 사채발행회사가 부담한다고 가정한다.

3. 20x1년 중 ㈜만세는 ㈜대한에 ₩100의 이익을 가산하여 상품을 판매하였으며, 이 중 40%가 20x1년 말 현재 ㈜대한의 재고자산에 포함되어 있다.

상기 자료를 이용하여 다음 물음에 답하시오.

(물음 1) ㈜대한의 20x1년도 연결재무제표에 계상될 연결당기순이익을 지배기업귀속당기순이익과 비지배지분귀속당기순이익으로 구분하여 계산하시오. 단, 답안 작성 시 원 이하는 반올림한다.

지배기업귀속당기순이익	①
비지배지분귀속당기순이익	②

(물음 2) ㈜대한의 20x1년 말 연결재무상태표에 계상될 비지배지분의 금액을 계산하시오. 단, 답안 작성 시 원 이하는 반올림한다.

비지배지분의 금액	①

(물음 3) 지배·종속기업 간의 하향 내부거래와 달리 상향 내부거래로 인한 미실현손익은 지배기업과 비지배지분에 안분·제거시키는 이유를 간략히 서술하시오.

【문제 12】 (13점)

※ 다음의 각 물음은 독립적이다.

㈜대한은 20x2년 1월 1일에 상장기업 A사, B사, C사의 의결권 있는 보통주를 추가 취득 또는 일괄 취득하면서 이들 기업에 대해 유의적인 영향력을 행사할 수 있게 되었다. ㈜대한이 20x2년 1월 1일에 취득한 주식의 세부내역은 다음과 같다.

〈20x2년 1월 1일 취득주식 세부내역〉

피투자기업	취득주식수 (지분율)	취득원가	비고
A사	150주(15%)	₩390,000	추가 취득
B사	300주(30%)	450,000	일괄 취득
C사	400주(40%)	900,000	일괄 취득

(물음 1) 다음의 〈자료 1〉을 이용하여 〈요구사항〉에 답하시오.

〈자료 1〉

1. ㈜대한은 20x1년 10월 1일에 A사 보통주 100주(지분율: 10%)를 ₩250,000에 취득하고, 동 주식을 기타포괄손익 – 공정가치 측정 금융자산으로 분류하였다. A사 주식 100주의 20x1년 12월 31일과 20x2년 1월 1일 공정가치는 각각 ₩275,000과 ₩245,000이었다.
2. ㈜대한은 A사에 대해 기업회계기준서 제1103호 '사업결합'의 단계적 취득을 준용하여 지분법을 적용한다.
3. 20x2년 1월 1일 현재 A사의 순자산장부금액은 ₩2,520,000이며, 자산·부채의 장부금액은 공정가치와 일치하였다.
4. A사는 20x2년 6월 30일에 1주당 ₩200의 현금배당을 실시하였으며, 20x2년도 당기순이익과 기타포괄이익을 각각 ₩150,000과 ₩50,000으로 보고하였다.

〈요구사항〉

A사 지분투자와 관련하여, ㈜대한의 관계기업투자주식 취득원가에 포함된 영업권 금액과 ㈜대한의 20x2년 말 재무상태표에 표시해야 할 관계기업투자주식의 장부금액을 계산하시오.

영업권	①
관계기업투자주식 장부금액	②

(물음 2) 다음의 〈자료 2〉를 이용하여 〈요구사항〉에 답하시오.

〈자료 2〉

1. 20x2년 1월 1일 현재 B사의 순자산은 납입자본 ₩1,000,000과 이익잉여금 ₩400,000으로 구성되어 있으며, 자산·부채의 장부금액은 공정가치와 일치하였다.

2. 20x2년 이후 B사가 보고한 순자산 변동내역은 다음과 같으며, 순자산의 변동은 전부 당기손익에 의해서만 발생하였다.

구분	20x2. 12. 31.	20x3. 12. 31.
납입자본	₩1,000,000	₩1,000,000
이익잉여금	100,000	300,000

3. B사는 20x2년 중에 유의적인 재무적 어려움에 처하게 됨으로써 20x2년 말 현재 ㈜대한이 보유한 B사 투자주식의 회수가능액이 ₩250,000으로 결정되었다. 그러나 20x3년도에는 B사의 유의적인 재무적 어려움이 일부 해소되어 20x3년 말 현재 ㈜대한이 보유한 B사 투자주식의 회수가능액은 ₩350,000으로 회복되었다.

〈요구사항〉

B사 지분투자와 관련하여, ㈜대한이 20x2년도에 인식할 손상차손과 20x3년도에 인식할 손상차손환입을 계산하시오.

20x2년 손상차손	①
20x3년 손상차손환입	②

(물음 3) 다음의 〈자료 3〉을 이용하여 〈요구사항〉에 답하시오.

〈자료 3〉

1. 20x2년 1월 1일 현재 C사의 순자산장부금액은 ₩2,100,000이며, 자산·부채 중 장부금액과 공정가치가 일치하지 않는 항목은 다음과 같다.

계정	장부금액	공정가치	비고
재고자산	₩40,000	₩55,000	20x2년 중 전액 외부판매되었음
건 물	1,000,000	1,250,000	잔존내용연수: 5년 잔존가치: ₩0 정액법 상각

2. 20x2년 중에 C사는 ㈜대한으로부터 원가 ₩120,000인 재고자산을 ₩100,000에 매입하여 20x2년 말 현재 전부 보유하고 있다. 동 하향거래는 재고자산의 순실현가능가치 감소에 대한 증거를 제공한다.

3. 20x2년 중에 C사는 ㈜대한에 재고자산을 판매(매출액은 ₩350,000이며, 매출총이익률은 30%)하였는데, 20x2년 말 현재 ㈜대한은 매입한 재고자산의 80%를 외부에 판매하였다.

4. C사는 20x2년도 당기순손실을 ₩60,000으로 보고하였다.

〈요구사항 1〉

C사 지분투자와 관련하여, ㈜대한이 염가매수차익에 해당하는 금액을 인식하기 위한 회계처리에 대해 기업회계기준서 제1028호 '관계기업과 공동기업에 대한 투자'에 근거하여 간략히 서술하시오.

〈요구사항 2〉

C사 지분투자와 관련하여, ㈜대한의 20x2년도 포괄손익계산서에 표시되는 지분법손익을 계산하시오. 단, 지분법손실은 (-)를 숫자 앞에 표시하시오.

지분법손익	①

2019년도   제 54 회

기출문제

1일차

2019년 제54회

세 법

제1교시

<답안 작성시 유의사항>

1. 답안은 문제 순서대로 작성할 것
2. 계산문제는 계산근거를 반드시 제시할 것
3. 답안은 아라비아 숫자로 원단위까지 작성할 것
   (예 : 2,000,000 - 1,000,000 = 1,000,000원)
4. 별도의 언급이 없는 한 관련 자료·증빙의 제출 및 신고 · 납부절차는 적법하게
   이행된 것으로 가정할 것

【문제 1】(15점)

(물음 1) 다음은 과세사업을 영위하고 있는 ㈜한국의 2022년 제1기 부가가치세 관련
자료이다. 단, 별도의 언급이 없는 한 제시된 금액은 부가가치세가 포함되지 않은 금액
이며, 세금계산서는 적법하게 발급된 것으로 가정한다.

<자 료>

1. ㈜한국은 상품A(개당 장부가액 : 800,000원, 개당 시가 : 1,000,000원)를 다음과
   같이 판매 또는 제공하였다. 단, 판매 또는 제공된 상품은 모두 매입 시 매입세
   액공제를 받았다.
   ① 2022년 4월 15일 상품A 1개를 자기적립마일리지로만 전부 결제를 받고 판매
   ② 2022년 5월 15일 상품A 1개를 사내체육대회에서 추첨을 통해 당첨된 직원
      에게 경품으로 지급
   ③ 2022년 6월 15일 상품A 1개를 특수관계인이 아닌 갑에게 500,000원에 판매

2. ㈜한국은 2022년 4월 20일 창고에 보관 중인 제품B에 대한 창고증권(임치물의 반환이 수반됨)을 10,000,000원에 양도하였다.

3. ㈜한국은 2022년 6월 20일(인도일) 내국신용장(개설일 : 2022년 7월 20일)에 의하여 수출업자 ㈜태백에게 제품C 10개를 20,000,000원에 공급하였다. 다만, ㈜태백이 해당 재화를 수출용도로 사용하였는지 여부는 확인되지 않는다.

4. ㈜한국은 2022년 5월 10일에 제품D를 수출하기 위하여 선적하였으며, 수출대금 $10,000 중 $5,000는 2022년 5월 1일에 수령하여 5월 8일에 원화로 환가하였고, 나머지 $5,000는 5월 20일에 수령하여 5월 25일에 원화로 환가하였다. 각 시점별 기준환율은 다음과 같으며, 각 시점의 기준환율로 실제 환가한 것으로 가정한다.

5.1.	5.8.	5.10.	5.20.	5.25.
1,000원	1,100원	1,200원	1,150원	1,000원

5. ㈜한국은 다음과 같이 대금을 회수하는 조건으로 잔금수령과 동시에 기계장치를 인도하는 계약을 체결하였으며, 회수약정일에 대금을 모두 회수하였다. 그러나 매수자와 협의하여 기계장치를 2022년 6월 30일에 조기인도하였다.
   ① 계약금(2021년 12월 1일 회수약정) : 10,000,000원
   ② 중도금(2022년 4월 1일 회수약정) : 15,000,000원
   ③ 잔 금(2022년 8월 1일 회수약정) : 20,000,000원

6. ㈜한국은 2021년 1월 5일 40,000,000원에 취득한 차량운반구(매입 시 매입세액공제를 받음)를 2022년 6월 30일에 거래처에 무상으로 제공하였다. 제공할 당시 차량운반구의 장부가액은 10,000,000원(시가 : 15,000,000원)이다.

7. ㈜한국의 대손채권 관련 자료는 다음과 같다. 단, 채권금액은 부가가치세가 포함된 금액이다.

구분	채권금액	공급일	대손사유
외상매출금A	2,200,000원	2016.11.20.	2022.1.10. 소멸시효완성
외상매출금B	3,300,000원	2021.12.15.	2022.5.16. 채무자파산[1]
받을어음	8,800,000원	2020.10.16.	2022.4.10. 부도발생

*1 채무자의 파산으로 회수할 수 없는 채권임

〈요구사항〉

㈜한국이 2022년 제1기 부가가치세 확정신고시 신고해야 할 과세표준과 매출세액을 다음의 답안 양식에 따라 제시하시오.

(답안 양식)

자료번호	과세표준	세 율	매출세액
1			
...			
7			

(물음 2) 다음은 과세사업과 면세사업을 겸영하고 있는 ㈜대한의 부가가치세 관련 자료이다. 단, 별도의 언급이 없는 한 제시된 금액은 부가가치세가 포함되지 않은 금액이며, 세금계산서 및 계산서는 적법하게 수취된 것으로 가정한다.

〈자 료〉

1. 2022년 제2기 과세기간 공급가액은 다음과 같다.

구 분	7.1.~9.30.	10.1.~12.31.	합 계
과세사업	6억원	7억원	13억원
면세사업	4억원	3억원	7억원

2. 각 과세기간별 과세공급가액과 면세공급가액 비율은 다음과 같다.

과세기간	과세공급가액	면세공급가액
2021년 제2기	72%	28%
2022년 제1기	69%	31%

3. 2022년 제2기 과세기간의 세금계산서상 매입세액 내역은 다음과 같다.

(단위 : 원)

구 분	7.1.~9.30.	10.1.~12.31.	합 계
과세사업	25,000,000[*1]	25,000,000	50,000,000
면세사업	15,000,000	—	15,000,000
공통매입	5,000,000	9,000,000[*2]	14,000,000
합 계	45,000,000	34,000,000	79,000,000

*1 접대비 지출 관련 매입세액 1,000,000원 포함

*2 과세사업과 면세사업에 함께 사용하다가 2022년 10월 5일에 매각한 기계장치(매각대금 : 30,000,000원)의 매입세액 4,000,000원을 포함. 상기 '자료 1'의 과세기간별 공급가액에는 기계장치 매각대금이 포함되어 있지 않음

4. ㈜대한은 면세사업에만 사용하던 차량(트럭)을 2022년 7월 20일부터 과세사업과 면세사업에 함께 사용하기 시작하였다. ㈜대한은 동 차량을 2021년 9월 20일 40,000,000원에 취득하였다.

5. ㈜대한은 2021년 제2기에 공급자가 대손세액공제를 받음에 따라 대손처분 받은 세액 700,000원을 매입세액에서 차감한 바 있다. ㈜대한은 2022년 12월 20일에 대손처분 받은 세액 700,000원을 포함한 매입채무 7,700,000원을 모두 변제하였다.

〈요구사항 1〉

㈜대한의 2022년 제2기 부가가치세 예정신고시 매입세액공제액을 다음의 답안 양식에 따라 제시하시오.

(답안 양식)

(1) 세금계산서 수취분 매입세액	
(2) 그 밖의 공제매입세액	
(3) 공제받지 못할 매입세액	
차가감 계 : (1)+(2)—(3)	

〈요구사항 2〉

㈜대한의 2022년 제2기 부가가치세 확정신고시 매입세액공제액을 다음의 답안 양식에 따라 제시하시오.

(답안 양식)

(1) 세금계산서 수취분 매입세액	
(2) 그 밖의 공제매입세액	
(3) 공제받지 못할 매입세액	
차가감 계 : (1) + (2) - (3)	

【문제 2】 (5점)

다음은 숙박업과 음식점업(과세유흥장소가 아님)을 겸영하는 간이과세자 갑(간편장부 대상자)의 2022년 과세기간(2022년 1월 1일~2022년 12월 31일) 자료이다. 단, 별도의 언급이 없는 한 세금계산서 및 계산서는 적법하게 수취된 것으로 가정한다. (2021 수정)

〈자 료〉

1. 연도별 공급대가는 다음과 같으며, 전액 신용카드매출전표를 발행하였다.

구 분	숙박업	음식점업
2021년	27,000,000원	22,000,000원
2022년	30,000,000원	20,000,000원

2. 숙박업과 음식점업에 공통으로 사용하던 비품을 공급대가 3,000,000원에 매각하였다.

3. 2022년 매입내역은 다음과 같다. (매입액 모두 하반기분임.)

구 분	세금계산서 수취분	기타분
숙박업 매입액	5,500,000원[*1]	—
음식점업 매입액	3,300,000원[*2]	1,090,000원[*3]
공통매입액	1,100,000원[*4]	—

*1 부가가치세를 포함한 금액이며, 이 중 1,100,000원은 접대비로 지출한 것임

*2 부가가치세를 포함한 금액임

*3 농민으로부터 면세농산물을 직접 매입하여 계산서 또는 신용카드매출전표를 수취하지 못한 금액으로, 이에 대한 의제매입세액공제신고서는 제출됨

*4 숙박업과 음식점업에 공통으로 사용하는 비품 매입액(귀속이 불명확함)으로 부가가치세를 포함한 금액임

4. 업종별 부가가치율은 다음과 같다.

숙박업	음식점업
20%	10%

(물음 1) 간이과세자 갑의 2022년 부가가치세 납부세액을 다음의 답안 양식에 따라 제시하시오.

(답안 양식)

납부세액	

(물음 2) 간이과세자 갑의 2022년 부가가치세 공제세액을 다음의 답안 양식에 따라 제시하시오. 단, 납부세액 초과 여부는 고려하지 아니한다.

(답안 양식)

구 분	공제세액
세금계산서 등 수취세액공제	
의제매입세액공제	
신용카드매출전표 등 발행세액공제	

【문제 3】 (10점) (2020 수정)

다음은 내국법인인 A법인~D법인의 법인세 신고 관련 자료이다. 4개 법인의 사업연도는 모두 제22기 사업연도(2022년 1월 1일~2022년 12월 31일)로 동일하다.

〈자 료〉

1. 사회적기업인 A법인의 제22기 차가감소득금액은 1억원이다. 제22기에 지출한 기부금 내역은 다음과 같으며, 제21기 법정기부금 한도초과액 10,000,000원이 있다(세무상 공제가능한 이월결손금 없음).
   ① 이재민구호금품(법정기부금) : 20,000,000원
   ② 어음지급 지정기부금(어음만기일 : 2023년 2월 10일) : 5,000,000원
   ③ 사회복지법인 지정기부금(현금) : 30,000,000원

2. 제조업을 영위하는 B법인은 2021년 6월 1일에 국고보조금 20,000,000원을 수령하고, 2021년 7월 1일에 기계장치를 50,000,000원에 취득하여 사업에 사용하기 시작하였다. 회사는 국고보조금을 기계장치에서 차감하는 형식으로 표시하고 있으며, 국고보조금을 감가상각비와 상계처리하고 있다.
   ① 회사는 기계장치에 대하여 정액법(법인세법상 신고한 상각방법)을 적용하여 5년(신고내용연수) 동안 상각하고 있다(잔존가액 없음).
   ② 제21기에 세법 규정에 따라 일시상각충당금을 설정하였으며, 제21기와 제22기에 기계장치에 대한 상각부인액 또는 시인부족액은 없다.

3. 건설업을 영위하는 C법인은 2022년 7월 1일 법정기부금 해당 단체에 건물(취득가액 : 200,000,000원, 감가상각누계액 : 140,000,000원, 시가 : 100,000,000원)을 기부하고 이후 20년간 사용수익하기로 하였다.
   ① 사용수익에 대한 회계처리는 다음과 같다.

   (차) 사용수익기부자산　　100,000,000
   　　감가상각누계액　　　140,000,000

   　　　　　　　　　(대) 건물　　　　　　　　200,000,000
   　　　　　　　　　　　 유형자산처분이익　　 40,000,000

   ② 제22기 사용수익기부자산에 대한 결산서상 감가상각비 계상액은 2,500,000원이다.

4. 제조업을 영위하는 D법인은 2022년 4월 20일에 외국자회사(배당확정일 현재 1년간 의결권 있는 발행주식총수의 50%를 보유함)인 E법인으로부터 현금배당

금 18,000,000원(E법인 소재지국 원천징수세액 2,000,000원을 제외한 금액임)을 수령하였다.
  ① E법인의 각사업연도소득금액은 50,000,000원이며, 소재지국에서 납부한 법인세액은 10,000,000원이다.
  ② 현금배당에 대한 원천징수세액은 세금과공과(비용)로 회계처리하였으며, 회사는 외국납부세액공제를 적용하고자 한다.

〈요구사항〉

각 법인의 제22기 세무조정 및 소득처분을 다음의 답안 양식에 따라 제시하시오. 단, 세부담 최소화를 가정한다.

(답안 양식)

구분	익금산입 및 손금불산입			손금산입 및 익금불산입		
	과목	금액	소득처분	과목	금액	소득처분
A법인						
B법인						
C법인						
D법인						

【문제 4】 (30점)

(물음 1) 다음은 ㈜퇴직의 제22기 사업연도(2022년 1월 1일 ~ 2022년 12월 31일) 법인세 신고 관련 자료이다.

〈자 료〉

1. 제22기 확정급여형 퇴직연금과 관련된 퇴직연금운용자산의 변동내역은 다음과 같다. 당기지급액은 현실적으로 퇴직한 임직원에게 지급된 금액이다.

전기이월	800,000,000원	당기지급	160,000,000원
당기예치	450,000,000원	기말잔액	1,090,000,000원
합 계	1,250,000,000원	합 계	1,250,000,000원

2. ㈜퇴직의 보험수리적기준 퇴직급여추계액은 960,000,000원이며, 일시퇴직기준 퇴직급여추계액은 880,000,000원이다.

3. ㈜퇴직은 제22기 말 현재 퇴직급여충당금과 퇴직금전환금이 없다.

4. ㈜퇴직은 결산조정에 의하여 퇴직연금충당금을 설정하고 있으며, 퇴직연금충당금의 제22기 변동내역은 다음과 같다.

당기감소	160,000,000원	기초잔액	800,000,000원
기말잔액	1,090,000,000원	당기증가	450,000,000원
합 계	1,250,000,000원	합 계	1,250,000,000원

5. 전기 말 현재 퇴직연금충당금에 대한 손금불산입 유보잔액은 100,000,000원이다.

〈요구사항 1〉

㈜퇴직의 제22기 세무조정 및 소득처분을 다음의 답안 양식에 따라 제시하시오.

(답안 양식)

익금산입 및 손금불산입			손금산입 및 익금불산입		
과목	금액	소득처분	과목	금액	소득처분

〈요구사항 2〉

㈜퇴직이 퇴직연금충당금을 신고조정한다고 가정할 경우 ㈜퇴직의 제22기 세무조정 및 소득처분을 다음의 답안 양식에 따라 제시하시오. 단, 전기까지 신고조정에 의해 손금산입된 퇴직연금충당금은 800,000,000원이다(자료상의 4번 사항과 5번 사항은 무시한다).

(답안 양식)

익금산입 및 손금불산입			손금산입 및 익금불산입		
과목	금액	소득처분	과목	금액	소득처분

〈요구사항 3〉

〈요구사항 2〉에 따라 퇴직연금충당금을 신고조정하는 경우 ㈜퇴직의 제22기 자본금과 적립금조정명세서(을)를 다음의 답안 양식에 따라 제시하시오.

(답안 양식)

과목	기초	당기 중 증감		기말
		감소	증가	

(물음 2) 다음은 제조업을 영위하는 ㈜투자(지주회사 아님)의 제22기 사업연도(2022년 1월 1일~2022년 12월 31일) 법인세 신고 관련 자료이다. 단, 전기까지의 세무조정은 적법하게 이루어진 것으로 가정한다.

〈자 료〉

1. 보유주식 ㈜A

   ① 2017년 5월 1일에 ㈜투자는 비상장법인 ㈜A의 주식 1,800주(주당 액면가액 : 5,000원)를 주당 10,000원에 취득하였다. ㈜A에 대한 지분율은 10%이다.

   ② ㈜투자는 2021년에 ㈜A의 잉여금 자본전입으로 인한 무상주 500주를 수령하였으며, 그 내역은 다음과 같다.

자본전입결의일	무상주식수	무상주 재원
2021.7.1.	300주	건물의 재평가적립금 (재평가세율 : 3%)
2021.9.1.	200주	자기주식처분이익

---

③ ㈜A가 유상감자를 실시함에 따라 ㈜투자는 보유주식 중 400주를 반환하고, 감자대가로 주당 21,000원의 현금을 2022년 3월 15일(자본감소결의일 : 2022년 3월 2일)에 수령하였다. 이에 대한 ㈜투자의 회계처리는 다음과 같다. ㈜A의 주식취득 이후 해당 주식에 대한 공정가치평가는 없었다.

(차) 현금　　　　　8,400,000　　　(대) 금융자산　　　8,400,000

2. 보유주식 ㈜B
   ① 2021년 2월 1일에 ㈜투자는 비상장법인인 ㈜B의 주식 20,000주를 취득하였다. ㈜B에 대한 지분율은 10%이다.
   ② 2022년 7월 1일에 ㈜투자는 잉여금 자본전입으로 인한 무상주 10,000주를 수령하였다. 잉여금 자본전입결의일은 2022년 6월 1일이다.
   ③ 자본전입결의일 현재 ㈜B의 발행주식총수는 200,000주(주당 액면가액 : 5,000원)이며, 자기주식수는 40,000주이다.
   ④ ㈜B의 주주 중에 ㈜투자와 특수관계인은 없다. 무상증자 시 자기주식에 배정할 무상주는 ㈜투자를 포함한 다른 주주들에게 지분비율에 따라 배정하였다.
   ⑤ ㈜B의 무상주 재원은 다음과 같다.

구 분	금 액
주식발행초과금	40,000,000원
자기주식소각이익(소각일 : 2020.6.5.)	20,000,000원
자기주식처분이익	60,000,000원
이익잉여금	280,000,000원
합 계	400,000,000원

   ⑥ ㈜투자는 무상주 수령에 대해 회계처리를 하지 않았다.

3. ㈜투자는 제22기에 차입금과 지급이자가 없다.

4. 피출자법인이 비상장법인인 경우의 수입배당금액 익금불산입률은 다음과 같다.

출자비율	익금불산입률
50% 미만	30%

〈요구사항 1〉

㈜투자의 제22기 법인세법상 의제배당액을 피출자법인별로 다음의 답안 양식에 따라 제시하시오.

(답안 양식)

피출자법인	의제배당액
㈜A	
㈜B	

〈요구사항 2〉

㈜투자의 제22기 세무조정 및 소득처분을 다음의 답안 양식에 따라 제시하시오.

(답안 양식)

익금산입 및 손금불산입			손금산입 및 익금불산입		
과목	금액	소득처분	과목	금액	소득처분

(물음 3) 다음은 제조업을 영위하는 ㈜제조(지주회사 아님)의 제22기 사업연도(2022년 1월 1일 ~ 2022년 12월 31일) 법인세 신고 관련 자료이다. 단, 전기까지의 세무조정은 적법하게 이루어진 것으로 가정한다.

〈자 료〉

1. 이자수익

㈜제조는 2021년 1월 2일 국내은행에 2년 만기 정기예금을 가입하였다. 동 이자는 매년 1월 2일에 지급된다. 이자수익과 관련된 ㈜제조의 회계처리는 다음과 같다.

〈제21기〉

2021.12.31. (차) 미수이자　7,000,000　(대) 이자수익　7,000,000

〈제22기〉

2022.1.2.　(차) 현금　　　　6,020,000　(대) 미수이자　7,000,000
　　　　　　선급법인세　980,000
　　　　　　(원천징수세액)

2022.12.31. (차) 미수이자　6,000,000　(대) 이자수익　6,000,000

2. 배당금수익
   ① ㈜제조는 2021년 1월 27일에 상장법인 ㈜생산의 주식 10%를 취득하였다.
   ② ㈜제조는 ㈜생산으로부터 현금배당금 3,000,000원과 주식배당 200주(주당 액면가액 : 5,000원, 주당 발행가액 : 9,000원)를 수령하였다. 동 배당의 배당 기준일은 2022년 12월 1일, 배당결의일은 2022년 12월 23일, 배당지급일은 2023년 1월 2일이다.
   ③ ㈜제조는 현금배당에 대해 제22기에 다음과 같이 회계처리하였으나, 주식배 당에 대해서는 회계처리를 하지 않았다.
   (차) 미수배당금   3,000,000   (대) 배당금수익   3,000,000
3. ㈜제조는 제22기에 차입금과 지급이자가 없다.
4. 피출자법인이 상장법인인 경우의 수입배당금액 익금불산입률은 다음과 같다.

출자비율	익금불산입률
30% 미만	30%

〈요구사항 1〉

㈜제조의 제22기 이자수익과 관련된 세무조정 및 소득처분을 다음의 답안 양식에 따라 제시하시오.

(답안 양식)

익금산입 및 손금불산입			손금산입 및 익금불산입		
과목	금액	소득처분	과목	금액	소득처분

〈요구사항 2〉

㈜제조의 제22기 배당금수익과 관련된 세무조정 및 소득처분을 다음의 답안 양식에 따라 제시하시오.

(답안 양식)

익금산입 및 손금불산입			손금산입 및 익금불산입		
과목	금액	소득처분	과목	금액	소득처분

(물음 4) 다음은 제조업을 영위하는 ㈜주행의 제22기 사업연도(2022년 1월 1일 ~ 2022년 12월 31일) 법인세 신고 관련 자료이다. (2020 수정)

〈자 료〉

1. ㈜주행은 2022년 1월 1일에 임직원 사용목적의 업무용승용차 1대를 50,000,000원(취득세 등 부대비용 포함)에 취득하여 업무에 사용하고 있다.

2. 동 업무용승용차는 임직원이 직접 운전하는 경우 보상하는 업무전용자동차보험에 2022년 1월 1일 가입되었다.

3. 제22기 사업연도에 발생한 업무용승용차 관련비용은 다음과 같으며 기업회계 기준에 따라 손익계산서에 계상되었다.

항 목	금 액
감가상각비	8,000,000원
유류비	3,500,000원
보험료	800,000원
자동차세	1,000,000원
그 밖의 유지비용	700,000원
합 계	14,000,000원

4. 회사가 작성한 운행기록부상의 총 주행거리와 업무상 주행거리는 다음과 같다.

구 분	주행거리
총 주행거리	20,000km
업무상 주행거리	19,000km

〈요구사항 1〉

㈜주행의 제22기 세무조정 및 소득처분을 다음의 답안 양식에 따라 제시하시오.

(답안 양식)

익금산입 및 손금불산입			손금산입 및 익금불산입		
과목	금액	소득처분	과목	금액	소득처분

〈요구사항 2〉

㈜주행이 운행기록을 작성·비치하지 않았다고 가정할 경우 ㈜주행의 제22기 세무조정 및 소득처분을 다음의 답안 양식에 따라 제시하시오.

(답안 양식)

익금산입 및 손금불산입			손금산입 및 익금불산입		
과목	금액	소득처분	과목	금액	소득처분

(물음 5) 다음은 제조업을 영위하는 ㈜접대(중소기업 아님)의 제22기 사업연도(2022년 1월 1일 ~2022년 12월 31일) 법인세 신고 관련 자료이다. 〈자료 1〉과 〈자료 2〉는 각각 독립적 상황이다. (2020 수정)

〈자료 1〉

1. 손익계산서상 매출액은 10,780,000,000원(특수관계인 매출 없음)이며, 관련 세부내역은 다음과 같다.
   ① 2022년 12월 31일에 제품A를 인도하였으나, 당기 매출로 계상하지 않아 익금산입한 금액 15,000,000원이 있다.
   ② 매출할인 20,000,000원 및 매출환입 10,000,000원을 영업외비용으로 회계 처리하였다.
   ③ 2022년 12월 28일에 대금을 선수령(인도일 : 2023년 2월 3일)하고 전자세금계산서를 발행한 공급가액 30,000,000원이 매출액에 포함되어 있다.

2. 손익계산서상 판매비와관리비에 계상된 접대비는 49,700,000원이며 이에 대한 내역은 다음과 같다.

구 분	건당 3만원 이하	건당 3만원 초과	합 계
신용카드매출전표 수취건	-	42,000,000원	42,000,000원
영수증 수취건	700,000원	2,500,000원	3,200,000원
현물접대비	-	4,500,000원	4,500,000원
합 계	700,000원	49,000,000원	49,700,000원

위의 접대비 중 현물접대비는 업무상 접대목적으로 ㈜접대의 제품(원가 : 4,000,000원, 시가 : 5,000,000원)을 제공한 것으로 회사는 다음과 같이 회계처리하였다.

(차) 접대비   4,500,000   (대) 제품   4,000,000

                                          부가세예수금   500,000

3. ㈜접대는 접대비와 관련하여 매입세액불공제된 금액 5,000,000원을 세금과공과(비용)로 회계처리하였다. 동 비용은 신용카드를 사용하여 지출되었다.

4. 문화접대비 및 경조사비로 지출된 금액은 없다.

5. 접대비 한도액 계산시 수입금액에 대한 비율은 다음과 같다.

수입금액	적용률
100억원 이하	3/1,000
100억원 초과 500억원 이하	2/1,000

〈요구사항 1〉

〈자료 1〉을 이용하여 ㈜접대의 제22기 적격증명서류 미수취 손금불산입 접대비, 시부인대상 접대비 및 접대비 한도액을 다음의 답안 양식에 따라 제시하시오.

(답안 양식)

적격증명서류 미수취 손금불산입 접대비	
시부인대상 접대비	
접대비 한도액	

〈자 료 2〉

1. 시부인대상 접대비는 39,000,000원이고, 접대비 한도액은 12,000,000원이다.

2. 접대비는 다음과 같이 계상되었다.

   ① 판매비와관리비 : 21,000,000원

   ② 건물 : 18,000,000원

3. 접대비를 포함한 건물(2022년 취득)의 취득가액은 300,000,000원이며, 제22 기에 감가상각비로 20,000,000원(법인세법상 감가상각 손금한도 내 금액임)을 계상하였다.

〈요구사항 2〉

〈자료 2〉를 이용하여 ㈜접대의 제22기 사업연도 접대비와 건물 감가상각비 관련 세무 조정 및 소득처분을 다음의 답안 양식에 따라 제시하시오.

(답안 양식)

익금산입 및 손금불산입			손금산입 및 익금불산입		
과목	금액	소득처분	과목	금액	소득처분

【문제 5】 (24점)

다음은 거주자 갑, 을, 병의 2022년 귀속 종합소득 신고를 위한 자료이다. 단, 제시된 금액은 원천징수하기 전의 금액이며, 별도의 언급이 없는 한 원천징수는 모두 적법하게 이루어졌다고 가정한다.

(물음 1) 제조업을 영위하는 거주자 갑의 2022년 금융소득과 관련된 내역이 〈자료 1〉과 같을 때 아래 요구사항에 답하시오.

〈자료 1〉

1. 비실명금융자산에서 발생한 이자 : 3,000,000원(금융회사를 통하여 지급되었음)

2. 상호저축은행법에 따른 신용부금으로 인한 이익 : 10,000,000원

3. 민사집행법에 따라 법원에 납부한 보증금에서 발생한 이자 : 1,200,000원

4. 외상매출금의 지급기일 연장이자 : 7,000,000원(소비대차로 전환된 외상매출금에서 발생한 이자 4,000,000원 포함)

5. 국세기본법에 의해 법인으로 보는 단체로부터 받은 현금배당 : 5,000,000원

6. 국외은행 예금이자 : 7,000,000원(국내에서 원천징수되지 아니함)

7. 자기주식소각이익(소각 당시 시가가 취득가액을 초과하였음)의 자본전입으로 받은 무상주 액면가액 : 2,000,000원

8. 종합소득세율(일부)

과세표준	세 율
1,200만원 초과 4,600만원 이하	72만원＋1,200만원을 초과하는 과세표준의 15%
4,600만원 초과 8,800만원 이하	582만원＋4,600만원을 초과하는 과세표준의 24%

〈요구사항 1〉

갑의 무조건분리과세되는 금융소득에 대한 소득세 원천징수세액을 다음의 답안 양식에 따라 제시하시오.

(답안 양식)

원천징수세액	

〈요구사항 2〉

갑의 종합과세되는 이자소득 총수입금액, 배당소득 총수입금액 및 배당가산액(Gross-up 금액)을 다음의 답안 양식에 따라 제시하시오.

(답안 양식)

이자소득 총수입금액	
배당소득 총수입금액	
배당가산액(Gross-up금액)	

〈요구사항 3〉

갑의 종합소득 산출세액을 다음의 답안 양식에 따라 제시하시오. 단, 과세표준은 50,000,000원이며, 이자소득 총수입금액은 15,000,000원, 배당소득 총수입금액은 10,000,000원(배당소득은 전액 Gross-up대상임)이라고 가정한다.

(답안 양식)

일반산출세액	
비교산출세액	

(물음 2) 제조업을 영위(복식부기의무자)하는 거주자 을(62세, 남성)의 연금소득 및 사업소득 내역이 〈자료 2〉와 같을 때 아래 요구사항에 답하시오.

〈자료 2〉

〈연금소득 내역〉

1. 2022년 1월 1일 현재 연금계좌(2017년 1월 1일 가입) 평가액의 구성내역은 다음과 같다.

구 분	금 액
이연퇴직소득	10,000,000원
이연퇴직소득 외 평가액	290,000,000원
합 계	300,000,000원

2. 이연퇴직소득 외 평가액에는 연금계좌 불입 시 연금세액공제를 받지 못한 금액 20,000,000원이 포함되어 있다.

3. 이연퇴직소득에 대하여 과세이연된 퇴직소득세는 500,000원이다.

4. 을은 연금을 2022년 1월 1일부터 신청하여 수령하기 시작하였고 2022년 수령액은 65,000,000원이다(의료목적, 천재지변이나 그 밖의 부득이한 사유로 인출한 금액은 없음).

〈사업소득 내역〉

1. 손익계산서상 당기순이익 : 15,000,000원
2. 손익계산서상 대표자 을의 급여 : 2,000,000원
3. 차입금(2021년에 차입)에 대한 손익계산서상 이자비용의 세부내역은 다음과 같다.
① 채권자불분명사채이자 : 2,000,000원(연이자율 14%)
② 저축은행차입금이자 : 7,300,000원(연이자율 10%)

4. 손익계산서상 접대비 지출액 : 500,000원(증명서류를 분실함)
5. 손익계산서상 업무용승용차의 처분손실 : 9,500,000원
6. 재해로 인하여 발생한 재해손실 : 4,000,000원(손익계산서에 미계상됨)
7. 외화매출채권에 대한 외환차손 : 3,000,000원(손익계산서에 미계상됨)
8. 60일 동안 부채 합계가 사업용자산 합계를 초과하였으며, 초과인출금적수는 532,900,000원이다.

〈요구사항 1〉

을의 연금계좌로부터의 연금수령한도를 다음의 답안 양식에 따라 제시하시오.

(답안 양식)

연금수령한도	

〈요구사항 2〉

을의 총연금액 및 사적연금소득 원천징수세액을 다음의 답안 양식에 따라 제시하시오. 단, 연금수령한도는 50,000,000원이라고 가정한다.

(답안 양식)

총연금액(연금계좌)	
사적연금소득 원천징수세액	

〈요구사항 3〉

을의 사업소득금액을 다음의 답안양식에 따라 제시하시오. 단, 세부담 최소화를 가정한다.

(답안 양식)

손익계산서상 당기순이익	
총수입금액산입·필요경비불산입	
총수입금액불산입·필요경비산입	
사업소득금액	

(물음 3) 거주자 병(43세, 여성)의 2022년 종합소득 신고와 관련된 내역이 〈자료 3〉과 같을 때 아래 요구사항에 답하시오.

〈자료 3〉

1. 종합소득금액의 내역은 다음과 같다.

구 분	금 액	비 고
근로소득금액	16,000,000원	총급여액 25,000,000원
사업소득금액(부동산매매업)	14,000,000원[*1]	
종합소득금액	30,000,000원	

*1 미등기토지(보유기간 10년)의 양도로 인한 소득으로 양도가액 200,000,000원, 취득가액 180,000,000원, 양도비용 6,000,000원(기타필요경비로 인정됨)임

2. 생계를 같이하는 부양가족의 현황은 다음과 같다.

구 분	나 이	비 고
부친	67세	소득없음
모친	71세	장애인, 2022년 3월 4일 사망
배우자	46세	퇴직소득금액 80만원, 총급여액 400만원(일용근로자 아님)
장남	20세	근로소득 연 200만원 (일용근로자로서 받은 급여)
차남	18세	소득없음

3. 교육비의 지출내역은 다음과 같다.
   ① 본인의 대학원 등록금 : 8,000,000원
   ② 장남의 직업훈련을 위하여 직업훈련개발시설에 지급한 수강료 : 5,000,000원
   ③ 차남에 대한 고등학교 수업료 : 2,000,000원
   ④ 차남에 대한 교복비 : 600,000원
   ⑤ 차남의 고등학교가 교육과정으로 실시하는 현장체험학습에 지출한 비용 : 500,000원

4. 사업소득에 대해서는 복식부기 장부를 기장하고 있으며, 소득세법에 따라 장부 및 증명서류를 보관하고 있다(간편장부대상자이며 신고해야 할 소득금액을 누락하지 않음).

5. 주택자금(병은 무주택세대주임) 및 보험료의 지출내역은 다음과 같다.
   ① 주택청약저축 납입액 : 2,000,000원

② 주택임차자금의 원리금 상환액 : 4,000,000원(국민주택규모의 주택임차자금임)

③ 국민건강보험법에 따라 본인이 부담하는 건강보험료 납입액 : 1,000,000원

④ 국민연금법에 따라 본인이 부담하는 국민연금 보험료 납입액 : 4,000,000원

6. 보유기간 10년 이상 11년 미만 토지의 장기보유특별공제율은 20%이다.

7. 종합소득세율(일부)

과세표준	세 율
1,200만원 초과 4,600만원 이하	72만원＋1,200만원을 초과하는 과세표준의 15%
4,600만원 초과 8,800만원 이하	582만원＋4,600만원을 초과하는 과세표준의 24%

〈요구사항 1〉

병의 인적공제액 및 특별소득공제액을 다음의 답안 양식에 따라 제시하시오.

(답안 양식)

인적공제액	기본공제액	
	추가공제액	
특별소득공제액		

〈요구사항 2〉

병의 일반산출세액과 비교산출세액을 다음의 답안 양식에 따라 제시하시오. 단, 종합소득공제는 3,000,000원이라고 가정한다.

(답안 양식)

일반산출세액	
비교산출세액	

〈요구사항 3〉

특별세액공제를 항목별로 신청한 병의 교육비세액공제액 및 기장세액공제액을 다음의 답안 양식에 따라 제시하시오. 단, 종합소득산출세액은 9,000,000원이라고 가정한다.

(답안 양식)

교육비세액공제액	
기장세액공제액	

【문제 6】 (6점)

거주자 갑의 토지A에 대한 양도소득과 관련된 다음의 자료를 이용하여 아래 요구사항에 답하시오.

〈자 료〉

1. 토지A(등기된 비사업용 토지)의 취득 및 양도와 관련된 내역은 다음과 같다.

양 도 일	2022.12.12.
취 득 일	2012.10.18.
실지양도가액	200,000,000원
실지취득가액	80,000,000원
양 도 비 용	4,000,000원

2. 갑은 토지A를 아들 을에게 양도하였다(양도당시 시가 : 220,000,000원).

3. 토지A의 실지양도가액은 양도 후 매 3개월마다 25,000,000원씩 수령하기로 하였다(현재가치 평가금액 : 180,000,000원).

4. 토지A의 실지취득가액에는 취득세 3,000,000원(지방세법에 의한 감면액 600,000원을 감면하기 전 금액임)이 포함되어 있다(적격증명서류 분실).

5. 양도비용은 부동산 매매계약의 해약으로 인하여 지급한 위약금 2,000,000원, 공증비용 500,000원 및 부동산중개수수료 1,500,000원으로 구성되어 있다(적격증명서류를 보관하고 있음).

6. 토지A는 토지투기지역으로 지정된 지역에 소재하고 있으며, 갑은 2022년에 토지A 외에 양도한 다른 자산은 없다.

7. 보유기간 10년 이상 11년 미만 토지의 장기보유특별공제율은 20%이다.

8. 종합소득세율(일부)

과세표준	세 율
1,200만원 이하	과세표준의 6%
1,200만원 초과 4,600만원 이하	72만원+1,200만원을 초과하는 과세표준의 15%
4,600만원 초과 8,800만원 이하	582만원+4,600만원을 초과하는 과세표준의 24%
8,800만원 초과 1억5천만원 이하	1,590만원+8,800만원을 초과하는 과세표준의 35%

〈요구사항 1〉

갑의 토지A 양도에 따른 양도소득금액을 다음의 답안 양식에 따라 제시하시오. 단, 세부담 최소화를 가정한다.

(답안 양식)

양도가액	
취득가액	
기타의 필요경비	
장기보유특별공제	
양도소득금액	

〈요구사항 2〉

갑의 토지A 양도에 따른 양도소득산출세액을 다음의 답안 양식에 따라 제시하시오. 단, 양도소득금액은 100,000,000원이라고 가정한다.

(답안 양식)

양도소득과세표준	
양도소득산출세액	

【문제 7】 (10점)

(물음 1) ㈜대한과 ㈜민국의 최대주주인 거주자 갑은 외아들인 거주자 을의 재산을 증대시키기 위하여 다음 자료와 같은 사항을 순차적으로 수행할 계획을 수립하였다.

〈자 료〉

1. 갑은 ㈜대한과 ㈜민국의 주식 70%를 각각 보유하고 있다. ㈜대한과 ㈜민국은 모두 비상장회사이다.

2. 갑은 보유하고 있던 ㈜대한의 주식 중 80%를 을에게 액면가로 양도한다.

3. 골프장을 운영하는 ㈜민국은 직영하던 클럽하우스 내 식당 운영권을 ㈜대한에게 무상으로 제공한다.

4. 갑이 을에게 ㈜대한의 주식을 양도한 시점으로부터 3년 이내에 ㈜대한을 코스닥 시장에 상장시킨다.

〈요구사항〉

을에게 발생가능한 모든 증여세 과세 문제에 대해 간략하게 기술하시오.

(물음 2) 다음은 거주자 병(45세)의 증여세 관련 자료이다.

〈자 료〉

1. 병이 증여받은 내역은 다음과 같으며, 그 외 증여받은 재산은 없다.

증여자	증여일자	유형	증여재산가액
외조모	2020.5.1.	토지	15,000,000원

조부	2020.7.1.	현금	10,000,000원
부친	2021.6.1.	현금	15,000,000원
모친	2022.3.1.	현금	50,000,000원
조모	2022.3.1.	토지	25,000,000원

2. 증여받은 재산에 대해 당사자 간 합의에 따라 반환한 내역은 다음과 같으며, 반환하기 전에 과세표준과 세액을 결정받은 바 없다.

증여자	증여일자	유형	반환일자
외조모	2020.5.1.	토지	2020.8.2.
조부	2020.7.1.	현금	2020.9.2.

3. 상속세 및 증여세율(일부)

과세표준	세 율
1억원 이하	과세표준의 10%
1억원 초과 5억원 이하	1천만원＋1억원을 초과하는 금액의 20%

〈요구사항〉

병의 증여세 과세표준 및 증여세 산출세액을 다음의 답안 양식에 따라 제시하시오.

(답안 양식)

증여자	증여세 과세표준	증여세 산출세액
외조모		
조부		
부친		
모친		
조모		

1일차

2019년 제54회

재무관리

제2교시

【문제 1】(15점)

자본시장에는 다음과 같은 4명의 투자자만 존재한다고 가정하자.

투자자	이자소득에 대한 한계세율	개인의 부
갑	42%	1,000억원
을	30%	500억원
병	10%	100억원
정	0%	50억원

한편, 모든 투자자들은 국외투자를 통해서 8%의 면세수익률을 얻을 수 있다. 주식투자 시 기대수익률도 8%이며, 주식투자소득에 대한 개인소득세는 부과되지 않는다. 법인세율은 모든 기업들에게 35%로 동일하게 적용된다. 기업 전체의 영업이익은 매년 200억 원씩 영구적으로 발생할 것으로 기대되며, 감가상각은 없다. 모든 투자자는 위험중립형이고 밀러(1977)의 균형부채이론이 성립한다고 가정한다. 수익률과 부채비율은 %단위로 소수점 아래 셋째 자리에서 반올림하여 둘째 자리까지 표시하시오.

(물음 1) 개별 투자자의 입장에서 회사채투자와 주식투자를 무차별하게 하는 회사채의 세전 요구수익률은 투자자별로 얼마인가?

(물음 2) 사채시장의 균형 상태에서 세전 회사채수익률과 경제 전체의 회사채발행량은 각각 얼마인가?

(물음 3) 사채시장의 균형 상태에서 기업 전체의 부채비율(B/S)은 얼마인가?

(물음 4) 법인세율이 30%라면, 사채시장의 균형 상태에서 기업 전체의 부채비율(B/S)은 얼마인가? 단, 법인세율을 제외한 모든 조건은 동일하다고 가정한다.

【문제 2】 (15점)

㈜충무의 주가는 20,000원이고 주가수익비율(PER)은 10이며, 총발행주식수는 2백만주이다. ㈜남산은 보통주를 발행하여 주식교환방식으로 ㈜충무를 인수하려 한다. ㈜남산의 주가는 45,000원이고 PER는 15이며, 총발행주식수는 5백만주이다. 두 기업은 모두 무차입기업이며, 합병 후 PER는 15로 예상된다. 단, 합병 후에도 두 기업의 이익수준은 변하지 않는다고 가정한다. <u>주식교환비율은 %단위로 소수점 아래 셋째 자리에서 반올림하여 둘째 자리까지 표시하시오.</u>

(물음 1) ㈜남산이 자신의 합병 전 주가를 유지하기 위하여 제시할 수 있는 최대 주식교환비율은 얼마인가?

(물음 2) ㈜충무가 자신의 합병 전 주가를 유지하기 위하여 수용할 수 있는 최소 주식교환비율은 얼마인가?

(물음 3)~(물음 5)는 위의 물음과 독립적이다.

한편, ㈜충무는 자사의 지분 20%를 가지고 있는 ㈜헷지로부터 적대적 인수시도를 받고 있다. ㈜충무는 포이즌 필(poison pill)이 도입되어 정관에 포함될 경우를 고려하고자 한다. 특정 주주의 지분이 20% 이상이면 포이즌 필의 시행이 가능하며, 인수자를 제외한 모든 주주는 자신들이 보유하고 있는 주식수 만큼 새로운 주식을 50% 할인된 가격으로 매입할 수 있다. 단, 주가는 포이즌 필이 발효되기 전까지는 20,000원으로 유지되며, 완전자본시장을 가정한다.

(물음 3) ㈜헷지를 제외한 ㈜충무의 모든 주주들이 ㈜헷지의 적대적 인수시도에 대해 반대하여 포이즌 필이 발효되고, ㈜헷지를 제외한 ㈜충무의 모든 주주들이 보유한 주식수 만큼 새로운 주식을 매입한다고 가정하자. 이 조항이 발효된 후 ㈜헷지의 지분율과 ㈜충무의 새로운 주가는 각각 얼마인가?

(물음 4) 포이즌 필이 발효될 경우 ㈜헷지와 ㈜헷지를 제외한 ㈜충무의 기존 주주들 간 부의 이전이 어떻게 발생되는지 설명하시오.

(물음 5) 적대적 인수시도에 대한 방어 장치 도입의 필요성에 관하여 찬성하는 견해와 반대하는 견해를 <u>각각 3줄 이내로 설명하시오.</u>

【문제 3】 (20점)

(물음 1)~(물음 5)는 각각 독립적인 물음이다.

표준편차와 기대수익률의 공간에 위험자산 $A \sim D$를 표시하면 다음 그림과 같다.

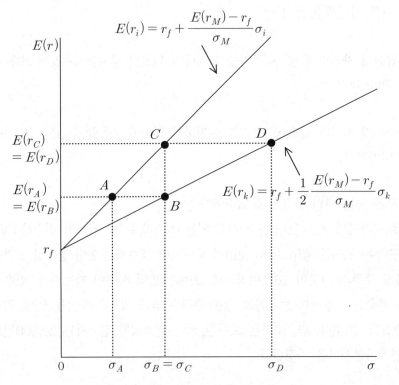

그림에서 r_f와 $E(r_M)$은 각각 무위험이자율과 시장포트폴리오의 기대수익률을 나타내고, σ_M은 시장포트폴리오 수익률의 표준편차를 나타낸다. 또한, $E(r_j)$와 σ_j는 각각 위험자산 j(j = A, B, C, D)의 기대수익률과 수익률의 표준편차를 나타낸다. 다음 가정 하에 물음에 답하시오.

> (1) 위험자산 $A \sim D$의 위험프리미엄은 모두 0 보다 크다.
> (2) 위험자산 B와 C 수익률 사이의 상관계수는 -1 보다 크고 1 보다 작다.
> (3) 위험자산 C의 위험프리미엄은 위험자산 A의 위험프리미엄의 2배이다.
> (4) CAPM이 성립한다.

(물음 1) 위험자산 A의 위험프리미엄과 수익률의 표준편차(σ_A)는 각각 3%와 6%라고 하자. 효율적 포트폴리오 E의 표준편차가 7%라면, 포트폴리오 E의 기대수익률은 얼마인가? 단, 무위험이자율은 5%이다.

(물음 2) 위험자산 B와 D에 각각 40%와 60%를 투자하여 구성한 포트폴리오의 기대수익률이 시장포트폴리오의 기대수익률과 동일하다고 가정할 때, 다음에 대해 답하시오.
① β_A와 β_C는 각각 얼마인가?
② 위험자산 A와 C를 결합하여 구성한 포트폴리오의 표준편차가 0이기 위한 위험자산 A의 구성비율은 얼마인가?

(물음 3) 위험자산 B와 C를 이용하여 포트폴리오를 구성하고자 한다. 다음에 대해 답하시오.
① 포트폴리오 F는 위험자산 B와 C로 구성한 최소분산 포트폴리오(minimum variance portfolio)이다. 포트폴리오 F를 만들기 위한 위험자산 B의 구성비율은 얼마인가?
② 포트폴리오 F와 동일한 기대수익률을 제공하는 포트폴리오들 가운데 포트폴리오 X의 표준편차가 가장 작다. 시장포트폴리오의 표준편차가 20%이고 포트폴리오 X의 표준편차가 45%라면, β_B는 얼마인가?

(물음 4) 위험자산 P의 분산은 위험자산 B와 시장포트폴리오에 각각 50%씩 투자하여 구성한 포트폴리오의 분산과 같다. 위험자산 P의 분산이 시장포트폴리오 분산의 $\frac{3}{4}$배(즉, $\sigma_P^2 = 0.75\sigma_M^2$)라고 할 때, 다음에 대해 답하시오.
① β_A는 얼마인가?

② 위험자산 B의 위험프리미엄이 6%라면, 시장포트폴리오의 위험프리미엄은 얼마인가?

(물음 5) 자본시장의 불균형이 발생한 경우, CAPM모형과 APT모형에서 시장균형을 회복하는 과정이 서로 차이를 보이는데, 그 차이점이 무엇인지 <u>5줄 이내로 설명하시오.</u>

【문제 4】 (10점)

(물음 1)과 (물음 2)는 각각 독립적인 물음이다.

아래 표에 제시된 주식 A와 B의 기대수익률, 표준편차 그리고 베타를 이용하여 다음 물음에 답하시오.

주식	기대수익률	표준편차	베타
A	14%	11%	0.6
B	16%	20%	1.6

(물음 1) 무위험자산이 존재하지 않고 주식 A와 B만 존재하는 완전자본시장을 가정하자. 시장포트폴리오는 주식 A와 B에 각각 60%와 40%를 투자한 포트폴리오이다. 다음에 대해 답하시오.
① 제로베타 포트폴리오를 만들기 위한 주식 A의 구성비율과 제로베타 포트폴리오의 기대수익률은 각각 얼마인가?
② 주식 A와 B 수익률 사이의 공분산과 제로베타 포트폴리오의 표준편차는 각각 얼마인가? <u>공분산은 소수점 아래 다섯째 자리에서 반올림하여 넷째 자리까지, 표준편차는 %단위로 소수점 아래 셋째 자리에서 반올림하여 둘째 자리까지 표시하시오.</u>

(물음 2) 주식 A와 B의 수익률은 모두 시장모형에 의해 생성된다는 가정 하에 다음에 대해 답하시오.
① 주식 A 수익률과 시장포트폴리오 수익률 사이의 상관계수가 0.6이라면, 주식 A와 B 수익률 사이의 공분산은 얼마인가? <u>공분산은 소수점 다섯째 자리에서 반올림하여 넷째 자리까지 표시하시오.</u>

② 시장모형과 마코위츠(Markowitz)의 완전분산공분산모형을 비교할 때, 시장모형의 유용성 가운데 하나는 업종별 애널리스트를 통한 증권분석과 투자의사결정이 가능하다는 점이다. 그 이유를 <u>5줄 이내로 설명하시오.</u>

【문제 5】(15점)

사회적 책임활동이 활발한 기업에 주로 투자하는 주식형 펀드 '케이'의 시장타이밍(market timing) 능력과 운용성과를 사후적으로 측정하기 위하여 다음과 같은 회귀모형을 추정하였다.

$$R_k = 0.09 + 0.92R_m + 0.12R_m^2 - 0.16SMB + 0.08HML + \varepsilon_k$$
$$\quad (0.03)\;(0.25)\qquad(0.03)\qquad(0.05)\qquad\quad(0.12)$$

$$\overline{R^2} = 0.21$$

표본으로 2010년 1월부터 2018년 12월까지 월별 자료를 이용하였다. R_k는 펀드 '케이'의 수익률에서 무위험이자율을 차감한 펀드 '케이'의 초과수익률, R_m은 시장포트폴리오 수익률에서 무위험이자율을 차감한 시장초과수익률, SMB는 Fama와 French의 기업규모요인, HML은 Fama와 French의 가치요인, ε_k는 펀드 '케이'의 잔차, $\overline{R^2}$는 조정 R^2를 의미한다. 추정 회귀계수 아래 괄호안의 숫자는 표준오차를 나타낸다.

(물음 1) 회귀모형 추정결과를 이용하여 ① 기업규모요인과 가치요인의 유의성을 판별한 다음 그 의미를 설명하고 ② 시장타이밍 능력 판별모형에 Fama와 French의 기업규모요인과 가치요인을 추가하는 이유는 무엇인지 설명하시오.

(물음 2) 회귀모형 추정결과를 이용하여 ① 상수항 추정계수 0.09가 의미하는 바를 설명하고 ② 젠센의 알파(Jensen's alpha)와 어떻게 다른지 설명하시오.

(물음 3) 시장타이밍 능력이란 펀드매니저가 미래 시장 상황에 맞추어 보유 주식에 대한 투자비중을 적절하게 변화시켜 포트폴리오의 베타를 조정할 수 있음을 의미한다. 위의 회귀모형 추정결과를 이용하여 펀드 '케이' 매니저의 시장타이밍 능력을 판별하시오.

(물음 4) 제시된 회귀모형이 펀드 '케이' 매니저의 시장타이밍 능력을 판별할 수 있는 모형임을 보일 수 있는 근거를 적절한 수식을 사용하여 제시하시오.

【문제 6】 (10점)

1년, 2년, 3년 후에 각각 1,000억원을 지불할 부채를 보유하고 있는 ㈜한국보험은 이자율 변동으로 발생하는 부채 포트폴리오의 가치변동위험을 면역화 하려고 한다. 자본시장에서 현재의 채권수익률은 5%이고 수익률곡선은 수평이며 평행이동 한다고 가정한다. 금액은 억원 단위이며, 모든 계산결과는 소수점 아래 다섯째 자리에서 반올림하여 넷째 자리까지 표시하시오.

(물음 1) ㈜한국보험이 보유한 부채 포트폴리오의 듀레이션과 볼록성(convexity)은 각각 얼마인가?

(물음 2) ㈜한국보험이 1년 만기 무이표채와 3년 만기 무이표채를 이용하여 면역전략을 수행하고자 한다. 단, ㈜한국보험은 다른 자산을 보유하고 있지 않으며, 자산과 부채 포트폴리오의 현재가치를 일치시켜서 면역전략을 수행한다고 가정한다.
① 1년 만기 및 3년 만기 무이표채에 투자할 비중과 금액은 각각 얼마인가?
② ㈜한국보험이 보유한 자산 포트폴리오의 볼록성은 얼마인가?
③ 이자율 변동으로 발생하는 부채 포트폴리오의 가치변동에 대하여 완전면역이 확보되는지 설명하시오.

(물음 3) ㈜한국보험이 1년 만기 무이표채와 2년 만기 무이표채를 이용하여 면역전략을 수행하고자 한다. 단, ㈜한국보험은 다른 자산을 보유하고 있지 않으며, 자산과 부채 포트폴리오의 현재가치를 일치시켜서 면역전략을 수행한다고 가정한다.
① 1년 만기 및 2년 만기 무이표채에 투자할 비중과 금액은 각각 얼마인가?
② ㈜한국보험이 보유한 자산 포트폴리오의 볼록성은 얼마인가?
③ 이자율 변동으로 발생하는 부채 포트폴리오의 가치변동에 대하여 완전면역이 확보되는지 설명하시오.

(물음 4) (물음 2)와 (물음 3)의 전략이 부채 포트폴리오의 가치변동위험에 대한 면역화에 차이를 발생시키는가? 만약 차이를 발생시킨다면 <u>근본적인 이유</u>를 설명하시오.

【문제 7】 (15점)

금년도 1월 1일($t=0$) 기준으로 만기, 액면금액, 액면이자율, 만기수익률이 상이한 채권들이 아래 표에 제시되어 있다. 자본시장에서 채권 A, B, C가 각각 균형가격 하에 있고 모든 이자지급 주기는 1년으로 가정한다. <u>계산결과는 소수점 아래 다섯째 자리에서 반올림하여 넷째 자리까지 표시하시오.</u>

채권	만기	액면금액	액면이자율	만기수익률
A	1년	100,000원	0%	6%
B	2년	70,000원	10%	9%
C	3년	50,000원	15%	12%
D	3년	100,000원	20%	13%

(물음 1) 금년도 1월 1일 시점($t=0$)에서 채권 A, B, C의 시장가격은 각각 얼마인가?

(물음 2) 금년도 1월 1일 시점($t=0$)에서 $t=k$년 만기 현물이자율을 $_0i_k$, $t=k$년 시점에서 1년 만기 선도이자율을 $_kf_{k+1}$으로 각각 표기한다. $(1+_0i_2)^2$, $(1+_0i_3)^3$, $_1f_2$, $_2f_3$은 각각 얼마인가?

(물음 3) 채권을 매입, 매도하는 경우 거래비용이 없다고 가정하고 다음에 대해 답하시오.
① 채권 D의 시장가격과 균형가격을 각각 계산하고 채권 D의 과소 또는 과대평가 여부를 판단하시오.
② 채권 D 1개를 거래단위 기준으로 하여 차익거래 전략을 제시하시오. 단, 금년도 1월 1일 시점($t=0$)을 제외한 다른 시점($t=1, 2, 3$)의 순현금흐름은 0이 되도록 차익거래를 구성한다. 1단위 이하로 분할하여 채권의 거래가 가능하다고 가정한다.

(물음 4) 차익거래에서 매입 및 매도되는 모든 채권의 거래비용이 거래금액의 0.3%라고 가정한다. 차익거래가 발생할 수 있는 채권 D의 가격범위를 구하시오.

1일차

2019년 제54회

회계감사

제3교시

※ **답안 작성 시 유의사항**

1. 문제에서 서술하라고 요구한 경우에는 문장의 형태로 답해야 합니다.
2. 답안양식을 제시한 경우에는 답안양식에 맞게 답해야 합니다.
3. 답의 개수를 제한한 경우에는 해당 개수를 초과한 부분은 채점에서 고려하지 않습니다.

【문제 1】(10점)

공인회계사윤리기준은 개념체계접근법을 기본원리로 삼으면서 윤리강령의 준수, 위협유형의 파악, 제도적 안전장치의 강구, 적절한 조치로 구성되어 있으며, 공인회계사가 업무를 수행하면서 윤리기준의 준수에 위협을 받을 때 대처하는 접근방법을 체계화시켜 보여주고 있다.

※ 다음의 독립적인 사례 또는 상황별로 물음에 답하시오.

[사 례]

X회계법인은 가람㈜로부터 재무제표 감사업무의 수임을 요청받았다. 가람㈜는 전기에 Y회계법인으로부터 재무제표 감사를 받았으며, 전기에 지급한 감사수수료는 1억 원이었다. 가람㈜는 X회계법인에게 감사보수를 7천만 원으로 낮추어 감사계약을 요청하였다.

(물음 1) X회계법인이 가람㈜의 감사업무요청을 수용한다면, 윤리강령 준수를 방해하는 다양한 위협 중 어느 <u>위협</u>이 발생할 수 있는지를 기재하시오.

(물음 2) 위의 사례에서 발생할 수 있는 윤리강령 준수에 대한 위협을 수용 가능한 수준 이하로 감소시키기 위해서, X회계법인이 반드시 취해야 할 <u>안전장치 두 가지</u>를 서술하시오.

(물음 3) 위의 사례와 관계없이 공인회계사가 윤리기준에서 정한 필수적(기본적) 안전장치와 추가적 안전장치를 적용한 이후에도 관련 위협을 수용 가능한 수준 이하로 감소시킬 수 없다면, 이는 윤리강령을 준수하기 어려운 상황을 의미한다. 이러한 상황에서 공인회계사가 취할 수 있는 <u>적절한 조치</u>에 대해서 서술하시오.

(물음 4) 아래의 각 독립된 상황이 야기시킬 수 있는 공인회계사윤리기준 상 <u>독립성 훼손위협의 종류</u>를 예시에서 하나를 선택하여 기재하시오(아래 [답안양식]을 사용할 것).

[예시]

이기적위협, 자기검토위협, 변호위협, 유착위협, 압력위협

[상 황]

① B회계법인은 지리산관광㈜에 대하여 채권 3억 원을 가지고 있다. 이 채권 중에서 전기 재무제표 감사업무와 관련된 채권이 1억 원이며, 나머지 채권 2억 원은 금전소비대차거래로 인한 채권이다.

② B회계법인 소속 이유명 공인회계사는 회계법인 퇴직 후 10개월 뒤에 B회계법인의 감사대상회사인 서울㈜의 재무담당임원으로 취임하였다. 이유명 공인회계사는 B회계법인 재직 당시 서울㈜의 재무제표 감사업무에 관여하지 않았다.

③ 공인회계사 자격증 소지자인 이대한씨는 경기㈜에서 경리과장으로 근무하던 중 20x8년 11월에 B회계법인 소속 공인회계사로 입사하였다. 20x9년 1월에 B회계법인과 경기㈜는 재무제표 감사계약을 체결하였다.

④ 전북㈜의 외부감사인인 이언변 공인회계사는 전북㈜가 주주들로부터 손해 배상청구소송을 제기 받음에 따라 회사의 입장을 대변하기 위하여 동 소송사건에 관여하였다.

⑤ B회계법인의 사원인 이영희 공인회계사는 직계비속의 사망으로 인하여 B 회계법인의 감사대상회사 주식 0.5%를 소유하게 되었다.

⑥ 이지수 공인회계사는 B회계법인의 사원으로 근무하고 있으며, B회계법인 은 경북㈜를 감사하고 있다. 이지수 공인회계사의 부친은 경북㈜의 대표이 사로 재직 중이다.

⑦ 부산㈜의 재무제표감사 인증업무팀의 구성원인 이장래 공인회계사는 이번 부 산㈜의 감사업무가 종료된 후에 부산㈜의 재무담당이사로 합류할 예정이다.

⑧ 이관상 공인회계사는 전남㈜의 대표이사의 부탁으로 회계부서 직원 채용 면접심사에 참여하고 가장 적합한 후보자를 선발하여 추천하였다. 또한, 대표이사와 함께 최종면접에 참석하여 박수리씨를 회계팀장으로 선발하였 다. 해당 연도에 이관상 공인회계사는 전남㈜의 재무제표에 대한 외부감사 업무를 의뢰받았다.

(답안 양식)

번호	윤리기준 상 독립성 훼손위협의 종류
①	
②	
③	
④	
⑤	
⑥	
⑦	
⑧	

(물음 5) 공인회계사는 업무수행과정에서 직면하는 윤리강령 준수의 위협을 유발할 수 있 는 다양한 상황(예를 들어, 이해상충, 제2의견, 알선수수료 등)을 파악하기 위한 합리적 조

치를 취하고 각 상황이 발생시킬 수 있는 위협의 심각성을 평가하여야 한다. 해당 위협이 명백하게 경미한 경우 외에는 위협을 제거하거나 수용 가능한 수준 이하로 감소시키는데 필요한 기본적인 안전장치 및 추가적인 안전장치를 강구하고 이를 적용하여야 한다.

〈요구사항 1〉

이해상충 상황이 발생시킬 수 있는 위협과 관련하여 강구하여야 할 추가적인 안전장치의 예를 세 가지만 서술하시오(주의 : 기본적인 안전장치에 대해서는 서술하지 않을 것).

〈요구사항 2〉

제2의견의 제공을 요청받은 공인회계사는 의뢰인에게 기존 공인회계사와의 논의를 허용해 줄 것을 요청하고, 제2의견 표명의 한계를 설명하며, 기존 공인회계사에게 제2의견 사본을 제공하는 등의 안전장치를 고려하여야 한다. 그 이유를 서술하시오.

【문제 2】 (13점)

스테레오 헤드폰을 생산판매하는 업체인 대한㈜는 20x8년 10월 회사의 재무담당임원의 횡령 사실을 알게 되었다. 횡령 규모는 과거 수 년 동안 총 31억 원 정도에 이르렀다. 회사의 외부감사인은 횡령이 발생하였던 회계기간의 재무제표에 대하여 적정의견을 표명하였다. 아래의 횡령사실 조사과정에서 밝혀진 바와 같이 재무담당임원의 횡령 규모는 해가 거듭될수록 증가하고 있었다.

구분	횡령 규모
20x3년	220,950,477원
20x4년	222,766,900원
20x5년	316,031,000원
20x6년	504,096,800원
20x7년	808,500,937원
20x8년 1분기	532,630,500원
20x8년 2분기	491,700,500원

대한㈜의 연 매출 규모가 400억 원에서 450억 원 정도임을 감안할 때 재무담당임원의 횡령 규모는 대단히 중요한 금액이 아닐 수 없다. 추가 정보로써 20x5년부터 20x8년 1분기까지 영업이익은 다음과 같다.

구분	영업이익
20x5년	834,471,500원
20x6년	741,056,992원
20x7년	288,773,195원
20x8년 1분기	92,849,157원

횡령조사 결과, 재무담당임원은 주로 매출원가 계정을 이용하여 부정행위를 하였으며, 회사의 내부통제와 지배기구는 그러한 횡령사실을 오랫동안 감지해오지 못한 것으로 밝혀졌다. 과거 수 년 동안 악화되어 온 재무상태 및 영업성과에 대해 재무담당임원은 원자재 가격 상승이 주된 원인이라고 설명해왔다.

위의 사례를 토대로, 아래 물음에 답하시오.

(물음 1) 외부감사인은 재무제표 감사업무를 수행함에 있어서 항상 전문가적 의구심을 견지하여야 한다.

〈요구사항 1〉 전문가적 의구심의 정의를 서술하시오.

〈요구사항 2〉 위의 사례에서 외부감사인이 전문가적 의구심을 적절하게 견지하였는지 여부를 제시하고 그 근거를 서술하시오.

(물음 2) 다른 소식통에 의하면, 재무담당임원은 자신의 우월한 지위를 이용하여 하급자들에게 강압적 자세를 취해왔으며 심지어는 경영진의 면전에서 하급자들에게 폭언을 일삼아 왔다고 한다. 이러한 재무담당임원의 행동이 부정위험요소가 될 수 있는지를 서술하시오.

(물음 3) 부정에 대한 예방책임, 발견책임, 보고책임을 [A]경영진 및 지배기구, [B]외부감사인 두 그룹으로 나누어 서술하시오(아래 [답안양식]을 사용할 것).

[답안양식]

구분	부정에 대한 책임
[A]	
[B]	

(물음 4) [A]부정으로 인한 왜곡표시가 오류로 인한 왜곡표시보다 발견되지 못할 위험이 훨씬 큰 이유, [B]경영진의 부정에 의한 중요한 왜곡표시가 종업원의 부정보다 훨씬 발견되기 힘든 이유를 서술하시오(아래 [답안양식]을 사용할 것).

[답안양식]

[A]	
[B]	

(물음 5) 아래에서는 부정과 관련한 감사인의 감사절차 흐름을 예시하고 있다. Step 1, Step 3, Step 4, Step 6에서 감사인이 취해야 할 적합한 감사절차를 서술하시오(아래 [답안양식]을 사용할 것).

순서	감사인이 취해야 할 감사절차
Step 1	*(공 란)*
Step 2	위험평가절차 및 관련활동
Step 3	*(공 란)*
Step 4	*(공 란)*
Step 5	실증절차의 수행 및 감사증거의 평가
Step 6	*(공 란)*

[답안양식]

순서	감사인이 취해야 할 감사절차
Step 1	
Step 3	
Step 4	
Step 6	

(물음 6) 부정은 다양한 이유로 사후적 발견이 어렵기 때문에 사전적으로 발생을 예방하거나 억제하는 데 초점을 맞추는 것이 경제적이다. 경영진과 지배기구 관점에서 부정예방 및 억제를 위해 취할 수 있는 방안을 세 가지만 서술하시오.

【문제 3】 (7점)

최근 분식회계·부실감사를 보다 효과적으로 억제할 수 있도록 내부감사기구의 감시, 통제 강화 등 그 역할과 책임이 대폭 강화되고 있다. 그 중심에 서있는 감사(위원회)는 매우 중요한 역할을 수행하여야 한다.

(물음 1) 외부감사인의 관점에서 감사대상회사의 감사위원회를 구성하고 있는 위원의 독립성 및 전문성이 중요한 이유를 서술하시오.

(물음 2) 「주식회사등의외부감사에관한법률(외부감사법)」에서는 기업규모, 기업형태, 감사위원회 설치 여부에 따라 외부감사인 선정 주체를 달리 규정하고 있다. 아래 표에 표시된 번호에 적합한 외부감사인 선정 주체를 기재하시오(아래 [답안양식]을 사용할 것).

구분			외부감사인 선정 주체
주식회사	주권 상장법인, 대형비상장주식회사 또는 금융회사	감사위원회가 설치된 경우	①
		감사위원회가 설치되지 아니한 경우	②
	그 밖의 회사	감사위원회가 설치된 경우	③
		감사위원회가 설치되지 아니한 경우	④

[답안양식]

번호	외부감사인 선정 주체
①	
②	
③	
④	

(물음 3) 감사위원회는 외부감사인과 외부감사 상황에 대하여 수시로 논의하여 외부감사에 대한 이해를 높이고 재무제표에 대한 내부감사기능을 수행하여야 한다. 또한, 외부감사인에게 구체적인 거래나 사건에 대한 정보를 제공하여 외부감사인의 감사증거 수집에 도움을 주는 등 외부감사인과의 공조를 통해 감사역할을 수행하여야 한다. 이와 관련하여 회계감사기준에서 감사위원회가 수행하도록 <u>권장하고 있는 사항</u>을 서술하시오.

(물음 4) 외부감사법 상 감사위원회가 이사의 직무수행에 관하여 부정행위 또는 정관에 위반되는 중대한 사실을 발견한 경우 취해야 할 <u>후속 조치사항</u>에 대해서 서술하시오.

【문제 4】 (18점)

X회계법인은 가나다㈜의 20x2년(1.1.~12.31.) 재무제표 감사를 수행하고 있으며, 20x1년부터 가나다㈜를 감사하고 있다.

※ 아래 각 물음은 서로 독립적이다.

(물음 1) 가나다㈜의 자금담당자가 제시한 차입금 현황은 다음과 같다.

차입처	당기 말 이자율	차입금		담보 제공	만기
		당기 말 20x2. 12.31.	전기 말 20x1. 12.31.		
A은행	2.5%	80억 원	80억 원	해당 없음	20x3.10.31.
B은행	-	-	20억 원	해당 없음	-
C은행	2.0%	120억 원	100억 원	부동산 담보 제공	20x3. 5.30.

동 자료를 입수한 현장책임회계사가 차입금 및 담보제공 내역을 확인하기 위해 수행한 감사절차는 다음과 같다.

⟨A은행 차입금⟩

• 당기와 전기의 잔액 변동이 없으며 담보제공 내역도 없었으므로 회사의 자금
담당자 및 회계담당임원에게 질문을 통해서 동 내용이 맞는지를 확인하였다.

• 회사의 자금담당자로부터 A은행의 잔액확인서를 전달받아 차입금 잔액, 만
기 및 이자율의 변동이 없음을 확인하였다. 또한, 전기조서에 첨부된 은행
조회서를 통해 전기 차입금 정보를 확인하여 당기와 변동이 없음을 추가로
확인하였다. 상기 절차를 수행하고 감사절차를 종결하였다.

⟨B은행 차입금⟩

• 20x2년 12월 30일에 전액 상환되었다. 회사에 상환증빙을 요청하여 동 상
환내역을 확인하였다.

⟨C은행 차입금⟩

• 당기와 전기의 잔액 변동, 담보제공 내역을 확인할 목적으로 은행조회서를
직접 발송하고 회수하여 당기 말 차입금 잔액, 담보제공 내역, 만기 및 이자
율을 확인하였다.

⟨기타⟩

• 당기 말 현재 A은행 및 C은행 이외 다른 금융기관과 거래를 하는지 여부
를 회사의 자금담당자 및 회계담당임원에게 질문을 통해서 확인하였다.

현장책임회계사가 수행한 차입금 및 담보제공 내역확인을 위한 감사절차에서 [A]잘못
된 감사절차 중 세 가지만 제시하고, 이에 대한 [B]올바른 감사절차를 서술하시오(아래
[답안양식]을 사용할 것).

[답안양식]

구분	[A]	[B]
①		
②		
③		

(물음 2) 커피프랜차이즈업을 영위하고 있는 가나다㈜의 매출관련 자료는 다음과 같다.

> 〈로열티매출〉
>
> 가나다㈜는 가맹점에게 브랜드 사용료, 가맹점 운영관리시스템 사용료, 광고료 등의 명목으로 로열티를 월별로 청구하고 있다.
>
> 로열티매출액은 가맹점매출액의 2%로 산정된다.
>
> 〈상품매출〉
>
> 가나다㈜는 커피원두를 원두전문회사인 커피최고㈜로부터 구입하여 가맹점에 납품하고 있다.
>
> 매입단가는 원두가격의 변동에 영향을 받고, 매출단가는 매입단가에 일정마진을 고려하여 산정되고 있으므로 원가율의 변동은 미미하다.

업무수행이사는 현장책임회계사에게 아래와 같은 사항을 고려해서 매출의 실증적 감사절차를 수행하도록 요청하였다.

> • 가나다㈜는 유가증권시장에 상장을 준비하고 있는 회사이기 때문에 매출계정은 중요왜곡표시위험이 높을 것으로 판단하고 있다.
> • 매출과 관련하여 현장책임회계사가 고려해야할 경영진의 주장은 발생사실, 완전성, 정확성, 기간귀속이다.

현장책임회계사가 매출과 관련된 상기 경영진의 주장을 확인하기 위해 수행한 실증적 감사절차는 다음과 같다.

> 수행한 실증적 감사절차
>
> 〈로열티매출〉
> • 실증적인 분석적 절차를 수행하기 위해서 가맹점 운영관리시스템에서 산출되는 가맹점 매출자료를 수령하여, 동 자료를 통해 가맹점매출의 2%로 로열티매출액이 산정되는지를 확인하였다.
> • 가맹점 계약서를 통해 로열티 비율이 2%임을 확인하였다.
> • 가맹점 운영관리시스템에서 가맹점 매출자료가 자동으로 산출되고 있기 때문에 추가 확인 절차는 생략하였다.
> • 실증적인 분석적 절차를 수행한 결과 예측범위 내에서 로열티매출액이 산정되므로 실증세부테스트는 수행하지 않았다.

> 〈상품매출〉
> • 월별 원두 시장가격을 감사인이 독립적으로 조사하여 회사의 매입단가와 비교하고, 회사의 마진율을 고려하여 매출단가가 적정한지를 확인하였다.
> • 커피프랜차이즈 시장조사자료를 외부기관으로부터 입수하여 전체적인 매출수량의 적정성을 확인하였다.
> • 실증적인 분석적 절차를 통해 산출된 기대매출액과 실제매출액의 차이가 중요하다고 판단되어 상품매출에 대해서는 추가적으로 실증세부테스트를 수행하기로 하였다.
> • 회사담당자가 월별 가맹점별로 상품매출에 대한 세금계산서를 발행하는 바 매출원장에서 표본을 선정하고 해당 세금계산서를 대사하여 경영진의 주장을 확인하였다.

현장책임회계사가 수행한 매출의 실증적 절차와 관련하여 [A]잘못된 감사절차 중 세 가지만 제시하고, 이에 대한 [B]올바른 감사절차를 서술하시오(아래 [답안양식]을 사용할 것).

[답안양식]

구분	[A]	[B]
①		
②		
③		

(물음 3) 가나다㈜는 20x2년 5월 3일에 최대주주(지분율 100%) 및 대표이사인 홍길동씨에게 10억 원을 대여하였다. 대여약정서 상 만기일은 20x3년 1월 2일이며 이자율은 연 '0%'이다.

또한, 20x2년 5월 3일에 가나다㈜는 토지(장부금액 10억 원)를 홍길동씨에게 매각하기로 하는 매매계약(매매금액 10억 원)을 체결하였다. 다음 날 매매금액을 전액 수수하고 토지의 소유권 이전등기가 완료되었다.

가나다㈜는 홍길동씨와의 거래를 특수관계자 거래로 공시하였고, 거래도 정당하게 이루어졌다고 주장하고 있다.

현장책임회계사가 동 거래에 대해서 [A]전문가적 의구심을 가지고 파악해야 하는 사항 중 두 가지만 제시하고, [B]회사로부터 추가적으로 입수하여야 하는 감사증거를 기재하시오(아래 [답안양식]을 사용할 것).

[답안양식]

구분	기재할 사항
[A]	① ②
[B]	

(물음 4) 가나다㈜의 재고자산은 모두 상품으로 구성되어 있다. 현장책임회계사는 재고자산에 대한 실사입회계획을 다음과 같이 수립하였다.

재고실사입회계획
현장책임회계사는 재고자산의 내부통제가 효과적으로 설계 및 운용되고 있다고 판단하고 있다.
현장책임회계사는 회사의 결산일(12월 31일) 이전인 12월 26일에 실사입회를 수행할 계획이다.
재고실사입회 시 재고수불부에서 표본을 추출하여 실물을 확인하는 절차로 실사입회를 수행할 계획이다.
상품성이 훼손된 재고자산에 대해서도 별도로 실사입회를 수행할 계획이다.

[A]재고실사입회일이 재무제표일과 다른 경우 현장책임회계사가 고려해야 할 사항을 ①내부통제측면, ②실증절차측면으로 나누어 각각 한 가지씩 기재하고, [B]일반적으로 재고실사입회 시 예상되는 경영진의 주장을 고려하여 추가로 계획할 감사절차 중 한 가지를 기재하시오(아래 [답안양식]을 사용할 것).

[답안양식]

구분	기재할 사항
[A]	① ②
[B]	

【문제 5】 (10점)

Y회계법인은 최고㈜의 2019년(1.1.~12.31.) 재무제표 감사를 수행하고 있다. 최고㈜는
유가증권시장 상장기업이며 자산총액 2조 원 이상 회사이므로 Y회계법인은 2019년부
터 내부회계관리제도 감사를 동시에 수행하여야 한다.

Y회계법인의 업무수행이사와 현장책임회계사는 재무제표 감사와 내부회계관리제도 감
사 각각의 목적을 동시에 달성할 수 있도록 통합감사를 계획하고 있다.

※ 아래 각 물음은 서로 독립적이다.

(물음 1) 현장책임회계사는 통합감사를 수행하기 위해서 다음과 같이 전반적인 감사계
획을 수립하였다.

구분	내 용
가	내부회계관리제도 감사와 재무제표 감사에서 사용할 중요성 금액은 각각의 목적을 고려하여 다르게 설정하기로 계획하였다.
나	내부회계관리제도 감사를 위해서 재무제표에 대해서만 의견을 표명할 때와 달리 더 많은 통제의 설계 및 운영효과성에 대한 테스트를 수행하기로 계획하였다.
다	테스트할 통제의 위험이 증가할수록 감사증거의 충분성과 적합성도 증가하도록 계획하였다.
라	설계효과성 테스트 시 해당 통제가 통제목적을 충족하고 재무제표의 중요한 왜곡표시를 초래할 수 있는 부정이나 오류로 인한 왜곡표시를 효과적으로 예방하거나 발견·수정할 수 있는지를 테스트할 예정이다.
마	운영효과성 테스트 시 평가기준일(12월 31일)에 가깝게 테스트하는 통제와 회계기간(1.1.~12.31.)에 걸쳐 테스트하는 통제로 구분하지 않고, 모두 회계기간에 걸쳐 테스트하기로 계획하였다.

상기 감사계획에서 수정되어야 할 사항이 있다면 그 내용을 기술하고, 없으면 "없음"이
라고 기술하시오(아래 [답안양식]을 사용할 것).

[답안양식]

구분	내용
가	
나	
다	
라	
마	

(물음 2) 현장책임회계사는 내부회계관리제도 감사에서 통제 테스트 수행 결과 미비점을 식별하였다. 동 내부회계관리제도 감사에서 미비점을 식별한 현장책임회계사가 재무제표 감사에서 감사위험을 수용가능한 수준으로 낮추기 위해 고려할 사항을 기술하시오.

(물음 3) 업무수행이사와 현장책임회계사는 "회계감사기준서 1100(내부회계관리제도의 감사)"에 따라서 내부회계관리제도 감사 중 발견된 미비점, 유의적 미비점, 중요한 취약점을 경영진 및 지배기구와 커뮤니케이션을 수행하여야 한다. 커뮤니케이션 대상별로 보고하여야 할 미비점의 종류를 모두 기재하시오(아래 [답안양식]을 사용할 것).

〈미비점의 종류〉

① 미비점, ② 유의적 미비점, ③ 중요한 취약점

[답안양식]

구분	①, ②, ③ 중 해당되는 사항 모두 선택
경영진	
지배기구	

(물음 4) 현장책임회계사는 내부회계관리제도를 감사한 결과 유의적 미비점(1개)을 발

견하였으나 최고㈜의 경영진은 내부회계관리제도 운영실태보고서에 동 유의적 미비점의 내용을 별첨에 기재하지 않았다. 또한, 감사과정에서 업무범위의 제한은 없었다. 이러한 상황에서 업무수행이사와 감사팀이 내부회계관리제도에 대해서 최종적으로 표명할 [A]감사의견과 [B]그 이유를 기재하시오(아래 [답안양식]을 사용할 것).

[답안양식]

구분	내용
[A]	
[B]	

【문제 6】 (24점)

다음은 대한㈜의 독립된 감사인의 감사보고서 초안이다(단, 대한㈜는 자산총액 2조 원이상 유가증권시장 상장기업임).

※ 아래 각 물음은 서로 독립적이다.

독립된 감사인의 감사보고서

대한 주식회사
주주 및 이사회 귀중

감사의견
우리는 대한 주식회사(이하 "회사")의 재무제표를 감사하였습니다. 해당 재무제표는 2018년 12월 31일 현재의 재무상태표, 동일로 종료되는 보고기간의 손익계산서(또는 포괄손익계산서), 자본변동표, 현금흐름표 그리고 유의적인 회계정책의 요약을 포함한 재무제표의 주석으로 구성되어 있습니다.

우리의 의견으로는 별첨된 회사의 재무제표는 회사의 2018년 12월 31일 현재의 재무상태와 동일로 종료되는 보고기간의 재무성과 및 현금흐름을 한국채택국제회계기준에 따라, 중요성의 관점에서 공정하게 표시하고 있습니다.

감사의견근거

우리는 대한민국의 회계감사기준에 따라 감사를 수행하였습니다. 이 기준에 따른 우리의 책임은 이 감사보고서의 재무제표감사에 대한 감사인의 책임 단락에 기술되어 있습니다. 우리는 재무제표감사와 관련된 대한민국의 윤리적 요구사항에 따라 회사로부터 독립적이며 그러한 요구사항에 따른 기타의 윤리적 책임들을 이행하였습니다. 우리가 입수한 감사증거가 감사의견을 위한 근거로서 충분하고 적합하다고 우리는 믿습니다.

핵심감사사항

핵심감사사항은 우리의 전문가적 판단에 따라 당기 재무제표감사에서 가장 유의적인 사항들입니다.

해당 사항들은 재무제표 전체에 대한 감사의 관점에서 우리의 의견 형성 시 다루어졌으며, 우리는 이런 사항에 대하여 별도의 의견을 제공하지는 않습니다.

우리는 아래에 기술된 사항을 이 감사보고서에서 커뮤니케이션할 핵심감사사항으로 결정하였습니다.

[핵심감사사항 각각에 대한 기술]

재무제표에 대한 경영진과 지배기구의 책임

경영진은 한국채택국제회계기준에 따라 이 재무제표를 작성하고 공정하게 표시할 책임이 있으며, 부정이나 오류로 인한 중요한 왜곡표시가 없는 재무제표를 작성하는데 필요하다고 결정한 내부통제에 대해서도 책임이 있습니다.

경영진은 재무제표를 작성할 때, 회사의 계속기업으로서의 존속능력을 평가하고 해당되는 경우 계속기업 관련 사항을 공시할 책임이 있습니다. 그리고 경영진이 기업을 청산하거나 영업을 중단할 의도가 없는 한, 회계의 계속기업전제의 사용에 대해서도 책임이 있습니다.

지배기구는 회사의 재무보고절차의 감시에 대한 책임이 있습니다.

재무제표에 대한 감사인의 책임

우리의 목적은 재무제표에 전체적으로 부정이나 오류로 인한 중요한 왜곡표시가 없는지에 대하여 합리적인 확신을 얻어 우리의 의견이 포함된 감사보고서를 발행하는데 있습니다.

합리적인 확신은 높은 수준의 확신을 의미하나 감사기준에 따라 수행된 감사가 항상 중요한 왜곡표시를 발견한다는 것을 보장하지는 않습니다. 왜곡표시는 부정이나 오류로부터 발생할 수 있으며 왜곡표시가 재무제표를 근거로 하는 이용자의 경제적 의사결정에 개별적으로 또는 집합적으로 영향을 미칠 것이 합리적으로 예상되면 그 왜곡표시는 중요하다고 간주됩니다.

기타 법규의 요구사항에 대한 보고
[기타 법규의 요구사항에 대한 보고를 기술]

이 독립된 감사인의 감사보고서의 근거가 된 감사를 실시한 업무수행이사는 ○○○입니다.

가나다 회계법인 대표이사 △△△ (인)
서울특별시 ○○구 ○○로 1

2019년 2월 ××일

(물음 1) 감사인은 재무제표 감사에서 지배기구와 양방향 커뮤니케이션을 수행하며, 특히 감사보고서의 핵심감사사항과 같은 '감사에서의 유의적 발견사항'에 대해서 커뮤니케이션을 한다.

〈요구사항〉

감사인과 지배기구 간 효과적인 양방향 커뮤니케이션으로 인해 얻을 수 있는 [A]효익 중 두 가지만 서술하고, '감사에서의 유의적 발견사항' 이외 [B]추가로 커뮤니케이션할 사항 중 두 가지만 제시하시오(아래 [답안양식]을 사용할 것).

[답안양식]

[A]	①
	②
[B]	①
	②

(물음 2) 감사보고서에서 핵심감사사항은 재무제표에서 관련 공시에 대해 언급을 하면서 적절히 기술되어야 한다. 그리고 감사인은 핵심감사사항과 관련하여 문서화를 하여야 한다.

〈요구사항〉

대한㈜의 감사보고서 핵심감사사항 단락 중 [핵심감사사항 각각에 대한 기술]에서 [A] 다루어져야 할 내용 두 가지를 서술하고, 감사인이 핵심감사사항과 관련하여 [B]감사문서에 문서화하여야 할 사항 세 가지를 서술하시오(아래 [답안양식]을 사용할 것).

[답안양식]

[A]	①
	②
[B]	①
	②
	③

(물음 3) 2018년 말 대한㈜는 계속기업전제의 사용이 적합하나 중요한 불확실성이 존재하므로 관련 내용을 주석에 공시할지 여부에 대해 검토 중이다.

〈요구사항〉

[A]주석에 적절히 공시할 경우 대한㈜의 ① 최종 감사의견 및 ② 현재 '감사보고서 초안'이 어떻게 수정되어야 하는지, [B]주석에 공시하지 않을 경우 대한㈜의 ① 최종 감사의견 및 ② 현재 '감사보고서 초안'이 어떻게 수정되어야 하는지를 서술하시오(아래 [답안양식]을 사용할 것).

[답안양식]

[A]	①
	② 두 줄 이내 서술
[B]	①
	② 두 줄 이내 서술

(물음 4) 대한㈜는 계속기업으로서 존속능력에 의문을 초래할 수 있는 사건이나 상황이 식별되었으나 감사인은 입수된 감사증거를 근거로 중요한 불확실성이 존재하지 않는다고 결론을 내렸다. 이 때 감사인은 해당 재무보고체계의 요구사항에 비추어 재무제표에

이러한 사건이나 상황에 대한 적절한 공시가 이루어지는지 여부를 평가하여야 한다. 이러한 제도의 <u>도입취지</u>와 <u>기대효과</u>를 <u>각각 2줄 이내로</u> 서술하시오.

(**물음 5**) 다음은 대한㈜를 감사하고 있는 담당회계사와 그 상급자인 현장책임회계사와의 대화 내용이다.

> (**현장책임회계사**) 올해부터 감사보고서에 포함해야 할 정보량이 많아졌<u>으므로</u> 감사보고서 작성에 신중을 기해주십시오.
>
> (**담당회계사**) 네. 먼저 핵심감사사항을 주목해볼 만 합니다. 그런데 대한㈜의 핵심감사사항은 동종 산업의 특성을 고려한다면 많은 것 같습니다. 핵심감사사항이 너무 많으면 정보이용자가 간과할 우려도 있을 것 같습니다. 대한㈜의 감사보고서 초안을 보니 강조사항문단이 없는데, 핵심감사사항 중 몇 개의 항목은 강조사항문단으로 보고하는 방안은 어떠신지요?

〈**요구사항**〉

감사인은 재무제표에 표시되거나 공시된 사항으로서 정보이용자가 재무제표를 이해하는데 중요하다고 판단되어 이들의 주의를 환기시켜야 할 필요가 있다고 고려하는 경우 감사보고서에 강조사항문단을 포함한다.

이러한 경우, [A]<u>강조사항문단에 포함되기 위한 조건</u>은 무엇이며, 감사인이 감사보고서에 [B]<u>강조사항문단을 포함시키는 경우 준수해야 할 사항</u>을 서술하시오(아래 [답안양식]을 사용할 것).

[답안양식]

[A]	①
	②
[B]	①
	②
	③

(물음 6) 감사보고서에 업무수행이사의 이름을 표명하는 것은 상장기업의 일반목적 전체재무제표에 대한 감사보고서 이용자에게 추가적인 투명성을 제공하기 위함이다.

〈요구사항〉

감사인이 감사보고서에 업무수행이사의 이름을 공시하지 않을 수도 있는데 이러한 경우는 <u>어떠한 상황</u>이며, 이때 <u>감사인이 추가적으로 취해야 할 조치</u>를 서술하시오.

【문제 7】 (8점)

대한㈜는 20x1년 재무제표에 대해 회계감사를 받고 있다. 대한㈜는 과거 수년 간 안정적인 영업구조를 유지해왔으며, 최근 경제환경이 좋지 않음에도 불구하고 지속적인 성장세를 보였다. 특히 20x1년 말 대한㈜는 주력 사업부문에서의 오랜 연구개발이 성공하여 매출이 급증하였다. 이에 자본시장에서는 대한㈜의 20x1년 최종실적에 대해 관심이 많은 상황이다(단, 대한㈜는 상장기업이며, 20x1년 재무제표일은 12월 31일이다).

※ 아래 각 물음은 서로 독립적이다.

(물음 1) 20x2년 초 대한㈜의 주된 매출처의 부도로 인해 대한㈜의 20x1년 말 재무제표 상 부실 매출채권이 추가로 파악되었다.

〈요구사항 1〉

감사인이 부실 매출채권에 대해 20x1년 재무제표의 감사보고서일 후 재무제표 발행일 전 알게 되었으며, 이 사항을 감사보고서일에 알았더라면 감사보고서를 수정할 원인이 될 수도 있었다. 이 경우 재무제표의 수정을 발생시키는 후속사건의 영향에 대해서만 경영진이 재무제표를 수정하고 재무제표 승인권자가 이에 대해 승인한다면 <u>감사인이 추가로 취할 수 있는 절차</u>를 서술하시오(단, 아래 [예시]는 제외할 것).

> [예시] 후속사건에 대한 감사절차는 오직 재무제표의 관련 주석에 기술된 수정에만 한정하여 수행되었다는 설명을 강조사항문단 또는 기타사항문단에 포함하는 새로운 감사보고서 또는 수정된 감사보고서를 제출함

〈요구사항 2〉

감사인이 20x1년 대한㈜의 재무제표가 발행된 후 대한㈜의 부실 매출채권에 대해 알게 되었으며, 이 사항을 감사보고서일에 알았더라면 감사보고서를 수정할 원인이 될 수도 있었다.

이 때 <u>감사인이 취해야 할 절차</u>를 서술하시오.

(물음 2) 감사인은 대한㈜의 20x1년 재무제표에 대한 감사보고서일(20x2년 2월 22일) 전에 대한㈜의 경영진이 20x2년 1월 중 투자유치회를 개최하면서 발행한 연차보고서를 입수하였다. 그런데 이 보고서에서 제시된 20x1년 주요 재무비율이 감사보고서에 첨부된 재무제표를 근거로 계산한 비율과 중요한 차이가 있다고 판단하였다(단, 대한㈜ 지배기구의 모든 구성원이 경영에 참여하고 있지 않다).

〈요구사항〉

감사인이 연차보고서의 수정이 필요하다고 판단하여 경영진에게 수정을 권고하였지만 경영진은 수정을 거부하였다. 이에 감사인은 이러한 상황을 지배기구와 커뮤니케이션하였다. 이 상황에서 <u>감사인이 추가로 취할 수 있는 절차 세 가지</u>를 각각 한 줄 이내로 서술하시오(아래 [답안양식]을 사용할 것).

[답안양식]

①	
②	
③	

【문제 8】 (10점)

(물음 1) 회계투명성을 향상시키기 위한 기본적인 출발점은 회계정보의 생산단계에서부터 기업의 경제적 실질을 적정하게 보고하는 환경을 조성하고, 회사 경영진들에게 재무제표 작성에 대한 책임을 인식시키는 것이다. 이러한 점을 반영하여 관련 법규 등에서 재무제표 작성에 대한 회사의 책임 강화를 규정하고 있다.

「주식회사등의외부감사에관한법률」에서는 감사인은 해당 회사의 재무제표 작성 등에 응해서는 아니 되며, 특히 회사가 감사인에게 이를 요구해서는 아니 된다고 규정하고 있다. 또한 동법 시행령에서 이를 구체화하여 규정하고 있는 바, 재무제표 작성책임과 관련된 회사 및 감사인의 세부 금지행위를 제시하시오(단, 아래 [답안양식]을 사용하되, [예시]는 제외할 것).

[답안양식]

[예시]	해당 회사의 재무제표를 대표이사와 회계담당 이사 (회계담당 이사가 없는 경우에는 회계업무를 집행하는 직원을 말한다)를 대신하여 작성하는 행위
①	
②	
③	

(물음 2) 경영진과 외부감사인 간에는 각각의 역할과 책임이 구분되어 있다. 경영진과 지배기구는 해당 재무보고체계에 따라 재무제표를 공정하게 작성하고 표시해야 할 책임이 있으며, 외부감사인은 경영진이 작성한 재무제표가 해당 재무보고체계에 따라 공정하게 표시되어 있는지에 관하여 감사의견을 표명할 책임을 질 뿐이다.

경영진과 외부감사인의 책임을 명백하게 하기 위하여 경영진의 책임을 기술하고 있는 문서를 제시하시오(단, 아래 [답안양식]을 사용하되, [예시]는 제외할 것).

[답안양식]

①	
②	
[예시]	감사보고서

(물음 3) 감사인은 관련 법률에서 규정한 감사계약 해지 사유에 해당하는 경우에는 사업연도 중이라도 감사계약을 해지할 수 있다. 특히 주권상장법인, 대형비상장주식회사

또는 금융회사의 감사인은 특정 사유에 해당하는 경우에는 연속하는 3개 사업연도 중이라도 매 사업연도 종료 후 3개월 이내에 남은 사업연도에 대한 감사계약을 해지할수 있다.

감사인이 [A]감사계약을 해지할 수 있는 경우들을 제시하고, [B]감사계약 해지 후 취하여야 할 조치를 서술하시오(아래 [답안양식]을 사용할 것).

[답안양식]

[A]	
[B]	

(물음 4) 최근 개정된 「주식회사등의외부감사에관한법률」에는 회계투명성 제고와 감사품질의 향상을 위한 여러 제도들을 마련하였다. 반면에 회계부정 및 감사부실에 대하여는 엄격한 벌칙 등을 부과하여 제도의 효과성을 달성하려 하고 있다.

「주식회사등의외부감사에관한법률」에서 규정하고 있는 회계부정 및 감사부실에 대한제재수준을 강화한 방안들을 제시하시오.

2일차

2019년 제54회

원가회계

제1교시

【문제 1】 (22점)

2018년 말 현재 제품A를 생산하여 판매하고 있는 ㈜양재는 신제품인 제품B의 생산과 판매를 검토하고 있다. 제품A와 제품B는 동일한 생산설비를 사용하며, 설비감가상각비는 간접원가로서 제품A와 제품B의 생산량에 비례하여 배분한다. 제품B 생산을 위해서 1차년도(2019년) 동안 ₩7,370,000을 투입하여 연구개발을 실시하며, 필요한 경우 연구개발 기간 동안에 생산시설을 증설하게 된다. 기존 생산설비의 잔존내용연수는 3년이고, 설비를 신규로 증설할 경우, 신규설비의 내용연수는 2년이며, 기존설비와 신규설비 모두 잔존가치는 없다.

2018년 말, 제품A와 제품B에 대해 선택할 수 있는 가격과 제품수요량에 대한 추정 시나리오는 다음과 같다.

구 분	제품A (가격 ₩1,000)	제품B	
		시나리오 P1 가격 ₩800	시나리오 P2 가격 ₩600
1차년도	10,000개	0	0
2차년도	10,000개	8,000개	14,000개
3차년도	10,000개	8,000개	14,000개

제품B의 변동원가는 모두 직접원가로서 단위당 변동원가는 다음과 같다.

구 분	직접변동원가(단위당)
직접재료원가	₩120
직접노무원가	150
마케팅비용	30
고객서비스비용	10

㈜양재의 기존 생산용량은 20,000개로서, 설비는 생산용량 5,000개 단위로 증설이 가능하며, 생산용량 5,000개 단위 추가증설을 위해서는 ₩240,000이 소요된다. 제품B의 고정원가는 간접원가인 설비감가상각비로서, 관련 정보는 다음과 같다.

구 분	기존 설비	설비 증설
생산용량(연간)	20,000개	5,000개
감가상각비(연간)	₩540,000	₩120,000

아래의 모든 질문에서 세금, 자본비용, 화폐의 시간가치는 모두 무시하며, 연구개발비는 당해년도에 모두 비용으로 처리된다. 모든 연도에 기초, 기말 재고는 없다. 또한, 제품B 생산과 관련된 의사결정은 제품A의 가격(₩1,000)과 판매량(매년 10,000개)에 영향을 미치지 않는다고 가정한다.

모든 의사결정 대안은 제품B를 생산하는 경우에 대해 설정한다.

(물음 1) ㈜양재가 2018년 말에 고려하고 있는 각 의사결정 대안별로, 제품B에 대해 3개년도를 통합(1차, 2차, 3차년도 통합)한 영업이익(손실)을 계산하여 다음과 같은 양식으로 나타내시오.

대 안	내 용	영업이익
대안 1		
대안 2		
....		
대안 N		

(물음 2) ㈜양재가 제품B를 생산해야 한다면, 어떤 대안을 택해야 하는가? 다음과 같은 양식으로 나타내시오. 이때 제품B를 생산하지 않을 경우와 비교하여, 채택한 대안의 증분이익(손실)은 얼마인가?

대 안	내 용	증분이익
대안 1		
대안 2		
....		
대안 N		

(물음 3) ㈜양재가 최선의 대안을 택하여 제품B를 생산하기로 결정하였다고 하자. 그 경우 <u>제품A의 3개년도 통합 영업이익</u>은 제품B를 생산하지 않을 경우와 비교해서 얼마나 증가(감소)하는가?

(물음 4) ㈜양재의 경영진의 의사결정 및 성과평가와 관련된 다음 물음에 답하시오.

(1) 회사의 기업가치를 최대화하고자 하는 ㈜양재의 최고경영진은 어떤 대안을 택해야 하는가? 근거를 설명하시오. (<u>3줄 이내로 답하시오.</u>)

(2) ㈜양재는 제품A와 제품B의 재무적 성과에 대해 책임을 지는 본부장제도를 운영하고 있으며, 본부장은 매년 두 제품의 영업이익의 합계 기준으로 평가를 받는다. 2018년 말 본부장 김철수전무는 어떤 의사결정을 내릴 가능성이 높은가? (위에서 검토한 대안들과 제품B를 도입하지 않는 경우를 모두 포함해서 답변하시오.) 이와 같이 일정한 기간 단위의 회계적 성과를 기초로 하는 성과평가제도의 근본적인 한계점은 무엇인가? (<u>3줄 이내로 답하시오.</u>)

(물음 5) 만약 ㈜양재가 2018년 말에 제품B 도입을 고려하고 있을 때, ㈜개포로부터 2차년도에 제품B 3,000개를 개당 ₩500에 공급해달라는 주문을 받았다고 하자. ㈜양재는 3,000개 전체 공급을 수락하든지 주문자체를 거절해야 하며, 부분적인 수량만 공급할 수는 없다. 이 주문제품에 대해서는 마케팅비용과 고객서비스비용이 발생하지 않는다. 아래 질문에 답하시오.

(1) ㈜양재가 고려할 수 있는 의사결정 대안을 모두 설명하시오. (기존설비에 5,000개 단위 추가 증설은 가능하지만, 그 이상의 증설은 고려하지 않는다.)

(2) 만약 위 주문의 수락 여부가 ㈜양재의 제품B에 대한 가격과 수요에 미치는 영향이 없다면, ㈜양재는 어떤 대안을 택해야 하는가? 다음과 같은 양식으로 나타내시오. 이때 <u>제품B를 생산하지 않을 경우와 비교하여, 채택한 대안의 증분이익(손실)</u>은 얼마인가?

대 안	내 용	증분이익
대안 1		
대안 2		
....		
대안 N		

(3) 만약 ㈜양재가 ㈜개포에 제품B를 공급할 수 있는 유일한 회사로서, 이를 공급할 경우 2차년도에 두 회사의 제품이 시장에서 경쟁하게 된다고 가정하자. 이때 ㈜양재는 두 가격 시나리오에서 제시된 예상판매량을 유지하기 위해 가격을 인하하는 전략을 구사하게 되어, 2차년도의 공헌이익이 ₩200,000 감소한다고 가정하자(3차년도는 영향 없음). 이 경우, ㈜양재는 위 (1)에서 제시한 대안 중에서 어떤 대안을 선택해야 하는가? 다음과 같은 양식으로 나타내시오. 이때 제품B를 생산하지 않을 경우와 비교하여, 채택한 대안의 증분이익(손실)은 얼마인가?

대 안	내 용	증분이익
대안 1		
대안 2		
....		
대안 N		

(4) 만약 위 (3)에서 ㈜개포에 제품B를 공급할 수 있는 회사가 다수 존재하여, ㈜양재가 주문을 거절하더라도 2차년도에 ㈜개포와 시장에서 경쟁을 피할 수 없다면, ㈜양재는 어떤 대안을 선택해야 하는가? 다음과 같은 양식으로 나타내시오. 이때 제품B를 생산하지 않을 경우와 비교하여, 채택한 대안의 증분이익(손실)은 얼마인가?

대 안	내 용	증분이익
대안 1		
대안 2		
....		
대안 N		

【문제 2】 (28점)

20x1년 초에 설립된 ㈜청연은 성인용 스키와 어린이용 스키를 생산하여 판매한다. 성인용 스키는 나무를, 어린이용 스키는 플라스틱을 원재료로 사용하여 생산된다. 회사는 표준종합원가계산제도를 도입하고 있으며 플라스틱 단가 및 임률 상승에 따라 20x2년의 가격표준을 조정하였다. 20x2년의 표준원가는 성인용 스키의 경우 연간 기준조업도 6,000단위, 어린이용 스키의 경우 연간 기준조업도 10,000단위에 기준하여 산출되었다. 제조간접원가는 직접노무시간을 기준으로 배부한다. 재료원가와 전환원가는 공정 전반에 걸쳐 균등하게 발생하며 원가흐름은 선입선출법(FIFO)을 가정한다. 성인용 스키와 어린이용 스키의 단위당 표준원가에 관한 자료는 다음과 같다.

1) 성인용 스키

구 분	수량 표준	가격표준	
		20x1년	20x2년
원재료(나무)	50g	₩3/g	₩3/g
직접노무원가	3시간	₩100/시간	₩120/시간
변동제조간접원가	3시간	₩50/시간	₩50/시간
고정제조간접원가	3시간	₩40/시간	₩40/시간

2) 어린이용 스키

구 분	수량 표준	가격표준	
		20x1년	20x2년
원재료(플라스틱)	20g	₩1/g	₩2/g
직접노무원가	2시간	₩100/시간	₩120/시간
변동제조간접원가	2시간	₩40/시간	₩40/시간
고정제조간접원가	2시간	₩30/시간	₩30/시간

3) 판매관리비(20x1년과 20x2년 동일)

구 분	성인용 스키	어린이용 스키
단위당 변동판매관리비	₩150	₩120
고정판매관리비 (총액)	₩840,000	₩840,000

(물음 1) ㈜청연은 20x1년 말에 20x2년의 종합예산을 편성하고 있다. 20x1년 이후에는 겨울스포츠 인구의 감소에 따라 성인용 스키는 매년 전년대비 10%씩, 어린이용 스키는 매년 전년대비 5%씩 판매량이 감소될 것으로 예상된다. 재고정책은 매년 동일하다. 제품 생산 및 판매에 관한 자료는 다음과 같다.

1) 판매예측

구 분	성인용 스키	어린이용 스키
20x1년 판매량	5,000단위	8,000단위
20x2년 판매량	?	?
20x3년 판매량	?	?
단위당 판매가격	₩1,200	₩600

2) 재고정책
① 원재료 : 나무와 플라스틱의 기말재고는 차기 예상판매량의 20%를 생산할 수 있는 수량을 확보한다.
② 재공품 : 차기 예상판매량의 10%를 기말재고로 보유하며, 기말재공품의 완성도는 성인용 스키의 경우 40%, 어린이용 스키의 경우 50%이다.
③ 제품 : 차기 예상판매량의 10%를 기말재고로 보유한다.

위 자료를 바탕으로 다음 물음에 답하시오.

(1) 20x2년의 제품별 판매예산을 수립하시오.

구 분	성인용 스키	어린이용 스키
예상판매량		
단위당 판매가격		
예산매출액		

(2) 20x2년의 원재료별 구매예산을 수립하시오.

구 분	나무	플라스틱
당기투입량(g)		
기말재고		
계		
기초재고		
구매량		
구입단가(₩)		
원재료 구매예산		

(3) 20x2년의 제조원가예산을 제품별로 수립하시오.

구 분		성인용 스키	어린이용 스키
직접재료 원가	나무		
	플라스틱		
직접노무원가			
변동제조간접원가			
고정제조간접원가			
합 계			

(4) 20x2년 어린이용 스키에 대해 원가차이를 조정하기 전의 재공품과 제품의 기말재고 예산 및 매출원가 예산을 수립하시오.

구 분	어린이용 스키
기말재공품	
기말제품	
매출원가	

(물음 2) ((물음 1)과 관계없이) 20x2년 성인용 스키의 생산량은 6,000단위이며 생산량은 전량 판매되고, 기초 및 기말 재고자산은 없다고 가정한다.

(1) ㈜청연의 경영자는 중국의 한 업체로부터 성인용 스키 6,000단위 전량을 주문자상표부착방식(OEM)으로 구입하여 판매할 것을 검토하고 있다. OEM방식으로 판매할 경우 변동판매관리비는 20% 감소하지만 고정판매관리비는 변하지 않는다. 또한 유휴생산능력을 감축함으로써 성인용 스키의 고정제조간접원가는 기존의 40%만 발생할 것으로 예상된다. 현재의 영업이익을 감소시키지 않고 지급할 수 있는 단위당 외부구입가격의 최대금액은 얼마인가?

(2) 외부구입 의사결정을 할 때 재무적 요인 이외에 고려해야 할 질적 요인을 두 가지이상 서술하시오.

(물음 3) ㈜청연은 20x4년 초, 여름스포츠 사업에 착수하여 보급형과 고급형 두 종류의 서핑보드를 생산 및 판매하며, 표준종합원가계산제도를 도입하였다. 보급형과 고급형 서핑보드는 모두 동일한 원재료(나무)를 사용한다. 원재료는 공정초에 모두 투입되고, 전환원가는 공정전반에 걸쳐 균등하게 발생한다. 제조간접원가 배부기준은 기계시간이고, 기준조업도는 매월 100,000기계시간이다. 20x4년 6월의 서핑보드 생산과 관련된 자료는 다음과 같다(괄호 안은 전환원가 완성도를 의미함).

구 분	물량	
	보급형 서핑보드	고급형 서핑보드
기초재공품	2,000단위(70%)	1,000단위(80%)
당기완성량	10,000단위	21,000단위
기말재공품	3,000단위(80%)	800단위(50%)

6월에 실제 발생한 직접노무시간은 38,000시간이고 실제기계시간은 89,000시간이며,

실제고정제조간접원가는 ₩2,050,000이었다. 당기 중에 공손이나 감손은 발생하지 않았다.

보급형 및 고급형 서핑보드의 표준원가로 평가된 기초재공품 금액 중 제조간접원가는 다음과 같다.

구 분	제조간접원가	
	완성도	금액
보급형 서핑보드	70%	₩70,000
고급형 서핑보드	80%	₩160,000

㈜청연은 20x4년 초에 서핑보드의 단위당 표준원가를 설정하였으며, 표준원가는 매월 동일하게 적용된다. 서핑보드의 부분적인 표준원가 자료는 다음과 같다.

구 분	보급형 서핑보드		고급형 서핑보드	
	수량 표준	가격 표준	수량 표준	가격 표준
직접재료원가	80g	₩3/g	60g	₩3/g
직접노무원가	1시간	₩100/시간	1.2시간	₩100/시간
변동제조간접원가	?	₩30/시간	?	₩30/시간
고정제조간접원가	?	₩20/시간	?	₩20/시간

(1) 보급형 서핑보드와 고급형 서핑보드의 제품 단위당 표준원가는 각각 얼마인가?

(2) 6월의 직접노무원가와 변동제조간접원가의 능률차이를 각각 구하시오(유리한 차이 (F), 불리한 차이(U)를 표시할 것).

(3) 고정제조간접원가의 예산차이와 조업도차이를 구하시오(유리한 차이(F), 불리한 차이(U)를 표시할 것).

【문제 3】 (13점)

㈜한국도축은 돼지를 여러 부위별(주산품)로 도축한 후, 추가가공을 거쳐 제품을 판매한다. 도축은 제1공정과 제2공정에서 이루어진다. 제1공정에서는 돼지를 다리살부위와 몸통부위로 분해한다. 다리살부위는 분해된 후 추가가공을 거쳐 판매하는데, 제1공정에서 분리된 다리살부위를 판매하기 위해 발생하는 추가가공원가는 ₩18,400,000이다. 몸통부위는 제2공정에서 다시 가공되어 삼겹살부위, 갈비살부위, 껍데기부위로 나눠진다. 제2공정에서 발생하는 가공원가는 ₩18,400,000이다. 삼겹살부위와 갈비살부위는 다시 추가가공을 거쳐 판매되며 각각 추가가공원가가 발생한다. 삼겹살부위를 판매하기 위해 발생하는 추가가공원가는 ₩27,600,000이다. 껍데기부위는 추가가공 없이 판매된다. 다음은 ㈜한국도축의 돼지 한 마리에 대한 원가 및 생산에 관한 자료이다.

구 분	원가
마리당 총원가(제1공정발생)	₩200,000
마리당 구입원가	150,000
마리당 가공원가	50,000

구 분	생산량
마리당 무게	23kg
마리당 다리살부위	9kg
마리당 삼겹살부위	4kg
마리당 갈비살부위	5kg
마리당 껍데기부위	5kg

2019년 1월 ㈜한국도축은 230마리의 돼지를 도축하여 판매하였다. ㈜한국도축이 판매할 수 있는 각 부위별 판매가치는 다음과 같다.

구 분		kg당 판매가치
다리살부위		₩20,000
몸통부위	삼겹살부위	80,000
	갈비살부위	90,000
	껍데기부위	10,000

㈜한국도축의 회계담당자가 균등매출액이익률법을 이용하여 각 부위별로 결합원가를 배부한 결과, 껍데기부위에 ₩8,970,000의 원가가 배부되었다.

공손과 감손은 발생하지 않았으며, 재공품과 제품의 기초재고는 없는 것으로 가정한다. 원재료 돼지는 마리기준으로 구입한다. 다음 물음에 답하시오.

(물음 1) 균등매출액이익률법을 이용하여 배부할 때, 각 부위별 추가가공원가와 배부된 결합원가(제1공정과 제2공정 합산)를 구하시오.

〈답안작성양식〉

구 분	추가가공원가	배부된 결합원가
다리살부위	₩18,400,000	
삼겹살부위	27,600,000	
갈비살부위		

(물음 2) ㈜한국도축의 A팀장은 당기 껍데기부위의 매출총이익을 기준으로 성과급을 받는다. ㈜여의도는 A팀장에게 껍데기부위를 구워서 kg당 ₩14,000에 전량 납품해 줄 것을 요청하였다. 껍데기부위를 굽기 위해서는 추가가공원가 ₩5,934,000이 발생한다. 껍데기부위를 구워서 판매할 경우, 결합원가의 배부는 최종판매제품(구운 껍데기부위)에 대해 균등매출액이익률법으로 재계산한다. A팀장이 개인의 이익만을 생각할 경우 ㈜여의도의 요청을 수락할지를 결정하고, 그 근거를 제시하시오.

(물음 3) 2019년 1월 ㈜한국도축은 균등매출액이익률법 대신 순실현가능액법(NRV)을 이용하여 원가를 배부하기로 하였다. 시장상황이 급변하여 당초 예상과 달리 껍데기부위의 시장가치가 없는 것으로 판명되었다. ㈜한국도축은 껍데기부위를 부산물(혹은 작업폐물)로 분류하고, 생산기준법(원가차감법)을 이용하여 부산물을 회계처리한다. ㈜여의도는 기존의 제안을 철회하고 구운 껍데기부위를 전량 ₩4,734,000에 매입하겠다는 새로운 제안을 하였다. 껍데기부위 추가가공원가는 위 (물음 2)와 동일하게 ₩5,934,000이 발생한다. 만약, 껍데기부위를 추가가공하지 않고 폐기할 경우 처리비용이 kg당 ₩1,200 발생한다. 회사의 최고경영자 입장에서 ㈜여의도의 제안을 받아들일지 말지를 선택하시오. 그리고 순실현가능액법(NRV)을 이용하여 다리살부위, 삼겹살부위, 갈비

살부위에 배부될 결합원가를 구하시오. <u>단, 소수점 아래 셋째 자리에서 반올림하여 둘째자리까지 표시한다.</u>

〈답안작성양식〉

구 분	제1공정 결합원가 배부액	제2공정 결합원가 배부액
다리살부위		
삼겹살부위		
갈비살부위		

【문제 4】 (15점)

반지제조기업인 ㈜한국쥬얼리는 종합원가계산제도를 채택하고 있으며, 선입선출법(FIFO)을 이용하여 제조원가를 계산한다. 반지를 생산할 때 투입되는 직접재료는 금이며, 공정초에 전량투입된다. 가공원가(전환원가)는 공정전반에 걸쳐 균등하게 발생한다. 공손은 추가비용 없이 전량 원재료(금)로 재사용된다. 아래 물음에 답하시오.

(물음 1) ㈜한국쥬얼리는 품질검사를 완성도 60%시점에서 실시하며, 검사를 통과한 합격품의 10%를 정상공손으로 설정한다. 공손에 대한 회계처리는 공손인식법으로 한다. 다음은 2019년 1월 ㈜한국쥬얼리의 생산에 관한 자료이다(괄호 안은 전환원가 완성도를 의미함).

구 분	물량(완성도)
기초재공품	200개(80%)
당기투입량	380개
기말재공품	80개(30%)

구 분	원가
기초재공품 직접재료원가	₩15,200,000
기초재공품 가공원가	32,490,000
당기투입 직접재료원가	25,194,000
당기투입 가공원가	87,000,000

(1) 당기에 투입한 가공원가의 완성품환산량이 당기에 투입한 직접재료원가의 완성품 환산량(공손에 대한 직접재료원가의 완성품환산량은 0)보다 8개 더 많다. 당기에 착수하여 완성한 제품의 수량과 공손의 수량을 구하시오.

〈답안작성양식〉

구 분	수량
당기착수 완성품	
공손	

(2) 당기완성품원가와 기말재공품원가를 구하시오.

〈답안작성양식〉

구 분	원가
완성품원가	
기말재공품원가	

(3) ㈜한국쥬얼리에서 정상공손은 검사를 통과한 합격품의 5%로 설정하고, 다른 상황은 모두 동일하다고 가정한다. 이때 1월말 작업 종료와 관련된 분개를 실시하시오.

(4) ㈜한국쥬얼리에서 정상공손은 검사를 통과한 합격품의 20%로 설정하고, 다른 상황은 모두 동일하다고 가정한다. 이때 1월말 작업 종료와 관련된 분개를 실시하시오.

(물음 2) 2019년 3월 ㈜한국쥬얼리는 기존 기계의 가공원가가 높아 새로운 기계를 도입하였다. 새로운 기계는 금을 녹여 반지를 제작하는데, 반지를 제작할 때 투입된 금의 20%는 가공율에 비례하여 균등하게 자연소멸된다. 소멸된 금은 모두 정상적인 감손으로 인식한다. 완성된 반지에 포함된 금의 잔량은 개당 160g이다. 새로운 기계도입과 함께 공손의 검사시점은 변경되었다. 공손은 모두 정상공손이며, 공손에 포함된 원재료(금)는 추가비용 없이 전량 차기에 재사용된다. 당기에 공손에 포함된 금은 1.8kg이었다. 당기에 완성품에 포함된 금은 총 64kg이다. 아래의 자료를 참고하여 다음 물음에 답하시오.

구 분	공정시작시점에 투입된 금의 수량	재공품에 포함된 금의 잔량
기초재공품	20kg	16.8kg(4월 1일)
당기투입량	72kg	
기말재공품	10kg	9.4kg(4월 30일)

(1) 공손의 검사시점을 구하시오.

(2) 4월 중 공손을 제외하고 정상적으로 감손된 원재료(금)의 수량을 구하시오.

(3) 금의 단가는 kg당 ₩600,000이며, 당기투입한 가공원가의 완성품환산량 단위당 원가는 ₩40,000이다. ㈜한국쥬얼리의 당기총제조원가를 구하시오.

【문제 5】 (22점)

㈜대한은 반도체부문과 휴대폰부문으로 구성되어 있다. 반도체부문은 휴대폰 생산에 사용되는 마이크로칩을 생산하고, 휴대폰부문은 마이크로칩을 이용하여 완제품을 생산한다. ㈜대한은 예산편성 및 제품원가계산 목적으로 표준원가계산제도를 적용한다.

〈자료 1〉

1. 반도체부문
반도체부문의 20x1년도 재공품 및 완성품은 다음과 같다.

구 분	물량	전환원가 완성도
기초재공품	300단위	40%
기말재공품	800단위	60%
완성품	7,000단위	100%

반도체부문의 연간 최대 생산능력은 10,000단위이다. 기초제품은 없으며, 당기에 완성된 마이크로칩 7,000단위 중 외부수요가 있는 2,000단위는 단위당 ₩120에 거래처에 판매되고, 나머지 5,000단위는 단위당 ₩80의 가격으로 휴대폰부문에 대체된다.

---

2. 휴대폰부문

휴대폰부문의 20x1년도 생산 활동은 다음과 같다.

구 분		물량	전환원가 완성도
기초재공품		0단위	-
기말재공품		500단위	20%
당기투입 마이크로칩	반도체부문에서 대체 투입	5,000단위	
	외부구입	3,000단위	

휴대폰부문의 기초제품은 없다. 당기에 반도체부문에서 5,000단위, 외부 거래처에서 3,000단위의 마이크로칩을 구입하여 완제품 생산에 투입하였 다. 완제품 1단위에는 마이크로칩 1단위가 필요하다. 기말재공품 500단위 에 포함되어 있는 마이크로칩은 모두 반도체부문에서 대체된 것이다. 휴대 폰부문의 연간 최대 생산능력은 8,000단위이고, 생산된 완제품은 전량 외 부시장에 단위당 ₩300에 판매된다.

3. 표준원가

20x1년도 부문별 제품 단위당 표준원가는 다음과 같다. 최근 3년간 표준원 가는 동일하였으며, 생산능력의 변화도 없었다.

구 분	제품 단위당 표준원가	
	반도체부문	휴대폰부문
직접재료원가	₩20	₩100
마이크로칩 원가	-	80
직접노무원가	5	10
변동제조간접원가	5	15
고정제조간접원가	40	75
합 계	₩70	₩280

반도체부문의 직접재료원가는 마이크로칩을 생산하기 위한 것이다. 단위당 고정제조간접원가는 각 부문의 연간 최대 생산능력을 기준으로 산출된다.

4. 두 부문에서 모든 재료는 공정초에 전량 투입되고, 전환원가는 공정전반에 걸쳐 균등하게 발생한다. 생산과정에서 공손은 발생하지 않으며, 판매관리비는 고려하지 않는다.

5. 20x1년에 고정제조간접원가 조업도차이 이외에는 원가차이가 발생하지 않았다.

※ 〈자료 1〉을 이용하여 (물음 1)~(물음 3)에 답하시오.

(물음 1) 전부원가계산을 적용하여 회사전체 영업이익을 구하시오. 단, 원가차이는 매출원가에 가감 조정한다.

(물음 2) 변동원가계산을 적용하여 회사전체 영업이익을 구하시오.

(물음 3) (물음 1)과 (물음 2)에서 회사전체 영업이익의 차이가 발생한 원인을 설명하시오.

※ 〈자료 1〉과 〈자료 2〉를 이용하여 (물음 4)와 (물음 5)에 답하시오.

〈자료 2〉

20x1년 말에 ㈜대한의 최고경영자는 재고자산을 줄이기 위해 각 부문에 다음과 같이 지시하였다.

(1) 반도체부문은 기말재공품 800단위를 완성하여 휴대폰부문에 단위당 ₩80의 가격으로 대체한다. 반도체부문의 재공품을 추가 가공하는 과정에서 고정제조간접원가 조업도차이 이외의 원가차이는 발생하지 않는다.

(2) 휴대폰부문은 반도체부문에서 대체받은 물량 800단위와 기말재공품 500단위를 추가로 완성하여 기존 거래처에 단위당 ₩300에 판매한다. 휴대폰부문은 필요한 경우 임차료 ₩100,000을 지출하고 기계를 일시적으로 임차할 수 있다. 기계 임차로 인해 휴대폰부문의 연간 생산능력은 1,000단위 증가하나 기준조업도는 변하지 않는다. 휴대폰부문에서 재고자산에 대해 위와 같은 추가적인 조치를 하는 과정에서 고정제조간접원가 예산차이 및 조업도차이 이외의 원가차이는 발생하지 않는다.

(물음 4) 재고자산에 대한 추가적인 조치로 20x1년도 회사전체 영업이익은 얼마나 증가(또는 감소)하는가? (1) 전부원가계산과 (2) 변동원가계산을 각각 적용했을 경우로 나누어 답하시오. 단, 원가차이는 매출원가에 가감 조정한다.

〈답안작성양식〉

구 분	전부원가계산	변동원가계산
회사전체 영업이익 증가(또는 감소)액		

(물음 5) 재고자산에 대한 추가적인 조치로 20x1년도 회사전체 현금흐름은 얼마나 증가(또는 감소)하는가? 단, 추가되는 매출은 현금매출액이고 원가는 발생 즉시 현금으로 지출된다.

※ 〈자료 3〉을 이용하여 (물음 6)~(물음 9)에 답하시오.

〈자료 3〉

반도체부문과 휴대폰부문의 제조원가가 확정적이지 않고, 다음과 같은 확률분포를 갖는 것으로 가정한다.

구분	단위당 제조원가	확률
반도체부문	₩50	1/2
	110	1/2
휴대폰부문	₩140	1/2
	260	1/2

휴대폰부문의 단위당 제조원가에는 마이크로칩의 원가가 포함되어 있지 않다. ㈜대한은 마이크로칩의 대체가격을 단위당 ₩80으로 결정하였으며, 외부 거래처로부터 휴대폰부문의 완제품 20단위를 단위당 ₩290에 공급해 달라는 주문을 받았다. 상기 주문 이외에 각 부문의 다른 판매기회는 고려하지 않는다.

(물음 6) ㈜대한은 기대이익을 극대화하고자 한다. 외부 거래처 주문의 단위당 기대이익은 얼마인가?

(물음 7) 반도체부문과 휴대폰부문의 경영자는 위험 회피적이고 효용함수는 $(2,000+부문이익)^{1/2}$과 같다. 부문 경영자는 자신의 기대효용을 극대화하고자 한다.

(1) 휴대폰부문 경영자가 대체거래를 이용하여 외부 거래처의 주문을 수락할 것인지의 여부와 (2) 반도체부문 경영자가 대체거래를 수락할 것인지의 여부를 결정하시오. 단, 기대효용은 <u>소수점 아래 셋째 자리에서 반올림하여 둘째 자리까지 표시한다.</u>

(물음 8) ㈜대한은 부문 경영자의 제조원가에 대한 위험을 분담하기 위해 회사전체 이익의 1/2씩을 부문 경영자에게 분배하는 파트너십(partnership)을 도입하고자 한다. 이 경우 부문 경영자의 효용함수는 $(2,000+0.5\times회사전체\ 이익)^{1/2}$이며, 회사전체의 완제품 제조원가에 대한 확률분포는 다음과 같다.

구분	단위당 제조원가	확률
	₩190	1/4
회사전체	280	1/2
	370	1/4

(1) 휴대폰부문 경영자가 외부 거래처의 주문을 수락할 것인지의 여부와 (2) 반도체부문 경영자가 대체거래를 수락할 것인지의 여부를 결정하시오. 단, 기대효용은 <u>소수점 아래 셋째 자리에서 반올림하여 둘째 자리까지 표시한다.</u>

(물음 9) (물음 8)과 같은 파트너십의 장점과 단점을 각각 <u>두 줄 이내로 서술하시오.</u>

2일차

2019년 제54회

재무회계

제2교시

※ 답안 작성 시 유의사항

1. 모든 문제는 2018년 12월 31일 이후 최초로 개시되는 회계연도에 적용되는 한국채택국제회계기준에 따라 답해야 합니다.
2. 각 문제에서 별도로 제시하는 경우를 제외하면
   - 회계기간은 1월 1일부터 12월 31일이며,
   - 법인세 효과는 고려하지 않고,
   - 제시된 이자율은 연 이자율입니다.

【문제 1】 (10점)

다음의 각 물음은 독립적이다.

(물음 1) 다음의 〈자료 1〉을 이용하여 〈요구사항〉에 답하시오.

〈자료 1〉

1. ㈜대한은 20x1년 1월 1일에 기계장치를 ₩1,500,000에 취득하였다. 기계장치의 추정 내용연수는 5년, 추정 잔존가치는 ₩0이며, 정액법을 사용하여 감가상각한다.
2. ㈜대한은 동 기계장치에 대해 재평가모형을 적용한다. 재평가모형을 적용하여 장부금액을 조정하는 경우 기존의 감가상각누계액을 전액 제거하는 방법을 사용한다.
3. ㈜대한의 20x1년 1월 1일 재평가잉여금 잔액은 ₩0이며, 동 기계장치 이외의 다른 자산으로부터 발생한 재평가잉여금은 없다.
4. 동 기계장치의 20x1년 말과 20x2년 말의 공정가치는 다음과 같다.

20x1년 12월 31일	20x2년 12월 31일
₩1,600,000	₩750,000

〈요구사항〉

㈜대한이 (1) 기계장치를 사용하는 기간 동안 재평가잉여금을 이익잉여금으로 대체하는 경우와 (2) 유형자산을 제거할 때 재평가잉여금을 이익잉여금으로 대체하는 경우로 구분하여, 20x2년도 포괄손익계산서의 당기순이익과 기타포괄이익에 미치는 영향을 각각 계산하시오. 단, 재평가로 인한 내용연수와 잔존가치의 추정변경은 없다. 당기순이익과 기타포괄이익이 감소하는 경우에는 (—)를 숫자 앞에 표시하시오.

구 분	20x2년	
	(1)사용기간 동안 대체	(2)유형자산 제거 시 대체
당기순이익에 미치는 영향	①	②
기타포괄이익에미치는 영향	③	④

(물음 2) 다음의 〈자료 2〉를 이용하여 동 기계장치와 관련된 정부보조금에 대해 (1) 원가차감법으로 회계처리하는 경우와 (2) 이연수익법으로 회계처리하는 경우로 구분하여 〈요구사항〉에 답하시오.

〈자료 2〉

1. ㈜민국은 20x1년 10월 1일에 기계장치를 ₩1,800,000에 구입하면서 정부로부터 ₩800,000을 보조받았다. 동 기계장치의 추정 내용연수는 5년이고 추정 잔존가치는 ₩0이다. 동 기계장치에 대해 ㈜민국은 정액법을 사용하여 월할로 감가상각한다.
2. ㈜민국은 20x4년 7월 1일에 동 기계장치를 ₩850,000에 처분하였다.

〈요구사항 1〉

㈜민국이 20x4년도 포괄손익계산서에 인식할 감가상각비를 각각 계산하시오.

구 분	20x4년	
	(1)원가차감법	(2)이연수익법
감가상각비	①	②

〈요구사항 2〉

동 기계장치 처분 시 회계처리가 ㈜민국의 20x4년도 포괄손익계산서의 당기순이익에 미치는 영향을 각각 계산하시오. 단, 20x4년도 감가상각비와 정부보조금 수익을 모두 고려하여 계산하시오. 당기순이익이 감소하는 경우에는 (—)를 숫자 앞에 표시하시오.

구 분	20x4년	
	(1)원가차감법	(2)이연수익법
당기순이익에 미치는 영향	③	④

【문제 2】(11점)

리스제공자인 ㈜민국리스는 리스이용자인 ㈜대한과 20x1년 1월 1일에 금융리스계약을 체결하였다. 다음의 〈자료〉를 이용하여 물음에 답하시오.

〈자 료〉

1. 리스개시일은 20x1년 1월 1일이다.

2. 기초자산의 공정가치는 ₩3,281,000이며, 기초자산의 경제적 내용연수와 내용연수는 모두 7년이다. 내용연수 종료시점의 추정잔존가치는 ₩0이며 해당 기초자산은 정액법으로 감가상각한다.

3. 리스기간 종료시점의 해당 기초자산의 잔존가치는 ₩400,000으로 추정되며 추정잔존가치 중에서 ㈜대한이 보증한 잔존가치 지급예상액은 ₩200,000이다.

4. 리스기간은 리스개시일로부터 5년이고, 리스종료일에 소유권이 이전되거나 염가로 매수할 수 있는 매수선택권은 없다.

5. 리스료는 리스기간 동안 매년 말 ₩800,000이 수수된다.

6. ㈜대한이 리스계약과 관련하여 지출한 리스개설직접원가는 ₩150,000이다.

7. 리스종료일에 기초자산을 리스제공자인 ㈜민국리스에게 반환하여야 한다.

8. 리스의 내재이자율은 연 10%이다.

---

9. 현재가치 계산 시 아래의 현가계수를 이용하고, 답안 작성 시 원 이하는 반올림한다.

기간	단일금액 ₩1의 현가계수	정상연금 ₩1의 현가계수
	10%	10%
1	0.9091	0.9091
2	0.8265	1.7356
3	0.7513	2.4869
4	0.6830	3.1699
5	0.6209	3.7908

(물음 1) 리스이용자인 ㈜대한과 리스제공자인 ㈜민국리스가 리스개시일에 인식할 다음의 금액을 계산하시오.

회 사	구 분	금 액
㈜대한	리스부채	①
	사용권자산	②
㈜민국리스	리스채권	③

(물음 2) 리스이용자인 ㈜대한이 해당 리스와 관련하여 20x2년도 포괄손익계산서에 인식할 다음의 금액을 계산하시오.

회 사	구 분	금 액
㈜대한	이자비용	①
	감가상각비	②

(물음 3) 리스이용자인 ㈜대한과 리스제공자인 ㈜민국리스가 20x4년 말 재무상태표에 표시할 다음의 금액을 계산하시오.

회 사	구 분	금 액
㈜대한	리스부채	①
㈜민국리스	리스채권	②

(물음 4) 새롭게 도입된 한국채택국제회계기준 제1116호 '리스'는 리스이용자가 모든 리스(일부 예외 제외)에 대하여 사용권자산과 리스부채를 인식하도록 요구하고 있다. 종전 리스 회계모형(기업회계기준서 제1017호 '리스')은 리스이용자에게 운용리스에서 생기는 자산 및 부채를 인식하도록 요구하지 않았고, 금융리스에서 생기는 자산 및 부채는 인식하도록 요구하였다. 개정된 한국채택국제회계기준 제1116호 '리스'의 도입배경과 관련하여 종전 리스 회계모형이 비판받는 문제점에 대해 재무정보의 투명성과 비교가능성 측면에서 간략히 서술하시오.

【문제 3】 (15점)

㈜대한은 20x1년 1월 1일에 발행된 ㈜민국의 A사채를 공정가치로 동 일자에 현금으로 취득하였으며, 취득 시 동 사채의 신용이 손상되어 있지 않았다. 다음의 〈공통 자료〉를 이용하여 각 물음에 답하며, 각 물음은 독립적이다.

〈공통 자료〉

1. ㈜대한이 취득한 A사채와 관련된 조건은 다음과 같다.
   액면금액 : ₩1,000,000
   표시이자율 : 연 6%
   이자지급일 : 매년 12월 31일
   만기일 : 20x4년 12월 31일
   사채발행 시 시장이자율 : 연 4%
   사채취득 관련 거래원가는 없음
2. 시장이자율로 할인된 미래현금흐름의 현재가치는 공정가치와 동일하다.
3. 현재가치 계산 시 아래의 현가계수를 이용하고, 답안 작성 시 원 이하는 반올림한다.

기간	단일금액 ₩1의 현가계수 4%	정상연금 ₩1의 현가계수 4%
1	0.9615	0.9615
2	0.9246	1.8861
3	0.8890	2.7751
4	0.8548	3.6299

(물음 1) 다음의 〈추가 자료〉를 이용하여 〈요구사항〉에 답하시오.

〈추가 자료〉

1. ㈜대한은 20x1년도 이자는 정상적으로 수취하였으나, 20x1년 말에 동 사채의 신용이 후속적으로 심각하게 손상되어 신용위험이 유의적으로 증가하였다고 판단하였다. ㈜대한은 해당 사채의 채무불이행 발생확률을 고려하여, 20x2년 부터 20x4년까지 매년 말에 수취할 이자의 현금흐름을 각각 ₩30,000으로, 만기에 수취할 원금의 현금흐름을 ₩700,000으로 추정하였다.

2. ㈜대한은 20x2년 ₩30,000의 이자를 수취하였다. ㈜대한은 20x2년 말에 동 사채의 신용손상이 일부 회복되어 20x3년부터 20x4년까지 매년 말에 수취할 이자의 현금흐름을 각각 ₩50,000으로, 만기에 수취할 원금의 현금흐름을 ₩900,000으로 추정하였다.

3. 동 사채의 20x1년 말 공정가치는 ₩700,000이고, 20x2년 말 공정가치는 ₩800,000이다.

4. ㈜대한은 20x3년 7월 1일에 동 사채를 ₩1,050,000(미수이자 ₩25,000 포함)에 처분하였다.

5. ㈜대한은 금융자산을 기타포괄손익-공정가치 측정 금융자산으로 분류 시 이자 수익의 인식은 유효이자율법에 의하며, 당기손익-공정가치 측정 금융자산으로 분류 시 표시이자를 이자수익으로 인식한다.

〈요구사항 1〉

㈜대한이 취득한 A사채를 기타포괄손익-공정가치 측정 금융자산으로 분류하였을 경우, 20x2년도와 20x3년도 포괄손익계산서의 당기순이익과 기타포괄이익에 미치는 영향을 각각 계산하시오. 단, 당기순이익과 기타포괄이익이 감소하는 경우에는 (─)를 숫자 앞에 표시하시오.

항 목	20x2년	20x3년
당기순이익에 미치는 영향	①	②
기타포괄이익에 미치는 영향	③	④

〈요구사항 2〉

㈜대한이 취득한 A사채를 당기손익-공정가치 측정 금융자산으로 분류하였을 경우,

20x1년도, 20x2년도, 20x3년도 포괄손익계산서의 당기순이익에 미치는 영향의 총 합계액을 계산하시오. 단, 당기순이익이 감소하는 경우에는 (−)를 숫자 앞에 표시하시오.

(물음 2) 다음의 〈추가 자료〉를 이용하여 답하시오.

〈추가 자료〉

1. 금융자산 재분류 시 재분류조건을 충족한다고 가정한다.
2. A사채의 일자별 공정가치는 다음과 같다.

일 자	공정가치
20x1년 12월 31일	₩1,060,000
20x2년 7월 1일	950,000
20x2년 12월 31일	1,000,000
20x3년 1월 1일	1,000,000
20x3년 12월 31일	980,000

㈜대한은 20x1년 1월 1일 A사채를 당기손익-공정가치 측정 금융자산으로 분류하였으나 20x2년 7월 1일에 사업모형을 변경하여 기타포괄손익-공정가치 측정 금융자산으로 재분류하였다. A사채와 관련한 회계처리가 ㈜대한의 20x2년도와 20x3년도 포괄손익계산서의 당기순이익과 기타포괄이익에 미치는 영향을 각각 계산하시오. 단, 당기순이익과 기타포괄이익이 감소하는 경우에는 (−)를 숫자 앞에 표시하시오.

항 목	20x2년	20x3년
당기순이익에 미치는 영향	①	②
기타포괄이익에 미치는 영향	③	④

【문제 4】 (10점)

㈜대한은 B사채를 20x1년 1월 1일에 발행하려고 하였으나, 시장상황이 여의치 않아 3개월 지연되어 20x1년 4월 1일에 ㈜민국에게 발행(판매)을 완료하였다. 다음의 〈자료〉를 이용하여 물음에 답하시오.

〈자 료〉

1. B사채의 발행조건은 다음과 같다.
   액면금액 : ₩1,000,000
   만기일 : 20x4년 12월 31일
   표시이자율 : 연 5%
   이자지급일 : 매년 12월 31일

2. 각 일자의 동종사채에 대한 시장이자율은 다음과 같다. 한편, 미래현금흐름의 현재가치는 공정가치와 동일한 것으로 본다.

일자	시장이자율
20x1년 1월 1일	5%
20x1년 4월 1일	6%
20x2년 1월 1일	4%
20x4년 12월 31일	5%

3. 사채발행 및 취득과 직접적으로 관련되는 비용은 없다.

4. 현재가치 계산 시 아래의 현가계수를 이용하고, 답안 작성 시 원 이하는 반올림한다.

기간	단일금액 ₩1의 현가계수			정상연금 ₩1의 현가계수		
	4%	5%	6%	4%	5%	6%
1	0.9615	0.9524	0.9434	0.9615	0.9524	0.9434
2	0.9246	0.9070	0.8900	1.8861	1.8594	1.8334
3	0.8890	0.8638	0.8396	2.7751	2.7232	2.6730
4	0.8548	0.8227	0.7921	3.6299	3.5459	3.4651

(물음 1) ㈜대한의 ① 20x1년 4월 1일 발행일의 현금수령액과 ② 20x1년도 포괄손익계산서에 인식할 이자비용을 계산하시오.

현금수령액	①
이자비용	②

(물음 2) ㈜민국은 B사채를 취득하고 상각후원가측정금융자산으로 분류하였다. ㈜민국은 20x2년 1월 1일에 B사채를 동 일자의 공정가치로 ㈜독도에게 매각(금융자산 제거 요건은 충족)하였다고 할 때 처분손익을 계산하시오. 단, 손실의 경우에는 (—)를 숫자 앞에 표시하시오.

처분손익	①

(물음 3) ㈜대한은 20x4년 12월 31일에 표시이자를 지급한 직후 B사채를 상환하는 대신 ㈜독도와 만기를 3년 연장하고, 연 2%의 이자를 매년 말 지급하기로 합의하였다. 이 경우 ㈜대한이 ① 조건변경에 따라 인식할 금융부채조정손익과 ② 20x5년도 포괄손익계산서에 인식할 이자비용을 계산하시오. 단, 손실의 경우에는 (—)를 숫자 앞에 표시하시오.

금융부채조정손익	①
이자비용	②

【문제 5】(11점)

다음은 ㈜대한의 20x2년 1월 1일의 〈부분 재무상태표〉이다.

〈부분 재무상태표〉

자본금		₩8,000,000
1. 보통주자본금	₩6,000,000	
2. 우선주자본금	2,000,000	
자본잉여금		30,500,000
1. 주식발행초과금	30,000,000	
2. 감자차익	500,000	
자본조정		(1,000,000)
1. 자기주식(보통주)	(1,000,000)	
기타포괄손익누계액		2,000,000
1. 재평가잉여금	2,000,000	

이익잉여금		11,000,000
1. 이익준비금	5,000,000	
2. 미처분이익잉여금	6,000,000	
자본총계		₩50,500,000

다음의 〈자료〉를 이용하여 각 물음에 답하며, 각 물음은 독립적이다.

〈자 료〉

1. ㈜대한은 20x1년 1월 1일에 설립되었으며, ㈜대한의 보통주와 우선주는 설립과 동시에 발행되었다.

2. ㈜대한의 20x2년 1월 1일 현재 발행된 보통주는 12,000주이며, 주당 발행금액은 ₩2,000이고, 주당 액면금액은 ₩500이다. ㈜대한의 20x2년 1월 1일 현재 발행된 우선주는 1,000주이며, 주당 액면금액은 ₩2,000이다.

3. 우선주는 누적적, 비참가적 우선주 한 종류만 발행되었으며, 배당률은 연 6%이다.

4. ㈜대한이 20x2년 1월 1일 현재 보유하고 있는 자기주식의 수량은 500주이다. 자기주식의 취득은 원가법으로 처리하며, 자기주식의 처분 시 단가산정은 가중평균법에 의한다.

5. ㈜대한은 자본금을 확충하기 위하여 20x2년 2월 1일에 주식발행초과금을 재원으로 하여 현재 유통중인 보통주를 대상으로 15%의 무상증자를 실시하였다.

6. ㈜대한은 20x1년 경영성과에 대해서 20x2년 2월 15일 주주총회에서 현금배당(₩1,000,000)을 원안대로 승인하고 이를 지급하였다.

7. ㈜대한은 경영전략 상의 계획에 의하여 20x2년 3월 1일에 보통주 1,200주를 발행하고 그 대가로 공정가치가 ₩1,000,000인 토지를 취득하였다. 단, 현물출자로 인한 자산의 취득원가는 해당 자산의 공정가치로 한다.

8. ㈜대한은 보유하고 있는 자기주식 중 100주를 20x2년 7월 1일에 주당 ₩2,500에 재발행하였으며, 20x2년 10월 1일에 200주를 소각하였다.

9. ㈜대한은 20x2년 중에 중간배당(현금배당) ₩500,000을 지급하였으며 20x2년 기말에 결산배당으로 ₩700,000(현금배당 ₩500,000과 주식배당 ₩200,000)을 책정하였다. ㈜대한의 주주총회 예정일은 20x3년 2월 15일이다.

10. ㈜대한의 20x2년 당기순이익은 ₩2,000,000이다.

(물음 1) ㈜대한의 20x2년 말 재무상태표에 표시되는 자본금, 자본잉여금, 자본조정 그리고 이익잉여금의 금액을 각각 계산하시오. 단, 음의 값은 (−)를 숫자 앞에 표시하시오.

항 목	금 액
자본금	①
자본잉여금	②
자본조정	③
이익잉여금	④

(물음 2) ㈜대한의 20x2년의 ① 가중평균유통보통주식수, ② 기본주당순이익을 각각 계산하시오. 단, 주식 수는 월할 기준으로 계산한다. 답안 작성 시 원 이하는 반올림한다.

(물음 3) ㈜대한의 20x2년 기말 총자산이익률이 2%일 때 20x2년 말의 부채비율을 계산하시오. 단, 총자산이익률은 [(당기순이익/기말 자산) × 100], 부채비율은 [(기말 부채/기말 자본) × 100]을 사용하며, 계산 결과(%)는 소수점 첫째자리에서 반올림한다.

【문제 6】 (8점)

㈜대한은 발행일이 20x1년 1월 1일인 전환사채를 다음과 같은 조건으로 발행하였다. 다음의 〈자료〉를 이용하여 각 물음에 답하며, 각 물음은 독립적이다.

〈자 료〉

1. 전환사채의 발행조건은 다음과 같다.
   - 액면금액 : ₩3,000,000
   - 표시이자율 : 연 4%
   - 이자지급일 : 매년 12월 31일
   - 만기일 : 20x3년 12월 31일
   - 전환사채의 시장이자율 : 연 7%
   - 발행일 현재 동일한 조건의 전환권이 없는 일반사채의 시장이자율 : 연 8%
   - 보장수익률 : 연 5%

- 전환가격 : 전환사채 ₩6,000당 보통주 1주
  (1주당 액면금액 : ₩5,000)
- 전환청구기간 : 사채발행일 2주 이후부터 만기일 1일 전까지

2. 현재가치 계산 시 아래의 현가계수를 이용하고, 답안 작성 시 원 이하는 반올림한다.

기간	단일금액 ₩1의 현가계수			정상연금 ₩1의 현가계수		
	5%	7%	8%	5%	7%	8%
1	0.9524	0.9346	0.9259	0.9524	0.9346	0.9259
2	0.9070	0.8734	0.8574	1.8594	1.8080	1.7833
3	0.8638	0.8163	0.7938	2.7232	2.6243	2.5771

(물음 1) ㈜대한의 전환사채에 대한 전환권가치를 계산하시오.

(물음 2) ㈜대한의 전환사채에 대한 회계처리가 ① 20x1년의 당기순이익에 미치는 영향을 계산하시오. ② 20x2년 1월 1일에 전환사채의 40%가 보통주로 전환되었다고 가정할 경우 전환 직후 전환사채의 장부금액을 계산하시오. 단, 당기순이익이 감소하는 경우에는 (—)를 숫자 앞에 표시하시오.

20x1년의 당기순이익에 미치는 영향	①
전환 직후 전환사채의 장부금액	②

【문제 7】 (5점)

㈜대한은 종업원 100명에게 앞으로 3년간 근무하고 기업의 매출액이 3차년도 말까지 목표액 5억원을 달성하는 조건으로 종업원 1인당 현금결제형 주가차액보상권을 100개씩 부여하였다. 다음의 〈자료〉를 이용하여 각 물음에 답하며, 각 물음은 독립적이다. 답안 작성 시 원 이하는 반올림한다.

〈자 료〉

1. 1차년도 말에 ㈜대한은 3차년도 말까지 목표 매출액을 달성하지 못할 것으로 예상하였다.

2. 2차년도에 ㈜대한의 매출액이 유의적으로 증가하였고, 계속 증가할 것으로 예상되었다. 따라서 2차년도 말에 ㈜대한은 3차년도 말까지 목표 매출액을 달성할 것으로 예상하였다.

3. 3차년도 말에 목표 매출액을 달성하여, 주가차액보상권의 가득요건이 충족되었고, 20명의 종업원이 주가차액보상권을 행사하였다. 4차년도 말에 추가로 20명의 종업원이 주가차액보상권을 행사하였고, 나머지 60명은 5차년도 말에 주가차액보상권을 행사하였다.

4. 매 회계연도 말에 추정한 주가차액보상권의 공정가치와 행사일의 주가차액보상권 내재가치(현금지급액과 일치)는 다음과 같다.

연도	공정가치	내재가치
1차	₩120	-
2차	150	-
3차	160	₩150
4차	180	170
5차	200	200

5. 요구사항의 적용

연도	용역제공조건을 충족할 것으로 예상되는 종업원 수	매출액 목표의 달성 여부에 대한 최선추정
1차	100명	미달성으로 예측
2차	100명	달성으로 예측
3차	100명	실제로 달성

(물음 1) 위의 주식기준보상과 관련하여 ㈜대한이 ① 4차년도 말 금융부채로 표시할 금액과 ② 5차년도에 인식할 보상비용을 각각 계산하시오.

(물음 2) 현금결제형 주식기준보상거래에서 주식결제형 주식기준보상거래로 분류를 변경하는 경우, 해당 조건 변경이 재무상태표와 포괄손익계산서에 미치는 영향에 대해서 간략히 서술하시오.

【문제 8】 (20점)

다음에 제시된 〈자료〉는 독립적이며 각 〈자료〉에 대한 물음에 답하시오.

〈자료 1〉

1. ㈜대한은 20x0년 5월 1일에 구별되는 제품 X와 Y를 고객에게 이전하기로 계약하였다. 제품 X는 계약 개시시점에 고객에게 이전하고 제품 Y는 20x0년 12월 1일에 이전한다. 고객이 약속한 대가는 고정대가 ₩200,000과 변동대가 ₩40,000으로 구성된다. ㈜대한은 거래가격에 변동대가 추정치를 포함한다. 두 제품의 개별 판매가격은 같다.

2. 20x0년 10월 30일에 고객에게 인도하지 않은 제품 Y에 추가하여 제품 Z를 20x1년 3월 30일에 이전하기로 한 약속을 포함하도록 계약의 범위를 변경하였다. 이 계약변경으로 계약가격을 ₩60,000(고정대가)만큼 증액하였는데, 이 금액이 제품 Z의 개별 판매가격을 나타내지는 않는다. 제품 Z의 개별 판매가격은 제품 X와 Y의 개별 판매가격과 같다.

3. ㈜대한은 계약변경을 하면서 변동대가 추정치를 ₩40,000에서 ₩48,000으로 수정하였다. ㈜대한은 변동대가 추정치 변경 분을 거래가격에 포함하였다.

(물음 1) 〈자료 1〉에서 ㈜대한이 변동대가를 거래가격에 포함할 수 있다고 판단한 근거가 무엇인지 간략히 서술하시오.

(물음 2) 〈자료 1〉에서 20x0년 10월 30일 계약변경이 별도계약인지 여부를 판단하고, 그 근거가 무엇인지 간략히 서술하시오.

(물음 3) 〈자료 1〉에서 ㈜대한은 제품 X, Y, Z를 약속시점에 고객에게 이전하였다. ㈜

대한이 ① 20x0년과 ② 20x1년에 인식할 수익금액을 각각 계산하시오.

〈자료 2〉

1. ㈜민국은 20x0년 6월 1일에 고객과 계약을 체결하여 고객이 20x0년 10월 1일부터 5년 동안 ㈜민국의 상호를 사용하고 ㈜민국의 제품을 판매할 권리를 제공하는 프랜차이즈 라이선스를 부여하기로 계약하였다. 해당 프랜차이즈 라이선스는 라이선스 기간에 기업의 지적재산에 접근할 수 있는 권리를 고객에게 부여한다.

2. ㈜민국은 프랜차이즈 라이선스를 부여하고 그 대가로 고정대가 ₩200,000과 고객의 매출액 중 5%를 판매기준 로열티(변동대가)로 받기로 하였다. ㈜민국은 변동대가를 ₩10,000으로 추정한다. 고정대가는 계약과 동시에 받았으며, 변동대가는 매년 말 받기로 되어있다. 20x0년 계약기간 중 고객은 ₩30,000을 매출로 인식하였다.

3. ㈜민국은 프랜차이즈 상점을 운영하기 위해 필요한 기계설비를 제공하기로 고객과 약속하였다. 라이선스와 기계설비를 결합 품목으로 통합하는 유의적인 용역을 제공하는 것은 아니다. 원가 ₩70,000의 기계설비에 대한 고정대가는 기계설비 인도 시점으로부터 향후 3년에 걸쳐 ₩50,000씩 받기로 하였다. 기계설비는 20x0년 7월 1일에 인도되었으며 고객에게 통제가 이전되었다. ㈜민국이 고객과 별도 금융거래를 한다면 고객의 신용특성을 반영하여 적용할 이자율은 연 10%이다. 라이선스와 기계설비의 대가는 각 개별 판매가격을 반영한다. 이자율 연 10%, 3기간, 연금현가계수는 2.4869이다. 답안 작성 시 원 이하는 반올림한다.

(물음 4) 〈자료 2〉에서 ㈜민국의 20x0년도 당기순이익에 미치는 영향을 계산하시오. 단, 당기순이익이 감소하는 경우에는 (—)를 숫자 앞에 표시하시오.

(물음 5) 〈자료 2〉에서 프랜차이즈 라이선스가 라이선스를 부여한 시점에 존재하는 대로 지적재산을 사용할 권리를 고객에게 부여하는 것이라고 가정한다. 이 경우 ㈜민국의 20x0년도 당기순이익에 미치는 영향을 계산하시오. 단, 당기순이익이 감소하는 경우에는 (—)를 숫자 앞에 표시하시오.

〈자료 3〉

1. ㈜한국은 원가 ₩1,000,000의 안마기(제품)를 1대당 ₩2,000,000에 판매하며 1년간 무상으로 품질보증을 실시하기로 하였다. 이러한 보증은 제품이 합의된 규격에 부합한다는 확신을 고객에게 제공한다. 또한 ㈜한국은 고객들에게 2년간 총 8회 안마기 기능 업그레이드를 위한 방문서비스를 제공하기로 하였다. 방문서비스 당 개별 판매가격은 ₩45,000이고 안마기 판매가격에 포함되어 있다.

2. ㈜한국은 안마기 판매가격 ₩1,000당 10포인트를 적립하는 고객충성제도를 운영한다. 고객은 포인트를 사용하여 ㈜한국 제품의 구매대금을 결제할 수 있다. 포인트의 개별 판매가격은 포인트 당 ₩10이고 포인트 중 70%가 사용될 것으로 예상한다. 즉, 교환될 가능성에 기초한 포인트 당 개별 판매가격은 ₩7으로 추정한다. 안마기의 개별 판매가격은 한 대당 ₩2,000,000이다. ㈜한국은 안마기를 20x0년 10대, 20x1년 15대 판매하였으며, ㈜한국의 교환예상 총 포인트와 교환된 누적 포인트는 다음과 같다.

구 분	20x0년	20x1년
교환된 누적포인트	70,000포인트	280,000포인트
교환예상 총포인트	140,000포인트	350,000포인트

3. 20x0년과 20x1년 판매된 안마기에 대한 방문서비스는 다음과 같이 고객에게 제공되었다.

구 분	20x0년	20x1년	20x2년	20x3년	합계
20x0년 판매분	28회	30회	22회	-	80회
20x1년 판매분	-	42회	50회	28회	120회

4. 판매된 안마기와 관련하여 20x0년과 20x1년의 예상 품질보증비용(매출액의 5%)과 실제 발생한 품질보증비용은 다음과 같다.

구 분		20x0년	20x1년
예상 품질보증비용		₩1,000,000	₩1,500,000
실제 보증비용 발생액	20x0년 판매분	550,000	300,000
	20x1년 판매분	—	750,000

(물음 6) 〈자료 3〉에서 ㈜한국의 20x0년도와 20x1년도 포괄손익계산서와 20x0년 말과 20x1년 말 재무상태표에 인식될 다음의 금액을 계산하시오.

구 분	제품매출	포인트매출	방문서비스 수익	품질보증 충당부채
20x0년	①			
20x1년		②	③	④

【문제 9】 (10점)

㈜대한은 20x1년 5월 1일에 ₩900,000의 약속된 대가로 고객에게 고객 소유의 토지에 상업용 건물을 건설해주고, 그 건물을 20개월 이내에 완성할 경우에는 ₩50,000의 보너스를 받는 계약을 체결하였다. 다음의 〈자료〉를 이용하여 물음에 답하시오.

〈자 료〉

1. 고객은 건설기간동안 건물을 통제하므로 약속된 재화와 용역의 묶음을 기간에 걸쳐 이행하는 단일 수행의무로 회계처리한다. 계약 개시시점에 ㈜대한은 다음과 같이 예상하였다.

거래가격	₩900,000
총계약원가 추정액	700,000

2. 건물의 완공은 날씨와 규제 승인을 포함하여 ㈜대한의 영향력이 미치지 못하는 요인에 매우 민감하고, ㈜대한은 비슷한 유형의 계약에 대한 경험도 적다. ㈜대한은 발생원가에 기초한 투입측정법이 수행의무의 적절한 진행률이 된다고 판단하였다. 20x1년 말 ㈜대한은 변동대가를 다시 평가하고 변동대가 추정치에 여전히 제약이 있는 것으로 결론지었다.

3. 20x2년도 1분기에 ㈜대한과 고객은 건물의 평면도를 바꾸는 계약변경에 합의하였다. 계약변경으로 고정대가는 ₩100,000, 총계약원가는 ₩400,000이 증액되었으며 보너스 획득 허용 기간은 최초 계약 개시시점부터 36개월로 16개월 연장되었다. 계약 변경일에 ㈜대한은 그 동안의 경험과 수행할 나머지 업무를 고려할 때 변동대가 추정치에 제약이 없는 것으로 판단하였다.

4. ㈜대한이 각 회계연도에 지출한 누적계약원가와 총계약원가 추정액을 정리하면

다음과 같으며 이러한 금액에는 자본화 차입원가가 포함되어 있지 않다. 건물은 20x4년 4월 30일에 완공되었다.

구 분	20x1년	20x2년	20x3년
누적 계약원가	₩420,000	₩715,000	₩1,035,000
총계약원가 추정액	700,000	1,100,000	1,150,000

5. 각 회계연도 계약원가에 포함될 차입원가는 다음과 같이 계산되었다.

구분	20x1년	20x2년	20x3년
자본화 차입원가	₩1,000	₩3,000	₩1,000

6. 20x3년까지 ㈜대한의 건설 계약대금 청구액과 계약대금 회수액은 다음과 같다.

구분	20x1년	20x2년	20x3년
계약대금 청구액	₩400,000	₩300,000	₩200,000
계약대금 회수액	400,000	200,000	100,000

(물음 1) 20x2년도 1분기 계약변경에 대해 ㈜대한이 수행해야 할 회계처리를 설명하고 그 근거를 간략히 서술하시오.

(물음 2) ㈜대한의 20x2년과 20x3년의 계약손익 금액을 계산하시오. 단, 계약손실인 경우에는 (—)를 숫자 앞에 표시하시오.

	20x2년	20x3년
계약손익	①	②

(물음 3) ㈜대한의 20x2년과 20x3년 말 계약자산(미청구공사) 또는 계약부채(초과청구공사)를 각각 구하시오. 단, ㈜대한은 손실부담계약에 해당되는 경우 예상손실을 미성공사에서 차감하는 방법을 사용한다.

【문제 10】(10점)

㈜대한은 20x1년 7월 1일 ㈜민국의 지분 100%를 취득하는 합병계약을 체결하였다. 취득일 현재 ㈜민국의 순자산 공정가치는 잠정적으로 ₩50,000(자산 ₩67,000, 부채

₩17,000)인 것으로 파악되었다. 단, ㈜대한과 ㈜민국은 동일지배하의 기업이 아니다.

(물음 1) 사업결합과 관련하여 ㈜대한은 ㈜민국의 자산과 부채를 실사하는 과정에서 다음과 같은 항목들이 순자산의 공정가치에 반영되지 않았음을 발견하였다. 이러한 추가 항목들을 한국채택국제회계기준 제1103호 '사업결합'에 따라 반영할 경우, ㈜민국의 자산과 부채의 공정가치에 미치는 영향을 평가하시오. 단, 아래 영향평가에서 과목(항목)은 유형자산, 무형자산, 기타자산, 부채 및 영향 없음으로 구분하며, 해당 금액이 감소하는 경우 (—)를 숫자 앞에 표시하시오.

추가 항목	영향평가
(예시) ㈜민국은 진행중인 연구개발 프로젝트가 있다. 취득일 현재 이 프로젝트의 공정가치는 ₩1,000이다.	무형자산 ₩1,000
㈜민국에는 신기술을 개발하는 우수한 연구 인력들이 많이 있다. 이들은 합병으로 인해 더 큰 미래경제적효익을 창출할 것으로 기대된다. 이 연구 인력의 합병 전 공정가치는 ₩1,500이며, 합병 후 공정가치는 ₩3,000으로 측정된다.	①
㈜민국은 생산공정과 관련된 비밀기술을 보유하고 있다. 동 비밀기술은 특허는 받지 않았지만 미래경제적효익을 기대할 수 있으며, 그 공정가치는 ₩500이다.	②
㈜민국은 취득일 현재 새로운 고객과 5년 동안 제품을 공급하는 계약을 협상 중이다. 동 계약의 체결가능성은 매우 높으며, 그 공정가치는 ₩800이다.	③
㈜민국은 취득일 현재 계류중인 손해배상소송과 관련하여 패소할 가능성이 높지 않아 관련 충당부채를 인식하지 않았다. 관련 충당부채의 공정가치는 ₩300이다.	④
㈜민국은 위의 손해배상소송과 관련하여 향후 손해배상액이 ₩300을 초과하는 경우 그 초과액을 ㈜대한에 보상해주기로 하였다. 손해배상 충당부채와 동일한 근거로 측정한 보상의 공정가치는 ₩50이다.	⑤
㈜민국은 종업원에게 현금결제형 주식기준보상을 부여하였다. ㈜대한은 합병 후 이를 자신의 주식기준보상(현금결제형)으로 대체하려고 한다. 취득일 현재 한국채택국제회계기준 제1102호 '주식기준보상'의 방법에 따라 ㈜대한이 측정한 금액은 ₩1,500이며, ㈜민국이 측정한 금액은 ₩1,700이다. 한편, 동 주식기준보상의 공정가치는 ₩2,100이다. 동 주식기준보상은 부채의 공정가치 측정에 ₩2,000으로 반영되어 있다.	⑥

(물음 2) 취득자는 사업결합 이전에 자신이 인식했거나 인식하지 않은 무형자산을 사용하도록 피취득자에게 부여했던 권리를 사업결합의 결과로 다시 취득할 수 있다. 이처럼 다시 취득한 권리는 사업결합 과정에서 어떻게 인식 및 측정하여야 하며, 그 이유는 무엇인지 서술하시오.

【문제 11】 (20점)

㈜대한은 ㈜민국에 대해 종속기업투자주식을 보유하고 있다. 20x3년 말 두 기업의 별도재무상태표의 일부는 다음과 같다. 단, ㈜대한과 ㈜민국 모두 발행주식 1주당 액면금액은 ₩1,000이며, ㈜민국은 설립 이후 자본금의 변동이 없다.

	㈜대한	㈜민국
유동자산		
현금	₩15,000	₩12,000
매출채권	90,000	66,000
재고자산	120,000	75,000
비유동자산		
유형자산(순액)	524,000	370,000
⋮	⋮	⋮
장기차입금	44,000	90,000
이연법인세부채	45,000	28,000
⋮	⋮	⋮
자본		
자본금	140,000	100,000
이익잉여금	573,000	210,000
기타자본요소	150,000	10,000
자본총계	₩863,000	₩320,000

연결재무제표 작성에 관한 다음의 〈자료〉를 이용하여 물음에 답하시오.

〈자 료〉

1. 20x1년 초, ㈜대한은 ㈜민국의 주식 80주를 취득하면서 ㈜민국의 주식 2주당 ㈜대한의 주식 1주를 교부하였다. 20x1년 초 ㈜대한의 주식 1주당 공정가치는 ₩7,000이었다.

2. ㈜대한은 ㈜민국의 인수와 직접적으로 관련하여 자산과 부채의 실사비용 ₩3,000이 발생하였다. ㈜대한은 이 실사비용을 별도재무제표상 ㈜민국의 투자주식 장부금액에 포함시켰다. ㈜대한은 종속기업투자주식을 별도재무제표상 원가법으로 평가하고 있다.

3. 주식인수계약에는 기존의 80주를 소유하였던 ㈜민국의 주주들에게 20x4년 1월 말에 추가적인 대가(현금)를 지급하는 조항이 포함되어 있다. 추가 지급대가는 20x1년 초부터 20x3년 말까지 ㈜민국의 재무성과에 따라 결정된다. 20x1년 초, 추가 지급 대가의 공정가치는 ₩20,000으로 추정되었으며, 20x2년 말까지는 추가 지급대가의 공정가치에 변동이 없었다. 그러나 20x3년 말에 추가 지급대가의 공정가치가 ₩24,000으로 변동되었다.

4. 20x1년 초, ㈜민국의 별도재무제표상 이익잉여금은 ₩150,000이며, 기타자본 요소는 ₩5,000이다.

5. 취득 당시 ㈜민국의 순자산 장부금액과 공정가치가 일치하지 않는 항목은 다음과 같다.
   - 토지, 건물 및 기계장치는 공정가치가 장부금액보다 각각 ₩10,000, ₩30,000, ₩20,000 더 크다. 20x1년 초 건물과 기계장치의 추정 잔존내용연수는 각 각 30년, 4년이고, 정액법으로 감가상각한다. 20x3년 말까지 ㈜민국이 처분한 유형자산은 없다.
   - 20x1년 초 ㈜민국의 별도재무제표 주석에는 우발부채에 관한 내용이 공시되어 있다. 20x1년 초 우발부채의 공정가치는 ₩6,000으로 신뢰성 있게 추정된다. 이 우발상황은 20x1년 말에 해소되었으며, 동 우발부채와 관련하여 ㈜민국이 ㈜대한에게 지급하기로 한 금액은 없었다.

6. ㈜대한은 ㈜민국의 비지배지분을 종속기업의 식별가능한 순자산 공정가치에 비례하여 결정하기로 하였다.

7. ㈜민국의 취득 당시 인식한 영업권과 관련하여 20x1년 말과 20x2년 말에는 손상검사 결과 손상징후가 발견되지 않았다. 그러나 20x3년 말에 ㈜대한의 손

상검사 결과 ㈜민국의 순자산에 대한 회수가능액은 ₩400,000으로 추정되었다. ㈜민국은 영업권 손상검사 목적상 단일의 현금창출단위로 간주된다.

8. 순자산 장부금액과 공정가치의 차이는 모두 일시적 차이에 해당하며, 적용될 법인세율은 20%이다. 단, 이 이외의 일시적 차이는 존재하지 않는다.

(물음 1) ㈜대한의 20x1년 초 연결재무상태표에 표시될 다음 항목을 계산하시오.

영업권	①
비지배지분	②

(물음 2) ㈜대한의 20x3년 말 연결재무상태표에 표시될 다음 항목을 계산하시오.

유형자산(순액)	①
영업권	②
㈜민국에게 추가로 지급할 대가 관련 부채	③
이연법인세부채	④
이익잉여금	⑤
기타자본요소	⑥
비지배지분	⑦

【문제 12】 (5점)

㈜대한은 20x1년 11월 1일에 보유하고 있는 재고자산의 시가가 하락할 위험을 회피하기 위해 동 재고자산을 다음과 같은 조건으로 판매하는 선도계약을 체결하였다.

> · 계약기간 : 20x1년 11월 1일부터 20x2년 3월 1일까지
> · 계약조건 : 20x2년 3월 1일이 만기인 선도가격에 재고자산 100개를 판매

다음은 ㈜대한의 재고자산 100개에 대한 시가와 선도가격이다. 단, 재고자산 100개의 원가는 ₩35,000이다.

일자	시가	선도가격 (만기 20x2.3.1.)
20x1.11. 1.	₩51,000	₩50,000
20x1.12.31.	48,750	48,000
20x2. 3. 1.	47,000	-

㈜대한은 20x2년 3월 1일에 재고자산 100개를 외부로 시가에 판매하였다.

(물음) 상기 위험회피거래와 관련하여 ㈜대한이 20x1년과 20x2년에 인식할 다음의 항목을 계산하시오. 단, 위험회피 적용요건을 모두 충족하며, 파생상품평가손익 계산 시 현재가치 적용은 생략한다. 손실의 경우에는 (−)를 숫자 앞에 표시하시오.

연도	항목	금액
20x1년	파생상품평가손익	①
	재고자산평가손익	②
20x2년	파생상품평가손익	③
	재고자산평가손익	④
	매출총손익	⑤

【문제 13】 (15점)

㈜대한은 20x1년 1월 1일 미국 현지 법인인 ㈜ABC의 보통주 80%를 $500에 취득하여 지배력을 획득하였다. 다음의 〈자료〉를 이용하여 물음에 답하시오.

〈자 료〉

1. 취득 당시 ㈜ABC의 식별가능한 순자산 장부금액은 $600(자본금 $500, 이익 잉여금 $100)이며, 유형자산은 기계장치로만 구성되어 있다. 유형자산을 제외 하고는 공정가치와 장부금액이 일치하였다. 유형자산의 장부금액은 공정가치 보다 $10 과소평가되어 있으며, 원가모형을 적용하여 회계처리하고 있다. 지배 력획득일 현재 유형자산의 추정 잔존내용연수는 5년, 정액법으로 감가상각한다.

---

2. ㈜대한은 ㈜ABC에 대한 투자주식을 원가법으로 회계처리하고 있으며, 비지배 지분은 ㈜ABC의 식별가능한 순자산 공정가치에 비례하여 결정한다.

3. 20x1년도 ㈜ABC의 재무제표는 다음과 같다.

재무상태표
(20x1.12.31.)

현금	$ 30	부채	$ 50
매출채권	170	자본금	500
재고자산	200	이익잉여금	150
유형자산(순액)	300		
총계	$ 700	총계	$ 700

포괄손익계산서
(20x1.1.1.~20x1.12.31.)

매 출 액	$ 1,500
매 출 원 가	1,200
매출총이익	300
기 타 비 용	250
당기순이익	$ 50

4. ㈜대한의 기능통화와 표시통화는 원화이며, ㈜ABC의 기능통화와 표시통화는 US$이다. ㈜ABC의 수익과 비용은 연중 균등하게 발생하므로 편의상 평균환 율을 적용하여 환산하고, 이익잉여금을 제외한 자본 항목은 해당 거래일의 환 율을 적용하여 환산한다. 원화와 US$ 모두 초인플레이션 경제에서의 통화가 아니며, 중요한 환율변동은 없다고 가정한다. 환율정보는 다음과 같다.

20x0년 1월 1일	₩950/$
20x0년 평균환율	₩975/$
20x0년 12월 31일	₩1,000/$
20x1년 1월 1일	₩1,000/$
20x1년 평균환율	₩1,050/$
20x1년 12월 31일	₩1,100/$

(물음 1) 20x1년 12월 31일 ㈜대한의 연결재무제표상 아래 항목의 금액을 계산하시오.

연결재무제표	항 목	금 액
연결재무상태표	영업권	①
	해외사업환산차이*	②
	비지배지분	③
연결포괄손익계산서	비지배지분순이익	④

> * 해외사업환산차이는 ㈜ABC의 재무제표를 ㈜대한의 표시통화로 환산하면서 발생하는 외환차이(기타포괄손익)이다.

(물음 2) 위 〈자료〉 4.의 환율정보와 아래 〈추가 자료〉를 이용하여 아래 〈요구사항〉에 답하시오.

〈추가 자료〉

1. ㈜대한은 20x0년 1월 1일에 미국에 새로운 지사를 설립할 목적으로 ㈜AY로부터 건물(P)을 $400에 매입하였다.

2. 건물(P)의 추정 내용연수는 10년, 추정 잔존가치는 ₩0, 정액법으로 감가상각한다. ㈜대한은 건물(P)에 대하여 재평가모형을 적용하며, 재평가모형의 회계처리는 감가상각누계액을 우선 상계하는 방법을 사용하고, 건물을 사용하는 기간 동안 재평가잉여금을 이익잉여금으로 대체한다.

3. 20x0년 말과 20x1년 말 건물(P)의 공정가치는 각각 $378와 $345이다.

〈요구사항〉

㈜대한의 건물(P)에 대한 회계처리와 관련하여 다음의 금액을 각각 계산하시오.

① 20x1년도에 인식할 감가상각비
② 20x1년도 말 재평가잉여금 잔액

(물음 3) 해외사업환산차이누계액은 다음과 같은 상황에서 각각 어떻게 회계처리 되는지 간략히 서술하시오.

① ㈜대한이 ㈜ABC의 지분 65%를 처분하여 지배력을 상실하는 경우
② ㈜대한이 ㈜ABC의 지분 20%를 처분하였으나 계속 지배력을 보유하는 경우

기출문제 정답 및 해설

2022년도 제57회 기출문제 **풀이**

세법

김 형 준 (세무사)

문제 1.

(물음 1)

총급여액	47,850,000
근로소득공제	12,142,500
근로소득금액	35,707,500

1. 총급여액 : ㈜A + ㈜B = **47,850,000**

　㈜A : 기본급 15,000,000 + 벽지수당 (500,000 – 200,000) × 5

　　+ 식사대 (150,000 – 100,000) × 5 + 자가운전보조금 1,000,000

　　= 17,750,000

　㈜B : 기본급 24,000,000 + 이직지원금 4,500,000 + 건강보험료 1,500,000

　　+ 단체순수보장성보험료 (800,000 – 700,000) = 30,100,000

　　* 시내출장에 소요된 경비를 실비처리하는 경우 자가운전보조금은 전액 근로소득으로 과세되며, 근로자 부담분의 건강보험료를 회사가 대납하는 경우도 근로소득으로 과세된다.

2. 근로소득공제 : 12,000,000 + (47,850,000 – 45,000,000) × 5% = **12,142,500**

3. 근로소득금액 : 47,850,000 – 12,142,500 = **35,707,500**

(물음 2)

손익계산서상 당기순이익		534,000,000원
구　분	과　목	금　액 (원)
가산조정	을의 급여	90,000,000
	을의 배우자 급여	60,000,000
	접대비 한도 초과액	4,400,000
	감가상각비 한도 초과액	3,000,000
	채권자불분명사채이자	5,000,000
차감조정	이자수익	14,000,000
	배당금수익	5,000,000
	유형자산처분이익	20,000,000
사업소득금액		657,400,000원

1. 접대비 한도 초과액 : (1) − (2) = **4,400,000**
   (1) 50,000,000
   (2) 36,000,000 + 32억 × 0.3% = 45,600,000

(물음 3)

〈요구사항 1〉

종합소득에 포함될 기타소득금액	22,800,000
종합소득에 포함될 이자소득금액	0
소득세 원천징수세액	5,870,000

1. 종합소득에 포함될 기타소득금액
   특허권의 양도 50,000,000 × (1 − 60%) + 대학교 특강료 및 원고료 2,000,000 × (1 − 60%)
   + 발명경진대회 상금 10,000,000 × (1−80%) = **22,800,000**

2. 종합소득에 포함될 이자소득금액
   금융소득이 2천만원 이하이므로 분리과세되므로 종합소득에 포함되는 이자소득금액은 0이다.

3. 소득세 원천징수세액 : (1) + (2) = **5,870,000**
   (1) 기타소득금액 원천징수세액 : 22,800.000 × 20% = 4,560,000
   (2) 이자소득금액 원천징수세액 : 4,000,000 × 14% + 3,000,000 × 25% = 1,310,000

〈요구사항 2〉

인적공제액	기본공제액	4,500,000
	추가공제액	3,000,000
연금보험료·국민건강보험료 소득공제액		8,000,000
신용카드 등 사용 소득공제액		4,100,000

1. 기본공제액 : 1,500,000 × 3(본인, 모친, 딸) = **4,500,000**

2. 추가공제액 : 한부모공제 1,000,000 + 장애인공제 2,000,000 = **3,000,000**

3. 연금보험료·국민건강보험료 소득공제액
   : 국민연금보험료 4,500,000 + 국민건강보험료 3,500,000 = **8,000,000**

4. 신용카드 등 사용 소득공제액 : MIN{(1), (2)} = **4,100,000**
   (1) 공제대상금액 : 4,725,000
      전통시장 3,000,000 × 40% + 대중교통 1,500,000 × 40%
      + 신용카드 (40,000,000 − 82,000,000 × 25%) × 15%
      = 4,725,000

(2) 한도 : a+b=4,100,000

    a. 2,500,000

    b. MIN(3,000,000×40%, 1,000,000)+MIN(1,500,000×40%, 1,000,000)

      = 1,600,000

〈요구사항 3〉

보험료 세액공제액	270,000
의료비 세액공제액	2,200,000

1. 보험료 세액공제액 : (1)+(2)=**270,000**

    (1) 일반 : 1,000,000×12%=120,000

    (2) 장애인전용 : 1,000,000×15%=150,000

2. 의료비 세액공제액 : (1)+(2)+(3)=**2,200,000**

    (1) 선천성이상아 치료비 : 5,000,000×20%=1,000,000

    (2) 본인 : 1,000,000×15%=150,000

    (3) 기타 : MIN(10,000,000−82,000,000×3%, 7,000,000)×15%=1,050,000

문제 2.

〈요구사항 1〉

양도가액	2,500,000,000
취득가액	1,340,000,000
기타의 필요경비	8,000,000
양도차익	599,040,000
장기보유특별공제	335,462,400
양도소득금액	263,577,600

1. 취득가액 : 1,300,000,000+소유권 확보를 위한 소송비용 40,000,000=**1,340,000,000**

2. 양도차익 : (2,500,000,000−1,340,000,000−8,000,000)×(25억−12억) / 25억

    =**599,040,000**

3. 장기보유특별공제 : 599,040,000×(28%+28%)=**335,462,400**

〈요구사항 2〉

양도소득산출세액	55,650,000

양도소득산출세액 : (200,000,000−2,500,000)×기본세율=**55,650,000**

문제 3.

(물음 1)

〈요구사항〉

자료번호	과세표준	
	과세	영세율
1	400,000	0
2	3,000,000	0
3	0	0
4	48,300,000	0
5	0	59,800,000
6	0	0
7	20,000,000	0

1. 자료2 : 판매장려금과 하자보증금은 과세표준에서 제외하지 않음.

2. 자료3 : 해당 모바일교환권은 상품권에 해당하여 부가가치세 과세대상에 해당되지 않음.

3. 자료4 : 45,000,000 + 개별소비세 3,000,000 + 교육세 300,000 = 48,300,000

4. 자료5 : 11,800,000 + $40,000 × 1,200 = 59,800,000

5. 자료6 : 계약상 또는 법률상 원인 외의 화재 등으로 재화가 멸실 등이 된 경우 이로 인해 지급받은 보상금은 재화의 공급에 대한 대가에 해당되지 않음.

6. 자료7 : 5,000,000 + 15,000,000 = 20,000,000

(물음 2)

〈요구사항〉

구 분	과세표준
건 물	0
토 지	4,591,780

1. 과세 비율
   (1) 건물 : 0 (= 0/200)
   (2) 토지 : 1/3 (= (1500-200×5)/1500)

2. 총임대료 : (1) + (2) = 22,958,904
   (1) 임대료 : 3,000,000 × 6 = 18,000,000

(2) 간주임대료 : 5억×2%×181/365 = 4,958,904

3. 과세표준
   (1) 건물 : 22,958,904×128/320×0 = 0
   (2) 토지 : 22,958,904×192/320×1/3 = 4,591,780

문제 4.

(물음 1)

〈요구사항〉

자료 번호	부가가치세 추가납부세액	가산세 종류	계산식	가산세액
1	5,000,000	세금계산서 지연발급, 지연수취	130,000,000×1% +80,000,000×0.5%	1,700,000
2	300,000	해당없음	–	–
3	0	해당없음	–	–
과소신고·초과환급신고 가산세			(5,300,000×10%+28,000,000 ×0.5%)×(1-75%)	167,500

자료 1 : 130,000,000×10% – 80,000,000×10% = 5,000,000

(물음 2)

〈요구사항〉

구분		금액
매출세액		15,400,000
매입세액	세금계산서 수취분	4,200,000
	의제매입세액	1,207,843
	공통매입세액재계산	1,500,000
	차가감 계	6,907,843
납부세액		8,492,157

1. 매출세액 : 154,000,000×10% = 15,400,000

2. 세금계산서 수취분 매입세액 : 42,000,000×10% = 4,200,000

3. 의제매입세액 : MIN{(1), (2)} = 1,207,843
   (1) (150,000,000 + 30,000,000×154/220)×2/102 = 3,352,941

(2) $154,000,000 \times 40\% \times 2/102 = 1,207,843$

4. 공통매입세액재계산 : $100,000,000 \times 10\% \times (1-25\% \times 1) \times (70\%-50\%) = \mathbf{1,500,000}$

문제 5.

(물음 1)

〈요구사항〉

익금산입 및 손금불산입			손금산입 및 익금불산입		
과목	금액	소득처분	과목	금액	소득처분
미수이자	8,000,000	유보	전기 대손충당금	7,000,000	유보
잉여금	10,000,000	기타	토지	10,000,000	유보
건설중인자산	9,000,000	유보	매도가능증권	6,300,000	유보
지급이자 손금불산입	600,000	기타사외유출			
임원상여금 한도초과	3,000,000	상여			
임원퇴직금 한도초과	550,000	상여			

1. 지급이자 손금불산입 : $10,000,000 \times (15,000,000 \times 365/10,000,000 \div 4\% \times 365) = \mathbf{600,000}$

2. 매도가능증권 : $9,000,000 - 9,000,000 \times 30\% = \mathbf{6,300,000}$

3. 임원상여금 한도초과 : $30,000,000 - 90,000,000 \times 30\% = \mathbf{3,000,000}$

4. 임원퇴직금 한도초과 : $100,000,000 - (90,000,000 + 27,000,000) \times 10\% \times 8.5 = \mathbf{550,000}$

(물음 2)

〈요구사항〉

익금산입 및 손금불산입			손금산입 및 익금불산입		
과목	금액	소득처분	과목	금액	소득처분
건당 3만원 초과 영수증수취분	2,500,000	기타사외유출	건설중인자산	4,500,000	유보
접대비한도초과	86,600,000	기타사외유출	건물	59,100,000	유보
건물감액분 상각비	2,955,000	유보			

1. 접대비 계상액 : (1)+(2)+(3)=127,500,000
   (1) 비용계상 : 23,500,000-2,500,000+현물접대비 차액분 2,000,000=23,000,000
   (2) 건설중인자산 : 4,500,000
   (3) 건물 : 100,000,000

2. 한도 : (1)+(2)+(3)=40,900,000
   (1) 12,000,000×12/12=12,000,000
   (2) 70억×0.3%+(30억×0.3%+50억×0.2%)×10%=22,900,000
   (3) MIN[6,000,000 , {(1)+(2)}×20%]=6,000,000

3. 접대비 한도초과액 : 1-2=86,600,000

4. 건물분 세무조정
   (1) 건물 원가 : 100,000,000-40,900,000=59,100,000
   (2) 감액분 상각비 : 59,100,000×15,000,000/300,000,000=2,955,000

문제 6.

(물음 1)

익금산입 및 손금불산입			손금산입 및 익금불산입		
과목	금액	소득처분	과목	금액	소득처분
재고자산평가충당금	10,000,000	유보	재공품	3,000,000	유보
원재료	6,000,000	유보	저장품	2,000,000	유보

1. 제품 : 장부 (86,000,000-10,000,000) =〉 세법 86,000,000

2. 재공품 : 장부 64,000,000 =〉 세법 61,000,000

3. 원재료 : 장부 50,000,000 =〉 세법 Max(56,000,000 , 50,000,000)

4. 저장품 : 장부 15,000,000 =〉 세법 13,000,000

(물음 2)

〈요구사항 1〉

익금산입 및 손금불산입			손금산입 및 익금불산입		
과목	금액	소득처분	과목	금액	소득처분
인정이자	5,712,876	기타사외유출	토지B	50,000,000	유보
부당행위계산부인	50,000,000	상여			
사택C 임대료	3,000,000	상여			
부당행위계산부인	150,000,000	배당			

1. 인정이자 세무조정
   (1) B : 2,000,000
   (2) T : 2억×4.6%×306/365 = 7,712,876

2. 사택C 임대료 세무조정
   (1) B : 500,000×12 = 6,000,000
   (2) T : (8억×50% - 1억)×3% = 9,000,000

3. 비사업용토지D 부당행위계산부인(저가양도) : 500,000,000 - 350,000,000 = 150,000,000

〈요구사항 2〉

토지 등 양도소득에 대한 법인세	120,000,000

 * (350,000,000 - 50,000,000)×40%(미등기 자산 세율) = 120,000,000
** 법령에는 토지 등 양도소득 계산시 양도금액을 부당행위계산 부인 규정에 따라 시가를 적용한다고
   규정되어 있지 않으므로 실지양도가액을 적용하여 양도소득금액을 계산함.

(물음 3)

〈요구사항 1〉

당기 대손금	149,999,000
전기말 대손충당금 설정대상 채권잔액	9,545,000,000
당기 대손실적률	1.6%

1. 당기 대손금 : 당기상계액 120,000,000 + 당기 소멸시효 완성 외상매출금 40,000,000
   - 부도발생 6개월 이상 지난 외상매출금의 비망계정 1,000 - 업무무관대여금 10,000,000
   = 149,999,000

2. 전기말 대손충당금 설정대상 채권잔액
   전기말 B/S상 채권잔액 9,500,000,000 + 전기말 채권 유보잔액 (65,000,000 - 20,000,000) =
   9,545,000,000

3. 당기 대손실적률 : 1÷2 = 1.6%

〈요구사항 2〉

익금산입 및 손금불산입			손금산입 및 익금불산입		
과목	금액	소득처분	과목	금액	소득처분
외상매출금 비망계정	1,000	유보	전기 대손충당금	30,000,000	유보
업무무관 대여금	10,000,000	기타사외유출	외상매출금	40,000,000	유보
대손충당금 한도초과액	72,124,985	유보			

1. 당기말 채권잔액

   당기말 B/S상 채권잔액 12,520,000,000 − 채무보증 구상채권 2,000,000,000 + 당기말 채권
   유보잔액 (45,000,000 − 40,000,000 + 1,000) = 10,525,001,000

2. 한도초과액 : 230,000,000 − 10,525,001,000 × 1.5% = **72,124,985**

(물음 4)

〈요구사항〉

구분	금액
재해상실비율	76%
공제대상 법인세액	32,200,000
재해손실세액공제액	24,472,000

1. 재해상실비율 : $\dfrac{건물\,상실분\,250,000,000 + 재고자산\,상실분\,92,000,000}{건물\,300,000,000 + 재고자산\,150,000,000} = 76\%$

2. 공제대상 법인세액 : (1) + (2) = **32,200,000**
   - (1) 재해발생일 현재 미납된 법인세액 : 21,200,000 (∵납부지연 가산세도 포함)
   - (2) 당해연도 법인세액 : 12,000,000 − 투자세액공제 1,000,000 (∵법인세법 이외의 다른 법률에 의한 공제·감면세액만 차감)

3. 재해손실세액공제액 : MIN{(1), (2)} = **24,472,000**
   - (1) 32,200,000 × 76% = 24,472,000
   - (2) 상실된 재산가액 : 342,000,000

(물음 5)

〈요구사항〉

익금산입 및 손금불산입			손금산입 및 익금불산입		
과목	금액	소득처분	과목	금액	소득처분
비지정기부금	60,000,000	기타사외유출	기계장치A	60,000,000	유보
자산감액분 상각비	3,666,666	유보			
감가상각비 한도초과	22,895,834	유보			

1. 기계장치A 고가매입 의제기부금 : 450,000,000 − 300,000,000 × 130% = **60,000,000**

2. 기계장치A 감액분 상각비

   $60,000,000 \times \dfrac{I/S상\,감가상각비\,22,500,000 + 손상차손\,5,000,000}{450,000,000} = 3,666,666$

3. 감가상각비 시부인
   (1) 감가상각비 : 22,500,000 + 25,000,000 + 5,000,000 − 3,666,666 = 48,833,334
   (2) 상각범위액 : (450,000,000 − 60,000,000 + 25,000,000) × 0.125 × 6/12 = 25,937,500
   (3) 상각부인액 : (1) − (2) = **22,895,834**

문제 7.

(물음 1)

〈요구사항〉

구 분	금 액
총상속재산가액	1,340,000,000
과세가액 공제액	330,000,000
상속세 과세가액	1,010,000,000
상속세 과세표준	10,000,000

1. 총상속재산가액
   토지 1,100,000,000 + 추정상속재산 {3억 − MIN(3억 × 20% , 2억)} = **1,340,000,000**

2. 과세가액 공제액
   소득세 미납액 20,000,000 + 일반장례비용 Max(4,000,000 , 5,000,000) + 봉안시설 비용 MIN(7,000,000 , 5,000,000) + 은행차입금 3억 = **330,000,000**

3. 상속세 과세가액 : 1 − 2 = **1,010,000,000**

4. 상속세 과세표준 : 1,010,000,000 − (1) − (2) = **10,000,000**
   (1) 일괄공제 : 5억 (∵ 기초공제와 인적공제의 합이 200,000,000 + 50,000,000 × 3
                        = 350,000,000으로 일괄공제액보다 적으므로 일괄공제 적용)
   (2) 배우자상속공제 : Max{5억 , MIN(a,b)} = 500,000,000
       a. 배우자가 실제로 상속받은 금액 : 1,100,000,000 − 320,000,000 = 780,000,000
       b. 한도 : MIN{(1,340,000,000 − 320,000,000) × 1.5/(1.5 + 1 × 3) , 30억}
                = 340,000,000

(물음 2)

〈요구사항〉

구 분	금 액
증여재산가액	440,000,000
증여세 과세표준	275,000,000

1. 증여재산가액

   토지 2억+부동산 0 (∵ 증여세 신고기한내 반환 및 과세관청으로부터 세액결정 받지 않음)
   +비상장주식 {4억－40,000,000－MIN(4억×30%, 3억)} = **440,000,000**

2. 증여세 과세표준

   440,000,000－토지 담보 은행차입금 150,000,000－증여재산공제 10,000,000
   －감정평가수수료공제 MIN(6,000,000 , 5,000,000) = **275,000,000**

재무관리

월간회계 편집실

문제 1.

(물음 1) 1년차 WACC 8.16%, 2년차 WACC 8.22% (※ 별해 8.47%)

(1) T=0 시점 기준 $\beta_{L0}=1.5$를 이용하여 $K_{e0}=1.5\times6+1=10\%$

(2) T=1년말 시점 기준 $\beta_{L1}=1.25^*\times(1+0.8\times2/10)=1.45$, $K_{e1}=1.45\times6+1=9.7\%$

$$^*\ \beta_u=\frac{1.5}{1+0.8\times\dfrac{2}{8}}=1.25$$

(3) Wacc 1년차 : $10\cdot\dfrac{8}{10}+1\cdot\dfrac{2}{10}\cdot0.8=8.16\%$

(4) Wacc 2년차 : $9.7\cdot\dfrac{10}{12}+1\cdot\dfrac{2}{12}\cdot0.8=8.2166...\%$

※ 문제에서 별도로 제시하지는 않았지만 일반적으로 하마다 모형은 MM모형이 성립하는경우에 이용할 수 있습니다. 그러나 문제의 제시된 자료만으로는 MM모형의 사용이 불확실하므로 하마다모형을 이용하지 않고 풀이할 수 있습니다. 자기자본비용이 변화하지 않고 일정하게 유지되는 것으로 해석하여 풀이하면

$$\therefore\ \text{Wacc 2년차}=10\cdot\frac{10}{12}+1\cdot\frac{2}{12}\cdot0.8=8.466...\%$$

그러나 별해의 풀이보다는 자료에서 출제자가 제시한 ROE 및 자본비용은 기말 자기자본을 이용하여 계산한다는 표현이 있어 출제자의 의도는 2년차 주식베타를 재계산하는 본문의 풀이를 의도한 것으로 해석하여 풀이하였습니다.

(물음 2) FCFF=866억 FCFE=850억 (※ 별해 FCFF=936억 FCFE=920억)

(1) $FCFF = EBIT(1-T) + D - (D + \Delta NCA) - \Delta NWC$

(2) $FCFE = NI - \Delta NCA - \Delta NWC + \Delta NCL$

(3) $FCFF = 1270 \times 0.8 + 70 - (70 + 100) - 50 = 866$

(4) $FCFE = 1000 - 100 - 50 + 0 = 850$

※ 별해 : 순자본적지출이라는 표현이 원서에서 $D + \Delta NCA$으로 사용되기도 하고 ΔNCA으로 사용되기도 합니다. "순"이라는 표현을 자본적지출을 나타내는 $D + \Delta NCA$에서 감가상각비를 차감한 것으로 해석하여 본문에 풀이하였습니다. 다만 해석에 따라 다르게 볼 수 있으므로 순자본적지출을 $D + \Delta NCA$ 그대로 해석하여 풀이한다면 FCFF=936억 FCFE=920으로 계산됩니다.

(물음 3) 131,233 (※ 별해 119,733)

(1) 자료정리

구분	T=1	T=2	T=3
배당액	200	330	473.88**
ROE	12.5%	11%	11%
Ke	10%	9.7%	9.7%
G*	10%	7.7%	6.6%

* ROE×B=G

** 배당액＝전기말NI×전기말성장률×배당성향

(2) DDM모형을 이용한 본질가치 계산

$$S = \frac{200}{1.1} + \frac{330}{1.1 \cdot 1.097} + \frac{473.88}{0.097 - 0.066} \cdot \frac{1}{1.1 \cdot 1.097} = 13,123.2714$$

$$\therefore P = \frac{13,123.2714억}{1천만주} = 131,233$$

※ 별해 : 119,733 은 (물음 1)의 별해와 마찬가지의 논리로 자기자본비용이 10%로 일정하다고 해석한다면 본문의 풀이인 1년 이후 자기자본비용을 0.097대신 0.1로 하여 풀이하면 도출할 수 있습니다.

(물음 4) 106,963

해설 검토 중에 있습니다.

문제 2.

매출손실에 대해서 다수의 별해가 있을 것으로 생각되어 별해를 생략하고 하나의 논리로 풀이하였습니다.

(물음 1) -2,080,000,000 / 999,000,000 / 999,000,000 / 1,069,000,000

(1) A,OCF 관련 자료 정리

(단위 : 억원)

구분	1년초	1년말	2년말	3년말
기계A 투자/처분	-18			0.7
매출손실	-2.8*			
(S-O)(1-T)**		8.19	8.19	8.19
D×T***		1.8	1.8	1.8
Δ 현금흐름합	-20.8	9.99	9.99	10.69

* $-2.8 = -10 \cdot 0.4 \cdot 0.7$ *$-2.8 = 10 \cdot 0.4 \cdot 0.7$

기존사업의 CF를 α라고하자, 신규사업의 CF를 $\alpha - 2.8$이라고하면 매출손실 항목에 대한 증분현금흐름은 $\Delta CF = \alpha - 2.8 - \alpha = -2.8$이다.

** $(30 - 0.3 - 30 \cdot 0.6) \cdot (1 - 0.3) = 8.19$

*** $\dfrac{18}{3} \cdot 0.3 = 1.8$

(물음 2) -90,000,000 / -30,000,000 / 0 / 120,000,000

순운전자본자료정리 (단위 : 억원)

구분	현재시점	1년말	2년말	3년말
재고자산	1	0.9	0.9	0
외상매출금*	-0.7	2.1	2.1	0
미지급금*	-0.6	1.8	1.8	0
순운전자본	0.9	1.2	1.2	0
순운전자본 ΔCF	-0.9	-0.3	0	1.2

* 외상매출금, 미지급금 모두 기초매출손실에 증분현금흐름으로 반영되는 것으로 해석하여 풀이함

(물음 3) -2,170백만원 / 969백만원 / 999백만원 / 1,189백만원

NPV = 430백만원

(1) 물음 1,2의 결과를 합산하면

(단위 : 백만원)

구분	현재시점	1년말	2년말	3년말
ΔCF	-2,170	969	999	1,189

(2) $NPV = \Sigma_{t=1}^{3} = 1 \dfrac{CF_t}{(1+R)^t} - C = 429.8$백만원

(물음 4) -2,170백만원 / 923백만원 / 906백만원 / 1,027백만원

NPV = 430백만원

(1) 실질할인율 = $\dfrac{1.1}{1.05} - 1 = 4.762\%$

(2) (물음 3)의 결과에 인플레이션을 반영한 기간별 CF

(단위 : 백만원)

구분	현재시점	1년말	2년말	3년말
ΔCF	-2,170	923	906	1,027

(3) $NPV = \Sigma_{t=1}^{3} \dfrac{CF_t}{(1+r)^t} - C = 429.8$백만원

문제 3.

(물음 1) 50억 (※별해 65억)

(1) (주)민국이 (주)다랑을 인수하는경우 1년 이후 시점부터는 확실한 현금흐름이 발생하므로 무위험 이자율로 할인하며, 1년말 시점에서 현재시점으로 할인하는 경우에는 현금흐름이 확률분포를 따르므로 위험조정할인율로 할인하였습니다.

(2) $NPV = (0 \cdot 0.4) \times \dfrac{1}{1.2} + \left(\dfrac{30}{0.05} \cdot 0.6 \right) \times \dfrac{1}{1.2} - 250 = 50$억

※ 별해 : 현재시점에 인수가 이루어지는 경우 인수기업인 ㈜민국이 영업을 시작하여 t=1년말 시점부터 30억원의 현금흐름이 발생한다고 해석이 가능할 것입니다. 현재시점 휴업중인 ㈜다랑은 1년 후부터 사업을 재개한다는 문구를 확인할 수 있습니다. 이 문구를 위 문제가 연기옵션에 관한 문제임을 감안했을 때, 연기가능성을 반영하여 t=1년말 시점에가서 t=1년말에 사업을 재개한 ㈜다랑을 인수한다면 t=2년말 시점부터 30억이 발생하는 것으로 현금흐름이 1기간씩 연기된다는 해석(사업개시 문구를 t=1년후 시점부터 사업이 개시되므로 연기한 후에 인수되는 경우에는 t=2년말 시점부터 반드시 30억이 발생하여야 한다는 논리에 대한 근거로 해석하는 경우)을 할 수도 있습니다. 이러한 논리로 풀이하면 다음의 결과를 도출할 수 있습니다.

$$NPV = (0 \cdot 0.4) + \left(30 + \dfrac{30}{0.05} \right) \cdot 0.6 \cdot \dfrac{1}{1.2} - 250 = 65억$$

(물음 2) 50억 (※별해 35억)

(1) (물음 1)에서 주어진 현재시점 투자시 투자안의 가치는 50+250=300억 이다.

(2) 전쟁이 발생하지 않을 위험중립확률을 q라고 하면

$$300 \cdot 1.05 = \dfrac{30}{0.05} q, \, q = 0.525 이다.$$

(3) 연기옵션이 내재된 투자안의 NPV는 다음과 같다.

$$NPV = \left(\left(\frac{30}{0.05} - 400 \right) \cdot 0.525 + 0.0475 \right) \cdot \frac{1}{1.05} = 100$$

(4) 연기옵션의 가치는 100-50=50억

> ※ 별해 : (물음 1)과 마찬가지로 연기옵션이 없는 경우에는 t=1년말 시점부터 30억원의 현금흐름이 발생한다고 해석하고, 연기옵션을 행사하는 경우에는 t=2년말부터 30억원의 현금흐름이 발생한다고 해석하는 경우 다음의 풀이도 가능합니다.
>
> 연기옵션이 내재된 투자안의 NPV는 다음과 같다.
> $$NPV = \left(\left(\frac{30}{0.05} - 400 \right) \cdot {}^{*}0.525 + 0.0475 \right) \cdot \frac{1}{1.05} = 100$$
>
> 연기옵션의 가치는 100-65=35억
>
> *위험중립확률q $\quad (65+250) \times 1.05 = \left(30 + \frac{30}{0.05} \right) \times q \qquad q = 0.525$

(물음 3) 전쟁발생 확률≤25% (※ 별해 전쟁발생 확률≤30.233%)

(1) 전쟁이 발생하지 않을 확률을 p라고 한다.

(2) 전쟁확률에 관한 범위를 제시하여야 하므로 p가 변수입니다. P를 변수로 설정하는 경우 위험중립확률이 특정된 값으로 정해지지 않으므로 위험중립확률을 사용하지 않고, 연기 시 위험변화를 반영하지 못하는 의사결정수 모형을 이용하여 풀이를 제시하였습니다.

(3) 현재 시점에 ㈜다랑을 인수하는 경우 NPV

$$NPV = \frac{30}{0.05} \times p \times \frac{1}{1.2} - 250$$

(4) 1년 후 연기하여 ㈜다랑을 인수하는 경우 NPV

$$NPV = \left(\frac{30}{0.05} - 400 \right) \times p \times \frac{1}{1.2}$$

(5) (3)≥(4) 이기 위해서

$$\frac{30}{0.05} \times p \times \frac{1}{1.2} - 250 \geq \left(\frac{30}{0.05} - 400 \right) \times p \times \frac{1}{1.2} \text{ 를 풀이하면}$$

$$\therefore p \geq 0.75 \quad \therefore \text{전쟁발생확률} \leq 0.25$$

> ※ 별해 : (물음 1)과 마찬가지로 연기옵션이 없는 경우에는 t=1년말 시점부터 30억원의 현금흐름이 발생한다고 해석하고, 연기옵션 행사하는 경우에는 t=2년말부터 30억원의 현금흐름이 발생한다고 해석하는 경우 다음의 풀이도 가능하다.
>
> (1) 현재 시점에 ㈜다랑을 인수하는 경우 NPV
> $$NPV = \left(30 + \frac{30}{0.05} \right) \times p \times \frac{1}{1.2} - 250$$

(2) 1년 후 연기하여 ㈜다랑을 인수하는 경우 NPV

$$NPV = \left(\frac{30}{0.05} - 400 \right) \times p \times \frac{1}{1.2}$$

(3) (1)≥(2) 이기 위해서

$$NPV = \left(30 + \frac{30}{0.05} \right) \times p \times \frac{1}{1.2} - 250 \geq NPV = \left(\frac{30}{0.05} - 400 \right) \times p \times \frac{1}{1.2}$$

$\therefore p \geq 0.69767$ $\therefore$ 전쟁발생확률≤0.30233

문제 4.

(물음 1) 2.5 % 상승한다

(1) $\sigma_{AB} = 0.01$인 경우 MPV의 구성

$$MPV(W_A) = \frac{0.1^2 - 0.01}{0.3^2 + 0.1^2 - 0.01 \times 2} = 0\% \qquad MVP(W_B) = 100\%$$

$$E(R_{MVP}) = 0 \times 0.3 + 1 \times 0.2 = 20\%$$

(2) $\sigma_{AB} = -1 \times 0.3 \times 0.1 = -0.03$인 경우 MPV의 구성

$$MPV(W_A) = \frac{0.1^2 + 0.03}{0.3^2 + 0.1^2 + 0.03 \times 2} = 25\% \qquad MVP(W_B) = 75\%$$

$$E(R_{MVP}) = 0.25 \times 0.3 + 0.75 \times 0.2 = 22.5\%$$

(3) $22.5\% - 20\% = 2.5\%$

(물음 2) A의 투자비율 8.3%

(1) $\sigma_{AB} = 0.01$인 경우 접점포트폴리오 M의 구성

접점포트폴리오 도출조건

$$\frac{E(R_A) - R_F}{\sigma_{AM}} = \frac{E(R_B) - R_F}{\sigma_{BM}}, \qquad \frac{0.3 - 0.05}{\sigma_{AM}} = \frac{0.2 - 0.05}{\sigma_{BM}} = 1$$

연립방정식 $0.25 = 0.09 \times W_A + 0.01 W_B$
$\qquad\qquad\quad 0.15 = 0.01 \times W_A + 0.01 W_B$

$W_A = 1.25$ $W_B = 13.75$ 가중치의 합을 1이 되도록 비율조정하면
$\qquad\qquad W_A = 8.33\%, \qquad W_B = 91.66\%$

(2) 접점포트폴리오를 구성하기위한 위험자산A의 투자비중은 8.33% 이다.

(물음 3) B의 투자비율 91.1%

(1) 시장모형이 성립하므로 위험자산 A, B의 분산은 다음과 같이 분해할 수 있다.

$$V(R_A) = 0.09 = {}^{*}0.5918^2 \times 0.1^2 + 0.0864977$$
$$V(R_B) = 0.01 = {}^{**}0.3878^2 \times 0.1^2 + 0.0084961$$

CAPM이 성립하므로 균형수익률 방정식을 이용하여 위험자산 A,B의 베타를 역산할 수 있다.

$$^{**}\beta_A = \frac{0.3 - 0.01}{0.5 - 0.01} = 0.591837$$

$$^{**}\ \beta_B = \frac{0.2 - 0.01}{0.5 - 0.01} = 0.387755$$

(2) 두 위험자산으로 구성된 포트폴리오의 비체계적위험은 다음과 같다.

$$W_A^2 \times 0.0864977 + (1 - W_A)^2 \times 0.0084961 = F(W_A)$$
$$= 0.0949938\,W_A^2 - 0.0169922\,W_A + 0.0084961 = F(W_A)$$

$F(W_A)$를 W_A에 관하여 미분하여 최소값을 갖는 B의 투자비중을 구하면 $W_B = 91.056\%$

$$F'(W_A) = 0.1899876\,W_A - 0.0169922 = 0$$
$$W_A = 8.9438\%, \quad W_B = 91.056\%$$

(물음 4) $T_A = T_B = T_C = 0.212$

위험자산 A, B, C의 베타는 CAPM이 성립하여 시장이 효율적인 경우 각 자산의 균형수익률을 전제로 도출된 값이다. CAPM이 성립한다면 모든 자산의 체계적위험 1단위당 위험 프리미엄이 동일하게 계산되므로 위와 같이 세 자산 모두 동일한 트레이너지수를 갖게 된다. 그러나 성과평가는 시장이 비효율적인 경우에 수행되어야 성과평가지표로서 자산간 트레이너지수의 비교가 의미를 갖게 된다. 따라서 위의 CAPM과 같이 시장균형을 가정하는 경우에는 자산간 트레이너지수의 비교가 성과평가로서 의미를 갖기 어렵다는 한계점이 존재한다.

(1) 접점포트폴리오의 도출

M도출 조건 $\quad \dfrac{E(R_A) - R_F}{\sigma_{AM}} = \dfrac{E(R_B) - R_F}{\sigma_{BM}} = \dfrac{E(R_C) - R_F}{\sigma_{CM}}$

$$\frac{0.29}{0.09\,W_A} = \frac{0.19}{0.01\,W_B} = \frac{0.24}{0.04\,W_C} = 1$$

조정전 $(W_A, \ W_B, \ W_C) = (3.222, 19, 6)$

가중치의 합이 1이 되기 위한 조정후 접점포트폴리오의 A,B,C 투자비중

$$W_A = 11.42\%, \quad W_B = 67.32\%, \quad W_C = 21.26\%$$

(2) 베타의 도출

$$\beta_A = \frac{0.1142 \times 0.3^2}{*0.0075171} = 1.367283$$

$$\beta_B = \frac{0.6732 \times 0.1^2}{*0.0075171} = 0.895558$$

$$\beta_C = \frac{0.2126 \times 0.2^2}{*0.0075171} = 1.131287$$

* 접점M의 분산 $= 0.1142^2 \times 0.3^2 + 0.6732^2 \times 0.1^2 + 0.2126^2 \times 0.2^2 = 0.0075171$

(3) 트레이너지수 도출

$$T_A = T_B = T_C = \frac{0.29}{1.367283} = \frac{0.19}{0.895558} = \frac{0.24}{1.131287} = 0.212$$

문제 5.

(물음 1) 4,245(천원)

(1) 갑은 위험자산과 무위험자산을 보유하므로 위험자산A에 의하여 포트폴리오의 표준편차가 결정된다.
$$W_A \times \sigma_A = 0.15, \quad \sigma_A = 0.53 \qquad \therefore W_A = 0.283012,$$

(2) 갑이 X에 투자하는 금액
$$0.283012 \times 0.3 \times 50,000(천원) = 4,245(천원)$$

(물음 2) 10.9%

(1) 을 포트폴리오의 기대수익률
$$E(R_을) = 0.1 \times 0.6 + 0.01 \times 0.4 + 0.04 = 0.104$$

(2) 을 포트폴리오의 위험자산 투자비중
$$0.104 = 0.26 \times W_B + 0.01 \times (1 - W_B)$$
$$\therefore W_B = 0.376$$

(3) $V(R_을) = (0.88 \times 0.376)^2 = 0.10948 = 10.948\%$

(물음 3) 39.8%

(1) 수수료 차감후 Private Banker의 수익률, 표준편차,
$$E(R_{PB}) = 0.26 W_B + 0.01(1 - W_B) - 0.04 = 0.25 W_B - 0.03$$
$$\sigma(R_{PB}) = 0.88 W_B$$

(2) 갑의 샤프지수

$$S_A = \frac{0.6 \times 0.1 + 0.4 \times 0.01 - 0.01}{0.6 \times 0.53} = 0.16981$$

(3) 동일한 샤프비율을 도출하기 위한 W_B

$$0.16981 = \frac{0.25\, W_B - 0.03 - 0.01}{0.88\, W_B}$$

$$\therefore W_B = 0.3977$$

(물음 4) 19.1%

(1) 효용함수의 정리

$$U = 0.09\, W_A + 0.01 - 0.84 \times (0.53\, W_A)^2$$

$$U = -0.235956\, W_A^2 + 0.09\, W_A + 0.01$$

(2) 효용함수의 극대값

$$\frac{\partial U}{\partial W_A} = 0.471912\, W_A + 0.09 = 0, \quad \therefore W_A = 19.07\%$$

문제 6.

(물음 1) 20,000

(1) 1년말 시점 시나리오별 신용스프레드를 반영한 채권가치

호황 $1,000,000 \times \dfrac{1}{1+0} = 1,000,000$

불황 $1,000,000 \times \dfrac{1}{1+0.25} = 800,000$

(2) 위험중립확률의 역산
호황 발생확률을 P라고하면
$$950,000 = 1,000,000 \times P + 800,000 \times (1-P)$$
$$\therefore p = 0.75$$

(3) 주식가치
$$25,000 \times 0.75 + 5,000 \times 0.25 = 20,000$$

(물음 2) 2,075,000

(1) 1년말 시점 시나리오별 신용스프레드를 반영한 전환사채가치
호황 행사 : $25,000 \times 100주 = 2,500,000$

불황 미행사 : $1,000,000 \times \dfrac{1}{1+0.25} = 800,000$

(2) 전환사채의 가치

$$(2,500,000 \times 0.75 + 800,000 \times 0.25) \times \frac{1}{1+0} = 2,075,000$$

(물음 3) 9,000

(1) 1년말 시점 시나리오별 신용스프레드를 반영한 채권가치

호황 $1,000,000 \times \dfrac{1}{1+0} = 1,000,000$

불황 $1,000,000 \times \dfrac{1}{1+0.25} = 800,000$

위기 $1,000,000 \times \dfrac{1}{1+1} = 500,000$

(2) 위험중립확률의 역산
호황 발생확률을 P라고하면

$$890,000 = \{1,000,000 \times P + 800,000 \times (0.9 - P) + 500,000 \times 0.1)\} \times \frac{1}{1+0}$$

$$\therefore \ P = 0.6$$

(3) 콜옵션의 발행시점 가치

$$P_C = (25,000 - 10,000) \times 0.6 \times \frac{1}{1+0} = 9,000$$

(물음 4) 7,575

(1) 행사가격 구간의 추정
행사가격이 25,000보다 큰 경우 와 5,000보다 작은 경우 풋옵션의 가치가 1,530이 될 수 없으므로 행사가격이 25,000~5,000인 구간에 존재한다

(2) 행사가격 역산
물음 3의 위험중립확률 0.6, 0.3, 0.1을 이용하면
$$1,530 = (E - 5,000) \times 0.3 + E \times 0.1$$
$$\therefore \ E = 7,575$$

문제 7.

(물음 1) $W_A = 100\%, \ W_B = 0\%$

(1) 포트폴리오 A,B 분산 및 공분산
$$\sigma_A^2 = b_{A1}^2 \sigma_{F1}^2 + b_{A2}^2 \sigma_{F2}^2 = 0.0164$$
$$\sigma_B^2 = b_{B1}^2 \sigma_{F1}^2 + b_{B2}^2 \sigma_{F2}^2 = 0.0676$$
$$\sigma_{AB} = b_{A1} b_{B1} \sigma_{F1}^2 + b_{A1} b_{B2} \sigma_{F1F2} + b_{A2} b_{B1} \sigma_{F2F1} + b_{A2} b_{B2} \sigma_{F2}^2 = 0.0548$$

(2) MVP의 도출

$$\mathrm{W_A} = \frac{0.0676 - 0.0548}{0.0164 + 0.0676 - 2 \times 0.0548} = (-)50\% \qquad \mathrm{W_B} = 150\%$$

문제조건상 공매도가 불가능하며 $\sigma_A^2 \leq \sigma_B^2$이므로 분산이 작은 A에 100% 투자한다.

$\therefore$ $\mathrm{W_A} = 100\%$ $\mathrm{W_B} = 0\%$ 각각 투자하는 경우 최소분산포트폴리오를 구성한다.

(물음 2) 1요인 프리미엄 1.25%, 2요인 프리미엄 0.5%

(1) Apt 균형식
$$E(R_P) = \gamma_0 + b_{P1}\gamma_1 + b_{P2}\gamma_2$$

(2) 요인프리미엄의 도출
연립방정식 $A : 0.03 = 0 + 2 \times \gamma_1 + 1 \times \gamma_2$
$\qquad\qquad\quad B : 0.04 = 0 + 2 \times \gamma_1 + 3 \times \gamma_2$
$\qquad\qquad \therefore \gamma_1 = 1.25\%, \qquad \gamma_2 = 0.5\%$

(물음 3) 프로젝트의 현재가치 109.59

(1) 프로젝트의 기대수익률
$50\% : \mathrm{E}(\mathrm{R_P}) = 0 - 10 \times 0.0125 - 10 \times 0.005 = -17.5\%$
$50\% : \mathrm{E}(\mathrm{R_P}) = 0 + 0 \times 0.0125 + 0 \times 0.005 = 0$
기대수익률 $= 17.5\% \times 0.5 + 0 \times 0.5 = -8.75\%$

(2) 프로젝트의 현재가치
$100/(1 - 0.0875) = 109.589$

(물음 4) 콜옵션 0.009375 풋옵션 0.009375

(1) 포트폴리오 C의 기대수익률
포트폴리오 C가 $r_C = E(R_C) + f_1$를 만족하므로 1요인에 대한 요인 포트폴리오임을 알 수 있다.
요인포트폴리오의 기대수익률은 (물음 1)에서 1요인 : 1.25(%) + 0%($\because Rf = 0$)

(2) 위험중립확률을 이용한 x, y 관계식
$0.25x - 0.75y = 0 (Rf = 0)$

(3) (물음 3)의 확률분포를 이용한 요인포트폴리오의 기대수익률
$E(r_C) = 0.0125 = 0.5x - 0.5y$

(4) (2), (3)을 이용하여 x, y값 도출
$0.0125 = 0.5x - 0.5y$
$0.25x - 0.75y = 0 \qquad\qquad \therefore x = 3.75\% \qquad y = 1.25\%$

(5) 옵션가격의 도출

　　콜옵션 : $0.0375 \times 0.25 = 0.009375$

　　풋옵션 : $0.0125 \times 0.75 = 0.009375$

회계감사

최 욱 재 (공인회계사)

문제 1.

(물음 1)

윤리기준은 공인회계사로 하여금 그 직무를 높은 수준으로 수행하게 하고 공익에 부합되게 하여, 공인회계사에 대한 사회적 신뢰를 제고함을 목적으로 한다.

(물음 2)

① X, 공인회계사가 새로운 의뢰인으로부터 업무를 수임한 경우 법적 또는 직업적으로 공개할 권리나 의무가 없는 경우에는 이전의 업무경험을 공개해서는 안 되나 이를 이용할 수는 있다.

② O

③ X, 공인회계사는 제의받은 선물이나 접대가 관련 상황을 잘 알고 있는 합리적인 제3자에 의하여 명백하게 경미한 것으로 판단되는 경우에는 선물이나 접대를 받을 수 있다.

④ O

(물음 3)

[상황1] 아니오, 나잘나 회계사는 과거 1년 이내에 A회계법인에서 (주)대한의 외부감사 업무를 담당하였다. 이러한 상황에서 나잘나 회계사가 (주)대한의 임원인 재무담당이사로 이직한 경우, 유착 위협에 의해 독립성이 훼손되므로 감사업무 수임이 불가능하다.

[상황2] 아니오, A회계법인이 감사대가로 (주)민국의 자기주식을 수령하는 경우 이기적 위협에 의해 독립성이 훼손되므로 감사업무 수임이 불가능하다.

[상황3] 예, A회계법인의 업무수행이사인 나똑똑 회계사는 간접금융상품을 통해 감사대상회사인 (주)만세에 투자하고 있다. 그러나 나똑똑 회계사의 전체 재산에서 차지하는 비중이 미미하여 중요하지 않으므로 독립성이 훼손되지 않아 감사업무 수임이 가능하다.

(물음 4)

(1) 감사인은 감사계약의 체결을 거부하여야 한다.
(2) 감사인은 감사계약을 해지하여야한다.

(물음5)

(1) 감사인이 중요한 사항에 관하여 감사보고서에 기재하지 아니하거나 허위의 기재를 함으로써 이를 믿고 이용한 제3자에게 손해를 발생하게 한 경우에는 그 감사인은 제3자에게 손해를 배상할 책임이 있다.
(2) 감사인 또는 감사에 참여한 공인회계사가 제3자에 대한 손해배상책임을 면하기 하여서는 그 임무를 게을리하지 아니하였음을 감사인이 직접 입증해야 한다.
(3) 청구권자가 해당 사실을 안 날로부터 1년 이내 또는 감사보고서를 제출한 날부터 8년 이내이다.

(물음 6)

손해배상공동기금과 손해배상준비금의 차이점은 다음과 같다.
① 손해배상공동기금은 외부감사법에 규정되어 있고, 손해배상준비금은 공인회계사법에 규정되어 있다.
② 손해배상공동기금은 한국공인회계사회에 기본적립금과 연간적립금을 적립하는 방식으로 외부에 기금을 마련하는 반면, 손해배상준비금은 회계상으로 연도별 매출액의 2%에 해당하는 금액을 손해배상준비금으로 적립하여 내부 이익잉여금의 처분으로 처리한다.

문제 2.

(물음 1)

이처럼 전수조사에도 불구하고 적발 위험이 발생할 수 있는 이유(혹은 경우)는 다음의 상황이다. (다음 중 두 가지)
① 부적합한 감사절차를 적용하는 경우
② 감사증거를 잘못 해석하는 경우
③ 왜곡표시 또는 이탈 인식하지 못하는 경우

(물음 2)

실재성 : ①, ③
발생사실 : ③
완전성 : ②

(물음 3)

① 아니오, 중요성은 재무제표 이용자들의 재무정보 수요에 대한 고려 없이 독립적으로 결정되는 것이 아니라 집단으로서 이용자들의 공통적인 재무정보의 수요를 고려하여 결정된다.

② 예
③ 예
④ 아니오, 감사위험은 재무제표가 중요하게 왜곡표시되어 있을 경우 감사인이 부적합한 감사의견을 표명할 위험이다. 따라서 재무제표가 중요하게 왜곡표시가 되어있지 않을 때 감사인이 재무제표가 중요하게 왜곡표시되어 있다는 의견을 표명할 위험을 포함하지 않는다.
⑤ 아니오, 수행중요성은 미수정왜곡표시와 미발견왜곡표시의 합계가 재무제표 전체에 대한 중요성을 초과할 가능성을 적절하게 낮은 수준으로 감소시키기 위해 설정된다.

(물음 4)

다음의 두 가지 이다.
① 계정잔액과 그 구성요소에 대한 정보 등 확인하거나 요청할 정보의 결정
② 조회할 정보에 대해 지식이 있다고 믿어지는 조회대상자 등 적합한 조회대상자의 선택

(물음 5)

(1) 감사증거의 성격, 감사증거의 작성과 유지에 대한 통제
(2) 감사증거의 성격 – 문서증거가 구두증거보다 신뢰성이 높다.
   감사증거의 작성과 유지에 대한 통제 – 내부증거는 그 작성과 유지에 대한 통제 등의 내부통제가 효과적일 때 신뢰성이 높다.

(물음 6)

① 예
② 아니오, 관찰은 그 행위가 관찰되고 있다는 사실 그 자체가 그 과정이나 절차가 수행되는 방식에 영향을 미칠 수 있다는 제한이 있다. 그러나 이러한 영향을 받더라도 감사증거 입수방법으로 관찰을 사용할 수 있다.
③ 예
④ 예
⑤ 아니오, 위와 같은 사례는 적극적 조회요청에 대한 회신이 반드시 필요한 경우이므로 대체적인 감사절차는 감사인이 요구하는 감사증거를 제공하지 못한다. 따라서 감사의견에 미치는 영향을 판단해야한다.

문제 3.

(물음 1)

다음의 두 가지 사항이다.
① 위험평가절차의 성격, 시기 및 범위
② 내부통제제도의 이해 및 통제테스트에 따라 결정된 경영진 주장 수준에서 계획된 추가감사절차의 성격, 시기 및 범위

(물음 2)

다음의 두 가지 사항이다.
① 3개 사업연도 연속 영업이익이 0보다 작은 회사
② 3개 사업연도 연속 이자보상배율이 1 미만인 회사

(물음 3)

다음의 세 가지 사항이다.
① 감사인이 회사의 기밀을 누설하는 등 직무상 의무를 위반한 경우
② 감사인이 그 임무를 게을리하여 회사에 손해를 발생하게 한 경우
③ 감사인이 회계감사와 관련하여 부당한 요구를 하거나 압력을 행사한 경우

(물음 4)

'A'와 'B'에 들어갈 적절한 표현은 다음과 같다.
A : 재발행하지 않은
B : 입수한

(물음 5)

다음의 세 가지 사항이다.
① 업무품질관리 검토에 관하여 회계법인의 정책에서 요구되는 절차를 수행하였음
② 업무품질관리검토는 감사보고서일 이전에 종료되었음
③ 검토자는 업무팀이 내린 유의적 판단과 도달된 결론이 적합하지 않았다고 판단할만한 어떠한 미해결 사항도 인지하고 있지 아니함.

문제 4.

(물음 1)

(1) ① 매출채권의 거래처별 금액의 합계를 재계산하여 매출채권 잔액명세서상 합계금액과 일치하는지 확인한다.
   ② 총계정원장과 매출채권 잔액명세서상 금액을 비교하여 일치하는지 확인한다.
(2) 외부조회 대상 담당자에게 연락하여 거래처별 주소의 정확성을 확인한다.

(물음 2)

② 예
③ 아니오, 회사의 오류로 인한 왜곡표시가 명백하게 사소한 금액이라고 할지라도 모집단에 투영하였을 때는 명백하게 사소한 금액이 아닐 수 있다. 따라서 명백하게 사소한 금액도 모집단에 투영하여 표본감사 평가 시 해당 차이를 고려해야 한다.
④ 아니오, 효율적인 감사절차를 수행하더라도 조회서는 영업담당자가 아닌 감사인이 직접 회신 받아야한다.

⑤ 예
⑥ 예

(물음 3)

〈요구사항 1〉
표본추출간격 = 4,000,000원 / 50개 = 80,000
모집단에 투영된 왜곡표시 금액(추정왜곡표시금액)
= 80,000 * 20%(5,000/25,000) + 80,000*5%(1,000/20,000) = 20,000

〈요구사항 2〉
① 표본위험 허용치 ₩35,000
   (1) 아니오
   (2) 추정왜곡표시상한액 ₩53,000이 허용왜곡표시금액 ₩60,000에 미달하므로 매출채권 계
      정은 적정하다. 따라서 표본감사결과를 통해 충분하고 적합한 감사증거를 획득하였다.
② 표본위험 허용치 ₩45,000
   (1) 예
   (2) 추정왜곡표시상한액 ₩63,000이 허용왜곡표시금액 ₩60,000을 초과하므로 매출채권 계
      정은 적정하지 않다. 따라서 표본감사결과를 통해 충분하고 적합한 감사증거를 획득하지
      못하였다.
③ 표본위험 허용치 55,000
   (1) 예
   (2) 추정왜곡표시상한액 ₩73,000이 허용왜곡표시금액 ₩60,000을 초과하므로 매출채권 계
      정은 적정하지 않다. 따라서 표본감사결과를 통해 충분하고 적합한 감사증거를 획득하지
      못하였다.

(물음 4)

나잘해 회계사는 다음의 두 가지 절차를 취할 수 있다.
① 경영진에게 식별된 왜곡표시 및 잠재적인 추가왜곡표시에 대하여 조사를 수행하고 필요한 수정을
   하도록 요구함
② 요구되는 확신을 가장 잘 달성할 수 있도록 추가감사절차의 성격, 시기 및 범위를 조정함

문제 5.

(물음 1)

[상황1] ① (다)
[상황2] ① (나)
[상황3] ③ (가)
[상황4] ④ (가)
[상황5] ② (가)

[상황6] ① (다)

문제 6.

(물음 1)

① 예

② 매출액이 6,000억원으로 그룹에 대한 개별적인 재무적 유의성을 판단하는 기준인 744억원 (7,440 * 10%)이상이다. 따라서 (주)한국은 그룹에 대하여 개별적으로 재무적 유의성을 가진다.

③ 부문중요성을 사용하여 부문재무정보에 대한 감사를 수행한다.

④ 예

⑤ 매출액이 1,000억원으로 그룹에 대한 개별적인 재무적 유의성을 판단하는 기준인 744억원 이상이다. 따라서 부문 A는 그룹에 대하여 개별적으로 재무적 유의성을 가진다.

⑥ 부문중요성을 사용하여 부문재무정보에 대한 감사를 수행한다.

⑦ 예

⑧ 매출액이 400억원으로 그룹에 대한 개별적인 재무적 유의성을 판단하는 기준인 744억원에 미달한다. 그러나 당기 중 부문 B에서 영업담당 직원에 의한 자금횡령 사실이 발견되었다. 따라서 고유한 성격이나 상황으로 인하여 그룹재무제표의 유의적인 중요왜곡표시위험을 포함할 것 같기 때문이다.

⑨ 다음 중 하나 이상을 수행하여야 한다.
  ㉠ 부문중요성을 사용한 부문재무정보의 감사
  ㉡ 그룹재무제표의 발생가능한 유의적인 중요왜곡표시위험과 관련된 하나 이상의 거래유형, 계정잔액 또는 공시에 대한 감사
  ㉢ 그룹재무제표의 발생가능한 유의적인 중요왜곡표시위험과 관련된 특정 감사절차

⑩ 아니오

⑪ 매출액이 200억원으로 그룹에 대한 개별적인 재무적 유의성을 판단하는 기준인 744억원에 미달한다. 또한 고유한 성격이나 상황으로 인하여 그룹재무제표의 유의적인 중요왜곡표시위험을 포함할 것 같지 않다. 따라서 부문 C는 그룹에 대하여 유의적이지 않다.

⑫ 그룹수준의 분석절차를 수행한다.

(물음 2)

그룹업무팀이 부문감사인의 적격성을 파악하기 위해서는 다음의 두 가지 항목을 확인해야 한다.

① 부문감사인이 그룹감사에서 부문감사인의 책임을 수행하는 데 충분할 만큼 그룹감사에 적용되는 감사기준과 기타의 기준에 대하여 지식을 보유하고 있는지 여부

② 해당되는 경우, 부문감사인이 그룹감사에서 부문감사인의 책임을 수행하는 데 충분할 만큼 해당 재무보고체계를 이해하고 있는지 여부

(물음 3)

① 감사 또는 감사위원회, 통보, 외부감사법

② 주주총회, 보고, 외부감사법

③ 지배기구, 커뮤니케이션, 회계감사기준

문제 7.

(물음 1)

① 지배기구와 커뮤니케이션한 유의적인 사항이다. 해외매출의 기간귀속, 특수관계자 거래 공시, 그룹감사 관련 사항, 해외 신규 투자거래
② 유의적감사인주의를 요구한 사항이다. 해외매출의 기간귀속, 특수관계자 거래 공시, 해외 신규 투자거래
③ 그 중에서 가장 유의적인 사항을 핵심감사사항으로 결정하여야 한다. 해외 신규 투자거래 발생사실

(물음 2)

(1) 의견거절을 표명하고 핵심감사사항 문단을 제거하며 핵심감사사항 항목은 의견거절근거 문단에 반영한다.
(2) 해외투자 금액 200억은 전반적인 기준 120억(30억 * 4배)을 초과하여 의견에 미치는 영향이 전반적이다. 충분하고 적합한 감사증거를 입수하지 못하여 감사의견도 표명하지 못한 상황에서 핵심감사사항을 결정해서 수행한 절차 등을 보고하는 것은 서로 상충된다. 따라서 의견거절의 감사보고서에는 핵심감사사항단락 자체가 기재되지 않는다.

문제 8.

(물음 1)

다음의 두 가지 감사절차이다.
① 지배기구의 회의록 및 기업과 외부 법률고문간의 왕복문서를 검토한다.
② 법률비용 계정을 검토한다.

(물음 2)

① 아니오. 20X0년에 활용한 외부평가보고서에 대한 검토는 그 당시 이용했던 정보를 근거로 과거 보고기간에 내린 판단에 대하여 의문을 제기하는 목적이 아니기 때문이다. 따라서 20X0년에 발행한 평가보고서가 20X1년과 다른 전문가가 발행하였다는 이유만으로 비교가능성이 충분하지 않다는 결론은 적절하지 않다.
② 예
③ 아니오, 소송 관련 충당부채의 추정에 유의적 위험이 있으므로 경영진이 대체적인 가정이나 결과를 어떻게 고려하였는지, 그리고 그러한 가정이나 결과를 왜 기각하였는지, 그렇지 않을 경우 회계추정치를 도출할 때의 추정불확실성에 어떻게 대응하였는지에 관한 사항을 평가해야 한다.
④ 예

문제 9.

(물음 1)

① 예

② 아니오, (주)민국은 주권상장법인이 아니므로 내부회계관리제도 감사 대상이 아니다.

③ 아니오, (주)만세는 주권상장법인에 해당하나 자산총액이 8백억원으로 2022년 기준 내부회계관리제도 감사대상인 전기말 기준 자산총액 1천억원에 미달한다. 따라서 내부회계관리제도 감사 대상이 아니다.

④ 아니오, (주) 한국은 신규상장 예정법인으로 주권상장법인이 아니므로 내부회계관리제도 감사대상이 아니다.

(물음 2)

정보기술 일반통제와 관련하여 식별가능한 통제미비점은 다음과 같다.

① (주)국민의 ERP에 대한 쓰기와 읽기 권한이 구매팀 구성원 모두에게 부여되어 있는 점

② 구매팀 내 IT담당자가 전사 IT팀의 승인 없이 ERP 변경요청을 실행한 점

③ ERP 변경 후 새로운 프로그램에 대한 검증절차 없이 외화구매단가 등록을 진행하면서 변경사항의 적용을 확인한 점

(물음 3)

① 예, 자금수지표를 작성하고 이를 금융기관으로부터 수령한 잔액 명세서와 비교하는 것은 자금팀이 아닌 별도의 독립된 제3자에 의해 수행되어야 한다.

② 예, 자금 이체 승인은 지급결의부서 등 별도의 부서에서 승인하고 자금팀 팀장은 이체만 수행해야 한다.

③ 예, 자금팀 팀장은 자금 이체만 수행하고 이를 ERP에 등록하는 것은 별도의 회계부서에서 수행해야 한다.

④ 예, 자금 이체 실행시 ERP상 회계처리(기록)가 적정한지 판단하는 절차를 수행해야 한다.

⑤ 예, 금고의 비밀번호는 자금을 보관하는 자금팀 팀장이 아닌 별도의 자금이체 승인권자의 책임아래 보관될 수 있도록 해야한다.

(물음 4)

① 예

② 예

③ 아니오, 감사인은 통합감사 중에 식별한 내부회계관리제도의 모든 미비점을 경영진에게 서면으로 적시에, 감사보고서 발행 이전에 커뮤니케이션하여야 한다.
그러나 감사위원회(지배기구)에게는 통합감사 중 식별된 유의적 미비점과 중요한 취약점만 서면으로 커뮤니케이션 하면 된다.

원가회계

신 승 엽 (공인회계사)

문제 1.

(물음 1)

제조간접원가 예정배부율	절단부문	$\dfrac{40,000}{500시간}$ = ₩80/절단부문 기계가동시간
	조립부문	$\dfrac{75,000}{2,000시간}$ = ₩37.5/조립부문 직접노무시간

(물음 2)

제조간접원가 배부차이

실제	예정
₩137,400	₩114,500

∴ 배부차이 : 137,400 − 114,500 = ₩22,900 과소배부

(물음 3)

	#101	#102	#103
직접재료원가	30,000	105,000	46,000
직접노무원가	39,000	84,000	37,500
제조간접원가 (절단부문배부액)	16,000 = ₩80×200시간	8,000 = ₩80×100시간	8,000 = ₩80×100시간
제조간접원가 (조립부문배부액)	15,000 = ₩37.5×400시간	45,000 = ₩37.5×1,200시간	22,500 = ₩37.5×600시간
배부차이 조정 전 총 제조원가	₩100,000	₩242,000	₩114,000

재공품

기초 재공품		당기제품제조원가	
#101	#102	#102	#103
4,000개	4,800개	4,800개	1,000개
		₩600,000	₩114,000
₩259,000	₩358,000	@125	@114

당기총제조원가			기말 재공품
#101	#102	#103	#101
₩100,000	₩242,000	₩114,000	4,000개
			₩359,000
			@89.75

제품

기초 제품		매출원가		
A제품	B제품	A제품	B제품	C제품
11,500개	500개	10,000개	4,400개	1,000개
₩977,500	₩55,000	(10,000개×@85)	(500개×@110)+(3,900개×@125)	(1,000개×@114)
@85	@110	= ₩850,000	= ₩542,500	= ₩114,000

당기제품제조원가		기말 제품	
B제품	C제품	A제품	B제품
4,800개	1,000개	1,500개	900개
₩600,000	₩114,000	(1,500개×@85)	(900개×@125)
@125	@114	= ₩127,500	= ₩112,500

계정과목	잔액
재공품	259,000+100,000 = ₩359,000
제품	127,500+112,500 = ₩240,000
매출원가	850,000+542,500+114,000 = ₩1,506,500

(물음 4)

(1) 배부차이 조정금액

계정과목	제조간접원가 예정배부액	배부차이조정금액
재공품	₩31,000	₩6,200[*1)]
제품	$53,000 \times \dfrac{900}{4,800} = 9,937.5$	1,987.5[*2)]
매출원가	$(53,000 \times \dfrac{3,900}{4,800}) + 30,500 = 73,562.5$	14,712.5[*3)]
합계	₩114,500	₩22,900

*1) $22,900 \times \dfrac{31,000}{114,500}$ *2) $22,900 \times \dfrac{9,937.5}{114,500}$

*3) $22,900 \times \dfrac{73,562.5}{114,500}$

(2) 조정분개

(차) 재공품	6,200	(대) 제조간접원가	22,900
제품	1,987.5		
매출원가	14,712.5		

(물음 5)

계정	변화	이유
재공품	동일	단위당 원가 불변
제품	감소	제품 기초 단위당 원가보다 단위당 당기제품제조원가가 작아지기 때문
매출원가	증가	제품 기초 단위당 원가보다 단위당 당기제품제조원가가 작아지기 때문

(물음 6)

1) 단일배부기준으로 배부할 경우
 예상생산량 기준
2) 복수배부기준으로 배부할 경우
  절단부문 : 기계가동시간
  조립부문 : 직접노무시간
3) 복수배부기준을 선택하였다면, 그 이유
  자동화된 절단부문과 인과관계가 높은 배부기준은 기계가동시간, 수작업에 의존하고 있는 조립부문과 인과관계가 높은 배부기준은 직접노무시간이다. 따라서 제조간접원가와 보다 인과관계가 높은 배부기준을 사용하기 위하여 복수배부기준을 선택하였을 것이다.

문제 2.

(물음 1)

구분	자가제조	외주제작
매출액	40,000,000 = 4000개 × ₩10,000	40,000,000 = 4000개 × ₩10,000
변동원가	13,200,000 = 4000개 × ₩3,300[*1)]	18,000,000 = 4000개 × ₩4,500[*2)]
공헌이익	26,800,000	22,000,000
고정원가	20,000,000[*3)]	14,000,000[*4)]
영업이익	6,800,000	8,000,000

*1) 800+1500+350+400+50+100+100

*2) 800+3100+400+100+100

*3) 6,000,000+8,000,000+6,000,000

*4) 8,000,000+6,000,000

(물음 2)

	자가제조	외주제작
영업레버리지도	$\dfrac{26,800,000}{6,800,000} = 3.94$	$\dfrac{22,000,000}{8,000,000} = 2.75$
영업이익	$6,800,000 \times (1 - 10\% \times 3.94)$ $= ₩4,120,800$	$8,000,000 \times (1 - 10\% \times 2.75)$ $= ₩5,800,000$

(물음 3)

Ⅰ. 부품B를 자가제조 하는 경우

   ① 단위당 공헌이익 : $\dfrac{26,800,000}{4,000} = $ @6,700

   ② 고정원가 : ₩20,000,000

   ③ 손익분기점 판매량 : $\dfrac{20,000,000}{6,700} = 2,985$개

Ⅱ. 부품B를 외주제작 하는 경우

   ① 단위당 공헌이익 : $\dfrac{22,000,000}{4,000} = $ @5,500

   ② 고정원가 : ₩14,000,000

   ③ 손익분기점 판매량 : $\dfrac{14,000,000}{5,500} = 2,545$개

(물음 4)

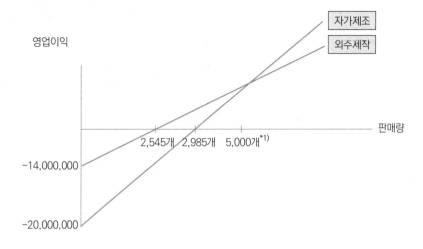

*1) 6,700X − 20,000,000 = 5,500X − 14,000,000

0~5,000개 미만	외주제작
5,000개	무차별
5,000개 초과	자가제조

(물음 5)

대안	미래상황	
	4,000개(0.7)	6,000개(0.3)
자가제조	4,000개×@6,700 − 20,000,000 = ₩6,800,000	6,000개×@6,700 − 20,000,000 = ₩20,200,000
외주제작	4,000개×@5,500 − 14,000,000 = ₩8,000,000	6,000개×@5,500 − 14,000,000 = ₩19,000,000

기대 영업이익	자가제조	: (6,800,000×0.7)+(20,200,000×0.3) = ₩10,820,000
	외주제작	: (8,000,000×0.7)+(19,000,000×0.3) = ₩11,300,000

경기침체의 가능성이 높아지고 있기 때문에 영업레버리지도(DOL)가 낮은 외주제작 방식을 선택한다.

(물음 6)

	1~2,000개	2,001~4,000개	4,001~6,000개
단위당 판매가격	10,000	10,000	10,000
단위당 부품A구매원가	800	700	600
단위당 부품B직접재료원가	1,500	1,500	1,500
단위당 직접노무원가	750	750	750
단위당 변동제조간접원가	150	150	150
단위당 변동판매관리비	100	100	100
단위당 공헌이익	@6,700	@6,800	@6,900

$[(Q-4,000) \times @6,900 + (2,000 \times @6,800) + (2,000 \times @6,700) - (3,000,000 \times 2대)$
$- (8,000,000+6,000,000)] \times (1-20\%) = ₩8,000,000$
$\therefore Q = 4,435개$

(물음 7)

Ⅰ. 세후목표이익이 ₩8,000,000인 경우

① $[(Q-4,000) \times @6,900 + (2,000 \times @6,800) + (2,000 \times @6,700) - (3,000,000 \times 2대)$
$- (8,000,000+6,000,000)] \times (1-20\%) = ₩8,000,000$
$\therefore Q = 4,435개$

② $Z = \dfrac{4,435-4,335}{200} = 0.5$

Ⅱ. 세후목표이익이 ₩8,555,000인 경우

① $[(Q-4,000) \times @6,900 + (2,000 \times @6,800) + (2,000 \times @6,700) - (3,000,000 \times 2대)$
$- (8,000,000+6,000,000)] \times (1-20\%) = ₩8,555,000$
$\therefore Q = 4,535개$

② $Z = \dfrac{4,535-4,335}{200} = 1$
$\therefore 0.3413 - 0.1915 = 0.1498(14.98\%)$

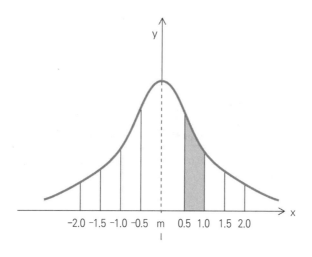

문제 3.

(물음 1)

공장감가상각비 배부율 : $\dfrac{50,000,000}{1,000,000,000} = 0.05$

	소금	후추	인공감미료
제조간접원가	50	40	45
공장감가상각비	₩200×0.05 = 10	₩300×0.05 = 15	₩500×0.05 = 25
작업준비원가	40	25	20

(물음 2)

IF) 소금생산라인 폐지시

증분수익	증분비용	증분이익
소금 작업준비원가 40 감미료 공헌이익 증가 68.635[2]	소금 공헌이익 69.4[1] 감미료 작업준비원가 6[3]	
108.635	75.4	33.235

[1] $[200-60-40-(68\times0.45)]$
[2] $[500-140-100-(142\times0.45)]\times0.35$
[3] 20×0.3

∴ 폐지한다.

(물음 3)

① 고객에 대한 회사의 평판

② 종업원의 해고로 인한 사기저하
③ 협력업체와의 관계

(물음 4)

(1)

	1차년도	2차년도	3차년도
공헌이익	28,000,000[*1]	40,000,000[*2]	60,000,000[*3]

*1) 7,000개×(6,000 − 2,000) 　　　 *2) 10,000개×(6,000 − 2,000)

*3) 15,000개×(6,000 − 2,000)

(2)

0차년도	1차년도	2차년도	3차년도
−30,000,000			3,000,000
	28,000,000	40,000,000	60,000,000
	−(35,000,000 − 13,500,000[*1])	−(35,000,000 − 9,000,000[*2])	−(35,000,000 − 4,500,000[*3])
−30,000,000	6,500,000	14,000,000	32,500,000

*1) $30,000,000 \times 0.9 \times \dfrac{3}{6}$ 　　　 *2) $30,000,000 \times 0.9 \times \dfrac{2}{6}$

*3) $30,000,000 \times 0.9 \times \dfrac{1}{6}$

$\therefore$ NPV = (6,500,000×0.9091)+(14,000,000×0.8264)+(32,500,000×0.7513) − 30,000,000
　　　 = ₩11,896,000 　→ 증설한다.

(3)

0차년도	1차년도	2차년도	3차년도
−30,000,000			3,000,000
	(28,000,000	(40,000,000	(60,000,000
	−21,500,000)	−26,000,000)	−30,500,000)
	×(1 − 0.2)	×(1 − 0.2)	×(1 − 0.2)
	(13,500,000×0.2)	(9,000,000×0.2)	(4,500,000×0.2)
−30,000,000	7,900,000	13,000,000	27,500,000

$\therefore$ NPV = (7,900,000×0.9091)+(13,000,000×0.8264)+(27,500,000×0.7513) − 30,000,000
　　　 = ₩8,585,840 　→ 증설한다.

(4) ① 회사의 핵심사업 영역 강화 여부
　　② 고객과의 관계에서 회사의 평판
　　③ 시장점유율 제고 여부

문제 4.

(물음 1)

문제 해석방법에 따라 두 가지의 주장이 있다.

(1 - 주장1)
총매출액 : 120,000+80,000+200,000 = ₩400,000
총변동원가 : 52,000+50,000+104,000 = ₩206,000
총공헌이익 : 400,000 - 206,000 = ₩194,000

단위당 공헌이익 : $\dfrac{194,000}{4,000개 + 2,000개 + 4,000개}$ = ₩19.4/개

총고정원가 : 16,000+5,600+12,800+15,480+10,320+25,800 = ₩86,000

∴ 손익분기 총 생산량 : $\dfrac{86,000}{19.4}$ = 4,432.99개

이때 생산량 비율을 2:1:2를 유지해야 하므로 A형은 1,773.2개, B형은 886.6개, C형은 1,773.2개
이다. 따라서 B형 부품의 손익분기점 수량은 887개이다.

(1 - 주장2)

B형 단위당 공헌이익 = $\dfrac{80,000 - 50,000}{2,000개}$ = ₩15/개

고정원가 = 10,320+5,600 = ₩15,920

∴ B형 부품의 손익분기점 수량 : $\dfrac{15,920}{15}$ = 1,062개

(2 - 주장1)
손익분기점 수량은 887개인데, 생산 및 판매량이 2,000개 이므로 생산을 계속해야 한다.

(2 - 주장2)
if) B형부품 생산 중단시
증분수익 : 50,000+5,600 = ₩55,600
증분비용 : ₩80,000
증분이익 : ₩(-)24,400
∴ B형부품은 생산 중단하면 안된다.

(물음 2)

B형 부품의 예상 판매량이 800개라면 손익분기점인 887 or 1,062에 미달하므로 B형 부품의 생산
을 중단한다.
A와 C의 생산량배합 = 4,000 : 4,000

총매출액 : 120,0000+200,000 = ₩320,000
총변동원가 : 52,000+104,000 = ₩156,000

총공헌이익 : 320,000 − 156,000 = ₩164,000

단위당 공헌이익 : $\dfrac{164,000}{4,000개 + 4,000개}$ = ₩20.5/개

총고정원가 : 16,000+12,800+15,480+10,320+25,800 = ₩80,400

∴손익분기 총 생산량 : $\dfrac{80,400}{20.5}$ = 3,921.95개

생산량배합 1:1을 유지해야 하므로 손익분기점 수량은 A는 1,961개, C는 1,961개이다.

(물음 3)

① 수입선 다변화
② 국내의 신규 공급망 구축
③ 재고 비축

(물음 4 – 주장1)

	A형	B형	C형
부품 단위당 공헌이익	$\dfrac{120,000 − 52,000}{4,000개}$ = @17	$\dfrac{80,000 − 50,000}{2,000개}$ = @15	$\dfrac{200,000 − 104,000}{4,000개}$ = @24
원재료 단위당 공헌이익	$\dfrac{120,000 − 52,000}{4,000g}$ = @17	$\dfrac{80,000 − 50,000}{2,000g}$ = @15	$\dfrac{200,000 − 104,000}{10,000g}$ = @9.6
생산순서	1순위	2순위	3순위

목적함수 = Max(17A+15B+24C)

제약조건식
① A + B + 2.5[*1)]C ⟨ = 10,000

　*1) $\dfrac{10,000g}{4,000개}$

② 0 ⟨ = A ⟨ = 4,000
　0 ⟨ = B ⟨ = 2,000
　0 ⟨ = C ⟨ = 4,000

　∴A = 4,000개, B = 2,000개, C = 1,600개를 생산해야한다.

이 때의 공헌이익 = (4,000×17) + (2,000×15) + (1,600×24) = ₩136,400

(물음 4 - 주장2)

	A형	B형	C형
부품 단위당 공헌이익	$\dfrac{120,000-52,000}{4,000개}$ $= @17$	$\dfrac{80,000-50,000}{2,000개}$ $= @15$	$\dfrac{200,000-104,000}{4,000개}$ $= @24$
원재료 단위당 공헌이익	$\dfrac{120,000-52,000}{4,000g}$ $= @17$	$\dfrac{80,000-50,000}{2,000g}$ $= @15$	$\dfrac{200,000-104,000}{10,000g}$ $= @9.6$
생산순서	1순위	2순위	3순위

목적함수 $= Max(17A + 15B + 24C)$

제약조건식

① $A + B + 2.5^{*1)}C \leq 10,000$

  *1) $\dfrac{10,000g}{4,000개}$

② $0 \leq A \leq$ 무한
  $0 \leq B \leq$ 무한
  $0 \leq C \leq$ 무한

$\therefore A = 10,000$개를 생산해야 한다.

이 때의 공헌이익 $= (10,000 \times 17) = ₩170,000$

(물음 4 - 주장3)

생산배합을 $A:B:C = 2:1:2$로 유지시키면서 제약조건을 충족하려면
$A + B + 2.5^{*1)}C \leq 10,000$

*1) $\dfrac{10,000g}{4,000개}$

$A + 2A + A \leq 10,000$

$\therefore A = 2,500$개, $B = 1,250$개, $C = 2,500$개를 생산해야 한다.

이 때의 공헌이익 $= (2,500 \times 17) + (1,250 \times 15) + (2,500 \times 24) = ₩121,250$

(물음 5)

최소대체가격 : $\dfrac{40,000}{2,000개} + 30 = ₩50$

최대대체가격 : $200 - (\dfrac{60,000}{2,000개} + 70) = ₩100$

(물음 6)

최소대체가격 : $\dfrac{40,000}{500개} + 30 = ₩110$

최대대체가격 : $200 - (\dfrac{60,000}{500개} + 70) = ₩10$

최대대체가격(₩10)〈최소대체가격(₩110)

∴ 자율적인 사내대체를 유도하는 사내대체가격은 존재하지 않는다.

해결방안 : 완성품 판매가격 인상을 하거나, 생산비용을 절감한다.

재무회계

김 정 호 (공인회계사 / 서울디지털대학교 겸임교수)

문제 1.

(물음 1)

〈요구사항 1〉답: ① (−)₩849,774 ② (−)₩289,100 ③ ₩178,338

20x1년 5월 1일 현금지급액 = (1,000,000×6%×3.8896 + 1,000,000×0.6499)
$$×(1+9\%×4/12)$$
$$= 883,276×1.03 = 909,774$$

20x1년 말 이자수취액 = 1,000,000×6% = 60,000

현금 영향 = −909,774 + 60,000 = **(−)₩849,774**①

이자수익	883,276×9%×8/12	52,997
손상차손	20x1년 말 총장부금액 = 883,276×1.09 − 60,000 = 902,771 20x1년 말 손상후 상각후원가 = 20,000×3.2397+700,000×0.7084 = 560,674 손상차손 = 902,771 − 560,674	 342,097
20x1년 순이익 영향	52,997 − 342,097	②(−)₩289,100

이자수익	560,674×9%	50,461
손상차손환입	20x2년 말 손상전 상각후원가 = 560,674 + 50,461 − 20,000 = 591,135 20x2년 말 손상후 상각후원가 = 40,000×2.5313 + 800,000×0.7722 = 719,012 손상차손환입 = 719,012 − 591,135	127,877
20x1년 순이익 영향	50,461 + 127,877	③₩178,338

〈요구사항 2〉 답: ① ₩39,000

재분류일의 공정가치	40,000×2.6243 + 800,000×0.8163	758,012
재분류일의 각후원가		719,012
변경이익	758,012 − 719,012	①₩39,000

재분류일: 20x3년 1월 1일

(물음 2)

〈요구사항 1〉 답: ① (−)₩60,674 ② ₩41,662

20x1년 말 공정가치		500,000
20x1년 말 상각후원가		560,674
20x1년 말 기타포괄이익누계액	500,000 − 560,674	(−)60,674
20x0년 말 기타포괄이익누계액		0
20x1년 기타포괄이익 영향	60,674 − 0	①(−)₩60,674

20x2년 말 공정가치		700,000
20x2년 말 상각후원가		719,012
20x1년 말 기타포괄이익누계액	700,000 − 719,012	(−)19,012
20x0년 말 기타포괄이익누계액		0
20x1년 기타포괄이익 영향	19,012 − (−)60,674	②₩41,662

[관련 분개]
〈20x1년 5월 1일〉

(차) FVOCI금융자산	889,774	(대) 현 금	909,774
미수이자	20,000		

〈20x1년 12월 31일〉

(차) 현 금	60,000	(대) 이자수익	52,997
FVOCI금융자산	12,997	미수이자	20,000

(차) 금융자산평가손실(OCI)	402,771 *1	(대) FVOCI금융자산	402,771

*1. 공정가치 500,000 − 상각후원가 902,771 = (−)402,771

(차) 손상차손(PL)	342,097 *1	(대) 금융자산평가손실(OCI)	342,097

*1. 현재가치 560,674 − 상각후원가 902,771 = (−)342,097

〈20x2년 12월 31일〉

(차) 현 금	20,000	(대) 이자수익	50,461
FVOCI금융자산	30,461		

(차) FVOCI금융자산	169,539 *1	(대) 금융자산평가이익(OCI)	169,539

*1. 공정가치 700,000 − 평가전장부금액 530,461(=500,000+30,461) = 169,539

(차) 금융자산평가이익(OCI)	127,877 *1	(대) 손상차손환입(PL)	127,877

*1. 현재가치 719,012 − 현재가치 591,135 = 127,877

〈요구사항 2〉답: ① ₩19,012

재분류일의 상각후원가		719,012
재분류일의 공정가치		700,000
기타포괄이익 영향	719,012 − 700,000	₩19,012

〈재분류일: 20x3년 초〉

(차) AC금융자산	719,012	(대) FVOCI금융자산	700,000
		금융자산평가이익(OCI)	19,012

문제 2.

(물음 1)

〈요구사항 1〉답: ① ₩10,000 ② ₩120,000

재고자산

	(원가)	(매가)		(원가)	(매가)
기초	10,000	40,000	판매		100,000
순매입	116,000	205,000	정상파손		4,000
순인상－순인하		7,000	종업원할인		2,000
비정상파손	(6,000)	(12,000)	기말		134,000
판매가능재고	120,000	240,000	판매가능재고	120,000	240,000

순매입(매가) = 총매입 210,000 － 매입환출 5,000 = 205,000
순인상 － 순인하 = 22,000 － 15,000 = 7,000
판매(매가) = 순매출액 = 총매출액120,000 － 매출환입16,000 － 매출에누리4,000 = 100,000

(240,000 － 40,000) × 55% = 당기매입액(총액)원가 － 3,000 － 1,000 － 6,000
당기매입액(총액)원가 = ₩120,000②
240,000 × 50% = 기초재고자산원가 + 120,000 － 3,000 － 1,000 － 6,000
기초재고자산원가 = ₩10,000①

〈요구사항 2〉 답: ① ₩51,660 ② ₩57,020

〈저가기준 선입선출법〉
순매입 = 120,000 － 3,000 － 1,000 = 116,000
원가율 = (116,000 － 6,000)/(240,000 + 15,000 － 40,000) = 110,000/215,000 = 51%
기말재고원가 = 134,000 × 51% = 68,340
판매가능원가 = 기초재고 10,000 + 순매입 116,000 － 비정상파손 6,000 = 120,000
매출원가 = 120,000 － 68,340 = ₩51,660①

〈저가기준 가중평균법〉
원가율 = (10,000 + 116,000 － 6,000)/(240,000 + 15,000) = 120,000/255,000 = 47%
기말재고원가 = 134,000 × 47% = 62,980
매출원가 = 120,000 － 62,980 = ₩57,020②

(물음 2) 답: ₩280,000 ② ₩1,600

구분	수량	단위 원가	단위당 금액			평가손실
			판매가격	판매부대비용	순실현가능가치	
계약분	2,000	₩600	₩500	10	₩490	₩220,000
기 타	1,000	600	550	10	540	60,000
합계	3,000					①₩280,000

원재료 평가손실 = 400g × (₩20 － ₩16) = ₩1,600②

문제 3.

(물음 1) 답: ① ₩22,500 ② ₩14,700 ③ ₩57,000 ④ ₩130,000 ⑤ ₩31,500
⑥ ₩88,440

〈20x1년〉

연평균지출액 = $120,000 \times 5/12 + 1,500,000 \times 2/12 = 550,000$

특정차입금 사용액 = $900,000 \times 5/12 = 375,000 = 375,000$

특정차입금 자본화 차입원가 = $375,000 \times 6\% = ₩22,500①$

일반차입금 사용액 = $550,000 - 375,000 = 175,000$

자본화이자율 = $\dfrac{1,000,000 \times 12/12 \times 8\% + 500,000 \times 6/12 \times 10\%}{1,000,000 \times 12/12 + 500,000 \times 6/12} = \dfrac{105,000}{1,250,000} = 8.4\%$

일반차입금 자본화 차입원가 = Min[(1),(2)] = ₩14,700②

(1) $175,000 \times 8.4\% = 14,700$

(2) $105,000$

평균지출액	연평균차입금 사용액		이자율	자본화할 차입원가	한도
550,000	특정차입금 (일시예치)	375,000	6%	22,500	–
		–		–	–
	일반차입금	175,000	8.4%	14,700	105,000
계				37,200	

〈20x2년〉

연평균지출액 = $(120,000 + 1,500,000) \times 12/12 + 3,000,000 \times 9/12 + 1,500,000 \times 1/12$
$\quad\quad\quad\quad - 정부보조금\ 300,000 \times 1/2$
$\quad\quad\quad = 3,995,000 - 25,000 = 3,970,000$

특정차입금 사용액 = A $900,000 \times 8/12 +$ B $1,800,000 \times 2/12$
$\quad\quad\quad = 600,000 + 300,000 = 900,000$

특정차입금 자본화 차입원가 = A $600,000 \times 6\% +$ B $300,000 \times 7\%$
$\quad\quad\quad = 36,000 + 21,000 = ₩57,000③$

일반차입금 사용액 = $3,970,000 - 900,000 = 3,070,000$

자본화이자율 = $\dfrac{1,000,000 \times 12/12 \times 8\% + 500,000 \times 12/12 \times 10\%}{1,000,000 \times 12/12 + 500,000 \times 12/12} = \dfrac{130,000}{1,500,000} = 8.7\%$

일반차입금 자본화 차입원가 = Min[(1),(2)] = ₩130,000④

(1) $3,070,000 \times 8.7\% = 267,090$

(2) $130,000$

평균지출액	연평균차입금 사용액		이자율	자본화할 차입원가	한도
3,970,000	특정차입금 (일시예치)	600,000	6%	**36,000**	
		300,000	7%	**21,000**	
		–		–	
	일반차입금	3,070,000	8.4%	267,090	**130,000**
계				**187,000**	

〈20x3년〉

연평균지출액 = (120,000 + 1,500,000 + 3,000,000 − 300,000 + 1,500,000) × 3/12

   = 1,455,000

특정차입금 사용액 = 1,800,000 × 3/12 = 450,000

특정차입금 자본화 차입원가 = 450,000 × 7% = **₩31,500①**

일반차입금 사용액 = 1,455,000 − 450,000 = 1,005,000

자본화이자율 $= \dfrac{1{,}000{,}000 \times 9/12 \times 8\% + 500{,}000 \times 12/12 \times 10\%}{1{,}000{,}000 \times 9/12 + 500{,}000 \times 12/12} = \dfrac{110{,}000}{1{,}250{,}000} = 8.8\%$

일반차입금 자본화 차입원가 = Min[(1),(2)] = **₩88,440②**

(1) 1,005,000 × 8.8% = 88,440

(2) 110,000

(물음 2) 답: ① ₩31,500 ② ₩57,620

연평균지출액 = (120,000 + 1,500,000 + 3,000,000 − 300,000 + 1,500,000) × 2/12

   = 970,000

특정차입금 사용액 = 1,800,000 × 2/12 = 300,000

특정차입금 자본화 차입원가 = 300,000 × 7% = **₩21,000⑤**

일반차입금 사용액 = 970,000 − 300,000 = 670,000

자본화이자율 $= \dfrac{1{,}000{,}000 \times 9/12 \times 8\% + 500{,}000 \times 12/12 \times 10\% + 1{,}800{,}000 \times 1/12 \times 7\%}{C\,1{,}000{,}000 \times 9/12 + D\,500{,}000 \times 12/12 + B\,1{,}800{,}000 \times 1/12}$

$= \dfrac{120{,}500}{1{,}400{,}000} = 8.6\%$

일반차입금 자본화 차입원가 = Min[(1),(2)] = **₩57,620⑥**

(1) 670,000 × 8.6% = 57,620

(2) 120,500

[참고] 특정차입금B 중 20x3년 미사용분(1개월분)은 일반차입금으로 처리

평균지출액	연평균차입금 사용액		이자율	자본화할 차입원가	한도
970,000	특정차입금 (일시예치)	300,000	7%	**21,000**	
		–		–	–
	일반차입금	670,000	8.6%	**57,620**	120,500
계				**78,620**	

문제 4.

(물음 1) 답: ① 7% ② ₩26

20x1년 수정후 이자비용 = $1,000,000 \times 5\% + (1,000,000 - 947,515)/3년 - 1,169 = 66,326$
유효이자율 = $66,326/947,515 = $ **7%①**

수정전 이자비용	$1,000,000 \times 5\% + (1,000,000 - 947,515)/3년$	67,495
수정후 이자비용	$(947,515 + 66,326 - 50,000) \times 7\%$	67,469
오류수정 순이익 영향	$67,495 - 67,469$	②₩26

(물음 2) 답: ① (−)₩13,176 ② ₩4,660 ③ ₩17,836

항목	수정전 금액	수정금액	수정후 금액
사채 장부금액	(1) ₩745,881	① (−)₩13,176	(4) ₩732,705
이자비용	(2) ₩74,808	② ₩4,660	(5) ₩79,468
금융부채 조정이익	(3) ₩256,004	③ ₩17,836	(6) ₩273,840

〈수정전 회계처리〉
$954,555 \times (1 + 최초유효이자율) - 1,000,000 \times 5\% = 1,000,000$
최초유효이자율 = 10%
조건변경후 상각후원가(10%) = 698,551
수수료 차감후 조건변경후 상각후원가(11%) = $698,551 - 18,478 = 680,073$
금융부채 조정이익 = 변경전 상각후원가 954,555 − 변경후 상각후원가 698,551
　　　　　　 = **₩256,004(3)**
이자비용 = $680,073 \times 11\% = $ **₩74,808(2)**
사채 장부금액 = $680,073 + 74,808 - 900,000 \times 1\% = $ **₩745,881(1)**

〈수정후 회계처리〉
금융부채 조정이익 = 변경전 상각후원가 954,555 − 변경후 상각후원가(12%) 662,237
　　　　　　 − 채무조정수수료 18,478 = **₩273,840(6)**
이자비용 = $662.237 \times 12\% = $ **₩79,468(5)**
사채 장부금액 = $662,237 + 79,468 - 900,000 \times 1\% = $ **₩732,705(4)**

문제 5.

(물음 1) 답: ① 44.3%

상환할증금 = $1,000,000 \times (5\% - 4\%) \times (1 + 1.05 + 1.05^2) = 31,525$
발행 시 부채요소 = $1,000,000 \times 4\% \times 2.6730 + (1,000,000 + 31,525) \times 0.8396 = 972,988$
전환에 따른 부채감소액 = 자본증가액 = $(972,988 \times 1.06 - 40,000) \times 40\% = 396,547$
부채비율 = $(5,000,000 - 396,547)/(10,000,000 + 396,547) = 4,603,453/10,396,547$
　　　 = **44.3%①**

(물음 2) 답: ① ₩302,027 ② ₩396,547

발행 시 자본요소(전환권대가) = 985,000 − 972,988 = 12,012

A. 전환사채장부금액	(972,988×1.06 − 40,000)×60%	594,820
B. 액면금액	1,000,000×60%×5,000/10,000	300,000
C. 전환권대가	12,012×60%	7,207
주식보상비용	A − B + C	① ₩302,027

전환사채장부금액 = (972,988×1.06 − 40,000)×40% = ₩396,547②

(물음 3)

〈요구사항 1〉 답: ① ₩444,392 ② ₩973,456

발행 시 신주인수권대가 = 1,000,000 − 972,988 = 27,012

[상각표]

일자	유효이자	표시이자	신주인수권조정상각	상환할증금감소	장부금액
20×1.1.1					972,988
20×1.12.31	58,379	40,000	18,379	−	991,367
20×2.3.31	14,871	10,000	4,871	−	996,238
20×2.4.1(행사)	−	−	(주2)2,438	(주1)25,220	②973,456
20×2.12.31	(주3)43,602	30,000	13,602	−	987,058
20×3.12.31	59,247	40,000	19,247	−	1,006,305

(주1) 31,525×80% = 25,220

(주2) $25,220 - ₩25,220/1.06^2 ×(1 + 6\%×3/12) = 25,220 - 22,782 = 2,438$

(주3)

20x2.4.1.부터12.31.까지 이자비용(미행사 가정)	991,367×6%×9/12	44,612
20x2.4.1.부터12.31.까지 상환할증금감소 관련 이자비용	$25,220/1.06^2 ×6\%×9/12$	1,010
20x2.4.1.부터12.31.까지 이자비용		43,602

행사가격	1,000,000×80%	800,000
사채상환할증금의 현재가치	$25,220/1.06^2 ×(1 + 6\%×3/12)$	22,782
신주인수권대가	27,012×80%	21,610
주식 발행금액	800,000 + 22,782 + 21,610	844,392
자본금		400,000
주식발행초과금	842,392 − 400,000	①₩444,392

〈관련 분개〉

(차) 현 금	800,000	(대) 자 본 금	400,000
상환할증금	25,220 [*1]	신주인수권조정	2,438 [*2]
신주인수권대가	21,610 [*3]	**주식발행초과금**	**444,392**

*1. $31,525 \times 80\% = 25,220$

*2. $25,220 - ₩25,220/1.06^2 \times (1 + 6\% \times 3/12) = 25,220 - 22,782 = 2,438$

*3. $27,012 \times 80\% = 21,610$

〈요구사항 2〉 답: ① ₩58,472

20x2년 이자비용(미행사 가정)	$991,367 \times 6\%$	59,482
20x2.4.1.부터12.31.까지 상환할증금감소 관련 이자비용	$25,220/1.06^2 \times 6\% \times 9/12$	1,010
20x2년 이자비용	$59,482 - 1,010$	**₩58,472**

(물음 4) 답: ① (−)₩140,000

조건변경비용 = $(1,000,000/10,000 \times 1.2 - 1,000,000/10,000) \times 7,000 = ₩140,000$

당기순이익 감소 = **(−)₩140,000**

(물음 5)

〈요구사항 1〉 답: ① ₩39,575

구분	20x1년 말	20x2년 말	20x3년 말	20x4년 말	합계
원금	250,000	250,000	250,000	250,000	
이자	80,000	60,000	40,000	20,000	
합계	330,000	310,000	290,000	270,000	
현가계수	0.9524	0.9070	0.8638	0.8227	
현재가치	314,292	281,170	250,502	222,129	1,068,093

20x2년 이자비용 = $(1,068,093 \times 1.05 - 330,000) \times 5\% = ₩39,575$

〈요구사항 2〉 답: ① (−)₩7,404

상환금액 = $290,000 \times 0.9615 + 270,000 \times 0.9246 = 528,477$

장부금액 = $(1,068,093 \times 1.05 - 330,000) \times 1.05 - 310,000 = 521,073$

상환이익(손실) = 장부금액 $521,073 -$ 상환금액 $528,477 = $ **(−)₩7,404**

문제 6.

(물음 1) 답: ① ₩8,225,000 ② ₩9,835,000 ③ ₩9,500,000

구분	계산내역	자본금	자본잉여금	이익잉여금
20x4.1.1.		6,000,000	9,800,000	8,000,000
무상증자	(800주 − 100주)×5,000×20%	700,000	(700,000)	
유상증자	105주×5,000	525,000		
	105주×12,000 − 525,000 − 200,000		535,000	
현물출자	200주×5,000	1,000,000		
	1,200,000 − 1,000,000		200,000	
당기순이익				1,500,000
20x4.12.31		①8,225,000	②9,835,000	③9,500,000

〈요구사항 2〉

(차) 우선주자본금	200,000 [*1]	(대) 보통주자본금	280,000 [*2]
주식발행초과금	80,000		

*1. 40주×5,000 = 200,000

*2. 40주×1.4×5,000 = 280,000

(물음 2)

〈요구사항 1〉 답: ① ₩7,080,000 ② ₩11,160,000

구분	계산내역	자본금	자본잉여금	자본조정	이익잉여금
20x4.1.1.		6,000,000	9,800,000	(1,000,000)	8,000,000
유상증자	100주×5,000	500,000			
	100주×12,000−500,000−10,000		690,000		
전환우선주전환	40주×0.4주×5,000	80,000	(80,000)		
상환우선주발행	100주×5,000	500,000			
	100주×12,500−500,000		750,000		
상환우선주취득	100주×13,000			(1,300,000)	
상환우선주소각	상법(문제요구): 이익소각			1,300,000	(1,300,000)
20x4.12.31		①7,080,000	②11,160,000		

〈요구사항 2〉 답: ① ₩296,364 ② ₩203,636

구분	유통자본금	연체배당	기본배당	참가배당	배당합계
우선주	2,000,000	(2)160,000	(3)80,000	(5)56,364	①296,364
보통주	(1)3,500,000		(4)105,000	98,636	②203.636
합계	5,500,000	160,000	185,000	155,000	500,000

(1) 유통보통주식수 = 발행 800주 – 자기주식 100주 = 700주
    유통보통주자본금 = 700주 × ₩5,000 = ₩3,500,000
(2) 2,000,000 × 4% × 2년 = 160,000
(3) 2,000,000 × 4% = 80,000
(4) 3,500,000 × 3% = 105,000
(5) Min[(1)155,000 × 2,000,000/5,500,000=56,364,
       (2)2,000,000 × (10% – 4%)=120,000] = 56,364

문제 7.

(물음 1)

〈요구사항 1〉 답: ① ₩300,000 ② ₩300,000 ③ ₩220,000

〈20x2년〉

주식결제형	10명 × 200주 × ₩600 × 2/4 – 10명 × 200주 × ₩600 × 1/4	300,000
주식보상비용		₩300,000

〈20x3년〉

주식결제형	10명 × 200주 × ₩600 × 3/4 – 10명 × 200주 × ₩600 × 2/4	300,000
주식보상비용		₩300,000

〈20x4년〉

주식결제형	10명 × 200주 × ₩600 × 4/4 – 10명 × 200주 × ₩600 × 3/4	300,000
20x4년 부채조정	200주 × 10주 × ₩500 – 200주 × 10주 × ₩540	(80,000)
주식보상비용	300,000 – 80,000	₩220,000

[참고]

연도	계산내용	비용	자본	부채
20x1	2,000주×₩600×1/4	300,000	300,000	
20x2	2,000주×₩600×2/4 – 2,000주×₩600×1/4	300,000	300,000	
20x3	2,000주×₩600×3/4 – ₩600,000	300,000	300,000	
	자본→부채:2,000주×₩540×3/4		(810,000)	A810,000
20x4	(1) 2,000주×₩600×4/4 – ₩900,000	(1)300,000	(3)30,000	(2)270,000
	(2) 2,000주×₩540×1/4			
	(3) 300,000 – 270,000			
	부채를 FV로 조정:810,000+270,000 – 1,000,000	(80,000)		(80,000)
	합계 (4)2,000주×₩500	1,120,000	120,000	(4)1,000,000

A. 기업은 조건변경일 현재(20x3년 말) 주식의 공정가치(₩540)와 당초 특정된 근무용역을 제공받은 정도 (3/4 경과)에 기초하여 조건변경일에 현금으로 결제될 부채를 인식: 2,000주×₩540×3/4=810,000
(2) 조건변경일 현재 주식의 공정가치(₩540) 중 마지막 1/4을 부채에 배분: 2,000주×₩540×1/4=270,000

〈요구사항 2〉답: ① ₩810,000 ② ₩1,000,000

① 20x3년 말 부채 = 200주×10주×₩540×3/4 = **₩810,000**

② 20x3년 말 부채 = 10명×200주×₩500 = **₩1,000,000**

(물음 2)

〈요구사항 1〉답: ① (-)₩90,000

잔여보상비용	10명×20개×₩900×2/4	90,000
공정가치를 초과한 현금청산액	10명×20개×(₩1,200 – ₩1,200)	0
당기비용		90,000
당기순이익 영향		(-)₩90,000

〈요구사항 2〉답: ① (-)₩130,000

잔여보상비용	10명×20개×₩900×2/4	90,000
공정가치를 초과한 현금청산액	10명×20개×(₩1,200 – ₩1,000)	40,000
당기비용	90,000+40,000	130,000
당기순이익 영향		(-)₩130,000

〈요구사항 3〉답: ① ₩90,000

보상비용환입	0 – 10명×20개×₩900×2/4	90,000
당기순이익 영향		₩90,000

문제 8.

(물음 1) 답: ① ₩7,500 ② ₩8,000 ③ ₩3,000

	20×1년	20×2년	20×3년이후	합계
		일시적차이 소멸		
세전이익	100,000			
세무조정				
벌금	10,000			
판매보증충당부채	30,000	(10,000)	(20,000)	
FVPL금융자산평가이익	(15,000)	15,000		
과세표준	125,000	5,000	(20,000)	
세율	10%	20%	30%	
당기법인세	12,500	1,000	(6,000)	(5,000)
기초이연법인세	0			DTA
기말이연법인세자산	(5,000)			
① 법인세비용	₩7,500			

② 이연법인세자산 = 10,000×20% + 20,000×30% = ₩8,000

③ 이연법인세부채 = 15,000×20% = ₩3,000

(물음 2) 답: ① ₩43,000 ② ₩25,000 ③ ₩2,500

	20×2년	20×3년	20×4년이후	합계
		일시적차이 소멸		
세전이익	200,000			
세무조정				
판매보증충당부채	(10,000)	(10,000)	(10,000)	
FVPL금융자산평가이익	15,000			
접대비한도초과액	20,000			
감가상각비한도초과액	60,000	(20,000)	(40,000)	
재고자산평가손실	30,000	(30,000)		
토지	(10,000)	10,000		
토지재평가잉여금	10,000			
자기주식처분이익	20,000			
과세표준	335,000	(50,000)	(50,000)	
세율	20%	25%	20%	
당기법인세	67,000	(12,500)	(10,000)	(22,500)
기초이연법인세자산	5,000			
기말이연법인세자산	(22,500)			
토지재평가이연법인세	(2,500)[*1]			
자기주식처분이익당기법인세	(4,000)[*2]			
① 법인세비용	₩43,000			

*1. 10,000×25% = 2,500   *2. 20,000×20% = 4,000

② 이연법인세자산 = $(10,000 + 20,000 + 30,000) \times 25\% + (10,000 + 40,000) \times 20\%$
　　　　　 = ₩25,000

③ 이연법인세부채 = $10,000 \times 25\% = ₩2,500$

문제 9.

(물음 1) 답: ① ₩128,000

20x1년 1월 1일 순자산 장부금액	자본금 100,000 + 이익잉여금 40,000	140,000
건물(FV − BV)	160,000 − (100,000 + 40,000)	20,000
합계		160,000
투자주식 취득원가	160,000 × 80%	①₩128,000

(물음 2) 답: ① ₩67,000 ② ₩90,000 ③₩11,500

① 상계제거해야할 매입채무 = ㈜대한 38,000 + ₩민국 20,000 − 연결 53,000 = 5,000
　 상계제거해야할 매출채권 = 제거할 매입채무 5,000 − 제거된 매출채권 2,000 = 3,000
　 연결 매출채권 = ㈜대한 40,000 + ㈜민국 30,000 − 연결제거 3,000 = ₩67,000

② $50,000 + 30,000 + 20,000 \times 2년/4년 = ₩90,000$

③ $8,000 + 1,000 + 제거된 감가상각누계액 3,000 − 처분이익 상각 2,000 \times 1년/4년$
　 = ₩11,500

[① 관련 연결조정분개]

(차) 매입채무	5,000 *1	(대) 단기차입금	2,000 *2
		매출채권	3,000

*1. ㈜대한 38,000 + ₩민국 20,000 − 연결 53,000 = 5,000

*2. 제거조건 충족하는 매출채권 할인

(차) 이자비용	500	(대) 매출채권처분손실	500

(물음 3) 답: ① ₩20,000 ② 상향판매 ③ 비지배지분 귀속 순이익 계산

① 재고자산: ㈜대한 80,000 + ㈜민국 40,000 − 연결실체 100,000 = ₩20,000(감소)

⟨관련 연결조정분개⟩

(차) 매 출 액	30,000	(대) 매출원가	10,000 *1
		재고자산	20,000

② 상향판매
③ 판단근거 : 비지배지분 귀속 순이익 계산

㈜민국 개별 순이익		59,000
재고자산 상향판매미실현이익 제거		**(20,000)**
토지처분 미실현이익 제거	60,000 – 50,000	(10,000)
건물(FV – BV)추가 감가상각	20,000÷4년	(5,000)
미실현내부거래 제거후 ㈜민국 순이익	59,000 – 20,000 – 10,000 – 5,000	24,000
비지배지분 귀속 순이익	24,000×20%	4,800

(물음 4) 답: ① ₩15,000

① 매출원가: ㈜대한 120,000 + ㈜민국 70,000 – 연결실체 165,000 = ₩25,000(감소)

연결조정 매출원가 감소액		25,000
20x2년 재고자산 판매분 미실현이익		10,000
20x1년 말 재고자산 미실현이익(20x2년 전액 실현)	25,000 – 10,000	**₩15,000**

〈관련 연결조정분개〉

(차) 매 출 액	30,000	(대) 매출원가	10,000
		재고자산	20,000

(차) 미처분이익잉여금	15,000	(대) 재고자산	15,000
재고자산	15,000	매출원가	15,000

(물음 5) 답: ① ₩456,500 ② ₩34,000

20x1년 말 이익잉여금	450,000 – 81,000	369,000
재고자산미실현이익제거		(15,000)
연결조정후 20x1년 말 이익잉여금		354,000
20x1년 ㈜민국 순이익 중 지배기업의 소유주 몫	(14,000)×80%	(11,200)
20x2년 연결당기순이익중 지배기업의 소유주 몫		113,700
20x2년 말 연결이익잉여금	354,000 – 11,200 + 113,700	①**₩456,500**

20x1년 ㈜민국 개별 순이익	[주]	(9,000)
건물(FV – BV)추가 감가상각	20,000÷4년	(5,000)
20x1년 ㈜민국 연결조정후 순이익	(9,000) + (5,000)	(14,000)

[주] 20x1년 초 이익잉여금 40,000 + 20x1년 순이익 (?) + 20x2년 순이익 59,000
= 20x1년 말 이익잉여금 90,000

20x1년 초 순자산 공정가치		160,000
20x1년 연결조정 후 순이익		(14,000)
20x2년 연결조정 후 순이익	4,800/20%	24,000
20x2년 말 순자산 공정가치	160,000 + (14,000) + 24,000	170,000
20x2년 말 비지배지분	170,000 × 20%	②₩34,000

문제 10.

(물음 1) 답: ① ₩10,000 ② ₩50,000 ③ ₩40,000

이전대가	민국이 교부할 주식수 10주[주] × ₩3,000	30,000
순자산 공정가치	10,000 + 30,000 – 7,000 – 13,000	20,000
영업권		₩10,000

[주] ㈜민국이 교부할 주식수(X) = ㈜대한 발행주식수 60주 × 1/6 = 10주

[별해] 합병후 ㈜민국 주주의 지분율 = 60주/(60주 + 40주 × 6) = 20% 〈㈜대한이 주식 발행〉
합병후 ㈜민국 주주의 지분율 = X/(40주 + X) = 20% 〈㈜민국이 주식발행 가정〉

사업결합 전 ㈜민국 납입자본		20,000
(사실상)이전대가	10주 × ₩3,000	30,000
사업결합 후 납입자본	20,000 + 30,000	②₩50,000

③ 사업결합 후 이익잉여금 = 사업결합 전 ㈜민국 이익잉여금 = ₩40,000

〈연결조정분개〉

(차) 납입자본(민국)	20,000	(대) 납입자본(대한)	44,000[*1]
비유동자산(대한)	5,000		
이익잉여금(대한)	9,000		
영 업 권	10,000		

*1. 사업결합 전 ㈜민국 납입자본 20,000 + 사실상 이전대가 30,000
– 사업결합 전 ㈜대한 납입자본 6,000 = 44,000

과목	㈜대한	㈜민국	조정	연결재무상태표
유동자산	₩10,000	₩30,000		₩40,000
비유동자산	25,000	45,000	5,000	75,000
영업권	–	–	10,000	10,000
자산계	₩35,000	₩75,000		₩125,000
유동부채	7,000	5,000		12,000
비유동부채	13,000	10,000		23,000
납입자본	6,000	20,000	24,000	50,000
이익잉여금	9,000	40,000	(9,000)	40,000
부채및자본계	₩35,000	₩75,000		₩125,000

(물음 2) 답: ① ₩50 ② ₩30

〈20x1년〉

가중평균유통보통주식수 = 역취득에서 ㈜민국이 발행한 주식수 240주 × 3/12

　　　　　　　　　　　+ 취득일부터 12월 31일까지 유통되는 주식수 (240주 + 60주) × 9/12

　　　　　　　　　　　= 60 + 225 = 285주

주당이익 = ₩14,250/285주 = ₩50①

〈20x0년〉

주당이익 = ₩7,200/240주[주] = ₩30②

[주] 역취득에서 ㈜민국이 발행한 주식수 240주

문제 11.

(물음 1) 답: ① (−)₩2,000 ② (−)₩4,000

외화환산이익(손실)	$200 × (₩1,200 − ₩1,250)	(10,000)
파생상품평가이익(손실)	$200 × (₩1,270 − ₩1,230)	8,000
20x1년 당기순이익 영향	10,000 + 8,000	(−)₩2,000

외화거래이익(손실)	$200 × (₩1,250 − ₩1,300)	(10,000)
파생상품거래이익(손실)	$200 × (₩1,300 − ₩1,270)	6,000
20x2년 당기순이익 영향	10,000 + 6,000	(−)₩4,000

(물음 2)

〈요구사항 1〉 답: ① ₩3,000 ② ₩6,000 ③ (-)₩3,000 ④₩6,000

구 분	위험회피대상 평가손익	파생상품 평가손익	파생상품평가손익	
			당기손익	기타포괄손익
20x2년	ⓐ(6,000)	ⓑ9,000	①₩3,000	②₩6,000
20x3년	(12,000)	3,000	③(-)₩3,000	④₩6,000
20x3년 3.31.누적	ⓒ(18,000)	ⓓ12,000	-	㉠₩12,000

ⓐ $300×(₩1,380-₩1,400)=(6,000)

ⓑ $300×(₩1,380-₩1,350)=₩9,000

ⓒ $300×(₩1,340-₩1,400)=(18,000)

ⓓ $300×(₩1,380-₩1,340)=₩12,000

② MIN[6,000, 9,000]=6,000

㉠ MIN[18,000, 12,000]=12,000

〈요구사항 2〉 답: ① ₩12,000
기타포괄이익 ₩12,000이 당기손익에 반영됨

(물음 3) 답: ① ₩187,500 ② (-)₩57,500 ③ ₩130,000

구분	$	환율	₩
기초순자산(매입채무)	($1,150)	1,200	(₩1,380,000)
외화환산이익(PL)	150	1,250	①187,500
해외사업환산손익(OCI)			②(₩57,500)
합계: 기말순자산(매입채무)	($1,000)	1,250	(₩1,250,000)

③ 총포괄이익 = 당기순이익 187,500 - 기타포괄손실 57,500 = ₩130,000

[관련 분개]

〈20x0년 말〉

(차) 상 품	$1,150	(대) 매입채무	$1,150

(표시통화로 환산)

(차) 상 품	₩1,380,000	(대) 매입채무	₩1,380,000

$1,150×1,200=₩1,380,000

〈20x1년 말〉

(차) 매입채무	$150	(대) 외화환산이익(PL)	$150 [*1]

*1. $1,150 − CNY5,000×0.2 = $1,150 − $1,000 = $150

(표시통화로 환산)

(차) 매입채무	₩130,000 [*1]	(대) 외화환산이익	₩187,500
해외사업환산이익(OCI)	₩57,500		

*1. 전기말 ₩1,380,000 − 당기말 ₩1,250,000($1,000×₩1,250) = 130,000

*2. ($1,150 − $1,000)×₩1,250 = ₩187,500

문제 12.

(물음 1) 답: ① ₩120,000 ② ₩876,000 ③ ₩958,000

순자산 장부금액		1,000,000
FV − BV:		
재고자산	150,000 − 100,000	50,000
기계장치	450,000 − 300,000	150,000
건물	1,000,000 − 500,000	500,000
순자산 공정가치	1,000,000 + 50,000 + 150,000 + 500,000	1,700,000

취득대가	400주×2,000	800,000
순자산 공정가치 지분	1,700,000×40%	680,000
영업권	800,000 − 680,000	①₩120,000

구분	계산내용	관계기업투자주식
취득원가		₩800,000
순이익 지분	300,000×40%	120,000
기타포괄이익 지분	70,000×40%	28,000
현금배당 지분	50,000×40%	(20,000)
FV미달 재고자산 판매	50,000×40%	(20,000)
FV미달 기계장치 감가상각	150,000÷5년×40%	(12,000)
FV미달 건물 감가상각	500,000÷10년×40%	(20,000)
합계: 20x1년 말 투자주식		②₩876,000

20x1년 말 투자주식		₩876,000
순이익 지분	400,000×40%	160,000
기타포괄손실 지분	(35,000)×40%	(14,000)
현금배당 지분	80,000×40%	(32,000)
FV미달 기계장치 감가상각	150,000÷5년×40%	(12,000)
FV미달 건물 감가상각	500,000÷10년×40%	(20,000)
합계: 20x2년 말 투자주식		③₩958,000

(물음 2)

〈요구사항 1〉 답: ① ₩314,000 ② (-)₩14,000

A. 처분금액	300주×3,000	900,000
B. FVOCI금융자산	100주×3,000	300,000
C. 투자주식 장부금액		900,000
D. 지분법자본변동(OCI)	(70,000-35,000)×40%	②14,000
투자주식처분이익	A+B-C+D	①₩314,000

〈관련 분개〉

(차) 현 금	900,000	(대) 관계기업투자주식	900,000
FVOCI금융자산	300,000 *1	투자주식처분이익	314,000
지분법자본변동(OCI)	14,000 *2		

*1. 100주×3,000=300,000

*2. (70,000 - 35,000)×40%=14,000

2021년도 제56회 기출문제 **풀이**

세법

김 형 준 (세무사)

문제 1.

(물음 1)

〈요구사항 1〉

근로소득 총급여액	37,600,000
기타소득 총수입금액	13,000,000

1. 근로소득 총급여액

급여 30,000,000 + 장기재직 공로금 5,000,000 + 직무발명보상금 1,000,000(5백만원 비과세) + 사내 특강료 1,000,000 + 사내소식지 원고료 600,000 = **37,600,000**

2. 기타소득 총수입금액

거래처 특강료 2,500,000 + 퇴사 후 직무발명보상금 7,000,000 + 직원재교육 강연료 2,000,000 + 면접문제 출제 수당 1,000,000 + 대체 위약금 500,000 = **13,000,000**

〈요구사항 2〉

기타소득 원천징수세액	1,840,000
종합소득금액	36,410,000

1. 기타소득 원천징수세액

$\{2,500,000 \times (1-60\%) + 7,000,000 + 2,000,000 \times (1-60\%) + 1,000,000 \times (1-60\%)\} \times 20\%$
= **1,840,000**

2. 종합소득금액 : (1) + (2) = **36,410,000**

   (1) 근로소득금액

     $37,600,000 - \{7,500,000 + (37,600,000 - 15,000,000) \times 15\%\} = 26,710,000$

   (2) 기타소득금액

     $500,000 + 2,500,000 \times (1-60\%) + 7,000,000 + 2,000,000 \times (1-60\%) + 1,000,000 \times (1-60\%) = 9,700,000$

(물음 2)

〈요구사항 1〉

인적공제액	기본공제액	7,500,000
	추가공제액	4,000,000
연금보험료 · 건강보험료 · 주택청약저축 소득공제액		9,000,000
신용카드 등 사용 소득공제액		2,770,000

1. 인적공제액
   (1) 기본공제 : 1,500,000×5 = **7,500,000**
   (2) 추가공제 : 1,000,000(부친 경로자)+2,000,000(부친 장애인)+1,000,000(모친 경로자)
         = **4,000,000**

2. 기타 공제 : (1)+(2)+(3)=**9,000,000**
   (1) 연금보험료 : 5,000,000
   (2) 건강보험료 : 4,000,000
   (3) 주택청약저축 : 0 (∵ 총급여 7천만원 초과)

3. 신용카드 등 사용 소득공제 : (5)+(6)=**2,770,000**
   (1) 전통시장 사용액 : 4,000,000
   (2) 대중교통 사용액 : 300,000
   (3) 일반 사용액 : 5,000,000+4,000,000+(15,300,000-3,000,000-300,000)
              +(10,000,000-4,000,000)=27,000,000
   (4) 최저사용금액 : 80,000,000×25% = 20,000,000
   (5) 기본공제
       4,000,000×40%+300,000×40%+(27,000,000-20,000,000)×15%
       =2,770,000 (한도 2,500,000)
   (6) 추가공제
       MIN(4,000,000×40%, 1,000,000)+MIN(300,000×40%, 1,000,000)
       =1,120,000 (한도 270,000)

〈요구사항 2〉

교육비 세액공제	2,700,000
기부금 세액공제	210,000

1. 교육비 세액공제
   (부친 장애인 특수교육비 2,000,000+본인 직업능력개발수강료 1,500,000+대학원 등록금
   4,000,000+딸 외국대학 등록금 9,000,000+아들 교복 500,000+아들 방과후학교 수업료
   1,000,000)×15% = **2,700,000**

2. 기부금 세액공제 : MIN{(5), (6)} = **210,000**
   (1) 기준소득금액 : 66,250,000
   (2) 법정기부금 : 수해 이재민구호금품 600,000
   (3) 지정기부금 : 종교단체 500,000 + 노동조합 회비 300,000 = 800,000
   (4) 세액공제대상액
      600,000 + MIN[800,000, (66,250,000 − 600,000) × 10%
      + MIN{(66,250,000 − 600,000) × 20%, 300,000} = 1,400,000
   (5) 세액공제액 : 1,400,000 × 15% = 210,000
   (6) 한도 : (66,250,000 − 종합소득공제 23,270,000) × 세율 = 5,367,000

(물음 3)

〈요구사항 1〉

이자소득 총수입금액	29,000,000
배당소득 총수입금액	52,000,000
배당가산액(Gross-up 금액)	3,960,000

1. 이자소득 총수입금액
   환매조건부채권 매매차익 20,000,000 + 회사채 보유기간 이자상당액 1,000,000 + 국내은행 정기예금이자 8,000,000 = **29,000,000**

2. 배당소득 총수입금액 : (1) + (2) + (3) = **52,000,000**
   (1) 국내투자신탁 환매이익 : 12,000,000 − 2,000,000 = 10,000,000
   (2) 무상주 의제배당 : 2,000,000 + 30,000,000 = 32,000,000
   (3) 그 외 : 외국법인 배당금 4,000,000 + 인정배당 6,000,000 = 10,000,000

3. 배당가산액
   MIN{(30,000,000 + 6,000,000), (29,000,000 + 52,000,000 − 20,000,000)} × 11%
   = **3,960,000**

〈요구사항 2〉

종합소득금액	104,960,000
종합소득산출세액	13,170,400
배당세액공제액	1,830.400

1. 종합소득금액 : 29,000,000 + 52,000,000 + 3,960,000 + 20,000,000 = **104,960,000**

2. 종합소득산출세액 : Max{(1), (2)} = **13,170,400**

    (1) 과세표준 : 104,960,000 − 20,000,000 = 84,960,000

    (2) 일반 : (84,960,000 − 20,000,000) × 기본세율 + 20,000,000 × 14% = 13,170,400

    (3) 비교 : (84,960,000 − 84,960,000) × 기본세율 + (29,000,000 + 52,000,000) × 14%
           = 11,340,000

3. 배당세액공제액 : MIN{3,960,000, (13,170,400 − 11,340,000)} = **1,830,400**

문제 2.

〈요구사항 1〉

양도가액	390,000,000
취득가액	100,000,000
기타의 필요경비	40,000,000
양도차익	250,000,000

1. 양도가액 : 시가(400,000,000)와 실제거래가액(390,000,000)의 차이(10,000,000)가 3억원 이상이거나 시가의 5% 이상이 아니므로 **실제거래가액을 양도가액으로 한다.**

2. 취득가액

    200,000,000 − 감가상각누계액 120,000,000 + 배당으로 소득처분된 금액 20,000,000
    = **100,000,000**

3. 기타의 필요경비 : 자본적 지출 15,000,000 + 중개수수료 13,000,000 + 명도비용 12,000,000
    = **40,000,000**

4. 양도차익 : 1 − 2 − 3 = **250,000,000**

〈요구사항 2〉

양도가액	300,000,000

* 법인세법상 부당행위계산부인 규정이 적용되어 갑에게 인정소득처분된 경우의 양도가액은 법인세법상 시가로 한다.

문제 3.

(물음 1)

〈요구사항〉

자료번호	과세표준	
	과세	영세율
1	3,000,000	0
2	40,000,000	0
3	1,000,000	9,000,000
4	2,400,000	0
5 - ①	0	17,700,000
5 - ②	3,000,000	18,000,000

1. 재화와 용역의 공급시기 전 대가의 전부 또는 일부를 받고, 받은 대가에 대해 세금계산서를 발급하는 경우는 그 세금계산서를 발급하는 때를 공급시기로 본다.

2. 면세사업에 사용하였으므로 영세율을 적용하지 않는다.

3. 외국에 무상으로 반출하는 것에 한해 영세율을 적용한다.

4. $900,000 + 2,000,000 \times (1 - 25\%) = \mathbf{2,400,000}$

5 - ① : $\$10,000 \times 1,000 + (\$2,000 + \$5,000) \times 1,100 = \mathbf{17,700,000}$

5 - ② : 갑은 공급시기가 속하는 과세기간이 끝난 후 25일이내에 내국신용장을 개설하였으므로 영세율을 적용한다. 반면에 을은 공급시기가 속하는 과세기간이 끝난 후 25일이 지난 후 내국신용장을 개설하였으므로 영세율을 적용하지 않는다.

(물음 2)

〈요구사항 1〉

매입세액공제액	5,800,000
재계산으로 가산 또는 공제되는 세액	(+) 450,000

1. 매입세액공제액
   $60,000,000 \times 120/(80 + 120) \times 10\% + 40,000,000 \times 110/(90 + 110) \times 10\% = \mathbf{5,800,000}$

2. 재계산액
   $60,000,000 \times (60\% - 50\%) \times 10\% \times (1 - 25\%) = \mathbf{450,000}$

⟨요구사항 2⟩

의제매입세액 공제액(추징액 차감 전)	800,000
전기 의제매입세액 공제분 중 추징액	50,000

1. 의제매입세액 공제액 : MIN{(1), (2)} = **800,000**
   (1) {14,400,000 + (40,000,000 + 4,000,000) × 120/(80 + 120)} × 2/102 = 800,000
   (2) 120,000,000 × 40% × 2/102 = 941,176
   2022.7.1. 이후 부가가치세 과세표준과 세액을 신고하는 분부터 의제매입세액공제 한도 기준금액이 법인사업자의 경우 40%에서 50%로 상향되었다.

2. 전기공제분 추징액
   {8,000,000 × 110/(90 + 110) − 1,850,000} × 2/102 = **50,000**

(물음 3)

⟨요구사항⟩

구분	공급가액	과세표준
건물	200,000,000	120,000,000
부속토지	268,000,000	0

1. 건물 공급가액
   480,000,000 × 100,000,000 ÷ (100,000,000 × 60% × 1.1 + 100,000,000 × 40% + 134,000,000) = **200,000,000**

2. 건물 과세표준 : 200,000,000 × 60% = **120,000,000**

(물음 4)

⟨요구사항⟩

세금계산서 불성실가산세	80,000
매출처별세금계산서합계표 불성실가산세	**없음 (∵ 가산세의 중복적용 배제)**
매입처별세금계산서합계표 불성실가산세	**없음**
과소신고 · 초과환급신고가산세	16,000

1. 세금계산서 불성실가산세 : 4,000,000 × 2% = **80,000**

2. 과소신고 가산세 : 4,000,000 × 10% × 40% × (1 − 90%) = **16,000**

문제 4.

(물음 1)

〈요구사항 1〉

익금산입 및 손금불산입			손금산입 및 익금불산입		
과목	금액	소득처분	과목	금액	소득처분
미수임대료	27,000,000	유보	주택임대료	75,000,000	유보
간주임대료	890,410	기타사외유출			

1. 미수임대료 : $3,000,000 \times 9 - 0 = 27,000,000$

2. 주택임대료 : $5,000,000 \times 9 - 120,000,000 = \triangle 75,000,000$

3. 간주임대료 : $\{600,000,000 - (250,000,000 + 50,000,000) \times 75\%\} \times 275 \times 1.2\% \times 1/365$
$- (2,000,000 + 500,000) = 890,410$

〈요구사항 2〉

간주임대료	9,041,095

* $(6억 + 4억) \times 275 \times 1.2\% \times 1/365 = 9,041,095$

(물음 2)

〈요구사항 1〉

시부인대상 접대비 해당액	198,000,000

* 189,000,000 – 증빙없는 접대비 2,500,000 – 건당 3만원초과 영수증 접대비 12,000,000 – 개인 명의 신용카드 접대비 5,000,000 + 광고선전품 8,000,000 + 현물접대비 5,500,000 + 약정에 따른 매출채권 대손상각비 15,000,000 = 198,000,000

〈요구사항 2〉

접대비 한도액 계산	수입금액	46,500,000,000
	접대비 한도액	121,000,000
접대비 한도초과액		79,000,000

1. 수입금액 : 35,000,000,000 + 부산물 판매액 1,500,000,000 + 수탁판매액 10,000,000,000
   = **46,500,000,000**

2. 한도액 : (1) + (2) = **121,000,000**
   (1) 36,000,000
   (2) 100억원 × 0.3% + 265억원 × 0.2% + 100억원 × 0.2% × 10% = 85,000,000

3. 한도초과액 : 200,000,000 – 121,000,000 = **79,000,000**

(물음 3)

〈요구사항 1〉

익금산입 및 손금불산입			손금산입 및 익금불산입		
과목	금액	소득처분	과목	금액	소득처분
법정기부금	100,000,000	유보	비품	2,000,000	유보
비지정기부금	4,000,000	기타사외유출			

* 의제기부금 : 15,000,000 – 10,000,000 × 130% = 2,000,000

〈요구사항 2〉

법정기부금 해당액	25,000,000
지정기부금 해당액	58,000,000
법정기부금 한도초과(미달)액	(156,500,000)
지정기부금 한도초과(미달)액	34,200,000

1. 법정기부금 : 이재민구호금품 **25,000,000**

2. 지정기부금 : 무료로 이용할 수 있는 아동복지시설 50,000,000 + 특수관계 없는 사회복지법인 고
   유목적사업비 6,000,000 + 의제기부금 2,000,000 = **58,000,000**

3. 법정기부금 한도초과(미달)액
   (1) 기준소득금액 : 400,000,000 + 25,000,000 + 58,000,000 = 483,000,000
   (2) 법정기부금 한도액 : (483,000,000 – 120,000,000) × 50% = 181,500,000
   (3) 한도미달액 : 25,000,000 – 181,500,000 = △**156,500,000**

4. 지정기부금 한도초과(미달)액
   (1) 지정기부금 한도액 : (483,000,000 – 120,000,000 – 25,000,000) × 10%
       – 10,000,000 = 23,800,000
   (2) 한도초과액 : 58,000,000 – 23,800,000 = **34,200,000**

(물음 4)

〈요구사항 1〉

익금산입 및 손금불산입			손금산입 및 익금불산입		
과목	금액	소득처분	과목	금액	소득처분
퇴직연금충당금	30,000,000	유보	퇴직급여충당금	30,000,000	유보
			퇴직연금충당금	140,000,000	유보

1. 퇴직연금충당금 손금산입액 : (1) – (2) = △140,000,000
   (1) 설정 : 320,000,000
   (2) 한도 : MIN(①, ②) – ③ = 460,000,000
      ① 910,000,000 – (100,000,000 + 20,000,000 – 30,000,000) = 820,000,000
      ② 630,000,000
      ③ (450,000,000 – 200,000,000) – (50,000,000 + 30,000,000) = 170,000,000

〈요구사항 2〉

익금산입 및 손금불산입			손금산입 및 익금불산입		
과목	금액	소득처분	과목	금액	소득처분
퇴직연금충당금	230,000,000	유보	퇴직급여충당금	30,000,000	유보
			퇴직연금충당금	460,000,000	유보

1. 퇴직연금충당금 손금산입액 : (1) – (2) = △460,000,000
   (1) 설정 : 0
   (2) 한도 : MIN(①, ②) – ③ = 460,000,000
      ① 910,000,000 – (100,000,000 + 20,000,000 – 30,000,000) = 820,000,000
      ② 630,000,000
      ③ (0 – 0) – (△400,000,000 + 230,000,000) = 170,000,000

문제 5.

(물음 1)

〈요구사항〉

익금산입 및 손금불산입			손금산입 및 익금불산입		
과목	금액	소득처분	과목	금액	소득처분
매출채권	18,000,000	유보	환불충당부채	30,000,000	유보
반환제품회수권	7,500,000	유보	제품	4,500,000	유보
평가손실	42,000,000	유보	반품제품회수권	8,750,000	유보
환불충당부채	35,000,000	유보			

* 법인세법은 환불충당부채의 설정을 인정하지 않으므로 해당 충당부채 및 회수권에 대한 회계처리를 모두 부인하여야 한다.

(물음 2)

〈요구사항 1〉

간접외국납부세액	20,000,000
외국납부세액공제 한도액	9,000,000
외국납부세액공제액	9,000,000

1. 간접외국납부세액
   $100,000,000 \times 50/(350 - 100) = \mathbf{20,000,000}$

2. 외국납부세액공제 한도액
   (1) 국외소득 : $50,000,000 + 20,000,000 = 70,000,000$
   (2) 과세표준 : $330,000,000 - 25,000,000 - 45,000,000 = 260,000,000$
   (3) 산출세액 : $260,000,000 \times 세율 = 32,000,000$
   (4) 감면후세액 : $32,000,000 - 18,000,000 = 14,000,000$
   (5) 최저한세 : $(260,000,000 + 20,000,000) \times 7\% = 19,600,000$
   (6) 최저한세 고려한 과세표준
       $330,000,000 + 20,000,000 - 25,000,000 - 45,000,000 = 280,000,000$
   (7) 최저한세 고려한 산출세액 : $280,000,000 \times 세율 = 36,000,000$
   (8) 한도 : $36,000,000 \times (1)/(6) = \mathbf{9,000,000}$

3. 외국납부세액공제액 : $MIn\{(1), (2)\} = \mathbf{9,000,000}$
   (1) 직접외국납부세액 + 20,000,000
   (2) 한도 : 9,000,000

〈요구사항 2〉

감면후 세액	14,000,000
최저한세	19,600,000
총부담세액	11,000,000

1. 감면후 세액
   (1) 과세표준 : $330,000,000 - 25,000,000 - 45,000,000 = 260,000,000$
   (2) 산출세액 : $260,000,000 \times 세율 = 32,000,000$
   (3) 감면후 세액 : $32,000,000 - 18,000,000 = \mathbf{14,000,000}$

2. 최저한세 : $(260,000,000 + 20,000,000) \times 7\% = \mathbf{19,600,000}$

3. 총부담세액 : $19,600,000 - 3,600,000 - 5,000,000 = \mathbf{11,000,000}$

문제 6.

(물음 1)

〈요구사항〉

1주당 순자산가치	60,000
1주당 순손익가치	19,200
1주당 평가액	57,600
비상장주식 평가액	2,880,000,000

1. 1주당 순자산가치
   (7,000,000,000 – 선급비용 100,000,000 + 수선충당금 600,000,000)/125,000 = **60,000**
   * 순자산에서 차감하는 선급비용은 비용으로 확정되는 경우 차감해야하는 것이 원칙이다. 해당 문제에는 그런 언급이 없으므로 선급비용을 차감하지 않는 것이 타당해보이나 출제자의 의도는 해당 선급비용을 차감하는 것으로 판단되므로 선급비용을 차감하여 문제를 풀이하였다.

2. 1주당 순손익가치
   (1) 1주당 3년간 가중평균액
       (300,000,000×3/125,000 + 200,000,000×2/125,000 + 140,000,000×1/125,000)/6
       = 1,920
   (2) 1주당 순손익가치 : 1,920 ÷ 10% = **19,200**

3. 1주당 평가액 : MAX{(1), (2)}×120% = **57,600**
   (1) (60,000×2 + 19,200×3) ÷ 5 = 35,520
   (2) 60,000×80% = 48,000

4. 비상장주식 평가액 : 57,600×50,000 = **2,880,000,000**

(물음 2)

〈요구사항〉

증여세 과세여부 판단 기준금액	54,000,000
증여재산가액	270,000,000

1. 기준금액 : MIN{(1), (2)} = **54,000,000**
   (1) (100,000,000 + 80,000,000)×30% = 54,000,000
   (2) 300,000,000

2. 증여재산가액 : 450,000,000 – 100,000,000 – 80,000,000 = **270,000,000**

재무관리

한 동 훈 (공인회계사)

문제 1. 난이도 : 하(전형적인 자본예산 문제)

* 공통 〈문제1의 TIME TABLE〉

내용/시점	T = 0	1	2	3	4
생산설비매입	− 250억				+30억*0.6 = 18억
순운전자본	− 5억				+5억
영업현금흐름		X	X	X	X
기업현금흐름	− 255억	X	X	X	X+23억

(물음 1) 사업 시작시점(T = 0)에 초기투자비용으로 유출되는 현금흐름을 계산하시오.
해설 : (T = 0)시점 유출액 : 사업투자비용 250억 + 순운전자본 5억
<u>정답</u> : − 255억원(− 25,500,000,000)

(물음 2) 사업 종료시점에(T = 4)에 생산설비의 매각을 통해 유입되는 현금흐름을 계산하시오.
해설 : 세후 매각액 30억*(1 − 40%) = 18억원
<u>정답</u> : 18억원

(물음 3) 사업의 NPV를 0으로 만드는 연간 영업현금흐름을 계산하시오.
해설 : OCF*2.9745 + 23억*0.6133 − 255억 = 0
<u>정답</u> : 8,098,641,789

(물음 4) 음성인식 스피커의 개당 최저가격
해설 : OCF : EBITDA(1 − T) + DEP*T
{(스피커개당가격 − 150만)*10만 − 50억}*0.6 + 62.5억*0.4 = 8,098,641,789
<u>정답</u> : 1,643,311

문제 2. 난이도 : 상 (깊은 이해를 요구하는 신호 및 대리비용이론 문제)

* 문제2 자료해석
− 위험중립자를 가정하므로, 실제발생확률이 위험중립확률이다.

구분	상황1(50%)	상황2(50%)	기업기대가치
운용중인 자산가치	190억	80억	−
NPV	20억	10억	−
기업가치	210억	90억	150억

초기투자비용 : 100억(전액 유상증자)

(물음 1)

① 기존주주의 기업가치 배분비율 및 각 비즈니스 상황에서 기존주주가 차지하게 되는 기업가치를 계산하시오.
   해설 및 정답 : 기존주주의 기업가치 배분비율(지분율) : 150억/150억+100억=60%
   상황1 기존주주 기업가치 : (210억+100억)*60% = 186억
   상황2 기존주주 기업가치 : (90억+100억)*60% = 114억
② 기존주주 입장에서 각 상황에 따른 합리적인 의사결정

각 상황	의사결정	기존주주가치	결론
상황1	유상증자(투자O)	310억*60% = 186억	투자를 하지 않는 것이 기존주주에 유리
	투자X	190억	
상황2	유상증자(투자O)	190억*60% = 114억	투자를 하는 것이 기존주주에 유리
	투자X	80억	

(물음 2) 정보비대칭 상황하에서 투자자들이 평가하는 ㈜병정의 기업가치를 계산하시오.

해설 : 상황1일 경우, 기존주주는 투자를 하지 않을 것으로 신규투자자들은 예상한다.
        그때의 기업가치는 190억원이다. 상황2일 경우, 기존주주는 투자를 할 것으로 신규투자자들은
        예상한다. 그때의 기업가치는 190억(운용중인자산80억+NPV10억+유상증자100억)이다.
        따라서 투자자들이 기대하는 기업가치는 190억*0.5+190억*0.5억 = 190억이다.
정답 : 190억 원

(물음 3) 경영진이 투자자들보다 비즈니스 상황을 먼저 알고 의사결정을 내리는 경우의 현재 기업가치(A)와 경영진이 투자자들과 동일하게 비즈니스 상황을 알지 못하고 결정을 내리는 경우의 현재 기업가치(B)의 차이(A – B)를 계산하시오.

해설 : 물음에 제시된 표를 보면, 기업은 기존과 다르게 현금성 자산 100억을 가지고 있다.
        따라서 정보 비대칭과 관계없이, 기존주주는 NPV가 '0'보다 크다면 투자할 것이다.
        상황 A와 B의 기업가치의 차이는 없을 것이다.

정답 : 0

(물음 4) 정보비대칭 하에서 기업가치 극대화를 위한 기업의 재무관리 행동에 대해 서술하시오.

정답 : 정보 비대칭하에서, 투자안에 대한 내부정보가 기존주주에 유리하다면, 기존주주는 자본조달을
         1. 내부유보자금 2. 부채차입 3. 유상증자 순서대로 선호할 것이고, 기존주주에 불리한 정보라면
         1. 유상증자 2. 부채차입 3. 내부유보자금 순서대로 자본조달을 선호할 것이다. (자본조달순위이론)

문제 3. 난이도 : 중(계산이 약간 복잡할 수 있으나 전형적인 문제)

(물음 1)

소 물음 정답	계산근거
① $\alpha(A) = -0.4\%$, $\beta(A) = 0.6$	$R^2 = 0.81 \rightarrow \rho(AM) = 0.9$, $\beta(A) = (0.1/0.15)*0.9 = 0.6$ $5\% = \alpha(A) + 0.6*(14\% - 5\%) \rightarrow \alpha(A). = -0.4\%$
② $\alpha(A) = 3\%$	$Ra - Rf = 0.5\% + 0.5*(Rm - Rf)$ [초과수익률 회귀분석] $Ra = \alpha(A) + \beta(A)*Rm$ $10\% = \alpha(A) + 0.5*14\% \rightarrow \alpha(A) = 3\%$
③ $\alpha(B) = 0.4\%$	$\rho(AB) = \rho(AM)*\rho(BM) \rightarrow 0.6 = 0.9*\rho(BM)$ $\rho(BM) = \dfrac{2}{3}$, $\beta(B) = \dfrac{0.09}{0.15}*\dfrac{2}{3} = 0.4$ $9\% - 5\% = \alpha(B) + 0.4*9\%$ $\alpha(B) = 0.4\%$
④ $\sigma(C) = 20\%$	잔차분산(C) = 0.01 $\sigma^2(C) = \dfrac{e(c)^2}{(1 - R^2)} = \dfrac{0.01}{0.25} = 0.04$ $\sigma(C) = 20\%$

(물음 2)

① 포트폴리오 P의 비체계적 위험을 구하시오.

해설 : $(0.0064*0.5^2) + (0.0072*0.5^2) = 0.0034$

구분	총위험	체계적위험	비체계적위험
A	$0.1^2 = 0.01$	$0.4^2*0.15^2 = 0.0036$	0.0064
B	$0.09^2 = 0.0081$	$0.2^2*0.15^2 = 0.0009$	0.0072

<u>정답</u> : 0.0034

② Cov(Rp,Rm)을 구하시오.

해설 : $\dfrac{Cov(RpRm)}{\sigma(m)^2} = \beta(p)$, $\beta(p) = (0.4*0.5) + (0.2*0.5) = 0.3$,

$Cov(RpRm) = 0.3*0.15^2 = 0.00675$

<u>정답</u> : 0.0068(소수점 4자리 미만 반올림)

문제 4. 난이도 : 상(3자산 시장포트폴리오 및 신개념 추적오차로 인한 체감난이도 상승)

(물음 1) 시장포트폴리오의 기대수익률을 계산하시오.

해설 : 〈분산－공분산 행렬〉 *각 주식의 수익률은 상호독립적이므로 각 주식간의 공분산은 '0'이다.

주식	A	B	C	초과수익률
A	0.12	0	0	0.12－0.02＝0.1
B	0	0.052	0	0.07－0.02＝0.05
C	0	0	0.022	0.028－0.02＝0.008

위 자료를 정리하면
0.01A＝0.1 → A＝10, 0.0025B＝0.05 → B＝20, 0.0004C＝0.008 → C＝20
재조정 후 (Wa＝0.2, Wb＝0.4, Wc＝0.4)
시장수익률＝0.2*0.12＋0.4*0.07＋0.4*0.4*0.028＝0.0632

<u>정답</u> : 6.32%

(물음 2) 주식B의 베타값을 계산하시오.

해설 : 7%＝2%＋βb(6.32%－2%) → βb＝1.1574

<u>정답</u> : 1.16(소수점 2자리 미만 반올림)

(물음 3) ETF 추적오차를 계산하시오.

해설 :

구분	7월수익률	8월수익률	평균
ETF NAV	10%	－5%	－
벤치마크	9%	－3%	－
수익률차이	1%	－2%	－0.5%

주어진 추적오차 공식 대입시
$$\sqrt{(1\%+0.5\%)^2+(-2\%+0.5\%)^2/2-1}=2.12\%$$

<u>정답</u> : 2.12%

(물음 4) ETF에 대한 투자전략을 효율적시장 가설과 관련지어 세줄 이내로 설명하시오.

<u>정답</u> : 효율적 시장가설에 따르면 개별주식의 시장비율대로 투자하는 것과, ETF 투자한 것과 결과가 같다. 효율적인 시장포트폴리오는 비체계적 위험이 존재하지 않으므로, 합리적인 투자전략이다. 개별주식을 시장비율대로 투자하는 것은 현실적인 어려움이 따르므로, 복제된 시장포트폴리오에

투자하는 것이 효율적이다.

문제 5.

(물음 1)

구분	$(1 + _0i_1)$	$(1 + _0i_2)2$	$(1 + _0i_3)3$	1f2	2f3
정답	1.04	1.103	1.1938	0.0606	0.0823

해설 : $P(A) = 100 = 104/(1 + _0i_1) \rightarrow (1 + _0i_1) = 1.04$
$P(B) = 100 = 5/1.04 + 105/(1 + _0i_2)^2 \rightarrow (1 + _0i_2)^2 = 1.103$
$P(C) = 100 = 6/1.04 + 6/1.103 + 106/(1 + _0i_3)^3 \rightarrow (1 + _0i_3)^3 = 1.1938$
$_1f_2 = (1.103/1.04) - 1 = 0.0606$
$_2f_3 = (1.1938/1.103) - 1 = 0.0823$

(물음 2) 이표채 D의 현재시점(T = 0)의 듀레이션을 계산하시오.

해설 :

시점	CF	PV	PV*T	PV*T*(T + 1)
1	10	9.6153	9.6153	19.2306
2	10	9.066	18.132	54.397
3	110	92.142	276.426	1105.704
합계	–	110.824	304.1733	1179.3316

듀레이션 = 304.1733/110.824 = 2.7447

<u>정답</u> : 2.7447

(물음 3) 이표채 D의 가격변화율을 볼록성을 조정하여 구하시오.

해설 : YTM 약 5.95%(Trial and error)
MD = 2.7447/1.0595 = 2.5906

$$Convexity = \frac{1179.3319}{110.824} \div 1.0595^2 = 9.479825$$

가격변화율 : $-2.5906 * -0.01 + \frac{1}{2} * 9.479825 * (-0.01)^2 = 0.0264$

<u>정답</u> : 0.0264

(물음 4) 수익률곡선타기 투자전략 시행시 기대 투자수익률을 계산하시오.

해설 : 1기 후 채권E 기대가격 : 100/1.103 = 90.66,
채권E 현재가격 : 100/1.1938 = 83.7661

기대수익률 = (90.66/83.766) − 1 = 8.23%

정답 : 0.0823

문제 6. 난이도 : 상

주의사항 : 문제에서 주어진 민감도에 대한 해석에 있어서, 민감도의 의미를 변동률로 볼 것인지, 변동액으로 볼 것인지에 따라 정답안작성이 달라질 수 있습니다. 저는 변동률로 보아 정답안을 작성하였습니다.

(물음 1) 매입 또는 매도할 선도 계약수를 계산하시오.

해설 : $N = \dfrac{10만배럴 * \$40}{1000배럴 * \$45} * 0.9 = 80계약 \; 매입$

정답 : 80계약 매입

(물음 2) 선물환 계약수와 3개월 후 지급해야 하는 원화금액을 계산하시오

해설 :

구분	T = 0	T = 3월후
원유선물매입	0	+10만 배럴원유 − $45*80계약*1000 = − $3,600,000
선물환매입	0	+ $3,600,000 − ₩1050*36계약*100,000
순수현금흐름	0	+10만배럴원유 − ₩37.8억원

정답 : 계약수 : $3,600,000/100,000 = 36계약 매입
     원화지급액 : 37.8억원

(물음 3) 달러옵션을 이용해 환위험 헤지시 지급해야 하는 총 비용을 원화금액으로 계산하시오.

해설 :

구분	T = 0	T = 3월후
콜옵션매입	− 1.08억원	3개월후 옵션행사 : − $3,600,000*₩1020 = − 36.72억원
차입	+ 1.08억원	− 1.1124억원
순수현금흐름	0	− ₩37.8324억원

정답 : − ₩37.8324억원

문제 7.

(물음 1)

소 물음 정답	계산근거
① 위험프리미엄 : 10%	$P(o) = \dfrac{(24,000)*0.7 + 16,000*0.3}{1 + E(R)} = 18,000$ $E(R) = 20\%, R.P = 10\%$
② 콜옵션가격 = 1727.27	위험중립 $P = 0.475$ $Call = \dfrac{4,000*0.475}{1.1} = 1727.27$
③ 풋옵션가격 = 1909.09	$\begin{cases} 1.3333S + 1.1B = 0 \\ 0.8888S + 1.1B = 4,000 \end{cases} \quad S = -9,000, B = 10909.09$ $Put = -9,000 + 10909.09 = 1909.09$
④ 콜옵션가격 = 1727.27	$Call = 18,000 + 1909.09 - \dfrac{20,000}{1.1} = 1727.27$

(물음 2)

소 물음 정답	계산근거
① 위험중립확률 = 0.75	$P = \dfrac{10,000*1.05 - 9,000}{11,000 - 9,000} = 0.75$
② 행사가격 = 11,000	$X = 12,100 - 1,100 = 11,000$ $Call = \dfrac{1100*0.75^2}{1.05^2} = 561.22$

(물음 3) 콜옵션 균형가격 구하시오.

풀이 : S' = 1,000 - 100*0.9252 = 907.48

T = 0	T = 6월	T = 1년	X = 1,000, 옵션만기가치
907.48	998.23	1098.0508	98.0508
		898.407	0
	816.73	898.407	0
		735.057	0

위험중립 $P = 0.8$

$Call = \dfrac{98.0508*0.8^2}{1.06^2} = 55.85$

정답 : 55.85

회계감사

최 욱 재 (공인회계사)

문제 1.

(물음 1)

(1) 성실 강령
(2) 전문가적 품위 강령
(3) 비밀유지 강령

(물음 2)

(1) 공정 강령, 없음
(2) 전문가적 적격성 및 정당한 주의 강령, 의뢰인에게 기존 공인회계사와 논의를 허용해줄 것을 요청하고, 제2의견 표명의 한계를 설명한다. 또한, 기존 공인회계사에게 제2의견의 사본을 제공한다.

(물음 3)

(1) 여, 이기적 위협
(2) 부, 이기적 위협
(3) 부, 이기적 위협
(4) 부, 자기검토 위협

(물음 4)

다음의 두 가지 안전장치를 강구한다.
① 인증의뢰인과 진지하게 고용협상을 시작하는 해당 개인에게 이러한 사실을 회계법인에게 통보하도록 요구하는 정책과 절차
② 해당 개인을 해당 인증업무에서 제외시킴

(물음 5)

윤리적 갈등을 다음의 단계적 절차를 거쳐 해결해야한다.
① 회계법인 또는 소속기관내의 적절한 타구성원에게 해결책을 얻기 위하여 도움을 요청함
② 이사회나 감사위원회와 같은 당해 조직의 지배기구에게 이러한 갈등과 관련된 사안에 대하여 자문을 구함
③ 중요한 갈등이 해결될 수 없는 경우, 한국공인회계사회 또는 법률전문가에게 조언을 요청함
④ 위의 절차를 통해서도 갈등이 해결되지 않는 경우, 갈등을 일으키는 사안과의 연관을 거부함

(물음 6) 감사인 교체제도

위 [상황]에서 업무수행이사와 감사현장책임자간의 유착위협으로 인해 독립성이 훼손될 수 있다. 이 때, 감사인 교체제도를 통해 주권상장법인의 경우 업무수행이사를 3개 사업연도마다 교체하여 이러한 독립성 훼손 위협을 낮추고 적발확률을 증가시켜 감사품질 저하를 방지할 수 있다.

문제 2.

(물음 1)

재무제표감사의 전제로 요구되는 경영진의 책임은 다음의 두 가지이다.
① 부정이나 오류로 인한 중요한 왜곡표시가 없는 재무제표를 작성하기 위하여 경영진이 필요하다고 결정한 내부통제에 대한 책임
② 감사인에게 다음 사항들을 제공할 책임
   ㉠ 기록, 문서, 기타사항 등 재무제표 작성과 관련하여 경영진이 알고 있는 모든 정보에 대한 접근
   ㉡ 감사인이 경영진에게 요청하는 모든 추가적인 정보
   ㉢ 감사인이 감사증거를 입수하기 위하여 필요하다고 판단한 기업 내부의 관계자들에 대한 제한없는 접근

(물음 2)

관련 요구사항이 특정의 절차를 수행하는 것이고 구체적인 감사상황에서 이러한 절차가 해당 요구사항의 목표를 달성하는데 비효과적일 것으로 예상되는 경우로서 ① 개별감사기준서 전체가 관련이 없거나 ② 요구사항이 조건부인데 해당 조건이 존재하지 않아 그 요구사항이 관련이 없는 경우에는 특정 감사기준서의 관련 요구사항을 이탈할 필요가 있다고 판단할 수 있다.

(물음 3)

감사에는 고유한계가 존재하며, 감사인의 결론도출과 의견표명의 기초가 되는 대부분의 감사증거는 결정적 증거이기 보다는 설득적 증거이다. 따라서 감사위험을 영(0)으로 감소시키도록 감사인에게 기대할 수 없으며 또 그렇게 감소시킬 수도 없다. 그러므로 감사기준이 절대적인 수준의 확신을 요구하지 않는 것이다.

(물음 4)

감사위험은 재무제표가 중요하게 왜곡표시 되어 있음에도 불구하고 감사인이 부적합한 의견을 표명할 위험이다.

(물음 5)

감사과정에서 중요성 개념이 적용되는 경우는 다음의 두 가지이다.
① 식별된 왜곡표시가 감사에 미치는 영향을 평가할 때
② 미수정왜곡표시가 있는 경우 재무제표에 미치는 영향을 평가할 때

(물음 6)

① 예
② 아니오, 중요성 결정은 감사인의 전문가적 판단사항이기는 하나 재무제표 이용자에게 중요한 사항 인지 여부는 집단으로서 이용자들의 공통적인 재무정보 수요를 고려하여 판단한다.
③ 아니오, 확률을 '적절하게 높은 수준으로 증가시키기 위함'이 아닌 '낮은 수준으로 감소시키기 위 하여' 설정하는 금액이다.
④ 예
⑤ 아니오, 감사인은 재무제표 수준의 평가된 중요왜곡표시위험과 거래유형과 계정잔액 및 공시에 대 한 경영진주장 수준의 중요왜곡표시위험을 기초로 하여 이에 대응하는 추가감사절차의 성격, 시기 및 범위를 설계하고 수행하여야 한다.
⑥ 예

문제 3.

(물음 1)

① 예
② 아니오, 파생상품의 공정가치 회계추정치가 유의적 위험을 발생시킨다고 결정한 경우, 반드시 관 련 통제를 이해해야 한다.
③ 예

(물음 2)

① 아니오, 감사인은 법규에서 요구하지 않는 한 적정의견이 표명되는 감사보고서에 전문가의 업무를 언급해서는 안된다. 만약 전문가가 수행한 업무의 언급이 법규상 요구되는 경우라고 하더라고 감 사인은 해당 언급이 감사의견에 대한 감사인의 책임을 경감시키지 않는다는 것을 감사보고서에 명 시하여야 한다.
② 예
③ 예

(물음 3) 한국회계법인은 감사인측 전문가와 다음의 사항을 합의하여야 한다. (다음 중 2가지)

① 감사인측 전문가 업무의 성격, 범위 및 목적
② 감사인과 감사인측 전문가 각자의 역할과 책임
③ 감사인측 전문가가 비밀유지 요구사항을 준수할 필요성

문제 4.

(물음 1)

① 예

② 예
③ 아니오, 부문중요성은 그룹재무제표 내의 미수정왜곡표시와 미발견왜곡표시의 합계가 그룹재무제표 전체의 중요성을 초과할 가능성을 적절하게 낮은 수준으로 감소시키기 위해, 그룹재무제표 전체의 중요성보다 낮게 설정되어야 한다. 따라서 부문 B의 부문중요성은 그룹재무제표 전체에 대한 중요성인 5억 원보다 낮은 금액으로 설정되어야 한다.

(물음 2)

① 아니오, 재무적 유의성으로 인하여 부문 B를 유의적 부문으로 식별하였다. 따라서 부문감사인에게 부문 중요성을 사용하여 부문재무정보에 대한 감사를 수행하도록 요청하여야 한다.
② 예
③ 예

문제 5.

(물음 1)

[상황 1] 3,(가)
[상황 2] 1,(나)
[상황 3] 2,(가)
[상황 4] 2,(다)
[상황 5] 4,(가)

(물음 2)

나투명 회계사는 다음의 절차를 수행해야 한다.
① 미공시에 대하여 지배기구와 토의한다.
② 누락된 정보의 성격을 감사의견근거 단락에 기술한다.
③ 감사인이 누락도니 공시를 포함하는 것이 실행가능하고 누락된 정보에 대하여 충분하고 적합한 감사증거를 입수한 경우, 감사인은 법규상 금지되지 않는 한 누락된 공시를 포함한다.

(물음 3)

나투명 회계사는 다음의 절차를 수행해야 한다. (다음 중 세 가지)
① 경영진이 후속사건을 식별하기 위해 수립한 절차들을 이해한다.
② 재무제표에 영향을 미칠 수 있는 후속사건이 발생했는지 여부에 대하여 경영진, 그리고 적절한 경우 지배기구에게 질문한다.
③ 재무제표일 후에 개최된 주주, 경영진 그리고 지배기구의 회의록이 있을 경우 이를 열람하고, 회의록이 아직 이용가능하지 않는 경우에는 해당 회의에서 논의된 사항들에 대하여 질문한다.
④ 기업의 법률고문에게 소송과 배상청구에 관하여 질문하거나 기존의 구두 및 서면 질문을 확대함
⑤ 경영진, 그리고 적절한 경우 지배기구에게 재무제표일 후에 발생한 사건으로서 해당 재무보고체계에 따라 수정이나 공시가 필요한 사건이 모두 수정 또는 공시되었다는 서면진술을 요청하여야 한다.

(물음 4)

(1) 추가감사절차를 모든 후속사건에 대해 수행한 경우, 수정된 재무제표에 대하여 감사인이 감사보고서일을 20x2년 3월 15일로 기재하는 새로운 감사보고서를 제출한다.

(2) ① 기존 감사보고서일(20x2년 2월 25일)을 그대로 두고, 해당 수정사항에 한정된 추가적인 감사보고서일자(20x2년 3월 15일)를 추가로 기재하는 새로운 감사보고서 또는 수정된 감사보고서를 제출한다.

② 기존 감사보고서일(20x2년 2월 25일)을 그대로 두고, "후속사건에 대한 감사절차는 오직 재무제표의 관련 주석에 기술된 수정(20x2년 3월 15일)에만 한정하여 연장 수행되었다"는 내용을 포함하는 강조사항문단 또는 기타사항문단에 포함하는 새로운 감사보고서 또는 수정된 감사보고서를 제출한다.

(물음 5)

감사인은 다음의 사항을 평가하여야 한다.

① 해당 거래의 사업상 이유 (또는 그러한 근거의 결여) 에 비추어 볼 때, 그러한 거래가 부정한 재무보고를 수행하거나 자산의 횡령을 은폐하기 위해 체결되었을 것임을 나타내는지 여부

② 해당 거래의 조건이 경영진의 설명과 일관성이 있는지 여부

③ 해당 거래가 해당 재무보고체계에 따라 적합하게 회계처리 되고 공시되었는지 여부

문제 6.

(물음 1)

감사인이 유의적감사인주의를 요구한 사항들을 결정할 때 고려할 요소는 다음과 같다. (다음 중 세 가지)

① 중요왜곡표시위험이 더 높게 평가되거나 유의적 위험으로 식별된 분야

② 추정불확실성이 높은 것으로 식별된 회계추정치를 포함하여, 유의적경영진판단이 수반된 재무제표 분야와 관련되는 유의적 감사인 판단

③ 보고기간 중 발생한 유의적인 사건이나 거래가 감사에 미치는 영향

(물음 2)

① 해당 사항은 재무제표 전체에 대한 감사의 관점에서 재무제표 전체에 대한 감사의견을 형성할 때 다루어진 사항이며, 감사인은 이 사항에 대하여 별도의 의견을 제공하지 않는다는 내용이 누락되었다.

② 핵심감사사항에 대한 재무제표의 관련공시에 대한 언급과 해당 사항이 감사에서 가장 유의적인 사항 중 하나로 고려되어 핵심감사사항으로 결정된 이유가 누락되었다.

(물음 3)

감사인이 지배기구와 커뮤니케이션 사항은 다음과 같다. (다음 중 세 가지)

① 사건이나 상황이 중요한 불확실성을 구성하는지 여부
② 재무제표의 작성에 있어 경영진의 회계의 계속기업전제 사용이 적합한지 여부
③ 재무제표의 관련 공시의 적절성
④ 해당되는 경우, 감사보고서에 대한 시사점

(물음 4)

감사인은 다음의 절차를 수행하여야한다.
① 경영진측 전문가가 수행한 업무를 이해함
② 관련 경영진주장에 대한 감사증거로서, 경영진측 전문가가 수행한 업무의 적합성을 평가함

문제 7.

(물음 1)

① 모의자료법, 병행처리법, 통합자료처리법 등을 이용하여 IPE를 생성하는 회사의 전산시스템에 대한 통제의 운영효과성을 테스트한다.
② IPE를 생성하기 위해 이용되는 원천데이터의 관련성, 완전성 및 정확성 등을 평가한다.

(물음 2)

① 아니오, 회사가 제공한 원천증빙의 신뢰성이 낮아 감사증거의 품질이 낮을수록 더 많은 감사 증거량이 요구되지만, 더 많은 감사증거를 입수하여도 그 증거의 낮은 품질을 보완할 수는 없다.
② 아니오, 외부조회절차는 일반적으로 특정 계정잔액 및 그 구성요소와 연관된 경영진주장을 다룰 때 관련성이 있다. 그러나 외부조회가 계정잔액에만 국한될 필요는 없다. 예를 들어, 감사인은 해당 기업이 제3자와 맺은 계약이나 거래조건에 대하여 조회를 요청하거나 "이면계약"과 같은 특정의 조건이 없다는 사실에 대한 감사증거를 얻기 위해 사용되기도 한다.
③ 예
④ 아니오, 나투명 회계사는 수출금액에 대한 경영진주장 중 발생사실과 기간 귀속의 적정성을 확인하기 위해 선적서류와 송장을 확인하였다. 그러나 나투명 회계사가 FOB도착지인도조건 수출거래에 대한 기간귀속 경영진주장을 확인하기 위해서는 수출물품의 도착일자를 확인할 수 있는 인수증 등의 증빙을 확보해야 한다.
⑤ 예

문제 8.

(물음 1)

한국회계법인의 감사인은 다음과 같은 절차를 수행하여야 한다.
① 해당 법규에서 허용하는 경우 감사업무를 해지한다.
② 지배기구, 소유주 또는 규제기관과 같은 기타 이해관계자에게 그러한 사항을 보고하여야 할 계약상 또는 기타 형태의 의무가 존재하는지 여부를 결정한다.

(물음 2)

(1) 다음의 사항을 문서화해야 한다 (다음 중 두 가지)
    ① 해당되는 경우, 특정 거래유형과 계정잔액 및 공시에 대한 중요성 수준
    ② 수행중요성
    ③ 감사의 진행에 따른 재무제표 전체에 대한 중요성, 특정 거래유형과 계정잔액 및 공시에 대한 중요성 수준, 수행중요성의 수정내용

(2) ① 중요성 결정방법 : 과거 실적에 기초한 법인세비용차감전계속영업이익
    ② 중요성 결정근거 : COVID-19로 인해 법인세비용차감전계속영업이익의 예외적인 증감이 올해 발생한 상황이다. 따라서 감사인이 과거 실적에 기초한 법인세비용차감전계속영업이익 수치를 사용하여 재무제표 전체의 중요성을 결정하는 것이 보다 적합하다고 결론을 내릴 수 있다.

(물음 3)

(1) 한국회계법인은 매출채권 계정담당자는 ABC의 담당자에게 전화하여 확인당사자가 실제 그 회신을 보냈는지 여부를 결정하여야 한다.

(2) 다음의 두 가지 절차를 수행한다.
    ① 선적서류에 대한 검사
    ② 재무제표일 후 특정현금회수 내역 검토

(물음 4)

(1) ①, 재고자산의 실사를 기록하고 통제하기 위한 경영진의 지시와 절차를 평가하는 절차는 재고자산 실사입회시 수행하여야 하는 절차이다. 따라서 재고자산의 실사일과 최종 재고자산 기록일 사이의 금액변동이 적절히 기록되었는지 여부에 대한 감사증거를 얻기 위해 감사절차를 설계 시 고려사항과는 가장 관련 없는 고려사항이다.

(2) 재고자산이 방역지침에 의해 외부인의 출입이 제한된 외부창고에 보관되어 있는 상황이므로 감사인의 실사입회가 어려운 상황이다. 따라서 외부 창고에 보관되어 있는 재고자산에 대하여 내부문서인 창고보관증 보다 신뢰성이 높은 감사증거를 입수할 수 있는 외부조회를 수행한다.

(물음 5) 추가 문단의 종류 : 강조사항

[추가 문단을 선택한 근거] (주)대한은 COVID-19 상황이 유발하는 부정적인 영향으로 인해 회사의 재무상태와 재무성과에 유의적인 영향이 발생할 수 있다고 재무제표에 주석 기재하였다. 이는 재무제표에 전반적인 영향을 미치는 사항으로 공시와 관련하여 이용자가 재무제표를 이해하는데 근본적으로 중요한 사항이라고 판단된다. 따라서 감사인의 전문가적 판단에 따라 강조사항을 기재하는 것이 적절하다.

원가회계

육 형 문 (공인회계사)

문제 1.

(물음 1)

제품A(수량)				제품B(수량)			
기초	0단위	판매	1,000단위	기초	0단위	판매	2,000단위
생산	1,500단위	기말	500단위	생산	2,500단위	기말	500단위

직접노무시간당 예정배부율		생산량단위당 예정배부율	
변동제조간접원가	@₩12	변동제조간접원가	@₩24=₩12×2DLH
고정제조간접원가	@₩15=$\dfrac{120,000}{3,000DHL+5,000DHL}$	고정제조간접원가	@₩30=₩15×2DLH
제조간접원가	@₩27	제조간접원가	@₩54

	실제발생액	예정배부액	배부차이
제조간접원가	220,000	216,000	4,000 (과소배부)
		=(3,000DLH+5,000DLH)×@₩27	

전부원가계산	
매출	430,000
매출원가	326,000[*1)]
매출총이익	104,000
판매관리비	0
영업이익	104,000

*1) 326,000=1,000단위(A)×₩114+2,000단위(B)×₩104+4,000(OH과소배부) 0

∴ 전부원가계산 영업이익 : 104,000

(물음 2)

제조간접원가 실제발생액 중 변동제조간접원가와 고정제조간접원가 금액을 알 수 없으므로, 전부원가계산 영업이익으로부터 기초·기말 재고자산에 포함된 고정제조간접원가를 조정하는 방법으로 변동원가계산 영업이익을 구한다.

전부원가계산 영업이익	104,000
+기초 재고자산에 포함된 고정제조간접원가	0
−기말 재고자산에 포함된 고정제조간접원가	(−)30,000 =(500단위×2DLH+500단위×2DLH)×@15
변동원가계산 영업이익	74,000

∴ 변동원가계산 영업이익 : 74,000

(물음 3)

'물음2' 변동원가계산이익 : 74,000

변동원가계산

매출	430,000
비용처리되는 DM, DL	160,000[*1]
비용처리되는 OH	196,000[*2]
영업이익	74,000

*1) 제품 A단위당 DM과 DL = 60 = 20+2DLH×20

제품 B단위당 DM과 DL = 50 = 10+2DLH×20

비용처리되는 DM과 DL = 160,000 = 1,000단위(A)×₩60+2,000단위(B)×₩50

*2) 실제 OH를 변동과 고정으로 구분하지 못하므로, 변동원가계산에서 비용 처리되는 OH를 다음과 같이 계산한다.

(실제 VOH발생액=X, 실제 FOH발생액=Y 로 가정, 실제 OH발생액=X+Y=220,000)

비용처리되는 VOH	기초재고에 포함된 VOH+실제 VOH발생액 − 기말재고에 포함된 VOH	0+X−(500단위×2DLH+500단위 ×2DLH)×@12
+비용처리되는 FOH	+실제 FOH 발생액	+Y
비용처리되는 OH	비용처리되는 VOH+비용처리되는 FOH	0+220,000−24,000=196,000

	변동원가계산이익	전부원가계산이익
비용처리되는 제조간접원가	196,000	166,000
	=0+220,000−24,000	=0+220,000−(500단위×2DLH+500단위×2DLH) ×@₩27

∴ 전부원가계산영업이익에서 비용처리되는 (고정)제조간접원가가 변동원가계산영업이익에서 비용처리되는 (고정)제조간접원가보다 ₩30,000 더 작다. 따라서 전부원가계산영업이익이 ₩30,000 더 크다.

(물음 4)

(1) 잘못된 유인

전부원가계산영업이익은 같은 판매량이어도 생산량이 많을수록 비용처리되는 고정제조간접원가가 감소하므로, 이익은 증가한다. (전부원가계산 영업이익으로 성과평가를 한다면) 최고경영자는 전부원가계산영업이익을 증가시키기 위해, 과잉생산 유인에 빠지게 되어 불필요한 재고자산이 누적된다.

(2) 완화 방안
    ① 초변동원가계산·변동원가계산 영업이익을 기준으로 성과평가한다.
    ② 성과평가에 비재무적 측정치를 포함시킨다(⑩ 재고자산회전율).
    ③ 재고유지비용을 경영자 성과평가에 반영한다.
    ④ 성과평가기간을 장기화하여 장기적 이익을 추구하게 한다.
    (이외에도 타당한 방안이 있을 수 있음.)

문제 2.

(물음 1)

	사업부 X	사업부 Y	사업부 Z
증분수익	3,400[*1]	4,900[*1]	5,800[*1]
증분원가	2,400[*2]	3,600[*3]	6,000[*4]
증분이익	1,000	1,300	(-)200
의사결정	수락	수락	거절

[*1] 전자태그 도입 후 재고관리원가 예상 절감액

[*2] $₩2,400 = 200개 \times ₩2 + ₩10,000 \times \dfrac{200개}{1,000개}$

[*3] $₩3,600 = 300개 \times ₩2 + ₩10,000 \times \dfrac{300개}{1,000개}$

[*4] $₩6,000 = 500개 \times ₩2 + ₩10,000 \times \dfrac{500개}{1,000개}$

(물음 2)

① (물음 1)결과, 사업부 Z는 전자태그 사용을 거부하고, 나머지 사업부 X, Y 전자태그 사용을 수락하게 된다.

② 사업부	증분이익		의사결정
X	$(-)1,000 = 3,400 - 200개 \times ₩2 + ₩10,000 \times \dfrac{200개}{500개}$	$\langle\ 0$	거부
Y	$(-)1,700 = 4,900 - 300개 \times ₩2 + ₩10,000 \times \dfrac{300개}{5,000개}$	$\langle\ 0$	거부

(물음 3)

전자태그 시스템관리 고정비(₩10,000)는 회사 전체측면에서는 고정원가로써, 전자태그 사용량에 영향을 받지 않는다. 하지만, 사용량을 기준으로 각 사업부에 공통원가를 배부하므로, 각 사업부 입장에서는 공통원가 배부액이 다른 사업부의 사용량에 영향을 받게 된다. 회사전체측면에서 의사결정시의 시스템관리 고정비와 성과평가시 각 사업부에 배부되는 시스템관리 고정비가 달라지므로, 준최적화 (목표불일치)가 발생하게 된다.

(물음 4)

(1) 전자태그 도입시

증분수익		증분비용	
재고관리원가 절감액 3,400+4,900+5,800		전자태그 구입원가	(200개+300개+500개)×2
		전자태그 시스템관리비	10,000
	14,100		12,000

증분이익 = 2,100 > 0 ∴ (주)한국 입장에선 전자태그를 도입하는 것이 타당하다.

(2) ① 전자태그 시스템관리비는 각 사업부에서 통제할 수 없는 원가이므로, 이를 제외한 증분이익을 기준으로 성과평가 한다.

②

	사업부 X	사업부 Y	사업부 Z
증분수익	3,400[*1)]	4,900[*1)]	5,800 [*1)]
증분원가	400[*2)]	600[*3)]	1,000 [*4)]
증분이익	3,000	4,300	4,800
의사결정	수락	수락	수락

*1) 전자태그 도입 후 재고관리원가 예상 절감액   *2) ₩400=200개×₩2
*3) ₩600=300개×₩2   *4) ₩1,000=500개×₩2

문제 3.

(물음 1)

	표준수량	표준가격	표준원가
직접재료원가	5kg	₩10	₩50
직접노무원가	4DLH[*1)]	10[*2)]	40
변동제조간접원가	4DLH[*1)]	5[*3)]	20
고정제조간접원가	4DLH[*1)]	10[*4)]	40
제품 단위당 표준원가			150
제품 단위당 정상공손허용액			11
정상품 단위당 표준원가			161

*1) 4DLH=2DLH(숙련공 노무시간)+2DLH(미숙련공 노무시간)

*2) ₩10=$\dfrac{12+8}{2DLH+2DLH}$

*3) ₩5=$\dfrac{12\times50\%+8\times50\%}{2DLH+2DLH}$

4) ₩10=$\dfrac{24,000}{2,400DLH(기준조업도)}$

(물음 2)

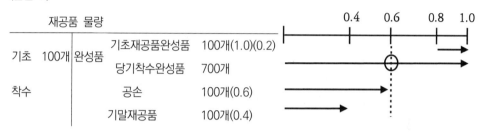

	재공품 물량		
기초　100개	완성품	기초재공품완성품	100개(1.0)(0.2)
		당기착수완성품	700개
착수		공손	100개(0.6)
		기말재공품	100개(0.4)

	재공품(선입선출법)			직접재료원가	가공원가
완성품	기초재공품완성품	100	(1)(0.2)	0	20
	당기착수완성품	700		700	700
	정상공손	70	(1)(0.6)	70	42
	비정상공손	30	(1)(0.6)	30	18
	기말재공품	100	(0)(0.4)	0	40
	완성품환산량			800	820
	완성품환산량 단위당 원가			@₩50	@₩100

	제품수량		
기초	0단위	판매	600단위
당기제조	800단위	기말	200단위

(1) 정상공손수량 : 70단위(=700단위×10%), 비정상공손수량 : 30단위(=100단위-70단위)

(2)

계정과목	원가	
기초재공품원가	14,100	= (100단위×₩50+80단위×100단위×₩11)+100단위×₩11
완성품원가	128,800	= 800단위×₩161
기말재공품원가	4,000	= 40단위×₩100
비정상공손원가	3,300	= 30단위×₩50+18단위×₩100

(3)

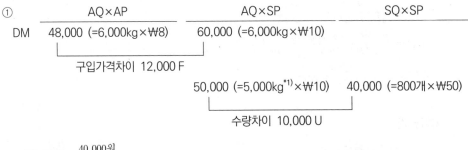

①

	AQ×AP	AQ×SP	SQ×SP
DM	48,000 (=6,000kg×₩8)	60,000 (=6,000kg×₩10)	
	구입가격차이 12,000 F		
		50,000 (=5,000kg$^{*1)}$×₩10)	40,000 (=800개×₩50)
		수량차이 10,000 U	

*1) 500kg= $\dfrac{40,000원}{8원}$

② '②'의 경우, 기초재공품 100개가 매출원가로 포함되는지, 매출원가와 기말제품에 나누어 포함되는지 명확치가 않으므로 'Ⅰ: 기초재공품 100개가 매출원가에 포함되는 경우', 'Ⅱ: 기초재공품 100개가 매출원가와 기말제품에 포함되는 경우'로 나누어 해답을 제시하겠다.

Ⅰ: 기초재공품 100개가 매출원가에 포함되는 경우

	직접재료	DM수량차이	비정상공손	기말 재공품	기말 제품	매출원가
DM(표준원가)	10,000$^{*1)}$	10,000 (불리)	1,500	0	11,000$^{*2)}$	27,500$^{*3)}$
가격차이배부비율	$\dfrac{10,000}{60,000}$	$\dfrac{10,000}{60,000}$	$\dfrac{1,500}{60,000}$	0	$\dfrac{11,000}{60,000}$	$\dfrac{27,500}{60,000}$
수량차이배부비율	–	–	$\dfrac{1,500}{40,000}$	0	$\dfrac{11,000}{40,000}$	$\dfrac{27,500}{40,000}$
가격차이 배부	(-)2,000	(-)2,000	(-)300	0	(-)2,200	(-)5,500
수량차이 배부	–	(-)8,000	(+)300	0	(+)2,200	(+)5,500
조정 후 DM	8,000	0	1,500	0	11,000	27,500

*1) ₩10,000=(6,000kg-5,000kg)×₩10
*2) ₩11,000=200개×(₩50+10%×100%×₩50)
*3) ₩27,500=(600개-100개)×(₩50+10%×100%×₩50)

(판매된 600개 중 100개는 기초재공품완성품이다. 원가요소법은 원가차이를 당기 발생액을 기준으로 조정한다. 따라서, 당기 발생액 중 매출원가에 포함되는 표준직접재료원가를 기준으로 DM원가차이를 배부해야 하기 때문에, 판매량 600개에서 기초재공품완성품인 100개를 차감한다.)

〈가격차이 조정〉	(차) 가격차이	12,000	(대) 직접재료	2,000
			수량차이	2,000
			비정상공손원가	300
			제품	2,200
			매출원가	5,500

〈수량차이 조정〉 (차) 비정상공손원가 300 (대) 수량차이 8,000
제품 2,200
매출원가 5,500

Ⅱ: 기초재공품 100개가 매출원가와 기말제품에 포함되는 경우

	직접재료	DM수량차이	비정상공손	기말 재공품	기말 제품	매출원가
DM(표준원가)	10,000	10,000 (불리)	1,500	0	9,625[*4)]	28,875[*5)]
가격차이배부비율	$\frac{10,000}{60,000}$	$\frac{10,000}{60,000}$	$\frac{1,500}{60,000}$	0	$\frac{9,625}{60,000}$	$\frac{28,875}{60,000}$
수량차이배부비율	–	–	$\frac{1,500}{40,000}$	0	$\frac{9,625}{40,000}$	$\frac{28,875}{40,000}$
가격차이 배부	(-)2,000	(-)2,000	(-)300	0	(-)1,925	(-)5,775
수량차이 배부	–	(-)8,000	(+)300	0	(+)1,925	(+)5,775
조정 후 DM	8,000	0	1,500	0	9,625	28,875

*4) $₩9,625=(200개-100개×\frac{200개}{800개})×(₩50+10\%×100\%×₩50)$

*5) $₩28,875=(600개-100개×\frac{600개}{800개})×(₩50+10\%×100\%×₩50)$

(당기제조된 제품 800개 중 100개는 기초재공품완성품이다. 기초재공품완성품이 기말제품과 매출원가에 비례적으로 25개, 75개씩 배부되었다고 가정하여 배부비율을 계산한다. 원가요소법은 원가차이를 당기 발생액을 기준으로 조정한다. 따라서, 당기 발생액 중 기말제품, 매출원가에 포함되는 표준직접재료원가를 기준으로 DM원가차이를 배부해야기 때문에, 기말제품 200개, 판매량 600개에서 기초재공품완성품을 각각 25개, 75개 차감한다.)

〈가격차이 조정〉 (차) 가격차이 12,000 (대) 직접재료 2,000
수량차이 2,000
비정상공손원가 300
제품 1,925
매출원가 5,775

〈수량차이 조정〉 (차) 비정상공손원가 300 (대) 수량차이 8,000
제품 1,925
매출원가 5,775

(4)

DL	AQ×AP	AQ×SP	실제DLH×예산배합비율×예산DL/h	SQ×SP
숙련공	23,100	25,200 =2,100DLH×₩12	24,000=2,000DLH×₩12	19,680=820단위×2DLH×₩12
미숙련공	17,100	15,200=1,900DLH×₩8	16,000=2,000DLH×₩8	13,120=820단위×2DLH×₩8
	40,200	40,400=4,000DLH×₩10.1	40,000=4,000DLH×₩10	32,800=3,280DLH×₩10

임률차이 200 F   배합차이 400 U   수율차이 7,200 U

(5)

	AQ×AP	AQ×SP	SQ×SP
VOH	21,000	20,000=4,000DLH×₩5	16,400=3,280DLH×₩5

소비차이 1,000 U   능률차이 3,600 U

	실제	예산	배부
FOH	25,000	24,000 =600개×4DLH×₩10	32,800 =820개×4DLH×₩10

예산차이 1,000 U   조업도차이 8,800 F

(물음 3)

항목	단위당 표준
가격	250
직접재료원가	100
직접노무원가	50
변동제조간접원가	50
변동판매관리비	30
단위당 예산 공헌이익	₩20

실제시장규모×실제점유율 ×예산단위당공헌이익	실제시장규모×예산점유율 ×예산단위당공헌이익	예산시장규모×예산점유율 ×예산단위당공헌이익
10,000 = 2,500개×20%×₩20	15,000 = 2,500개×30%×₩20	12,000 = 2,000개×30%×₩20

시장점유율차이 5,000 F   시장규모차이 3,000 F

(물음 4)

(1) 20X0년도와 20X1년도의 고정원가가 동일한 상태에서 공헌이익이 40억원 상승했다. 판매량 증가 했으므로, 성과가 개선된 것으로 평가한다.

(2) 20X0년도에 비해 20X1년도의 시장규모가 2배 증가했다. 이에 따라 공헌이익은 2배는 증가해야 하지만, 1.5배 밖에 증가하지 못했다. 성과가 안 좋아진 것으로 평가한다.

(3) 시장규모로 인한 공헌이익 증감은 (주)한국의 CEO가 통제할 수 없는 요소이다. 하지만, 시장점유율로 인한 공헌이익 증감은 CEO가 통제할 수 있는 요소이다. (주)한국은 시장규모의 확대로 인해 공헌이익이 최소 2배 증가해야하지만, 시장점유율이 감소하여 공헌이익이 1.5배만 증가한 것임을 알 수 있다. 따라서 통제가능한 요소에 대하여만 책임을 부담시키는 책임회계 원칙에 따라, (2)의 방법을 선택한 것이다.

문제 4.

(물음 1)

	인플레이션 3% 이내	인플레이션 3% 초과
매출	200,000,000 =20,000개×₩10,000	170,500,000 =15,500개×₩11,000
변동원가	60,000,000 =20,000개×₩3,000	49,600,000 =15,500개×₩3,200
공헌이익	140,000,000	120,900,000
고정원가	50,000,000 =2개×₩25,000,000	50,000,000 =2개×₩25,000,000
영업이익	90,000,000	70,900,000

(물음 2)

(1)

생산구간	관련식	손익분기점판매량
0~5,000개	(10,000-3,000)·X-25,000,000=0	X=3,571.43≒3,571 (적합)
5,000개 이상	(10,000-3,000)·X-50,000,000=0	X=7,142.86≒7,142 (적합)

∴ 손익분기점판매량 : 3,571개, 7,142개

(2)

생산구간	관련식	손익분기점판매량
0~5,000개	(11,000-3,200)·X-25,000,000=0	X=3,205.13≒3,205 (적합)
5,000개 이상	(11,000-3,200)·X-50,000,000=0	X=6,410.26≒6,410 (적합)

∴ 손익분기점판매량 : 3,205개, 6,410개

(물음 3)

(1)

	인플레이션 3%이내	인플레이션 3%초과
매출	140,000,000 =14,000개×₩10,000	140,000,000 =14,000개×₩10,000
변동원가	42,000,000 =14,000개×₩3,000	44,800,000 =14,000개×₩3,200
공헌이익	140,000,000	95,200,000
고정원가	50,000,000 =2개×₩25,000,000	50,000,000 =2개×₩25,000,000
영업이익	48,000,000	45,200,000
∴ 두 상황 모두에서 영업이익이 0보다 크므로, 백신을 개발해야한다.		

(2) 두 상황 모두에서 영업이익이 0보다 크므로, 백신을 개발해야한다. 따라서, (1)의 의사결정은 인플레이션 상황별로 차이가 없다.

(물음 4)

	인플레이션 3% 이내	인플레이션 3% 초과
백신공급확대 전 영업레버리지도	$1.56 \ (= \dfrac{140,000,000}{90,000,000})$	$1.71 \ (= \dfrac{120,900,000}{70,900,000})$
백신공급확대 후 영업레버리지도	$2.04 \ (= \dfrac{98,000,000}{48,000,000})$	$2.11 \ (= \dfrac{95,200,000}{45,200,000})$

(물음 5)

두 상황 모두 백신공급 확대 전보다 확대 후에 영업레버리지도가 상승한다. 즉, 영업이익의 안정성이 떨어지게 되는 것이다. 미래에 백신 판매량이 감소하게 된다면, 영업이익 감소율이 커지게 되므로, 미래에 백신 판매량이 감소하지 않는지에 유의해야한다.

문제 5.

(물음 1)

생산부문	수요량을 생산하는데 필요한 직접노무시간			이용가능	비고
	제품X	제품Y	합계		
부품생산	8,000DLH (=8,000단위×1DLH)	8,000DLH (=4,000단위×2DLH)	16,000DLH	15,000DLH	제한자원
조립	8,000DLH (=8,000단위×1DLH)	6,000DLH (=4,000단위×1.5DLH)	14,000DLH	14,000DLH	
가공처리	8,000DLH (=8,000단위×1DLH)	8,000DLH (=4,000단위×2DLH)	16,000DLH	10,000DLH	제한자원

생산부문	수요량을 생산하는데 필요한 기계작업시간			이용가능	비고
	제품X	제품Y	합계		
부품생산	24,000H (=8,000단위×3H)	16,000H (=4,000단위×4H)	40,000H	45,000H	
조립	16,000H (=8,000개×2H)	12,000H (=4,000단위×3H)	28,000H	40,000H	
가공처리	17,600H (=8,000단위×2.2H)	12,000H (=4,000단위×3H)	29,600H	32,100H	

∴ 부품생산부문 직접노무시간, 가공처리부문 직접노무시간이 제한자원이므로, 제품 X, Y의 예상 시장 수요량을 차질 없이 생산할 수 없다.

(물음 2)

단위당	제품X	제품Y
가격	295	467.5
직접재료원가	125	200
직접노무원가	100	150
변동제조간접원가	15	37.5
변동판매관리비	5	20
단위당 공헌이익	₩50	₩60
부품생산 DLH당 공헌이익	$50=\dfrac{50}{1DLH}$ (1순위)	$30=\dfrac{60}{2DLH}$ (2순위)
가공처리 DLH당 공헌이익	$50=\dfrac{50}{1DLH}$ (1순위)	$30=\dfrac{60}{2DLH}$ (2순위)
사용하는 부품생산 DLH	8,000DLH(=8,000단위×1DLH)	2,000DLH(=1,000단위×2DLH)
사용하는 가공처리 DLH	8,000DLH(=8,000단위×1DLH)	2,000DLH(=1,000단위×2DLH)
생산량	8,000단위	1,000단위[*1]

*1) $Min(3,500단위=\dfrac{7,000DLH}{2DLH}$, $1,000단위=\dfrac{2,000DLH}{2DLH})$

영업이익 : 60,000 = 8,000단위×50+1,000단위×60-300,000(고정제조간접원가)
　　　　　　　　 -100,000(고정판매관리비)

(물음 3)

최신 기계를 도입함으로써 작업시간이 기존에 비해 절반으로 단축된다고 제시했으므로, 작업시간은 기계작업시간을 의미하는 것임을 알 수 있다. 하지만 가공처리 부문의 기계작업시간이 기존에 비해 절반으로 단축되어도 가공처리부문 기계작업시간은 제한부문(제약자원)이 아니므로, 생산량은 변하지 않는다. 따라서 공헌이익 변동액은 0이다.

(물음 4)

부문	수요량을 생산하는데 필요한 직접노무시간 (기계작업시간을 직접노무시간 기준으로 환산)			이용가능시간
	제품X	제품Y	합계	
부품 생산	80,000DLH =8,000단위 ×(1DLH+3H×3)	56,000DLH =4,000단위 ×(2DLH+4H×3)	136,000DLH	150,000DLH =15,0000+45,000H ×3
조립	56,000DLH =8,000단위 ×(1DLH+2H×3)	42,000DLH =4,000단위 ×(1.5DLH+3H×3)	98,000DLH	134,000DLH =14,0000+40,000H ×3
가공 처리	60,800DLH =8,000단위 ×(1DLH+2.2H×3)	44,000DLH =4,000단위 ×(2DLH+3H×3)	104,800DLH	106,300DLH =10,000DLH +32,100H×3

∴ 제한자원이 없는 상황이 되므로, X 8,000개, Y 4,000개를 생산한다.
(※ 참고 : 제한자원여부 결정시, 직접노무시간을 기계작업시간을 기준으로 환산해도 무방하며 결과도 동일하다.)

(물음 5)

(1) 제품 X 외부주문생산 제안 수락시

증분수익		증분비용	
직접재료원가 감소액	1,000,000	납품관리비 증가액	50,000
직접노무원가 감소액	800,000	외부구입비용	8,000단위×₩250
변동제조간접원가 감소액	120,000		
회피가능 FOH 감소액	100,000		
설비를 대체용도 이용이익	60,000		
	2,080,000		2,050,000

증분이익 = 30,000 〉 0   ∴ 제안을 수락해야한다.

(2)

제품 X 외부주문생산 제안 수락시 (제품X의 생산수량을 x로 가정)

증분수익		증분비용	
직접재료원가 감소액	125x	납품관리비 증가액	50,000
직접노무원가 감소액	100x	외부구입비용	250x
변동제조간접원가 감소액	15x		
회피가능 FOH 감소액	100,000		
설비를 대체용도 이용이익	60,000		
	240x+160,000		50,000+250x

증분이익 = 110,000−10x = 0 , x=11,000단위
∴ 제품 X의 생산량이 11,000단위일 때 두 의사결정이 무차별하게 된다.

재무회계

김 정 호 (공인회계사 / 서울디지털대학교 겸임교수)

문제 1.

  (물음 1) 답: ① ₩451,000 ② 5,490주

당기순이익		₩500,000
차감: 우선주배당금	(1,000주-300주)×₩1,000×7%	49,000
보통주 귀속 당기순이익		**₩451,000**

기간(월)	유통보통주식수	1+무상증자비율	가중치	적 수
1~3	5,000	1.1	3	16,500
4	5,500[*1]	–	1	5,500
5~6	5,860[*2]	–	2	11,720
7~12	5,360[*3]	–	6	32,160
계			12	65,880

*1. 5,000×(1+주식배당률10%)=5,500   *2. 5,500+우선주의 보통주로 전환 300주×1.2주=5,860
*3. 5,860-자기주식취득 500=5,360

가중평균유통보통주식수=65,880주÷12=**5,490주**

(물음 2) 답: ① ₩49,000 ② 960주 ③ ₩112,000 ④ 1,400주

① (1,000주-300주)×₩1,000×7%=**₩49,000**

② 미전환 (1,000주-300주)×1.2+전환 300주×1.2×4/12=**960주**

③ ₩140,000×(1-20%)=**₩112,000**

④ 조정후 행사가격=행사가격 ₩340+1주당 보상원가 ₩140=₩480
    조정주식수=3,000주×(1-₩480/₩900)=**1,400주**

(물음 3) 답: ₩77.5

구분	①이익의 증분	②보통주식수의 증분	①÷②	희석화고려순서
전환우선주	49,000	960	51	①
주식선택권	112,000	1,400	80	②

	보통주순이익	보통주식수	주당이익	희석효과
보고수치	₩451,000	5,490	₩82.1	
전환우선주	49,000	960		
	500,000	**6,450**	77.5	**희석성**
주식선택권	112,000	1,400		
	612,000	7,850	78.0	반희석성

문제 2.

(물음 1)

〈요구사항 1〉 답: ① ₩1,680,000 ② ₩2,891,383 ③ (-)₩65,000

① 판매금액 ₩5,000,000 = 공정가치 ₩5,000,000 → 리스료 선급과 추가 금융 없음

리스료의 현재가치 = ₩853,617 × 4.1002 = ₩3,500,000

20×1.1.1. 사용권자산 = 장부금액 ₩3,000,000 × 리스료 현재가치 ₩3,500,000

÷ 공정가치 ₩5,000,000

= ₩2,100,000

20×1.12.31. 사용권자산 = ₩2,100,000 × 4년/5년 = **₩1,680,000**

② 20×1.1.1. 리스부채 = ₩853,617 × 4.1002 = ₩3,500,000

20×1.12.31. 리스부채 = ₩3,500,000 × 1.07 − ₩853,617 = **₩2,891,383**

③

이전된 권리에 대한 차익	₩2,000,000[주] × (₩5,000,000 − ₩3,500,000) ÷ ₩5,000,000	₩600,000
이자비용	₩3,500,000 × 7%	(₩245,000)
감가상각비	₩2,100,000 ÷ 5년	(₩420,000)
당기순이익 증가		(−)₩65,000

[주] 기계장치의 판매차익 = 공정가치 ₩5,000,000 − 장부금액 ₩3,000,000 = ₩2,000,000

〈요구사항 2〉 답: ① ₩228,617

리스료 수익		₩853,617
감가상각비	₩5,000,000 ÷ 8년	(₩625,000)
당기순이익 증가		₩228,617

(물음 2)

① 이전한 자산을 계속 인식하고, 이전금액 ₩5,000,000과 같은 금액으로 금융부채를 인식한다.

② 이전된 자산을 인식하지 않고, 이전금액 ₩5,000,000과 같은 금액으로 금융자산을 인식한다.

문제 3.

(물음 1) 답: ① ₩200,000 ② ₩200,000 ③ ₩130,000

① 손상차손누계액 = 공정가치 ₩1,150,000 − 회수가능액 ₩950,000 = **₩200,000**

② 처분이익 = 공정가치 ₩1,150,000 − 장부금액 ₩950,000 = **₩200,000**

③ 기타포괄이익 = 공정가치 ₩1,380,000 − 장부금액 ₩1,250,000[주] = **₩130,000**

[주] 취득시 공정가치 ₩1,150,000 + 현금 지급액 ₩100,000 = ₩1,250,000

(물음 2) 답: ① (-)₩50,000

20x2년 초 장부금액 = 2,000,000 - 1,200,000 - 100,000 = ₩700,000
감가상각비 = (700,000 - 200,000) ÷ (2년[주] + 2년) = ₩125,000
[주] 1,200,000/2,000,000 = 3년/내용연수 → 내용연수 5년

잔존내용연수 = 5년 - 3년 = 2년
손상차손환입 = Min[(1), (2)] - (3) = 650,000 - 575,000 = ₩75,000
(1) 손상 없다고 가정시 장부금액 = 800,000 - (800,000 - 200,000) ÷ 4년 = ₩650,000
(2) 회수가능액 = Max[670,000, 700,000] = ₩700,000
(3) 장부금액 = 700,000 - 125,000 = ₩575,000

감가상각비	(₩125,000)
손상차손환입	75,000
당기순이익 영향	(-)₩50,000

(물음 3) 답: ① ₩300,000 ② ₩1,300,000 ③ ₩100,000

공정가치		₩3,300,000
장부금액	4,000,000×3년/4년	3,000,000
① 재평가잉여금		₩300,000

② 감가상각비 = (3,300,000 + 600,000) ÷ 3년 = ₩1,300,000
③ 재평가손실(OCI) = 공정가치 2,500,000 - 장부금액 2,600,000(3,900,000-1,300,000)
= (-)₩100,000

재평가후 재평가잉여금 잔액 = 300,000 - 재평가손실 100,000 = ₩200,000
손상차손 = 공정가치 2,500,000 - 회수가능액 2,200,000(Max[2,200,000, 2,000,000])
= ₩300,000
손상차손(당기손익) = 300,000 - 재평잉여금잔액 200,000 = ₩100,000

[계산내역] (단위: 천원)

	20×1초	20×1말	20×2말	감가상각비	손상차손	재평가손익 당기순이익	재평가손익 기타포괄손익
FV	4,000						
	×3/4			(1,000)			

	20×1초	20×1말	20×2말	감가 상각비	손상차손	당기 순이익	기타포괄 손익
						재평가손익	
20×1말	=3,000 →	3,300					300
		3,900					
		×2/3		(1,300)			
20×2말		=2,600 →	2,500				(100)
			↓				
			2,200		(100)		(200)

문제 4.

(물음 1) 답: ① ₩123,148

이자수익	1,896,852[주1] ×8%	151,748
평가이익(손실)	공정가치 1,900,000 – 상각후원가 1,928,600[주2]	(28,600)
당기순이익 영향		₩123,148

[주1] 취득원가(현재가치) = 2,000,000×6%×2.5771 + 2,000,000×0.7938 = 1,896,852
[주2] 1,896,852 + 151,748 – 120,000 = 1,928,600

[참고]
상각후원가로 측정하는 금융자산과 기타포괄손익–공정가치로 측정하는 금융자산에는 손상 요구사항을 적용한다(KIFRS1109–5.2.2). 즉 당기손익인식금융자산에는 손상 요구사항을 적용하지 않는다.

[별해]
20×1년 말 FV ₩1,900,000 + 표시이자 ₩120,000 – 취득원가 ₩1,896,852 = **₩123,148**

〈회계처리〉

(차) 현 금	120,000	(대) 이자수익(NI)	151,748
FVPL금융자산	31,748		

(차) 금융자산평가손실(NI)	28,600	(대) FVPL금융자산	28,600

(물음 2) 답: ① ₩131,748 ② (-)8,600

이자수익	1,896,852×8%	151,748
손상차손		(20,000)
당기순이익 영향		₩131,748

평가이익(손실)	(28,600)
손상차손	20,000
기타포괄이익 영향	(−)₩8,600

〈회계처리〉

(차) 현　　금	120,000	(대) 이자수익(NI)	151,748
FVOCI금융자산	31,748		

(차) 금융자산손상차손(NI)	20,000	(대) FVOCI금융자산	28,600
금융자산평가손실(OCI)	8,600		

(물음 3) 답: ① ₩104,288 ② ₩8,600 ③ ₩1,892,888

이자수익	1,928,600×8%	154,288
손상차손	70,000−20,000	(50,000)
당기순이익 영향		₩104,288

② 기파포괄이익 증가 = 20×1년 말 기타포괄손실 제거 ₩8,600

③ 상각후원가(손상차손반영전) = 1,928,600 + 1,928,600×8% − 120,000 = ₩1,962,888
　 상각후원가(손상차손반영후) = 1,962,888 − 70,000 = ₩1,892,888

〈회계처리〉

- 20×2.1.1.(재분류일: 금융자산의 재분류를 초래하는 사업모형의 변경 후 첫 번째 보고기간의 첫 번째 날)

(차) AC금융자산	1,928,600	(대) FVOCI금융자산	1,900.000
		손실충당금	20,000
		금융자산평가이익(OCI)	8,600

- 20×2.12.31.

(차) 현　　금	120,000	(대) 이자수익(NI)	154,288
AC금융자산	34,288		

(차) 금융자산손상차손(NI)	50,000	(대) 손실충당금	50,000

〈20×2.12.31. 부분재무상태표〉

AC금융자산	1,962,888
손실충당금	(70,000)
순장부금액	1,892,888

문제 5.

(물음 1) 답: ① ₩42,550 ② (-)₩200 ③ (-)₩1,600 ④ ₩3,600

매출액	₩150,000×(1-5%)	₩142,500
매출원가	₩150,000×(1-5%)×70%	(99,750)
반품비용		(200)
① 당기순이익 영향		₩42,550

매출액	150,000×5%-8,000	(₩500)
매출원가	₩500×70%	350
반품비용 차이	예상반품비용 200 - 실제반품비용 250	(50)
② 당기순이익 영향		(-)₩200

이자비용	(₩54,800-₩50,000)×2개월/6개월	(₩1,600)
③ 당기순이익 영향		(-)₩1,600

이자비용	(₩54,800-₩50,000)×4개월/6개월	(₩3,200)
매출액-매출원가	54,800-48,000	₩6,800
④ 당기순이익 영향		₩3,600

(물음 2) 답: ① ₩8,030,000 ② ₩792,000

현금보조금을 제품B와 통신서비스의 거래가격에 배분

구분	개별판매가격	현금보조금	현금보조금 차감후 거래가격
제품C	₩300,000	₩36,000	₩264,000
통신서비스	60,000	7,200	52,800
합계	₩360,000	₩43,200	₩316,800

월 통신서비스 거래가격 = ₩52,800/24개월 = ₩2,200

20x1년 수익

제품C 수익	(10명+20명)×₩264,000	₩7,920,000
통신서비스 수익	10명×₩2,200×3개월 + 20명×₩2,200×1개월	110,000
① 합계		₩8,030,000

20x2년 수익

제품C 수익		−
통신서비스 수익	(10명+20명)×₩2,200×12개월	792,000
② 합계		**₩792,000**

(물음 3) 답: ① ₩7,640 ② ₩5,780 ③ ₩5,780

	제품A	제품B	제품C
A와 B 거래가격 배분	₩8,000	₩7,000	₩4,000
		↓	↓
B와 C 거래가격 배분		[주1] 5,500	5,500
거래가격 증분 배분	[주2] 640	[주3] 280	280
결함 공제	(1,000)		
수익	①₩7,640	②₩5,780	③₩5,780

[주1] $(7,000+4,000)×6,000/(6,000+6,000)=5,500$ [7월 1일 B와 C의 개별판매가격 기준으로 배분]

[주2] $(4,200-3,000)×8,000/(8,000+7,000)=640$ [3월 1일 A와 B의 개별판매가격 기준으로 배분]

[주3] $(1,200-640)×6,000/(6,000+6,000)=280$ [7월 1일 B와 C의 개별판매가격 기준으로 배분]

문제 6.

(물음 1)

〈요구사항 1〉답: ① ₩51,558 ② ₩441,442

변경전 현금흐름 현재가치		₩500,000
변경후 현금흐름 현재가치	448,442(500,000×4%×2.5771+₩500,000 ×0.7938)+ 지급수수료 7,000	₩455,442
현재가치 차이		₩44,558

현재가치의 차이가 10% 미만(44,558/500,000=8.9%)이므로 금융부채의 소멸로 회계처리 안 함

① 금융부채조정이익=500,000−448,442=**₩51,558**

② 차입금의 장부금액=₩448,442−지급수수료 ₩7,000=**₩441,442**

〈회계처리〉

(차) 사채할인발행차금	51,558	(대) 채무조정이익	51,558
사채할인발행차금	7,000	현 금	7,000

[참고] 금융부채의 교환 또는 조건변경

다음의 경우 <u>최초의 금융부채를 제거하고 새로운 금융부채를 인식한다</u>(KIFRS1109-B3.3.2).
(1) 기존 차입자와 대여자가 <u>실질적으로 다른 조건으로 채무상품을 교환한 경우</u>
(2) 기존 금융부채(또는 금융부채의 일부)의 <u>조건이 실질적으로 변경된 경우</u>(채무자의 재무적 어려움
    으로 인한 경우와 그렇지 아니한 경우를 포함)

❏ 실질적 조건변경 판단 및 수수료 회계처리(KIFRS1109-B3.3.6).
[1] 새로운 조건에 따른 현금흐름의 현재가치와 최초 금융부채의 나머지 현금흐름의 현재가치의 차이
    가 적어도 10% 이상이라면, 계약조건이 실질적으로 달라진 것이다. 이때 <u>새로운 조건에 따른 현
    금흐름에는 지급한 수수료에서 수취한 수수료를 차감한 수수료 순액이 포함되며, 현금흐름을 할인
    할 때에는 최초의 유효이자율을 사용한다.</u>

[2] 채무상품의 교환이나 계약조건의 변경시 발생한 원가 수수료 회계처리

채무상품의 교환이나 계약조건의 변경	발생한 원가나 수수료
금융부채의 소멸로 회계처리 함	금융부채의 소멸에 따른 <u>손익의 일부로 인식</u> (차) 금융부채조정손익 ××× (대) 현금 ×××
금융부채의 소멸로 회계처리 안 함	<u>부채의 장부금액에서 조정하며, 변경된 부채의 남은 기간에 상각</u> (차) 현재가치할인차금 ××× (대) 현금 ×××

[정리]

┌─────────────────┐
│ 새로운 조건변경 판단 │
└─────────────────┘

A: PV(변경전 나머지CF, 최초의 유효이자율)
B: PV(변경후CF, 지급수수료순액포함, 최초의 유효이자율)
(A-B)/A ≥ 10% → 새로운 조건변경(종전 금융부채제거(소멸), 새로운 금융부채 인식)

┌──────────────────────────────────────┐
│ 조건변경후 채무조정손익과 조건변경후 부채 산정 │
└──────────────────────────────────────┘

PV = PV(변경후CF, 수수료제외, 최초이자율)

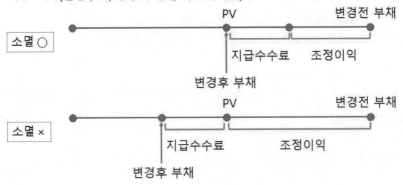

〈요구사항 1〉답: ① ₩1,000 ② (-)₩200

	20x2년 초	20x2년 말	20x3년 말	20x4년 말	20x5년 말
금융보증계약(부채) = Max[(1), (2)]	6,000	4,500	3,500	3,700	3,700
(1) 손실충당금		1,000	3,500	3,700	3,700
(2) 최초인식-이익누계		[주1]4,500	[주2]3,000	[주3]1,500	[주4]0

[주1] 6,000×3/4 = 4,500   [주2] 6,000×2/4 = 3,000
[주3] 6,000×1/4 = 1,500   [주4] 6,000×0/4 = 0

① 20x3년 당기순이익 증가(감소) = 20x2년 말 부채 ₩4,500 − 20x3년 말 부채 ₩3,500
　　　　　　　　　　　　　　　 = ₩1,000
② 20x4년 당기순이익 증가(감소) = 20x3년 말 부채 ₩3,500 − 20x4년 말 부채 ₩3,700
　　　　　　　　　　　　　　　 = (-)₩200

(물음 2)

(1) 유동부채로 분류한다.
(2) 그 이유는 기업이 보고기간말 현재 그 시점으로부터 적어도 12개월 이상 결제를 연기할 수 있는 무조건적 권리를 가지고 있지 않기 때문이다.

문제 7.

(물음 1) 답: ① (₩5,000) ② (-)₩1,250 ③ (-)₩73,750

(1) 사외적립자산 - 확정급여채무	171,700 - 165,000	₩6,700
(2) 자산인식상한		₩5,000
① 순확정급여자산	Min[(1), (2)]	₩5,000

확정급여채무 - 사외적립자산

기여	81,000	기초(주1)	1,000
		순이자원가(주1)	(1,250)
		당기근무원가	75,000
기말	(5,000)	재측정요소(손실)	1,250
	76,000		76,000

(주1) ₩80,000 − ₩79,000 = ₩1,000
(주2) 순이자원가 = ₩1,000×10% − 81,000×10%×2/12 = (-)₩1,250

② 기타포괄이익에 미치는 영향 = 재측정요소(손실) **(-)₩1,250**

순이자원가	₩1,250
당기근무원가	(75,000)
③ 당기순이익에 미치는 영향	**(-)₩73,750**

(물음 2) 답: ① (₩3,500) ② ₩6,750 ③ (-)₩114,500

(1) 사외적립자산 - 확정급여채무	220,000 - 215,000	₩5,000
(2) 자산인식상한		₩3,500
① 순확정급여자산	Min[(1), (2)]	**₩3,500**

사외적립자산-확정급여채무

기초	5,000	당기근무원가	110,000
순이자수익(주1)	500	정산손실(주2)	5,000
기여	80,000		
현금(정산)	25,000	재측정요소(손실)	–
재측정요소(이익)	**8,000**	기말	3,500
	118,500		118,500

(주1) ₩80,000 - ₩79,000 = ₩1,000

(주2) 정산손실 = 확정급여채무 ₩80,000 - 정산가격 ₩85,000 = (-)₩5,000

기초 기타포괄이익(손실)누계액	(₩1,250)
당기 증가(감소)	8,000
② 기말 기타포괄이익(손실)누계액	**₩6,750**

순이자수익	₩500
당기근무원가	(110,000)
정산손실	(5,000)
③ 당기순이익에 미치는 영향	**(-)₩114,500**

[별해]

확정급여채무

지급액	2,000	기초	165,000
정산	80,000	이자원가[주1]	16,500
		당기근무원가	110,000
기말	215,000	**재측정요소(손실)**	**5,500**
	297,000		297,000

(주1) 이자원가 = ₩165,000 × 10% = ₩16,500

사외적립자산

기초	171,700	지급액	2,000
이자수익[주1]	17,170	정산	60,000
기여금수령액	80,000		
재측정요소(이익)	**13,130**	기말	220,000
	282,000		282,000

(주1) 이자수익 = ₩171,700×10% = ₩17,170

자산인식상한효과

기타포괄이익증가	370	기초	1,700
기말	1,500	순이자원가증가	170
	1,870		1,870

과목		당기순이익	기타포괄손익
당기근무원가		(110,000)	
순이자	17,170 − 16,500	670	
정산손실		(5,000)	
재측정요소(채무)			(5,500)
재측정요소(자산)			13,130
자산인식상한효과의 변동		(170)	370
합계		**(114,500)**	**8,000**

문제 8.

(물음 1)

〈요구사항 1〉답: ① ₩45,000 ② (₩5,000) ③ ₩80,000

① (50명 – 3명 – 2명)×10개×₩300×1년/3년 = **₩45,000**

20x2년 말 누적보상원가	(50명 – 3명 – 2명-25명)×10개×₩300×2년/3년	₩40,000
20x1년 말 누적보상원가		₩45,000
② 20x2년 당기보상비용(환입)		**(₩5,000)**

20x3년 말 누적보상원가	(50명 – 3명 – 2명-5명)×10개×₩300×3년/3년	₩120,000
20x2년 말 누적보상원가		₩40,000
③ 20x3년 당기보상비용(환입)		**₩80,000**

〈요구사항 2〉답: ① ₩45,000 ② (₩4,000) ③ ₩83,000

① (50명 – 3명 – 2명)×10개×₩300×1년/3년 = **₩45,000**

20x2년 말 누적보상원가	(50명-3명-2명-25명)×10개 ×(₩300×2년/3년 + ₩10×1년/2년)	₩41,000
20x1년 말 누적보상원가		₩45,000
② 20x2년 당기보상비용(환입)		**(₩4,000)**

20x3년 말 누적보상원가	(50명-3명-2명-5명)×10개 ×(₩300×3년/3년 + ₩10×2년/2년)	₩124,000
20x2년 말 누적보상원가		₩41,000
③ 20x3년 당기보상비용(환입)		**₩83,000**

(물음 2) 답: ① (–)₩6,840 ② ₩21,840

20x2년 말 부채	(50명-3명-3명-2명)×10개×₩150×2년/3년	₩42,000
20x1년 말 부채	(50명 – 3명 – 2명)×10개×₩100×1년/3년	₩15,000
20x2년 당기보상비용		₩27,000

② 20x2년 말 자본(인식)	(50명-3명-3명-2명)×8개×₩130×2년/4년	**₩21,840**
20x2년 말 부채(제거)		₩42,000
20x2년 조건변경이익(손실)		₩20,160

① 당기순이익 영향 = – 당기보상비용 27,000 + 조건변경이익 20,160 = **(–)₩6,840**

[별해]

(차) 부　　　채(20x1년 말)	15,000*1	(대) 자　　　본(20x2년 말)	21,840*2
당기순이익	6,840		

*1. (50명 – 3명 – 2명)×10개×₩100×1년/3년 = ₩15,000

*2. (50명-3명-3명-2명)×8개×₩130×2년/4년 = ₩21,840

문제 9.

(물음 1) 답: ① ₩8,000 ② ₩10,000 ③ ₩6,000 ④ ₩11,000 ⑤ ₩10,000

공통자료 영업권 = 합병대가 40,000 – 순자산의 공정가치 30,000(35,000 – 5,000)
　　　　　 = ₩10,000

① 공통자료 10,000 + 사용권자산 1,000 – 고객목록 3,000 = ₩8,000

(차) 순자산(FV)	30,000	(대) 현　　　금	40,000
고객목록	3,000*2	사용권자산	1,000*1
영업권	8,000		

*1. 취득자는 취득한 리스가 취득일에 새로운 리스인 것처럼 나머지 리스료의 현재가치로 리스부채를 측정한
　　다. 취득자는 리스부채와 같은 금액으로 사용권자산을 측정하되, 시장조건과 비교하여 유리하거나 불리
　　한 리스 조건이 있다면 이를 반영하기 위하여 조정한다(KIFRS1103-28B).

*2. 고객목록은 종종 리스되거나 교환된다. 따라서 사업결합에서 취득한 고객목록은 분리 가능성 기준을 일
　　반적으로 충족한다(KIFRS1103-IE24).

② 공통자료 10,000 = ₩10,000

(차) 순자산(FV)	30,000	(대) 현　　　금	40,000
영업권	10,000		
합병비용	1,000	현　　　금	1,000

③ 공통자료 10,000-조건부대가(자산) 4,000 = ₩6,000

(차) 순자산(FV)	30,000	(대) 현　　　금	40,000
조건부대가자산	4,000*1		
영업권	6,000		
당기비용	500	현　　　금	500

*1. 취득자가 피취득자에 대한 교환으로 이전한 대가에는 조건부 대가 약정으로 생긴 자산이나 부채를 모두
　　포함한다. 취득자는 피취득자에 대한 교환으로 이전한 대가의 일부로서 조건부 대가를 취득일의 공정가
　　치로 인식한다(KIFRS1103-39).

[참고] 취득자가 발생할 것으로 예상하는 일부 미래 원가(예: 예상 구조조정 원가)는 취득일의 부채로
　　　 인식하지 않는다.

④ 공통자료 10,000 − 재취득권리 2,000 + 토지 이전 3,000 = ₩11,000

(차) 순자산(FV)	30,000	(대) 현　금	40,000
재취득권리	2,000[1]	토　지	2,000[2]
영업권	**11,000**	유형자산처분이익	1,000[2]

*1. 시장참여자가 공정가치를 측정할 때 계약의 잠재적 갱신을 고려하는지와 무관하게, 취득자는 무형자산으로 인식하는, 다시 취득한 권리의 가치를 관련 계약의 남은 계약기간에 기초하여 측정한다(KIFRS1103-29).
*2. 취득일에 공정가치와 장부금액이 다른 취득자의 자산과 부채를 이전대가에 포함하는 경우에, 취득자는 이전한 자산이나 부채를 취득일 현재 공정가치로 재측정하고, 그 결과 차손익이 있다면 당기손익으로 인식한다(KIFRS1103-38).

⑤ 공통자료 10,000 = ₩10,000

(차) 순자산(FV)	30,000	(대) 현　금	40,000
영업권	**10,000**		
이연법인세자산	6,000[1]	법인세비용	6,000[1]

*1. 취득자 이월결손금 20,000 × 피취득자 세율 30% = 6,000
취득자[㈜대한]는 피취득자[㈜민국]의 미래 과세소득으로 인하여 자신의 미사용 세무상결손금의 혜택을 사용할 수 있는 경우에 취득자는 사업결합이 이루어진 기간에 이연법인세자산의 변동을 인식하지만, 사업결합에 대한 회계처리의 일부로 포함하지 아니한다(사업결합대상이 아닌 취득자 자산이 변동하기 때문). 따라서 취득자는 이를 영업권 또는 염가매수차익을 측정하는데 고려하지 아니한다(KIFRS1012-67).

(물음 2)

① 특정 미래 사건이 일어나거나 특정 조건이 충족되는 경우에, 피취득자에 대한 지배력과 교환된 부분으로 피취득자의 이전 소유주에게 자산이나 지분을 추가적으로 이전하여야 하는 취득자의 의무 또는 특정 조건이 충족될 경우에 이전대가를 돌려받는 취득자의 권리
② 취득일의 공정가치로 측정
③ 금융부채 또는 자본으로 분류

문제 10.

(물음 1) 답: ① ₩545,000 ② ₩45,000

구분	계산내용	지분법적용 투자주식	지분법이익
취득원가		₩500,000	
순이익 지분	235,500×30%	70,650	₩70,650
FV미달 재고자산 판매	(210,000−150,000)×50%×30%	(9,000)	(9,000)
FV미달 기계장치 상각	(350,000−200,000)÷5년×30%	(9,000)	(9,000)

구분	계산내용	지분법적용 투자주식	지분법이익
미실현 비품처분이익	(180,000−150,000)×30%	(9,000)	(9,000)
실현 비품처분이익	9,000÷5년×9/12	1,350	1,350
① 기말 투자주식		₩545,000	
② 지분법이익			₩45,000

(물음 2) 답: ① ₩12,500

구분	계산내용	지분법적용 투자주식	지분법이익
취득원가		₩545,000	
순이익 지분	154,000×30%	46,200	₩46,200
FV미달 재고자산 판매	(210,000−150,000)×50%×30%	(9,000)	(9,000)
FV미달 기계장치 상각	(350,000−200,000)÷5년×30%	(9,000)	(9,000)
실현 비품처분이익	9,000÷5년	1,800	1,800
기말 투자주식		₩575,000	
지분법이익			₩30,000

지분법이익		₩30,000
처분이익(손실)	270,000−₩575,000×50%	(17,500)
당기순이익 영향		₩12,500

(물음 3)
① 매각예정으로 분류된 부분이 매각될 때까지 지분법을 적용하여 회계처리한다.
② 지분법을 적용하지 않고, 금융상품기준서에 따라 회계처리한다.

문제 11.

(물음 1)

(1) 피투자자에 대한 힘
(2) 피투자자에 관여함에 따른 변동이익에 대한 노출이나 권리
(3) 투자자의 이익금액에 영향을 미치기 위하여 피투자자에 대한 자신의 힘을 사용하는 능력

(물음 2) 답: ①₩36,000 ② ₩298,000

① ㈜민국의 20x1년 초 순자산의 공정가치
   = 장부금액 ₩1,040,000 + 기계장치 공정가치 미달액 ₩100,000(₩300,000 − ₩200,000)
   = ₩1,140,000
   영업권 = ₩720,000 − ₩1,140,000 × 60% = ₩36,000

②

당기순이익 합계	250,000 + 100,000	₩350,000
공정가치미달금액 감가상각비	100,000 ÷ 10년	(10,000)
미실현매출이익제거	(90,000 − 72,000) × 3개월/6개월	(9,000)
미실현매출이익제거	(40,000 − 28,000) × 4개월/6개월	(8,000)
미실현토지처분이익제거	110,000 − 90,000	(20,000)
영업권 손상차손	36,000 − 31,000	(5,000)
총연결당기순이익		₩298,000

(물음 3) 답: ① ₩804,000 ② ₩400,000 ③ ₩116,000 ④ ₩528,000

구분		㈜대한	㈜민국
20x2년말 이익잉여금		₩750,000	₩300,000
20x1년초 ㈜민국 이익잉여금제거		–	(100,000)
공정가치미달금액 감가상각비	100,000 × 2년/10년		(20,000)
미실현매출이익제거	(80,000 − 64,000) × 3개월/6개월	(8,000)	
미실현매출이익제거	(100,000 − 80,000) × 3개월/6개월		(10,000)
미실현토지처분이익제거	110,000 − 90,000	(20,000)	
영업권 손상차손	36,000 − 16,000	(20,000)	
합계		₩702,000	₩170,000

연결이익잉여금 = ₩702,000 + ₩170,000 × 60% = ₩804,000
② 연결자본잉여금 = ₩400,000
③

구분		㈜대한	㈜민국
20x2년말 자본잉여금		₩90,000	₩150,000
20x1년초 ㈜민국 자본잉여금제거		–	(140,000)
토지평가이익과소 조정	110,000 − 90,000	20,000	–
합계		₩110,000	₩10,000

연결기타자본 = ㈜대한 ₩110,000 + ㈜민국에 대한 몫 ₩10,000 × 60% = ₩116,000

④

20x1년초 ㈜민국 순자산 공정가치	₩1,140,000
자본잉여금 증가	-
기타자본 증가	10,000
이익잉여금 증가	170,000
합계: 20x2년말 ㈜민국 순자산 공정가치	₩1,320,000
비지배지분율	40%
20x2년말 비지배지분	**₩528,000**

문제 12.

(물음 1) 답: ① ₩17,000

과목	외화금액	환율	원화금액
자 본 금	40,000	₩10[*1]	₩400,000
이익잉여금(기초)	10,000	10[*1]	100,000
당기순이익	20,000	10.2[*2]	204,000
환산차이(OCI)			**17,000**
자본계(= 순자산)	70,000	10.3[*3]	₩721,000

*1. 20×1년 초 환율
*2. 20×1년 평균환율
*3. 20×1년 말 환율

(물음 2)

① 당기손익으로 인식한다.
② 처음부터 기타포괄손익으로 인식하고, 관련 순투자의 처분시점에 자본에서 당기손익으로 재분류한다.

(물음 3) 답: ① ₩65,920 ② ₩22,520

① 20×1년 초 순자산의 공정가치 = 60,000 − 10,000 + 토지과소 2,000(22,000 − 20,000)
$$= ¥52,000$$
20×1년 초 영업권(¥) = ¥48,000 − ¥52,000 × 80% = ¥6,400
20×1년 말 영업권 = ¥6,400 × ₩10.3 = ₩65,920

[참고: 투자주식과 자본 상계 분개]

(차) 자 본 금	400,000[*1]	(대) 투자주식	480,000[*1]
이익잉여금	100,000[*2]	비지배지분	104,000[*5]
토 지	20,000[*3]		
영 업 권	64,000		

*1. ¥40,000×₩10 = 400,000   *2. ¥10,000×₩10 = 100,000

*3. ¥2,000×₩10 = 20,000   *4. ¥48,000×₩10 = 480,000

*5. ¥52,000×₩10×20% = 104,000

(차) 영 업 권	1,920	(대) 외환차이	1,920[*1]

*1. (¥48,000 − ¥52,000×80%)×(₩10.3− ₩10) = ₩1,920

②

별도재무제표의 외환차이(기타포괄손익)		₩17,000
토지시가미달액의 외환차이	¥2,000×(10.3-10)	600
영업권의 외환차이	¥6,400×(10.3-10)	1,920
대여금(순자산의 일부)의 외환차이	¥10,000×(10.3-10)	3,000
합계: 연결재무제표의 외환차이(기타포괄손익)		₩22,520

[별해]

과목	외화금액	환율	원화금액
자 본 금	40,000	₩10[*1]	₩400,000
이익잉여금(기초)	10,000	10[*1]	100,000
당기순이익	20,000	10.2[*2]	204,000
토지시가미달액	2,000	10[*1]	20,000
영업권	6,400	10[*1]	64,000
순투자(지배)	10,000	10[*1]	100,000
환산차이(OCI)			22,520
자본계(= 순자산)등	88,400[*4]	10.3[*3]	₩910,520

*1. 20×1년 초 환율   *2. 20×1년 평균환율   *3. 20×1년 말 환율

*4. 70,000 + 2,000 + 6,400 + 10,000 = 88,400

2020년도 제55회 기출문제 **풀이**

세법

김 명 근 (세무사)

문제 1.

(물음 1)

갑의 총급여액	99,460,000
을의 총급여액	53,600,000

1. 갑의 총급여액

   기본급 70,000,000 + 성과급 20,000,000 + 식사대 360,000^{*1} + 판공비 2,000,000
   + 자가운전보조금 600,000^{*2} + 건강보험료 회사부담분 4,500,000
   + 직무발명보상금 1,000,000^{*3} + 주택구입, 임차자금 무상대여 이익 1,000,000
   = 99,460,000

   *1. 1,560,000 – (비과세식대) 100,000 × 12 = 360,000
   *2. 3,000,000 – (자가운전보조금 비과세) 200,000 × 12 = 600,000
   *3. 6,000,000 – (비과세) 5,000,000 = 1,000,000

2. 을의 총급여액

   기본급 48,000,000 + 성과급 1,800,000 + 식사대 1,560,000^{*1} + 자격증수당 240,000
   + 자가운전보조금 0^{*2} + 건강보험료 회사부담분 2,000,000 + 직무발명보상금 0^{*3}
   + 주택구입, 임차자금무상대여 이익 0^{*4}
   = 53,600,000

   *1. 현물식대를 제공하므로 전액과세한다.
   *2. 연간 120만원 이하이므로 전액 비과세한다.
   *3. 500만원 이하이므로 전액비과세 한다.
   *4. 중소기업의 직원이므로 근로소득에서 제외한다.

(물음 2)

〈요구사항 1〉

이자소득 총수입금액	30,000,000
이자소득 원천징수세액	5,636,000

	무조건분리과세	조건부종합과세	세율	원천징수세액
비영업대금의 이익		10,000,000	25%	2,500,000
외상매출금 지연이자				
국내은행 정기예금이자		20,000,000	14%	2,800,000
공익신탁의 이익				
비실명 이자소득	800,000		42%	336,000
합계	800,000	30,000,000		5,636,000

〈요구사항 2〉

손익계산서상 당기순이익		100,000,000
가산조정	총수입금액산입· 필요경비불산입	50,000,000
차감조정	총수입금액불산입· 필요경비산입	35,300,000
사업소득금액		114,700,000

당기순이익 100,000,000

〈총수입금액산입, 필요경비불산입〉
(1) 대표자병의 급여 50,000,000 : 대표자 급여는 필요경비산입대상이 아님

〈총수입금불액산입, 필요경비산입〉
(1) 비영업대금의 이익 10,000,000 : 이자소득으로 과세
(2) 국내은행 정기예금이자 20,000,000 : 이자소득으로 과세
(3) 공익신탁의 이익 1,500,000 : 비과세 이자소득
(4) 비실명이자소득 800,000 : 이자소득으로 과세
(5) 산업재산권 양도이익 3,000,000 : 기타소득으로 과세
   * 건설기계의 경우 2018년 이후 취득이므로 사업소득에 포함

(물음 3)

〈요구사항 1〉

인적 공제액	기본공제액	10,500,000
	추가공제액	5,000,000
자녀세액공제액		800,000

	기본공제	추가공제
본인	1,500,000	
배우자	1,500,000	
부친	0	
장인	1,500,000	1,000,000(경로우대)+2,000,000(장애인)
딸	1,500,000	
아들	1,500,000	
위탁아동	1,500,000	
동생	1,500,000	2,000,000
계	10,500,000	5,000,000

자녀세액공제
1. 출생입양공제 : 500,000원(아들 2022년 출산)
2. 기본공제 : 300,000원(7세 이상 자녀 2명)

〈요구사항 2〉

신용카드 등 사용금액	40% 공제율 적용대상	1,700,000
	30% 공제율 적용대상	
	15% 공제율 적용대상	19,900,000
신용카드 등 사용 소득공제액		640,000

1. 신용카드 사용금액 공제

구 분		적용대상	최저사용금액	공제율	소득공제액	비고
신용카드 사용액	본인의 정당 기부금(정치자금세액 공제 적용)	–		–		정치자금세액공제를 받았으므로 적용대상 아님
	본인의 신차 구입에 따른 취득세	–		–		국가, 지자체등 납부하는 금액은 공제대상에서 제외
	본인의 가전제품 구입	19,900,000	19,900,000	15%	0	
	배우자의 국외 사용	–		–		국외사용분은 공제대상금액이 아님
	장인의 대중교통 이용	200,000	100,000	40%	40,000	
	동생의 도서·공연 사용	–		–		동생은 공제대상에서 제외
기타 사용액	배우자의 전통시장 현금영수증 사용	1,500,000		40%	600,000	
	부친의 직불카드 사용	–		–		부친의 소득금액 100만원 이상이므로 제외
계		21,600,000	20,000,000		640,000	

2. 신용카드 등 사용소득공제액
   (1) 공제대상금액 : 640,000원
   (2) 한도 : 3,180,000원
       1) 기본한도 : 2,500,000원(총급역 7천만원 초과 1억 2천만원 이하)
       2) 추가한도 : min [1,500,000×40%, 1,000,000]
                    +min [200,000×40%, 1,000,000]
                    = 680,000
   (3) 공제대상금액이 한도금액보다 작으므로 공제대상금액 전액 적용

〈요구사항 3〉

의료비 세액공제액				2,040,000

구 분	금 액(원)	본인등의료비	기타의료비	비고
본인의 건강진단비	1,200,000	1,200,000		
본인과 배우자의 시력보정용 안경구입비(각 400,000원)	800,000	400,000	400,000	1인당 50만원 한도
배우자의 출산 병원비	1,000,000		1,000,000	
배우자의 산후조리원 비용	2,000,000			총급여액 7천만원 초과이므로 공제대상에서 제외
부친의 건강증진용 약품구입비	900,000			건강증진용 약품구입비는 공제대상이 아님
장인의 보청기 구입비	2,000,000	2,000,000		
딸의 허리디스크 수술비	10,000,000		10,000,000	
딸의 미용성형수술비	2,000,000			미용, 성형수술은 비용에서 제외
동생의 장애인 보장구 구입비	3,000,000	3,000,000		
계		6,600,000	11,400,000	

1. 본인등의료비 : 6,600,000
2. 기타의료비 : 7,000,000
   (1) 기타의료비 : 11,400,000 – 80,000,000×3% = 9,000,000
   (2) 한도 : 7,000,000
3. 의료비세액공제액 : (6,600,000 + 7,000,000)×15% = 2,040,000

문제 2.

(물음 1)

양도가액	100,000,000
취득가액	50,000,000
기타의 필요경비	1,200,000
양도차익	48,800,000

1. 양도가액 : 100,000,000(채무액)
2. 취득가액 : 500,000,000×200,000,000 /400,000,000×20% = 50,000,000
   ※ 증여당시 시가가 존재하므로 취득가액은 기준시가가 아닌 "실지거래가액-〉매매사례가액-〉감정평가액-〉환산취득가액"의 순서로 취득가액을 계산한다. 따라서 해당 사례에서는 취득가액을 알 수 없으므로 환산취득가액으로 취득가액을 계산한다.
   ※ 채무비율 : 100,000,000 / 500,000,000 = 20%
3. 기타의 필요경비 : 200,000,000×3%×20%=1,200,000

(물음 2)

증여세 과세가액	480,000,000

부모에게 증여를 받는 경우에는 10년 이내 증여세 과세가액을 합산하여 적용함

1. 토지 : 500,000,000 – 100,000,000(부담부증여) = 400,000,000
2. 현금 : 80,000,000

문제 3.

(물음 1)

구 분	과세표준	
	과세	영세율
㈜A	8,000,000	
㈜B	20,000,000	
㈜C	6,000,000	
㈜D	3,604,900	
㈜E	6,000,000	24,000,000

1. (주)A
   (1) 기계장치 A : 0
      * 장기할부조건은 해당 재화의 인도일의 다음 날부터 최종 할부금 지급기일까지의 기간이 1년 이상이어야 하므로, 인도일인 2022년 3월 20일이 공급시기가 된다.

  (2) 기계장치 B : 8,000,000

     * 중간지급조건부란 계약금을 받기로 한 날의 다음 날부터 재화를 인도하는 날 또는 재화를 이용가능하게 하는 날까지의 기간이 6개월 이상인 경우로서 그 기간 이내에 계약금 외의 대가를 분할하여 받는 경우를 의미한다.

     * 5월 21일~11월 20일까지의 기간이 6개월 이상이므로 계약금부분에 대해서만 공급시기에 해당한다.

     * 선세금계산서에 해당하려면 세금계산서 발급금액 전액에 대해서 7일 이내 또는 30일이내 대가 전액을 지급받아야 한다.

2. (주)B : 20,000,000

  금전 외의 대가를 받는 경우에는 자기가 공급한 재화 또는 용역의 시가로 과세표준을 정한다.

3. (주)C

  (1) 제품A : 10,000,000 − 7,000,000 = 3,000,000

    *1. 세관장의 과세표준 : 5,000,000 + 1,500,000 + 500,000 = 7,000,000

  (2) 제품B : 20,000,000 − 17,000,000 = 3,000,000

    *2. 세관장의 과세표준 역산 : 1,700,000 ÷ 10% = 17,000,000

4. (1) 임대료 상당액

    1) 월세 : 2,000,000 × 3 = 6,000,000

    2) 간주임대료 : (146,000,000 × 91일 ÷ 365일 × 1.8%) = 655,200

  (2) 면적구분

구분	과세	면세
토지	1,250	1,750
건물	500	500

  * 건물의 정착면적 : 500

  * 건물의 정착면적 중 면세면적이 차지하는 비율 : 50%

  * 토지임대면적 중 주택부수토지 면적에 해당하는 부분 : 3,000 × 50%

  * 주택부수토지 면적(한도) : 500 × 50% × 5배 = 1,250

  (3) 건물토지안분

  건물분 : 6,655,200 × 160,000,000 ÷ 320,000,000 × 500 ÷ 1,000 = 1,663,800

  토지분 : 6,655,200 × 160,000,000 ÷ 320,000,000 × 1,750 ÷ 3,000 = 1,941,100

  계 : 3,604,900

5.

	과세	영세율
제품A	−	10,000,000(외국반출분)
제품B	6,000,000 (면세사업사용분 30%)	14,000,000 (과세사업사용분 70%)
계	6,000,000	24,000,000

(물음 2)

구 분	과세표준
원재료	7,000,000
건 물	48,000,000
토 지	−
차 량	−
기계장치	15,000,000
비 품	−
제 품	12,000,000
합 계	82,000,000

구 분	과세표준	비고
원재료	7,000,000	
건 물	48,000,000	80,000,000×[(1− 경과한과세기간 수(5))×5%]×80%
토 지	−	부가가치세 면세재화
차 량	−	부가가치세 매입세액불공제 재화
기계장치	15,000,000	20,000,000×[(1− 경과한과세기간 수(1))×25%]
비 품	−	5,000,000×[(1 − 경과한과세기간 수(5))×25%]
제 품	12,000,000	
합 계	82,000,000	

문제 4.

〈요구사항 1〉

매출세액	50,000,000
매입세액	27,200,000
납부세액	22,800,000

1. 매출세액 : 500,000,000×10% = 50,000,000
2. 매입세액 :
   (1) 과세사업 매입가액 : 240,000,000×10% = 24,000,000
   (2) 공통매입가액 40,000,000×10%×80% = 3,200,000
      * 공급가액이 없는 경우의 공통매입세액의 안분계산방법(건축물 외)

   ① 총 매입가액(공통매입가액을 제외함)에 대한 면세사업에 관련한 매입가액의 비율
   ② 총 예정공급가액에 대한 면세사업에 관련한 예정공급가액의 비율
   ③ 총 예정사용면적에 대한 면세사업에 관련한 예정사용면적의 비율

〈요구사항 2〉

공통매입세액 정산액	(+) 200,000

$4,000,000 \times 5\% = 200,000$
(재계산이 아닌 대체비율과 확정비율의 정산시에는 감가율을 고려하지 않는다.)

〈요구사항 3〉

2021년 제1기	(+) 100,000
2021년 제2기	-

2021년 1기 : $4,000,000 \times 5\% \times (1 - 경과한과세기간수(2) \times 25\%)$

〈요구사항 4〉

과세표준	14,000,000

$20,000,000 \times 70\% = 14,000,000$

문제 5.

(물음 1)

자료 번호	익금산입 및 손금불산입			손금산입 및 익금불산입		
	과목	금액	소득처분	과목	금액	소득처분
1	부당행위계산부인	30,000,000	상여	토지	30,000,000	△유보
2	B주식	2,000,000	유보			
3	토지	30,000,000	유보			
4	금융자산평가이익	5,000,000	기타	D주식	5,000,000	△유보

1. * 장부가액 $100,000,000 - 70,000,000 = 30,000,000$
   〈손금산입〉 토지 30,000,000(△유보)
   〈손금불산입〉 부당행위계산부인 30,000,000(상여)

2. * 상증세법상 시가 $7,000,000 - 장부가액 5,000,000 = 2,000,000$
   * 특수관계가 있는 개인으로부터 저가매입이므로 시가로 평가한다.
   * 주식의 경우 감정가액은 시가로 인정하지 않으므로 상증세법상 보충적 평가방법을 사용한다.
   〈익금산입〉 주식 2,000,000(유보)

3. * 해당 토지를 처분하였으므로 전기에 △유보로 소득처분한 금액을 추인한다.
   〈손금불산입〉 토지 30,000,000(유보)

4. * 〈익금산입〉 금융자산평가이익 5,000,000(기타)
   〈익금불산입〉 금융자산 5,000,000(△유보)

(물음 2)

구 분	의제배당액
㈜A	16,720,000
㈜B	3,800,000

1. (주)A

　(1) 주식의 변동상황

일자	내역	감자전	감자	잔여주식
2015. 06. 05	유상취득(@10,000)	3,000주	200주*2	4,800주
2017. 09. 08	무상증자(@1,000)	2,000주		
2019. 05. 22	무상증자(단기소각주식)	1,000주	1,000주*1	1,800주
		6,000주	1,200주	

　* 1,2. 주식발행초과금 등 의제배당으로 과세되지 않은 무상주는 자본에 전입한지 2년 내에 유상감자 한
　　경우 감자주식의 취득가액을 '0'원으로 한다.

　(2) 감자시의제배당 : 1) − 2) = 16,720,000

　　1) 회사로부터 받은 현금 : 6,000주 × 20% × 15,000원 = 18,000,000
　　2) 취득금액 : 1,000주 × 0 + 200주 × 6,400*1 = 1,280,000
　　　*1. 3,000주 × 10,000 + 2,000주 × 1,000 ÷ (3,000주 + 2,000주) = 6,400

2. (주)B

　(1) 무상주 자본전입 재원

구 분	금 액	의제배당여부
주식발행초과금	6,000,000원	×
자기주식처분이익 (처분일 2018. 3. 1.)	2,000,000원	○
자기주식소각이익*1 (소각일 2019.10.15.)	4,000,000원	○
이익준비금	8,000,000원	○
합 계	20,000,000원	

　*1. 자기주식 소각일로부터 2년 이내 자본전입하였으므로 의제배당에 해당

　(2) 의제배당액 : 3,800,000

　　1) 무상주 자본전입으로 인한 의제배당
　　　1,000주 × 5,000원 × (14,000,000 ÷ 20,000,000) = 3,500,000
　　2) 지분율증가로 인한 의제배당
　　　1,000주 − (20,000,000 ÷ 5,000) × 20% = 200주
　　　* 지분율증가인 경우에는 의제배당에 해당하지 않는 주식도 과세 됨
　　　　200주 × 5,000원 × 30% = 300,000

(물음 3)

〈요구사항 1〉

익금산입 및 손금불산입			손금산입 및 익금불산입		
과목	금액	소득처분	과목	금액	소득처분
상무이사 상여금	20,000,000	상여			
퇴직급여	54,500,000	상여			
노동조합 전임자 급여	40,000,000	기타소득			

1. 상무이사
   (1) 상여금 50,000,000 – 일반급여 100,000,000×30% = 20,000,000
   (2) 퇴직급여 1) – 2) = 54,500,000
      1) 퇴직급여 : 100,000,000
      2) 상여 : 130,000,000×10%×42/12×3 = 45,500,000
2. 노동조합 전임자 급여는 전액 손금불산입 대상이다.

〈요구사항 2〉

익금산입 및 손금불산입			손금산입 및 익금불산입		
과목	금액	소득처분	과목	금액	소득처분
여비	5,000,000	배당			
공동경비	10,000,000	기타사외유출			
사택유지비	9,000,000	상여			

* 임직원이 아닌 지배주주에게 지급한 여비 등은 손금불산입 대상이다.
* 공동경비 중 회사가 부담하지 않는 부분은 손금불산입 대상이다.
  (20,000,000×50% = 10,000,000)
* 출자임원(소액주주 임원제외)의 사택유지비는 손금불산입 대상이다.

(물음 4) (2021 수정)

시부인대상 접대비 해당액		105,100,000
접대비 한도액	일반접대비 한도액	46,600,000
	문화접대비 한도액	5,000,000
접대비 한도초과액		53,500,000

1. 시부인대상 접대비 해당액
   105,300,000(손익계산서 접대비) – 12,800,000(3만원 초과 영수증 수취건)
   +6,000,000(잡손실 계상 중 국외지출분)+6,600,000(접대목적 제품제공)
   = 105,100,000

2. 일반접대비 한도액

   12,000,000+100억×3/1,000+20억×2/1,000+30억××2/1,000×10%

   = 46,600,000

3. 문화접대비 한도액 : min 1), 2)=5,000,000

   1) 문화접대비 지출액 : 5,000,000(1건당 취득가액이 100만원을 초과하는 미술품 구입액은
      일반접대비에 해당함)

   2) 일반접대비 한도× 20%=9,320,000

4. 한도초과액

   105,100,000 – 51,600,000 = 53,500,000

(물음 5)

〈요구사항 1〉

당기 대손금	215,000,000
전기말 대손충당금 설정대상 채권잔액	12,500,000,000
당기 대손실적률	1.72%

1. 당기대손금 : 215.000,000

   (1) 전기 매출채권 대손부인액(당기 소멸시효 완성 채권) : 48,000,000

   (2) 전기소멸시효 완성 채권 : 0

   (3) 3월 1일 부도 외상매출금 : 0[(주)설악은 중소기업이 아님]

   (4) 미수금 : 12,000,000

   (5) 소멸시효 완성채권 : 155,000,00

2. 전기말 채권 잔액 : 12,500,000,000

   (1) 재무상태표상 채권잔액 : 12,460,000,000

   (2) 부인액 : 48,000,000

   (3) 당기 소멸시효 완성액 (–) 8,000,000

〈요구사항 2〉

당기말 대손충당금 설정대상 채권잔액	14,225,000,000
당기 대손충당금 한도액	227,600,000
당기 대손충당금 한도초과액	52,400,000

1. 당기말 대손충당금 설정대상 채권내역

   (1) 당기말 재무상태표상 채권 내역 : 15,000,000,000

   (2) 설정제외채권 : 800,000,000

　　　　1) 토지양도 미수금 : 600,000,000 - 400,000,000 = 200,000,000
　　　　2) 무주택종업원에 대한 주택자금 대여금 : 100,000,000
　　　　3) 수탁판매물품 미수금 : 500,000,000

2. 채권관련유보잔액 : 25,000,000
　　(1) 전기 대손부인액 유보잔액 : 48,000,000
　　(2) 전기 소멸시효 완성채권 : △ 8,000,000
　　(3) 전기 유보잔액 추인 : △ 48,000,000
　　(4) 전기 소멸시효 완성채권 : 8,000,000
　　(5) 전기 대손충당금 한도초과액 : 25,000,000

2. 당기 대손충당금 한도액
　　14,225,000,000 × 1.6%(문제제시) = 227,600,000

3. 한도초과액
　　280,000,000 - 227,600,000 = 52,400,000

문제 6.

(물음 1)

구 분	익금산입 및 손금불산입			손금산입 및 익금불산입		
	과목	금액	소득처분	과목	금액	소득처분
제21기	감가상각비	1,000,000	유보	기계장치B	5,000,000	△유보
	상각부인액	3,236,000	유보			
제22기	감가상각비	1,000,000	유보			
	상각부인액	979,132	유보			

1. 제21기
　　(1) 기계장치 취득가액 :
　　　　1) 회계장부 : 25,000,000
　　　　2) 세법 : 20,000,000(시가를 취득가액으로 함)
　　　　3) 차액 : 5,000,000
　　　　　〈손금산입〉 기계장치B 5,000,000(△유보)

　　(2) 감가상각비
　　　　1) 회사계상 감가상각비 : 5,000,000
　　　　2) 세법상 감가상각비 : 5,000,000 × 20,000,000 ÷ 25,000,000 = 4,000,000
　　　　3) 차액 : 1,000,000
　　　　　〈손금불산입〉 감가상각비 1,000,000(유보)

(3) 감가상각비 시부인
1) 시부인 대상 감가상각비 : 5,000,000 - 1,000,000 + 8,000,000 = 12,000,000
  * 2021년의 현재 소액수선비(600만원)기준을 초과하였으므로 8,000,000은 즉시상각의
    제에 해당한다.

2) 상각범위액 : 28,000,000*1 × 0.313 × 12 ÷ 12 = 8,764,000
  *1. 세법상 취득가액 : 20,000,000(취득가액) + 8,000,000(소액수선비) = 28,000,000
  * 감가상각방법 무신고이므로 정률법, 기준내용연수를 적용한다.

3) 상각부인액 : 12,000,000 - 8,764,000 = 3,236,000

2. 제22기
(1) 감가상각비
1) 회사계상 감가상각비 : 5,000,000
2) 세법상 감가상각비 : 5,000,000 × 20,000,000 ÷ 25,000,000 = 4,000,000
3) 차액 : 1,000,000
  〈손금불산입〉 감가상각비 1,000,000(유보)

(2) 감가상각비 시부인
1) 시부인 대상 감가상각비 : 5,000,000 - 1,000,000 + 3,000,000 = 7,000,000
  * 2020년부터 600만원 미만 자본적지출액은 전액 손금으로 인정
2) 상각범위액 : (20,000,000 - 4,000,000 + 3,236,000) × 0.313 = 6,020,868
3) 상각부인액 : 979,132

(물음 2)

구 분	금 액
잔여재산가액	240,000,000
자기자본	175,000,000
청산소득금액	65,000,000

1. 잔여재산가액
(1) 자산총액 : 805,000,000(환가액)
(2) 자기자본 : 565,000,000
(3) 잔여재산가액 : 240,000,000

2. 자기자본 : (1) + (2) - (3) = 175,000,000
(1) 자본금 : 1) - 2) = 150,000,000
1) 재무상태표상 자본금 : 180,000,000
2) 자본잉여금 : 30,000,000(2년 이내 자본금 전입한 잉여금이므로 전입하지 않은 것)
(2) 세무상 잉여금 : 1) + 2) + 3) = 75,000,000
1) 이익잉여금 : 20,000,000
2) 2년 이내 전입한 잉여금 30,000,000
3) 유보잔액 : 25,000,000

(3) 이월결손금

MIN [1), 2)] = 50,000,000

1) 이월결손금 : 50,000,000

2) 세무상 잉여금 : 75,000,000

3. 청산소득금액 : (1) − (2) = 65,000,000

(1) 잔여재산가액 : 240,000,000

(2) 자기자본 : 175,000,000

문제 7.

(물음 1)

구 분	금 액
총상속재산가액	1,780,000,000
과세가액공제액	15,000,000
합산되는 증여재산가액	100,000,000
상속세과세가액	1,865,000,000
상속공제액	1,500,000,000
상속세과세표준	365,000,000

1. 총 상속재산가액 : (1) + (2) + (3) + (4) + (5) = 1,780,000,000

(1) 주택 : 300,000,000

(2) 생명보험금 : 400,000,000

* 600,000,000 × 80,000,000 ÷ 120,000,000

(3) 예금 : 800,000,000

(4) 토지, 건물(부동산) → 추정상속재산

: 1) − 2) − 3) = 100,000,000

1) 처분금액 합계 : 700,000,000

2) 용도입증금액 : 460,000,000

3) 상속추정배제금액 : min [7억원 × 20%, 2억원] = 140,000,000

(5) 주식 → 추정상속재산

: 1) − 2) − 3) = 180,000,000

1) 처분금액 합계 : 300,000,000

2) 용도입증금액 : 60,000,000

3) 상속추정배제금액 : min [3억원 × 20%, 2억원] : 60,000,000

2. 과세가액공제액 : 15,000,000

장례비용 (1) + (2) = 15,000,000

(1) 500만원 ≦ 장례에 직접 소요된 비용(12,000,000) ≦ 1,000만원

(2) 봉안시설, 자연장지의 사용에 소요된 비용 : 500만원

1) 700만원

2) 한도 : 500만원

3. 합산되는 증여재산가액
   (1) 딸 : 70,000,000
   (2) 친구 : 30,000,000
   (3) 계 : 100,000,000

4. 상속세 과세가액 : (1) – (2) + (3) = 1,865,000,000
   (1) 총 상속과세가액 : 1,780,000,000
   (2) 과세가액 공제액 : 15,000,000
   (3) 합산되는 증여재산 가액 : 100,000,000

5. 상속공제액
   (1) 인적공제액 = max[1), 2)] + 3) = 1,000,000,000
      1) 기초공제 & 그 밖의 인적공제
         ① 기초공제 : 200,000,000
         ② 그 밖의 인적공제(자녀공제) : 50,000,000×2명 = 100,000,000
      2) 일괄공제 : 500,000,000
      3) 배우자 상속공제 : max [실제상속금액, 500,000,000] = 500,000,000

   (2) 금융재산상속공제 : 200,000,000
      1) 실제 금융재산 상속금액×20%
         ① 보험금 400,000,000
         ② 예금 800,000,000
         ③ 주식 180,000,000
         ④ (①+②+③)×20% = 276,000,000
      2) 한도 : 2억원

   (3) 동거주택상속공제 : 300,000,000
      1) 동거주택의 상속인 지분 : 300,000,000
      2) 한도 : 600,000,000
   (4) 상속공제 : min[1), 2)] = 1,500,000,000
      1) 합계액 : (1) 1,000,000,000 + (2) 200,000,000 + (3) 300,000,000
             = 1,500,000,000
      2) 한도 : (상속세과세가액 – 상속인 외의 자에게 유증 등을 한 재산가액
            – 상속인의 상속포기로 후순위 상속인이 상속받는 재산가액 – 증여재산가액[*])
        * 증여재산공제, 재해손실공제를 받은 경우 이를 차감함

         ① 상속세과세가액 : 1,865,000,000
         ② 상속인 외의자에게 유증등을 한 재산가액 : 70,000,000
           – 딸 : (70,000,000 – 30,000,000)
           – 친구 : 30,000,000
         ③ 한도 (①-②) = 1,795,000,000

6. 상속세 과세표준
   (1) 상속세과세가액 : 1,865,000,000
   (2) 상속공제 : 1,500,000,000
   (3) (1) - (2) = 365,000,000

(물음 2)

증여재산가액	140,000,000

1. 관련조문
   주식 또는 출자지분의 상장 등에 따른 이익의 증여 (상속세 및 증여세법 제41조의 3)

   (1) 의의
      최대주주 등과 특수관계인이 최대주주 등으로부터 주식을 증여받거나 유상으로 취득한 날로
      부터 5년 이내 해당 주식 등의 상장됨에 따라 그 특수관계인이 이익을 얻은 경우에 해당 이익
      을 그 특수관계인의 증여재산가액으로 한다. 이는 고액자산가의 변칙적인 부의 세습을 방지하
      고자 함이다.

   (2) 요건
      1) 최대주주 또는 지분율 25% 이상인 자로부터 그와 특수관계인이 아래 방법으로 비상장주
         식을 증여받거나 취득할 것
         ① 최대주주 등으로부터 해당 법인의 주식을 증여받거나 유상으로 취득하는 경우
         ② 최대주주 등으로부터 증여받은 재산으로 증여일부터 3년 이내에 최대주주 등의 외의
            자로부터 해당 법인의 주식을 취득한 경우
      2) 증여일, 취득일로부터 5년 이내 상장이 될 것
      3) 증여일, 취득시점과 상장 후 3개월이 되는 날(정산기준일)의 주식가액이 일정규모(차액가
         액 비율 30%, 3억원) 이상의 차이가 날 것

   (3) 증여재산가액 = (정산기준일 1주당 평가가액 − 증여, 취득 당시 증여세 과세가액
                    − 1주당 기업가치 실질증가분) × 증여받거나 취득한 주식 수

2. 사례적용
   [1) 25,000 − 2) 5,000 − 3) 6,000] × 10,000주 = 140,000,000
   1) 정산기준일 1주당 평가액 : 25,000
   2) 증여, 취득 당시 증여세 과세가액 : 5,000
   3) 1주당 기업가치 실질증가분 : 6,000

재무관리

김 다 현(2020년 제55회 공인회계사 최연소 합격자)

문제 1.

(물음 1)

$$CEQ = E(CF) - (E(R_m) - R_f) \frac{Cov(CF, R_m)}{Var(R_m)}$$

$$CEQ_A = 1300 - (0.12 - 0.05) \frac{2}{Var(R_m)}$$

$$CEQ_B = 1350 - (0.12 - 0.05) \frac{6}{Var(R_m)}$$

$$CEQ_A = CEQ_B$$

$$\therefore\ Var(R_m) = 0.0056$$

$$\lambda = \frac{E(R_m) - R_f}{Var(R_m)} = 12.5$$

(물음 2)

$$CEQ_A = 1300 - (0.12 - 0.05) \frac{2}{0.03} = 1295.3333$$

$$CEQ_B = 1350 - (0.12 - 0.05) \frac{6}{0.03} = 1336$$

$$\frac{E(CF_i)}{1 + E(R_i)} = \frac{CEQ}{1 + R_f}$$

$$A: \frac{1300}{1 + E(R_A)} = \frac{CEQ_A}{1 + 0.05}, \therefore E(R_A) = 0.0538$$

$$B: \frac{1350}{1 + E(R_B)} = \frac{CEQ_B}{1 + 0.05}, \therefore E(R_B) = 0.061$$

$$E(R_i) = \beta_i (R_m - R_f) + R_f$$

$$\therefore \beta_A = 0.054, \beta_B = 0.1572$$

(물음 3)

$$NPV_A = \frac{CEQ_A}{1 + R_F} - 1000 = 233.6508$$

$$NPV_B = \frac{CEQ_B}{1 + R_F} - 1100 = 172.381$$

$$NPV_A > NPV_B$$

$\therefore$ 투자안 A를 선택해야 한다.

(물음 4)

- 공통점 : 확실성등가법과 위험조정할인율법은 둘 다 현금흐름을 할인하여 자본예산의 가치를 계산한다.
- 차이점 : 확실성등가법은 불확실성 하의 위험을 현금흐름에서 조정하지만 위험조정할인율법은 위험을 할인율에서 조정한다.

문제 2.

(물음 1)

$$EVA = (ROIC - WACC) \times IC$$
$$19.5 = (0.15 - WACC) \times 150$$
$$\therefore WACC = 0.02$$

(물음 2)

$$FCFF = EBIT(1-t) + Dep - (\triangle NWC + \triangle FA + Dep)$$
$$200 = 500(1-0.25) - \triangle NWC - 150$$
$$\triangle NWC = 25$$
$$\therefore 순운전자본 25억 증가하였음.$$

(물음 3)

$$기초 유동자산 = 99 \div 0.9 = 110, \ 기초 유동부채 = 87 \div 1.16 = 75$$
$$\triangle NWC = (99-87) - (110-75) = -23$$
$$DOL = 2 \quad \therefore EBIT_{2020} = 500(1-0.1 \times 2) = 400$$
$$FCFF = 400(1-0.25) + 0 - (-23+150+0) = 173$$
$$WACC = 10\% \times \frac{2}{3} + 4\% \times \frac{1}{3} = 8\%$$
$$V = \frac{173}{0.08} = 2162.5$$
답) 2163억 원

(물음 4)

$$\triangle V = 100억 \ 원 = B \times t = B \times 0.25 \quad \therefore B = 400$$
$$I = 400 \times 0.1 = 40$$
$$N.I. = EPS \times 발행주식 \ 수 = 200$$
$$N.I. = EBIT(1-t) - I(1-t) = (EBIT-40)(1-0.25)$$
$$\therefore EBIT = 306.67$$
답) 307억 원

문제 3.

(물음 1)

$$조달하는 \ 부채의 \ 금액 = \frac{50}{1.04} + \frac{50}{1.04^2} + \frac{1050}{1.04^3} = 1027.75억$$

$$최대로 \ 매입가능한 \ ㈜대한의 \ 주식 \ 수 = \frac{1027.75억}{250,000} = 411,100주$$

(물음 2)

$$EPS = \frac{N.I.}{주식 \ 수} = \frac{(EBIT - I)(1 - t)}{주식 \ 수} = \frac{(100 - 50)(1 - 0.2)}{1,000,000 - 411,100} = 6792$$

(물음 3)

$$DFL = \frac{100 - 50}{100} = 2$$

$$DFL = \frac{EPS \ 증감율}{EBIT \ 증감율} = 2$$

$$\therefore EPS감소율 = -100\%$$

(물음 4)

자사주 매입과 현금 배당은 모두 기업의 현금성 자산이 주주에게 이전된다는 공통점이 있다.
현금배당은 모든 주주에게 동일하게 적용되며 주당 배당액만큼의 주가하락을 발생시킬 수 있으나 자사주 매입은 주식을 매도하려는 주주들로부터 주식을 매입하여 기업의 발행주식수를 감소시킨다.
주주에게 같은 금액의 현금이 주어진다고 가정할 때, 시행 후에 자기자본가치와 PER이 동일하게 감소한다. 그러나 자사주 매입 시행 후에는 주식 수가 감소하고, 주가와 EPS에는 변함이 없지만 현금 배당 시행 후에는 주가가 감소하고 EPS가 증가하지만 주식 수는 변하지 않는다.

문제 4.

(물음 1)

$$결정계수 = \rho^2$$

$$\rho_{대한} = 0.7, \ \rho_{민국} = 0.6$$

$$\beta_{대한} = \frac{3\sigma_m}{\sigma_m} \times 0.7 = 2.1, \ \beta_{민국} = \frac{2\sigma_m}{\sigma_m} \times 0.6 = 1.2$$

(물음 2)

$$Var(e_i) = Var(R_i) - \beta_i^2 \times \sigma_m^2$$

$$Var(e_{대한}) = (3\sigma_m)^2 - (2.1\sigma_m)^2 = 4.59\sigma_m^2, \ Var(e_{민국}) = (2\sigma_m)^2 - (1.2\sigma_m)^2 = 2.56\sigma_m^2$$

$$정보비율_{대한} = \frac{0.004}{\sqrt{4.59\sigma_m^2}} = \frac{0.001867}{\sigma_m}, \ 정보비율_{민국} = \frac{0.003}{\sqrt{2.56\sigma_m^2}} = \frac{0.001875}{\sigma_m}$$

정보비율$_{대한}$ < 정보비율$_{민국}$

(물음 3)

$$\beta_s^U = \frac{2.1}{1+(1-0.2)\times\dfrac{0.2}{0.8}} = 1.75$$

$$\beta_s^L = 1.75 + 1.75(1-0.2)\times\frac{0.3}{0.7} = 2.35$$

(물음 4)

시간가중수익률법(기하평균수익률)은 투자기간 동안 실제 투자성과에 부응하는 수익률을 가져오는 일정한 연간 수익률이다. 금액가중수익률법은 내부수익률로 재투자된다는 가정하에 구한 수익률이다. 시간가중수익률법은 각 기간별 투자수익률로 투자수익의 재투자를 가정하므로 과거 성과를 측정하는데 있어 우월한 반면, 금액가중수익률법은 내부수익률로 재투자된다고 가정한다는 차이점이 존재한다.

문제 5.

(물음 1)

$B : a+6b = 64,000, \quad C : a+8b = 78,400$
$b = 7,200, \ a = 20,800$
$A = a = 20,800원$

(물음 2)

$D = 110,000 = 20,800 + 11 \times 7,200$
따라서 채권 D의 액면 이자율은 11%이다.
채권 D는 시장가격과 액면금액이 같으므로 액면이자율과 만기수익률이 동일하다.
따라서 채권 D의 만기수익률은 11%이다.

(물음 3)

$$F = \frac{10,000}{1.098} + \frac{110,000}{1.098^2} = 100,348원$$

(물음 4)

$$_0S_1 \le {}_0S_2 \le {}_0S_3 = 10\%$$
$$E = \frac{100,000}{1+{}_0S_1}$$
$$F = \frac{10,000}{1+{}_0S_1} + \frac{110,000}{(1+{}_0S_2)^2} = 100,348$$

$\dfrac{110,000}{(1+_0S_2)^2}$ 가 최소일 때 $\dfrac{100,000}{1+_0S_1}(=E)$ 가 최대

$_0S_2 \leq {}_0S_3 = 10\%$ $\therefore \dfrac{10,000}{1+_0S_1} = 9438.9$

E의 최대 가격은 $94,389$

(물음 5)

$_0S_1 \geq {}_0S_2 \geq {}_0S_3 = 10\%$

$E = \dfrac{100,000}{1+_0S_1}$

$F = \dfrac{10,000}{1+_0S_1} + \dfrac{110,000}{(1+_0S_2)^2} = 100,348$

$\dfrac{110,000}{(1+_0S_2)^2}$ 가 최대일 때 $\dfrac{100,000}{1+_0S_1}(=E)$ 가 최소

$_0S_1 \geq {}_0S_2$ 이므로 $_0S_1 = {}_0S_2$ 일 때 $\dfrac{110,000}{(1+_0S_2)^2}$ 가 최대

$(1+_0S_2) = x$ 이라 하면 $100,348x^2 - 10,000x - 110,000 = 0$

근의 공식에 따라 $x = 1.098$

$_0S_1 = {}_0S_2 = 0.098$

$\therefore E$의 최소 가격은 $\dfrac{100,000}{1+_0S_1} = 91,075$

문제 6.

(물음 1)

배당이 없는 경우에는 미국형 콜옵션과 유럽형 콜옵션의 가격이 동일하다.

$S + P - C = PV(X)$

$1100 + 21 - C = \dfrac{1100}{1.1^5}$ $\therefore C = 438$원

(물음 2)

1) C_{1200} 매입 $+ C_{1100}$ 매입 $+$ 주식 1주 매도 $+$ 채권 PV(X) 매입

	$t=0$	$t=1$		
		$S_1 \leq 1,100$	$1,100 \leq S_1 \leq 1,200$	$S_1 \geq 1,200$
C_{1200} 매입	-80	-	-	$S_1 - 1200$
C_{1100} 매입	-155	-	$S_1 - 1100$	$S_1 - 1100$
주식 1주 매도	1100	$-S_1$	$-S_1$	$-S_1$
채권 PV(X) 매입	-1000	1100	1100	1100
현금흐름	-135	$1100 - S_1$	0	$S_1 - 1200$

2) 135원

문제 7.

(물음 1)

배당시점에서 배당액만큼 주가를 조정했을 때

t=0	t=1			t=2		
	상황	배당전주가	배당후주가	상황	배당전주가	배당후주가
10,000	상승	11,000	10,900	상승	11,990	11,890
				하락	10,355	10,255
	하락	9,500	9,400	상승	10,340	10,240
				하락	8,930	8,830

$E(P_1) = 10900 \times 0.6 + 9400 \times 0.4 = 10300$
$E(P_2) = (11890 \times 0.6 + 10255 \times 0.4) \times 0.6 + (10240 \times 0.6 + 8830 \times 0.4) \times 0.4 = 10612$

– ㈜대한의 현금흐름 (단위: 백만원)

	t=0	t=1	t=2
고정이자 지급			$(-)10000 \times 0.03 \times 2$ $= (-)600$
배당금 수령		100	100
주식가치 변동분		$E(P_1) - 10,000 = 300$	
투자금액 지급			$(-)10000$
주식 수령			$E(P_2) = 10612$
현금흐름		400	112

(물음 2)

위험중립확률 $p = \dfrac{1.01 - 0.95}{1.1 - 0.95} = 0.4$

해당 풋옵션은 만기가 2년이고 행사가격이 10,000원인 풋옵션이다.

$P_{uu} = 0, P_{ud} = 0, P_{du} = 0, P_{dd} = 1170$

$P_0 = \dfrac{1170 \times 0.6^2}{1.01^2} = 413$원

(물음 3)

$C_{uu} = 1890, C_{ud} = 255, C_{du} = 240, C_{dd} = 0$

$$C_u = \frac{1890 \times 0.4 + 255 \times 0.6}{1.01} = 900$$

$$C_d = \frac{240 \times 0.4 + 0 \times 0.6}{1.01} = 95$$

$$C_0 = \frac{900 \times 0.4 + 95 \times 0.6}{1.01} = 413원$$

(물음 4)

• 신용부도스왑의 보장매도자는 신용위험을 인수하는 대가로 보장매수자로부터 수수료를 지급받는다. 대신 신용위험 대상자산에 손실이 발생하면 보장매도자가 보장매수자의 손실을 보전해준다.
• 신용부도스왑에서는 신용위험만이 이전되지만 총수익스왑에서는 신용위험과 시장위험이 함께 이전된다.

회계감사

양 요 섭 (2020년 제55회 공인회계사 최연장 합격자)

문제 1.

(물음 1)

제공하는 서비스, 보유한 자격의 내용 또는 업무경력에 대한 과장된 주장이나 입증되지 아니한 비교결과를 인용하여 다른 공인회계사의 업무를 비난하여서는 안된다.

(물음 2)

감사인의 유지제도 대상을 확대한 취지는 감사인에 대한 교체압력으로 인한 독립성 훼손 위험을 줄여 감사품질을 향상시키기 위함이다.

(물음 3)

(1) 가능, 재무적 이해관계를 전부 청산하거나 남아있는 재무적 이해관계가 더 이상 중요하지 않게 되도록 충분히 청산한다.
(2) 불가능
(3) 불가능

(물음 4)

1. 인증보고서 발행일
2. 전문적 관계가 종료되었음을 통지한 일자와 최종 인증업무보고서의 발생일자 중 늦은 날

(물음 5)

1. 당해 의뢰인의 감사위원회 등 지배기구와 이미 제공된 비감사업무와 관련된 독립성 문제를 논의한다.
2. 비감사업무의 결과에 대한 책임이 당해 의뢰인에게 있음을 인정하는 확인서를 입수한다.
3. 비감사업무를 제공한 구성원을 해당 재무제표 감사업무에서 제외시킨다.

문제 2.

(물음 1)

1. 전반감사전략
2. (세부)감사계획
3. 감사의 진행 중 발생한 전반감사전략 또는 세부감사계획의 중요한 변경과 그러한 qusrurd의 이유

(물음 2)

1. 해당 사항의 복잡성등 관련 사항의 성격과 유의성
2. 감사증거에 대한 대체적 원천의 이용가능성
3. 중요왜곡표시위험이 높을수록 감사인측 전문가를 활용

(물음 3)

1. 전문가의 업무가 관련된 사항에서의 중요왜곡표시위험
2. 전문가의 업무가 가지는 유의성
3. 전문가의 과거 수행업무에 대한 감사인의 지식과 경험
4. 전문가가 당해 회계법인의 품질관리정책과 절차를 준수하는지 여부

(물음 4)

재고자산의 실사입회의 세부적인 시기를 논의하는 것은 감사절차가 지나치게 예측가능하게 되어 감사절차의 효과성이 훼손될 수 있다.

문제 3.

(물음 1)

1. 경영진의 향후 실행계획에 대해 이러한 계획의 결과가 상황을 개선시킬지 여부와 해당 상황에서 실행가능성에 대해 평가

2. 경영진이 평가를 실시한 날 후에 추가적인 사실이나 정보가 이용가능하게 되었는지 여부를 고려
3. 경영진 및 지배기구에게 향후 실행계획과 이러한 계획의 실행가능성에 대해 서면진술을 요청

(물음 2)

1. 재무제표의 작성과 관련하여 경영진이 알고있는 모든 정보에 대한 접근
2. 감사증거를 입수하기 위해 감사인이 필요하다고 결정하는 기업 내부과계자에 대한 무제한적 접근
3. 감사인이 감사목적으로 경영진에게 요청하는 추가적인 정보

(물음 3)

(1) 감사보고서에 엔급된 모든 재무제표와 기간을 대상으로 해야 한다.
(2) 1. 해당 사항을 경영진과 토의
    2. 경영진의 성실성을 다시 평가하고 경영진의 진술과 감사증거의 신뢰성에 미치는 영향을 평가

(물음 4)

1. 유의적 사항을 업무수행이사와 논의
2. 재무제표와 감사보고서의 초안을 검토
3. 업무팀이 내린 유의적 판단과 그 도달된 결론을 검토
4. 감사보고서를 형성할 때 도달한 결론들을 평가하고 감사보고서의 초안이 적합한지 여부를 고려

(물음 5)

1. 감사보고서일 : 감사보고서일은 감사인이 재무제표에 대한 의견의 기초가 되는 충분하고 적합한 감
   사증거를 입수하는 날보다 더 빠른 일자가 될 수 없다.
2. 재무제표 승인일 : 관련 주석을 포함하여 전체 재무제표를 구성하는 모든 내용의 작성이 완료되고
   권한을 가진 것으로 인정된 기구가 동 재무제표에 대한 책임을 진다고 확인한 날을 말한다
3. 재무제표 발행일 : 일반적으로 당해 기업의 규제환경에 따라 다르지만 어떤 상황에서는 재무제표를
   규제기관에 제출한 일자가 될 수 있고 감사받은 재무제표의 발행일은 감사보고서일 이후가 되어야
   하고 또 감사보고서를 당해 기업에 제출한 날 이후가 되어야 한다.

(물음 6)

1. 감사문서를 수정하거나 추가하는 구체적인 이유
2. 감사문서를 수정하는자, 검토자와 그 시기를 문서화해야 한다.

문제 4.

(물음 1)

부문중요성을 사용한 부문재무정보에 대한 감사절차를 부문감사인에게 요청하거나 그룹업무팀이 직
접 수행해야한다.

(물음 2)

1. 부문중요성을 사용한 부문재무정보의 감사
2. 하나 이상의 거래유형, 계정잔액 또는 공시에 대한 감사
3. 특정 감사절차

(물음 3)

그룹수준의 분석적절차를 수행한다.

(물음 4)

1. 그룹에 유의적인 부문사업활동에 대해 부문감사인이나 부문경영진과 토의
2. 부정이나 오류로 인한 재무정보의 중요왜곡표시에 대한 부문의 취약성에 대해 부문감사인과 토의
3. 그룹재무제표의 식별된 유의적인 중요왜곡표시위험에 대한 부문감사인의 문서와 내용을 검토

(물음 5)

수정을 요하는 금액이 수행중요성에 현저히 미달하므로 후속사건에 대한 감사절차를 수행하지 않는다.

문제 5.

(물음 1)

1. 동기/압력 : 신규상장을 준비중인 회사가 실적개선을 위해 임원을 교체하고 신규임원은 실적개선에 따른 인센티브는 부정위험요소중 동기/압력에 해당한다.
2. 기회 : 신규임원은 경영 전반에 관한 자율권을 보장 받았으며 매출관련 내부통제에는 경영진의 모니터링 부재는 부정위험요소중 기회에 해당한다.
3. 태도/합리화 : 전기까지 존재하는 매출 관련 내부통제의 미비점들을 당기에도 개선되지 않고 있으므로 부정위험요소중 태도/합리화에 해당한다.

(물음 2)

1. 전체재무제표 수준의 중요왜곡표시위험
    1) 경영진의 내부통제 무력화
    2) 경영진의 적격성 부족 또는 경영진이 재무제표를 왜곡표시할 위험이 감사를 수행할 수 없을 정도로 크다고 결론을 내린 경우

2. 특정 거래유형,계정잔액 및 공시에 대한 경영진 주장 수준의 중요왜곡표시위험
    1) 평가 오류로 인한 대손충당금의 과소계상위험
    2) 실재성 오류로 인한 재고자산의 과대계상위험

(물음 3)

1. 분개의 적절성을 테스트(저널엔트리 테스트)
2. 회계추정의 편의 가능여부 평가, 만약 편의가 있다면 이를 유발하는 환경이 부정으로 인한 중요왜곡표시위험을 나타내는 것인지 여부 평가
3. 정상적인 사업과정을 벗어나거나 비정상적인 거래가 식별 됐다면 그러한 거래가 부정한 재무보고나 자산횡령의 목적으로 체결 됐는지 여부 평가

(물음 4)

1. 총매출이나 총매출이익 : 세전손익이 변동이 큰 경우에 감사인이 과거 실적에 기초한 평준화된 법인세비용차감전 계속사업이익 수치를 사용할 수 있다.
2. 영업이익 : 채권자의 의존도가 높은 비상장기업의 경우에는 영업이익 등을 벤치마크로 이용할 수 있다.

문제 6.

(물음 1)

1. 적절함
2. 적절함
3. 적절하지 않음
   통제가 효과적일 경우에도 반드시 중요한 거래유형,계정잔액 및 공시에 대해서는 실증절차를 수행 해야한다.
4. 적절하지 않음
   매출에 대해 부정위험이 존재하는 것으로 가정하였으므로 유의적위험이 있다고 판단되면 해당 위험과 관련된 기업의 통제를 이해해야한다.

(물음 2)

1. 통제미비점이 존재한다. 영업 담당부서와 신용평가 부서는 분리 시켜야 한다.
2. 통제미비점이 존재 하지 않는다.
3. 통제미비점이 존재 하지 않는다.
4. 통제미비점이 존재 하지 않는다.
5. 통제미비점이 존재한다. 영업담당자는 거래처로부터 매출채권을 수금하는 즉시 자금보관부서에 전달해야한다.

(물음 3)

1. 필요, 통제운영의 효과성 테스트는 9~10월의 매출 거래 뿐만아니라 1~8월사이의 매출 거래에서도 표본을 추출해야 한다.
2. 필요, 중요왜곡표시위험이 높다면 잔여기간의 통제 운영과 관련하여 필요한 추가적인 증거가 무엇인지를 결정해야한다.

(물음 4)

1. 통제미비점 없음, 통제미비점 종류 없음, 통제기술서에 설계된 대로 상여금을 지급하였기 때문에 통제미비점이 없다고 판단된다.
2. 통제미비점이 존재함, 중요한 취약점, 회계법인은 통합감사를 수행하고 있고 재무제표의 중요한 왜곡표시가 내부회계관리제도에 의해 발견, 수정되지 못하고 감사인에 의해 식별되었으므로 중요한 취약점에 해당한다고 판단된다.
3. 통제미비점이 존재함, 중요한 취약점, 회계법인은 통합감사를 수행하고 있고 재무제표의 중요한 왜곡표시가 내부회계관리제도에 의해 발견,수정되지 못하고 감사인에 의해 식별되었으므로 중요한 취약점에 해당한다고 판단된다.

(물음 5)

1. 재무제표 왜곡표시의 발생가능성
2. 잠재적 왜곡표시 금액 크기

문제 7.

(물음 1)

1. 매출성장률이 19년에 대폭하락하고 20년에 8%로 19년에 비해 1%하락하였다. 매출성장률이 하락세임에도 불구하고 향후 매출 성장률을 12%로 일정하게 예측하는 것은 편의가 있다고 판단된다.
2. 매출원가율이 17년부터 20년도 까지 계속적으로 상승해오고 있는데 향후 계획은 하락하는 것으로 예측하여 편의가 있다고 판단된다.

(물음 2)

1. 예
2. 아니오, 낙관적이거나 비관적으로 일정한 유형을 나타내는 것일 수 있는 점추정치의 선택은 경영진의 편의가능성 징후에 해당한다.
3. 예

(물음 3)

1. 경영진이 대체적인 가정이나 결과를 어떻게 고려하였는지, 그리고 그러한 가정이나 결과를 왜 기각하였는지, 그렇지 않을 경우 회계추정치를 도출할 때의 추정불확실성에 어떻게 대응하였는지에 관한 사항
2. 경영진이 이용한 유의적 가정들이 합리적인지 여부
3. 경영진이 이용한 유의적 가정들이 합리적인지 또는 해당 재무보고체계를 적합하게 적용하였는지와 관련하여, 특정한 일려늭 행동을 수행 하려는 경영진의 의도 및 이를 수행할 능력

문제 8.

(물음 1)

1. 감소
2. 증가
3. 증가
4. 증가

(물음 2)

1. 개념 : 모집단내의 연속된항목에서 하나의 구획을 선택하는 방법이다.
2. 이유 : 비통계적 표본추출방법이므로 추출된 표본이 모집단을 대표하지 못하기 때문이다.

(물음 3)

1. 모집단의 금액이 크고 소수의 항목으로 구성되어 있는 경우
2. 유의적위험이 존재하며 전수조사를 하지 않고는 충분하고 적합한 감사증거를 입수할 수 없는 경우
3. 정보시스템에 의해 자동적으로 수행되는 계산이나 반복적인 특성을 가져 전수조사가 비용측면으로 효과적인 경우

문제 9.

(물음 1)

(1) 2020년 1월 1일 전까지 선임하여야 한다.
(2) 감사보고서 발행 이전에 감사인을 선임함으로써 감사인에 대한 교체압력위협을 줄여 독립성을 향상시키기 위함이다.

(물음 2)

1. 당기 중 기초잔액에 대한 매출채권 회수 여부를 확인
2. 당기 중 재고자산에 대한 실사입회를 하여 기초 재고수량으로 조정한다.

(물음 3)

a. 1. 전기재무제표는 전임감사인이 감사 하였다는 내용 2. 전임감사인이 표명한 감사의견 그리고 동 의견이변형되었으면 그 이유 3. 전임간사인의 감사보고서일 4. 전기감사의견은 수전전 감사의견이었다는 내용
b. 1. 이전에 발행한 재무제표를 수정한 이유 2. 수정한 이유를 더 넓게 논의한 재무제표의 주석을 참조하라는 문구 3. 감사인이 이전에 발행한 보고서를 참조하라는 문구

(물음 4)

상황 c
1. 적정의견
2. 없음
3. 전체에 대한 중요성은 35억이고 5억은 중요하지 않으므로 적정의견을 표명한다.

상황 d
1. 적정의견
2. 계속기업 관련 중요한 불확실성 단락
3. 계속기업으로서의 존속능력에 대한 불확실성을 주석으로 공시하였으므로 적정의견을 표명한다.

(물음 5)

1. 의견거절
2. 우리는 주식회사 한국여행과 감사계약을 체결하였습니다.
5. 우리는 이 감사보고서의 의견거절근거 단락에서 기술된 사항의 유의성 때문에 재무제쵸에 대한 감사의견의 근거를 제공하는 충분하고 적합한 감사증거를 입수할 수 없었다.

원가회계

오 준 성 (2020년 제55회 공인회계사 최고득점 합격자)

문제 1.

(물음 1)

정상공손수량 : 당기에 검사를 받은 수량의 10%
(당기완성량 16,000 + 공손수량 2,000) × 10% = **1,800**
* 당기에 공손검사를 받은 물량을 구해야 한다.

(물음 2)

| | 제1공정 | | |
	물량의 흐름	직접재료원가	전환원가
기초완성	1,000	600	600
당기완성	15,000	15,000	15,000
정상공손	1,800 (80%)	1,440	1,440
비정상공손	200 (80%)	160	160
기말재공품	3,000 (60%)	1,800	1,800
	21,000	19,000	19,000

직접재료원가와 전환원가가 모두 공정전반에 걸쳐 균등하게 발생하므로, 결합원가 총액은 다음과 같이 구할 수 있다.

완성품환산량 단위당원가 : ₩1,900,000÷19,000 = @100

기초재공품원가 200,000을 합쳐서 계산하면 다음과 같다.

결합원가 총액 : 200,000 + (600 + 15,000 + 1,440) × @100 = **1,904,000**

(물음 3)

구 분	순실현가치	결합원가
연산품A	(6,000×500) + (500×80) − 640,000 = 2,400,000	761,600
연산품B	(10,000×400) − (360,000÷9,000) × 10,000 = 3,600,000	1,142,400
계	6,000,000	1,904,000

* 위의 연산품B의 경우, 전환원가 360,000은 완성품환산량 (8,000 + 2,000×0.5) = 9,000 단위에 해당하는 값이므로, 10,000단위에 해당하는 값을 구하기 위해서는 (360,000÷9,000)×10,000 과 같이 계산할 수 있습니다.

(물음 4)

부산품의 원가 : 500×80 = **40,000**

최종제품A의 원가 : 761,600 + (640,000 − 40,000) = **1,361,600**

(물음 5)

		제3공정	
	물량의 흐름	전공정원가	전환원가
기초완성	0	0	0
당기완성	8,000	8,000	8,000
기말재공품	2,000 (50%)	2,000	1,000
	10,000	10,000	9,000
		1,142,400÷10,000	360,000÷9,000
		= @114.24	= @40

1) 최종제품 B의 원가 : 8,000×@114.24 + 8,000×@40 = **1,233,920**

2) 기말재공품의 원가 : 제1공정   1,800×@100 = 180,000

제3공정   2,000×@114.24 + 1,000×@40 = 268,480

계   **448,480**

(물음 6)

결합원가 배부방법은 이미 발생한 결합원가를 사후적으로 배분하는 방식이므로, 배부방법을 달리 적용하더라도 결합원가의 총 발생액은 변하지 않는다. 따라서 기업 전체적인 입장에서 결합원가 배부방법은 연산품 추가가공의 수익성과 독립적이므로 추가가공여부에 영향을 주지 않는다.

문제 2.

(물음 1)

	제1공정		
	물량의 흐름	직접재료원가	전환원가
기초완성	600 (40%)	0	360
당기완성	8,400	8,400	8,400
정상공손	150 (100%)	150	150
비정상공손	0 (100%)	0	0
기말재공품	450 (40%)	450	180
	9,600	9,000	9,090
		180,000÷9,000 = @20	227,250÷9,090 = @25

완성품원가 : 60,000+8,400×@20+(360+8400)×@25+150×(@20+@25) = **453,750**
기말재공품원가 : 450×@20+180×@25 = **13,500**

* 정상공손수량은 부의 비정상공손수량을 인식하지 않고 실제공손수량인 150단위로 계산하였다.

(물음 2)

부의 비정상공손을 인식하는 경우, 정상공손수량은 9,000×3% = 270단위가 되므로, 비정상공손수량은 (−)120단위가 된다.

완성품원가 : 60,000+8,400×@20+(360+8400)×@25+270×(@20+@25) = **459,150**
기말재공품원가 : 450×@20+180×@25 = **13,500**
부(−)의 비정상공손원가 : (−)120×(@20+@25) = **(−)5,400**

(물음 3)

1차 검사시점 정상공손수량 : (당기완성량 8,000+2차 공손수량 400−기초재공품 800)×5%
                          = **380**
2차 검사시점 정상공손수량 : 당기완성량 8,000×2.5% = **200**

(물음 4)

| | 제2공정 | | | |
	물량의 흐름	전공정원가	직접재료원가	전환원가
완 성 품				
기초완성	800 (60%)	0	800	320
당기완성	7,200	7,200	7,200	7,200
1차 정상공손	380 (50%)	380	0	190
1차 비정상공손	20 (50%)	20	0	10
2차 정상공손	200 (100%)	200	200	200
2차 비정상공손	200 (100%)	200	200	200
기 말 재 공 품	1,000 (40%)	1,000	0	400
합 계	9,800	9,000	8,400	8,520
완성품환산량 단위당 원가		453,750÷9,000 =@50 (반올림)	252,000÷8,400 =@30	596,400÷8,520 =@70

(물음 5)

	배분전원가	
완성품원가	69,400+7,200×(@50+@30+@70)+800×@30+320×@70	= 1,195,800
1차 정상공손원가	380×@50+190×@70	= 32,300
1차 비정상공손원가	20×@50+10×@70	= 1,700
2차 정상공손원가	200×(@50+@30+@70)	= 30,000
2차 비정상공손원가	200×(@50+@30+@70)	= 30,000
기말재공품원가	1,000×@50+400×@70	= 78,000
합계		1,367,800

	배분전원가	1차배분	1차배분후원가	2차배분	2차배분후원가
완성품원가	1,195,800	30,600	1,226,400	30,850	1,257,250
1차정상공손원가	32,300	(32,300)	0	0	0
1차비정상공손원가	1,700	0	1,700	0	1,700
2차정상공손원가	30,000	850	30,850	30,850	0
2차비정상공손원가	30,000	850	30,850	0	30,850
기말재공품원가	78,000	0	78,000	0	78,000
합계	1,367,800	0	1,367,800	0	1,367,800

* 1차배분
   완성품 : 32,300×7200÷7,600 = 30,600

2차정상공손 : $32,300 \times 200 \div 7,600 = 850$

2차비정상공손 : $32,300 \times 200 \div 7,600 = 850$

1)

완성품원가	1,257,250
기말재공품원가	78,000
비정상공손원가	$1,700 + 30,850 = 32,550$

2) 분개

(차) 제품	1,257,250	(대) 재공품	1,289,800
비정상공손원가	32,550		

(물음 6)

정상공손허용률이 낮게 설정되는 경우 제품원가 측면에서는 비정상공손원가가 증가하고 정상공손원가가 감소하여 재고자산의 원가가 낮아진다. 만약 정상공손허용률이 과도하게 낮게 측정된 경우 위와 같은 문제로 인하여 수익비용 대응이 적절하게 이루어지지 않을 수 있다.

문제 3.

(물음 1)

	PT 4인 그룹	PT 2인 그룹	필라테스 3인 그룹
1일 수강료	$18,000 \times 4인 \times 90\% \times 4$ $= 259,200$	$35,000 \times 2인 \times 80\% \times 4$ $= 224,000$	$30,000 \times 3인 \times 80\% \times 8$ $= 576,000$
1일 변동원가			
소독비	$2,000 \times 4 = 8,000$	$2,000 \times 4 = 8,000$	$2,000 \times 8 = 16,000$
수도요금 등	$1,000 \times 4인 \times 90\% \times 95\% \times 4$ $= 13,680$	$1,000 \times 2인 \times 80\% \times 90\% \times 4$ $= 5,760$	$1,000 \times 3인 \times (80\% \times 95\% +$ $80\% \times 90\%) \times 4$ $= 17,760$
1일 공헌이익	237,520	210,240	542,240
1일 고정원가			
강사료	$728,000 \div 7일 = 104,000$	$672,000 \div 7일 = 96,000$	$812,000 \div 7일 + 896,000$ $\div 7일 = 244,000$
임차료	$210,280 \div 7일 \div 2 = 15,020$	$210,280 \div 7일 \div 2 = 15,020$	$300,020 \div 7일 = 42,860$
공통원가	$1,579,200 \div 16 \times 4 \div 7일$ $= 56,400$	$1,579,200 \div 16 \times 4 \div 7일$ $= 56,400$	$1,579,200 \div 16 \times 8 \div 7일$ $= 112,800$
1일 예상영업이익	62,100	42,820	142,580

(물음 2)

매출배합이 일정하므로 1 set를 오전 PT 1회, 필라테스 1회, 저녁 PT 1회, 필라테스 1회라고 하면,
1 set 공헌이익 : $(237,520+210,240+542,240) \div 4 = 247,500$
1주일 고정원가 : $1,610,280 + 2,008,020 + 1,579,200 = 5,197,500$
$5,197,500 \div 247,500 = 21$ 이므로, 총 21 set가 필요하다. 1set의 수업 횟수는 4회이므로
따라서 손익분기점 달성을 위해 필요한 주당 총 수업 횟수는 **84회**이다.

(물음 3)

한 달(28일) 총 고정원가 : $5,197,500 \times 4 = 20,790,000$
1일 공헌이익 : $237,520 + 210,240 + 542,240 = 990,000$
$990,000 \times A = 20,790,000$ 를 풀면 $A = 21$ 이므로, 21일 수업 시 한 달 기준 손익분기점이 된다.
따라서 손실을 보지 않기 위해서는 최대 **7일**까지 운영 중단이 가능하다.

(물음 4)

(1)

	PT 2인 그룹	필라테스 3인 그룹
1주일 수강료	$35,000 \times 2인 \times 80\% \times 2회 \times 7일$ $= 784,000$	$30,000 \times 3인 \times 80\% \times 2회 \times 7일$ $= 1,008,000$
1주일 변동원가		
소독비	$2,000 \times 2회 \times 7일 = 28,000$	$2,000 \times 2회 \times 7일 = 28,000$
수도요금 등	$1,000 \times 2인 \times 80\% \times 95\% \times 2회$ $\times 7일 = 21,280$	$1,000 \times 3인 \times 80\% \times 95\% \times 2회$ $\times 7일 = 31,920$
1주일 공헌이익	734,720	948,080

따라서 한 주당 이익은 **1,024,800**$(= 734,720 + 948,080 - 308,000 - 350,000)$**만큼 증가한다.**

(2) 매출배합이 일정하므로 1 set를 오전 PT 2회, 필라테스 2회, 오후 PT 1회, 필라테스 1회, 저녁
PT 2회, 필라테스 2회라고 하면,
　　1 set 공헌이익 : $(237,520+210,240+542,240) \div 2 + (734,720+948,080) \div 7일 \div 2 = 615,200$
　　1주일 고정원가 : $5,197,500 + 308,000 + 350,000 = 5,855,500$
　　$5,855,500 \div 615,200 ≒ 9.52$ 이므로, 총 10 set가 필요하다. 1 set의 수업 횟수는 10회이므로
　　따라서 손익분기점 달성을 위해 필요한 주당 총 수업 횟수는 100회이다.
　　손익분기점을 **16회**$(= 100회 - 84회)$ **증가시킨다.**

(물음 5)

	이용자 구간 0명~100명	이용자 구간 101명~200명
1인당 이용료	20,000	20,000
1인당 변동원가		
관리비	2,000	2,000
소도구	3,000	3,000
강사배분	0	20,000×4% = 800
1인당 공헌이익	15,000	14,200

(물음 6)

Case1. 이용자 구간 0명~100명의 경우

$15,000 \times A = 1,240,000 + 800,000$

$A = 136$

구간 내에 해당하지 않음으로 위의 구간에서 손익분기점은 존재하지 않는다.

Case2. 이용자 구간 101명~200명의 경우

$15,000 \times 100 + 14,200 \times A = 1,240,000 + 1,400,000$

$A \fallingdotseq 80.28$

따라서 **181명**이 월간 손익분기점 이용자수가 된다.

문제 4.

(물음 1)

구분	A부문	B부문
검사용역 건수	600	750
회사전체 영업이익	(−)12,000	

	A부문	B부문
수수료	500	280
변동원가	$1 \times 120 + 4 \times 50 = 320$	$1 \times 100 + 2 \times 30 = 160$
공헌이익	180	120

제약자원에 따른 최대 검사용역 건수는 다음과 같다.

	A부문	B부문
전문직	$150 \times 5 \div 1 = 750$	$150 \times 5 \div 1 = 750$
보조원	$150 \times 20 \div 4 = 750$	$150 \times 12 \div 2 = 900$
정밀기계	$1,800 \div 3 = 600$	$2,700 \div 1.5 = 1,800$

따라서 월간 영업이익 극대화를 위해서는 A부문은 정밀기계 제약에 의해 600건, B부문은 전문직 제약에 의해 750건의 검사용역을 제공해야 하고, 이 때 회사전체 영업이익은 (−)12,000(= 180×600 + 120×750 − 120,000 − 90,000)이다.

(물음 2)

(1) 최소대체가격 : 320×2 + 180×2 = **1,000**
(2) (2 − 1)
　　A부문 최소대체가격 : 1,000×110% = 1,100
　　B부문 최대대체가격 : 1,200 − 4×30 = 1,080
　　* (물음 1)의 상황에서 B부문이 추가로 Zeta의 성능검사 50건을 수용하는 경우, 유휴자원을 통해 추가적인 기회비용 없이 증분원가만으로 검사용역을 공급할 수 있다.
　　　따라서 B부문의 최대대체가격이 A부문이 결정한 이전가격보다 낮으므로 이전가격을 수용하지 않는다.

　　(2 − 2)
　　영업이익은 **4,000**(= (최소대체가격 1,080 − 최대대체가격 1,000)×50건) **증가한다.**

(물음 3)

(1)

구분	A부문	B부문
검사용역 건수	750	750
회사전체 영업이익	15,000	

	기존 계획 하에서 유휴시간	
	A부문	B부문
전문직	150h	0h
보조원	600h	300h
정밀기계	0h	1,575h

이익 극대화를 위해 A부문 검사용역 150건을 증가시킬 수 있고, 이 때 영업이익은 (물음 1)의 경우에 비해 150×180 = 27,000만큼 증가하여 15,000이 된다.

(2)

구분	A부문	B부문
미사용자원원가	0	30,375

	재배치 후 유휴시간	
	A부문	B부문
전문직	0h	0h
보조원	0h	300h
정밀기계	0h	1,125h

A부문 미사용자원원가 : 0
B부문 미사용자원원가 : 13,500÷(12명×150시간)×300시간+67,500÷2,700시간×1,125
          = 30,375

(물음 4)

(1)

구분	A부문	B부문
검사용역 건수	900	600
회사전체 영업이익	24,000	

다음과 같은 제약조건 하의 최대화 문제를 풀어야 한다.

목적함수 :   max [180×A+120×B]

제약조건 :   전문직   1×A+1×B≤1,500

                  보조원   4×A+2×B≤4,800

                  정밀기계   3×A+1.5×B≤4,500

위의 식을 풀면 (A, B) = (900,600)을 얻을 수 있다.
영업이익 : 900×180+600×120－210,000 = 24,000

(2) 위의 생산계획 하에서 전문직, 보조원의 경우 유휴시간이 없고, 정밀기계만 유휴시간이 900시간
존재한다.

A부문	45,000÷1,800h×900h = 22,500
B부문	67,500÷2,700h×900h = 22,500

따라서 절감되는 원가는 **22,500**이다.

(물음 5)

(물음 3)의 경우에는 기존 A부문과 B부문의 생산량 조합 (A,B) = (600,750)이 주어진 상태에서 유휴
자원을 이용한 영업이익 극대화였지만, (물음 4)의 경우 생산량 조합이 정해지지 않은 상태에서 모든
자원을 이용한 영업이익 극대화의 결과이므로 보다 영업이익이 높아졌다.

(물음 6)

	AQ×AP	AQ×SP	SQ×SP
A부문	1,000h×@45=45,000	1,000h×@50=50,000	675건×4h×@50=135,000
B부문	3,000h×@36=108,000	3,000h×@30=90,000	900건×2h×@30=54,000
계	153,000	140,000	189,000

가격차이 28,000 불리

따라서 예산영업이익은 **13,000 감소한다.**

(물음 7)

(1)

	투입량기준예산 (AQ×AM×SP)	조정된 투입량기준예산 (AQ×BM×SP)	산출량기준예산(변동예산) (SQ×BM×SP)
A부문	1,000h×@50=50,000	4,000h×0.6×@50=120,000	675건×4h×@50=135,000
B부문	3,000h×@30=90,000	4,000h×0.4×@30=48,000	900건×2h×@30=54,000
계	140,000	168,000	189,000

배합차이 28,000 유리   수율차이 21,000 유리

배합차이가 28,000 유리하므로, 회사전체 예산영업이익은 **28,000 증가한다.**

(2) 수율차이가 21,000 유리하므로, 회사전체 예산영업이익은 **21,000 증가한다.**

문제 5.

(물음 1)

	20x2년			
	㈜대한		㈜민국	
	품질원가	매출액비율	품질원가	매출액비율
예방원가 품질교육	9,400h×300 =2,820,000	3.53%	4,400h×300 =1,320,000	3.3%
평가원가 검사	20,000대×1.4h×80 =2,240,000	2.8%	16,000대×0.8h×80 =1,024,000	2.56%
내부실패원가 재작업	20,000대×5%×1,000 =1,000,000	1.25%	16,000대×6%×1,600 =1,536,000	3.84%
외부실패원가 사후수리	20,000대×4%×1,050 =840,000	1.05%	16,000대×5%×1,400 =1,120,000	2.8%
합계	6,900,000	8.63%	5,000,000	12.5%
매출액	20,000대×4,000= 80,000,000		16,000대×2,500= 40,000,000	

답안

품질원가범주	금액		매출액 대비 비율	
	㈜대한	㈜민국	㈜대한	㈜민국
예방원가	2,820,000	1,320,000	3.53%	3.3%
평가원가	2,240,000	1,024,000	2.8%	2.56%
내부실패원가	1,000,000	1,536,000	1.25%	3.84%
외부실패원가	840,000	1,120,000	1.05%	2.8%
계	6,900,000	5,000,000	8.63%	12.5%

(물음 2)

(1) 판단불가. 제시된 자료만으로는 고객의 요구 및 두 회사가 어떤 품질을 고객에게 제공하고자 하는 지를 파악할 수 없으므로, 설계품질이 우수하다 판단되는 회사를 결정할 수 없다.

(2) ㈜대한이 적합품질을 높이기 위해 더 노력하고 있다고 판단할 수 있다. ㈜대한의 경우가 매출액 대비 예방원가 및 평가원가의 비율이 더 높고, 또 전년도 대비 지출이 모두 증가하였으므로 적합 품질을 높이기 위해 더 노력하고 있다고 판단할 수 있다.

(물음 3)

(1) ㈜대한의 경우가 더 바람직하다. ㈜민국에 비해 ㈜대한은 예방원가와 평가원가의 매출액 대비 비율이 높고, 내부실패원가와 외부실패원가의 매출액 대비 비율이 낮다. 실패원가의 매출액 대비 비율을 낮춤으로써 보다 바람직한 지출을 하는 회사는 ㈜대한이라고 할 수 있다.

(2) ㈜대한의 품질활동 성과가 개선되었다. ㈜대한의 경우 ㈜민국과 달리 품질원가 총액이 감소하였고 매출액 대비 품질원가 비율도 감소하였으므로 품질활동 성과가 개선되었다고 할 수 있다.

	20x1년			
	㈜대한		㈜민국	
	품질원가	매출액비율	품질원가	매출액비율
예방원가 품질교육	6,000h×300 =1,800,000	2.25%	2,100h×300 =630,000	1.58%
평가원가 검사	20,000대×0.8h×80 =1,280,000	1.6%	16,000대×1h×80 =1,280,000	3.2%
내부실패원가 재작업	20,000대×8%×1,000 =1,600,000	2%	16,000대×5%×800 =640,000	1.6%
외부실패원가 사후수리	20,000대×9%×1,400 =2,520,000	3.15%	16,000대×8%×1,300 =1,664,000	4.16%
합계	7,200,000	9%	4,214,000	10.54%
매출액	20,000대×4,000 =80,000,000		16,000대×2,500 =40,000,000	

(물음 4)

(1) 기업이미지 실추로 인한 판매대수 감소는 외부실패원가에 반영할 필요가 있으며, 이를 반영하는 경우 매출액 대비 총품질원가의 비율은 약 1.35%(= 600대×(2,500 − 1,600)÷ 40,000,000) 증가한다.

(2) 제품불량으로 인한 손해배상금은 품질원가보고서에 반영해야 될 사항이다. 고객이 제품을 인도받은 후에 품질의 결함이 발견되어 발생하는 원가이므로 외부실패원가 범주에 영향을 미치게 된다.

(물음 5)

비용 증가 : (1,320,000 + 1,024,000)×30%   = 703,200
비용 감소 : (1,536,000 + 1,120,000)×50%   = 1,328,000

연간 이익은 **624,800**(= 1,328,000 − 703,200) **증가한다.**

(물음 6)

품질원가범주	(1)	(2)	(3)	(4)	(5)	(6)	(7)	(8)	(9)
예방원가		✓							✓
평가원가			✓					✓	
내부실패원가				✓			✓		
외부실패원가	✓				✓	✓			

재무회계

김 정 호 (공인회계사 / 서울디지털대학교 겸임교수)

문제 1.

(물음 1)

〈요구사항 1〉

답 : ① ₩548,000 ② ₩252,000

수행의무	거래가격 배분	
라이선스	₩440,000	₩800,000×₩550,000/(₩550,000 + ₩450,000)
제조용역	360,000	₩800,000×₩450,000/(₩550,000 + ₩450,000)
	₩800,000	

① 20×1년 수익 = ₩440,000 + ₩360,000 × ₩60,000/₩200,000 = ₩440,000 + ₩108,000
      = ₩548,000
② 20×2년 수익 = ₩360,000 − ₩108,000 = ₩252,000

〈요구사항 2〉

답 : ① 0 ② ₩800,000

〈판단〉

[1] 제조과정이 특유하기 때문에 특허권라이선스와 제조용역은 구별되지 않아 <u>하나의 수행의무</u>이다.
[2] 다른 고객에게 쉽게 이전할 수 없다는 것은 대체용도가 없음을 나타낸다. 그리고 계약시점에서 대가 ₩800,000을 받았는데, <u>이미 받은 대가를 보유할 집행가능한 권리</u>가 있지는 언급이 없다 [주]. 집행가능한 지급청구권이 없다(가정)보아 <u>한 시점에 이행하는 수행의무</u>이며, 통제를 이전할 때 수익을 인식한다. 제조용역이 모두 종료될 때 통제는 이전된다. 따라서 20×1년에는 수익을 인식하지 않고, 20×2년에 ₩800,000의 수익을 인식한다.

> [주] '지금까지 수행을 완료한 부분에 대해 지급청구권이 있는지를 판단할 때 <u>이미 받은 금액을 보유할 집행 가능한 권리가 있을지를 고려한다(KIFRS1115 − B11).</u>

[참고] 집행가능한 지급청구권이 없다고 가정 시 (기간에 걸쳐 수익 인식)

답 : ① ₩576,000 ② ₩224,000
  ① ₩800,000 × ₩360,000/₩500,000 = ₩576,000
  ② ₩800,000 − ₩576,000 = ₩224,000

(물음 2)

답 : ① ₩400,000 ② ₩600,000 ③ ₩270,000 ④ 0

① ₩400,000

수행의무	개별 판매가격	
제품 A	₩500,000	
할인권	125,000	추가 제품 평균 구입가격 250,000 × 증분 할인율 62.5% × 선택권 행사 가능성 80%
	₩625,000	
	배분된 거래가격	
제품 A	₩400,000	₩500,000/625,000 × 500,000
할인권	100,000	₩75,000/625,000 × 500,000
	₩500,000	

② 수익인식금액 = ₩700,000 − ₩100,000[주] = ₩600,000
  [주] 공정가치를 초과하여 고객에게 지급할 대가
      = 거래가격 300,000 − 공정가치 200,000
      = 100,000

③ (₩300,000 + ₩60,000) × ₩300,000/(₩300,000 + ₩100,000) = ₩270,000

④ 0

[관련 규정]
거래가격의 후속 변동은 계약 개시시점과 같은 기준으로 계약상 수행의무에 배분한다. 따라서 계약을 개시한 후의 개별 판매가격 변동을 반영하기 위해 거래가격을 다시 배분하지는 않는다. 이행된 수행의무에 배분되는 금액은 거래가격이 변동되는 기간에 수익으로 인식하거나 수익에서 차감한다 (KIFRS1115 – 88).

문제 2.

(물음 1)

답 : ① ₩500,000 ② ₩1,000,000

① ₩500,000

② 프로젝트 X 300,000 + 프로젝트 Y 700,000 = ₩1,000,000

(물음 2)

답 : ① ₩150,000 ② ₩50,000

① 취득원가 = 500,000 = 100,000 = 600,000
장부금액 = 600,000 – 600,000 × 3년/6년 = 300,000
손상차손 = 장부금액 300,000 – 회수가능액 150,000 = ₩150,000

② 환입 = MIN[(1), (2)] – (3) = 50,000
(1) 회수가능액 = 200,000
(2) 미손상 가정시 장부금액 = 600,000 – 600,000 × 5년/6년 = 100,000
(3) 장부금액 = 150,000 – 150,000 × 2년/3년 = ₩50,000

(물음 3)

답 : ① (–)₩140,000 ② (–)₩60,000

① 감가상각비 120,000 + 재평가손실 20,000 = 순이익 감소 140,000

② 재평가손실 60,000 = 기타포괄이익 감소 60,000

	×2.1.1	×2.말	×3.말	감가	재평가손익 PL	재평가손익 OCI
	500,000	480,000	750,000			
	×4/5					
×2.말	400,000 →	480,000		(100,000)		80,000
		×3/4				(20,000)[*1]
×3.말		360,000 →	280,000	(120,000)	(20,000)	(60,000)

*1. 80,000/4년 = 20,000

(물음 4)

답 : ① 0

토지무상사용권상각비 = 1,000,000÷10년 = 100,000

무형자산상각비 = 토지무상사용권상각비 100,000 − 정부보조금 상각비 상계 100,000 = 0

[회계처리]

〈20×1.1.1.〉

(차) 토지무상사용권	1,000,000	(대) 정부보조금 (토지무상사용권차감)	1,000,000

〈20×1.12.31.〉

(차) 무형자산상각비	100,000	(대) 토지무상사용권	100,000

(차) 정부보조금 (토지무상사용권차감)	100,000	(대) 무형자산상각비	100,000

(물음 5)

다음 중 하나에 해당하는 경우

⑴ 자산이 분리가능하다.

⑵ 자산이 계약상 권리 또는 기타 법적 권리로부터 발생한다.

문제 3.

(물음 1)

〈요구사항 1〉

답 : ₩48,174

상환할증금 = $1,000,000 \times (4\% - 2\%) \times (1 + 1.04 + 1.04^2 + 1.04^3) = 84,929$

부채요소 = $1,000,000 \times 2\% \times 3.5459 + (1,000,000 + 84,929) \times 0.8227$

$\qquad = 70,918 + 892,571$

$\qquad = 963,489$

이자비용 = $963,489 \times 5\% = ₩48,174$

〈요구사항 2〉

답 : ① ₩305,854 ② ₩968,857 ③ ₩48,667

[상각표]

일자	유효이자	표시이자	신주인수권 조정상각	상환할증금 감소	장부금액
20×1.1.1.					963,489
20×1.12.31.	48,174	20,000	28,174	–	991,663
20×2.6.30.	24,792	10,000	14,792	–	1,006,455
20×2.7.1.(행사)	–	–	(주2)4,867	(주1)42,465	968,857
20×2.12.31.	(주3)23,875	10,000	13,875		982,732
20×3.12.31.	49,137	20,000	29,137	–	1,011,869
20×4.12.31.	50,595	20,000	30,593	–	1,042,464

(주1) 상환할증금감소 = 84,929 × 50% = 42,465

(주2) 제거되는 사채상환할증금의 현재가치 = 42,465 × 0.8638 × 1.025 = 37,598

　　　상각 = 42,465 – 37,598 = 4,867

(주3) (A) 20×2.7.1부터 20×2.12.31까지 이자비용(미행사 가정) = 24,792

　　　(B) 20×2.7.1부터 20×2.12.31까지 상환활증금감소 관련 이자비용 = 42,465 × 0.8638 × 2.5%

　　　　　　　　　　　　　　　　　　　　 = 917

　　20×2.7.1부터 20×2.12.31까지 이자비용(미행사 가정) = (A) 24,792 – (B) 917 = 23,875

①

A 현금유입		500,000
B 제거되는 사채상환할증금의 현재가치	42,465 × 0.8638 × 1.025	37,598
C 신주인수권대가의 주식발행초과금 대체	(1,000,000 – 963,489) × 50%	18,256
D 자본금 증가	500,000 × 5,000/10,000	250,000
주식발행초과금 증가 A + B + C – D		₩305,854

② ₩968,857

③ 상반기 이자비용 24,792 + 하반기 이자비용 23,875 = ₩48,667

(물음 2)

답 : ① ₩271,484 ② ₩503,228 ③ ₩37,188

[상각표]

일자	유효이자	표시이자	전환권조정상각	장부금액
20×1.1.1.				963,489
20×1.12.31.	48,174	20,000	28,174	991,663
20×2.6.30.	24,792	10,000	14,792	1,006,455
20×2.7.1.(전환)	–	–		(주1)503,228
20×2.12.31.	(주2)12,396	5,000	7,396	510,624

일자	유효이자	표시이자	전환권조정상각	장부금액
20×3.12.31.	25,531	10,000	15,531	526,155
20×4.12.31.	26,310	10,000	16,310	542,465

(주1) 1,006,455×50% = ₩503,228   (주2) 991,663×50%×5%×6/12 = 12,396

①

A 전환된 전환사채 장부금액		503,228
B 전환권대가의 주식발행초과금 대체	(1,000,000 − 963,489)×50%	18,256
C 자본금 증가	500,000×5,000/10,000	250,000
주식발행초과금 증가 A+B−C		₩271,484

② ₩503,228
③ 상반기 이자비용 24,792 + 하반기 이자비용 12,396 = ₩37,188

(물음 3)

답 : ① (−)₩27,297
부채요소상환금액 = 1,000,000×2%×2.673+(1,000,000+84,929)×0.8396
             = 53,460+910,906
             = 964,366
사채상환손익 = 장부금액 964,366 − 상환금액 991,663
          = (−)₩27,297(손실)

(물음 4)

답 : ① (−)₩100,000

$$유도전환대가 = \left(\frac{1,000,000}{8,000} - \frac{1,000,000}{10,000}\right) \times 4,000 = 100,000(당기손실)$$

문제 4.

(물음 1)

후속적인 공정가치 변동을 기타포괄손익으로 표시하도록 최초 인식시점에 선택하는 경우

(물음 2)

① 불가
② 후속적인 공정가치 변동을 기타포괄손익으로 표시(즉, 재분류하지)하도록 최초 인식시점에 선택했기 때문
③ 가능

④ 당기손익으로 인식하는 금액이 해당 금융자산을 상각후원가로 측정하였더라면 당기손익으로 인식
하였을 금액과 같게 하기 위해서

(물음 3)

주계약이 금융상품의 적용범위에 포함되는 경우 내재파생상품을 분리하지 않고 복합상품 전체에 대하
여 회계처리한다.
반면, 주계약이 금융상품의 적용범위에 포함되지 않고, 내재파생상품요건을 충족하는 경우 내재파생
상품을 주계약과 분리하여 파생상품으로 회계처리한다.

문제 5.

(물음 1)

〈요구사항 1〉

답 : ① (-)₩890,759 ② ₩2,135,697 ③ ₩2,486,890
변경전 리스
리스개시일의 리스부채 = 사용권자산 = 2,000,000 × 4.6229 = 9,245,800
20×2년 12월 31일의 사용권자산 = 9,245,800 × 4년/6년 = 6,163,867
20×2년 12월 31일의 리스부채 = (9,245,800 × 1.08 - 2,000,000) × 1.08 - 2,000,000
        = 6,624,301
20×3년 1월 1일의 리스부채 재측정 = 1,000,000 × 10% 4년 연금 3.1699 = 3,169,900
사용권자산 조정 = 변경된 리스부채 3,169,900
        - 나머지 리스부채 4,637,011(6,624,301 × 70%)
      = (-)1,467,111
사용권자산 = 6,163,867 × 70% - 1,467,111 = 2,847,596

① (1) + (2) + (3) + (4) = (-)₩890,759
    (1) 사용권자산 감소 = 6,163,867 × 30% = (-)1,849,160
    (2) 리스부채 감소 = 6,624,301 × 30% = 1,987,290
    (3) 이자비용 = 3,169,900 × 10% = (-)316,990
    (4) 감가상각비 = 2,847,596 ÷ 4년 = (-)711,899
② 2,847,596 - 711,899 = ₩2,135,697
③ 3,169,900 - 1,000,000 + 316,990 = ₩2,486,890

〈요구사항 2〉

답 : ① (-)₩2,514,697 ② ₩5,573,869 ③ ₩6,149,001
별도리스의 20×3년 1월 1일의 리스부채 = 사용권자산 = 400,000 × 10% 4년 연금 3.1699
        = 1,267,960

	기존리스	별도리스	합계
감가상각비	9,245,800÷6년 = 1,540,967	1,267,960÷4년 = 316,990	1,857,957
이자비용	6,624,301×8% = 529,944	1,267,960×10% = 126,796	656,740
당기순이익 영향			(−)₩2,514,697
사용권자산	9,245,800 − 1,540,967×3년 = 4,622,899	1,267,960 − 316,990 = 950,970	₩5,573,869
리스부채	6,624,301 − 2,000,000 + 529,944 = 5,154,245	1,267,960 − 400,000 + 126,796 = 994,756	₩6,149,001

(물음 2)

상위 리스에서 생기는 사용권자산에 따라 금융리스 또는 운용리스로 분류한다.

문제 6.

(물음 1)

답 : ① ₩195,000 ② ₩467,500

①

(차) 현 금	300,000[*1]	(대) 자 본 금	150,000[*2]
주식선택권	45,000[*3]	주식발행초과금	195,000

*1. 300개×₩1,000 = ₩300,000
*2. 300개×₩500 = ₩150,000
*3. 300개×(₩1,150 − ₩1,000) = ₩45,000

②

(차) 현 금	550,000[*1]	(대) 자 본 금	275,000[*2]
주식선택권	192,500[*3]	주식발행초과금	467,500

*1. 550개×₩1,000 = ₩550,000
*2. 550개×₩500 = ₩275,000
*3. 550개×(₩1,350 − ₩1,000) = ₩192,500

(물음 2)

답 : ① (−)₩170,000 ② (−)₩85,000

① 보상비용 = 850개×(₩300×3/3 + ₩100) − 100명×10개×85%×₩300×2/3
   = ₩340,000 − ₩170,000 = ₩170,000
② 보상비용 = 850개×₩300×3/3 − 100명×10개×85%×₩300×2/3
   = ₩255,000 − ₩170,000 = ₩85,000

문제 7.

(물음 1)

〈요구사항 1〉

답 : ① ₩14,000,000 ② ₩450,000 ③ (−)₩450,000 ④ ₩2,650,000

구분	자본금	자본잉여금	자본조정	이익잉여금
20×3년 1월 1일	7,500,000	1,500,000	0	3,000,000
연차배당				(1,050,000)
유상증자	(주1)5,000,000	(주2)(250,000)		
자기주식취득			(900,000)	
무상증자	1,500,000	(1,000,000)		(500,000)
자기주식처분		(주4)200,000	(주3)450,000	
당기순이익				1,200,000
20×3년 12월 31일	14,000,000	450,000	(450,000)	2,650,000

(주1) 5,000주×₩1,000=₩5,000,000

(주2) 주식할인발행차금=5,000주×(₩1,000−₩950)=₩250,000

(주3) 500주×₩900=₩450,000

(주4) 자기주식처분이익=500주×(₩1,300−₩900)=₩200,000

〈요구사항 2〉

답 : ① ₩600,000 ② ₩750,000

①

구분	우선주배당	보통주배당	합계
연체배당	(주1) 150,000	–	150,000
기본배당	(주2) 150,000	(주3) 300,000	450,000
참가배당	(주4) 150,000	(주4) 300,000	450,000
합계	450,000	600,000	1,050,000

(주1) 2,500,000×6%=150,000　　　　(주2) 2,500,000×6%=150,000

(주3) 5,000,000×6%=300,000

(주4) (1,050,000−150,000−450,000)×2,500,000/(2,500,000+5,000,000)=150,000

(주5) (1,050,000−150,000−450,000)×5,000,000/(2,500,000+5,000,000)=300,000

②

구분	우선주배당	보통주배당	합계
연체배당	(주1) 150,000	–	150,000
기본배당	(주2) 150,000	750,000	900,000
합계	300,000	750,000	1,050,000

(주1) 2,500,000×6%=150,000　　(주2) 2,500,000×6%=150,000

(물음 2)

〈요구사항 1〉

①

(차) 회계변경의 누적효과	7,000	(대) 재고자산	10,000[*1]
(이익잉여금)			
이연법인세자산	3,000[*2]		

*1. 재고자산 감소 = 변경전 840,000 − 변경후 830,000 = 10,000

*2. 10,000×30% = 3,000

②

(차) 회계변경의누적효과	10,000	(대) 재고자산	10,000
(이익잉여금)			

〈요구사항 2〉

답 : ① ₩1,050,000 ② ₩2,540,000

① (1) 선입선출법 20×3년 재고자산 증가 = 970,000 − 830,000 = 140,000
　 (2) 가중평균법 20×3년 재고자산 증가 = 930,000 − 840,000 = 90,000
　　　 변경효과 = (1) − (2) = 50,000
　　　 당기순이익 = 1,000,000 + 변경효과 50,000 = ₩1,050,000

② 변경효과 = 선입선출법 20×3년 말 재고자산 − 가중평균법 20×3년 말 재고자산
　　　 = 970,000 − 930,000 = 40,000
　 당기순이익 = 2,500,000 + 변경효과 40,000 = ₩2,540,000

문제 8.

(물음)

항목번호	활동구분	현금흐름 가산(+) 또는 차감(−)	금액
1	영업	−	170,000
	투자	없음	
	재무	없음	
2	영업	−	7,000
	투자	−	250,000
	재무	없음	
3	영업	+	45,000
	투자	없음	
	재무	없음	

항목번호	활동구분	현금흐름 가산(+) 또는 차감(-)	금액
4	영업	+	1,000
	투자	없음	
	재무	+	56,200

〈항목번호 1〉
영업활동 = - 매출채권증가 200,000 + 손실충당금증가 30,000 = (-)₩170,000

〈항목번호 2〉

	건물				감가상각누계액			
초	0	처분	50,000	처분	10,000			
취득	300,000	증가	250,000	증가	- 7,000	상각	3,000	
	300,000		300,000		3,000		3,000	

영업활동 = 감가상각비 3,000 - 처분이익 10,000 = (-)₩7,000
처분 건물 = 취득 300,000 - 건물 증가 250,000 = 50,000
처분 감가상각누계액 = 감가상각비 7,000 + 감가상각누계액 감소 3,000 = 10,000
처분 건물 장부금액 = 50,000 - 10,000 = 40,000
건물 처분금액 = 장부금액 40,000 + 처분이익 10,000 = 50,000
투자활동 = 건물 처분액 50,000 - 건물 취득액 300,000 = (-)₩250,000

〈항목번호 3〉
영업활동 = 제품보증충당부채증가 45,000 = ₩45,000

〈항목번호 4〉

	사채				사채할인발행차금			
상환	30,000	초	0	초	0	상각[*1]	1,800	
						상환[*2]	1,400	
말	60,000	발행	90,000	발생	6,000	말	2,800	
	90,000		90,000		6,000		6,000	

*1. 이자비용 9,000 - 표시이자 7,200(=90,000×8%) = 1,800
*2. (6,000 - 1,800)×30,000/90,000 = 1,400

상환 사채 장부금액 = 30,000 - 1,400 = 28,600
사채 상환액 = 장부금액 28,600 - 상환이익 800 = 27,800
영업활동 = 상각액 1,800 - 상환이익 800 = 1,000
재무활동 = 사채 발행액 84,000(90,000 - 6,000) - 사채 상환액 27,800 = 56,200

문제 9.

(물음 1)

〈요구사항 1〉

답 : ① ₩10,000 ② (-)₩508

(1) 20×1.1.1.
〈이자율스왑〉
- 분개없음

〈장기차입금〉

(차) 현　　금	10,000	(대) 장기차입금	10,000

(2) 20×1.12.31.
〈이자율스왑〉

(차) 이자율스왑평가손실	181	(대) 이자율스왑부채	181

〈장기차입금〉

(차) 이자비용	600	(대) 현　　금	600
(차) 장기차입금	181	(대) 장기차입금평가이익	181

(3) 20×2.12.31.
〈이자율스왑〉

(차) 이자비용	100	(대) 현　　금	100*1

*1. ₩10,000×(지급 6% - 수취 5%) = ₩100

(차) 이자율스왑부채	181	(대) 이자율스왑평가이익	373
이자율스왑자산	192		

〈장기차입금〉

(차) 이자비용	600	(대) 현　　금	600
(차) 장기차입금평가손실	373	(대) 장기차입금	372

①

장기차입금 증가	9,819	발생 10,000 - 평가이익 181
이자율스왑부채 증가	181	이자율스왑거래
부채증감	₩10,000	

②

현금지급	(100)	이자율스왑거래
이자율스왑자산 증가	192	이자율스왑거래
현금지급	(600)	장기차입금거래
자산증감	(-)₩508	

〈요구사항 2〉

답 : ① (-)₩600 ② ₩92

①

이자비용	(600)	장기차입금거래
이자율스왑평가손실	(181)	이자율스왑거래
장기차입금평가이익	181	장기차입금거래
당기순이익 영향	(-)₩600	

②

장기차입금상환손실 (상환액 10,000 - 장부금액 9,819)	(181)	장기차입금거래
이자율스왑평가이익	373	이자율스왑거래
이자비용	(100)	이자율스왑거래
당기순이익 영향	₩92	

(물음 2)

〈요구사항 1〉

답 : ① ₩60,000 ② (-)₩60,000

①

구 분	위험회피대상 평가손익	파생상품 평가손익	파생상품평가손익	
			당기순이익	기타포괄손익
20×1년	(120,000)[*1]	60,000[*2]	-	60,000[*3]

*1. $2,000×(₩1,070-₩1,130)=(-)₩120,000 *2. $2,000×(₩1,110-₩1,080)=₩60,000

*3. MIN[₩60,000, ₩120,000]=₩60,000

②

통화선도자산 감소		(₩60,000)
기계장치 증가*1	$2,000×₩1,080	2,160,000
현금 감소*1	$2,000×(₩1,100 - ₩1,080) - $2,000×₩1,100	(2,160,000)
자산 증감		(-)₩60,000

*1. 기계장치 증가 = 현금 감소

[회계처리]

⟨20×1.12.31.⟩
- 파생상품

(차) 통화선도자산	60,000	(대) 파생상품평가이익(OCI)	60,000 *1

*1. $2,000×(₩1,110 - ₩1,080) = ₩60,000

⟨20×2.3.31.⟩

파생상품

(차) 파생상품평가이익(OCI)	20,000	(대) 통화선도자산	60,000
현　금	40,000 *1		

*1. $2,000×(₩1,100 - ₩1,080) = ₩40,000

확정계약

(차) 파생상품평가이익(OCI)	40,000 *1	(대) 현　금	2,200,000 *2
기계장치	2,160,000		

*1. ₩60,000 - ₩20,000 = ₩40,000　　　*2. $2,000×₩1,100 = ₩2,200,000

⟨요구사항 2⟩

답 : ① 0 ② ₩40,000

①

구 분	위험회피대상 평가손익	파생상품 평가손익	파생상품평가손익	
			당기순이익	기타포괄손익
20×1년	(120,000)*1	60,000*2	-	60,000*3

*1. $2,000×(₩1,070 - ₩1,130) = (-)₩120,000

*2. $2,000×(₩1,110 - ₩1,080) = ₩60,000

*3. MIN[₩60,000, ₩120,000] = ₩60,000

② 파생상품거래이익 ₩40,000

[회계처리]

⟨20×1.12.31.⟩
- 파생상품

(차) 통화선도자산	60,000	(대) 파생상품평가이익(OCI)	60,000 *1

*1. $2,000×(₩1,110 – ₩1,080) = ₩60,000

⟨20×2.3.31.⟩
- 파생상품

(차) 파생상품평가이익(OCI)	60,000	(대) 통화선도자산	60,000
현　금	40,000 *1	파생상품거래이익	40,000

*1. $2,000×(₩1,100 – ₩1,080) = ₩40,000

- 확정계약

(차) 기계장치	2,200,000 *1	(대) 현　금	2,200,000 *1

*1. $2,000×₩1,100 = ₩2,200,000

문제 10.

(물음 1)

① 당기비용
② 주식발행금액에서 차감
③ 자산 취득금액에 가산

(물음 2)

답 : ① ₩53,000

①

이전대가 등		
교부주식	₩600,000	200주×₩3,000
토지	200,000	장부금액 측정 (통제 계속 보유)
조건부대가(자본)	10,000	
취득일 이전 보유 주식	25,000	포합주식 10주×측정일 공정가치 ₩2,500
(1) 합계	₩835,000	

순자산 공정가치	₩540,000	
미인식 무형자산	50,000	연구개발프로젝트
불리한 리스조건 부채	(8,000)	3,331×측정일의 할인율 2.4018
토지	200,000	피취득자에게 이전된 자산
(2) 식별가능 취득자산과 인수부채의 순액	₩782,000	

영업권 = (1) ₩835,000 - (2) ₩782,000 = ₩53,000

[관련 기준]
- 취득자는 취득한 리스가 취득일에 <u>새로운 리스</u>인 것처럼 나머지 리스료(기업회계기준서 제1116호에서 정의함)의 현재가치로 리스부채를 측정한다. 취득자는 리스부채와 같은 금액으로 사용권자산을 측정하되, <u>시장조건과 비교하여 유리하거나 불리한 리스 조건이 있다면 이를 반영하기 위하여 조정</u>한다(KIFRS1103 - 28B).
- 취득일에 공정가치와 장부금액이 다른 취득자의 자산과 부채(예: 취득자의 비화폐성자산 또는 사업)가 이전대가에 포함될 수 있다. 이 경우, 취득자는 이전된 자산이나 부채를 취득일 현재 공정가치로 재측정하고, 그 결과 차손익이 있다면 당기손익으로 인식한다. 그러나 때로는 이전된 자산이나 부채가 사업결합 후 결합기업에 여전히 남아 있고(예: 자산이나 부채가 피취득자의 이전 소유주가 아니라 피취득자에게 이전됨), 따라서 취득자가 그에 대한 통제를 계속 보유하는 경우가 있다. 이러한 상황에서, 취득자는 그 자산과 부채를 취득일 직전의 장부금액으로 측정하고, 사업결합 전과 후에 여전히 통제하고 있는 자산과 부채에 대한 차손익을 당기손익으로 인식하지 않는다(KIFRS1103 - 38).

(물음 3)

답 : ① ₩58,000

①

이전대가 등		
교부주식	₩630,000	(200주 + 10주)×₩3,000
토지	200,000	장부금액 측정 (통제 계속 보유)
조건부대가(자본)	10,000	
취득일 이전 보유 주식	25,000	포합주식 10주×측정일 공정가치 ₩2,500
(1) 합계	₩865,000	

순자산 공정가치	₩540,000	
미인식 무형자산	50,000	연구개발프로젝트
불리한 리스조건 가치	(8,000)	3,331×측정일의 할인율 2.4018
토지	200,000	피취득자에게 이전된 자산
(2) 식별가능 취득자산과 인수부채의 순액	₩782,000	

영업권 = (1) ₩865,000 - (2) ₩782,000 - 자기주식 ₩25,000 = ₩58,000

(물음 4)

답 : ① ₩24,000 ② ₩7,200 ③ ₩8,000

손상차손 = 장부금액 220,000 − 회수가능액 140,000 = 80,000

과목	장부금액	손상차손배분				최종 장부금액
		1차	2차	2차조정	합계	
건물	50,000		*3 30,000	*4 (10,000)	20,000	30,000
토지	100,000		*2			100,000
기계장치	30,000		*3 18,000	6,000	①24,000	6,000
개발비	20,000		*3 12,000	4,000	16,000	4,000
영업권	20,000	*1 20,000			20,000	–
합계	220,000	20,000	60,000	–		140,000

*1. 영업권 장부금액 감소

*2. 토지의 '회수가능액 105,000 〉 장부금액 100,000' 이어서 손상차손 배분 안함

*3. 장부금액 비례로 배분
   건물 = (80,000 − 20,000) × 50,000/(50,000 + 30,000 + 20,000) = 30,000
   기계자치 = (80,000 − 20,000) × 30,000/(50,000 + 30,000 + 20,000) = 18,000
   개발비 = (80,000 − 20,000) × 20,000/(50,000 + 30,000 + 20,000) = 12,000

*4. 손창차손 배분후 건물의 '장부금액 20,000 〈 회수가능액 30,000'
   회수가능액 이하로 감소불가. 나머지 개별자산에 "회수가능액 30,000 − 장부금액 20,000 = 10,000"을 추가배분
   기계장치 추가배분 = 10,000 × 30,000/(30,000 + 20,000) = 6,000
   개발비 추가배분 = 10,000 × 20,000/(30,000 + 20,000) = 4,000

손상차손환입 = 회수가능액 160,000 − 장부금액 132,000 = 28,000

과목	장부금액	손상차손환입배분			최종 장부금액
		1차	1차조정	합계	
건물	*1 24,000	*2 21,000	*3 (5,000)	6,000	40,000
토지	100,000	–	–		100,000
기계장치	*1 4,800	*2 4,200	*3 3,000	②7,200	12,000
개발비	*1 3,200	*2 2,800	*3 2,000	4,800	③8,000
영업권	–			–	–
합계	132,000	28,000	–	28,000	160,000

(1) 상각후 장부금액
   • 건물 = 30,000 × 4/5 = 24,000   • 기계장치 = 6,000 × 4/5 = 4,800
   • 개발비 = 4,000 × 4/5 = 3,800

(2) 손상차손환입배분
   • 건물 = 28,000 × 24,000/(24,000 + 3,200 + 4,800) = 21,000
   • 기계장치 = 28,000 × 4,800/(24,000 + 3,200 + 4,800) = 4,200
   • 개발비 = 28,000 × 3,200/(24,000 + 3,200 + 4,800) = 2,800

(3) 배분후 장부금액 = 24,000 + 21,000 = 45,000
   • 미손상 가정시 장부금액 = 50,000 × 4/5 = 40,000
   • 손상차손배분액 감액 = 45,000 − 40,000 = 5,000
   • 건물 추가배분 = 5,000 × 4,800/(4,800 + 3,200) = 3,000

• 개발비 추가배분 = 5,000×3,200/(4,800+3,200) = 2,000

문제 11.

(물음 1)

답 : ① ₩5,659 ② ₩695

	㈜대한	㈜민국	㈜만세	비지배지분
당기순이익	4,000	1,500	1,000	
1. 처분이익제거		*1(100)		
감가상각비조정		*220		
2. 사채추정상환손익인식			*3(26)	
3. 재고자산미실현이익제거			*4(40)	
조정후순이익	4,000	1,420	934	
㈜만세순이익분배		654	(934)	280
㈜민국순이익분배	1,659	(2,074)		415
지배기업귀속순이익	5,659			
비지배지분귀속순이익				695

*1. 처분이익 = 처분금액 500 – 장부금액 400(=800–400) = 100

*2. 감가상각비 감액 = 처분이익 100÷5년 = 20

*3. 사채추정상환손익 = 사채장부금액 483 – 금융자산장부금액 509 = (–)26
   사채장부금액 = (952×1.12 – 1,000×10%)×50% = 483
   금융자산장부금액 = 513×1.09 – 500×10% = 509

*4. 100×40% = 40

(물음 2)

답 : ① ₩6,195

	㈜대한	㈜민국	㈜만세	비지배지분
기초자본금	₩20,000	₩10,000	₩8,000	
기초이익잉여금	6,000	2,500	2,000	
조정후순이익	4,000	1,420	934	
기말순자산	₩30,000	₩13,920	₩10,934	
㈜만세자본분배		[주2] 654		[주1]₩3,280
㈜민국자본분배	[주4]1,659	(14,574)		[주3]2,915
합계	₩31,659			₩6,195

[주1] ₩10,934×30% = ₩3,280   [주2] ₩10,934×70%-7,000 = ₩654

[주3] ₩14,574×20% = ₩2,915   [주4] ₩14,574×80%-10,000 = ₩1,659

(물음 3)

미실현손익을 종속기업이 인식하고 있어 제거하여 지배기업과 비지배분에 배분해야 한다.

문제 12.

(물음 1)

답 : ① ₩5,000 ② ₩635,000

① 취득원가 = 390,000(15%) + 245,000(10%) = 635,000

　영업권 = 635,000 − 2,520,000×25% = ₩5,000

②

취득원가		₩635,000
현금배당에 대한 지분	250주×₩200	(50,000)
총포괄이익에 대한 지분	(150,000 + 50,000)×25%	50,000
20×2년 말 장부금액		₩635,000

(물음 2)

답 : ① ₩110,000 ② ₩40,000

①

취득원가		₩450,000
당기순손실에 대한 지분	(400,000 − 100,000)×30%	(90,000)
20×2년 말 장부금액		₩360,000
20×2년 말 회수가능액		₩250,000
20×2년 손상차손	360,000 − 250,000	₩110,000

영업권 = 450,000 − (1,000,000 + 400,000)×30% = 30.000

②

20×2년 말 회수가능액		₩250,000
당기순이익에 대한 지분	(300,000 − 100,000)×30%	60,000
20×3년 말 장부금액		₩310,000
20×3년 말 회수가능액		₩350,000
20×3년 손상차손환입	350,000 − 310,000	₩40,000

(물음 3)

〈요구사항 1〉

투자자산을 취득한 회계기간의 관계기업이나 공동기업의 당기순손익 중 기업의 몫을 결정할 때 수익에 포함한다.

〈요구사항 2〉

답 : (−)₩12,400

염가매수차익	2,365,000×40%−900,000	₩46,000
당기순손실에 대한 지분	60,000×40%	(24,000)
공정가치 미달 재고자산 처분	(55,000−40,000)×40%	(6,000)
공정가치 미달 건물 감가상각비	(1,250,000−1,000,000)÷5년×40%	(20,000)
재고자산 미실현손익 제거	350,000×30%×20%×40%	(8,400)
지분법손익		(−)₩12,400

상기 풀이 중 일부는 계산오류 및 필자 개인적 판단이 강하게 작용하여 오류가 있을 수도 있습니다. 상기 풀이에 대한 질문은 gaapgaap@hanmail.net로 할 수 있습니다.

2019년도 제54회 기출문제 풀이

세법

김 명 근 (세무사)

문제 1.

(물음 1)

자료번호	과세표준	세율	매출세액
1	1,500,000	10%	150,000
2	10,000,000	10%	1,000,000
3	20,000,000	0%	0
4	11,500,000	0%	0
5	35,000,000	10%	3,500,000
6	20,000,000	10%	2,000,000
7			(−)500,000

자료번호1. 1,000,000 + 500,000 = 1,500,000

자료번호4. $5,000 × 1,100 + $5,000 × 1,200 = 11,500,000

자료번호5. 계약시점에는 계약금, 중도금, 잔금 형식으로 받는 중간지급조건부에 해당하므로, 각 부분의 대가를 받기로 한 때가 공급시기가 된다. 다만 협의로 대금지급시기가 변경된 경우 변경된 날이 공급시기가 된다.

15,000,000 + 20,000,000 = 35,000,000

자료번호6. 40,000,000 × (1 − 25% × 2) = 20,000,000

자료번호7. (3,300,000 + 2,200,000) × 10 ÷ 110 = 500,000 (대손세액공제는 매출세액에서 차감하는 형식으로 처리한다.)

* <u>사업자가 재화 및 용역을 공급한 후 그 공급일로부터 10년이 경과된 날이 속하는 과세기간에 대한 확정신고기한까지 대손이 확정되는 대손세액은 확정신고시 매출세액에서 공제한다.</u>

(물음 2)

〈요구사항 1〉

(1) 세금계산서 수취분 매입세액	45,000,000
(2) 그 밖의 공제매입세액	0
(3) 공제받지 못할 매입세액	18,000,000
차가감 계 : (1)+(2)-(3)	27,000,000

(3) 1,000,000(접대비관련매입세액)+15,000,000(면세관련매입세액)+(공통매입세액) 5,000,000
×4억÷10억=18,000,000

〈요구사항 2〉

(1) 세금계산서 수취분 매입세액	34,000,000
(2) 그 밖의 공제매입세액	2,000,000
(3) 공제받지 못할 매입세액	2,740,000
차가감 계 : (1)+(2)-(3)	33,260,000

(2) (변제대손세액) 700,000+(과세전환매입세액) 40,000,000×10%×(1-25%×2)
×13억÷20억=1,300,000
(3) 공통매입세액
 1) 예정신고시 매입세액 정산 : 5,000,000×7억÷20억-5,000,000×4억
÷20억=(-)250,000
 2) 확정신고시 매입세액 정산 : 5,000,000×7억÷20억=1,750,000
 3) 면세사업 트럭 과세전환 : 4,000,000×31%=1,240,000

문제 2. (2021 수정)

(물음 1)

납부세액	848,000

1. 신용카드 매출
 (1) 숙박업 : 30,000,000×20%×10 %=600,000
 (2) 음식점업 : 20,000,000×10%×10%=200,000

2. 비품매출세액 : 3,000,000×16%×10%=48,000
 가중평균부가가치율 : 16%
 20%×(30,000,000÷50,000,000)+10%×(30,000,000÷50,000,000)

(물음 2)

구분	공제세액
세금계산서 등 수취세액공제	44,000
의제매입세액 공제	0
신용카드매출전표 등 발행세액공제	650,000

1. 세금계산서등 수취세액공제 : (4,400,000+3,300,000+1,100,000)×0.5%

2. 의제매입세액공제
   간이과세자에 대한 면세농산물 등 의제매입세액공제 적용이 배제됨

3. 신용카드매출전표 등 발행세액공제 : 50,000,000×1.3%=650,000

문제 3. (2020 수정)

구분	익금산입 및 손금불산입			손금산입 및 익금불산입		
	과목	금액	소득처분	과목	금액	소득처분
A법인	미지급기부금	5,000,000	유보	전기법정기부금	10,000,000	기타
	지정기부금 한도초과	6,000,000	기타사외유출			
B법인	일시상각충당금	4,000,000	유보	국고보조금	4,000,000	△유보
C법인	감액분상각비	1,000,000	유보	사용수익 기부자산	40,000,000	△유보
D법인	직접외국납부세액	2,000,000	기타사외유출			
	간접외국납부세액	5,000,000	기타사외유출			

1. A법인
   기준소득금액 : 150,000,000
   차가감소득금액(세무조정포함) 100,000,000 + 법정기부금 20,000,000
   + 지정기부금 30,000,000

   (1) 법정기부금 한도 : 150,000,000×50%=75,000,000
       ① 전기 법정기부금 한도초과액 이월 손금산입 : 손금入 10,000,000(기타)
       ② 이월액 손금 산입 후 한도 : 75,000,000-10,000,000=65,000,000
       ③ 당기 한도초과액 : 없음

   (2) 지정기부금 한도 : (150,000,000-10,000,000-20,000,000)×20%=24,000,000
       1) 사회적기업의 경우 20% 한도를 적용한다.
       2) 손금불산입액 : 30,000,000-24,000,000=6,000,000

2. B법인
   (1) 전기 국고보조금 익금산입액에 대한 세무조정
       20,000,000×0.2 = 4,000,000 (손금산입)
   (2) 전기 일시상각충당금 손금산입액에 대한 세무조정
       20,000,000×0.2 = 4,000,000 (익금산입)

3. C법인
   (1) 사용자산기부자산에 대한 처분손익에 대한 손금산입 : 40,000,000
   (2) 감액분 상각비 : 40,000,000×2,500,000÷100,000,000 = 1,000,000

4. D법인
   (1) 직접외국납부세액 (원천징수세액) : 2,000,000
   (2) 간접외국납부세액 : 10,000,000×20,000,000÷(50,000,000 – 10,000,000)
                         = 5,000,000

문제 4.

(물음 1)

〈요구사항 1〉

익금산입 및 손금불산입			손금산입 및 익금불산입		
과목	금액	소득처분	과목	금액	소득처분
퇴직연금충당금	30,000,000	유보			

1. 세무상 퇴직연금충당금 기말잔액 : 1,090,000,000 – 100,000,000 = 990,000,000

2. 한도 min [①, ②] = 960,000,000
   ① 퇴직연금 운용자산 불입액 : 1,090,000,000
   ② max [a, b] = 960,000,000
       a. 일시 퇴직기준 퇴직급여추계액 : 960,000,000
       b. 보험수리적기준 퇴직급여추계액 : 880,000,000

3. 한도초과액 990,000,000 – 960,000,000 = 30,000,000

〈요구사항 2〉

익금산입 및 손금불산입			손금산입 및 익금불산입		
과목	금액	소득처분	과목	금액	소득처분
퇴직연금충당금	160,000,000	유보	퇴직연금충당금	320,000,000	△유보

1. 회계상 퇴직연금충당금에 대한 비용처리를 하지 않았으므로, 당기지급분에 대해서 손금불산입한다.
2. 한도 min [①, ②] = 960,000,000
   ① 퇴직연금 운용자산 불입액 : 1,090,000,000

② max [a, b] = 960,000,000
   a. 일시 퇴직기준 퇴직급여추계액 : 960,000,000
   b. 보험수리적기준 퇴직급여추계액 : 880,000,000

3. 한도시인액 960,000,000 – (800,000,000 – 160,000,000) = 320,000,000

〈요구사항 3〉

| 과목 | 기초 | 당기 중 증감 | | 기말 |
		감소	증가	
퇴직연금충당금	△800,000,000	△160,000,000	△320,000,000	△960,000,000

(물음 2)

〈요구사항 1〉

피출자법인	의제배당액
(주)A	7,450,000
(주)B	46,000,000

1. (주) A
   (1) 감자대가 : 8,400,000
   (2) 감자대상 주식의 세무상 취득가액 : 950,000
       300주×0 + 100주×9,500 = 950,000

소각순서	당초주식	증감주식	잔여주식	감자주식 수
① 단기소각주식	300주		300주	300주
② 기타주식	1,800주	200주	2,000주	100주

$$9,500 = \frac{1,800주 \times 10,000 + 200주 \times 5,000주}{1,800주 + 200주}$$

   (3) 의제배당액 : 8,400,000 – 950,000 = 7,450,000

2. (주)B
   (1) 지분율 해당분에 대한 의제배당
       1) 무상주재원 : 20,000,00 + 60,000,000 + 280,000,000 = 360,000,000
       2) 의제배당소득 : 360,000,000×(10% + 2.5%*) = 45,0000,000
          * 40,000주÷200,000주×10%÷[1– (40,000주÷200,000주)] = 2.5%

   (2) 지분율증가에 따른 의제배당 : 40,000,000(주식발행초과금)×2.5% = 1,000,000

〈요구사항 2〉

익금산입 및 손금불산입			손금산입 및 익금불산입		
과목	금액	소득처분	과목	금액	소득처분
(주)A주식	7,450,000	유보	수입배당금	16,035,000	기타
(주)B주식	46,000,000	유보			

수입배당금 익금불산입
(주) A : 7,450,000×30% = 2,235,000
(주) B : 46,000,000×30% = 13,800,000

(물음 3)

〈요구사항 1〉

익금산입 및 손금불산입			손금산입 및 익금불산입		
과목	금액	소득처분	과목	금액	소득처분
전기 미수이자	7,000,000	유보	미수이자	6,000,000	△유보

* 금융기관의 이자수익은 현금주의를 기준으로 한다.

〈요구사항 2〉

익금산입 및 손금불산입			손금산입 및 익금불산입		
과목	금액	소득처분	과목	금액	소득처분
의제배당	1,800,000	유보	수입배당금	1,440,000	기타

(1) 주식배당 : 200주×9,000 (발행가액) = 1,800,000
(2) 수입배당금 익금불산입 : [1,800,000(주식배당)＋3,000,000 (현금배당)]×30%
= 1,440,000

(물음 4) (2020 수정)

〈요구사항 1〉

익금산입 및 손금불산입			손금산입 및 익금불산입		
과목	금액	소득처분	과목	금액	소득처분
업무용승용차 감가상각비 한도초과	1,500,000	유보	감가상각비	2,000,000	△유보
업무외사용분	800,000	상여			

1. 업무용승용차 감가상각비는 신고조정 대상이므로, 회사계상금액이 세법상 감가상각비에 미달한 경우 세무조정 한다.
   (1) 업무용승용차 감가상각비 : 50,000,000 × 0.2 = 10,000,000
   (2) 회사계상액 : 8,000,000
   (3) 미달액 : 10,000,000 − 8,000,000 = 2,000,000

2. 업무외 사용분 검토
   (1) 업무사용비율 : 19,000km / 20,000km = 0.95
   (2) 감가상각비 중 업무외 사용 부분 : 10,000,000 × (1−0.95) = 500,000
   (3) 감가상각비 외 금액 중 업무용 사용부분 : 6,000,000 × (1−0.95) = 300,000
   (4) 업무외 사용분 : 500,000 + 300,000 = 800,000

3. 감가상각비 상당액 한도 검토
   업무용 승용차의 감가상각비 한도액은 연 8,000,000원이므로, 세법상 감가상각비 중 업무사용비율에 해당하는 부분이 한도에 초과하는지 검토 한다.
   (1) 감가상각비 중 업무사용 부분 : 10,000,000 × 0.95 = 9,500,000
   (2) 업무용승용차에 대한 감가상각비 한도 : 8,000,000
   (3) 한도초과액 : 9,500,000 − 8,000,000 = 1,500,000

〈요구사항 2〉

익금산입 및 손금불산입			손금산입 및 익금불산입		
과목	금액	소득처분	과목	금액	소득처분
업무외사용분	1,000,000	상여	감가상각비	2,000,000	△유보
업무용승용차 감가상각비 한도초과	1,375,000	유보			

1. 업무용승용차 감가상각비는 신고조정 대상이므로, 회사계상금액이 세법상 감가상각비에 미달한 경우 세무조정 한다.
   (1) 업무용승용차 감가상각비 : 50,000,000 × 0.2 = 10,000,000
   (2) 회사계상액 : 8,000,000
   (3) 미달액 : 10,000,000 − 8,000,000 = 2,000,000

2. 업무외 사용분 검토
   차량운행일지를 작성하지 않은 경우에는 연간 15,000,000원 한도로 비용을 인정하므로 연간 15,000,000원을 세법상 업무용승용차 사용총액으로 나눈 비율을 업무사용비율로 본다.
   (1) 업무사용비율: 1,500만원/1,600만원 = 0.9375
   (2) 감가상각비 중 업무외 사용 부분 : 10,000,000 × (1−0.9375) = 625,000
   (3) 감가상각비 외 금액 중 업무용 사용부분 : 6,000,000 × (1−0.9375) = 375,000
   (4) 업무외 사용분 : 625,000 + 375,000 = 1,000,000

3. 감가상각비 상당액 한도 검토

업무용 승용차의 감가상각비 한도액은 연 8,000,000원이므로, 세법상 감가상각비 중 업무사용비율에 해당하는 부분이 한도에 초과하는지 검토한다.

(1) <u>감가상각비 중 업무사용 부분 : 10,000,000×0.9375=9,375,000</u>

(2) 업무용승용차에 대한 감가상각비 한도 : 8,000,000

(3) <u>한도초과액 : 1,375,000</u>

(물음 5)

⟨요구사항 1⟩ (2020 수정)

적격증명서류 미수취 손금불산입 접대비	2,500,000
시부인대상 접대비	53,200,000
접대비 한도액	43,470,000

1. 적격증명서류 미수취 손금불산입 접대비 : 건당 3만원 초과 영수증 수취분만 산입한다.

2. 시부인대상 접대비

700,000+42,000,000+4,500,000+1,000,000(현물접대비 평가차액)+5,000,000
=53,200,000

3. 접대비 한도액

(1) 세법상 매출액 : 10,780,000,000+15,000,000(익금산입)

$\qquad$ −20,000,000(매출할인)−10,000,000(매출환입)−30,000,000(선수금)

$\qquad$ =10,735,000,000

(2) <u>접대비 한도액 : 12,000,000×12÷12+10,000,000,000×3÷1,000</u>

$\qquad$ <u>+735,000,000×2÷1,000=43,470,000</u>

⟨요구사항 2⟩

익금산입 및 손금불산입			손금산입 및 익금불산입		
과목	금액	소득처분	과목	금액	소득처분
접대비한도초과	27,000,000	기타사외유출	건물	6,000,000	△유보
감액분 상각비	400,000	유보			

1. 접대비 한도초과 : 39,000,000−12,000,000=27,000,000

2. 자산감액 세무조정

접대비 한도초과액 중 자산으로 계상한 접대비가 포함되어 있으면 그 금액을 감액 한다.

(1) 손비계상액 → (2) 건설중인 자산 계상액 → (3) 고정자산 계상액

자산으로 계상한 금액 감액 : 18,000,000−12,000,000=6,000,000

3. 감액분 상각비 : 20,000,000×6,000,000÷300,000,000=400.000

문제 5.

(물음 1)

	종합과세여부	이자소득금액	배당소득	그로스업	배당소득금액	원천징수세율	원천징수세액
1	A	3,000,000				90%	2,700,000
2	C	10,000,000				14%	1,400,000
3	A	1,200,000				14%	168,000
4	C	4,000,000				25%	1,000,000
5	C		5,000,000	550,000	5,550,000	14%	777,000
6	B	7,000,000					
7	C		2,000,000		2,000,000	14%	280,000
종합과세 계		21,000,000	7,000,000	550,000	7,550,000		5,725,000

종합과세여부
A : 무조건 분리과세
B : 무조건 종합과세
C : 조건부 종합과세

〈요구사항 1〉

원천징수세액	2,868,000

종합과세 여부 A로 되어있는 원천징수세액을 합해주면 된다.
3,000,000 × 90% + 1,200,000 × 14% = 2,868,000

〈요구사항 2〉

이자소득 총수입금액	21,000,000
배당소득 총수입금액	7,000,000
배당가산액 (Gross-up 금액)	555,000

(1) 이자소득 총 수입금액 : 10,000,000 + 4,000,000 + 7,000,000 = 21,000,000
(2) 배당소득 총 수입금액 : 5,000,000 + 2,000,000 = 7,000,000
(3) 배당가산액 : 5,000,000 × 11% = 550,000

〈요구사항 3〉

일반산출세액	6,220,000
비교산출세액	6,527,500

1. 일반산출세액

(50,000,000 − 20,000,000) × 누진세율 + 20,000,000 × 14% = 6,220,000

2. 비교산출세액

* 이자소득 총수입금액 15,000,000원으로 가정하였으므로 이 금액 중에 비영업대금의 이익 4,000,000원이 포함된 것으로 보아야 한다.

(1) 배당가산액 : (25,000,000 − 20,000,000) × 11% = 550,000

(2) 비교산출세액 : (50,000,000 − 25,550,000) × 누진세율 + 4,000,000 × 25% + (25,000,000 − 4,000,000) × 14% = 6,527,500

(물음 2)

〈요구사항 1〉

연금수령한도	120,000,000

① 의견 1 : 기산연차는 연금수령 개시 신청과 관계없이 연령요건(55세) 및 가입요건(2013년 3월 1일 이후 가입)을 충족하는 과세기간을 말한다. (기획재정부 소득세재과-431)

$$\text{연금수령한도} : 120,000,000 = \frac{300,000,000}{(11-8)} \times 120\%$$

1 + (62세 − 55세) = 8년차

② 의견 2 : 실제 연금을 수령한 2022년을 기산연도로 보는 의견

$$\text{연금수령 한도} : 36,000,000 = \frac{300,000,000}{(11-1)} \times 120\%$$

〈요구사항 2〉

총 연금액(연금계좌)	30,000,000
사적연금소득 원천징수액	1,350,000

1. 총연금액 (연금계좌)

(1) 연금수령액 : 65,000,000

(2) 과세구분

구분	연금수령분	과세방법
세액공제 제외(과세 ×)	20,000,000	과세제외 (이중과세)
이연퇴직소득(과세 ○)	10,000,000	연금소득
세액공제 적용(과세 ○)	20,000,000	(한도 : 50,000,000 − 20,000,000)
	15,000,000	기타소득(한도초과분)

(3) 이연퇴직소득과 세액공제 적용분에 한해서 총 연금액에 합산한다.

10,000,000 + 20,000,000 = 30,000,000

2. 사적연금소득 원천징수액

    (1) 이연퇴직소득 : 500,000×70% = 350,000

    (2) 연금형태로 수령한 연금소득 : 20,000,000×5% = 1,000,000

〈요구사항 3〉

손익계산서상 당기순이익	15,000,000
총수입금액산입 · 필요경비불산입	6,146,000
총수입금액불산입 · 필요경비산입	3,000,000
사업소득금액	18,146,000

내용	총수입금액산입 · 필요경비불산입	총수입금액불산입 · 필요경비산입	비고
2. 을의 급여	2,000,000		
3. ① 채권자불분명사채이자	2,000,000		
3. ② 저축은행차입금이자	·		
4. 접대비지출액(증빙분실)	500,000		
5. 업무용승용차 처분손실	1,500,000		800만원 초과분
6. 재해손실 (미계상)			결산조정사항
7. 외환차손 (미계상)		3,000,000	
8. 초과인출금이자	146,000		아래 참조
계	6,146,000	3,000,000	

8. 초과인출금 이자

    (1) 저축은행 차입금 원금 7,300,000÷10% = 73,000,000

    (2) 초과인출금 지급이자 : 146,000

$$7,300,000 \times \frac{532,900,000}{73,000,000 \times 365} = 146,000$$

(물음 3)

〈요구사항 1〉

인적공제	기본공제액	7,500,000
	추가공제액	3,500,000
특별소득공제액		2,600,000

1. 기본공제

　본인 1,500,000 + 부친 1,500,000 + 모친 1,500,000 + 배우자 + 0 + 장남 1,500,000
　+ 차남 1,500,000 = 7,500,000

　* 배우자

　　1) 근로소득금액 4,000,000(총급여) – 2,800,000(근로소득공제) = 1,200,000

　　2) 퇴직소득금액 : 800,000

　　3) 합계가 100만원이 넘으므로 공제불가

2. 추가공제

　(1) 부녀자공제 : 500,000 (배우자가 있는 여성이고, 종합소득금액이 3,000만원 이하인 경우)

　(2) 장애인공제 : 2,000,000

　(3) 경로우대공제 : 1,000,000

3. 특별소득공제액

　(1) 보험료 공제 : 1,000,000 (본인부담 건강보험료)

　(2) 주택자금공제 : 1,600,000

　　1) 주택임차자금의 원리금 상환액 : 4,000,000 × 40% = 1,600,000

　　2) 한도 : 3,000,000

　　　* 주택청약저축납입액 공제는 소득세법상 소득공제가 아니라 조세특례제한법상 소득공제
　　　이므로 제외

〈요구사항 2〉

일반산출세액	2,970,000
비교산출세액	10,670,000

1. 종합소득과세표준 : 30,000,000 – 3,000,000 = 27,000,000
2. 일반산출세액 : 27,000,000 × 누진세율 = 2,970,000
3. 비교산출세액

　(과세표준 – 대상자산매매차익) × 누진세율 + (대상자산매매차익 – 장기보유특별공제 – 양도소득기본
　공제) × 양도소득세율

　(27,000,000 – 14,000,000) × 누진세율 + (14,000,000 – 0 – 0) × 70%

　= 10,670,000

　* 매매차익 : 200,000,000 – 180,000,000 – 6,000,000 = 14,000,000

　* 미등기전매이므로, 장기보유특별공제와 양도소득기본공제는 적용하지 않는다.

〈요구사항 3〉

교육비세액공제액	1,620,000
기장세액공제액	840,000

1. 교육비 세액공제액 : 10,800,000×15% = 1,620,000

관계	구분	공제대상 금액	비고
본인	대학원 등록금	8,000,000	
장남	직업훈련개발시설 수강료		공제대상 제외 (본인만 가능)
차남	고등학교 수업료	2,000,000	교복비 50만원 한도
	교복비	500,000	체험학습비 30만원 한도
	현장체험학습	300,000	초중고교육비 300만원 한도
	계	10,800,000	

2. 기장세액공제액 : 840,000
   (1) (9,000,000×14,000,000÷30,000,000)×20% = 840,000
   (2) 한도 : 1,000,000

문제 6.

〈요구사항 1〉

양도가액	220,000,000
취득가액	79,400,000
기타의 필요경비	2,000,000
장기보유특별공제	27,720,000
양도소득금액	110,880,000

구분	금액	비고
양도가액	220,000,000	양도가액이 시가와 5%이상 차이나고, 특수관계인인 아들에게 매각하였으므로 시가를 양도가액으로 한다.
취득가액	79,400,000	취득세 영수증이 없어도 비용 산입이 가능하다. 다만 감면 금액은 취득가액에서 공제해야 한다.
기타의 필요경비	2,000,000	위약금은 필요경비에서 제외한다.
양도차익	138,600,000	
장기보유특별공제	27,720,000	138,600,000×20%
양도소득금액	110,880,000	

〈요구사항 2〉

양도소득과세표준	97,500,000
양도소득산출세액	19,225,000

1. 과세표준
   100,000,000 – 2,500,000 = 97,500,000

2. 양도소득산출세액
   15,900,000+(97,500,000–88,000,000)×35%

* 원칙적으로 투기지역으로 지정된 지역에 비사업용토지를 양도하였으므로 20%세율이 중과되지만 현재 투기지역으로 지정된 지역이 없으며 2009.3.16.~2012.12.31 기간 내에 취득한 비사업용토지의 경우 중과세율이 적용되지 않음. ☞ 소득세법 부칙(2008.12.26 법률 9270호)

문제 7.

(물음 1)

1. 저가 양수 또는 고가 양도에 따른 이익의 증여
   특수관계인 간에 재산을 시가보다 낮은 가액으로 양수하거나 시가보다 높은 가액으로 양도한 경우로서 그 대가와 시가의 차액이 기준금액 이상인 경우에는 그 대가와 시가의 차액에서 기준금액을 뺀 금액을 그 이익을 얻은 자의 증여재산가액으로 한다.

   기준금액 : (1), (2) 중 하나 이상 충족하는 경우
   (1) | 시가 – 거래가액 | ≥ 3억
   (2) | 시가 – 거래가액 | ≥ 시가×30%

2. 주식등의 상장 등에 따른 이익의 증여
   기업의 경영 등에 관하여 공개되지 아니한 정보를 이용할 수 있는 지위에 있다고 인정되는 최대주주 등의 특수관계인이 해당 법인의 주식등을 증여받거나 취득한 경우 그 주식등을 증여받거나 취득한 날부터 5년 이내에 그 주식등이 증권시장에 상장됨에 따라 그 가액이 증가한 경우로서 그 주식등을 증여받거나 취득한 자가 당초 증여세 과세가액 또는 취득가액을 초과하여 이익을 얻은 경우에는 그 이익에 상당하는 금액을 그 이익을 얻은 자의 증여재산가액으로 한다. 다만, 그 이익에 상당하는 금액이 기준금액 미만인 경우는 제외한다.

   기준금액 : 아래금액 중 적은금액
   (1) 대통령령으로 정하는 주식가액의 30%
   (2) 3억원

3. 특수관계법인으로부터 제공받은 사업기회로 발생한 이익의 증여 의제
   지배주주와 등의 주식보유비율이 100분의 30 이상인 법인(수혜법인)의 지배주주와 특수관계에 있는 법인으로부터 법령으로 정하는 방법으로 사업기회를 제공받는 경우에는 그 사업기회 제공일이 속하는 사업연도의 종료일에 그 수혜법인의 지배주주등이 증여의제이익 증여받은 것으로 본다.
   증여의제이익 = [{(제공받은 사업기회로 인하여 발생한 개시사업연도의 수혜법인의 이익
   ×지배주주등의 주식보유비율 – 개시사업연도분의 법인세 납부세액 중 상당액)
   ÷개시사업연도의 월 수×12]×3

(물음 2)

증여자	증여세 과세표준	증여세 산출세액
외조모	0	0
조부	0	0
부친	0	0
모친	33,750,000	3,375,000
조모	16,250,000	2,112,500

1. 외조모 : 증여한 토지를 증여세 신고기한 내 반환하였으므로, 증여로 보지 않는다.
2. 조부 : 증여한 현금은 증여세 신고기한 이내 반환한 경우에도 증여로 본다.
3. 증여세 계산(직계존속의 10년 이내 동일인으로 부터 증여는 배우자분도 포함해야 한다.)

구분	외조모	조부	부친	모친	조모
증여재산가액		10,000,000	15,000,000	50,000,000	25,000,000
10년 이내 동일인으로부터 증여받은 재산				15,000,000	10,000,000
비과세재산가액					
증여세과세가액		10,000,000	15,000,000	65,000,000	35,000,000
증여재산공제		10,000,000	15,000,000	31,250,000[(1)]	18,750,000[(2)]
감정평가수수료공제					
과세표준		0	0	33,750,000	16,250,000
세율				10%	10%
산출세액				3,375,000	2,112,500[(3)]

(1) 15,000,000+(50,000,000-25,000,000)×65,000,000/100,000,000

(2) 10,000,000+(50,000,000-25,000,000)×35,000,000/100,000,000

(3) 수증자가 자녀가 아닌 직계비속인 경우 할증과세한다.

　　16,250,000×10%×130% = 2,112,500

재무관리

남 동 신 (2019년 제54회 공인회계사 전체수석)

문제 1.

풀이 $r_o = 8\%$, $k_e = 8\%$, $t_b = 0$, $l = 35\%$, $EBIT = 200억$

(물음 1)

투자자	계산근거	회사채 세전 요구수익률
갑	$k_d \times (1-0.42) = 8\%$	13.79%
을	$k_d \times (1-0.3) = 8\%$	11.43%
병	$k_d \times (1-0.1) = 8\%$	8.89%
정	$k_d \times (1-0\%) = 8\%$	8%

(물음 2)

① 균형상태에서 세전 회사채 수익률

$k_d \times (1-0.35) \leqq 8\%$

$\therefore k_d \leqq 12.31\%$

② 경제전체의 회사채발행량

투자자	요구수익률(수요)	공급이자율	의사결정
갑	13.79%	12.31%	기각
을	11.43%	12.31%	채택
병	8.89%	12.31%	채택
정	8%	12.31%	채택

$\therefore 650억$

(물음 3)

부채비율$(B/S) = \dfrac{650억}{974.88억} = 66.67\%$

$B = 650억$

$S = \dfrac{(200억 - 650억 \times 12.31\%)(1-0.35)}{8\%} = 974.88억$

(물음 4)

$$t = 30\% \rightarrow k_d \times (1 - 0.3) \leq 8\%$$

$$\rightarrow k_d = \leq 11.43\%$$

ⅰ) 을, 병, 정 참여
- 균형부채 : 650억
- $S = \dfrac{(200억 - 650억 \times 11.43\%)(1 - 0.3)}{8\%}$

∴ 59.1%

ⅱ) 병, 정 참여
- 균형부채 : 150억
- $S = \dfrac{(200억 - 150억 \times 11.43\%)(1 - 0.3)}{8\%}$

∴ 9.38%

∴ 9.38% $\leq \dfrac{B}{S} \leq$ 59.1%

문제 2.

(물음 1)

(충무) $P_0 = 20,000$

$PER = 10$

$\dfrac{20,000}{\text{eps}} = 10$

eps=2,000

$N/I = 2,000 \times 2,000,000 = 4,000,000,000$

(남산) $P_0 = 45,000$

$PER = 15$

$\dfrac{45,000}{\text{eps}} = 15$

eps=3,000

$N/I = 3,000 \times 5,000,000 = 15,000,000,000$

$$45,000 \leq \dfrac{4,000,000,000 + 15,000,000,000 + 0}{5,000,000 + 2,000,000 \times ER} \times 15$$

∴ $ER \leq 66.67\%$

(물음 2)

$$20,000 \leq \dfrac{4,000,000,000 + 15,000,000,000 + 0}{5,000,000 + 2,000,000 \times ER} \times ER \times 15$$

$$20,000 \times (5,000,000 + 2,000,000 \times ER) \leq 190억 \times ER \times 15$$

∴ $40.82\% \leq ER$

(물음 3)

① 헷지의 지분율

$$\frac{400,000+0}{2,000,000+1,600,000}=11.11\%$$

② 충무의 새로운 주가

$$\frac{400억+160만\times10,000}{2백만+160만}=15,555.56원$$

(물음 4)

구분	발효전부	발효후부	부의이전
헷지	$20,000\times2백만\times20\%=80억$	$15,555.56\times40만=62.22224억$	$(-)17.78억$
기타	$\begin{array}{l}320억\\160억\end{array}$	$15,555.56\times320만=497.77792억$	$(+)17.78억$

(물음 5)

① 찬성 : 적대적 인수에 대한 방어장치를 도입하면 경영진에 대한 안정감의 신호를 전달할 수 있고 자금력 등을 앞세운 적대적 인수자에 대해 경영권 방어를 할 수 있다.
② 반대 : 신주배정에 있어 불공평을 야기하며 기존 경영진들의 의도적인 경영권 방어에 악용될 수 있으며 기업주가가 낮아져 기업주가의 의도적 하락의 원인이 될 수 있다.

문제 3.

(물음 1)

$$\left(E(R_m)-R_F\right)\beta_A=3\%,\qquad\sigma_A=6\%$$
$$A:CML=SML$$
$$3\%=\left(\frac{E(R_m-5\%)}{\sigma_m}\right)\times6\%$$
$$\therefore\frac{E(R_m)-5\%}{\sigma_m}=0.5$$
$$\therefore E(R_E)=5\%+\left[\frac{E(R_m)-5\%}{\sigma_m}\right]\times7\%$$
$$=8.5\%$$

(물음 2)

$$R_m=0.4R_B+0.6\cdot R_D$$
① $R_F+[E(R_m)-R_F]\times1=0.4\times[R_F+[E(R_m)-R_F]\times\beta_B]+0.6\times[R_F+E(R_m)-R_F]\times\beta_D]$
$$\therefore\ 0.4\beta_B+0.6\beta_D=1$$

$\beta_c = \beta_D, \quad \beta_A = \beta_B, \quad \beta_C = 2 \cdot \beta_A$

$0.4\beta_A + 0.6 \cdot \beta_C = 1$

$0.4 \cdot \beta_A + 0.6(2\beta_A) = 1$

$\therefore \begin{cases} \beta_A = 0.625 \\ \beta_C = 1.25 \end{cases}$

② $R_P = W_A \cdot R_A + (1 - W_A) \cdot R_C$

$\sigma_P^2 = W_A^2 \cdot \sigma_A^2 + (1 - W_A)^2 \cdot \sigma_C^2 + 2 \cdot W_A \cdot (1 - W_A) \cdot \sigma_A \cdot \sigma_C \times 1 \, (\because \rho_{AC} = 1) = 0$

$2 \times \left[\dfrac{E(R_m) - R_F}{\sigma_m} \right] \times \sigma_A = \left[\dfrac{E(R_m - R_F)}{\sigma_m} \right] \times \sigma_C$

$\therefore 2 \cdot \sigma_A = \sigma_C$

$\sigma_P = | W_A \cdot \sigma_A + (1 - W_A) \cdot \sigma_C | = 0$

$W_A \cdot \sigma_A + (1 - W_A) \cdot 2 \cdot \sigma_A = 0$

$W_A \cdot \sigma_A + 2 \cdot \sigma_A - 2 \cdot W_A \cdot \sigma_A = 0 \Rightarrow + W_A \cdot \sigma_A = 2 \cdot \sigma_A$

$\therefore W_A = 2, \quad W_C = -1$

(물음 3)

① $R_F = W_B \cdot R_B + (1 - W_B) \cdot R_C$

$W_B = \dfrac{\sigma_B^2 - \sigma_B \cdot \sigma_B \cdot \rho_{BC}}{\sigma_B^2 + \sigma_B^2 - 2 \cdot \sigma_B \cdot \sigma_B \cdot \rho_{BC}} \quad (단, \ \sigma_B = \sigma_C)$

$= \dfrac{\sigma_B^2 (1 - \rho_{BC})}{2\sigma_B^2 (1 - \rho_{BC})}$

$= \dfrac{1}{2}$

② $R_F = 0.5 R_B + 0.5 R_C$

$E(R_F) = 0.5 \times \left[R_F + \dfrac{1}{2} \cdot \left[\dfrac{E(R_m) - R_F}{0.2} \right] \times \sigma_B \right] + 0.5 \times \left[R_F + \left[\dfrac{E(R_m) - R_F}{0.2} \right] \times \sigma_C \right]$

$\quad (\sigma_B = \sigma_C)$

$= R_F + 0.5 \times \dfrac{1}{2} \times \left[\dfrac{E(R_m) - R_F}{0.2} \right] \times \sigma_B + 0.5 \times \left[\dfrac{E(R_m) - R_F}{0.2} \right] \times \sigma_B$

$= R_F + \left[\dfrac{E(R_m) - R_F}{0.2} \right] \times [0.75 \cdot \sigma_B]$

$= R_F + \left[E(R_m) - R_F \right] \times 3.75 \cdot \sigma_B$

$\therefore \beta_F = 3.75 \cdot \sigma_B$

$X는 MVP \Rightarrow$ 효율적 P

$\beta_X = \dfrac{0.45}{0.2} \times 1 \, (\because \rho_{Xm} = 1) = 2.25$

$$E(R_F) = E(R_X) \Rightarrow \beta_F = \beta_X$$

$$3.75 \cdot \sigma_B = 2.25$$

$$\therefore \sigma_B{}^2 = 0.6$$

$$\frac{1}{2}\left[\frac{E(R_m) - R_F}{0.2}\right] \times 0.6 = [E(R_m) - R_F] \times \beta_B \quad \therefore \quad \beta_B = 1.5$$

(물음 4)

① $Var(R_p) = Var(0.5 \cdot R_B + 0.5 \cdot R_m)$

$$\sigma_P{}^2 = 0.75 \cdot \sigma_m{}^2$$

$$0.75 \cdot \sigma_m{}^2 = 0.5^2 \cdot \sigma_B{}^2 + 0.5^2 \cdot \sigma_m{}^2 + 2 \times 05^2 \cdot \sigma_{Bm}$$

$$0.25 \cdot \sigma_B{}^2 + 0.5 \cdot \sigma_{Bm} = 0.5 \cdot \sigma_m{}^2$$

$$\left[\begin{array}{l} \beta_A = \beta_B \\[2mm] \dfrac{\sigma_{Am}}{\sigma_m{}^2} = \dfrac{\sigma_{Bm}}{\sigma_m{}^2} \qquad \therefore \sigma_{Am} = \sigma_{Bm} \\[2mm] \left[\dfrac{E(R_m) - R_F}{\sigma_m}\right] \times \sigma_A = \left[\dfrac{E(R_m) - R_F}{\sigma_m}\right] \times \sigma_B \times \dfrac{1}{2} \end{array}\right.$$

$$\therefore \ 2 \cdot \sigma_A = \sigma_B$$

$$0.75 \cdot \sigma_m{}^2 = 0.5^2 \cdot (2 \times \sigma_A)^2 + 0.5^2 \cdot \sigma_m{}^2 + 2 \times 0.5^2 \cdot \sigma_{Am}$$

$$0.75 \cdot \sigma_m{}^2 = \sigma_A{}^2 + 0.5^2 \sigma_m{}^2 + 0.5 \cdot \sigma_{Am}$$

$$\sigma_A{}^2 + 0.5 \cdot \sigma_{Am} - 0.5 \cdot \sigma_m{}^2$$

$$= \sigma_A{}^2 + 0.5 \cdot \sigma_m \cdot \sigma_A - 0.5 \cdot \sigma_m{}^2$$

$$\sigma_A = \frac{-0.5 \cdot \sigma_m \pm \sqrt{0.5^2 \cdot \sigma_m{}^2 - 4 \cdot (-0.5) \cdot \sigma_m{}^2}}{2 \times 1}$$

$$\frac{-0.5 \cdot \sigma_m \pm 1.5 \cdot \sigma_m}{2}$$

$$= 0.5 \cdot \sigma_m \ (\because \ \sigma_A > 0)$$

$$\therefore \ \beta_A = \frac{0.5 \cdot \sigma_m}{\sigma_m} \cdot 1$$

$$= 0.5$$

② $\beta_B = \beta_A$

$$[E(R_m) - R_F] \times \beta_B (0.5) = 6\%$$

$$\therefore \ E(R_m) - R_F = 12\%$$

(물음 5)

$CAPM$은 $\dfrac{E(R_i) - R_F}{\sigma_{im}} \neq \dfrac{E(R_j) - R_F}{\sigma_{jm}}$일 경우 $\dfrac{E(R_m) - R_F}{\sigma_m^2}$로 수렴해나가고

APT는 차익거래의 원리에 의해 시장균형에 수렴한다.

문제 4.

(물음 1)

$R_m = 0.6 \cdot R_A + 0.4 \cdot R_B$

$W_A \cdot 0.6 + (1 - (W_A) \cdot 1.6 = 0$

① $\therefore W_A = 1.6, \quad W_B = -0.6$

$\quad \therefore E(R_Z) = 1.6 \cdot 14\% - 0.6 \times 16\%$

$\qquad\qquad = 12.8\%$

③ $R_Z = 1.6 \cdot R_A - 0.6 \cdot R_B$

$\quad Cov(R_Z, R_m) = 0$

$\quad 1.6 \cdot 0.6 \cdot 0.11^2 + 1.6 \cdot 0.4 \cdot \sigma_{AB} - 0.6^2 \cdot \sigma_{AB} - 0.6 \cdot 0.4 \cdot 0.2^2 = 0$

$\quad \therefore \sigma_{AB} = -0.0012$

$\quad \sigma_Z^2 = 1.6^2 \cdot 0.11^2 + 0.6^2 \cdot 0.2^2 - 21.6 \cdot 0.6 \cdot (-0.0072)$

$\qquad = 0.0592$

$\quad \therefore \sigma_Z = 24.33\%$

(물음 2)

$\rho_{Am} = 0.6$

① $\sigma_{AB} = \beta_A \cdot \beta_B \cdot \sigma_m^2$

$\quad \dfrac{\sigma_A \cdot \cancel{\sigma_m}}{\cancel{\sigma_m^2}} \cdot \rho_{Am} \times \dfrac{\sigma_B}{\cancel{\sigma_m}} \times \rho_{Bm} \times \cancel{\sigma_m^2}$

$\quad \therefore \sigma_A \times \rho_{Am} \times \sigma_B \times \rho_{Bm} = \sigma_{AB}$

$\qquad\qquad\qquad = 0.0116$

$\begin{cases} \dfrac{\sigma_A}{\sigma_m^2} \cdot \rho_{Am} = 0.6 \Rightarrow \therefore \dfrac{0.11}{\sigma_m} \cdot 0.6 = 0.6 \quad \therefore \sigma_m = 0.11 \\[4mm] \dfrac{\sigma_B}{\sigma_m} \cdot \rho_{Bm} = 1.6 \Rightarrow \rho_{Bm} = 1.6 \times 0.11 \div 0.2 = 0.88. \end{cases}$

② 시장모형은 아파트 모형과 달리 개별주식의 위험을 체계적위험과 비체계적위험으로 나눌 수 있다. 예를 통해 업종별 체계적 위험을 파악할 수 있어 마코위츠모형보다 유용하다.

문제 5.

(물음 1)

①

구분	T통계량(지수 ÷ 표준오차)
기업규모요인	$-0.16 \div 0.05 = -3.2$
가치요인	$0.08 \div 0.12 = 0.67$

- 기업규모요인은 절대값이 2보다 크므로 유의성이 있고 계수가 음이므로 대형주이다.
- 가치요인의 T통계량은 그보다 작으므로 유의성이 없다.

② 기업규모 요인과 가치요인을 추가이유는 회귀식의 설명력을 보다 높이기 위함이다.

(물음 2)

① 상수항 추징지수 0.09는 T통계량 값이 3으로 유의성이 있으므로 종목선정능력이 있다고 할 수 있다.
② 젠센알파는 시장포트폴리오의 초과수익률만을 가지고 회귀식을 분석한 것으로서 위의 식과는 차이가 존재한다.

(물음 3)

R_m^2의 지수인 0.12가 t통계량이 4이므로 유의성이 있다. 이로보아 시장타이밍 능력이 존재한다고 판별할 수 있다.

(물음 4)

- 기초 : $\beta_P \times R_{em}$
- 시장타이밍능력을 판별하기 위한 방식

$$\beta_p' = \beta_0 + \beta_1 \cdot R_{em}$$
$$= (\beta_0 + \beta_1 \times R_{em}) \times R_{em} = \beta_0 \cdot R_{em} + \beta_1 \cdot R_{em}^2$$

문제 6.

(물음 1)

t	CF_t	PV_t	$t \cdot PV_t$	$t \cdot (t+1) \cdot Pv_t$
1	1,000	952.3810	952.3810	1,904.762
2	1,000	907.0295	1,814.0590	5,442.177
3	1,000	863.8276	2,591.5128	10,366.0512
		2,723.2481	5,357.9528	17,712.9902

- 듀레이션 : $\dfrac{5,357.9528}{2,723.2481} = 1.9675$

- 볼록성 : $\dfrac{17,712.9902}{(1.05)^2} \times \dfrac{1}{2,723.2481} = 5.8996$

(물음 2)

$$W_1 \times 1 + (1 - W_1) \times 3 = 1.9675$$

① $\therefore W_1 = 0.5163, \quad W_3 = 0.4837$

$\begin{cases} 2,723.2481 \times 0.5163 = 1,406.013억 \\ 2,723.2481 \times 0.4837 = 1,317.2351억 \end{cases}$

② • 1년만기 무이표채 볼록성 : $\dfrac{1 \times 2}{(1.05)^2} = 1.8141$

 • 3년만기 무이표채 볼록성 : $\dfrac{3 \times 4}{(1.05)^2} = 10.8844$

 $\therefore$ 자산 P 볼록성 : $0.5163 \times 1.8141 + 0.4837 \times 10.8844$
 $\qquad\qquad = 6.2014$

③ 자산과 부채의 볼록성이 다르기 때문에 완전면역이 확보되지 않는다.

(물음 3)

① $W_1 \times 1 + (1 - W_1) \times 2 = 1.9675$

 $\therefore W_1 = 0.0325 \quad W_2 = 0.9675$

 금액 : 88.5056억, 2,634.7425억

② 1년만기 무이표채 볼록성 : $\dfrac{1 \times 2}{(1.05)^2} = 1.8141$

 2년만기 무이표채 볼록성 $\dfrac{2 \times 3}{(1.05)^2} = 5.4422$

 $\therefore$ 자산 P 볼록성 : $1.8141 \times 0.0325 + 5.4422 \times 0.9675$
 $\qquad\qquad = 5.3243$

③ 자산과 부채의 볼록성이 다르기 때문에 완전면역이 확보되지 않는다.

(물음 4)

(물음 2)의 볼록성이 (물음 3)의 볼록성보다 더 크다.
따라서 이자율상승시 자산가치가 덜 하락하고 이자율하락시 자산가치가 더 상승한다. 이를 통해 (물음 2)의 전략이 (물음 3)의 전략보다 유리하다고 할 수 있다.

문제 7.

(물음 1)

- A채권 : $\dfrac{100,000}{1.06} = 94,339.6226$

- B채권 : $\dfrac{7,000}{(1.09)^1} + \dfrac{77,000}{(1.09)^2} = 71,231.3778$

- C채권 : $\dfrac{7,500}{(1.12)^{1)}} + \dfrac{7,500}{(1.12)^2} + \dfrac{57,500}{(1.12)^3} = 53,602.7469$

(물음 2)

$$
\begin{array}{ccc}
0 & 1 & 2 \\
94,339.6225 \longrightarrow & 100,000 &
\end{array}
$$

$$\frac{7,000}{(1.06)^1} + \frac{77,000}{(1+_0i_2)} = 71.231.3778$$

$\therefore$ ① $(1+_0i_2)^2 = 1.1914$

② $(1+_0i_3)^3 = 1.4292$

$$\frac{7,500}{(1.06)^1} + \frac{7,500}{(1.1914)} + \frac{57,500}{(1+_0i_3)^3} = 53,602.7469$$

③ $_1f_2 = 0.124$

$$(1.1914) = (1.06)(1+_1f_2)$$

④ $_2f_3 = 0.1996$

$$(1.4292) = (1.1914)(1+_2f_3)$$

(물음 3)

① • 채권D의 시장가격

$$\frac{20,000}{(1.13)^1} + \frac{20,000}{(1.13)^2} + \frac{120,000}{(1.13)^3}$$
$$= 116,528.0682$$

• 채권의 균형가격

$$\frac{20,000}{(1.06)} + \frac{20,000}{(1.1914)} + \frac{120,000}{(1.4292)}$$
$$= 119,617.9541$$
$$\therefore \text{과소평가}$$

② 차익거래전략	0	1	2	3
채권D매입(1개)	−116,528.0682	+20,000	20,000	120,000
A채권매도(0.0395개)	+3,726.4151	−3,952		
B채권매도(0.0565개)	+4,024.5728	−395.5	−4,347.5	
C채권매도(2.0830개)	+111,868.9328	−15,652.5	−15,652.5	−120,000
차익거래이익	+3,091.8525	0	0	0

- $57,500 \cdot W_C = 120,000 \Rightarrow W_C = 2.0870$
- $77,000 \cdot W_B + 7,500 \times W_C = 20,000 \Rightarrow W_B = 0.0565$
- $100,000 \cdot W_A + 7,000 \cdot W_B + 7,500 \cdot W_C = 20,000 \Rightarrow W_A = 0.0395$

(물음 4)
- $119,617.9541 - (119,617.9541 \times 0.3\% + 0.3\% \times D)$
- $119,617.9541 + (119,617.9541 \times 0.3\% + 0.3\% \times D)$
    - $\therefore 118,902.3931 \leq D \leq 120,337.8214$

회계감사

남 동 신 (2019년 제54회 공인회계사 전체수석)

문제 1.

(물음 1)

전문가적 적격성과 정당한 주의 강령 준수에 대한 이기적 위협이 발생할 수 있다.

(물음 2)

1. 적절한 시간의 투입과 자질있는 구성원을 해당 업무에 배정함.
2. 품질관리절차의 준수를 입증함.

(물음 3)

관련 위협을 안전장치로 수용 가능한 수준 이하로 감소시킬 수 없다면, 해당 업무의 수임을 거절해야 한다.

(물음 4)

1. 이기적 위협
2. 유착위협
3. 자기검토위협
4. 변호위협
5. 이기적 위협
6. 유착위협
7. 이기적 위협
8. 이기적 위협

(물음 5)

〈요구사항 1〉

1. 업무 수행팀 구성원에게 기밀유지와 보안문제에 대한 지침 제공
2. 업무수행팀의 분리운영
3. 정보에 대한 접근 금지

〈요구사항 2〉

제2의견의 요청을 받은 경우, 회사는 유리한 의견을 제공받기 위하여 기존 공인회계사와 의견교환을 허용하지 않거나 제한된 정보만을 제공할 개연성이 존재한다. 제2의견이 부적합한 증거에 근거하여 형성되는 경우 전문가적 적격성과 정당한 주의 강령 준수에 대한 위협이 발생할 수 있다.

문제 2.

(물음 1)

〈요구사항 1〉

전문가적 의구심이란 오류나 부정으로 인한 왜곡표시 가능성을 나타내는 것일 수 있는 상황에 유의하면서, 의문을 갖는 마음과 감사증거에 대한 비판적인 평가를 포함하는 태도를 말한다.

〈요구사항 2〉

전문가적 의구심을 적절하게 견지하지 못했다. 연 간 일정한 매출 규모를 유지하는 가운데 영업이익이 계속해서 감소하는 상황에 대해 단순히 재무담당임원의 답변에 의존하는 것이 아니라 추가적인 감사 절차를 통해 답변의 신뢰성을 확인해 보았어야 한다.

(물음 2)

부정위험요소가 될 수 있다. 우월한 지위를 이용한 행동을 해왔다는 것은 해당 임원의 통제무력화 가능성이 존재한다고 유추할 수 있다. 이는 부정위험요소 중 부정의 기회 혹은 내부통제를 무시하려는 태도를 나타내는 증거가 될 수 있다.

(물음 3)

A 경영진 및 지배기구는 부정의 예방책임과 발견책임이 존재한다.
B 외부감사인은 발견책임과 보고책임이 존재한다.

(물음 4)

A 부정의 경우 그 사실을 은폐하기 위해 위조, 거래의 기록에 대한 계획적인 누락 또는 감사인에 대한 의도적인 거짓 진술 등 정교하고 면밀하게 설계된 수단들이 이용되기 때문이다.
B 경영진은 통제절차를 무력화 할 수 있는 특별한 위치에 있기 때문이다.

(물음 5)

Step 1. 업무팀 내부의 토의
Step 3. 부정으로 인한 중요왜곡표시위험의 식별과 평가
Step 4. 부정으로 인한 중요왜곡표시위험의 평가내용에 대한 대응
Step 6. 서면진술, 부정 관련 커뮤니케이션 및 문서화

(물음 6)

1. 내부통제를 적절하게 구축하여 운영한다.
2. 윤리적인 기업문화를 강조한다.
3. 사내 감사, 감사위원회의 권한을 강화한다.

문제 3.

(물음 1)

감사위원회의 경우 감사인의 선임주체가 되거나, 외부감사인이 감사업무를 수행함에 있어 도움을 받는 경우가 있고 나아가 외부감사인이 효과적으로 감사를 수행하기 위해서는 지배기구와의 커뮤니케이션이 강조되므로 감사위원회 위원의 독립성과 전문성이 중요하다.

(물음 2)

1. 감사위원회
2. 감사인선임위원회의 승인을 받아 감사가 선정
3. 감사위원회
4. 감사

(물음 3)

내부감사인은 실제로 발생하였거나 의심되는 부정 또는 혐의중인 부정을 외부감사인에게 모두 공개하여야 하고, 부정을 적발하기 위한 절차 등을 설계, 실행하여야 한다.

(물음 4)

이사의 직무수행에 관하여 부정행위 또는 법령이나 정관에 위반되는 중대한 사실을 발견하면 감사인에게 통보하여야 한다.

문제 4.

(물음 1)

	A	B
1	A은행 차입금에 대하여 질문, 잔액확인서, 전기조서에 첨부된 은행조회서만으로 감사 절차를 종결하였다.	A은행에 조회서를 발송해 잔액, 만기 이자율, 추가적인 담보제공내역, 조건변경 사항이 있는지 확인한다.
2	B은행 차입금과 관련하여 상환 증빙만을 확인하였으며, 외부조회를 발송하지 않았다.	B은행에 조회서를 발송해 실제 상환 사실과 차입금 잔액의 완전성을 확인해야 한다.
3	당기 말 현재 차입금 잔액이 없는 B은행에 대하여 질문 절차를 거치지 않았으며, 다른 금융기관과의 거래 여부에 대하여 질문 외의 추가적인 절차를 수행하지 않았다.	기중 거래한 모든 금융기관에 대하여 조회 절차를 수행하여야 하며 질문 외의 추가적인 절차를 통해 기말 잔액이 없는 금융기관과 거래 내역에 대한 감사 증거를 입수하여야 한다.

(물음 2)

	A	B
1	매출과 관련하여 중요왜곡표시위험이 높다고 판단되었는데 가맹점 매출에 대한 추가 확인 절차를 생략하였다.	가맹점 매출과 관련하여 발생사실을 확인하기 위한 추가 확인 절차를 수행하여야 한다.
2	로열티매출액에 대한 실증세부테스트를 수행하지 않았다.	실증세부테스트를 수행하여 발생사실, 정확성 등을 확인해야한다.
3	상품매출은 매출원장에서 표본을 선정하였기 때문에 완전성, 기간귀속 등의 주장을 확인할 수 없다.	세금계산서에서 표본을 추출하여 완전성, 기간귀속 등의 경영진 주장에 대한 감사증거를 입수한다.

(물음 3)

A	1. 대표이사인 홍길동씨에게 이자율 0%로 10억원을 대여한 사실에 대해 전문가적 의구심을 유지하며 감사 증거를 입수한다. 2. 토지매매금엑 10억원에 대하여 토지의 공정가치, 해당 거래가 실제로 이루어졌는지 등에 대한 입출금 내역을 파악한다.
B	자금의 대여와 토지매매거래가 적합하게 권한이 부여되고 승인되었다는 감사증거를 입수한다.

(물음 4)

A	1. 해당 통제에 유의적 변화가 있었는지에 대해 감사증거를 입수하고, 잔여기간에 대한 추가적인 감사증거 입수 여부를 고려한다. 2. 실사일과 재무제표일 사이의 재고자산 변동이 적절하게 기록되었는지 여부에 대한 감사증거를 입수한다
B	재고자산에서 표본을 추출하여 재고수불부에 기록이 되었는지 확인하여 완전성을 확인하거나, 재고에 대한 권리를 소유하고 있는지 관련 증빙을 확인한다.

문제 5.

(물음 1)

가	동일한 금액의 중요성을 사용한다.
나	없음
다	없음
라	없음
마	모두 회계기간에 걸쳐 테스트 할 필요가 없으며 충분한 기간 동안 효과적으로 운영되었다는 증거를 입수하면 된다.

(물음 2)

내부 통제 미비점을 식별한 경우 통제위험이 높다는 것을 의미한다. 이 경우 감사위험을 낮추기 위해서는 적발 위험을 낮춰야 한다. 적발 위험을 낮추기 위한 전반적인 대응은 적절한 감사계획의 수립과 업무팀원의 구성하고 감사 과정에 있어 전문가적 의구심을 적용할 필요가 있으며, 일반적인 수준의 대응으로는 보다 신뢰성 있는 감사증거를 입수하고, 보고기간 말에 근접한 시기에 감사절차를 수행하며, 예측불가능요소를 포함시키고 보다 상세한 수준의 실증적 분석적절차를 수행한다.

(물음 3)

경영진 : 1,2,3,
지배기구 : 2,3

(물음 4)

A	적정의견
B	내부회계관리제도 감사 중 업무범위의 제한이 없었고, 유의적 미비점은 감사의견에 영향을 미치지 않으므로 적정의견을 표명한다.

문제 6.

(물음 1)

A	지배기구로부터 감사와 관련된 정보를 입수하여 효과적이고 효율적인 감사를 수행할 수 있다.
	재무제표의 중요왜곡표시위험을 감소시킨다.
B	독립성과 관련된 사항
	감사인의 책임

(물음 2)

A	핵심 감사사항으로 결정된 이유
	감사에서 다루어진 방법
B	유의적감사인주의를 요구한 사항들과, 이러한 사항들이 핵심감사사항인지 여부에 대한 감사인의 결정에 대한 논리적 근거
	커뮤니케이션할 핵심감사사항이 없다는 결정에 대한 논리적 근거
	핵심감사사항으로 결정된 사항을 커뮤니케이션하지 않기로한 결정에 대한 논리적 근거.

(물음 3)

A	적정의견
	주석을 참조하라는 내용과, 계속기업 관련 중요한 불확실성 단락을 포함한다.
B	한정 또는 부적정의견
	감사의견과 감사의견 근거 단락을 변형된 의견에 맞게 수정한다.

(물음 4)

제도의 도입취지는 중요한 불확실성이 존재하지 않는 경우에도 적절한 공시가 이루어지는지 평가하도록 함으로써 계속기업가정의 신뢰성을 높이기 위함이다.

기대효과는 정보이용자에게 보다 신뢰성 높은 정보를 제공하여 감사보고서의 커뮤니케이션 가치를 향상시키는 데 있다.

(물음 5)

A	감사의견이 변형되지 않는다.
	핵심감사사항으로 결정되지 않았다
B	강조사항 단락을 감사보고서에 포함한다.
	관련 주석을 참조할 것을 기재한다.
	강조된 사항과 관련하여 감사의견이 변형되지 않는다는 사실을 기재한다.

(물음 6)

업무수행이사의 실명을 기재하는 것이 안전에 대한 유의적 위협을 발생시킬 수 있다고 합리적으로 예상되는 경우 기재하지 않을 수 있으며, 이 경우 지배기구와 커뮤니케이션 해야 한다.

문제 7.

(물음 1)

〈요구사항 1〉
해당 후속사건에 대해서만 수정된 일자로 감사보고서를 발행한다.

〈요구사항 2〉
1. 경영진과 토의한다.
2. 수정이 필요한지 여부를 결정한다.
3. 수정이 필요한 경우, 경영진이 해당 사항을 수정할 지 여부를 질문한다.

(물음 2)

1. 해당 중요한 불일치를 기타사항문단에 기재한다.
2. 감사보고서 발행을 보류한다.
3. 가능한 경우 감사업무를 해지한다.

문제 8.

(물음 1)

1. 회계처리에 대한 자문하는 행위
2. 분개를 대신하여 해주는 행위
3. 회계처리 방법의 결정에 관여하는 행위

(물음 2)

1. 감사계약서
2. 경영진 서면진술

(물음 3)

A 감사의견과 관련하여 부당한 요구를 받거나, 회사가 자료를 제공하지 아니하여 감사업무에 현저한 지장을 주는 경우.
B 해당 사실을 증권선물위원회에 보고한다.

(물음 4)

1. 고의 중과실에 의한 감사부실의 경우 감사인에 대해서 과징금을 부과할 수 있게 되었다.
2. 감사 기준을 위배한 경우 추가적인 손해배상공동기금 적립, 감사업무의 제한 등의 조치를 취할 수 있게 되었다.

원가회계

남 동 신 (2019년 제54회 공인회계사 전체수석)

문제 1.

(물음 1)

대안	내 용	영업이익
1	P_1 증설 ×	− 10,000
2	P_2 증설 ×	− 2,110,000
3	P_1 증설 ○	− 116,667
4	P_2 증설 ○	− 20,000

① $(800-310) \times 16,000 - (7,370,000 + 540,000 \times \frac{8}{18} \times 2)$

② $(600-310) \times 20,000 - (7,370,000 + 540,000 \times \frac{10}{20} \times 2)$

③ $(800-310) \times 16,000 - (7,370,000 + 660,000 \times \frac{8}{18} \times 2)$

④ $(600-310) \times 28,000 - (7,370,000 + 660,000 \times \frac{14}{24} \times 2)$

(물음 2)

대안	내 용	증분이익
1	P_1 증설 ×	470,000
2	P_2 증설 ×	− 1,570,000
3	P_1 증설 ○	230,000
4	P_2 증설 ○	510,000

① $-10,000 + 480,000$

② $-2,110,000 + 540,000$

③ $-116,667 + 586,667 - 240,000$

④ $-20,000 + 770,000 - 240,000$

∴ 대안 4 채택

(물음 3)

제품 A 3개년도 통합증분영업이익 : 530,000

$-1,080,000 + 660,000 \times \dfrac{10}{24} \times 2 = -530,000$

(물음 4)

(1) 대안 4 선택. 회사전체 증분이익 510,000

(2) B를 생산하지 않은 경우 B를 생산하는 경우보다 2019년 영업이익이 7,370,000 크기 때문에 생산하지 않는다.

→ 2019년 영업이익 기준으로 성과평가시 준최적화 현상 발생

(물음 5)

(1)

대안	내 용	A	B일반	B특별
1	P_1 증설 ×, 수락 ×	10,000	8,000	0
2	P_1 증설 ×, 수락 ○	10,000	7,000	3,000
3	P_2 증설 ×, 수락 ×	10,000	10,000	0
4	P_2 증설 ×, 수락 ○	10,000	7,000	3,000
5	P_1 증설 ○, 수락 ×	10,000	8,000	0
6	P_1 증설 ○, 수락 ○	10,000	8,000	3,000
7	P_2 증설 ○, 수락 ×	10,000	14,000	0
8	P_2 증설 ○, 수락 ○	10,000	12,000	3,000

(2)

대안	내용	증분이액	
1	P_1 증설 ×, 수락 ×	$490 \times 8,000 \times 2 - 7,370,000$	$= 470,000$
2	P_1 증설 ×, 수락 ○	$490 \times 7,000 + 490 \times 8,000 + 230 \times 3,000 - 7,370,000$	$= 670,000$
3	P_2 증설 ×, 수락 ×	$290 \times 10,000 \times 2 - 7,370,000$	$= -1,570,000$
4	P_2 증설 ×, 수락 ○	$290 \times 7,000 + 290 \times 10,000 + 230 \times 3,000 - 7,370,000$	$= -1,750,000$
5	P_1 증설 ○, 수락 ×	$490 \times 8,000 \times 2 - 7,610,000$	$= 230,000$
6	P_1 증설 ○, 수락 ○	$490 \times 8,000 \times 2 + 230 \times 3,000 - 7,610,000$	$= 920,000$
7	P_2 증설 ○, 수락 ×	$290 \times 14,000 \times 2 - 7,610,000$	$= 510,000$
8	P_2 증설 ○, 수락 ○	$290 \times 12,000 + 290 \times 14,000 + 230 \times 3,000$	$= 620,000$

∴ 대안 6채택　　　　$-7,610,000$

(3)

대안	내용	증분이익
1	P_1 증설 ×, 수락 ×	470,000
2	P_1 증설 ×, 수락 ○	470,000
3	P_2 증설 ×, 수락 ×	− 1,570,000
4	P_2 증설 ×, 수락 ○	− 1,950,000
5	P_1 증설 ○, 수락 ×	230,000
6	P_1 증설 ○, 수락 ○	720,000
7	P_2 증설 ○, 수락 ×	510,000
8	P_2 증설 ○, 수락 ○	420,000

∴ 대안 6채택

(4)

대안	내용	
1	P_1 증설 ×, 수락 ×	270,000
2	P_1 증설 ×, 수락 ○	470,000
3	P_2 증설 ×, 수락 ×	− 1,770,000
4	P_2 증설 ×, 수락 ○	− 1,950,000
5	P_1 증설 ○, 수락 ×	30,000
6	P_1 증설 ○, 수락 ○	720,000
7	P_2 증설 ○, 수락 ×	310,000
8	P_2 증설 ○, 수락 ○	420,000

∴ 대안 6채택

문제 2.

(물음 1)

(1)

	성인용	어린이용
예상판매량	4,500	7,600
예상판매가격	1,200	600
예상매출	5,400,000	4,560,000

	DM		W/D			
X1 성인	326,500	281,500	5,630	5,450	5,450	5,000
		45,000		180		450
X2	45,000	221,850	180	4,455	450	4,500
	217,350	40,500	4,437	162	4,455	405

어린이	213,200	182,800	9,140	8,760	8,760	8,000
		30,400		380		760
	30,400	150,860	380	7,562	760	7,600
	149,340	28,880	7,543	361	7,562	722

(2)

	나무	플라스틱
당기수입	221,850	150,860
기말재고	40,500	28,880
계	262,350	179,740
기초재고	45,000	30,400
구매량	217,350	149,340
구입단가	3	2
구매예산	652,050	298,680

(3)

	성인용	어린이용
DM ┌ 나무	665,500	
└ 플라스틱		271,320
DL	1,597,320	1,810,320
VOH	665,550	603,440
FOH	720,000	600,000
계	3,648,420	3,285,080

(4)

기말재공품	151,620
기말제품	303,240
매출원가	3,146,400

(물음 2)

(1) 원가절감액 : $150 \times 20\% \times 6,000 + 720,000 \times 0.6 = 612,000$

$660 + \dfrac{612,000}{6,000} = 762$

(2) • 특정 제품라인 폐지가 기업 이미지에 미치는 영향
   • 다른 제품 생산에 미치는 영향

(물음 3)

(1) 보급형 : $240 + 100 + \dfrac{70,000}{2,000 \times 70\%} = 390$

   고급형 : $180 + 120 + \dfrac{160,000}{1,000 \times 80\%} = 500$

(2)

	AQ×SP	SQ, SP
DL	$38,000\text{h} \times 100 = 3,800,000$	$11,000 \times 100 \times 20,600 \times 120 = 3,572,000$

$$228,000\text{U}$$

VOH	$89,000\text{h} \times 30 = 2,670,000$	$(11,000 \times 1 + 20,600 \times 4) \times 30 = 2,802,000$

$$132,000\text{F}$$

(3) ① FOH 예산차이 : $2,050,000 - 2,000,000 = 50,000\text{U}$

   ② FOH 조업도차이 : $2,000,000 - 2,082,000 \times \dfrac{2}{3} = 132,000\text{U}$

문제 3.

다리 ——— 18,400,000

46,000,000

몸통 ┬ 삼겹살 $920 \times 80,000 = 73,600,000$

   ├ 갈비살 $1,150 \times 90,000 = 103,500,000$

   └ 껍데기 $1,150 \times 10,000 = 11,500,000$

(물음 1)

원가율 : $\dfrac{8,970,000}{11,500,000} = 78\%$

	추가가공원가	배부된 결합원가
다리살	18,400,000	13,892,000
삼겹살	27,600,000	29,808,000
갈비살	69,000,000	11,730,000

(물음 2)

수락시 ① $\dfrac{230,000,000 \times 78\% + 5,934,000}{230,000,000 + 4,000 \times 5 \times 230} = 79\%$

    ② 매출총이익 : $1,150 \times 14,000 \times 21\% = 3,381,000$

증분이익 : $3,381,000 - 1,150 \times 10,000 \times 22\% = 851,000 > 0$

(수락한다.)

(물음 3)

	제1공정 결합	제2공정
다리살	12,610,250	
삼겹살	19,079,851	11,200,000
갈비살	14,309,893	8,400,000

  * 제안 수락시 증분손익 : $4,734,000 - 5,934,000 + 1,380,000 = 180,000 > 0$

(수락)

1공정	NRV	결합원가
다리	23,000,000	12,610,250
몸통	60,900,000	33,389,750
		46,000,000

2공정	NRV	결합원가
삼겹살	46,000,000	30,279,857
갈비살	34,500,000	22,709,893
		52,989,750

문제 4.

(물음 1)

(1) 당기착수완성품 : 260

    공손   : 40

					재료	가공
기초	200	┌ 기초완성		200	0	40
당기투입	380	└ 당기완성		$300 - x$	$300 - x$	$300 - x$
		┌ 정상공손 ┐				
		└ 비정상공손 ┘		x	0	$0.6x$
		기말		80	80	24

@ 재료 : 74,100

@ 가공 : 250,000

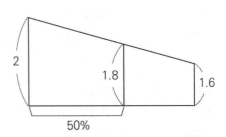

$$380-x \quad 364-0.4x$$
$$38 \qquad =388$$
$$x=40$$

(2) 완성품원가　　: 145,856,000

　　기말재공품원가 : 11,928,000

(3) 제품	143,906,000	WIP	147,956,000
비정상공손	4,050,000		

(4) 제품	149,756,000	WIP	147,956,000
		비정상공손	1,800,000

(물음 2)

(1) 공손의 검사시점 : 50%

기초	20 : 16.8	기초	20 : 16
투입	72 :	당기	60 : 48
		공손	2 : 1.8
		기말	10 : 9.4

(2) 정상 감손수량 : 13.4kg

　　0.8 + 12 + 0.6

(3) 당기총제조원가 : 55,600,000

　　재료 : (60 + 10) × 600,000

　　가공 : (20 × 0.2 + 60 + 2 × 0.5 + 10 × 0.3) × 40,000 × 5

문제 5.

(물음 1)

매출 : 2,000 × 120 + 7,500 × 300 = 　　　　　2,490,000

매출원가 : 490,000 × $\dfrac{2,000}{7,000}$ × 2,055,000 = 　　(2,195,000)

조업도차이 : 　　　　　　　　　　　　　　　　(135,600)

영업이익 : 　　　　　　　　　　　　　　　　　159,400

반도체		재료	가공
300	300	0	180
	6,700	6,700	6,700
	800	800	480
		7,500	7,360
		@20	@50

휴대폰		재료	대체	외부	가공
0	7,500	7,500	4,500	3,000	7,500
5,000					
3,000	500	500	500		100
		8,000	5,000	3,000	7,600
		@100	@70	@80	@100

조업도차이 : $(40 \times 10,000 + 75 \times 8,000) - (7,360 \times 40 + 7,600 \times 75)$
= 135,600U

(물음 2)

매출		2,490,000
변동원가	$210,000 \times \dfrac{2,000}{7,000} + 1,312,500 =$	(1,372,500)
고정원가		(1,000,000)
영업이익		117,500

(물음 3)

기초와 기말재공품에 배부된 FOH 차이

(물음 4)

전부원가계산	변동원가계산
41,800	88,500

① 전부
	증분매출	$1,300 \times 300 = 390,000$	
	증분매출원가	$1,300 \times 270 - (1,200 \times 75 + 320 \times 40) =$	(248,200)
	임차료		(100,000)
			41,800

② 변동 증분매출   390,000

증분변동원가 $1,300 \times 155$ (201,500)

임차료   (100,000)

                                              88,500

(물음 5)

증분현금매출   390,000

반도체추가투입 320×10 (3,200)

휴대폰 추가투입 $800 \times 100 + 1,200 \times 25 =$ (110,000)

임차료   (100,000)

                                         176,800 증가

(물음 6)

	반도체	휴대폰	매출	매출원가	이익
①	50	140	5,800	3,800	2,000
②	50	260	5,800	6,200	(400)
③	110	140	5,800	5,000	800
④	110	260	5,800	7,400	(1,600)

기대이익 : $800 \times \dfrac{1}{4} = 200(@10)$

(물음 7)

	상황	부분이익	효용	
① 휴대폰	1	$5,800 - 4,400 = 1,400$	58.31	기대효용 $= 44.97 > \sqrt{2,000}$
	2	$5,800 - 6,800 = (1,000)$	31.62	수락한다.
	3	$5,800 - 4,400 = 1,400$	58.31	
	4	$5,800 - 6,800 = (1,000)$	31.62	

	상황	부분이익	효용	
② 반도체	1	$1,600 - 1,000 = 600$	50.99	기대효용 $= 44.2 < \sqrt{2,000}$
	2	$1,600 - 1,000 = 600$	50.99	거절한다.
	3	$1,600 - 2,200 = (600)$	37.42	
	4	$1,600 - 2,200 = (600)$	37.42	

(물음 8)

상황	매출	매출원가	이익	부문경영자효용	확률
①	5,800	3,800	2,000	54.77	1/4
②	5,800	5,600	200	45.83	1/2
③	5,800	7,400	-1,600	34.64	1/4

∴ 기대효용 : 45.27 > $\sqrt{2,000}$
두 부문 모두 수락한다.

(물음 9)

회사 전체의 이익을 극대화할 수도 있지만, 한 파트너의 손실도 더 안좋은 의사결정을 할 수도 있다.

재무회계

김 정 호 (공인회계사 / 서울디지털대학교 겸임교수)

문제 1.

(물음 1)

(1) 답 : ① (-)₩550,000 ② (-)₩550,000 ③ (-)₩300,000 ④ (-)₩400,000

	×1.1.1	×1.말	×2.말	감가	재평가손익 PL	OCI
	1,500,000	1,600,000	750,000			
	×4/5	⋮	⋮			
×1.말	1,200,000 →	1,600,000		(300,000)		400,000
		×3/4	⋮			(100,000) *1
×2.말		1,200,000 →	750,000	(400,000)	(150,000)	(300,000)

*1. 400,000/4년 = 100,000

(2)

	×1.1.1	×1.말	×2.말	감가	재평가손익 PL	OCI
	1,500,000	1,600,000	750,000			
	×4/5					
×1.말	1,200,000 →	1,600,000		(300,000)		400,000
		×3/4				
×2.말		1,200,000 →	750,000	(400,000)	(50,000)	(400,000)

① - 감가상각비 ₩400,000 - 재평가손실 ₩150,000 = (-)₩550,000
② - 감가상각비 ₩500,000 - 재평가손실 ₩50,000 = (-)₩550,000
③ - 재평가손실 ₩300,000 = (-)₩300,000
④ - 재평가손실 ₩400,000 = (-)₩400,000

(물음 2) 답 : ① ₩100,000 ② ₩180,000 ③ ₩300,000 ④ ₩300,000

〈요구사항 1〉
① (₩1,800,000 - ₩800,000)÷5년×6/12 = ₩100,000
② ₩1,800,000÷5년×6/12 = ₩180,000

〈요구사항 2〉
③ - 감가상각비 ₩100,000 + 처분이익 ₩400,000$^{(주1)}$ = ₩300,000
   (주1) 기계장치처분이익 = ₩850,000 - (₩1,800,000 - ₩800,000)×27/60 = ₩400,000

④ - 감가상각비 ₩180,000 + 정부보조금수익 ₩80,000$^{(주1)}$ + 처분이익 ₩400,000$^{(주2)}$
   = ₩300,000
   (주1) 정부보조금수익 = ₩800,000÷5년×6/12 = ₩80,000
   (주2) 기계장치처분이익 = ₩850,000 - (₩1,800,000 - ₩800,000)×27/60 = ₩400,000

문제 2.

(물음 1) 답 : ① ₩3,156,820 ② ₩3,306,820 ③ ₩3,281,000

① ₩800,000×3.7908 + ₩200,000×0.6209 = ₩3,156,820
② 리스부채 ₩3,156,820 + 리스개설직접원가 ₩150,000 = ₩3,306,820
③ ₩3,281,000

(물음 2) 답 : ① ₩267,250 ② ₩661,364

① (₩3,156,820×1.1 - ₩800,000)×10% = ₩267,250
② ₩3,306,820÷5년 = ₩661,364

(물음 3) 답 : ① ₩909,100 ② ₩1,090,920

① (고정리스료 ₩800,000 + 보증잔존가치 ₩200,000) × 0.9091 = ₩909,100
② (고정리스료 ₩800,000 + 잔존가치 ₩400,000) × 0.9091 = ₩1,090,920

(물음 4)

리스로 제공되는 금융과 자산은 재무상태표에 반영되지 않아 운용리스에 대해 보고되는 정보는 투명성이 결여되었다.
리스에 관련되는 자산 및 부채가 운용리스에서는 인식되지 않고 금융리스에서만 인식되는 상황, 즉 두 개의 서로 다른 리스 회계모형이 존재하는 상황은 경제적으로 비슷한 거래가 매우 다르게 회계처리될 수 있어 비교가능성이 저하된다.

문제 3.

(물음 1)

〈요구사항 1〉답 : ① ₩250,864 ② ₩123,591 ③ (-)₩120,864 ④ ₩126,409

구분	유효이자 A	표시이자 B	환입(손상) C	상각후원가 D=A-B+C	공정가치 E	평가손익누계액 F=E-D
20×1.1.1				1,072,594		
20×1.12.31	42,904	60,000	(349,953)	705,545	700,000	(5,545)
20×2.12.31	28,222	30,000	222,642	926,409	800,000	(126,409)

취득원가 = ₩1,000,000 × 6% × 3.6299 + ₩1,000,000 × 0.8548 = ₩1,072,594
20×1년 손상차손 = (₩60,000 - ₩30,000) × 2.7751 + (₩1,000,000 - ₩700,000) × 0.889
        = ₩349,953
20×2년 이자수익 = ₩705,545 × 4% = ₩28,222
20×2년 손상차손환입 = (₩50,000 - ₩30,000) × 1.8861 + (₩900,000 - ₩700,000) × 0.9246
          = ₩222,642
① 당기순이익 영향 = 이자수익 ₩28,222 + 손상차손환입 ₩222,642 = ₩250,864
② 당기순이익 영향 = 처분금액 ₩1,050,000 - 전기말상각후원가 ₩926,409 = ₩123,591
③ -20×2년 말 평가손실누계액 ₩126,409 + 20×2년 말 평가손실누계액 ₩5,545
  = (-)₩120,864
④ 평가손익(OCI) = ₩126,409 [20×2년 말 평가손익누계액 감소]

[참고]
회계처리

〈20×1년 1월 1일〉

(차) FVOCI금융자산	1,050,994	(대) 현 금	1,050,994

〈20×1년 12월 31일〉

| (차) 현 금 | 60,000 | (대) 이자수익 | 42,040 |
| | | FVOCI금융자산 | 17,960 |

| (차) 손상차손 | 349,953 | (대) FVOCI금융자산 | 355,498 |
| 금융자산평가손실(OCI) | 5,545 | | |

〈20×2년 12월 31일〉

| (차) 현 금 | 30,000 | (대) 이자수익 | 28,222 |
| | | FVOCI금융자산 | 1,778 |

| (차) FVOCI금융자산 | 101,778 | (대) 손상차손환입 | 222,642 |
| 금융자산평가손실(OCI) | 120,864 | | |

〈20×2년 7월 1일〉

| (차) 미수이자 | 25,000 | (대) 이자수익 | 18,528 [*1] |
| | | FVOCI금융자산 | 6,472 |

*1. 926,409×4%×6/12

(차) 현 금	1,050,000	(대) 미수이자	25,000
		FVOCI금융자산	793,528
		금융자산평가손실(OCI)	126,409
		금융자산처분이익	105,063

[별해] 20×3년 당기순이익 영향 = 이자수익 ₩18,528 + 처분이익 ₩105,063 = ₩123,591

〈요구사항 2〉 답 : ₩67,406

현금유입총액	₩60,000 + ₩30,000 + ₩1,050,000	₩1,140,000
현금유출총액		₩1,072,594
순이익 합계	₩1,140,000 - ₩1,072,594	₩67,406

[별해]

구분	계산내용	순이익 영향
20×1년도	이자수익 ₩60,000 - 평가손실 ₩372,594[(주1)] (주1) 평가손실 = ₩1,072,594 - ₩700,000 = ₩372,594	(−)₩312,594

구분	계산내용	순이익 영향
20×2년도	이자수익 ₩30,000 + 평가이익 ₩100,000[주1] (주1) 평가이익 = ₩800,000 − ₩700,000 　　　　　= ₩100,000	₩130,000
20×3년도	이자수익 ₩25,000 + 처분이익 ₩225,000[주1] (주1) ₩1,050,000 − ₩25,000 − ₩800,000 　　　= ₩225,000	₩250,000
합계		₩67,406

(물음 2) 답 : ① 0 ② ₩60,000 ③ 0 ④ (−)₩20,000

재분류일 : 20×3년 1월 1일

① 이자수익 ₩60,000 − 평가손실 ₩60,000[₩1,060,000 − ₩1,000,000] = 0

② 이자수익 ₩60,000

③ 0

④ − 평가손실 ₩20,000[₩1,000,000 − ₩980,000] = (−)₩20,000

⟨20×2년 12월 31일⟩

(차) 현　　금	60,000	(대) 이자수익	60,000
금융자산평가손실(PL)	60,000	FVPL금융자산	60,000

⟨20×3년 1월 1일⟩

(차) FVOCI금융자산	1,000,000	(대) FVPL금융자산	1,000,000

⟨20×3년 12월 31일⟩

(차) 현　　금	60,000	(대) 이자수익	60,000
금융자산평가손실(OCI)	20,000	FVOCI금융자산	20,000

문제 4.

(물음 1) 답 : ① ₩979,835 ② ₩43,441

① 현재가치(20×1.1.1.) = ₩1,000,000 × 5% × 3.4651 + ₩1,000,000 × 0.7921 = ₩965,355
　　현금수령액 = ₩965,355 × (1 + 6% × 3/12) = ₩979,835

② 이자비용 = ₩965,355 × 6% × 9/12 = ₩43,441

(물음 2) 답 : ① ₩54,479

① 20×1.12.31. 상각후원가 = ₩979,835 − ₩1,000,000 × 5% × 3/12 + ₩43,441
　　　　　　　　 − ₩1,000,000 × 5% × 9/12 = ₩973,276

[별해] 20×1.12.31. 상각후원가 = ₩965,355×1.06 − ₩1,000,000×5% = ₩973,276

20×1.12.31. 공정가치 = ₩1,000,000×5%×2.7751 + ₩1,000,000×0.889

= ₩1,027,755

20×1.12.31. 기타포괄이익 = ₩1,027,755 − ₩973,276 = ₩54,479

처분이익 = 20×1.12.31 기타포괄이익 = ₩54,479

(물음 3) 답 : ① ₩81,736 ② ₩45,913

① 계약조건 실질적 변경여부 판단

    A. 기존부채의 장부금액 = ₩1,000,000

    B. 조건변경후 현재가치(최초유효이자율 6%) = ₩1,000,000×2%×2.6730

                                        + ₩1,000,000×0.8396

                                        = ₩893,060

    A와 B의 차이가 10%이상이어서 계약조건이 실질적으로 변경된 경우임

    조건변경후 현재가치(시장이자율 5%) = ₩1,000,000×2%×2.7232

                                    + ₩1,000,000×0.8638

                                    = ₩918,264

    금융부채조정손익 = ₩1,000,000 − ₩918,264 = ₩81,736

② ₩918,264×5% = ₩45,913

문제 5.

(물음 1) 답 : ① ₩9,362,500 ② ₩29,787,500 ③ (−)₩400,000 ④ ₩11,500,000

구분	자본금	자본잉여금	자본조정	이익잉여금
20×2.1.1.잔액	8,000,000	30,500,000	(1,000,000)	11,000,000
무상증자(주1)	862,500	(862,500)		
현금배당				(1,000,000)
현물증자	(주2)600,000	(주3)400,000		
자기주식처분		(주4)50,000	200,000	
자기주식소각	(주5)(100,000)	(주6)(300,000)	400,000	
중간배당				(500,000)
당기순이익				2,000,000
20×2.12.31.잔액	₩9,362,500	₩29,787,500	(₩400,000)	₩11,500,000

(주1) 무상증자 = (12,000주 − 500주)×15%×₩500 = ₩862,500

(주2) 1,200주×₩500 = ₩600,000

(주3) ₩1,000,000 − ₩600,000 = ₩400,000

(주4) 자기주식처분이익 = 100주×₩2,500 − ₩1,000,000×100주/500주 = ₩50,000

(주5) 200주×₩500 = ₩100,000

(주6) 감자차손 = ₩1,000,000×200주/500주 − ₩100,000 = ₩300,000 [감자차익과 상계]

① ₩9,362,500
② ₩29,787,500
③ (-)₩400,000
④ ₩11,500,000

(물음 2) 답 : ① 14,275주 ② ₩132

①

기간(월)	유통보통주식수	1+무상증자비율	가중치	적 수
1	11,500	1.15	1	13,225
2	13,225		1	13,225
3~6	14,425	-	4	57,700
7~12	14,525	-	6	87,150
계			12	171,300

가중평균유통보통주식수 = 171,300주 ÷ 12 = 14,275주
② 보통주순이익 = 순이익 ₩2,000,000 - 우선주배당금 120,000^(주1) = ₩1,880,000
（주1) 우선주배당금 = ₩2,000,000 × 6% = ₩120,000
기본주당순이익 = ₩1,880,000 ÷ 14,275주 = ₩132

(물음 3) 답 : 91%

₩2,000,000/기말 자산 = 2%
기말 자산 = ₩100,000,000
기말 자본 = 자본금 ₩9,362,500 + 자본잉여금 ₩29,787,500 - 자본조정 ₩400,000
　　　　+ 기타포괄손익누계액 ₩2,000,000 + 이익잉여금 ₩11,500,000 = ₩52,250,000
기말 부채 = ₩100,000,000 - ₩52,250,000 = ₩47,750,000
부채비율 = ₩47,750,000 ÷ ₩52,250,000 = 91%

문제 6.

(물음 1) 답 : ₩75,292

① 사채상환할증금 = ₩3,000,000 × (5% - 4%) × (1 + 1.05 + 1.05^2) = ₩94,575
부채요소 = ₩3,000,000 × 4% × 2.5771 + (₩3,000,000 + ₩94,575) × 0.7938
　　　　= ₩2,765,726
발행금액 = ₩3,000,000 × 4% × 2.6243 + (₩3,000,000 + ₩94,575) × 0.8163
　　　　= ₩2,841,018
전환권가치 = ₩2,841,018 - ₩2,765,726 = ₩75,292

(물음 2) 답 : ① (-)₩221,258 ② ₩1,720,190

① 이자비용 = ₩2,765,726×8% = ₩221,258
  당기순이익 영향 = (-)₩221,258
② (₩2,765,726×1.08 - ₩120,000)×(1-40%) = ₩1,720,190

문제 7.

(물음 1) 답 : ① ₩1,080,000 ② ₩120,000

① 60명×100개×₩180 = ₩1,080,000
② 60명×100개×₩200 - ₩1,080,000 = ₩120,000

(물음 2)

⑴ 재무상태표에 미치는 영향 : 주식결제형 주식기준보상거래는 조건변경일에 부여된 지분상품의 공정가치에 기초하여 측정한다. 주식결제형 주식기준보상거래는 재화나 용역을 기존에 제공받은 정도까지 조건변경일에 자본으로 인식라고, 조건변경일 현재의 현금결제형 주식기준보상거래 관련 부채를 그 날에 제거한다.
⑵ 포괄손익계산서에 미치는 영향 : 조건변경일에 제거된 부채의 장부금액과 인식된 자본금액의 차이는 즉시 당기손익으로 인식한다.

문제 8.

(물음 1)

불확실성이 해소될 때 이미 인식한 누적 수익 금액 중 유의적인 부분을 되돌리지 않을 가능성이 매우 높다고 결론짓기 때문이다.

(물음 2)

별도계약이 아니다. 나머지 제품 Y와 제품 Z가 계약변경 전에 고객에게 이전한 제품 X와 구별되고, 추가 제품 Z의 약속한 대가가 제품 Z의 개별 판매가격을 나타내지 않기 때문이다.

(물음 3) 답 : ① ₩216,000 ② ₩92,000

① 20×0년 수익 = 제품 X 수익 ₩124,000[주1] + 제품 Y 수익 ₩92,000[주2] = ₩216,000
  (주1) 제품 X 수익 = ₩200,000÷2 + ₩48,000÷2[참고] = ₩124,000
  (주2) 제품 Y 수익 = (₩200,000÷2 + ₩60,000 + ₩48,000÷2)÷2 = ₩92,000
    [참고] 거래가격 증가분 ₩8,000(₩48,000-₩40,000)은 **계약변경전에 약속한 변동대가에 귀속**된다. 따라서 거래가격 변동분은 제품 X와 제품 Y에 대한 수행의무에 **계약개시시점과 같은 기준으로 배분**된다.[₩48,000÷2 = ₩40,000÷2 + ₩8,000÷2]

② 20×1년 수익 = 제품 Z 수익 (₩200,000÷2 + ₩60,000 + ₩48,000÷2)÷2
            = ₩92,000

(물음 4) 답 : ₩72,062

순이익 영향 = ₩11,500(주1) + ₩54,345(주2) + ₩6,217(주3) = ₩72,062
(주1) 라이선스수익 = 고정대가안분₩200,000×3/60 + 변동대가₩30,000×5%
            = ₩11,500
(주2) 설비처분이익 = ₩124,345(₩50,000×2.4869) – ₩70,000 = ₩54,345
(주3) 이자수익 = ₩124,345×10%×6/12 = ₩6,217

(물음 5) 답 : ₩262,062

순이익 영향 = ₩201,500(주1) + ₩54,345(주2) + ₩6,217(주3) = ₩262,062
(주1) 라이선스수익 = 고정대가 ₩200,000 + 변동대가 ₩1,500[₩30,000×5%]
            = ₩201,500
(주2) 설비처분이익 = ₩124,345(₩50,000×2.4869) – ₩70,000 = ₩54,345
(주3) 이자수익 = ₩124,345×10%×6/12 = ₩6,217

(물음 6) 답 : ① ₩16,000,000 ② ₩1,680,000 ③ ₩2,592,000 ④ ₩750,000

①

구분	개별판매가격(비율)	배분된 거래가격
안마기	₩2,000,000(80%)	₩1,600,000
방문서비스	₩45,000×8회 = ₩360,000(14.4%)	₩288,000
포인트	₩2,000,000×10포인트/₩1,000×₩7 = ₩140,000(5.6%)	₩112,000
합계	₩2,500,000	₩2,000,000

　　제품 매출 = ₩1,600,000×10대 = ₩16,000,000

② 20×0년 포인트 매출 = ₩112,000×10대×70,000포인트/140,000포인트
                = ₩560,000
　 20×1년 포인트 매출 = ₩112,000×(10대 + 15대)×280,000포인트/350,000포인트
                – ₩560,000
            = ₩2,240,000 – ₩560,000 = ₩1,680,000
③ (30회 + 42회)×₩288,000/8회 = ₩2,592,000
④ 20×1년 판매분 예상 ₩1,500,000 – 20×1년 판매분 발생 ₩750,000 = ₩750,000

문제 9.

(물음 1)

계약변경을 원래 계약의 일부인 것처럼 회계처리한다.
변경계약에 따라 제공할 나머지 재화와 용역이 계약변경일 전에 이전한 재화와 용역과 구별되지 않는다.
즉, 이 계약은 변경계약 후에도 여전히 단일 수행의무이다.

(물음 2) 답 : ① (−)₩173,000 ② (−)₩51,000

① [20×1년]
　　진행률 = ₩420,000/₩700,000 = 60%
　　계약수익 = ₩900,000×60% = ₩540,000

　　[20×2년]
　　진행률 = ₩715,000/₩1,100,000 = 65%
　　계약수익 = ₩682,500(₩1,050,000×65%) − ₩540,000 = ₩142,500
　　계약원가 = ₩295,000[주1] + 예상손실 ₩17,500[주2] + 차입원가 ₩3,000 = ₩315,500
　　(주1) ₩715,000 − ₩420,000 = ₩295,000
　　(주2) 예상손실 = (₩1,100,000 − ₩715,000) − ₩1,050,000×(1 − 65%)
　　　　　　　　 = ₩17,500
　　계약손익 = 계약수익 ₩142,500 − 계약원가 ₩315,500 = (−)₩173,000

② 진행률 = ₩1,035,000/₩1,150,000 = 90%
　　계약수익 = ₩945,000(₩1,050,000×90%) − ₩682,500 = ₩262,500
　　계약원가 = ₩320,000[주1] − 예상손실환입 ₩7,500[주2] + 차입원가 ₩1,000
　　　　　 = ₩313,500
　　(주1) ₩1,035,000 − ₩715,000 = ₩320,000
　　(주2) 예상손실환입 = 20×2년 말 예상손실 ₩17,500 − 20×3년 말 예상손실
　　　　　　 ₩10,000 = ₩7,500

　　20×3년 말 예상손실=(₩1,150,000 − ₩1,035,000) − ₩1,050,000×(1 − 90%) = ₩10,000
　　계약손익 = 계약수익 ₩262,500 − 계약원가 ₩313,500 = (−)₩51,000

(물음 3) 답 : ₩35,000, ₩35,000

20×2년 말
미성공사 = 누적계약수익 ₩682,500 − 예상손실 ₩17,500 = ₩665,000

[별해] 미성공사 = 계약금액 ₩1,050,000 − 추가원가 ₩385,000 = ₩665,000
　　　 누적청구액 = ₩400,000 + ₩300,000 = ₩700,000
　　　 계약부채(초과청구공사) = 누적청구액 ₩700,000 − 미성공사 ₩665,000
　　　　　　　　　 = ₩35,000

20×3년 말
미성공사 = 누적계약수익 ₩945,000 − 예상손실 ₩10,000 = ₩935,000

[별해] 미성공사 = 계약금액 ₩1,050,000 − 추가원가 ₩115,000 = ₩935,000
　　　　누적청구액 = ₩400,000 + ₩300,000 + ₩200,000 = ₩900,000
　　　　계약자산(미청구공사) = 미성공사 ₩935,000 − 누적청구액 ₩900,000
　　　　　　　　　　　　 = ₩35,000

문제 10.

(물음 1)

① 영향 없음
② 무형자산 ₩500
③ 영향 없음
④ 부채 ₩300
⑤ 기타자산 ₩50
⑥ 부채 감소 = 측정금액 ₩1,700 − 반영된 금액 ₩2,000 = (−)₩300
　 부채 (−)₩300

(물음 2)

재취득한 권리에서 발생하는 계약상의 조건이 동일하거나 유사한 항목에 대한 현행 시장거래의 조건과 비교하여 유리하거나 불리할 경우, 취득자는 정산차손익을 인식한다. 그 이유는 재취득한 권리는 취득자가 영업권과 분리하여 인식하는 식별가능한 무형자산이기 때문이다.

문제 11.

(물음 1) 답 : ① ₩61,440 ② ₩59,640

① [1] 식별가능한 순자산 공정가치
　　 = 자본금 ₩100,000 + 이익잉여금 ₩150,000 + 기타자본요소 ₩5,000
　　　 + 토지공정가치미달 ₩10,000 + 건물공정가치미달 ₩30,000
　　　 + 기계장치공정가치미달 ₩20,000 − 우발부채 ₩6,000
　　　 − 이연법인세부채 ₩10,800[(₩10,000 + ₩30,000 + ₩20,000 − ₩6,000)×20%]
　　 = ₩298,200
　 [2] 이전대가 = 주식교부액 ₩280,000[40주×₩7,000] + 조건부대가 ₩20,000
　　　　　　 = ₩300,000
　 [3] 영업권 = ₩300,000 − ₩238,560[₩298,200×80%] = ₩61,440

② 식별가능한 순자산 공정가치 ₩298,200 × 비지배지분율 20% = ₩59,640

(물음 2) 답 : ① ₩936,000 ② ₩37,120 ③ ₩24,000 ④ ₩81,400 ⑤ ₩586,000
　　　　　⑥ ₩154,000 ⑦ ₩70,720

① ₩524,000+₩370,000+₩10,000+₩30,000×27/30+₩20,000×1/4＝₩936,000
② 종속기업 순자산 공정가치＝₩320,000+₩10,000+₩30,000×27/30+₩20,000×1/4
　　－ 이연법인세부채 ₩8,400＝₩353,600
　　　영업권평가액(지분율 80%)＝(₩400,000－₩353,600)×80%＝₩37,120
③ ₩24,000
④ ₩45,000+₩28,000+₩10,800－(₩30,000×3/30+₩20,000×3/4－₩6,000)×20%
　　＝₩81,400

　　[별해] ₩45,000+₩28,000+(₩10,000+₩30,000×27/30+₩20,000×1/4)×20%
　　　＝₩81,400

⑤ 지배기업 ₩573,000－실사비용 ₩3,000－영업권손상차손 ₩24,320[₩61,440
　　－₩37,120] ＋ 종속기업 ₩40,320[[₩60,000(₩210,000－₩150,000)
　　－공정가치미달자산추가상각 ₩12,000(₩30,000×3/30+₩20,000×3/4－₩6,000)
　　＋법인세효과 2,400(₩12,000×20%)]×80%]＝₩586,000
⑥ 지배기업 ₩150,000+종속기업 ₩4,000[(₩10,000－₩5,000)×80%]＝₩154,000
⑦ (₩320,000+₩10,000+₩30,000×27/30+₩20,000×1/4－₩8,400)×20%＝₩70,720

문제 12.

(물음 1) 답 : ① ₩200,000 ② (－)₩225,000 ③ ₩100,000 ④ (－)₩175,000
　　　　　⑤ ₩1,600,000

① 100개×(₩50,000－₩48,000)＝₩200,000
② 100개×(₩48,750－₩51,000)＝(－)₩225,000
③ 100개×(₩48,000－₩47,000)＝₩100,000
④ 100개×(₩47,000－₩48,750)＝(－)₩175,000
⑤ 100개×(₩51,000－₩35,000)＝₩1,600,000

문제 13.

(물음 1) 답 : ① ₩13,200 ② ₩51,920 ③ ₩144,760 ④ ₩10,080

① 영업권($)＝$500－($600+$10)×80%＝$12
　　영업권(₩)＝$12 × ₩1,100＝₩13,200

② 재무제표 환산

구분	$	환율	₩
자본금	500	1,000	500,000
이익잉여금(20×1.1.1)	100	1,000	100,000
평가차액	10	1,000	10,000
당기순이익(20×1년)	48	1,050	50,400
환산차이			**63,400**
순자산(합계)	658	1,100	723,800

해외사업환산차이 = ₩63,400×80% + (주1)영업권 환산차이 ₩1,200 = ₩51,920

(주1) 영업권환산차이 = $12×(₩1,100 – ₩1,000) = ₩1,200

③ 종속기업 순자산(₩) = $658×₩1,100×20% = ₩144,760
④ 종속기업 순이익($) = $50 – $10÷5년 = $48
　비지배지분순이익 = ($48×평균환율 ₩1,050)×20% = ₩10,080

(물음 2) 답 : ① ₩42,000 ② ₩75,500　　　　　　　　　　　　　(단위 : $)

	20×0년 초	20×0년 말	20×1년 말	감가	재평가손익 PL	OCI
	400	378	345			
	×9/10					
20×0년 말	360　→	378		(40)		18
		×8/9				(2)*1
20×1년 말		336　→	345	(42)		9

*1. 18÷9년 = 2

① $42×₩1,000 = ₩42,000
② ($378×₩1,000 – $360×₩950)×(1 – $2/$18) + $345×₩1,100 – $336×₩1,000
　= ₩75,500

(물음 3)

① 해외사업장관련 외환차이의 누계액은 해외사업장의 처분손익을 인식하는 시점에 자본에서 당기손익으로 재분류한다. 비지배지분에 귀속되는 그 해외사업장과 관련된 외환차이의 누계액은 제거하지만, 당기손익으로 재분류하지는 않는다.
② 기타포괄손익에 인식된 외환차이의 누계액 중 비례적 지분을 그 해외사업장의 비지배지분으로 재귀속시킨다.

【제26판】
공인회계사 제2차시험 기출문제집

1996年 1月 10日	初版 發行
1997年 10月 10日	2版 發行
1998年 10月 1日	3版 發行
1999年 11月 1日	4版 發行
2001年 1月 5日	5版 發行
2001年 12月 1日	6版 發行
2003年 4月 7日	7版 發行
2004年 6月 4日	8版 發行
2005年 10月 4日	9版 發行
2006年 11月 1日	10版 發行
2007年 11月 5日	11版 發行
2009年 5月 7日	12版 發行
2009年 12月 30日	13版 發行
2010年 12月 29日	14版 發行
2012年 3月 23日	15版 發行
2012年 11月 16日	16版 發行
2013年 11月 28日	17版 發行
2014年 10月 16日	18版 發行
2015年 10月 21日	19版 發行
2016年 11月 1日	20版 發行
2017年 11月 1日	21版 發行
2018年 10月 22日	22版 發行
2019年 10月 22日	23版 發行
2020年 10月 6日	24版 發行
2021年 10月 7日	25版 發行
2022年 10月 18日	26版 1刷 發行

편 저 자 | 月刊會計 編輯室
세법과목감수 | 김신영 세무사
발 행 인 | 李 振 根
발 행 처 | 會 經 社

서울시 구로구 디지털로33길 11, 1008호(구로동 에이스테크노 타워 8차)
TEL : (02) 2025-7840, 7841   FAX : (02) 2025-7842
homepage : http://www.macc.co.kr ✉ e-mail : macc7@macc.co.kr
登錄 : 1993. 8. 17.   제16-447호
ISBN 978-89-6044-247-4 13320

破本은 바꿔드립니다.
定價 30,000원